Beiträge zum ausländischen öffentlichen Recht und Völkerrecht

Begründet von Viktor Bruns

Herausgegeben von
Armin von Bogdandy · Rüdiger Wolfrum

Band 219

Max-Planck-Institut für ausländisches öffentliches Recht und Völkerrecht

Mehrdad Payandeh

Internationales Gemeinschaftsrecht

Zur Herausbildung gemeinschaftsrechtlicher Strukturen im Völkerrecht der Globalisierung

International Community Law

The Evolution of Community Structures in the International Legal Order in the Era of Globalization

(English Summary)

Springer
the language of science

D 61

ISSN 0172-4770
ISBN 978-3-642-13140-0 e-ISBN 978-3-642-13141-7
DOI 10.1007/978-3-642-13141-7
Springer Heidelberg Dordrecht London New York

Die Deutsche Nationalbibliothek verzeichnet diese Publikation in der Deutschen Nationalbibliografie; detaillierte bibliografische Daten sind im Internet über http://dnb.d-nb.de abrufbar.

Einbandentwurf: WMXDesign GmbH, Heidelberg

Gedruckt auf säurefreiem Papier

Springer ist Teil der Fachverlagsgruppe Springer Science+Business Media (www.springer.com)

Meinen Eltern

Vorwort

Die vorliegende Arbeit entstand im Wesentlichen während meiner Zeit als wissenschaftlicher Mitarbeiter am Lehrstuhl für deutsches und ausländisches öffentliches Recht, Völkerrecht und Europarecht der Heinrich-Heine-Universität Düsseldorf von Oktober 2004 bis September 2006. Im Zeitraum von Oktober 2006 bis März 2007 konnte ich die Arbeit dank eines Promotionsstipendiums der Heinrich-Heine-Universität Düsseldorf fertigstellen. Die Arbeit wurde im Sommersemester 2008 von der Juristischen Fakultät der Heinrich-Heine-Universität Düsseldorf als Dissertation angenommen. Sie wurde ausgezeichnet mit dem Förderpreis für Wissenschaften der Landeshauptstadt Düsseldorf 2009.

Für ihre Unterstützung, Kritik und Inspiration bin ich zahlreichen Menschen zum Dank verpflichtet. An erster Stelle Erwähnung finden muss mein Doktorvater Professor Dr. *Ralph Alexander Lorz*, der bereits früh das Interesse und die Begeisterung für das Völkerrecht in mir geweckt und mir an seinem Lehrstuhl ein hervorragendes wissenschaftliches Umfeld geboten hat. Er hat mir nicht nur die notwendigen Freiräume für mein Promotionsvorhaben gewährt, sondern mich stets in jeglicher Hinsicht vorbehaltlos und uneingeschränkt unterstützt und gefördert. Hierfür danke ich ihm von ganzem Herzen.

Professor Dr. *Lothar Michael* danke ich nicht nur für die zügige Erstellung des Zweitgutachtens und viele weiterführende Ratschläge, sondern insbesondere für sein persönliches Engagement sowie die vielfältige Unterstützung, die er mir nicht nur im Hinblick auf die Promotion hat zukommen lassen.

Professor Dr. *Nils Jansen* danke ich ebenfalls für sein Interesse an meiner Arbeit und an meinem Werdegang sowie für seine Unterstützung.

Den Direktoren des Max-Planck-Instituts für ausländisches öffentliches Recht und Völkerrecht Professor Dr. Dr. h.c. *Rüdiger Wolfrum* und Professor Dr. *Armin von Bogdandy* gilt mein herzlicher Dank für die Aufnahme der Arbeit in die Schriftenreihe des Instituts.

Bedanken möchte ich mich an dieser Stelle zudem bei meinen Freunden, die die Entstehung dieser Arbeit auf unterschiedlichste Weise unterstützt und begleitet haben. Dr. *Heiko Sauer* stand mir vom Beginn bis zum Abschluss der Arbeit als wichtiger und kompetenter Gesprächspartner zur Seite, hat das Manuskript Korrektur gelesen und mit seinen konstruktiven und weiterführenden Anmerkungen viel zum Gelingen beigetragen. Auch die Gespräche und Diskussionen mit *Paul-Lukas Good*, Dr. *Julian Krüper*, Dr. *Lars Mammen* und Dr. *Mirja Trilsch* haben ihren Niederschlag in der Arbeit gefunden. Stellvertretend für die Freunde, die während der Zeit der Promotion für den notwendigen Ausgleich gesorgt haben, möchte ich mich bedanken bei *Axel Eggenwirth*, Dr. *Aliresa Fatemi*, *Milena Goranova*, *Jörg Lichy*, *Guido Mirzadeh*, Dr. *Jan Petry* und *Stefan Wittkamm*. Am engsten miterlebt hat die Höhen und Tiefen, die die Entstehung einer Dissertation mit sich bringt, *Nina Schneider*. Ihr habe ich vieles zu verdanken.

Schließlich gilt mein ganz besonderer Dank meiner Familie, insbesondere meinen Eltern *Elsbeth* und *Yaghoub Payandeh*, die mich stets in jeder nur erdenklichen Weise gefördert und unterstützt haben, ebenso wie meine Schwester Dr. *Mitra Keller*.

New Haven, im August 2009 Mehrdad Payandeh

Inhaltsübersicht

Inhaltsverzeichnis

Abbildungsverzeichnis

Abkürzungsverzeichnis

Abs.	Absatz
Abschn.	Abschnitt
AJIL	American Journal of International Law
AJPIL	Austrian Journal of Public and International Law
Am. U. J. Int'l L. & Pol'y	American University Journal of International Law and Policy
Am. U. L. Rev.	American University Law Review
AöR	Archiv des öffentlichen Rechts
Ariz. J. Int'l & Comp. Law	Arizona Journal of International & Comparative Law
ARSP	Archiv für Rechts- und Sozialphilosophie
ASIL	American Society of International Law
Aufl.	Auflage
AusYIL	Australian Yearbook of International Law
AVR	Archiv des Völkerrechts
BayVBl.	Bayerische Verwaltungsblätter
B.C. Int'l & Comp. L. Rev.	Boston College International and Comparative Law Review
Bd.	Band
BDGVR	Berichte der Deutschen Gesellschaft für Völkerrecht
BdiP	Blätter für deutsche und internationale Politik
BGBl.	Bundesgesetzblatt
BGE	Entscheidungen des Schweizerischen Bundesgerichts
BT-Drs.	Bundestagsdrucksache
B.U. Int'l L.J.	Boston University International Law Journal

BVerfG	Bundesverfassungsgericht
BVerfGE	Entscheidungen des Bundesverfassungsgerichts
BYIL	British Yearbook of International Law
Cal. W. Int'l L.J.	California Western International Law Journal
Canadian YIL	Canadian Yearbook of International Law
Case W. Res. J. Int'l L.	Case Western Reserve Journal of International Law
chap.	chapitre
Chi. J. Int'l L.	Chicago Journal of International Law
Chi.-Kent. L. Rev.	Chicago-Kent Law Review
Chinese JIL	Chinese Journal of International Law
CLP	Current Legal Problems
Colum. J. Transnat'l L.	Columbia Journal of Transnational Law
Colum. L. Rev.	Columbia Law Review
Comp. Pol. Stud.	Comparative Political Studies
Conn. J. Int'l L.	Connecticut Journal of International Law
Cornell Int'l L.J.	Cornell International Law Journal
Denv. J. Int'l L. & Pol'y	Denver Journal of International Law and Policy
ders.	derselbe
Doc.	Document
Duke J. Comp. & Int'l L.	Duke Journal of Comparative and International Law
DVBl.	Deutsches Verwaltungsblatt
EA	Europa-Archiv
ECHR	European Court of Human Rights
ECOSOC	Economic and Social Council
EG	Europäische Gemeinschaft
	Vertrag zur Gründung der Europäischen Gemeinschaft
EGMR	Europäischer Gerichtshof für Menschenrechte
EJIL	European Journal of International Law

ELJ	European Law Journal
EMRK	Europäische Menschenrechtskonvention
EPIL	Encyclopedia of Public International Law
EU	Europäische Union
	Vertrag über die Europäische Union
EuG	Gericht erster Instanz
EuGH	Europäischer Gerichtshof
EuGRZ	Europäische Grundrechte Zeitschrift
EuR	Europarecht
EuZW	Europäische Zeitschrift für Wirtschaftsrecht
f.	folgend
ff.	folgende
Fordham Int'l L.J.	Fordham International Law Journal
Fordham L. Rev.	Fordham Law Review
FW	Die Friedens-Warte
Ga. J. Int'l & Comp. L.	Georgia Journal of International and Comparative Law
Geo. Int'l Envtl. L Rev.	Georgetown International Environmental Law Review
German L.J.	German Law Journal
GG	Grundgesetz
GYIL	German Yearbook of International Law
Hague YIL	Hague Yearbook of International Law
Harv. Hum. Rts. J.	Harvard Human Rights Journal
Harv. Int'l L.J.	Harvard International Law Journal
Harv. L. Rev.	Harvard Law Review
Hastings I. & Comp.L. Rev.	Hastings International and Comparative Law Review
HRQ	Human Rights Quarterly
Hrsg.	Herausgeber
HStR	Handbuch des Staatsrechts der Bundesrepublik Deutschland
Hum. Rts. L.J.	Human Rights Law Journal

HuV-I	Humanitäres Völkerrecht – Informationsschriften
IAEA	International Atomic Energy Agency
ibid.	ibidem (ebenda)
ICJ Reports	International Court of Justice – Reports of Judgements, Advisory Opinions and Orders
ICLQ	International and Comparative Law Quarterly
ICON	International Journal of Constitutional Law
IGH	Internationaler Gerichtshof
IGO	International Governmental Organization
IJIL	Indian Journal of International Law
ILC	International Law Commission
ILC-Commentary	Kommentar der ILC zum ILC-Draft
ILC-Draft	Draft Articles on Responsibility of States for Internationally Wrongful Acts
ILM	International Legal Materials
Ind. J. Global Leg. Stud.	Indiana Journal of Global Legal Studies
Ind. L.J.	Indiana Law Journal
Int'l Legal Theory	International Legal Theory
IO	International Organization
IO L. Rev.	International Organization Law Review
IPBPR	Internationaler Pakt über bürgerliche und politische Rechte
IPG	Internationale Politik und Gesellschaft
Israel YHR	Israel Yearbook on Human Rights
IStGH	Internationaler Strafgerichtshof
J. Int'l Aff.	Journal of International Affairs
J. Int'l L. & Int'l Rel.	Journal of International Law & International Relations
JIR	Jahrbuch für Internationales Recht
J. of Law and Relig.	Journal of Law and Religion

JöR n.F.	Jahrbuch des öffentlichen Rechts der Gegenwart (neue Fassung)
JZ	Juristenzeitung
Kap.	Kapitel
KJ	Kritische Justiz
KZfSS	Kölner Zeitschrift für Soziologie und Sozialpsychologie
La. L. Rev.	Louisiana Law Review
Law & Contemp. Probs.	Law and Contemporary Problems
Leiden J. Int'l L.	Leiden Journal of International Law
lit.	littera
liv.	livre
LJZ	Liechtensteinische Juristen-Zeitung
LNTS	League of Nations Treaty Series
Mich. J. Int'l L.	Michigan Journal of International Law
Mich. L. Rev.	Michigan Law Review
MPYUNL	Max Planck Yearbook of United Nations Law
Neb. L. Rev.	Nebraska Law Review
New Eng. L. Rev.	New England Law Review
NGO	Non-Governmental Organization
NILR	Netherlands International Law Review
NJ	Neue Justiz
NJW	Neue Juristische Wochenschrift
No.	Number
Nordic J. Int'l L.	Nordic Journal of International Law
Notre Dame L. Rev.	Notre Dame Law Review
NYIL	Netherlands Yearbook of International Law
N.Y. L. Sch. J. Hum. Rts.	New York Law School Journal of Human Rights
N.Y.U. J. Int'l L. & Pol.	New York University Journal of International Law and Politics
NZZ	Neue Zürcher Zeitung
OJLS	Oxford Journal of Legal Studies

PCIJ	Permanent Court of International Justice
Polish YIL	Polish Yearbook of International Law
RBDI	Revue Belge de Droit International
RdC	Recueil des Cours, Collected Courses of the Hague Academy of International Law
RDI	Rivista di diritto internazionale
RDISDP	Revue de droit international de sciences diplomatiques et politique
rev.	revised
Rev. Int. Stud.	Review of International Studies
RGBl.	Reichsgesetzblatt
RGDIP	Revue générale de droit international public
RIAA	Reports of International Arbitral Awards
S.	Seite
SchwJIR	Schweizerisches Jahrbuch für Internationales Recht
SJZ	Süddeutsche Juristenzeitung
South African YIL	South African Yearbook of International Law
Sp.	Spalte
SRÜ	Seerechtsübereinkommen
Stan. L. Rev.	Stanford Law Review
StGB	Strafgesetzbuch
StIGH	Ständiger Internationaler Gerichtshof
SZ	Süddeutsche Zeitung
SZIER	Schweizerische Zeitschrift für Internationales und Europäisches Recht
Texas L. Rev.	Texas Law Review
u.a.	und andere
U. Chi. L. Rev.	University of Chicago Law Review
UN	United Nations
UN-Charta	Charta der Vereinten Nationen
UNCIO	Documents of the United Nations Conference on International Organization

UNYB	Yearbook of the United Nations
Va. J. Int'l L.	Virginia Journal of International Law
Vand. J. Transnat'l L.	Vanderbilt Journal of Transnational Law
VfZ	Vierteljahrshefte für Zeitgeschichte
vgl.	vergleiche
VN	Vereinte Nationen
Vol.	Volume
VVDStRL	Veröffentlichungen der Vereinigung der Deutschen Staatsrechtslehrer
Wash. L. Rev.	Washington Law Review
Wis. Int'l L.J.	Wisconsin International Law Journal
WTO	World Trade Organisation
WVK	Wiener Übereinkommen über das Recht der Verträge
Yale J. Int'l L.	Yale Journal of International Law
Yale L.J.	Yale Law Journal
YBILC	Yearbook of the International Law Commission
ZAkDR	Zeitschrift der Akademie für Deutsches Recht
ZaöRV	Zeitschrift für ausländisches öffentliches Recht und Völkerrecht
ZfP	Zeitschrift für Politik
ZfRSoz	Zeitschrift für Rechtssoziologie
ZfS	Zeitschrift für Soziologie
ZRP	Zeitschrift für Rechtspolitik
ZSE	Zeitschrift für Staats- und Europawissenschaften
ZVglRWiss	Zeitschrift für Vergleichende Rechtswissenschaft

„However divided into different peoples and kingdoms it may be, mankind has nevertheless always possessed a certain unity, not only as a species, but also, as it were, as a moral and political unity, called for by the natural precept of mutual love and mercy, which applies to all, even to the foreigners of any nation.“[1]

Einleitung

A. Internationales Gemeinschaftsrecht als Untersuchungsgegenstand

Der Begriff der „internationalen Gemeinschaft“ findet im Kontext der internationalen Beziehungen eine nahezu inflationäre Verwendung. Die internationale Gemeinschaft ist Adressatin zahlreicher Appelle von Seiten einzelner Staaten sowie der Zivilgesellschaft, sie wird zum Einschreiten in kriegerische Auseinandersetzungen ebenso aufgefordert wie zur Bekämpfung von humanitären Katastrophen. Zunehmend sieht sich die internationale Gemeinschaft dabei dem Vorwurf des Versagens ausgesetzt, sei es wegen ihrer Tatenlosigkeit gegenüber dem Völkermord in Ruanda, ihrer Machtlosigkeit im Hinblick auf die unilaterale Intervention der USA im Irak im Jahre 2003 oder ihrer Unentschlossenheit im Fall des bürgerkriegszerrütteten Sudan. Auch aus dem Sprachgebrauch der Vereinten Nationen ist die internationale Gemeinschaft kaum mehr wegzudenken, sie findet sich in Resolutionen der Generalversammlung sowie des Sicherheitsrates und in Urteilen des Internationalen Gerichtshofes. Vor dem Hintergrund der von staatlichen Interessen, machtpolitischen Erwägungen und kriegerischen Auseinandersetzungen geprägten internationalen Beziehungen liegt es dabei nahe, dem Konzept der internationalen Gemeinschaft eine rein ideelle Funktion beizumessen und es in den Bereich der politischen Rhetorik

---

[1] *Francisco Suárez*, De Legibus ac Deo Legislatore, 1612, Liber II, Caput 19, 9 (zitiert nach James Brown Scott (ed.), The Classics of International Law, Selections from Three Works of Francisco Suárez, 1995, Vol. 2, S. 348).

M. Payandeh, *Internationales Gemeinschaftsrecht*, Beiträge zum ausländischen öffentlichen Recht und Völkerrecht 219, DOI 10.1007/978-3-642-13141-7_1,

zu verbannen. Dennoch finden sich bereits seit der ersten Hälfte des zwanzigsten Jahrhunderts völkerrechtliche Konzepte, die die internationale Gemeinschaft in den Mittelpunkt der wissenschaftlichen Betrachtung rücken.[2] Aktualität erfährt dieser Ansatz durch die Aufnahme des Begriffs in völkerrechtliche Verträge sowie seine Rezeption in völkerrechtlichen Rechtsinstituten, so dass die internationale Gemeinschaft auch in neuerer Zeit zunehmend als normativer Anknüpfungspunkt gewählt wird, um einen Wandel des Völkerrechts zu beschreiben und zu erfassen:[3] Die Völkerrechtswissenschaft nimmt verschiedene Entwicklungen im Bereich der internationalen Organisation und der allgemeinen Völkerrechtslehren sowie die zunehmende Ausprägung materieller Gehalte zum Anlass um von „Weltinnenrecht",[4] „kommunitärem Völkerrecht",[5] „Recht der Weltbevölkerung",[6] einem neuen *„jus gentium"*,[7] „Recht der Globalisierung",[8] „internationalem Verfassungsrecht",[9] „Konstitutionalisierung des Völkerrechts",[10] „Weltverfassungsrecht"[11] oder einem „universalist approach to international law"[12] zu sprechen.

---

[2] Grundlegend *Alfred Verdross*, Die Verfassung der Völkerrechtsgemeinschaft, 1926.

[3] Siehe insbesondere *Hermann Mosler*, The International Society as a Legal Community, 1980; *Andreas L. Paulus*, Die internationale Gemeinschaft im Völkerrecht, 2001; *Bruno Simma*, From Bilateralism to Community Interest in International Law, RdC 250 (1994-VI), S. 217 ff.; *Christian Tomuschat*, Die internationale Gemeinschaft, AVR 33 (1995), S. 1 ff.

[4] *Jost Delbrück*, Wirksameres Völkerrecht oder neues „Weltinnenrecht"?, Perspektiven der Völkerrechtsentwicklung in einem sich wandelnden internationalen System, in: Winrich Kühne (Hrsg.), Blauhelme in einer turbulenten Welt, 1993, S. 101 ff.

[5] *Martin Nettesheim*, Das kommunitäre Völkerrecht, JZ 2002, S. 569 ff.

[6] *Philip Kunig*, Das Völkerrecht als Recht der Weltbevölkerung, AVR 41 (2003), S. 327 ff.

[7] *Antônio Augusto Cançado Trindade*, International Law for Humankind: Towards a New Jus Gentium, RdC 316 (2005), S. 9 ff. sowie RdC 317 (2005), S. 9 ff.

[8] *Stephan Hobe*, Die Zukunft des Völkerrechts im Zeitalter der Globalisierung, AVR 37 (1999), S. 253 (278).

[9] *Robert Uerpmann*, Internationales Verfassungsrecht, JZ 2001, S. 565 ff.

[10] *Brun-Otto Bryde*, Konstitutionalisierung des Völkerrechts und Internationalisierung des Verfassungsrechts, Der Staat 42 (2003), S. 61 ff.; *Jochen Abr. Frowein*, Konstitutionalisierung des Völkerrechts, BDGVR 39 (2000), S. 427 ff.

Die vorliegende Untersuchung knüpft an diese Arbeiten an und analysiert die Bedeutung des Konzepts einer internationalen Gemeinschaft für das Völkerrecht im Zeitalter der Globalisierung. Dabei geht es zum einen – im Einklang mit den bisherigen Untersuchungen zum Wandel des Völkerrechts – darum, die Evolution des Völkerrechts von seiner traditionellen Konzeption zu dem heutigen System zu erfassen. Der Gedanke einer internationalen Gemeinschaft wird dabei als ein – wenn auch nicht das alleinige und nicht einmal vorherrschende – Paradigma der gegenwärtigen Völkerrechtsordnung identifiziert. Die Arbeit geht aber über eine deskriptive Erfassung des qualitativen Wandels der internationalen Rechtsordnung hinaus, indem sie sich insbesondere der Frage widmet, welche normative Dimension der Konzeption einer internationalen Gemeinschaft zukommt. Sie hinterfragt nicht nur, ob der Gemeinschaftsgedanke eine überzeugende Beschreibung der verschiedenen Entwicklungen leisten kann, sondern untersucht primär, inwieweit die explizite oder implizite Bezugnahme auf die internationale Gemeinschaft diese Entwicklungen legitimieren und ihnen dogmatische Konturen verleihen kann. Die Arbeit will damit nicht nur zum Verständnis aktueller völkerrechtlicher Entwicklungen beitragen und diese unter dem gemeinsamen Leitmotiv der internationalen Gemeinschaft in Verhältnis zueinander setzen. Sie versucht darüber hinaus, aus der Bezugnahme auf die internationale Gemeinschaft Maßstäbe für die Anwendung und Auslegung der einzelnen Konzepte zu gewinnen.

Dabei werden im Wesentlichen drei Anknüpfungspunkte zur Erfassung des qualitativen Wandels der Völkerrechtsordnung identifiziert: *Erstens* stellt sich die Frage, ob die internationale Gemeinschaft als eigenständige Entität und als Völkerrechtssubjekt anerkannt werden kann und welcher Erkenntnisgewinn damit verbunden ist.[13] *Zweitens* ist zu untersuchen, ob sich im modernen Völkerrecht eine besondere Kategorie von Normen ausmachen lässt, ein *internationales Gemeinschaftsrecht*, das sich nicht nur durch seinen materiellen Gehalt auszeichnet, sondern

---

[11] *Juliane Kokott/Karl Doehring/Thomas Buergenthal*, Grundzüge des Völkerrechts, 3. Aufl. 2003, S. 15.

[12] *Bruno Simma*, Universality of International Law from the Perspective of a Practitioner, EJIL 20 (2009), S. 265 (267 ff.).

[13] So insbesondere der Ansatz von *Paulus* (Fn. 3), S. 329 ff.; siehe auch die Fragestellung bei *Christian Tomuschat*, Obligations Arising for States without or against Their Will, RdC 241 (1993-IV), S. 195 (232): „(...) whether the international community may indeed be characterised as a legal institution or whether it still remains essentially a tool of political rhetoric."

durch besondere gemeinschaftliche Mechanismen der Normentstehung und Rechtsdurchsetzung. Schließlich wird *drittens* der Versuch unternommen, den Begriff des internationalen Gemeinschaftsrechts zur Erfassung eines qualitativen Wandels innerhalb der Struktur der Völkerrechtsordnung fruchtbar zu machen.

Der Fokus der Arbeit liegt auf den grundlegenden Strukturen des internationalen Gemeinschaftsrechts, das heißt auf der Organisation, der Rechtsetzung sowie der Rechtsdurchsetzung. Der qualitative Wandel des materiellen Rechts, der auf den Gebieten des Menschenrechtsschutzes, der Friedenssicherung, des Völkerstrafrechts, des Umweltvölkerrechts, des Weltwirtschafts- und Entwicklungsvölkerrechts sowie vieler weiterer völkerrechtlicher Regelungsbereiche festzustellen ist, wird dabei nur exemplarisch und in seiner Relevanz für das allgemeine Völkerrecht behandelt.

Die im Rahmen der Untersuchung entwickelte Kernthese lautet, dass sich im geltenden internationalen Recht eine dritte Stufe der Völkerrechtsentwicklung ausmachen lässt, die auf der Entwicklung vom *Koexistenzvölkerrecht* zum *Kooperationsvölkerrecht*[14] aufbaut und diese in Form des *internationalen Gemeinschaftsrechts* fortsetzt.

B. Gang der Untersuchung

Der *erste Teil* der Arbeit ist den Grundlagen gewidmet. Nach einer Analyse des Begriffs der internationalen Gemeinschaft werden die gewandelten Rahmenbedingungen des internationalen Systems angesichts der Globalisierung dargestellt, um darzulegen, warum es gemeinschaftlicher Strukturen im Völkerrecht bedarf. Im Zentrum des ersten Teils steht sodann Frage, ob auf internationaler Ebene gemeinschaftliche Interessen möglich sind und bestehen, die den soziologischen „Unterbau“ für eine weitergehende rechtliche Integration auf internationaler Ebene darstellen können.[15]

---

[14] Grundlegend *Wolfgang Friedmann*, The Changing Structure of International Law, 1964.

[15] Zur Erforderlichkeit einer Rückkopplung des Rechts an die Realität *Georg Dahm/Jost Delbrück/Rüdiger Wolfrum*, Völkerrecht, Bd. I/1, 2. Aufl. 1989, S. 3.

Anhand der im ersten Teil der Arbeit gewonnenen Aussagen wird im *zweiten Teil* das geltende Völkerrecht darauf untersucht, ob *de lege lata* Strukturmerkmale einer internationalen Gemeinschaft erkennbar sind. Dabei wird zunächst analysiert, ob sich ein institutioneller Niederschlag der internationalen Gemeinschaft im internationalen System ausmachen lässt, das heißt ob es handlungsfähige Organe gibt, welche die internationale Gemeinschaft repräsentieren und ihre Interessen effektiv wahrnehmen können. Sodann werden die Bereiche der internationalen Rechtsetzung und Rechtsdurchsetzung auf gemeinschaftsrechtliche Strukturelemente überprüft.

Die Folgen dieser – wenn auch zögerlichen – Herausbildung gemeinschaftsrechtlicher Strukturen für das internationale System und die Stellung des Staates innerhalb dieser Ordnung werden im *dritten Teil* erörtert. Dabei stellt sich die Frage, wie die zuvor festgestellten gemeinschaftsrechtlichen Strukturmerkmale zu erfassen sind, insbesondere ob die Konstruktion einer Völkerrechtssubjektivität der internationalen Gemeinschaft diese Entwicklung zutreffend und umfassend umschreibt und ob sie über den reinen Erkenntniswert hinaus praktische Relevanz entfalten kann. Anschließend steht die rechtsdogmatische und rechtstheoretische Erfassung des Phänomens, dass die internationale Gemeinschaft mit legislativen Fähigkeiten ausgestattet wird, im Zentrum der Betrachtung: die Normkategorie des internationalen Gemeinschaftsrechts. Die Arbeit schließt mit dem Versuch darzulegen, welche Bedeutung der aufgezeigte qualitative Wandel der einzelnen rechtlichen Regelungsbereiche und Rechtsinstitute für die Konzeption des Völkerrechts insgesamt entfaltet, insbesondere ob und wie das internationale Gemeinschaftsrecht eine qualitativ neuartige Stufe nach der Entwicklung vom Koexistenz- zum Kooperationsvölkerrecht darstellt.

C. Methodische Vorüberlegungen

Das Völkerrecht ist als normative Ordnung Teil der Rechtswissenschaft, die methodischen Grundsätze der Rechtswissenschaft finden daher auch auf eine völkerrechtliche Untersuchung Anwendung: Im Zentrum der Betrachtung steht die völkerrechtliche Norm in ihrer Auslegung durch Gerichte, Staatenpraxis und Schrifttum, somit die Befassung mit der Dogmatik. Dennoch muss die völkerrechtswissenschaftliche Methodik die Besonderheiten, die das Völkerrecht vom nationalen

Recht unterscheiden, berücksichtigen: insbesondere die Nähe des Völkerrechts zur Politik[16] und die Wechselwirkung zwischen der normativen und der faktischen Sphäre.[17] Dieser Zusammenhang tritt im Völkerrecht besonders deutlich zum Vorschein und führt bisweilen dazu, dass diesem die normative Qualität abgesprochen wird.

Diesem Spannungsverhältnis von rechtlicher und faktischer Sphäre wird unterschiedliche Bedeutung für die Methodik der Völkerrechtswissenschaft beigemessen. Eine „Reine Rechtslehre", die eine strikte Unterscheidung zwischen Sein und Sollen vornimmt und den Gegenstand der Rechtswissenschaft allein auf die Normativität des Rechts beschränkt,[18] läuft dabei Gefahr, die in der Regelung sozialer Beziehungen liegende grundlegende Funktion des Völkerrechts[19] zu verkennen. Ein normatives System muss die soziale Ordnung, die es zu regeln versucht, realistisch widerspiegeln, andernfalls droht es, in die Bedeutungslosigkeit zu entgleiten und jeglichen Einfluss auf das System der internationalen Beziehungen sowie das Verhalten der Rechtssubjekte zu verlieren.[20] Eine zu starke Diskrepanz zwischen normativem Sollen und faktischem Sein hält das System auf Dauer nicht aus.

Die Abhängigkeit des Sollens vom Sein darf indes nicht zu einem Verlust der Objektivität des Völkerrechts führen. Politische Erwägungen sind aus dem Prozess der Rechtsfindung weitgehend herauszuhalten.[21]

---

[16] Statt vieler *Dahm/Delbrück/Wolfrum* (Fn. 15), S. 1; *Alfred Verdross/ Bruno Simma*, Universelles Völkerrecht, 3. Aufl. 1984, S. 16 ff. m.w.N.; *Knut Ipsen*, Regelungsbereich, Geschichte und Funktion des Völkerrechts, in: ders. (Hrsg.), Völkerrecht, 5. Aufl. 2004, S. 1 (45 ff.).

[17] Zu den diesbezüglichen Auswirkungen auf die Methodik *Adolf Schüle*, Methoden der Völkerrechtswissenschaft, AVR 8 (1959/60), S. 129 (139 ff.) sowie S. 143 f.

[18] *Hans Kelsen*, Reine Rechtslehre, 2. Aufl. 1960.

[19] *Friedmann* (Fn. 14), S. 3; *Georges Scelle*, Précis de droit des gens, Première Partie, 1932, S. 83: „(...) rien de ce qui est social n'est par nature indifférent au droit."

[20] *Hermann Mosler*, Die Erweiterung des Kreises der Völkerrechtssubjekte, ZaöRV 22 (1962), S. 1 (17 f.): „Der Zweck des Rechts kann nicht erreicht werden, wenn es nicht an gesellschaftlichen Begebenheiten anknüpft."

[21] *Schüle* (Fn. 17), S. 140 f. spricht insofern von einem „methodischen Kapitalverbrechen"; treffend auch *Martti Koskenniemi*, The Politics of International Law, EJIL 1 (1990), S. 4 (5): „The fight for an international Rule of Law is a fight against politics (...)."

Ideologische oder opportunistische Momente in der Anwendung des Völkerrechts stellen dessen grundlegende Ordnungsfunktion sowie die durch verbindliche Verhaltensnormen gewonnene Rechtssicherheit[22] und damit letztlich die Normativität des Völkerrechts insgesamt in Frage.

Eine völkerrechtliche Untersuchung muss daher auf die der Rechtswissenschaft eigene Methodik zurückgreifen, um den Besonderheiten des Völkerrechts als normative Ordnung Rechnung zu tragen. Gleichzeitig sind jedoch die politisch-soziologischen Gegebenheiten zu berücksichtigen; diese fließen in die völkerrechtliche Betrachtung mit ein. Völkerrecht kann nicht isoliert als ein „in Raum und Zeit suspendierter Rechtskörper" verstanden werden, sondern muss in seinem historischen, politischen, wirtschaftlichen, sozialen und kulturellen Kontext analysiert und bewertet werden.[23] Neben den normativen Grundlagen und ihrer Auslegung sind daher die tatsächliche Praxis internationaler Organisationen und Gerichte sowie die Anwendung des Völkerrechts durch die Staaten zu berücksichtigen.[24] Es ist Aufgabe der Völkerrechtslehre, in diesem Spannungsverhältnis sicherzustellen, dass das Recht keine bloße *Apologie* im Sinne einer Rechtfertigung staatlichen Handelns ohne Rücksicht auf rechtliche und ethische Maßstäbe darstellt, andererseits aber nicht in eine bloße *Utopie* abgleitet, die aus abstrakten Regeln ohne Wirksamkeit und Aussicht auf Befolgung in der Realität besteht.[25] Völkerrecht und Völkerrechtswissenschaft befinden sich im Spannungsverhältnis von Idealismus und Realismus.[26] Die Herausforderung liegt darin, ein ausgewogenes Gleichgewicht zwischen

---

[22] Zu diesen Funktionen des Völkerrechts *Ipsen* (Fn. 16), S. 46 ff.

[23] So im Hinblick auf das Europarecht *Ulrich Haltern*, Europarecht, 2. Aufl. 2007, S. 2 ff.; siehe auch *Dahm/Delbrück/Wolfrum* (Fn. 15), S. 1.

[24] Einen positiv-rechtlichen Ausdruck findet dieser Zusammenhang in Art. 31 Abs. 3 *lit.* b) der Wiener Vertragsrechtskonvention (*Vienna Convention on the Law of Treaties* vom 23.5.1969, UNTS 1155, S. 331, BGBl. 1985 II, S. 926), wonach die spätere Übung der Vertragsparteien bei der Auslegung eines völkerrechtlichen Vertrages zu berücksichtigen ist.

[25] Terminologie in Anlehnung an *Martti Koskenniemi*, From Apology to Utopia, 1989.

[26] *Christian Tomuschat*, Human Rights. Between Idealism and Realism, 2003.

diesen beiden Polen zu finden,[27] in den Worten von *Armin von Bogdandy* eine Völkerrechtswissenschaft:

> „(...) sozial verankert, die relative Autonomie des Juristischen hochhaltend, zugleich jedoch von hinreichendem normativen Überhang, der eine Kritik der Macht erlaubt."[28]

---

27 *Alain Pellet*, The Normative Dilemma: Will and Consent in International Law-making, AusYIL 12 (1992), S. 22 (25) spricht zutreffend von „reconciling law and social reality, but without assimilating the first to the second". Nach *Koskenniemi* (Fn. 25), S. 42 ist ein solcher Ausgleich indes nicht möglich, sondern führt zu einer inkohärenten Methodik.

28 *Armin von Bogdandy*, Pragmatismus, Imperialismus und internationales Recht, ZaöRV 63 (2003), S. 205 (206).

„Für Staaten im Verhältnisse unter einander kann es nach der Vernunft keine andere Art geben, aus dem gesetzlosen Zustande, der lauter Krieg enthält, herauszukommen, als daß sie eben so wie einzelne Menschen, ihre wilde (gesetzlose) Freiheit aufgeben, sich zu öffentlichen Zwangsgesetzen bequemen und so einen (freilich immer wachsenden) Völkerstaat (civitas gentium), der zuletzt alle Völker der Erde befassen würde, bilden.“[1]

Erster Teil: Die internationale Gemeinschaft im Zeitalter der Globalisierung

Bevor die Stellung der internationalen Gemeinschaft im Völkerrecht untersucht und der Frage nachgegangen werden kann, ob die geltende internationale Rechtsordnung gemeinschaftliche Strukturen aufweist, erscheint eine Auseinandersetzung mit den außerrechtlichen Grundlagen der internationalen Gemeinschaft geboten. Dabei stellt sich zunächst die Frage, welcher Bedeutungsgehalt dem Begriff der internationalen Gemeinschaft zukommt und ob eine Übertragung auf die völkerrechtliche Ebene möglich und sinnvoll erscheint (*1. Kapitel*). Sodann ist darzustellen, ob und warum die Existenz einer rechtlich verfassten internationalen Gemeinschaft sowie die Herausbildung gemeinschaftsrechtlicher Strukturmerkmale im internationalen Rechtssystem überhaupt wünschenswert ist. Die Rahmenbedingungen der internationalen Gemeinschaft im Zeitalter der Globalisierung, die sich mit den Schlagworten der Interdependenz, Transnationalität sowie dem Steuerungs- und Bedeutungsverlust des einzelnen Staates umreißen lassen, geben hierauf eine Antwort (*2. Kapitel*). Nach der Darstellung spezifisch völkerrechtlicher Konzepte einer internationalen Gemeinschaft (*3. Kapitel*) wird schließlich der Frage nachgegangen, ob das internationale System die tatsächlichen, sozialen Grundlagen für eine weitergehende rechtliche Vergemeinschaftung aufweist (*4. Kapitel*).

---

[1] *Immanuel Kant*, Zum ewigen Frieden, in: Kants gesammelte Schriften (herausgegeben von der Königlich Preußischen Akademie der Wissenschaften), Bd. VIII, 1912/23, S. 341 (357).

1. Kapitel: Der Begriff der internationalen Gemeinschaft

Der Begriff der Gemeinschaft hat als deskriptive Kategorie insbesondere innerhalb der Sozialwissenschaften eine lange Tradition. In der Völkerrechtswissenschaft hat er in Form der internationalen Gemeinschaft seine Rezeption erfahren.

A. Geistesgeschichtlicher Hintergrund des Gemeinschaftsbegriffs

Nachdem der Begriff der Gemeinschaft lange Zeit synonym mit dem der Gesellschaft verwendet wurde, bezeichnet er im heutigen sozialwissenschaftlichen Diskurs in expliziter Abgrenzung zur Gesellschaft eine bestimmte, idealtypische Form menschlichen Zusammenlebens.[1] Darüber, was genau eine Gemeinschaft ausmacht und wodurch sie sich von der Gesellschaft abhebt und abgrenzt, besteht jedoch wenig Einigkeit.[2]

I. Die Dichotomie von Gemeinschaft und Gesellschaft bei Ferdinand Tönnies

Als Begründer der Dichotomie von Gemeinschaft und Gesellschaft gilt der deutsche Soziologe *Ferdinand Tönnies*, der diese Unterscheidung in seinem 1887 erstmals erschienenen Werk „Gemeinschaft und Gesellschaft" prägte.[3] Nach *Tönnies* leiten sich alle sozialen Beziehungen von

---

[1] Zur historischen Entwicklung des Begriffs *Manfred Riedel*, Gesellschaft, Gemeinschaft, in: Otto Brunner (Hrsg.), Geschichtliche Grundbegriffe, Bd. 2, 1979, S. 801 (803 ff.).

[2] Bereits 1955 fand *George Hillery* 94 unterschiedliche Definitionen der Gemeinschaft in der sozialwissenschaftlichen Theorie, siehe *George A. Hillery*, Definitions of Community: Areas of Agreement, Rural Sociology 20 (1955), S. 111 ff.

[3] *Ferdinand Tönnies*, Gemeinschaft und Gesellschaft, 8. Aufl. 1935.

M. Payandeh, *Internationales Gemeinschaftsrecht*, Beiträge zum ausländischen öffentlichen Recht und Völkerrecht 219, DOI 10.1007/978-3-642-13141-7_2,

menschlichen Willensakten ab. Dabei unterscheidet er den unreflektierten organischen und spontanen Wesenswillen, dem keine bewusste Entscheidung zugrunde liegt, vom auf rationaler Kalkulation und bewusster Planung basierenden Kürwillen.[4] Die Gemeinschaft entsteht aus dem Wesenswillen, sie ist organisch gewachsen, und die sozialen Beziehungen der Mitglieder sind von Vertrauen und Solidarität geprägt. Es existieren gemeinsame Zwecke, die über die individuellen Interessen hinausgehen und denen das Individuum sich und seine Interessen notfalls unterordnet. Ein hohes Maß an Homogenität der Mitglieder kennzeichnet die Gemeinschaft.[5] Der Kürwille hingegen führt zu künstlich geschaffenen und auf rationalen Nützlichkeitserwägungen beruhenden gesellschaftlichen Beziehungen. In einer Gesellschaft verfolgt jedes Individuum seine eigenen Ziele, über den Einzelnen stehende Gemeinschaftszwecke oder -interessen sind nicht vorhanden. Freiheit und Eigeninteresse der Mitglieder prägen die Gesellschaft.[6] Da ihre Interessen und Bedürfnisse sich entgegenstehen und kollidieren können, befinden sich die Mitglieder der Gesellschaft in einem ständigen Spannungsverhältnis zueinander.[7] Während der Einzelne sich innerhalb der Gemeinschaft als bloßes Mittel zur Erreichung eines übergeordneten Zwecks versteht und die Gemeinschaft einen Selbstzweck bildet, stellt die Gesellschaft nur ein Mittel zur Erreichung eigener, egoistischer Ziele dar.

Für *Tönnies* stellen die Begriffe Gemeinschaft und Gesellschaft deskriptive Kategorien menschlichen Sozialverhaltens dar, sie sind als begriffliche Idealtypen konzipiert, die nur in der reinen Soziologie vorkommen und in der empirischen Welt in Mischformen auftreten. Soziale Beziehungen bestehen danach aus Elementen beider Idealtypen und werden regelmäßig von einem gemeinschaftlichen oder einem gesellschaftlichen Moment dominiert. Im Prozess der Industrialisierung und Verstädterung sieht *Tönnies* eine tendenzielle Entwicklung von der Gemeinschaft

---

[4] *Tönnies* (Fn. 3), S. 87 ff.

[5] *Tönnies* (Fn. 3), S. 19. Die stärksten Bindungen existieren nach *Tönnies* in den Gemeinschaften des Blutes (Verwandtschaft), des Ortes (Nachbarschaft) sowie des Geistes (Freundschaft). Daneben erkennt er größere Volks-, Glaubens- oder Schicksalsgemeinschaften an.

[6] *Tönnies* (Fn. 3), S. 45.

[7] *Tönnies* (Fn. 3), S. 40. Die Parallele zum *bellum omnium contra omnes* bei *Thomas Hobbes* tritt deutlich zum Vorschein.

zur Gesellschaft.[8] Die zwischenstaatlichen Beziehungen stellen für *Tönnies* das Idealbild einer internationalen Gesellschaft dar, Konzepte einer internationalen Gemeinschaft haben für ihn angesichts des an Staaten ausgerichteten Systems eine ausschließlich ethisch-moralische Bedeutung.[9]

II. Rezeption, Weiterentwicklung und Kritik des Gemeinschaftsbegriffs

Die dichotomische Konzeption bei *Tönnies* hat die weitere sozialwissenschaftliche Entwicklung geprägt.[10] In der Soziologie *Max Webers* taucht sie in abgewandelter Form in den Begriffen der „Vergemeinschaftung“ und „Vergesellschaftung“ wieder auf.[11] *Weber* löst sich von dem Verständnis der Gemeinschaft als ursprüngliche und organische Form sozialer Lebensverhältnisse. Für ihn beruht die Gemeinschaft auf der subjektiv gefühlten Zusammengehörigkeit, die das Verhalten der Beteiligten präge.[12] Gemeinschaftsbildung setze zudem die Abgrenzung von Dritten voraus. Im Gegensatz dazu sei eine soziale Beziehung vergesellschaftet, wenn sie auf dem rational motivierten Ausgleich oder der Verbindung von Interessen beruhe. Anders als bei *Tönnies* spielen objektive Gemeinsamkeiten für *Weber* eine untergeordnete Rolle. Die Gemeinschaft entsteht nicht zwingend organisch und unbewusst, sondern kann auf der künstlichen Erschaffung eines persönlichen Zusammengehörigkeitsgefühls beruhen. Wie *Tönnies* stellt auch *Weber* auf den Willen ab, nicht jedoch in Form des vorgegebenen Wesenswillens, der

---

8 *Tönnies* (Fn. 3), S. 251; zur diesbezüglichen Nähe zu *Karl Marx* siehe *Bernhard Schäfers*, Gemeinschaft und Gesellschaft: Zur Entwicklung und Aktualität eines Begriffspaares, Gegenwartskunde 32 (1983), S. 5 (8).

9 *Ferdinand Tönnies*, Wege zu dauerndem Frieden?, 1926, S. 34 f.

10 Hierzu *Cornelius Bickel*, „Gemeinschaft“ als kritischer Begriff bei Tönnies, in: Carsten Schlüter/Lars Clausen (Hrsg.), Renaissance der Gemeinschaft?, 1990, S. 17 (20 ff.).

11 *Max Weber*, Wirtschaft und Gesellschaft, 1. Halbband, 5. Aufl. 1972; für einen Vergleich zwischen *Tönnies* und *Weber* siehe *René König*, Die Begriffe Gemeinschaft und Gesellschaft bei Ferdinand Tönnies, KZfSS 7 (1955), S. 348 (367 ff.); *Andreas L. Paulus*, Die internationale Gemeinschaft im Völkerrecht, 2001, S. 15 f.

12 *Weber* (Fn. 11), S. 21.

bewusster menschlicher Entscheidung unzugänglich ist. Auch bricht *Weber* mit der starren Dichotomie der Begriffe bei *Tönnies*, für ihn hat

> „die große Mehrzahl sozialer Beziehungen (...) teils den Charakter der Vergemeinschaftung, teils den der Vergesellschaftung."[13]

Im Vergleich zum engen Begriffsverständnis bei *Tönnies* erweist sich der Ansatz von *Weber* insofern als dynamischer und „beweglicher."[14]

Im weiteren gesellschaftswissenschaftlichen Diskurs erfährt die idealtypische Unterscheidung von Gemeinschaft und Gesellschaft feinere Ausdifferenzierungen. So stellt auch für *Alfred Vierkandt* die Gemeinschaft die engste Form menschlichen Zusammenlebens dar.[15] Gemeinschaftliches Zusammenleben beruhe stets auf einem Dauerverhältnis und nicht auf einem bloßen Einzelerlebnis, entscheidend sei die innere Nähe der Personen. Allerdings will *Vierkandt* die Gemeinschaft nicht auf das gesamte Leben der Beteiligten ausweiten, sondern auf einzelne Bereiche beschränkt wissen:[16] Innerhalb der Gemeinschaft existiere eine Unterscheidung zwischen gemeinschaftlichen und persönlichen Angelegenheiten. Die Gemeinschaft belasse dem Individuum einen Raum der Freiheit. In der Gesellschaft fehle indes die persönlich-seelische Verbundenheit der Gemeinschaft, sie beruhe vielmehr allein auf der gemeinsamen Anerkennung einer Ordnung.[17] *Vierkandt* hebt noch stärker hervor, dass jede soziale Beziehung sowohl gemeinschaftliche als auch gesellschaftliche Komponenten beinhaltet, und gelangt so zu einem abgestuften System.[18] Die radikale Konstruktion von Gemeinschaft und Gesellschaft als sich gegenseitig ausschließende Begriffe bei *Tönnies* wird somit in der Rezeption – sowohl bei *Weber* als auch bei *Vierkandt* – aufgegeben.[19]

Die Dichotomie von Gemeinschaft und Gesellschaft trifft jedoch auch auf Widerspruch. Schon 1924 warnte *Helmuth Plessner* – mit Blick auf

---

[13] *Weber* (Fn. 11), S. 22.

[14] So *Bickel* (Fn. 10), S. 21.

[15] *Alfred Vierkandt*, Gesellschaftslehre, 2. Aufl. 1928, S. 208 ff. *Vierkandt* bezieht sich dabei ausdrücklich auf die Kategorienbildung von *Tönnies*.

[16] *Vierkandt* (Fn. 15), S. 216 ff.

[17] *Vierkandt* (Fn. 15), S. 248 ff.

[18] Siehe hierzu *Theodor Geiger*, Gemeinschaft, in: Alfred Vierkandt (Hrsg.), Handwörterbuch der Soziologie, 1931, S. 173 (175).

[19] Vgl. *Alexander Graser*, Gemeinschaften ohne Grenzen?, 2009, S. 15 f.

die bevorstehenden Jahre nahezu prophetisch – vor einer zu starken Betonung des Gemeinschaftsgedankens gegenüber einer gesellschaftlichen Lebensordnung.[20] *Theodor Adorno* und *Ralf Dahrendorf* kritisieren die den Begriffen immanente starke Vergröberung sowie die polarisierende Einteilung in „gute Gemeinschaft" und „schlechte Gesellschaft".[21] Sie beklagen die „schreckliche Einfachheit",[22] die „dem Unfug Tür und Tor geöffnet"[23] habe. *Adorno* sieht in der Überbetonung des Gemeinschaftsgedankens bereits den nationalsozialistischen Kultus um Blut, Boden und Rasse verankert.[24] Und *Dahrendorf* betont die positive Dimension der Gesellschaft, die dem Einzelnen Freiheit und Autonomie einräume.[25] Die von *Tönnies* entwickelte Dichotomie kritisiert er als historisch irreführend, soziologisch uninformiert und politisch illiberal.[26] Die Romantisierung des Gemeinschaftsgedankens sei zudem Ausdruck des Unwillens, sich mit den Begebenheiten der modernen Gesellschaft auseinanderzusetzen.[27]

III. Der ideologische Missbrauch des Gemeinschaftskonzepts

Schon eine kurze *tour d'horizon* durch die Soziologie lässt eine grundsätzliche Präferenz für die gemeinschaftliche Form menschlichen Zusammenlebens gegenüber der zweckrationalen Gesellschaft deutlich werden.[28] Doch die jüngere deutsche Geschichte zeigt, welche Gefahren

---

[20] *Helmuth Plessner*, Grenzen der Gemeinschaft, in: Günter Dux (Hrsg.), Gesammelte Schriften, Bd. 5, Macht und menschliche Natur, 1981, S. 1 (11).

[21] *Theodor W. Adorno*, Zur gegenwärtigen Stellung der empirischen Sozialforschung in Deutschland, in: Gesammelte Schriften, Bd. 8, Soziologische Schriften I, 1972, S. 478 (480 f.); *Ralf Dahrendorf*, Gesellschaft und Demokratie in Deutschland, 4. Aufl. 1975, S. 143.

[22] *Dahrendorf* (Fn. 21), S. 143.

[23] *Adorno* (Fn. 21), S. 481.

[24] *Adorno* (Fn. 21), S. 481.

[25] *Dahrendorf* (Fn. 21), S. 145.

[26] *Dahrendorf* (Fn. 21), S. 146 f.

[27] Vgl. *Mario Rainer Lepsius*, Die Soziologie der Zwischenkriegszeit, in: ders. (Hrsg.), Soziologie in Deutschland und Österreich 1918-1945, 1981, S. 7 (19).

[28] Auch wenn regelmäßig die Wertfreiheit der soziologischen Wissenschaft betont wird, tritt die positive Konnotation des Gemeinschaftsbegriffs in den

und welches Missbrauchspotential der augenscheinlich so positive Gemeinschaftsbegriff in sich birgt: So bildete die „Volksgemeinschaft" die begriffliche Grundlage der rassistischen und antisemitischen Ideologie des Nationalsozialismus.[29] Die Idee einer organisch gewachsenen „Blutsgemeinschaft" wurde zur Ausgrenzung anderer ethnischer und politischer Gruppen herangezogen, die Verabsolutierung des Kollektivgedankens rechtfertigte die umfassende Beschneidung individueller Freiheiten. Eine ähnliche Indienstnahme musste der Gemeinschaftsbegriff im Realsozialismus der DDR über sich ergehen lassen. Auch hier diente er zur Abgrenzung nach außen sowie zur Ausgrenzung anderer Gesellschaftsformen, die Berufung auf die Gemeinschaft und die Überbetonung der Gleichheit aller rechtfertigten Eingriffe in individuelle Rechte und Freiheiten.

Diese herausragenden Beispiele ideologischen Missbrauchs des Gemeinschaftsbegriffs sprechen nicht gegen den Gemeinschaftsgedanken als solchen, heben jedoch die dem Konzept immanente potenzielle Gefahr hervor. So kann die übersteigerte Betonung der eigenen Gemeinschaft zur Ausgrenzung anderer Individuen und Gruppen führen. Zudem birgt die Überbetonung des Kollektivgedankens eine Bedrohung individueller Freiheiten in sich. Offenheit und idealistische Konnotation des Gemeinschaftsbegriffs verführen dazu, Eingriffe in Rechte und Interessen des Einzelnen allzu leichtfertig unter dem Vorwand eines überragenden Gemeinwohls zu rechtfertigen. Und der konkretisierungsbedürftige und stark wertungsabhängige Begriff des Gemeinschaftsinteresses ermöglicht es einzelnen Mitgliedern der Gemeinschaft, egoistische Partikularinteressen unter dem Deckmantel vermeintlicher Gemeinschaftsinteressen zu verfolgen. Dieser Schattenseiten des Konzepts muss man sich bewusst sein, will man ein auf dem Gemeinschaftsgedanken beruhendes Bild einer sozialen Ordnung entwerfen – auch und insbesondere auf der internationalen Ebene.[30]

---

meisten Schriften deutlich hervor, vgl. *Chris Brown*, International Political Theory and the Idea of World Community, in: Ken Booth/Steve Smith (eds.), International Relations Theory Today, 1995, S. 90.

[29] *Michael Stolleis*, Gemeinschaft und Volksgemeinschaft, VfZ 20 (1972), S. 16 ff.; *Riedel* (Fn. 1), S. 859; *Stefan Breuer*, „Gemeinschaft" in der „deutschen Soziologie", ZfS 31 (2002), S. 354 ff.

[30] Zur möglichen ausgrenzenden Dimension des Konzepts einer internationalen Gemeinschaft *Petra Minnerop*, Paria-Staaten im Völkerrecht?, 2004, S. 421 ff.

B. Der Begriff der internationalen Gemeinschaft

Spätestens seit der Mitte der 1970er Jahre spielt der Begriff der internationalen Gemeinschaft im Kontext der internationalen Beziehungen eine bedeutsame Rolle[31] und gehört heute zum Standardvokabular der Vereinten Nationen sowie des außenpolitischen Sprachgebrauchs. Dabei stellt sich zum einen die Frage, welche Funktion der Verwendung des Begriffs zukommt, zum anderen, wer mit dieser Bezeichnung gemeint ist.

I. Funktionale Differenzierung

Im Rahmen des funktionalen Kontexts lässt sich eine rhetorisch-politische von einer völkerrechtlich relevanten Verwendung des Begriffs der internationalen Gemeinschaft unterscheiden.[32] Oftmals hat die Erwähnung der internationalen Gemeinschaft eine rein rhetorische Bedeutung und dient der Unterstützung und Verstärkung eines rechtlichen Arguments oder einer politischen Forderung mit der dem Konzept immanenten emotionalen Konnotation: Ein an die internationale Gemeinschaft gerichteter Appell betont das Zusammengehörigkeitsgefühl und erscheint daher besser geeignet, solidarisches Verhalten hervorzurufen, als eine Forderung, die nur an alle Staatenvertreter adressiert ist. Eine eigenständige rechtliche Relevanz erhält das Gemeinschaftskonzept in diesem Zusammenhang jedoch nicht.

Wird die internationale Gemeinschaft im völkerrechtlichen Kontext erwähnt, so stellt sich die Frage nach dem normativen Bedeutungsgehalt. So stellt etwa Art. 53 der Wiener Vertragsrechtskonvention von 1969[33] für die Entstehung einer Norm des zwingenden Völkerrechts

---

[31] Vgl. *William D. Jackson*, Thinking about International Community and its Alternatives, in: Kenneth W. Thompson (ed.), Community, Diversity, and a New World Order, 1994, S. 3 f.

[32] Ähnlich *Jurij Daniel Aston*, Sekundärgesetzgebung internationaler Organisationen zwischen mitgliedstaatlicher Souveränität und Gemeinschaftsdisziplin, 2005, S. 201 f.; siehe auch *Don W. Greig*, „International Community", „Interdependence" and All That ... Rhetorical Correctness?, in: Gerard Kreijen (ed.), State, Sovereignty and International Governance, 2002, S. 521 (531), der eine Einteilung in vier Kategorien vornimmt.

[33] *Vienna Convention on the Law of Treaties* vom 23.5.1969, UNTS 1155, S. 331, BGBl. 1985 II, S. 926.

(*ius cogens*) auf die Anerkennung durch die internationale Gemeinschaft ab. Nur kurze Zeit später entwickelte der Internationale Gerichtshof im berühmten *obiter dictum* des *Barcelona Traction*-Urteils die Rechtsfigur der Verpflichtungen *erga omnes*,[34] völkerrechtlicher Verpflichtungen, die nicht nur einzelnen Staaten, sondern der internationalen Gemeinschaft als Ganzes gegenüber bestehen. Auch im Entwurf der *International Law Commission* zur Staatenverantwortlichkeit,[35] der die Frage der Geltendmachung von Verletzungen einer solchen Verpflichtung aufgreift, spielt das Konzept der internationalen Gemeinschaft eine wesentliche Rolle. Darüber hinaus wird die internationale Gemeinschaft gleich mehrmals in der Präambel des Römischen Statuts des Internationalen Strafgerichtshofes (IStGH-Statut)[36] erwähnt, und Art. 5 Abs. 1 IStGH-Statut begrenzt die Jurisdiktion des IStGH *ratione materiae* auf die schwersten Verbrechen gegenüber der internationalen Gemeinschaft. Diese Entwicklungen deuten die zunehmende völkerrechtliche Relevanz der internationalen Gemeinschaft an und müssen daher im Zentrum einer Abhandlung über die völkerrechtliche Stellung dieser Gemeinschaft stehen.[37] Darüber hinaus stellt sich die Frage, ob der internationalen Gemeinschaft eine weitere völkerrechtliche Relevanz auch in Konstellationen zukommt, in denen sie nicht ausdrücklich genannt wird.

Bei der Untersuchung des Begriffs der internationalen Gemeinschaft ist somit stets zu hinterfragen, ob die Verwendung allein rhetorischen Zwecken dient oder ob ihr eine völkerrechtliche Bedeutung zukommt. Dabei sind sowohl die Form der Verwendung als auch der Kontext zu beachten. Die Verwendung des Begriffs in völkerrechtlichen Verträgen etwa spricht für eine juristische Bedeutung, sagt aber noch nichts über den konkreten Regelungsgehalt aus. Ähnliches gilt für die Verwendung des Begriffs in der Rechtsprechung des IGH sowie in Resolutionen des UN-Sicherheitsrates. Gleichwohl kann sie auch nur der argumentativen

---

[34] *Barcelona Traction, Light and Power Company, Limited*, ICJ Reports 1970, S. 3 (32).

[35] *Draft Articles on Responsibility of States for Internationally Wrongful Acts, Adopted by the International Law Commission at its Fifty-third Session (2001)*, Official Records of the General Assembly, Fifty-sixth Session, Supplement No. 10, UN Doc. A/56/10.

[36] *Rome Statute of the International Criminal Court* vom 17.7.1998, UNTS 2187, S. 90, BGBl. 2000 II, S. 1394.

[37] So auch der Ansatz von *Paulus* (Fn. 11), S. 329 ff.

Verstärkung dienen, was regelmäßig auf die Appelle des UN-Generalsekretärs sowie Aufrufe von Nicht-Regierungsorganisationen zutreffen dürfte.

II. Bedeutungsgehalt

Der Begriff der internationalen Gemeinschaft wird mit unterschiedlichem Bedeutungsgehalt verwendet: Teilweise werden damit alle Staaten bezeichnet, teilweise werden einzelne Staaten oder Staatengruppen aus der Gemeinschaft ausgegrenzt und dieser gegenübergestellt, insbesondere um deren politisch isolierte Position zum Ausdruck zu bringen. Oftmals ergibt der Kontext zudem, dass nicht nur Staaten, sondern auch überstaatliche und nicht-staatliche Akteure erfasst sein sollen, und schließlich wird die internationale Gemeinschaft synonym mit dem Begriff der Menschheit verwendet.

Eine allgemeingültige Definition der internationalen Gemeinschaft ist daher nicht möglich. Innerhalb einzelner philosophischer, soziologischer und völkerrechtlicher Konzeptionen taucht die internationale Gemeinschaft in unterschiedlicher Zusammensetzung auf. Und auch innerhalb der einzelnen Rechtsfiguren des positiven Völkerrechts, die an die internationale Gemeinschaft anknüpfen, kann ein unterschiedlicher Bedeutungsgehalt zum Tragen kommen. Die Frage, wer die internationale Gemeinschaft ausmacht, wird daher im Laufe der Untersuchung an verschiedenen Stellen von Bedeutung sein.

C. Ergebnis

Die Untersuchung hat ergeben, dass ein einheitlicher und scharf konturierter Gemeinschaftsbegriff nicht existiert. Weitgehende Einigkeit besteht allenfalls darin, dass die Gemeinschaft den Gegensatz zur Gesellschaft darstellt und sich von letzterer durch ein höheres Maß an – zumindest gefühlter – Zusammengehörigkeit unterscheidet. Als wesentliche Merkmale einer Gemeinschaft erscheinen die personale Verbundenheit der Mitglieder, ein hoher Grad persönlicher Intimität, emotionale Tiefe sowie moralisches Engagement.[38] Offen ist, ob sich diese Zu-

---

[38] Vgl. *Robert Hettlage*, Gemeinschaft, in: Görres-Gesellschaft (Hrsg.), Staatslexikon, Bd. 2, 7. Aufl. 1986, Sp. 849 (849 f.).

sammengehörigkeit nach objektiven (*Tönnies*) oder subjektiven (*Weber*) Kriterien bemisst, welches Maß an Homogenität eine Gruppe aufweisen muss, um eine Gemeinschaft zu formen, welche Stellung der Einzelne innerhalb der Gemeinschaft einnimmt und welche Freiräume sie ihm belässt. Mit *Amitai Etzioni* kann man Gemeinschaften dennoch über eine *faktische* und eine *normative* Komponente definieren:

> „(...) communities have two attributes. One is commonly recognized: Members of a community are involved in a web of crisscrossing, affective bonds (as distinct of one-on-one bonds that characterize friendships). And one is less often mentioned: Communities share a moral culture, a set of values and norms.“[39]

Sowohl das faktische als auch das normative Element müssen vorliegen, um von einer Gemeinschaft sprechen zu können. *Vierkandt* macht schließlich deutlich, dass eine Gemeinschaft das Individuum nicht vollständig vereinnahmen muss, sondern ihm einen Raum der persönlichen Freiheit belassen kann. Der soziologische Gemeinschaftsbegriff bringt somit die stärkere Einbindung des Einzelnen in ein soziales System zum Ausdruck, ohne *a priori* festzulegen, wie diese Einbindung konkret ausgestaltet ist.

Trotz dieser Schwierigkeiten und der Kritik an der vereinfachenden Dichotomie von Gemeinschaft und Gesellschaft soll im Rahmen der vorliegenden Untersuchung an der Kategorisierung festgehalten werden. Ein Grund hierfür liegt darin, dass sie die völkerrechtliche Diskussion prägt und von zahlreichen Autoren aufgegriffen wird.[40] Zudem können eine Vielzahl der vorgebrachten Einwände auf das Konzept einer internationalen Gemeinschaft keine Anwendung finden. Im Völkerrecht zeugt der Gemeinschaftsgedanke mehr von progressiver Grundhaltung als von romantisierender Regression, da sich auf internationaler Ebene keine historische Entwicklung von einer gemeinschaftlichen zu einer gesellschaftlichen Ordnung ausmachen lässt. Das Gesellschaftssystem

---

39 *Amitai Etzioni*, Affective Bonds and Moral Norms: A Communitarian Approach to the Emerging Global Society, IPG 3/2005, S. 127 (129).

40 Nachweise bei *Paulus* (Fn. 11), S. 9; *Markus Kotzur*, Theorieelemente des internationalen Menschenrechtsschutzes, 2001, S. 151; *Nicholas Tsagourias*, The Will of the International Community as a Normative Source of International Law, in: Ige F. Dekker (ed.), Governance and International Legal Theory, 2004, S. 97 (98); *Georg Dahm/Jost Delbrück/Rüdiger Wolfrum*, Völkerrecht, Bd. I/1, 2. Aufl. 1989, S. 1 ff.; den Gemeinschaftsbegriff als zu euphemistisch ablehnend *Ingrid Detter DeLupis*, The Concept of International Law, 1987, S. 34 f.

stellt vielmehr die ursprüngliche Form der sozialen Beziehungen zwischen Staaten dar. Die Entwicklung auf der internationalen Ebene verläuft insofern diametral entgegengesetzt zur für den Nationalstaat konstatierten Entwicklung von der Gemeinschaft zur Gesellschaft. Zudem wenden sich die Kritiker gegen den Rückzug des Bürgers aus der Gesellschaft in die kleinere und intimere Gemeinschaft, ein Rückzug, der in dieser Weise auf internationaler Ebene nicht zu erkennen ist. Ebenso wenig ist mit der Anerkennung einer internationalen Gemeinschaft – sofern sie alle Staaten und die gesamte Menschheit umfasst – eine Form der Ausgrenzung verbunden. Schließlich erscheint der Gemeinschaftsbegriff geeignet, den noch näher zu beleuchtenden qualitativen und quantitativen Wandel des Völkerrechts von einer fragmentarischen horizontalen Ordnung archaischen Charakters zu einem verfassten Rechtssystem mit vertikalen Strukturelementen zu erfassen. Wenn man sich der immanenten Vereinfachung sowie der ideologisierenden Gefahr des Gemeinschaftsbegriffs bewusst ist, spricht somit nichts gegen die Verwendung des *Tönnies*schen Begriffspaares im Rahmen einer völkerrechtlichen Analyse – insbesondere wenn man die Begriffe nicht als radikale Gegensätze verstehen will, sondern als „Endpunkte eines Kontinuums fließender Übergänge".[41]

Soweit im Folgenden daher von *Staatengesellschaft* die Rede sein wird, ist damit das klassische Bild der internationalen Ordnung, basierend auf Staaten, die keiner übergeordneten Instanz unterliegen und deren egoistische Interessen die alleinige Grundlage des Systems ausmachen, gemeint. Die *internationale Gemeinschaft* hingegen zeichnet sich durch ein stärkeres Maß an Verbundenheit und Solidarität der Mitglieder aus, durch die Existenz und Verfolgung von Gemeinschaftswerten jenseits der einzelstaatlichen Interessen und zumindest in Ansätzen durch die Unterordnung des Einzelnen unter „das Ganze", unter die internationale Gemeinschaft als übergeordnete Entität.[42] Dabei kann es nicht das Ziel dieser Arbeit sein festzustellen, *ob* eine internationale Gemeinschaft existiert oder nicht. Vielmehr geht es darum, einzelne gemeinschaftsrechtliche Strukturmerkmale herauszuarbeiten und zu analysieren, inwiefern die internationale Ordnung noch allein dem gesellschaftlichen System verhaftet ist. Trotz des dichotomischen Verständnisses von Gemeinschaft und Gesellschaft ist es daher nicht ausgeschlossen, innerhalb eines sozialen Systems Strukturmerkmale sowohl des einen als auch des

---

[41] *Graser* (Fn. 19), S. 15.

[42] Zu dieser Differenzierung *Tsagourias* (Fn. 40), S. 101 ff.

anderen Idealtypus zu entdecken sowie Strukturen, die sich zwischen diesen beiden Polen bewegen.[43]

Damit ist gleichzeitig der weitere Gang der Arbeit vorgezeichnet: Nach einer kurzen Darstellung der Rahmenbedingungen des internationalen Systems zu Beginn des 21. Jahrhunderts, welche die grundsätzliche Erforderlichkeit weitergehender Gemeinschaftsbildung auf internationaler Ebene herausstellen wird (*faktisches* Element des Gemeinschaftsbegriffs), wird nach einer kurzen Darstellung spezifisch völkerrechtlicher Gemeinschaftskonzeptionen zum Abschluss des Grundlagenteils untersucht, ob auf internationaler Ebene der für die Existenz einer internationalen Gemeinschaft erforderliche Werte- und Interessenkonsens (*normatives* Element des Gemeinschaftsbegriffs) möglich ist und existiert.

---

[43] Vgl. *Etzioni* (Fn. 39), S. 132.

2. Kapitel: Rahmenbedingungen der internationalen Gemeinschaft

Globalisierung bezeichnet einen gesellschaftlichen Prozess, der das überkommene System der internationalen Politik sowie das traditionelle Völkerrecht herausfordert und in Frage stellt. Für den Untersuchungsgegenstand der vorliegenden Arbeit sind die faktischen Rahmenbedingungen des internationalen Systems insofern von Bedeutung, als eine auf gemeinsamen Werten und Interessen basierende internationale Gemeinschaft ein hohes Maß an Interaktion und Interdependenz voraussetzt. Zudem lassen sich sowohl aktuelle Theorien einer internationalen gemeinschaftlichen Ordnung als auch der Wandel des Völkerrechts zumindest teilweise als normative Reaktionen auf die gewandelten soziologischen Rahmenbedingungen begreifen. Darüber hinaus legt die Untersuchung der Globalisierung die Grundlage für die nachfolgende völkerrechtliche Analyse, indem sie diejenigen Probleme und Herausforderungen des beginnenden 21. Jahrhunderts skizziert, auf die das Völkerrecht reagieren muss, wenn es seine Relevanz für die politische Realität behalten will.

A. Das Zeitalter der Globalisierung

So sehr die Globalisierung das politische Geschehen, die wissenschaftliche Auseinandersetzung sowie den öffentlichen Diskurs dominiert, so wenig Einigkeit besteht hinsichtlich ihrer Bedeutung, Ursachen und Finalität. Globalisierung entzieht sich jeder einfachen Definition und stellt auch keine einheitliche Entwicklung dar, sondern setzt sich aus einer Vielzahl paralleler und teilweise gegenläufiger Prozesse zusammen. Sie vollzieht sich regional unterschiedlich und ungleichzeitig und wird von Renationalisierungstendenzen begleitet.[1] Als deskriptives Konzept steht Globalisierung zunächst für einen generell feststellbaren Transformationsprozess, der sich durch zunehmende globale Vernetzung und stei-

---

[1] *Johannes Varwick*, Globalisierung, in: Wichard Woyke (Hrsg.), Handwörterbuch Internationale Politik, 11. Aufl. 2008, S. 166 spricht daher von einem globalen Trend der Globalisierung.

M. Payandeh, *Internationales Gemeinschaftsrecht*, Beiträge zum ausländischen öffentlichen Recht und Völkerrecht 219, DOI 10.1007/978-3-642-13141-7_3,

gende wechselseitige Abhängigkeiten auszeichnet.[2] *Roland Robertson*, der Globalisierung schon früh aus der soziologischen Perspektive betrachtete, definiert diese:

> „(...) in its most general sense as the process whereby the world becomes a single place."[3]

Globalisierung beziehe sich zudem auf das menschliche Bewusstsein und beinhalte auch eine subjektive Komponente.[4]

Auch für *Anthony Giddens* stehen die Gesichtspunkte der Vernetzung und der Interdependenz im Vordergrund, wenn er Globalisierung definiert als:

> „(...) the intensification of worldwide social relations which link distant localities in such a way that local happenings are shaped by events occurring many miles away and vice versa."[5]

Ulrich Beck greift diese Definitionen auf und ergänzt sie um eine transnationale Komponente. Für ihn besteht Globalisierung aus denjenigen Prozessen:

> „(...) in deren Folge die Nationalstaaten und ihre Souveränität durch transnationale Akteure, ihre Machtchancen, Orientierungen, Identitäten und Netzwerke unterlaufen und querverbunden werden."[6]

Die ähnliche Definition von *Elmar Altvater* richtet den Fokus noch deutlicher auf die Folgen der Globalisierung für den Nationalstaat. Globalisierung sei:

> „(...) ein Prozeß der Überwindung von historisch entstandenen Grenzen. Sie ist daher gleichbedeutend mit der Erosion (also nicht dem Verschwinden) nationalstaatlicher Souveränität."[7]

---

[2] Statt vieler *Jörg Dürrschmidt*, Globalisierung, 2002, S. 12.

[3] *Roland Robertson*, Globalization: Social Theory and Global Culture, 1992, S. 135; ähnlich *Martin Albrow*, Globalization, in: William Outhwaite/ Tom Bottomore (eds.), The Blackwell Dictionary of Twentieth-century Social Thought, 1993, S. 248.

[4] *Robertson* (Fn. 3), S. 8: „Globalization as a concept refers both to the compression of the world and the intensification of consciousness of the world as a whole."

[5] *Anthony Giddens*, The Consequences of Modernity, 1990, S. 64; siehe auch *Varwick* (Fn. 1), S. 159; *Thomas L. Friedman*, The Lexus and the Olive Tree: Understanding Globalization, 2000, S. 8: „The world has become an increasingly interwoven place."

[6] *Ulrich Beck*, Was ist Globalisierung?, 1997, S. 28 f.

Globalisierung ist zudem kein rein ökonomisches Phänomen. So richtig es ist, dass die Globalisierung eine besondere Bedeutung im weltwirtschaftlichen Kontext erlangt, so verfehlt wäre es, sie auf diesen Bereich zu reduzieren. Die Dynamik der Globalisierung wird zwar von ökonomischen Kräften vorangetrieben,[8] ihre Folgen berühren jedoch den politischen und sozialen Bereich.[9] Die Einordnung der Globalisierung als rein ökonomisches Phänomen verkennt zudem die Multidimensionalität dieser Entwicklung, die sich nicht auf den wirtschaftlichen Sektor beschränkt, sondern auf Ökologie und Kultur, Wissenschaft und internationalen Rechtsverkehr erstreckt. Sie betrifft auch nicht nur den politischen Sektor, sondern durchdringt sämtliche Aspekte des gesellschaftlichen Zusammenlebens.

Trotz der unterschiedlichen Definitionen und wissenschaftlichen Ansätze lassen sich einige wesentliche Merkmale der Globalisierung ausmachen: Im Hinblick auf die Auswirkungen der Globalisierung auf das internationale System sowie die Völkerrechtsordnung sind insbesondere die Gesichtspunkte der Interdependenz (B), der zunehmend grenzüberschreitenden („transnationalen“) Tätigkeit staatlicher und nichtstaatlicher Akteure (C) sowie des Bedeutungsverlustes des Staates (D) von Interesse.

---

7 *Elmar Altvater*, Ort und Zeit des Politischen unter den Bedingungen ökonomischer Globalisierung, in: Dirk Messner (Hrsg.), Die Zukunft des Staates und der Politik, 1998, S. 74.

8 Getragen wird die Globalisierung zudem vom technologischen Fortschritt in den Bereichen Kommunikation und Verkehr. Dieser ermöglicht die zunehmende weltweite Verflechtung und führt zu der auf *Herbert Marshall McLuhan* zurückgehenden Bezeichnung des „global village“ für das Wegbrechen der räumlichen und zeitlichen Barrieren menschlicher Kommunikation, vgl. *Herbert Marshall McLuhan*, The Gutenberg Galaxy, 1962; *ders./Quentin Fiore*, War and Peace in the Global Village, 1968; *ders./Bruce R. Powers*, The Global Village, 1989. Dabei zeigt sich die Unmöglichkeit einer trennscharfen Unterscheidung zwischen Ursache und Wirkung der Globalisierung: Die kommunikations- und verkehrstechnischen Entwicklungen ermöglichen und fördern die Globalisierung, werden andererseits von dieser vorangetrieben und stellen somit selbst ein Phänomen der Globalisierung dar, dazu *Klaus Dicke*, Erscheinungsformen und Wirkungen der Globalisierung in Struktur und Recht des internationalen Systems auf universaler und regionaler Ebene sowie gegenläufige Renationalisierungstendenzen, BDGVR 39 (2000), S. 13 (15).

9 *Klaus Müller*, Globalisierung, 2002, S. 22; zu eng daher *Hans-Peter Martin/Harald Schumann*, Die Globalisierungsfalle, 1996, S. 296.

B. Herausforderungen einer zunehmend interdependenten Welt

Die Vorstellung einer in mehr oder weniger geschlossene, voneinander unabhängige Räume eingeteilten Welt erweist sich im Zeitalter der Globalisierung als nicht mehr zutreffend.[10] Die damit einhergehende wechselseitige Abhängigkeit und Beeinflussung der Staaten wird unter dem Schlagwort der Interdependenz diskutiert und bedeutet zum einen, dass Entscheidungen eines Staates immer auch von äußeren Faktoren beeinflusst werden, zum anderen, dass Maßnahmen eines Staates nicht nur Auswirkungen auf die eigene Gesellschaft, sondern auch auf andere Gesellschaften haben können.[11] Für den einzelnen Staat kann hieraus eine Belastung entstehen, wenn er nicht rechtzeitig Maßnahmen ergreift, um auf äußere Einflüsse zu reagieren, oder nicht dazu in der Lage ist, allein mit den zur Verfügung stehenden einzelstaatlichen Handlungsmöglichkeiten auf eine derartige Herausforderung zu antworten.[12] Interdependenz wirft daher die Frage auf, ob der einzelne Nationalstaat sowie die Kooperationsmechanismen und das Maß an Institutionalisierung, das dem internationalen System zugrunde liegt, ausreichen, um die komplexen und miteinander verwobenen globalen Probleme zu lösen.

Dass Staaten voneinander abhängig sind und sich gegenseitig beeinflussen, ist zwar kein neues Phänomen,[13] im Zeitalter der Globalisierung hat

---

[10] *Beck* (Fn. 6), S. 44.

[11] Siehe *Ursula Lehmkuhl*, Theorien internationaler Politik, 3. Aufl. 2001, S. 193 ff., dort auch zu den verschiedenen Ausprägungen der auf dieser Annahme basierenden Interdependenztheorie; *Christian Tomuschat*, Obligations Arising for States without or against Their Will, RdC 241 (1993-IV), S. 195 (212); *Franz Xaver Perrez*, Cooperative Sovereignty, 2000, S. 115 ff.; *Beck* spricht im Hinblick auf die globalen Effekte, welche die Generierung eines Risikos durch einen einzelnen Staat nach sich ziehen kann, treffend von der „Risikogesellschaft", *Ulrich Beck*, Risikogesellschaft, 1986.

[12] Vgl. *Robert O. Keohane/Joseph Nye*, Power and Interdependence, 2nd ed. 1989, S. 11 ff., die für ersteres den Begriff der „Sensitivity" und für letzteres den der „Vulnerability" prägen.

[13] Als Grundlage der Völkergemeinschaft taucht der Gedanke gegenseitiger Abhängigkeit bereits 1612 bei *Francisco Suárez*, De Legibus ac Deo Legislatore, 1612, Liber II, Caput 19, 9 (zitiert nach James Brown Scott (ed.), The Classics of International Law, Selections from Three Works of Francisco Suárez, 1995, Vol. 2, S. 348) auf. Auch *Karl Marx/Friedrich Engels*, Manifest der Kommunistischen Partei (1848), in: Werke, Bd. 4, 6. Aufl. 1972, S. 459 (466) heben mit Blick auf den Kapitalismus die wirtschaftliche Interdependenz hervor: „An die

diese Interdependenz jedoch eine neue Dimension erreicht: War die Verbindung der Staaten etwa im Rahmen der Weltwirtschafts- und Handelspolitik von jeher spürbar, so konnte der Staat in innenpolitischen Angelegenheiten über lange Zeit hinweg das Bild einer nach außen impermeablen und weitgehend autarken Handlungseinheit aufrechterhalten. Nunmehr werden auch diese Bereiche staatlicher Steuerung von globalen Vorgängen beeinflusst. Konnten Arbeitsmarkt- und Sozialpolitik vor wenigen Jahrzehnten noch als rein national bestimmt gelten, so müssen Politiker heutzutage in wesentlich höherem Umfang internationale Faktoren in die politische Entscheidungsfindung einbeziehen. Und nicht nur die Anzahl der betroffenen Politikfelder hat zugenommen, sondern auch die Qualität der Interdependenz. Insbesondere ökologische Herausforderungen sowie die anhaltende Bedrohung durch Massenvernichtungswaffen gefährden nicht nur die Existenz einzelner Staaten, sondern der Menschheit selbst.[14] Die interdependenten Herausforderungslagen weisen zudem eine hohe Multidimensionalität auf: Nahezu alle Politikbereiche werden erfasst – Frieden und internationale Sicherheit, Wirtschaft, Umwelt, aber auch Entwicklung und Fragen der sozialen Gerechtigkeit[15] –, zudem besteht Interdependenz nicht nur innerhalb dieser Problemfelder, sondern diese beeinflussen sich auch gegenseitig. Schließlich bringt die Globalisierung eine räumliche Ausweitung der Interdependenz mit sich. Nicht nur die Industrienationen, sondern zunehmend auch Schwellen- und Entwicklungsländer befinden sich in wechselseitiger Abhängigkeit.

Das Schlagwort der Interdependenz zeigt damit das Erfordernis weitergehender Kooperation oder Institutionalisierung unter den Staaten auf. Eine unmittelbare normative Bedeutung kommt ihm jedoch nicht zu.[16]

Stelle der alten lokalen und nationalen Selbstgenügsamkeit und Abgeschlossenheit tritt ein allseitiger Verkehr, eine allseitige Abhängigkeit der Nationen voneinander." Und auch der Ansatz der *New Haven School* beruht in hohem Maße auf der Anerkennung zunehmender Interdependenz, siehe nur *Myres S. McDougal*, International Law, Power, and Policy: A Contemporary Conception, RdC 82 (1953-I), S. 133 (169 ff.).

[14] *Jan-Erik Lane*, Globalisation: Promises and Dangers, ZSE 2004, S. 506 (509).

[15] *Philip Allott*, Eunomia, 2001, S. lii f. unterscheidet zwischen militärischer, ökonomischer, ökologischer sowie moralischer Interdependenz.

[16] So deutlich *Rüdiger Wolfrum*, International Law of Cooperation, in: Rudolf Bernhardt (ed.), EPIL, Vol. II, 1995, S. 1242: „Interdependence does not describe obligations or rights to act but rather the factual situation of mutual

C. Entstehung einer transnationalen Gesellschaft

Das traditionelle internationale System zeichnet sich durch seine Orientierung am Staat als der grundlegenden Bezugsgröße aus. Der Staat steht im Zentrum der internationalen Beziehungen sowie des Völkerrechts. Die Interaktion mit anderen Staaten sowohl in politischer als auch in völkerrechtlicher Hinsicht obliegt einigen wenigen Funktionsträgern im Staat, wirkt aber nicht unmittelbar in den innerstaatlichen Bereich hinein. Dieses klassische Modell der internationalen Beziehungen wird von der Globalisierung zunehmend in Frage gestellt. Nicht-staatliche Akteure überschreiten nationalstaatliche Grenzen und dringen in ehemals dem Staat vorbehaltene Bereiche vor, eine Entwicklung, die mit dem Schlagwort der transnationalen Gesellschaft bezeichnet wird:[17] Multi- oder transnationalen Unternehmen, die über staatliche Grenzen hinaus wirtschaftlich tätig werden, kommt in der gegenwärtigen Wirtschaftsordnung ein immer höherer Stellenwert zu.[18] Sie durchbrechen die staatlichen Grenzen und interagieren direkt mit anderen Staaten.[19] Territoriale Grenzen werden nicht nur überschritten, sondern verlieren zunehmend an Bedeutung.[20] Das Bild eines Systems geschlossener Nationalstaaten wird hierdurch vehement in Frage gestellt.

---

dependence among States. Thus interdependence is a sociological term without direct legal consequences (...).“

[17] Grundlegend *Raymond Aron*, Paix et guerre entre les nations, 1962, S. 113 ff.; *Karl Kaiser*, Transnationale Politik, in: Ernst-Otto Czempiel (Hrsg.), Die anachronistische Souveränität, 1969, S. 80 (92 ff.); aus neuerer Zeit beispielsweise *Bob Reinalda*, Private in Form, Public in Purpose: NGOs in International Relations Theory, in: Bas Arts et al. (eds.), Non-State Actors in International Relations, 2001, S. 11 (22 ff.); *Thomas Risse-Kappen*, Bringing Transnational Relations Back In: Introduction, in: ders. (ed.), Bringing Transnational Relations Back In. Non-state Actors, Domestic Structures and International Institutions, 1995, S. 3 definiert transnationale Beziehungen als „(...) regular interactions across national boundaries when at least one actor is a non-state agent or does not operate on behalf of a national government or an intergovernmental organization“.

[18] Siehe dazu etwa *Volker Epping*, Völkerrechtssubjekte, in: Knut Ipsen (Hrsg.), Völkerrecht, 5. Aufl. 2004, S. 55 (108) m.w.N.; *Ulrich Teusch*, Was ist Globalisierung?, 2004, S. 108 ff.

[19] Vgl. *Wolfgang Graf Vitzthum*, Begriff, Geschichte und Quellen des Völkerrechts, in: ders. (Hrsg.), Völkerrecht, 4. Aufl. 2007, S. 1 (14).

[20] *Müller* (Fn. 9), S. 176.

Die Tätigkeit von Nichtregierungsorganisationen (NGOs) auf der internationalen Bühne lässt erste Ansätze einer internationalen Zivilgesellschaft erkennbar werden.[21] NGOs beruhen nicht auf einem staatlichen Gründungsakt, sondern setzen sich aus natürlichen und juristischen Personen des Privatrechts zusammen.[22] Dennoch spielen sie eine entscheidende Rolle innerhalb der internationalen Beziehungen. Sie kontrollieren und kritisieren das Verhalten einzelner Staaten, beteiligen sich an internationalen Konferenzen und wirken zunehmend an der Entstehung völkerrechtlicher Verträge mit. Sie entwickeln sich damit zu eigenständigen internationalen Akteuren, die in vielfacher Weise gleichberechtigt mit der Staatenwelt in Erscheinung treten.

Eine weitere Erscheinungsform transnationalen Handelns stellt der internationale Terrorismus dar. War Terrorismus lange Zeit ein vorwiegend innerstaatliches Phänomen, so beschäftigt es spätestens seit dem 11. September 2001 vermehrt die Weltgemeinschaft. Terroristische Vereinigungen und Terrornetzwerke lassen sich oftmals nicht eindeutig einem Staat zurechnen, auch wenn vielfach Vernetzungen mit staatlichen Strukturen bestehen. Die überkommenen Grundsätze des Krieges werden damit sowohl aus der politisch-strategischen als auch aus der rechtlichen Perspektive in Frage gestellt.[23]

Dieses zunehmende Ausmaß transnationaler Aktivitäten wird unterschiedlich bewertet. Einigen Autoren zufolge stimmen die territorialen Grenzen nicht mehr mit dem tatsächlichen Einfluss, den der Staat auf Wirtschaft und Gesellschaft ausüben kann, überein. Insbesondere die Systemtheorie *Niklas Luhmanns* konstatiert eine Ablösung territorialer durch funktionale Grenzen: Das Weltsystem gliedere sich nunmehr in verschiedene funktionale Systeme, Staatsgrenzen stellten nicht mehr das entscheidende Kriterium für die Abgrenzung von Gesellschaften dar.[24] Dennoch hat die Globalisierung territoriale Grenzen nicht völlig bedeutungslos werden lassen. So sind wesentliche Produktionszweige weiter-

---

[21] Überblick bei *Andreas L. Paulus*, Die internationale Gemeinschaft im Völkerrecht, 2001, S. 103 ff.; zur Bedeutung von NGOs für die internationale Gemeinschaft siehe unten 5. Kap., D.

[22] *Hermann H.-K. Rechenberg*, Non-Governmental Organizations, in: Rudolf Bernhardt (ed.), EPIL, Vol. III, 1997, S. 612.

[23] Vgl. *Lars Mammen*, Völkerrechtliche Stellung von internationalen Terrororganisationen, 2008, S. 57 ff.

[24] *Niklas Luhmann*, Das Recht der Gesellschaft, 1993, S. 571 ff.; siehe auch *Stephan Hobe*, Der offene Verfassungsstaat zwischen Souveränität und Interdependenz, 1998, S. 391.

hin stark national geprägt, viele Unternehmen bleiben national verankert und weisen keine den „global players“ vergleichbare Mobilität auf. Von einem „Ende der Geographie“ im Zeitalter der Globalisierung zu sprechen, erscheint daher verfrüht.[25]

D. Bedeutungsverlust des (Einzel-)Staates

Was den Prozess der Globalisierung von einer bloßen Internationalisierung, das heißt der zunehmenden internationalen Tätigkeit nationaler Akteure im Rahmen staatlicher Kontrolle unterscheidet, ist die schwindende Möglichkeit des Staates – und zwar des *einzelnen* Staates –, inter- und transnationale Vorgänge zu beeinflussen und gezielt zu steuern.[26] Frühere Internationalisierungsprozesse, insbesondere auf wirtschaftlichem Gebiet, wurden von nationalen Volkswirtschaften vorangetrieben, die diesen Vorgang mit ihren Handlungsmechanismen steuern und gestalten konnten.[27] Im Zeitalter der Globalisierung schwinden diese Steuerungsmöglichkeiten zunehmend. Das viel beschworene Versagen des Staates hängt dabei eng mit der wachsenden Interdependenz sowie den Erscheinungsformen transnationaler Interaktion zusammen.[28] Einige globale Problembereiche können überhaupt nicht mehr von einem einzelnen Staat oder einer Gruppe von Staaten angegangen werden, sondern verlangen nach einem geschlossenen Tätigwerden der internationalen Gemeinschaft.[29] Bezogen auf die globale ökologische Herausfor-

---

25 *Varwick* (Fn. 1), S. 161.

26 Vgl. *Jost Delbrück*, Structural Changes in the International System and its Legal Order: International Law in the Era of Globalization, SZIER 2001, S. 1 (13 f.); *ders.*, Globalization of Law, Politics and Markets – Implications for Domestic Law. A European Perspective, Ind. J. Global Leg. Stud. 1 (1993), S. 9 (11); *Georg Dahm/Jost Delbrück/Rüdiger Wolfrum*, Völkerrecht, Bd. I/1, 2. Aufl. 1989, S. 11 ff.; *Stefan Kadelbach*, Ethik des Völkerrechts unter Bedingungen der Globalisierung, ZaöRV 64 (2004), S. 1; *Perrez* (Fn. 11), S. 147 ff.; *Michael Anderheiden*, Gemeinwohl in Republik und Union, 2006, S. 630.

27 *Varwick* (Fn. 1), S. 160.

28 Siehe hierzu etwa *Don W. Greig*, „International Community“, „Interdependence“ and All That ... Rhetorical Correctness?, in: Gerard Kreijen (ed.), State, Sovereignty and International Governance, 2002, S. 521 (569 ff.).

29 *Brun-Otto Bryde*, International Democratic Constitutionalism, in: Ronald St. John MacDonald/Douglas M. Johnston (eds.), Towards World Constitu-

derung oder die Frage der nuklearen Abrüstung kann schon das nichtkonforme Verhalten eines Staates oder einiger weniger Staaten ausreichen, um die Bemühungen der Staatenwelt im Übrigen weitgehend zunichte zu machen. Der atomaren Bedrohung lässt sich nur durch Zurückhaltung und Abrüstung *aller* Staaten begegnen. Komplexe Probleme übersteigen die Kapazitäten selbst der mächtigsten Staaten, so dass ein Zusammenwirken mit anderen Staaten unverzichtbar erscheint. Ergänzend kommt hinzu, dass wechselseitige Abhängigkeit nicht nur zwischen Staaten besteht, sondern dass auch die Problembereiche selbst ein hohes Maß an Interdependenz aufweisen. Umweltpolitische Herausforderungen beispielsweise können nicht isoliert betrachtet und gelöst werden, sondern müssen stets in ihrem entwicklungspolitischen, ökonomischen und teilweise auch kulturellen Kontext gesehen werden. Insofern erscheint das Vorgehen eines einzelnen Staates wenig Erfolg versprechend. Vor dem Hintergrund zunehmender Interdependenz kann somit weniger von einem Bedeutungsverlust *des* Staates gesprochen werden als vielmehr von einem Bedeutungsverlust des *einzelnen* Staates.

Zudem sind Staaten nicht nur voneinander abhängig, sondern stehen darüber hinaus mit nicht-staatlichen Akteuren in einem wechselseitigen Abhängigkeitsverhältnis.[30] Da multinationale Unternehmen teilweise eine Wirtschaftskraft aufweisen, die diejenige vieler Staaten übersteigt, wird die Einwirkungsmöglichkeit der Staaten auf transnationale Vorgänge in Frage gestellt. Der Primat der Politik über die Wirtschaft kann schon innerstaatlich nicht in vollem Umfang gewährleistet werden, und zunehmend üben Unternehmen auch auf die innerstaatliche Sphäre anderer Staaten Einfluss aus.[31] Durch ihre territorial weitgehend ungebundenen Aktivitäten entziehen sie sich dem Zugriff einzelner Staaten. Diese faktische Entstaatlichung der Wirtschaftspolitik geht einher mit dem Verlust staatlicher Kontrolle über Kapitalflüsse.[32] Auch die verstärkte Aktivität von NGOs entzieht sich dem Zugriff des einzelnen

---

tionalism, 2005, S. 103: „Today, not a single major social problem can be solved within the boundaries of the nation state.“

[30] Statt vieler *Thomas J. Biersteker/Cynthia Weber*, The Social Construction of State Sovereignty, in: dies. (eds.), State Sovereignty as Social Construct, 1996, S. 1 (6 f.).

[31] *Epping* (Fn. 18), S. 109 führt die Rolle des ITT-Konzerns im Hinblick auf den Sturz des chilenischen Staatschefs *Allende* als Beispiel an.

[32] *Peter Willetts*, Transnational Actors and International Organizations in Global Politics, in: John Baylis/Steve Smith (eds.), The Globalization of World Politics, 3rd ed. 2005, S. 425 (430).

Staates. Vollständig zum Vorschein tritt das einzelstaatliche Defizit im Hinblick auf den internationalen Terrorismus. Derjenige Staat, auf dessen Staatsgebiet ein Terrornetzwerk ansässig ist, ist oftmals nicht in der Lage oder willens, dieses zu bekämpfen. Für dritte Staaten erweist sich der Zugriff als noch schwieriger. Zudem lassen sich die auf zwischenstaatliche Auseinandersetzungen zugeschnittenen Handlungsmechanismen des Friedenssicherungsrechts nur bedingt auf Konflikte mit nicht-staatlichen Akteuren anwenden. Insbesondere die militärischen Einsätze in Afghanistan und im Irak haben deutlich werden lassen, dass sich die komplexen Konflikte der Neuzeit mit klassischen militärischen Methoden allein nicht bewältigen lassen.

Ob man angesichts dieser empfindlichen Beschränkung der Steuerungs- und Handlungsfähigkeit von einem „Rückzug des Staates" aus den internationalen Beziehungen sprechen kann,[33] mag hier dahinstehen. Jedenfalls stellen die interdependenten und komplexen globalen Herausforderungen sowie das Aufkommen transnationaler Akteure die exklusive Rolle des Staates im internationalen System in Frage.

E. Ergebnis

Zusammenfassend lassen sich die Rahmenbedingungen der internationalen Gemeinschaft im Zeitalter der Globalisierung mit den Schlagworten Interdependenz und Transnationalität sowie dem Bedeutungsverlust des Staates skizzieren: Wenn die Herausforderungen zunehmend interdependenter und komplexer werden, sich wesentliche Akteure der internationalen Beziehungen dem staatlichen Zugriff entziehen und der einzelne Staat allein nicht in der Lage ist, diesen globalen Herausforderungen mit den ihm zur Verfügung stehenden Handlungsmechanismen zu begegnen, so drängt sich die Frage nach einer möglichen Kompensation dieses Steuerungsdefizits auf. Angriffe gegen die Globalisierung als solche und Bestrebungen, den Prozess der Denationalisierung umzukehren, um staatliche Handlungsspielräume zurückzuerobern, können in Anbetracht des Ausmaßes und der Eigendynamik, welche die Globalisierung angenommen hat, sowie ihrer zahlreichen positiven Auswirkungen und der ihr innewohnenden Chancen nicht überzeugen. Auch

---

[33] Siehe statt vieler *Susan Strange*, The Retreat of the State, 1996; dagegen *Werner Link*, Zur internationalen Neuordnung – Merkmale und Perspektiven, ZfP 44 (1997), S. 258 (270 f.).

wenn Globalisierung kein Naturphänomen ist, sondern sich auf staatliche und menschliche Handlungen zurückführen lässt, stellt sie einen irreversiblen Prozess dar.[34] Insbesondere obliegt es nicht dem einzelnen Staat zu entscheiden, ob er an der Globalisierung teilnimmt, und die Verweigerung gegenüber der Globalisierung führt zwangsläufig dazu, dass ein Staat nur die negativen Auswirkungen zu spüren bekommt, ohne den Prozess aktiv mitgestalten zu können.[35] Die Globalisierung lässt der Staatenwelt insofern keine Wahl. Es geht vielmehr darum, durch verstärkte Einbindung aller wesentlichen Akteure sowie eine Vertiefung von Kooperation und Institutionalisierung wirksame Mechanismen zu entwickeln, um den Verlust staatlicher Handlungsspielräume zu kompensieren und die Globalisierung steuerbarer zu machen. Ob die Globalisierung zumindest auf lange Sicht zum Wohlergehen der Menschheit beitragen wird oder tatsächlich „universalism minus a conscience“[36] darstellt: Sie ist eine empirische Tatsache, die die Wissenschaft zur Kenntnis nehmen muss. Sie bezeichnet zwar primär ein tatsächliches Phänomen, verdeutlicht aber die Notwendigkeit weitergehender rechtlicher Regelung.[37] Das Völkerrecht als normative Ordnung wird von dem Wandel in der sozialen Welt zwar nicht unmittelbar beeinflusst, muss aber die tatsächlichen Notwendigkeiten des internationalen Systems aufgreifen und auf diese reagieren.

---

[34] *Friedman* (Fn. 5), S. xxi f.: „(...) I feel about globalization a lot like I feel about the dawn. Generally speaking, I think it's a good thing that the sun comes up every morning. It does more good than harm, especially if you wear sunscreen and sunglasses. But even if I didn't much care for the dawn there isn't much I could do about it.“

[35] *Lane* (Fn. 14), S. 511 f.

[36] *René-Jean Dupuy*, International Law: Torn between Coexistence, Cooperation and Globalization. General Conclusions, EJIL 9 (1998), S. 278 (282).

[37] *Bryde* (Fn. 29), S. 104; *Christian Tomuschat*, International Law: Ensuring the Survival of Mankind on the Eve of a New Century, RdC 281 (1999), S. 9 (42 f.).

3. Kapitel: Konzepte der internationalen Gemeinschaft im Völkerrecht

A. Historische Vorbilder

Der Gedanke einer die Welt umfassenden und auf universellen Grundwerten basierenden Völkergemeinschaft taucht bereits bei den „Vätern des modernen Völkerrechts“ auf.[1] Nach *Francisco Suárez* basiert die Völkergemeinschaft, die für ihn die Grundlage des *ius gentium* darstellt, auf der Einheit der Menschheit.[2] Den Ursprung dieser Völkergemeinschaft sieht *Suárez* in der gegenseitigen Abhängigkeit aller Staaten, die dazu führe, dass die Staaten zusammenarbeiten müssten. Der letzte Grund für die Existenz der Völkergemeinschaft sei jedoch in der Natur des Menschen verankert, der nach einem Leben in der Gemeinschaft strebe und zu seiner vollständigen Entfaltung der Einbindung in die Gemeinschaft des Staates und letztlich in die der Völkergemeinschaft bedürfe.[3] Die Aufgabe der Völkergemeinschaft sieht *Suárez* in der Förderung des Gemeinwohls, dem sich das Wohl des einzelnen Staates unterzuordnen habe. *Alberico Gentili* entwirft eine *societas gentium*, die die Grundlage des Völkerrechts darstellt, sich über das Christentum hinaus erstreckt und die gesamte Welt umfasst. Obwohl er dem Naturrecht göttlichen Ursprung zuspricht, blendet *Gentili* Fragen der Religion sowie der religiösen Zugehörigkeit aus dem internationalen Rechts-

---

1 Vgl. die Darstellungen bei *Clarence Wilfred Jenks*, The Common Law of Mankind, 1958, S. 66 ff.; *Antônio Augusto Cançado Trindade*, International Law for Humankind: Towards a New Jus Gentium (I), RdC 316 (2005), S. 9 (37 ff.); *Markus Kotzur*, Theorieelemente des internationalen Menschenrechtsschutzes, 2001, S. 147 ff.; *Martin Scheyli*, Konstitutionelle Gemeinwohlorientierung im Völkerrecht, 2008, S. 34 ff.

2 *Francisco Suárez*, De Legibus ac Deo Legislatore, 1612, Liber II, Caput 19, 9 (zitiert nach James Brown Scott (ed.), The Classics of International Law, Selections from Three Works of Francisco Suárez, 1995, Vol. 2, S. 348); zur Konzeption der Völkergemeinschaft bei *Suárez* siehe *Josef Soder*, Francisco Suárez und das Völkerrecht, 1973, S. 220 ff.

3 Zur diesbezüglichen Rezeption von *Platon* und *Aristoteles* siehe *Soder* (Fn. 2), S. 228 f.

M. Payandeh, *Internationales Gemeinschaftsrecht*, Beiträge zum ausländischen öffentlichen Recht und Völkerrecht 219, DOI 10.1007/978-3-642-13141-7_4,

system aus.[4] *Hugo Grotius* betont die universelle Gültigkeit des Völkerrechts,[5] die er jedoch auf das Naturrecht[6] sowie das menschliche Recht[7] beschränkt. Das gewillkürte göttliche Recht, das dem Menschen erst später durch einen göttlichen Willensakt offenbart wird, beziehe sich allein auf Christen.[8] Trotz dieser Differenzierung sieht *Grotius* die gesamte Menschheit als durch ein universell geltendes Naturrecht verbunden an. Ähnlich erscheint der universalistische Ansatz *Samuel Pufendorfs*, der bereits im Vorwort seines Werkes „De Jure Naturae et Gentium, Libri Octo“ betont, dass seine Studie nicht nur das Christentum, sondern die gesamte Menschheit umfasse.[9] *Christian Wolff* entwirft schließlich das Konzept einer *civitas gentium maxima*, die alle Staaten in einem Weltstaat (der *civitas maxima*) umfasst: Diese *civitas maxima* existiere von Natur aus und verpflichte alle Staaten dazu, ihre Kräfte zur Verfolgung des Gemeinwohls einzusetzen.[10]

Bis zum Ende des 18. Jahrhunderts ging das völkerrechtliche Schrifttum damit weitgehend von einer universell gültigen moralischen Grundlage

---

[4] *Alberico Gentili*, De Legationibus, Libri Tres, 1594, Liber II, Caput XI (zitiert nach James Brown Scott (ed.), The Classics of International Law, Alberico Gentili, De Legationibus, Libri Tres, 1995, Vol. 2, S. 91); zu *Gentilis* Völkerrechtstheorie *Gesina H.J. van der Molen*, Alberico Gentili and the Development of International Law, 2nd ed. 1968, S. 240 ff.

[5] *Hugo Grotius*, De Jure Praedae, 1604, Caput XII (zitiert nach James Brown Scott (ed.), The Classics of International Law, Hugo Grotius, De Jure Praedae, 1995, Vol. 1, S. 218).

[6] *Hugo Grotius*, De Jure Belli ac Pacis, 1646, Liber I, Caput I, x (zitiert nach James Brown Scott (ed.), The Classics of International Law, Hugo Grotius, De Jure Belli ac Pacis, 1995, Vol. 2, S. 38 ff.).

[7] *Grotius* (Fn. 6), Liber I, Caput I, xiv (S. 44).

[8] Zu der daraus folgenden Einteilung der Menschheit in zwei konzentrische Kreise *Christoph A. Stumpf*, Völkerrecht unter Kreuz und Halbmond, AVR 41 (2003), S. 83 (99).

[9] *Samuel Pufendorf*, De Jure Naturae et Gentium, Libri Octo, 1688, Praefatio (zitiert nach James Brown Scott (ed.), The Classics of International Law, Samuel Pufendorf, De Jure Naturae et Gentium, Libri Octo, 1995, Vol. 2, S. x).

[10] *Christian Wolff*, Jus Gentium Methodo Scientifica Pertractatum, 1764, Prolegomena § 9 ff. (zitiert nach James Brown Scott (ed.), The Classics of International Law, Christian Wolff, Jus Gentium Methodo Scientifica Pertractatum, 1995, Vol. 2, S. 12 ff.

der internationalen Ordnung aus.[11] Die Natur des Menschen und die Einheit der Menschheit stellen die Grundlage dieser völkerrechtlichen Konzeptionen dar – wenngleich sie sich in einem augenscheinlichen Gegensatz zur von Imperialismus und Kolonialismus geprägten Realität befinden.[12] Nichtsdestotrotz bilden diese Ansätze das historische Fundament für moderne Konzeptionen der internationalen Gemeinschaft, die insbesondere seit Beginn des 20. Jahrhunderts wieder aufgegriffen wurden.[13] Im Folgenden sollen exemplarisch einige Konzeptionen einer internationalen Gemeinschaft genauer betrachtet werden.

B. Die Weltrechtsgemeinschaft bei Hans Kelsen

Die Konzeption einer internationalen Gemeinschaft als Weltrechtsgemeinschaft bei *Hans Kelsen* hat die Völkerrechtslehre nachhaltig geprägt.[14] Ausgehend von der Reinen Rechtslehre, welche die Rechtswissenschaft strikt auf ihre normative Dimension begrenzt, gelangt *Kelsen*

---

[11] *Jenks* (Fn. 1), S. 69; *Cançado Trindade* (Fn. 1), S. 39: „(...) in the classic works of F. Vitoria, F. Suárez, A. Gentili and H. Grotius, the world composed of nations was kept together by the unity of human society."

[12] Vgl. *Emmanuelle Jouannet*, Universalism and Imperialism: The True-False Paradox of International Law?, EJIL 18 (2007), S. 379 (382 ff.); *Scheyli* (Fn. 1), S. 41 ff. sowie S. 86.

[13] So betont etwa *Walther Schücking* nicht nur die Bedeutung einer stärkeren internationalen Verrechtlichung für den Weltfrieden und fordert die Errichtung eines Weltstaatenbundes, den er zumindest partiell im Völkerbund verwirklicht sieht, sondern sieht auch die Schaffung eines Weltbundesstaates unter Aufgabe der nationalstaatlichen Souveränität als möglich und erstrebenswert an, siehe *Walther Schücking*, Die Organisation der Welt, 1909, S. 82; *ders.*, Le développement du pacte de la Société des Nations, RdC 20 (1927-V), S. 349 (353); hierzu ausführlich *Frank Bodendiek*, Walther Schückings Konzeption der internationalen Ordnung, 2001. Einen ähnlichen Ansatz legt *Hersch Lauterpacht* seiner Konzeption einer Völkerrechtsgemeinschaft zugrunde, wenn er den Geltungsgrund des Völkerrechts im Willen der internationalen Gemeinschaft erblickt, dem sich die einzelnen Staaten unterzuordnen hätten, siehe *Hersch Lauterpacht*, The Function of Law in the International Community, 1933, S. 420 ff.

[14] Für eine umfassendere Würdigung des völkerrechtlichen Werkes *Kelsens* siehe *Alfred Rub*, Hans Kelsens Völkerrechtslehre, 1995; *Bardo Fassbender*, Hans Kelsen und die Vereinten Nationen, in: Pierre-Marie Dupuy et al. (Hrsg.), Völkerrecht als Wertordnung, Festschrift für Christian Tomuschat, 2006, S. 763 ff.; sowie die Beiträge in: EJIL 9 (1998), S. 287 ff.

zur Identifikation des Staates mit der Rechtsordnung.[15] Auch das Völkerrecht sei eine Rechtsordnung, da es Zwangsmechanismen aufweise, die allerdings noch dezentralisiert seien.[16] Im Hinblick auf das Verhältnis von Völkerrecht und staatlichem Recht lehnt *Kelsen* die dualistische Theorie, der zufolge Staatsrecht und Völkerrecht zwei voneinander isoliert existierende Rechtsordnungen darstellen, ab und entwickelt eine monistische Theorie, wonach staatliches und internationales Recht ein einheitliches System von Normen bilden.[17] Innerhalb dieses Systems sieht *Kelsen* sowohl den Primat des Staats- als auch den des Völkerrechts als denklogisch möglich an. Tendenz und Ziel der rechtstechnischen Entwicklung sei aber nach *Kelsen* – und hier kann sich seine Rechtslehre ihre „Reinheit" nicht bewahren[18] – die organisatorische Einheit einer universalen Weltrechtsgemeinschaft, das heißt die Ausbildung eines Weltstaates.[19] Das Dogma von der Souveränität des Staates müsse „radikal verdrängt" werden, da es der Ausgestaltung der Völkerrechtsordnung und der Weiterentwicklung der Völkerrechtsgemeinschaft im Wege stehe.[20] Dem Recht misst *Kelsen* eine entscheidende Bedeutung für die Schaffung und Sicherung des Friedens in der Gemeinschaft bei.[21]

---

15 *Hans Kelsen*, Reine Rechtslehre, 2. Aufl. 1960, S. 289 ff.

16 *Kelsen* (Fn. 15), S. 323 f. unter Hinweis darauf, dass auch das staatliche Recht eine ähnliche Entwicklung durchlaufen habe.

17 *Hans Kelsen*, Die Einheit von Völkerrecht und staatlichem Recht, ZaöRV 19 (1958), S. 234 ff.

18 Vgl. *Andreas L. Paulus*, Die internationale Gemeinschaft im Völkerrecht, 2001, S. 172 f.; ausführlich *Jochen von Bernstorff*, Der Glaube an das universale Recht: Zur Völkerrechtstheorie Hans Kelsens und seiner Schüler, 2001, der *Kelsen* vorwirft, die von ihm postulierte strikte Trennung von Recht und Politik nicht durchgehalten zu haben; siehe aber auch die Replik von *Fassbender* (Fn. 14), S. 778 f.

19 *Kelsen* (Fn. 15), S. 328 f.

20 *Hans Kelsen*, Das Problem der Souveränität und die Theorie des Völkerrechts, 2. Aufl. 1928, S. 320.

21 *Hans Kelsen*, Peace through Law, 1944; *ders.*, Law and Peace in International Relations, 1948, S. 1.

C. Die verfasste Völkerrechtsgemeinschaft bei Alfred Verdross

Alfred Verdross verknüpft das Konzept einer die Welt umspannenden Völkerrechtsgemeinschaft mit der These von der Konstitutionalisierung des internationalen Systems.[22] Ausgehend von einer naturrechtlichen Grundhaltung begründet *Verdross* eine universalistische Völkerrechtstheorie, die – wie die positivistische Theorie seines akademischen Lehrers *Kelsen* – auf der Einheit von nationalem Recht und Völkerrecht basiert. Nach *Verdross* definiert sich eine Rechtsgemeinschaft dadurch, dass sie durch einen Kreis von Rechtsnormen als Einheit erfasst und dadurch von anderen abgegrenzt wird.[23] Die Annahme einer weltumfassenden Völkerrechtsgemeinschaft setzt danach die Einheit der Völkerrechtsordnung voraus, die *Verdross* damit begründet, dass alle völkerrechtlichen Normen sich unmittelbar oder mittelbar von einer obersten Norm, der Grundnorm, ableiten.[24] Die Grundordnung dieser Gemeinschaft werde durch eine Verfassung geregelt,[25] die über den Rechtsordnungen der einzelnen Staaten stehe. Der Staat sei ein untergeordnetes Glied der Völkerrechtsgemeinschaft, eine „verhältnismäßig selbständige, verfassungsautonome Rechtsgemeinschaft".[26] Souveränität

---

[22] Hierzu *Bruno Simma*, Der Beitrag von Alfred Verdross zur Entwicklung der Völkerrechtswissenschaft, in: Herbert Miehsler (Hrsg.), Ius humanitatis. Festschrift für Alfred Verdross, 1980, S. 23 ff.

[23] *Alfred Verdross*, Die Verfassung der Völkerrechtsgemeinschaft, 1926, S. 4.

[24] *Verdross* (Fn. 23), S. 12; siehe auch schon *ders.*, Die Einheit des rechtlichen Weltbildes auf der Grundlage der Völkerrechtsverfassung, 1923. Zu Beginn seines Schaffens vertrat *Verdross* in der Nachfolge von *Jellinek* einen Vorrang des Staatsrechts vor dem Völkerrecht und leitete die Verbindlichkeit des Völkerrechts aus der Anerkennung durch die Staaten ab, siehe noch *Alfred Verdross*, Zur Konstruktion des Völkerrechts, Zeitschrift für Völkerrecht 8 (1914), S. 329 (353 f.); zum Wandel *Paulus* (Fn. 18), S. 175.

[25] Siehe nur *Verdross* (Fn. 23), S. V, dort auch zu den unterschiedlichen Verfassungsbegriffen. Die Frage, aus welchen Normen sich diese Verfassung zusammensetzt, hat *Verdross* in den unterschiedlichen Stadien seines akademischen Schaffens unterschiedlich beantwortet, siehe hierzu *Bardo Fassbender*, UN Security Council Reform and the Right of Veto, 1998, S. 38 ff. sowie *Simma* (Fn. 22), S. 35. Später hat *Verdross* die UN-Charta als formelle Verfassung der internationalen Gemeinschaft angesehen, siehe *Alfred Verdross*, Völkerrecht, 5. Aufl. 1964, S. 136; *ders.*, Die Quellen des universellen Völkerrechts, 1973, S. 20 f.

[26] *Verdross* (Fn. 23), S. 38 ff.

wird zur Autonomie innerhalb der Völkerrechtsverfassung, zur völkerrechtlichen Zuständigkeit.[27]

In der Konzeption von *Verdross* hat das Völkerrecht die Funktion, die internationale Gemeinschaft vor einem Zerfall in verschiedene Machtkomplexe zu bewahren. Er betont, dass die Völkerrechtsgemeinschaft nicht dazu diene, individuelle Interessen der einzelnen Mitglieder kollektiv zu verwirklichen, sondern vielmehr das „gemeinsame Gute"[28] und die „gemeinsamen Ziele der Menschheit"[29] zu verfolgen, und stellt sich damit als Vorläufer derjenigen Theorien dar, die die Verfolgung von Gemeinschaftsinteressen als wesentliche Funktion der internationalen Gemeinschaft betrachten.[30] Dem Völkerrecht misst *Verdross* eine herausragende Funktion für die Gemeinschaftsbildung zu, die Gemeinschaft leite sich aus der Existenz des Rechts ab.[31] Doch auch *Verdross*, einer der vehementesten Vertreter der Konzeption einer internationalen Rechtsgemeinschaft, erkennt an, dass die internationale Gemeinschaft und das Völkerrecht nicht losgelöst von ethischen und soziologischen Grundlagen bestehen können, sondern dass ein Minimum einer gemeinsamen Wertgrundlage erforderlich ist.[32]

---

[27] Diesen Gedanken aufgreifend *Bardo Fassbender*, Die Souveränität des Staates als Autonomie im Rahmen der völkerrechtlichen Verfassung, in: Heinz-Peter Mansel (Hrsg.), Festschrift für Erik Jayme, Bd. 2, 2004, S. 1089 ff.

[28] *Alfred Verdross*, Abendländische Rechtsphilosophie, 2. Aufl. 1963, S. 272.

[29] *Alfred Verdross*, Völkerrecht, 5. Aufl. 1964, S. 659.

[30] So insbesondere *Wolfgang Friedmann*, The Changing Structure of International Law, 1964; *Albert Bleckmann*, Allgemeine Staats- und Völkerrechtslehre, 1995; *Bruno Simma*, From Bilateralism to Community Interest in International Law, RdC 250 (1994-VI), S. 217 ff.; *Cançado Trindade* (Fn. 1), S. 31 ff.

[31] *Verdross* (Fn. 23), S. 9: „Das Völkerrecht ist (...) nicht das Erzeugnis, sondern der Erzeuger der Völkerrechtsgemeinschaft."

[32] *Alfred Verdross*, Die Wertgrundlagen des Völkerrechts, AVR 4 (1953), S. 129 (139); die normative Betrachtungsweise des Völkerrechts sei daher durch die soziologische zu ergänzen, siehe *Alfred Verdross/Bruno Simma*, Universelles Völkerrecht, 3. Aufl. 1984, S. 16 f.

D. Die formale Rechtsgemeinschaft bei Hermann Mosler

Besonders deutlich kommt der Zusammenhang zwischen Gemeinschaftsbildung und Verfassung bei *Hermann Mosler* zum Tragen. Als Ausgangspunkt der Betrachtung stellt *Mosler* fest, dass das internationale System im Grundsatz auf einer horizontalen Rechtsordnung basiere, mit den Staaten als souveränen Grundeinheiten, die keiner übergeordneten Instanz unterlägen.[33] Als Voraussetzungen für das Bestehen einer internationalen Rechtsgemeinschaft identifiziert *Mosler* die Koexistenz mehrerer territorialer Einheiten sowie die Überzeugung der grundsätzlichen Bindung an rechtliche Grundsätze.[34] Schon in dieser sehr formalen Definition zeigt sich die nur begrenzte innovative Kraft des Konzepts der Rechtsgemeinschaft bei *Mosler*:[35] Er geht von souveränen Staaten als den primären Subjekten des internationalen Systems aus und misst der Anerkennung des Individuums als Objekt und Subjekt des Völkerrechts keine Bedeutung für die Struktur des internationalen Systems bei.[36] Zudem betrachtet *Mosler* die Staaten und ihren Willen als Quelle des Völkerrechts, die internationale Gemeinschaft als solche komme nicht als Rechtsetzer in Betracht.[37] Auch internationale Organisationen dienten dem zwischenstaatlichen System und der Verwirklichung staatlicher Interessen.[38] Nichtsdestotrotz sieht *Mosler* neben der horizontalen Grundausrichtung des internationalen Systems vertikale Strukturmerkmale.[39]

---

[33] *Hermann Mosler*, The International Society as a Legal Community, 1980, S. 1.

[34] *Mosler* (Fn. 33), S. 2; *ders.*, International Legal Community, in: Rudolf Bernhardt (ed.), EPIL, Vol. II, 1995, S. 1251 (1252).

[35] *Fassbender* (Fn. 25), S. 50: „cautious, but nevertheless consequential transition from traditional doctrine to a more progressive theory."

[36] Vgl. *Mosler* (Fn. 33), S. 14.

[37] *Hermann Mosler*, International Legal Community, in: Rudolf Bernhardt (ed.), EPIL, Vol. II, 1995, S. 1251 (1254).

[38] *Mosler* (Fn. 33), S. 5 f.; siehe aber auch S. 13: „(...) membership in international organisations leads to permanent restrictions on freedom of action (...) The substance of sovereignty is diminished through the activities of these organisations."

[39] *Mosler* (Fn. 33), S. 15; siehe auch *Christian Tomuschat*, International Law: Ensuring the Survival of Mankind on the Eve of a New Century, RdC 281 (1999), S. 9 (44 f.).

Von zentraler Bedeutung für die Existenz einer internationalen Rechtsgemeinschaft ist nach *Mosler* die Existenz einer Verfassung. Trotz der Abwesenheit einer einheitlichen internationalen Verfassung – im Gegensatz zu anderen Vertretern der Konstitutionalisierungsthese sieht *Mosler* die Charta der Vereinten Nationen nicht als Verfassung der internationalen Gemeinschaft an – sieht *Mosler* zumindest in den Regeln über die Rechtsetzung konstitutionelle Elemente auf internationaler Ebene.[40] Zentral in der Betrachtung der internationalen Gemeinschaft als formale Rechtsgemeinschaft in der Konzeption *Moslers* ist daher die Beschränkung dieser Gemeinschaft auf das Recht als den alleinigen gemeinschaftsbildenden Faktor. Als Konsequenz will er die internationale Rechtsgemeinschaft auch nicht mit dem sozialwissenschaftlichen Gemeinschaftsbegriff assoziieren.[41] Nichtsdestotrotz betont auch *Mosler*, dass die Existenz eines Minimums an geteilten Grundprinzipien für das Bestehen einer Rechtsgemeinschaft von existentieller Bedeutung sei.[42] Somit nähert sich *Mosler* im Ergebnis doch dem soziologischen Verständnis der Gemeinschaft an, nur sind es bei ihm nicht zwangsläufig inhaltliche Werte, hinsichtlich derer die Mitglieder der Gemeinschaft einem Konsens unterliegen müssen. In seiner Konzeption der formalen Rechtsgemeinschaft reicht es aus, wenn sich der Grundkonsens auf rechtliche Prinzipien und Regeln beschränkt. Das Bestehen grundlegender rechtlicher Regeln sieht *Mosler* insbesondere im Konzept des *ius cogens* verwirklicht.[43]

---

[40] *Mosler* (Fn. 33), S. 16; *ders.* (Fn. 37), S. 1252.

[41] *Mosler* (Fn. 37), S. 1252.

[42] *Mosler* (Fn. 33), S. 17. Ob diesen materiellen Grundsätzen verfassungsrechtliche Qualität zukommt, wird zunächst nicht deutlich, später bezieht *Mosler* sie jedoch zusammen mit den formalen Rechtsetzungsregeln in den Begriff der internationalen Verfassung ein, siehe *ders.* (Fn. 37), S. 1254.

[43] *Mosler* (Fn. 33), S. 19.

E. Die Konstitutionalisierung der internationalen Gemeinschaft

Zunehmende Beachtung und Rezeption hat die These von der Konstitutionalisierung der internationalen Gemeinschaft nach dem Ende des Kalten Krieges gefunden. So entwickeln sich zum einen Ansätze, die eine Teilkonstitutionalisierung auf überstaatlicher Ebene annehmen: eine funktional begrenzte Konstitutionalisierung des WTO-Rechts[44] oder des UN-Seerechtsübereinkommens,[45] eine funktional und räumlich begrenzte Konstitutionalisierung durch die EMRK[46] oder einen regional begrenzten Prozess der Konstitutionalisierung der Europäischen Union.[47] Neben diesen regional oder funktional begrenzten Ansätzen wird jedoch auch der Gedanke einer Konstitutionalisierung der internationalen Gemeinschaft wieder aufgegriffen.

---

[44] *Meinhard Hilf*, Die Konstitutionalisierung der Welthandelsordnung: Struktur, Institutionen und Verfahren, BDGVR 40 (2003), S. 257 ff.; *Wolfgang Benedek*, Die Konstitutionalisierung der Welthandelsordnung: Kompetenzen und Rechtsordnung der WTO, BDGVR 40 (2003), S. 283 ff.; *Armin von Bogdandy*, Verfassungsrechtliche Dimensionen der Welthandelsorganisation, KJ 2001, S. 264 ff. sowie S. 425 ff.; kritisch *Jeffrey L. Dunoff*, Constitutional Conceits: The WTO's ‚Constitution' and the Discipline of International Law, EJIL 17 (2006), S. 647 ff.

[45] *Jochen Abr. Frowein*, Konstitutionalisierung des Völkerrechts, BDGVR 39 (2000), S. 427 (438).

[46] EGMR, Urteil vom 23.3.1995, Beschwerde-Nr. 15318/89, Series A 310, *Loizidou v. Turkey* (Preliminary Objections), Ziff. 75: „(...) the Convention as a constitutional instrument of European public order"; *Frank Hoffmeister*, Die Europäische Menschenrechtskonvention als Grundrechtsverfassung und ihre Bedeutung in Deutschland, Der Staat 40 (2001), S. 349 ff.; *Christian Walter*, Die EMRK als Konstitutionalisierungsprozess, ZaöRV 59 (1999), S. 961 ff.; *Christoph Grabenwarter*, Europäisches und nationales Verfassungsrecht, VVDStRL 60 (2001), S. 290 (294).

[47] EuGH, Gutachten 1/91 vom 14.12.1991, *Europäischer Wirtschaftsraum I*, Slg. 1991, S. I-6079, Ziff. 21: Gemeinschaftsrecht als „grundlegende Verfassungsurkunde einer Rechtsgemeinschaft"; allgemein zur Verfassungsdiskussion *Stefan Oeter*, Europäische Integration als Konstitutionalisierungsprozess, ZaöRV 59 (1999), S. 901 ff.; dort auch zur Differenzierung zwischen soziologisch-politischem und rechtstheoretischem Verfassungsbegriff; grundlegend *Ingolf Pernice*, Europäisches und nationales Verfassungsrecht, VVDStRL 60 (2001), S. 148 ff.; kritisch *Ulrich Haltern*, Internationales Verfassungsrecht?, AöR 128 (2003), S. 511 (545 ff.).

I. Elemente einer Konstitutionalisierung der internationalen Gemeinschaft

Die Übertragung des Verfassungsbegriffs auf die überstaatliche Ebene stellt den Versuch dar, einen qualitativen Wandel der Völkerrechtsordnung zum Ausdruck zu bringen und zu erfassen. Die konstitutionalisierte Völkerrechtsordnung wird als Gegensatz zur klassischen anarchischen Struktur des Völkerrechts, zu einem allein auf dem Willen der Staaten aufbauenden Koordinationssystem verstanden.[48] Unterschiedliche Entwicklungen werden als Ausdruck dieses Wandels angesehen:[49] So wird zum einen auf die zunehmende Bedeutung internationaler Organisationen verwiesen und insbesondere die Stellung des Sicherheitsrates als Zeichen zunehmender institutioneller Konstitutionalisierung aufgefasst.[50] Andere Autoren legen stärkeres Gewicht auf eine ganzheitliche Betrachtung des internationalen Systems und sehen verfassungsrechtliche Strukturen in den Bereichen der Rechtsetzung, Rechtsdurchsetzung und Rechtsprechung.[51] Auch die Entstehung neuer Rechtskonzepte, wie insbesondere des *ius cogens* und der Verpflichtungen *erga omnes*, wird als Konstitutionalisierungsphänomen angesehen.[52] Ein weiterer Anhaltspunkt für eine Konstitutionalisierung wird schließlich in

---

[48] *Brun-Otto Bryde*, Konstitutionalisierung des Völkerrechts und Internationalisierung des Verfassungsrechts, Der Staat 42 (2003), S. 61 (63); *Frowein* (Fn. 45), S. 428.

[49] Überblick über die verschiedenen Ansätze bei *Stefan Kadelbach/Thomas Kleinlein*, Überstaatliches Verfassungsrecht, AVR 44 (2006), S. 235 (237 f.).

[50] *Fassbender* (Fn. 25), S. 99 f.; *Jochen Abr. Frowein*, Reactions by Not Directly Affected States to Breaches of Public International Law, RdC 248 (1994-IV), S. 345 (355 f.); *Thomas Bruha/Markus Krajewski*, Funktionswandel des Sicherheitsrats als Verfassungsproblem, VN 1998, S. 13 ff.

[51] *Christian Tomuschat*, Obligations Arising for States without or against Their Will, RdC 241 (1993-IV), S. 195 ff.; *ders.*, Die internationale Gemeinschaft, AVR 33 (1995), S. 1 (8 ff.); dagegen insbesondere *Christian Hillgruber*, Braucht das Völkerrecht eine Völkerrechtswissenschaftstheorie?, in: Matthias Jestaedt/Oliver Lepsius (Hrsg.), Rechtswissenschaftstheorie, 2008, S. 113 (115).

[52] *Michael Byers*, Conceptualising the Relationship between Jus Cogens and Erga Omnes Rules, Nordic J. Int'l L. 66 (1997), S. 211 (219 f.); *Andreas Fischer-Lescano*, Die Emergenz der Globalverfassung, ZaöRV 63 (2003), S. 717 (743 ff.); zurückhaltender *Antonio Cassese*, International Law, 2nd ed. 2005, S. 202; *Bardo Fassbender*, The Meaning of International Constitutional Law, in: Ronald St. John MacDonald/Douglas M. Johnston (eds.), Towards World Constitutionalism, 2005, S. 837 (845); kritisch *Kadelbach/Kleinlein* (Fn. 49), S. 253 f.

der Verankerung materieller Werte im Völkerrecht gesehen. So werden besonders wichtige Rechtssätze als Verfassungsprinzipien bezeichnet[53] oder die Durchdringung des Völkerrechts mit Gemeinschaftsinteressen – in Abgrenzung zu der Orientierung des klassischen Völkerrechts an „Staatenwerten“[54] – hervorgehoben.[55] Auch die zunehmende Bedeutung der Menschenrechte wird als Bestätigung der Konstitutionalisierungsthese gedeutet.[56] Andere Autoren sehen in der Aufweichung der Trennung von völkerrechtlicher und innerstaatlicher Sphäre die Konstitutionalisierung des Völkerrechts verwirklicht.[57]

II. Die UN-Charta als Verfassung der internationalen Gemeinschaft?

Auf der Grundlage dieser Entwicklungen bejahen zahlreiche Stimmen im Schrifttum einen – mehr oder weniger weit fortgeschrittenen – Prozess der internationalen Konstitutionalisierung. Einer starken Strömung in der völkerrechtswissenschaftlichen Literatur zufolge stellt die Charta der Vereinten Nationen die Verfassung der internationalen Gemeinschaft dar.[58] Die Gründung der Vereinten Nationen sei ein „constitutio-

---

53 Siehe nur *Christian Tomuschat* Die internationale Gemeinschaft, AVR 33 (1995), S. 1 (7).

54 Vgl. *Louis Henkin*, International Law: Politics and Values, 1995, S. 99 ff.

55 *Simma* (Fn. 30), S. 234 f.; *Paulus* (Fn. 18), S. 250 ff.; *Tomuschat* (Fn. 51), S. 237 f.; für eine Verknüpfung von Gemeinwohlerwägungen und Konstitutionalisierung auch *Scheyli* (Fn. 1), S. 198 f.

56 *Bryde* (Fn. 48), S. 63 ff.; *Frowein* (Fn. 45), S. 435 ff.; *Robert Uerpmann*, Internationales Verfassungsrecht, JZ 2001, S. 565 (570 f.).

57 *Michael Cottier*, Die Anwendbarkeit von völkerrechtlichen Normen im innerstaatlichen Bereich als Ausprägung der Konstitutionalisierung des Völkerrechts, SZIER 1999, S. 403 ff.

58 *Verdross/Simma* (Fn. 32); *Simma* (Fn. 30), S. 258 ff.; *Fassbender* (Fn. 25), S. 89 ff.; *Frowein* (Fn. 50), S. 357; *Thomas M. Franck*, Is the U.N. Charter a Constitution?, in: Jochen Abr. Frowein u.a. (Hrsg.), Verhandeln für den Frieden/Negotiating for Peace: Liber amicorum Tono Eitel, 2003, S. 95 ff.; *Ronald St. John MacDonald*, The International Community as a Legal Community, in: ders./Douglas M. Johnston (eds.), Towards World Constitutionalism, 2005, S. 853 ff.; wohl auch *Jürgen Habermas*, Hat die Konstitutionalisierung des Völkerrechts noch eine Chance?, in: ders., Der gespaltene Westen, 2004, S. 113 (159); *Humphrey Waldock*, General Course on Public International Law, RdC

nal moment" gewesen, die Charta weise – wenn auch in unvollkommener Weise – typische verfassungsrechtliche Elemente auf, wie insbesondere die Verteilung grundlegender hoheitlicher Funktionen sowie den Vorrang vor charta-externen Rechtsnormen.[59] Andere Befürworter der Konstitutionalisierungsthese lehnen es ab, die Verfassung der internationalen Gemeinschaft allein in der UN-Charta zu sehen.[60] Vielfach wird grundlegenden materiellen Prinzipien, wie beispielsweise dem Prinzip der souveränen Gleichheit aller Staaten, ein verfassungsrechtlicher Rang zugesprochen.[61] Maßgebliches Charakteristikum verfassungsrechtlicher Völkerrechtsnormen sei ihre Geltung für jeden Staat, unabhängig davon, ob der einzelne Staat ihnen zugestimmt hat oder nicht.[62] Diese Ansätze entfernen sich von der nationalstaatlichen Vorstellung einer einheitlichen Verfassungsurkunde und gehen von einem weniger formalisierten Konstitutionalisierungsprozess aus.

---

106 (1962-II), S. 1 (20 ff.); zurückhaltender *Pierre-Marie Dupuy*, The Constitutional Dimension of the Charter of the United Nations Revisited, MPYUNL 1 (1997), S. 1 (33): „(...) the world constitution, already realised and still to come"; ähnlich *James Crawford*, The Charter of the United Nations as a Constitution, in: Georges Abi-Saab et al. (eds.), The Changing Constitution of the United Nations, 1997, S. 3 (15 f.); *Nico Schrijver*, The Future of the Charter of the United Nations, MPYUNL 10 (2006), S. 1 (34): „(...) a sort of international constitution"; siehe auch *International Status of South-West Africa*, Advisory Opinion, Dissenting Opinion *de Visscher*, ICJ Reports 1950, S. 128 (189); explizit gegen den Verfassungscharakter der UN-Charta *Christian Hillgruber*, Dispositives Verfassungsrecht, zwingendes Völkerrecht: Verkehrte juristische Welt?, JöR n.F. 54 (2006), S. 57 (81); *Prosper Weil*, Towards Relative Normativity in International Law?, AJIL 77 (1983), S. 413 (425).

59 *Fassbender* (Fn. 25), S. 98 ff.; *Simma* (Fn. 30), S. 261 f.; zurückhaltender *Paulus* (Fn. 18), S. 306 ff.

60 *Mosler* (Fn. 33), S. 16 ff.; *Brun-Otto Bryde*, International Democratic Constitutionalism, in: Ronald St. John MacDonald/Douglas M. Johnston (eds.), Towards World Constitutionalism, 2005, S. 103 (108); *Eckart Klein*, Statusverträge im Völkerrecht, 1980, S. 208 f.; *Erika de Wet*, The International Constitutional Order, ICLQ 55 (2006), S. 51 (54); *Uerpmann* (Fn. 56), S. 565; *Anne Peters*, Global Constitutionalism Revisited, Int'l Legal Theory 11 (2005), S. 39 (43 f.); *Tomuschat* (Fn. 51), S. 219; siehe aber auch *ders.*, Foreword, in: ders. (ed.), The United Nations at Age Fifty, 1995, S. ix: „It has become obvious in recent years that the Charter is nothing else than the constitution of the international community."

61 *Tomuschat* (Fn. 39), S. 161 ff.

62 *Tomuschat* (Fn. 51), S. 211.

III. Rechtliche Konsequenzen des verfassungsrechtlichen Verständnisses

Die im Hinblick auf die Begründung der Konstitutionalisierungsthese sowie den Verfassungsgegenstand bestehenden Unterschiede setzen sich bei der Frage fort, welche normativen Konsequenzen mit der Anerkennung einer völkerrechtlichen Verfassung verbunden sind. Die meisten Autoren benutzen den Begriff der Verfassung deskriptiv, um einen qualitativen Wandel des Völkerrechts zum Ausdruck zu bringen,[63] ziehen aber keine weitergehenden rechtlichen Konsequenzen aus dem Konzept der Konstitutionalisierung. Einige Vertreter der Konstitutionalisierungsthese geben sich mit einem solchen Verständnis indes nicht zufrieden:[64] So begründet beispielsweise *Rudolf Bernhardt* eine begrenzte rechtliche Wirkung der UN-Charta zu Lasten von Nicht-Mitgliedstaaten mit der konstitutioneller Dimension der UN-Charta.[65] Auch eine verfassungsrechtliche Auslegungsmethodik wird mit der konstitutionellen Theorie begründet,[66] ebenso wie ein genereller Vorrang der Charta gegenüber sämtlichem chartaexternem Völkerrecht[67] oder eine weite Auslegung der Befugnisse des Sicherheitsrates.[68]

---

[63] Deutlich *Simma* (Fn. 30), S. 256; *Tomuschat* (Fn. 39), S. 88.

[64] Siehe insbesondere *Fassbender* (Fn. 25), S. 129 ff.

[65] *Rudolf Bernhardt*, in: Bruno Simma (ed.), The Charter of the United Nations, A Commentary, Vol. II, 2nd ed. 2002, Art. 103, Rn. 18.

[66] Siehe hierzu *Bryde* (Fn. 60), S. 109; *Eric Rosand*, The Security Council as „Global Legislator“: Ultra Vires or Ultra Innovative?, Fordham L. Rev. 28 (2005), S. 542 (570); *Georg Ress*, in: Bruno Simma (ed.), The Charter of the United Nations, A Commentary, Vol. I, 2nd ed. 2002, The Interpretation of the Charter, Rn. 1 f.; *Schrijver* (Fn. 58), S. 5 ff.; kritisch *Gaetano Arangio-Ruiz*, The „Federal Analogy“ and UN Charter Interpretation: A Crucial Issue, EJIL 8 (1997), S. 1 ff.

[67] *Fassbender* (Fn. 25), S. 103 f.; kritisch *Mehrdad Payandeh*, Rechtskontrolle des UN-Sicherheitsrates durch staatliche und überstaatliche Gerichte, ZaöRV 66 (2006), S. 41 (45 f.); *Saskia Hörmann*, Völkerrecht bricht Rechtsgemeinschaft?, AVR 44 (2006), S. 267 (274 f.).

[68] *Fassbender* (Fn. 25), S. 207 ff. sowie S. 277 ff.; dabei verbindet *Fassbender* seine konstitutionelle Theorie mit einer Einschränkung des Vetorechts.

IV. Exkurs: Konstitutionalisierung ohne Staat?

Den vorgenannten Ansätzen ist gemein, dass sie die Grundlage der herkömmlichen Völkerrechtsdogmatik insofern nicht verlassen, als sie an den Staaten als primären Rechtssubjekten festhalten. Von diesem völkerrechtlichen Paradigma trennen sich jedoch diejenigen Ansätze, die eine von der Weltgesellschaft getragene globale Weltverfassung konstruieren.[69] Unter Einbeziehung gesellschaftstheoretischer Ansätze werden nicht-staatliche Akteure, wie insbesondere internationale Organisationen, NGOs und multinationale Unternehmen, zu Verfassungssubjekten erklärt.[70] Dieser Ansatz kulminiert in der Theorie der „Konstitutionalisierung ohne Staat", die sich gänzlich vom nationalstaatlich geprägten Verfassungsbegriff verabschiedet.[71] Danach wird eine Übertragung staatlicher Maßstäbe auf die internationale Ebene grundsätzlich abgelehnt und durch die „Emergenz einer Vielzahl von Zivilverfassungen" ersetzt.[72] So erkennt *Gunther Teubner* beispielsweise eine Weltwirtschaftsverfassung, eine Internetverfassung sowie eine globale Wissenschafts- und Gesundheitsverfassung. *Teubner* sieht den Zusammenhang zwischen Verrechtlichung und Konstitutionalisierung und betont die wesentliche Funktion der Verfassung, den Bereich der Rechtsetzung zu regeln. Unter Zugrundelegung eines weiten Begriffs der Rechtsetzung, der sich nicht auf die klassischen völkerrechtlichen Quellen beschränkt, sondern Verträge zwischen *global players*, Marktregulierung durch multinationale Unternehmen und interne Regelsetzung internationaler Organisationen umfasst,[73] kommt er zu dem Ergebnis, dass nicht

---

[69] Vgl. *Andreas Fischer-Lescano*, Globalverfassung: Verfassung der Weltgesellschaft, ARSP 88 (2002), S. 349 ff.; *ders.*, Globalverfassung, 2005; *Gunther Teubner*, Globale Zivilverfassungen: Alternativen zur staatszentrierten Verfassungstheorie, ZaöRV 63 (2003), S. 1 ff.

[70] *Andreas Fischer-Lescano*, Globalverfassung: Verfassung der Weltgesellschaft, ARSP 88 (2002), S. 349 (371 ff.).

[71] Vgl. *Teubner* (Fn. 69), S. 5 ff.

[72] *Teubner* (Fn. 69), S. 5 f.

[73] *Gunther Teubner*, „Global Bukowina": Legal Pluralism in the World Society, in: ders. (ed.), Global Law without a State, 1997, S. 3 ff.; zu vergleichbaren Ansätzen *Michael Reisman*, The Democratization of Contemporary International Law-Making Processes and the Differentiation of their Application, in: Rüdiger Wolfrum/Volker Röben (eds.), Developments of International Law in Treaty Making, 2005, S. 15 (19 ff.); kritisch *Georges Abi-Saab*, Comment, in: Rüdiger Wolfrum/Volker Röben (eds.), Developments of International Law in Treaty Making, 2005, S. 31 (33): „antithetical to the very concept of law".

nur die internationale Politik konstitutionelle Normen setzen könne, sondern auch andere Sektoren der Weltgesellschaft.[74] Die beiden Systeme beeinflussten sich wechselseitig, so dass stets ein Mischverhältnis zwischen externer politischer und autonomer gesellschaftlicher Konstitutionalisierung gegeben sei.[75] Mit diesem Verständnis von Konstitutionalisierung löst *Teubner* den Verfassungsbegriff nicht nur vom Staat, sondern auch vom Politischen und überführt ihn in den gesellschaftlichen Bereich. Das danach konstruierte Weltverfassungsrecht hat den Boden des zwischenstaatlichen Völkerrechts weitgehend verlassen.

V. Auswertung: Der Erkenntnisgewinn der Konstitutionalisierungsthese

Die These von der Konstitutionalisierung des internationalen Systems trifft auf breite Zustimmung im völkerrechtlichen Schrifttum, ist jedoch auch Kritik ausgesetzt. Teilweise wird die Übertragung des nationalstaatlich geprägten Begriffs der Verfassung auf die überstaatliche Ebene gänzlich abgelehnt,[76] andere kritisieren die Unschärfe des Verfassungsbegriffs,[77] die den mit der Konstitutionalisierungsthese erhofften Erkenntnisgewinn schmälert: Schon auf nationalstaatlicher Ebene existieren unterschiedliche Begriffe der Verfassung,[78] und auch im völkerrechtlichen Kontext wird der Begriff uneinheitlich verwendet. Der Gründungsvertrag einer internationalen Organisation wird oftmals als

---

[74] *Teubner* (Fn. 69), S. 13 ff., insbesondere S. 15.

[75] *Teubner* (Fn. 69), S. 15.

[76] So etwa *Haltern* (Fn. 47), S. 511 ff.; *Dieter Grimm*, Ursprung und Wandel der Verfassung, in: Josef Isensee/Paul Kirchhof (Hrsg.), HStR, Bd. I, 3. Aufl. 2003, S. 3 (36 ff.); *ders.*, Does Europe Need a Constitution?, ELJ 1 (1995), S. 282 ff.; *Arangio-Ruiz* (Fn. 66), S. 9.

[77] Überblick über die an der Konstitutionalisierungsthese geübte Kritik bei *Douglas M. Johnston*, World Constitutionalism in the Theory of International Law, in: Ronald St. John MacDonald/Douglas M. Johnston (eds.), Towards World Constitutionalism, 2005, S. 3 (19 ff.).

[78] Siehe nur *Klaus Stern*, Das Staatsrecht der Bundesrepublik Deutschland, Bd. I, 2. Aufl. 1984, S. 69 ff.; allgemein zum Verfassungsbegriff auch *Verdross* (Fn. 23), S. V.

„Verfassung" bezeichnet,[79] und der englische Begriff „constitutional" wird nicht nur als „verfassungsrechtlich" im eigentlichen Sinne verstanden, sondern kann auch „grundlegend" bedeuten. Die unterschiedlichen Ausprägungen der Konstitutionalisierungsthese zeugen schließlich von der Schwierigkeit, trotz Abwesenheit einer umfassend anerkannten formalen Verfassung der internationalen Gemeinschaft[80] dem Verfassungsbegriff einen eindeutigen normativen Inhalt zuzumessen. Auch mag man bezweifeln, ob einer überstaatlichen Verfassung eine der staatlichen Verfassung vergleichbare „symbolisch-ästhetische" Dimension zukommt.[81]

Nichtsdestotrotz bringt der Begriff der Konstitutionalisierung einen qualitativen Wandel der völkerrechtlichen Grundordnung im Hinblick auf substantielle Inhalte und grundlegende formelle Regeln wie Normsetzung und Normdurchsetzung zum Ausdruck und erfasst damit die zunehmende Gemeinschaftsbildung auf überstaatlicher Ebene. In einem verfassten System ordnen sich die Mitglieder im Gesamtinteresse in das System ein und geben Teile ihrer Selbstbestimmung zugunsten von Mitbestimmungsrechten sowie zugunsten der Teilhabe am gemeinschaftlichen Entscheidungsfindungsprozess auf.[82]

Problematisch ist es indes, wenn man versucht, allein aus der Feststellung eines Konstitutionalisierungsprozesses weitergehende rechtliche Folgerungen abzuleiten. Denn angesichts des unscharfen Verfassungsbegriffs ist nicht klar, welche Folgen mit dem Verfassungsverständnis verbunden sein sollen. Lässt sich eine verfassungsrechtliche Auslegung der UN-Charta vielleicht noch überzeugend herleiten, so erweckt die Begründung weit reichender Kompetenzen des Sicherheitsrates starke Bedenken. Denn warum soll eine verfassungsrechtliche Perspektive einem Hoheitsträger umfassende Befugnisse einräumen? Liegt die Funktion einer Verfassung nicht primär in der Begrenzung hoheitlicher Ge-

---

79 *Eckart Klein*, Die Internationalen und die Supranationalen Organisationen, in: Wolfgang Graf Vitzthum (Hrsg.), Völkerrecht, 4. Aufl. 2007, S. 265 (285).

80 *Tomuschat* (Fn. 51), S. 218 f.: „States as the main actors in the field of international politics have never come consciously together to establish a basic covenant regulating the international public order and setting forth the guiding principles for the main functions of governance."

81 *Haltern* (Fn. 47), S. 539 ff.

82 *Thomas Giegerich*, Vorbehalte zu Menschenrechtsabkommen: Zulässigkeit, Gültigkeit und Prüfungskompetenzen von Vertragsgremien, ZaöRV 55 (1995), S. 713 (717).

walt?[83] Die Theorie von der Konstitutionalisierung des Völkerrechts ist dazu geeignet, progressive Entwicklungen im internationalen System und die fortschreitende internationale Integration deskriptiv zu erfassen. Normativ begründen kann sie diese nicht.[84]

F. Kritik am Gemeinschaftsdenken im Völkerrecht

Die mit den völkerrechtlichen Theorien einer internationalen Gemeinschaft sowie der These von der Konstitutionalisierung des Völkerrechts verbundenen Hoffnungen auf ein stärker an Gemeinschaftsinteressen ausgerichtetes internationales System werden nicht von allen Völkerrechtlern geteilt. Angesichts der Realität der internationalen Politik und des Völkerrechts werden diese Ansätze als unrealistisch und utopisch verworfen.[85] Doch Kritik wird bereits viel grundlegender angebracht: So werden das Völkerrecht und die völkerrechtliche Methodik für untauglich erklärt, um die Grundlage für eine weitergehende Integration der internationalen Gemeinschaft zu bieten. Exemplarisch dargestellt werden im Folgenden die viel beachteten kritischen Bemerkungen von *Prosper Weil* und *Martti Koskenniemi*.

I. Towards Relative Normativity in International Law?

Der französische Völkerrechtler *Prosper Weil* sieht in den neueren völkerrechtlichen Entwicklungen sowie der zunehmenden Betonung der internationalen Gemeinschaft eine Bedrohung für die Normativität des Völkerrechts. Das Völkerrecht bilde nicht nur eine normative Ordnung, es diene auch der Erfüllung konkreter Funktionen, nämlich der Gewährleistung von Koexistenz und Kooperation der Staaten.[86] Diese

---

[83] So auch *Bryde* (Fn. 60), S. 106; *Bruha/Krajewski* (Fn. 50), S. 13 ff.; *de Wet* (Fn. 60), S. 53; *Peters* (Fn. 60), S. 44.

[84] Wie hier *Arangio-Ruiz* (Fn. 66), S. 1 ff.; *Tomuschat* (Fn. 39), S. 88.

[85] Siehe exemplarisch *Henkin* (Fn. 54), S. 106: „[i]n the international System there is little Gesellschaft and surely no Gemeinschaft"; *Charles de Visscher*, Théories et réalités en droit international public, 4. éd. 1970, S. 87 : „Cette très faible perception du bien commun international n'autorise pas à parler d'une communauté internationale comme d'un ordre d'ores et déjà établi."

[86] *Weil* (Fn. 58), S. 420 f.

Funktionen könnten nur durch Beibehaltung der Prinzipien des Voluntarismus, der strikten Neutralität des Völkerrechts sowie des Positivismus aufrechterhalten werden. Neuere Entwicklungen, wie die Einführung des *ius cogens* und der Verpflichtungen *erga omnes*, die Unterscheidung zwischen *international crimes* und *international delicts* sowie die Anerkennung von „soft law“ führe zu einer zunehmenden Verwischung der Grenze zwischen rechtlich verbindlichen und nicht verbindlichen Normen, die Trennung zwischen *lex lata* und *lex ferenda* werde nicht mehr konsequent aufrechterhalten.[87] Indem einigen zwingenden Normen eine höherrangige Stellung zuteil werde, werde zudem die Normativität der übrigen Normen in Frage gestellt.[88] Durch das Konzept der Verpflichtungen *erga omnes* sowie Aufweichungen des Konsensprinzips werde zudem die Frage der Berechtigten beziehungsweise Verpflichteten einer Norm zunehmend unklar. Dadurch werde die Normativität des Völkerrechts insgesamt in Frage gestellt, zudem werde durch die Undefinierbarkeit und fehlende Organisation der „internationalen Gemeinschaft“ einer Gruppe mächtiger Staaten die Möglichkeit eingeräumt, zu Lasten anderer Staaten Recht zu setzen, folglich ihre Interessen und Wertvorstellungen in das Recht zu exportieren.[89] Daher bestehe die Gefahr, dass das Völkerrecht die klassischen und immer noch aktuellen Aufgaben der Koexistenz- und Kooperationsgewährleistung nicht mehr erfüllen könne.

---

[87] *Weil* (Fn. 58), S. 416.

[88] *Weil* (Fn. 58), S. 421; ähnlich *Bernard H. Oxman*, The International Commons, the Public Interest and New Modes of International Lawmaking, in: Jost Delbrück (ed.), New Trends in International Lawmaking – International „Legislation“ in the Public Interest, 1997, S. 21 (23 f.).

[89] *Weil* (Fn. 58), S. 424 sowie S. 425 ff.

II. From Apology to Utopia?

Auch die so genannte *Critical Legal Studies*-Bewegung[90] kritisiert die Konzeption einer auf gemeinsamen Werten beruhenden internationalen Völkerrechtsgemeinschaft. *Martti Koskenniemi* zufolge sieht sich das Völkerrecht dem permanenten Spannungsverhältnis zwischen irrelevanter moralischer Utopie und apologetischer Fassade staatlicher Machtinteressen ausgesetzt. Im Zentrum der Kritik steht dabei die vermeintliche Objektivität des Völkerrechts und des Rechtsanwenders sowie die nicht durchzuhaltende Isolierung des normativen Gegenstands Recht von der politischen sowie moralischen Welt.[91] Darüber hinaus werde im gegenwärtigen juristischen Diskurs der Einfluss der theoretischen Konzeption des Völkerrechts auf die dogmatische Analyse des geltenden Rechts grundlegend verkannt, die juristische Methodik lasse einen unreflektierten Pragmatismus erkennen.[92] In der völkerrechtlichen Theorie und damit in der juristischen Argumentation macht *Koskenniemi* zwei gegensätzliche Strömungen aus: „Descending patterns of argumentation" führten zu einer Deduktion rechtlicher Regeln aus der Gerechtigkeit, gemeinsamen Interessen oder der Natur der Weltgemeinschaft, wohingegen „ascending patterns of argumentation" das Völkerrecht dem Verhalten, Willen oder Interesse der einzelnen Staaten entnehmen.[93] Keiner dieser beiden Ansätze habe sich vollends durchsetzen können, so dass Völkerrechtler mit beiden Argumentationsmethoden hantierten, obwohl sie sich gegenseitig ausschlössen.[94] Die Folge sei eine inkohärente Methodik, da jede Position für sich behaupte, die „richtige" Antwort

---

[90] Siehe insbesondere *David Kennedy*, International Legal Structures, 1987; *Friedrich V. Kratochwil*, Rules, Norms and Decisions, 1989; aus dem deutschsprachigen Schrifttum *Ulrich Fastenrath*, Lücken im Völkerrecht, 1991; Überblick zum Ganzen bei *Knut Ipsen*, Regelungsbereich, Geschichte und Funktion des Völkerrechts, in: ders. (Hrsg.), Völkerrecht, 5. Aufl. 2004, S. 1 (13 ff.); *Nigel Purvis*, Critical Legal Studies in Public International Law, Harv. Int'l L.J. 32 (1991), S. 81 ff.; *Anthony Carty*, Critical International Law: Recent Trends in the Theory of International Law, EJIL 2 (1991), S. 66 ff.

[91] *Martti Koskenniemi*, From Apology to Utopia, 1989, S. 1: „Lawyers' law is constantly lapsing either into what seems like factual description or political prescription (...) The argument which seeks to give identity to international law by referring to its greater objectivity (...) has been a failure."

[92] *Koskenniemi* (Fn. 91), S. XIV.

[93] *Koskenniemi* (Fn. 91), S. 40 ff.

[94] *Koskenniemi* (Fn. 91), S. 42.

auf eine bestimmte Rechtsfrage zu geben, gleichzeitig aber mit den Argumentationsmustern des anderen Ansatzes widerlegt werden könne.[95] Hieraus folgert *Koskenniemi* die Zirkularität aller juristischen Argumentation, mit der nahezu jede Handlung sowohl als rechtmäßig als auch als rechtswidrig qualifiziert werden könne.[96]

Entsprechend skeptisch sieht *Koskenniemi* den Eingang moralischer Erwägungen in das vermeintlich objektive Völkerrecht:

> „In the absence of a universally valid code of values (or at least a method of knowing it), there is no justification to override the values held by some with those held by others."[97]

Ein „ethisch überfrachtetes" Völkerrecht führe dazu, dass die mächtigen und auf der internationalen Ebene stark repräsentierten Staaten ihre Werte und Interessen sowie ihre eigene Vorstellung der „richtigen" oder „guten" Weltgesellschaft auf das internationale System projizieren könnten.[98]

Trotz dieser grundlegenden Kritik am Völkerrecht und der juristischen Methodik spricht *Koskenniemi* dem Recht nicht die Relevanz für das internationale Geschehen ab. In „From Apology to Utopia" zeigt er vielmehr die Begrenztheit des Völkerrechts auf und spricht sich für eine liberalistische Völkerrechtstheorie sowie – wie sich insbesondere seinen

---

[95] *Martti Koskenniemi*, The Politics of International Law, EJIL 1 (1990), S. 4 (8 f.).

[96] Diese Unbestimmtheit führe nicht dazu, dass juristische Entscheidungsprozesse unvorhersehbar werden, sie seien jedoch maßgeblich davon bestimmt, welche Institution die Entscheidung treffe, so dass besondere Aufmerksamkeit auf die „structural biases of international institutions" zu richten sei, siehe *Martti Koskenniemi*, The Politics of International Law – 20 Years Later, EJIL 20 (2009), S. 7 ff.

[97] *Koskenniemi* (Fn. 91), S. 128. Diese Skepsis hinsichtlich der Berufung auf moralische Normen im Rahmen der internationalen Beziehungen taucht bereits bei *Morgenthau* auf. Er warnt vor dem Irrtum, „daß man diejenigen moralischen Normen, die die Menschen wirklich beachten, mit denen verwechselt, die sie zu beachten vorgeben" (*Hans Joachim Morgenthau*, Macht und Frieden, 1963, S. 203).

[98] *Martti Koskenniemi*, Global Governance and Public International Law, KJ 37 (2004), S. 241 ff.; ähnlich *Hendrik A. Strydom*, Ius Cogens: Peremptory Norm or Totalitarian Instrument?, South African YIL 14 (1989), S. 42 (45 ff.).

späteren Schriften entnehmen lässt[99] – eine Emanzipation des Völkerrechts aus. So betont er, dass die Eigenständigkeit des Rechts gegenüber der Politik sowie der Moral in der Form der Argumentation zu sehen sei.[100] Recht sei eine:

> „(...) culture of resistance to power, a social practice of accountability, openness, and equality whose status cannot be reduced to the political positions of any of the parties whose claims are treated within it.“[101]

Recht stelle eine Plattform dar, auf der soziale Gruppen ihre Ansprüche als universell begründete Rechte und nicht bloß als Interessen geltend machen können. Dadurch schaffe das Recht zunehmend einen öffentlichen Raum und trage zur Bildung einer Rechtsgemeinschaft bei.[102]

III. Zusammenfassung und Würdigung

Diese Kritik an den Konzeptionen eines progressiveren Völkerrechts der internationalen Gemeinschaft ist ernst zu nehmen. Dennoch spricht sie nicht grundsätzlich gegen eine weitere Gemeinschaftsbildung auf internationaler Ebene. In der Argumentation von *Weil*[103] kann schon die Prämisse, dass die grundlegenden Funktionen des Völkerrechts – die Gewährleistung von Koexistenz und Kooperation – sich nicht verändert hätten,[104] in Zweifel gezogen werden. Durch die Globalisierung hat die Interdependenz sowohl der einzelnen Staaten als auch der globalen

---

[99] Zum Wandel in der Theorie *Koskenniemis* siehe *Armin von Bogdandy*, Pragmatismus, Imperialismus und internationales Recht, ZaöRV 63 (2003), S. 205 (211).

[100] *Koskenniemi* (Fn. 98), S. 253: „Instead of what it says, law's virtue resides in how it says it.“

[101] *Martti Koskenniemi*, The Gentle Civilizer of Nations, 2002, S. 500.

[102] *Koskenniemi* (Fn. 98), S. 254.

[103] Zur Kritik an *Weil* siehe *Ulrich Fastenrath*, Relative Normativity in International Law, EJIL 4 (1993), S. 305 ff.; *Bryde* (Fn. 60), S. 110; *Alain Pellet*, The Normative Dilemma: Will and Consent in International Law-making, AusYIL 12 (1992), S. 22 ff.; *Richard A. Falk*, To What Extent are International Law and International Lawyers Ideologically Neutral?, in: Antonio Cassese/ Joseph H.H. Weiler (eds.), Change and Stability in International Law-Making, 1988, S. 137 ff.

[104] *Weil* (Fn. 58), S. 420; kritisch hierzu auch *Pellet* (Fn. 103), S. 23 f.

Herausforderungen ein Ausmaß erreicht, das die überkommenen Handlungsmechanismen des Völkerrechts als ineffektiv erscheinen lässt. So stellt sich beispielsweise das klassische Kooperationsvölkerrecht, das auf der Basis der konsensorientierten Rechtsquellenlehre eine Zusammenarbeit der Staaten für wünschenswert erachtet, diese aber vom Willen jedes einzelnen Staates abhängig macht, als inadäquat dar, um den internationalen Herausforderungen wirksam zu begegnen. Die Verweigerung einiger weniger oder sogar eines einzelnen Staates kann auf der Grundlage der überkommenen Völkerrechtsdogmatik zum Scheitern der gesamten Bemühungen der internationalen Gemeinschaft führen. Und auch in der Sache kann die Kritik von *Weil* nicht vollends überzeugen. So ist nicht ersichtlich, inwiefern das Konzept des *ius cogens* zu einer Einschränkung der Normativität des Völkerrechts geführt haben soll. Die Einordnung einer Norm als zwingend beinhaltet keine Aussage hinsichtlich ihres normativen Geltungsgehaltes. Das Völkerrecht knüpft vielmehr besondere Rechtsfolgen an die Einordnung einer Norm als *ius cogens* und hält mit dem Konzept der Verpflichtungen *erga omnes* besondere Mechanismen zur Durchsetzung fundamentaler Normen bereit. Die Normativität dispositiver Normen wird dadurch nicht in Frage gestellt. Die Unterscheidung zwischen dispositiven und zwingenden Normen ist vielmehr den meisten Rechtssystemen inhärent. Ihre Anerkennung in der Völkerrechtsordnung stellt ein Zeichen für die zunehmende Reife dieses Rechtsgebietes dar. Die Ausführungen von *Weil* hingegen zeugen von dem Unwillen, Weiterentwicklungen des Rechtssystems zu akzeptieren, die eine normative Reaktion auf den faktischen Wandel des internationalen Systems darstellen.[105] Die von *Weil* bemängelten Unklarheiten stellen keine grundsätzlichen Einwände gegen diese neuen Rechtsinstitute dar, sondern verdeutlichen, dass noch enormer Klärungsbedarf besteht.

Koskenniemis Entwurf wird – wie die gesamte kritische Schule – unterschiedlich aufgenommen und bewertet. Teilweise wird er in der Nähe des Nihilismus verortet,[106] zudem wird ihm vorgeworfen, dass seine Theorie – so stringent sie auch in der Argumentation sei – die Realität

---

[105] Vgl. *Falk* (Fn. 103), S. 137: „slightly hysterical effort to stop the world from changing".

[106] So *Paulus* (Fn. 18), S. 217. Dabei zeigen insbesondere die späteren Arbeiten *Koskenniemis*, dass der Vorwurf des Nihilismus nicht zutrifft; gegen diese Kritik auch *Ipsen* (Fn. 90), S. 15.

der Völkerrechtsanwendung nicht zutreffend widerspiegele.[107] Dies ist nicht der richtige Ort für eine vertiefte Auseinandersetzung mit *Koskenniemi* und der *Critical Legal Studies*-Bewegung. Im Kontext der vorliegenden Arbeit kann die Würdigung sich auf die Feststellung beschränken, dass *Koskenniemi* auf die – später genauer zu skizzierenden – Gefahren, die mit der Anerkennung eines internationalen Gemeinschaftsrechts verbunden sind, hinweist: Neben dem begrüßenswerten stärkeren Fokus auf politische Machtverhältnisse und die stärkere Einbeziehung des sozialen Kontexts des Völkerrechts in die juristische Betrachtung zeigt *Koskenniemis* Entwurf in beeindruckender Klarheit, dass es im Völkerrecht – ebenso wie in staatlichen Rechtsordnungen, nur dass dieses Manko im internationalen Recht aufgrund der größeren Interessenheterogenität sowie des Mangels an autoritativen Entscheidungsfindern noch deutlicher zum Vorschein kommt – eine eindeutig und objektiv „richtige" Entscheidung kaum geben kann. Ein Völkerrecht mit subordinationsrechtlichen Zügen eröffnet insofern große Missbrauchsmöglichkeiten insbesondere für mächtigere Staaten, denen nur durch eine verstärkte Institutionalisierung und eine gerechte Berücksichtigung aller Staaten im Rahmen der formellen Entscheidungsfindungsprozesse begegnet werden kann.

G. Auswertung

Die Konzepte einer internationalen verfassten Rechtsgemeinschaft zeugen von einem progressiven Verständnis der Völkerrechtsordnung und implizieren eine zumindest partielle Subordination des Einzelstaates unter die Gemeinschaft.[108] Zum anderen ist den dargestellten Ansätzen gemeinsam, dass sie dem Recht eine herausragende Bedeutung für das internationale Gemeinwesen einräumen. Es ist vorrangig das Recht, das die Gemeinschaft bildet. Diese Funktion des Völkerrechts veranschaulicht *Martti Koskenniemi* vor dem Hintergrund des umstrittenen Irak-Krieges, wenn er ausführt:

> „In the reaction to Iraqi war, law acted through scandalization – creating a community from its ability to articulate a particular act as

---

[107] *Ulrich Fastenrath*, Besprechung zu Martti Koskenniemi, From Apology to Utopia, AVR 31 (1993), S. 182 (184); *Ipsen* (Fn. 90), S. 15.

[108] *Dupuy* (Fn. 58), S. 3; *Fassbender* (Fn. 27), S. 1094 ff.; *Kadelbach/Kleinlein* (Fn. 49), S. 235.

not just a violation of a particular interest, but a *universal wrong*. That the war was condemned as a ‚violation of international law' or an attack on the ‚rights' of Iraqi civilians was to appeal to something beyond special interest, a violation that touches no-one in particular but *everyone in general*. (...) Through international law particular grievances may be articulated as universal ones and the administrators or ‚governers' of the affairs of this world may be called to account not in front of disparate individuals or interest-groups but a community, constructed as a *Rechtsgemeinschaft* through the act of invoking it."[109]

Diese Aussage mag als verzweifelter Versuch eines Völkerrechtlers gedeutet werden, dem Recht selbst im Angesicht des Irak-Krieges noch eine Relevanz für das internationale Geschehen abzugewinnen; sie ist aber gleichzeitig Ausdruck der Hoffnung, dass das Völkerrecht nicht allein auf der zwischenstaatlichen Ebene Beachtung findet, sondern zunehmend im gesellschaftlichen Bereich als relevanter Faktor wahrgenommen wird, und dass hierdurch ein Gemeinschaftsbewusstsein und internationales Zusammengehörigkeitsgefühl entsteht. Danach bliebe festzuhalten, dass dem Völkerrecht eine wesentliche Rolle für die Gemeinschaftsbildung auf internationaler Ebene zukommt. Es dient nicht nur der Normierung gemeinsamer Werte und Interessen, sondern kann selbst als Gemeinschaftswert verstanden werden, der den Prozess der internationalen Integration mit trägt.

So berechtigt diese Betonung der gemeinschaftsbildenden Funktion des Völkerrechts erscheint, so sehr sieht sich die These von der internationalen Rechtsgemeinschaft dem ebenfalls berechtigten Vorwurf ausgesetzt, die integrative Funktion des Rechts überzubewerten.[110] Eine Gemeinschaft setzt – auch und gerade auf internationaler Ebene – ein Mindestmaß an geteilten Werten und gemeinschaftlichen Interessen voraus. Ein Völkerrecht, das nicht nur gesellschaftliche, sondern auch gemeinschaftliche Strukturmerkmale aufweist, bedarf daher einer über

---

[109] *Martti Koskenniemi*, Global Governance and Public International Law, KJ 37 (2004), S. 241 (254); ähnlich *Bryde* (Fn. 60), S. 118: „(...) [T]he outrage was directed against the blatant breach of international law. International law is acquiring support in the international society."

[110] In diesem Sinne *Simma* (Fn. 30), S. 246; *ders./Andreas L. Paulus*, The „International Community": Facing the Challenge of Globalization, EJIL 9 (1998), S. 266 (267 f.).

die Konstruktion einer Rechtsgemeinschaft hinausgehenden soziologischen Grundlage.[111] In den Worten von *Thomas Franck*:

> „The element of reciprocity which underpins the emergence of community is not solely concerned with rights and rules, it is also about shared moral imperatives and values. To appreciate this aspect of the reciprocal nature of a community, it is necessary to understand that its members share a system not only of legal but also of moral obligations. The laws in a community thus evince not only the generally held belief that each must do what he or she is legally required to do, but also that each will discharge towards all others those obligations arising from the shared moral sense."[112]

Damit ist die Frage aufgeworfen, ob und in welchem Maße dem internationalen System gemeinschaftliche Werte und Interessen zugrunde liegen.

---

[111] So auch *Simma* (Fn. 30), S. 245; *ders./Paulus* (Fn. 110), S. 267 f.; *Daniel-Erasmus Khan/Andreas L. Paulus*, Gemeinsame Werte in der Völkerrechtsgemeinschaft?, in: Ingo Erberich u.a. (Hrsg.), Frieden und Recht, 1998, S. 217 (229 f.); *Tomuschat* (Fn. 39), S. 90; *Chris Brown*, International Political Theory and the Idea of World Community, in: Ken Booth/Steve Smith (eds.), International Relations Theory Today, 1995, S. 90 (91 ff.); *Georges Abi-Saab*, Whither the International Community, EJIL 9 (1998), S. 248 (256); *Nicholas Tsagourias*, The Will of the International Community as a Normative Source of International Law, in: Ige F. Dekker (ed.), Governance and International Legal Theory, 2004, S. 97 (101 ff.); kritisch gegenüber der Suche nach universellen Werten *Fastenrath* (Fn. 90), S. 40 ff.

[112] *Thomas Franck*, Fairness in International Law and Institutions, 1995, S. 10 f.

4. Kapitel: Gemeinschaftliche Werte und Interessen als Grundlage der internationalen Gemeinschaft

Mit der Feststellung, dass eine Völkerrechtsordnung, die nicht nur gesellschaftliche, sondern auch gemeinschaftliche Züge aufweist, auf einem Kanon gemeinschaftlicher Werte und Interessen beruhen muss, ist die Frage aufgeworfen, ob solche Gemeinschaftsinteressen auf internationaler Ebene überhaupt denkbar sind – eine Frage, die im philosophischen, soziologischen, politikwissenschaftlichen und völkerrechtlichen Schrifttum kontrovers diskutiert wird. Diese umfassende und komplexe Diskussion kann und soll an dieser Stelle nicht nachgezeichnet werden.[1] Vielmehr sollen im Folgenden anhand einer exemplarischen Untersuchung einzelner Denkrichtungen und theoretischer Strömungen die Kernargumente, die für oder gegen die Möglichkeit global geteilter Werte und Interessen sprechen, herausgearbeitet und darauf untersucht werden, wie sie sich zu dem Konzept einer stärker an gemeinschaftlichen Interessen ausgerichteten Völkerrechtsordnung verhalten. Dazu erfolgt zunächst eine Auseinandersetzung mit grundlegenden Einwänden gegen die Existenz gemeinschaftlicher Werte sowie gegen die Möglichkeit weitergehender Gemeinschaftsbildung auf internationaler Ebene (A). In einem zweiten Schritt wird dargelegt, auf welcher Grundlage, in welchem Rahmen und innerhalb welcher Grenzen gemeinschaftliche Werte möglich erscheinen (B), bevor schließlich einzelne Gemeinschaftswerte, die dem internationalen System und insbesondere dem Völkerrecht zugrunde liegen, dargestellt werden (C).

A. Grundlegende Einwände gegen die Existenz gemeinschaftlicher Werte

Von den zahlreichen Ansätzen, die die Möglichkeit einer auf globalen Werten und Interessen beruhenden internationalen Gemeinschaft verneinen oder dieser kritisch gegenüber stehen, soll zunächst die politikwissenschaftliche Denkrichtung des Realismus behandelt werden (I), be-

---

[1] Für eine ausführliche Untersuchung siehe *Andreas L. Paulus*, Die internationale Gemeinschaft im Völkerrecht, 2001, S. 45-219.

M. Payandeh, *Internationales Gemeinschaftsrecht*, Beiträge zum ausländischen öffentlichen Recht und Völkerrecht 219, DOI 10.1007/978-3-642-13141-7_5,

vor hegemoniale Ansätze zum internationalen System untersucht werden (II). Schließlich wird die Kritik aus der sozialphilosophischen Debatte zwischen Liberalismus (III) und Kommunitarismus (IV) beleuchtet.

I. Eine „realistische" Betrachtung der internationalen Beziehungen

Die Vorstellung einer auf gemeinsamen Werten basierenden internationalen Gemeinschaft ist mit der politikwissenschaftlichen Denkrichtung des Realismus, die eine „realistische" und nüchterne Betrachtung der internationalen Politik fordert, kaum in Einklang zu bringen.[2] Den Ausgangspunkt des klassischen Realismus nach *Hans Morgenthau* bildet die anthropologische Prämisse eines vom Selbsterhaltungs-, Fortpflanzungs- und Machttrieb bestimmten Menschen.[3] Auf der internationalen Ebene, die sich für *Morgenthau* auf die Interaktion zwischen Staaten beschränkt, führe dies zu einem ungehemmten Nationalismus.[4] Anarchie präge das internationale System, mangels übergeordneter Instanz sei das Verhalten der Staaten von Machterhalt, Machtgewinn und egoistischen Interessen dominiert. Macht gerät somit zum zentralen Erklärungsmoment internationaler Politik (*power politics*).[5] Nicht das Völkerrecht, sondern die tatsächlichen Beweggründe (*real laws*) der Akteure müssten im Zentrum der Betrachtung des internationalen Systems stehen.[6] Nichtsdestotrotz misst *Morgenthau* auch der Moral Bedeutung in

---

[2] Für einen Überblick über die politikwissenschaftliche Strömung des Realismus *Tim Dunne/Brian C. Schmidt*, Realism, in: John Baylis/Steve Smith (eds.), The Globalization of World Politics, 3rd ed. 2005, S. 161 ff.; *Gert Krell*, Theorien in den internationalen Beziehungen, in: Manfred Knapp/Gert Krell (Hrsg.), Einführung in die Internationale Politik, 4. Aufl. 2004, S. 57 (62 ff.); für eine Würdigung *Robert O. Keohane*, Realism, Neorealism and the Study of World Politics, in: ders. (ed.), Neorealism and its Critics, 1986, S. 1 ff.

[3] *Hans Joachim Morgenthau*, Macht und Frieden, 1963, S. 76; maßgeblich auch *Georg Schwarzenberger*, Power Politics, 3rd ed. 1964.

[4] *Morgenthau* (Fn. 3), S. 124 ff.; hierzu *Christian Rohde*, Hans J. Morgenthau und der weltpolitische Realismus, 2004, S. 79 ff.

[5] Für die Einbeziehung weiterer Faktoren wie Leidenschaft, Verrücktheit und Ideologien der Akteure im Realismus *Raymond Aron*, Paix et guerre entre les nations, 1962, S. 587.

[6] *Hans Joachim Morgenthau*, Positivism, Functionalism, and International Law, AJIL 34 (1940), S. 260 (283); die Erhaltung des Friedens sei daher – zu-

seiner Theorie der internationalen Politik zu; nicht nur Macht, sondern auch ethische Überlegungen würden das Handeln von Staatsmännern und Diplomaten beeinflussen.[7] Dennoch erscheint das Konzept des Realismus für die Annahme universeller Werte einer internationalen Gemeinschaft im Ergebnis ungeeignet. Denn zum einen kann nach *Morgenthau* die Moral nur in extremen Ausnahmefällen nationale Interessenpolitik überlagern, zum anderen können diese moralischen Grenzen keine universelle Geltung beanspruchen. *Morgenthau* warnt dementsprechend davor, die Bedeutung der Moral für die internationale Politik überzubewerten und lehnt sie als konstruktives Merkmal der internationalen Politik ab.[8] Zudem bezieht sich *Morgenthau* nur auf moralische Vorstellungen einzelner Staatenvertreter beziehungsweise des jeweiligen Staatsvolkes. Eine über diesen stehende internationale Ethik oder gemeinsame Werte der Staaten und Staatsvölker haben in der realistischen Konzeption keinen Platz.

Zu einem anderen Ergebnis gelangt man auch dann nicht, wenn man die Weiterentwicklung von *Morgenthau* durch den Neorealismus einbezieht.[9] Die Neorealisten übernehmen das pessimistische Weltbild des klassischen Realismus, das durch Anarchie und die ständige Drohung von Krieg geprägt ist, ersetzen jedoch die anthropologische Grundannahme des von Natur aus schlechten Menschen durch das Leitbild eines rationalen und auf Gewinnmaximierung ausgerichteten Individuums beziehungsweise Staates.[10] Auch das für *Morgenthau* zentrale Macht-

---

mindest bis zur Errichtung eines Weltstaates – nur durch ein Gleichgewicht der Mächte zu gewährleisten, maßgebliches Instrument hierfür sei die Diplomatie, siehe *Morgenthau* (Fn. 3), S. 450 ff.

7 *Morgenthau* (Fn. 3), S. 203 ff.

8 *Morgenthau* (Fn. 3), S. 204; siehe auch *Xuewu Gu*, Theorien der internationalen Beziehungen, 2000, S. 39; anders wohl *Andreas Jacobs*, Realismus, in: Siegfried Schieder/Manuela Spindler (Hrsg.), Theorien der Internationalen Beziehungen, 2003, S. 35 (49), der die Moral als das entscheidende eindämmende Element der Macht in *Morgenthaus* Realismus begreift.

9 Siehe insbesondere *Kenneth Waltz*, Theory of International Politics, 1979; zu weiteren Ausprägungen des Neorealismus *Niklas Schörnig*, Neorealismus, in: Siegfried Schieder/Manuela Spindler (Hrsg.), Theorien der Internationalen Beziehungen, 2003, S. 61 (74 ff.).

10 *Kenneth Waltz*, From Theory of International Politics, in: John A. Vasquez (ed.), Classics of International Relations, 3rd ed. 1996, S. 307 (308 f.), *ders.*, Realist Thought and Neorealist Theory, J. Int'l Aff. 44 (1990), S. 21 (24 ff.). Eine ähnliche Betonung der rationalen Ausrichtung staatlichen Verhal-

streben des Staates wird relativiert und durch eine verstärkte Orientierung an der Garantie der eigenen Sicherheit ersetzt.[11] Zudem lösen sie sich von der staatszentrierten Perspektive des klassischen Realismus zugunsten einer verstärkt systembezogenen Sichtweise.[12] In einem anarchischen System wie der internationalen Ordnung komme den Großmächten eine entscheidende Bedeutung zu, da sie die Ausgestaltung des Systems sowie das Verhalten der anderen Akteure innerhalb des Systems entscheidend beeinflussten.[13] Da eine weltweite zentrale Ordnungsinstanz nicht ersichtlich sei, stelle das Gleichgewicht der Mächte die einzige Möglichkeit zur Vermeidung bewaffneter Konflikte im anarchischen internationalen System dar.[14] Auch in der neorealistischen Sichtweise ist daher wenig Raum für gemeinschaftliche Werte und Interessen.

Noch deutlicher wird die Unvereinbarkeit des Realismus mit gemeinschaftlichen Konzepten des internationalen Systems in der stark von realistischem Denken beeinflussten These vom *Clash of Civilizations* bei *Samuel Huntington.*[15] Für *Huntington* endete mit der Zeit des Kalten Krieges eine Ära der internationalen Politik, in der internationale Konflikte im Wesentlichen innerhalb des westlichen Kulturkreises zwischen

---

tens an eigenen Interessen findet sich bei *Jack L. Goldsmith/Eric A. Posner*, The Limits of International Law, 2005, S. 4 ff. Allerdings betonen *Goldsmith* und *Posner*, dass staatliche Interessen unterschiedlichen Inhalt annehmen können und sich nicht auf das Streben nach Sicherheit reduzieren lassen (S. 6).

[11] *Kenneth Waltz*, Realist Thought and Neorealist Theory, J. Int'l Aff. 44 (1990), S. 21 (36); *ders.*, The Origins of War in Neorealist Theory, in: Robert I. Rotberg/Theodore K. Rabb (eds.), The Origin and Prevention of Major Wars, 1989, S. 39 (40); anders *John J. Mearsheimer*, The Tragedy of Great Power Politics, 2001, S. 29 ff., der von einem ungezügelten Machtstreben der Staaten ausgeht.

[12] *Waltz* (Fn. 11), S. 29 f. Nach *Waltz* weist das internationale System drei Definitionskriterien auf: die Anarchie als konstitutives Ordnungsprinzip, die souveränen Staaten als funktional gleiche Einheiten sowie die Verteilung von Ressourcen und Fähigkeiten dieser Akteure als entscheidende Variable des Systems; siehe *ders.* (Fn. 9), S. 88-99.

[13] *Waltz* (Fn. 9), S. 72 f.

[14] *Waltz* (Fn. 9), S. 102 ff. Das Dilemma des internationalen Systems in der neorealistischen Perspektive bringt *Mearsheimer* (Fn. 11), S. 2 auf den Punkt: „(...) the world is condemned to perpetual great-power competition."

[15] *Samuel P. Huntington*, The Clash of Civilizations?, Foreign Affairs Vol. 72, No. 3 (1993), S. 22 ff.; *ders.*, The Clash of Civilizations and the Remaking of World Order, 1996.

Fürsten, Staaten oder Ideologien geführt wurden. Die Konflikte der Zukunft ergäben sich entlang der Trennlinien zwischen den großen Kulturkreisen der Welt und kulminierten in einem Konflikt zwischen dem Westen und allen anderen Kulturkreisen (*the West and the Rest*).[16] Der momentan noch vorherrschende westliche Kulturkreis werde durch demographische und ökonomische Entwicklungen innerhalb der anderen Kulturkreise zunehmend herausgefordert und müsse sich stärker auf seine „westlichen“ Werte besinnen, um den Konflikt mit den anderen Kulturkreisen zu überstehen und seine Vorherrschaft zu bewahren.[17] *Huntington* sieht daher keinen Raum für eine auf universellen Werten basierende internationale Gemeinschaft. Der von ihm prognostizierte Zusammenstoß der Kulturen stellt vielmehr das Gegenteil einer solchen weltumfassenden Gemeinschaft dar.

II. Hegemonie und westliche Wertedominanz

Eng mit der Strömung des Realismus verbunden sind Ansätze, die auf der internationalen Ebene die Dominanz des Westens oder einzelner westlicher Staaten sehen oder anstreben. Methodischer Ansatz und Motivation der Autoren variieren dabei stark: Teilweise wird die Vormachtstellung des Westens und die Ausweitung westlicher Werte auf der Grundlage empirischer Untersuchung festgestellt, andere Autoren verlangen gerade eine Orientierung der Außenpolitik an staatlichen Interessen und eigenen Wertvorstellungen. Oftmals werden hierfür moralische Argumentationsmuster herangezogen, und die weltweite Verbreitung der eigenen Werte wird zum ethischen Postulat erhoben. Als Grundlage für eine internationale Gemeinschaft eignen sich diese Positionen damit nicht.

Einen deutlich hegemonialen Ansatz zu den internationalen Beziehungen sowie dem Völkerrecht stellt *Carl Schmitts* Theorie der Großraumordnung dar.[18] Die Grundlage dieses Konzepts bildet der methodische

---

[16] *Samuel P. Huntington*, The Clash of Civilizations?, Foreign Affairs Vol. 72, No. 3 (1993), S. 22 ff.

[17] *Samuel P. Huntington*, The West – Unique, Not Universal, Foreign Affairs Vol. 75, No. 6 (1996), S. 28 ff.

[18] *Carl Schmitt*, Völkerrechtliche Großraumordnung mit Interventionsverbot für raumfremde Mächte: Ein Beitrag zum Reichsbegriff im Völkerrecht, 4. Aufl. 1941; umfassend hierzu *Mathias Schmoeckel*, Die Großraumtheorie:

Ansatz des „konkreten Ordnungsdenkens", wonach rechtliche Normen nicht die Funktion hätten, eine Ordnung zu schaffen, sondern in regulierender Weise auf eine vorgefundene Ordnung reagierten.[19] Aufgabe des Rechts sei es, tatsächlich existierende Ordnungen zu erkennen und einen entsprechenden Rechtssatz zu schaffen. Das internationale System souveräner Staaten, das *Schmitt* als „strukturloses Chaos" bezeichnet,[20] solle in der historischen Folge der Existenz großer, „geschichtsmächtiger" politischer Einheiten durch eine Einteilung der Welt in Großräume ersetzt werden, die sich nach politischen Ideologien aufgliedern und sich aus den einzelnen Staaten sowie einem im Großraum vorherrschenden Reich zusammensetzen.[21] Staaten kommt in diesem Rahmen nur noch eine untergeordnete Stellung zu, Souveränität und volle Völkerrechtssubjektivität hätten nur die Großräume, die voneinander strikt abzugrenzen seien und von einem sehr weitgehenden Interventionsverbot geschützt würden, das jegliche Einflussnahme von außen ausschließe.[22] Zu dieser Bewertung des internationalen Systems tritt das in *Schmitts* Werk stark ausgeprägte Freund-Feind-Denken, das er auch den Beziehungen zwischen den Völkern zugrunde legt.[23]

Deutlicher auf die universelle Durchsetzung westlicher Werte fixiert ist *Francis Fukuyamas* These vom Ende der Geschichte.[24] Nach *Fukuyama* hat sich die westlich-liberale Ideologie weltweit durchgesetzt, so dass die globale Wertediskussion und mit ihr die Geschichte an ihrem Ende

---

Ein Beitrag zur Geschichte der Völkerrechtswissenschaft im Dritten Reich, insbesondere in der Kriegszeit, 1994.

[19] *Carl Schmitt*, Über die drei Arten rechtswissenschaftlichen Denkens, 1934, S. 13: „Die Norm oder Regel schafft nicht die Ordnung; sie hat vielmehr nur auf dem Boden und im Rahmen einer gegebenen Ordnung eine gewisse regulierende Funktion mit einem relativ kleinen Maß in sich selbständigen, von der Lage der Sache unabhängigen Geltens."

[20] *Carl Schmitt*, Der Nomos der Erde im Völkerrecht des Ius Publicum Europaeum, 1950, S. 207.

[21] *Carl Schmitt*, Reich und Raum. Elemente eines neuen Völkerrechts, ZAkDR 7 (1940), S. 201 f.

[22] Siehe hierzu *Schmoeckel* (Fn. 18), S. 104 f.

[23] *Carl Schmitt*, Der Begriff des Politischen, 1963, S. 29: „[D]aß die Völker sich nach dem Gegensatz von Freund und Feind gruppieren, daß dieser Gegensatz auch heute noch wirklich und für jedes politisch existierende Volk als reale Möglichkeit gegeben ist, kann man vernünftigerweise nicht leugnen."

[24] *Francis Fukuyama*, The End of History?, The National Interest 16 (1989), S. 3 ff.; *ders.*, The End of History and the Last Man, 1992.

angelangt sei.[25] Dieser Annahme stehe nicht entgegen, dass das westliche Weltbild teilweise auf Widerstand stoße, entscheidend sei allein, dass sich die westlichen Werte der Freiheit, Demokratie, Rechtsstaatlichkeit und Marktwirtschaft im Grundsatz, als Konzept und Ideologie durchgesetzt hätten: Weder Faschismus noch Kommunismus[26] oder die Religion[27] könnten mit der überragenden Ideologie des Liberalismus konkurrieren. Im Ergebnis relativiert *Fukuyama* die Bedeutung seiner These für die internationalen Beziehungen jedoch erheblich, indem er der Ideologie die Relevanz für das internationale System abspricht. Entscheidend seien vielmehr die sich hinter der Ideologie verbergenden nationalen Interessen,[28] so dass *Fukuyama* sich der realistischen Betrachtungsweise des internationalen Systems annähert.

Während *Fukuyama* die weltweite Verbreitung des westlichen Wertemodells als empirische Tatsache darstellt, taucht sie bei anderen als politische Agenda und normatives Gebot auf. So treten etwa die US-amerikanischen Neokonservativen – in mehr oder weniger weitgehendem Maße – für eine Hegemonie des Westens sowie die weltweite Verbreitung des liberal-demokratischen Staatsmodells ein.[29] Das Kernanliegen der Neokonservativen fasst *Charles Krauthammer*, einer ihrer führenden Publizisten, wie folgt zusammen:

> „We are in for abnormal times. Our best hope for safety in such times (...) is in American strength and will – the strength and will to lead a unipolar world, unashamedly laying down the rules of world order and being prepared to enforce them.“[30]

---

[25] *Fukuyama* kommt zu diesem Schluss, indem er unter Rückgriff auf *Hegel* die Trennung zwischen der materiellen und der ideellen Welt aufhebt. Das Ende der Auseinandersetzung um Ideen wird somit gleichzeitig zum Ende der Geschichte; vgl. *Francis Fukuyama*, The End of History?, The National Interest 16 (1989), S. 3 (5 ff.).

[26] *Fukuyama* (Fn. 25), S. 9 f.

[27] *Fukuyama* (Fn. 25), S. 14 f.

[28] *Fukuyama* (Fn. 25), S. 15.

[29] Zur Entwicklung und Einordnung in die US-amerikanische politische Landschaft siehe etwa *Gary J. Dorrien*, The Neoconservative Mind, 1993.

[30] *Charles Krauthammer*, The Unipolar Moment, Foreign Affairs Vol. 70, No. 1 (1990/1991), S. 23 (33); siehe auch *Henry A. Kissinger*, Die Vernunft der Nationen: Über das Wesen der Außenpolitik, 1994, S. 12, der die USA bezeichnet als das Land, „(...) das die Macht, den Willen, den intellektuellen und den

Von den Grundannahmen des Realismus geprägt befürworten die Neokonservativen eine offensive und notfalls auf militärische Interventionen zurückgreifende Außenpolitik. Allein eine an westlichen – insbesondere US-amerikanischen – Idealen ausgerichtete Organisation der Welt könne den Frieden garantieren (*Pax Americana*). Den USA als letztem verbleibendem Imperium falle die Rolle des Garanten für Sicherheit und Ordnung in einer anarchischen Welt zu.[31] Die Universalisierung einer als gerecht erkannten Idee[32] sowie – zumindest teilweise – eine religiös fundierte Mission sollen den hegemonialen Anspruch der USA legitimieren. Andere Vertreter des Neokonservatismus fordern hingegen einen weitgehenden Rückzug aus der Welt sowie eine Rückbesinnung auf isolationistische Traditionen.[33] Einigkeit besteht jedoch in der grundsätzlichen Skepsis gegenüber dem Multilateralismus sowie in der Haltung, dass die USA notfalls in unilateraler Vorgehensweise ihre nationalen Interessen durchsetzen müssten.[34] Diese neokonservative Prägung fand in der Politik der US-Regierung unter *George W. Bush* ihren deutlichen Niederschlag – sei es in der *National Security Strategy* von 2002, im Irak-Krieg von 2003 oder in der grundsätzlich ablehnenden Haltung gegenüber völkerrechtlichen Abkommen und Institutionen.

Die Betonung westlicher Interessen findet indes nicht nur in sozialwissenschaftlichen Analysen und politischen Positionen ihren Niederschlag, sondern hat in Form vermeintlich liberaler Theorien auch Ein-

---

moralischen Impetus hat, das internationale System nach seinen Wertvorstellungen zu gestalten."

[31] *Deepak Lal*, In Defense of Empires, 2004, S. 37: „[T]he world needs an American pax to provide both global peace and prosperity."

[32] Hierzu anschaulich *Martti Koskenniemi*, Perceptions of Justice: Walls and Bridges Between Europe and the United States, ZaöRV 64 (2004), S. 305 ff.

[33] Siehe nur *Jeremy A. Rabkin*, The Case for Sovereignty. Why the World Should Welcome American Independence, 2004, S. 168; zur entsprechenden Auseinandersetzung innerhalb des Neokonservatismus *Dorrien* (Fn. 29), S. 341 ff.

[34] Siehe nur *Condoleezza Rice*, Promoting the National Interest, Foreign Affairs Vol. 79, No. 1 (2000), S. 45 ff., die die Vernachlässigung des nationalen Interesses in der Außenpolitik unter *Clinton* anprangert; zur Ablehnung des Multilateralismus *Robert Kagan*, A Tougher War for the US Is One of Legitimacy, New York Times vom 24. Januar 2004, S. 7.

gang in den völkerrechtswissenschaftlichen Diskurs gefunden.[35] Als früher Vorgänger solcher Theorien kann die einflussreiche *New Haven School* angesehen werden.[36] Den Ausgangspunkt dieser zur Mitte des 20. Jahrhunderts an der *Yale Law School* entwickelten Denkschule bildet die Kritik an einer als inadäquat empfundenen zeitgenössischen Völkerrechtstheorie, die nicht in der Lage sei, die soziale Realität der zunehmenden globalen Verflechtungen und Interdependenzen zu erfassen.[37] Sinn des Rechts sei es, funktional gesellschaftliche Aufgaben wahrzunehmen und bestimmte Zwecke zu verfolgen.[38] Das Recht müsse daher im sozialen Kontext und unter Beachtung der tatsächlichen Machtverhältnisse betrachtet werden.[39] Zudem wird die Möglichkeit einer objektiven, wertneutralen Rechtswissenschaft bestritten, da jede Entscheidung, also auch die Rechtsanwendung, zugleich eine „policy choice" enthalte.[40] Der Rechtsanwender müsse seine – ohnehin nur angeblich bestehende – Objektivität daher aufgeben und seine Entscheidungen

---

[35] Zum Zusammenhang zwischen hegemonialer Politik und liberaler Völkerrechtstheorie *Nico Krisch*, Amerikanische Hegemonie und liberale Revolution im Völkerrecht, Der Staat 43 (2004), S. 267 ff.

[36] In der US-amerikanischen Völkerrechtslehre nach 1989 finden sich eine Vielzahl weiterer liberaler Entwürfe, siehe nur *Thomas Franck*, Fairness in International Law and Institutions, 1995; *Anne-Marie Slaughter*, International Law in a World of Liberal States, EJIL 6 (1994), S. 503 ff.; *dies.*, A Liberal Theory of International Law, in: ASIL (ed.), International Law in Ferment, 2000, S. 240 ff.; zum Ganzen auch *Paulus* (Fn. 1), S. 194 ff.; *Gerry Simpson*, Two Liberalisms, EJIL 12 (2001), S. 537 ff.; *Christian Reus-Smit*, The Strange Death of Liberal International Theory, EJIL 12 (2001), S. 573 ff.

[37] *Myres S. McDougal*, International Law, Power, and Policy: A Contemporary Conception, RdC 82 (1953-I), S. 133 (143 ff.) sowie S. 166 ff.

[38] *Myres S. McDougal*, The Law School of the Future: From Legal Realism to Policy Science in the World Community, Yale L.J. 56 (1947), S. 1345 (1353); *Lung-chu Chen*, An Introduction to Contemporary International Law – A Policy-Oriented Perspective, 1989, S. 14 ff.

[39] *McDougal* (Fn. 37), S. 173: „(...) any description of the world power process which would concern itself with effects in the real world, rather than with illusion, must inquire not merely into the structure of formal authority but also into that of effective control."

[40] *McDougal* (Fn. 37), S. 155; *Chen* (Fn. 38), S. 12; insofern zustimmend *Richard A. Falk*, Legal Order in a Violent World, 1968, S. 80; kritisch *Christoph Schreuer*, New Haven Approach und Völkerrecht, in: ders. (Hrsg.), Autorität und internationale Ordnung – Aufsätze zum Völkerrecht, 1979, S. 63 (73).

sowie die Anwendung des Rechts an Werten wie insbesondere dem Grundsatz der Menschenwürde ausrichten.[41]

Die universelle Durchsetzung westlicher Werte wird freilich nicht nur positiv bewertet, und es mehrt sich die Kritik aus „nicht-westlichen" Staaten. Der indische Völkerrechtler *Bhupinder Chimni* beispielsweise wendet sich gegen einen im Entstehen begriffenen Weltstaat westlicher Prägung.[42] Die zunehmend an Bedeutung gewinnenden internationalen Organisationen seien von westlichen Staaten sowie den Interessenvertretern transnationaler Unternehmen dominiert.[43] Dies zeige sich insbesondere im Wirtschaftsvölkerrecht und in den *Bretton Woods*-Institutionen, doch selbst Organisationen, die sich mit sozialen Fragen wie Menschenrechten und Umweltschutz auseinandersetzen, dienten primär der Herstellung der Rahmenbedingungen für transnationale Kapitalflüsse. Die Interessen der Dritten Welt fänden auf internationaler Ebene nur marginale Berücksichtigung.[44]

III. Die Verneinung globaler Werte im politischen Liberalismus

Kritische Einwände gegen die Annahme von Gemeinschaftswerten auf internationaler Ebene finden sich auch in der Theorie des politischen Liberalismus. Insbesondere *John Rawls* vertritt eine individualistische Gerechtigkeitstheorie, gegründet auf einem als Gedankenexperiment zu verstehenden hypothetischen Gesellschaftsvertrag.[45] Angesichts des Pluralismus der Weltanschauungen entwickelt *Rawls* kein moralisches, sondern ein politisches Gerechtigkeitskonzept.[46] Eine universell akzeptierte

---

41 *Harold Lasswell/Myres S. McDougal*, Jurisprudence for a Free Society, 1992, S. xxii.; *McDougal* (Fn. 37), S. 186; *Chen* (Fn. 38), S. 15 bezeichnet Recht daher als „(...) great creative instrument of social policy for promoting a preferred social order."

42 *Bhupinder S. Chimni*, International Institutions Today: An Imperial Global State in the Making, EJIL 15 (2004), S. 1 ff.

43 *Chimni* (Fn. 42), S. 4 ff.

44 *Chimni* (Fn. 42), S. 29 ff. fordert daher einen stärkeren Einfluss der Entwicklungsländer in internationalen Institutionen sowie die Demokratisierung dieser Institutionen.

45 *John Rawls*, A Theory of Justice, 1971.

46 Zum Wandel von „A Theory of Justice" (1971), wo *Rawls* noch eine allumfassende *moralische* Lehre aufstellen wollte, zu „Political Liberalism" (1993),

gesellschaftliche Grundordnung, die für verschiedene moralische, religiöse und philosophische Positionen offen ist, sei mit dem Bestehen eines *„overlapping consensus“* begründbar.[47] Danach sei auf der Grundlage gegenseitiger Toleranz ein grundlegender Konsens über die gesellschaftliche Grundordnung ungeachtet der pluralistischen moralischen, religiösen oder weltanschaulichen Überzeugungen und Letztbegründungen möglich. Dieser Konsens umfasse diejenigen Wertvorstellungen, die allen Grundüberzeugungen gemeinsam sind. Den Ausgangspunkt der Konzeption von *Rawls* bildet der Urzustand (*original position*), in dem sich die Menschen hinter einem Schleier des Nichtwissens (*veil of ignorance*) über die grundlegenden Prinzipien ihres zukünftigen Zusammenlebens einigten.[48] Die Unkenntnis der Menschen über ihre Fähigkeiten und ihre soziale Stellung in der künftigen Gesellschaft führe dazu, dass die Übereinkunft fair und gerecht sei, und garantiere die Allgemeingültigkeit der postulierten Gerechtigkeitsprinzipien. Auf dieser Grundlage bestimmt *Rawls* die zwei Grundsätze seiner Theorie der Gerechtigkeit als Fairness: erstens die politisch-rechtliche Gleichheit aller Individuen sowie deren individuelle Grundfreiheiten und zweitens das Differenzprinzip, das die Chancengleichheit aller Individuen beinhaltet und verlangt, dass ungleiche Verteilungen zu jedermanns Vorteil erfolgen müssen.[49] Seiner individualistischen Grundhaltung zum Trotz erkennt auch *Rawls* den Wert von Gemeinschaften an, deren Zweck in der Sicherung von Freiheit und Gleichheit der Bürger liege.[50]

Auch auf der internationalen Ebene schlössen die Staatenvertreter als Vertreter der einzelnen Völker hinter dem Schleier des Nichtwissens einen Gesellschaftsvertrag über die Grundlage der sozialen Ordnung.[51]

---

wo er sich auf ein *politisches* Gerechtigkeitskonzept beschränkt, siehe *Hans-Joachim Cremer*, John Rawls' „The Law of Peoples“ – Ein tauglicher Ansatz für eine Philosophie der internationalen Beziehungen?, in: ders. (Hrsg.), Tradition und Weltoffenheit des Rechts, Festschrift für Helmut Steinberger, 2002, S. 97 (103).

47 *John Rawls*, Political Liberalism, 1993, S. 39 f. sowie S. 133 ff.

48 *Rawls* (Fn. 45), S. 17 ff. sowie S. 118 ff.

49 *Rawls* (Fn. 45), S. 60 f. Die beiden Grundsätze bringt *Rawls* in eine lexikalische Ordnung, in der der erste Grundsatz dem zweiten voraus geht.

50 Zum Konzept der Gemeinschaft bei *Rawls* siehe *Paulus* (Fn. 1), S. 20 ff.; *Irene Dingeldey*, Das Modell der Gerechtigkeit zwischen Individualismus und Gemeinschaft, 1997, S. 67 ff.

51 *John Rawls*, The Law of Peoples, 1999, S. 30 ff.; zur Wahl von Völkern statt Staaten als Ausgangspunkt *Cremer* (Fn. 46), S. 100 f. sowie die Kritik auf

Die Prinzipien, auf die diese Staatenvertreter sich einigen würden, entsprächen im Wesentlichen den Grundsätzen des geltenden Völkerrechts: Souveränität und Gleichheit aller Staaten, Selbstbestimmungsrecht der Völker, das Recht zur Selbstverteidigung, der Grundsatz *pacta sunt servanda*, eine Beschränkung des *ius ad bellum* und ein *ius in bello* sowie die grundsätzliche Achtung der Menschenrechte.[52] *Rawls* überträgt damit den ersten Grundsatz seiner Gerechtigkeitstheorie auf die internationale Ebene, nicht aber das Differenzprinzip. Eine Globalisierung von Verteilungsgerechtigkeit strebt *Rawls* nicht an.[53]

Die auf diese Weise internationalisierte Theorie der Gerechtigkeit beschränkt *Rawls* zudem auf liberale Gesellschaften,[54] die er von nicht-liberalen Staaten sowie nicht-wohlgeordneten Staaten unterscheidet. Nicht-liberale, aber dennoch achtbare Staaten, die keine expansionistischen Ziele verfolgen und auch im Inneren gewisse Mindestanforderungen der Gerechtigkeit erfüllen, seien von liberalen Staaten anzuerkennen.[55] Mit den nicht-wohlgeordneten *outlaw states* sei hingegen kein *overlapping consensus*, sondern allenfalls ein *modus vivendi* denkbar.[56] Liberale Staaten hätten diesen *outlaw states* gegenüber keine Pflichten, wohl aber gegenüber den unterdrückten Bevölkerungen. Daher komme ein Recht zum Krieg zur Verteidigung der Völkergemeinschaft sowie in schweren Fällen zum Schutz der Menschenrechte in Betracht.[57] Langfristiges Ziel müsse jedoch sein, auch diese Staaten zu wohlgeordneten Gesellschaften zu entwickeln.[58] Im Ergebnis begründet *Rawls* damit

---

S. 121 f. und S. 125 f.; kritisch auch *Gary Chartier*, Peoples or Persons? Revising Rawls on Global Justice, B.C. Int'l & Comp. L. Rev. 27 (2004), S. 1 ff.

[52] *John Rawls*, Das Völkerrecht, in: Stephen Shute/Susan Hurley (Hrsg.), Die Idee der Menschenrechte, 1996, S. 53 (67); *ders.* (Fn. 45), S. 378 f.

[53] *Rawls* (Fn. 51), S. 115 ff.; dazu *Michael Schefczyk*, John Rawls' Philosophie der internationalen Beziehungen, NZZ vom 8.1.2003, S. 52.

[54] *Rawls* (Fn. 51), S. 11-58; *ders.* (Fn. 52), S. 63 ff.

[55] *Rawls* (Fn. 51), S. 59-88; *ders.* (Fn. 52), S. 71 ff.

[56] *Rawls* (Fn. 51), S. 89-113; *ders.* (Fn. 52), S. 83 ff.

[57] *Rawls* (Fn. 52), S. 85.

[58] *Rawls* (Fn. 51), S. 5. Auch wenn es Unterschiede zwischen der wohlgeordneten Gesellschaft bei *Rawls* und dem Republikanismus-Konzept bei *Kant* gibt, ist die Nähe zur Friedensschrift unverkennbar, siehe *Immanuel Kant*, Zum Ewigen Frieden, in: Kants gesammelte Schriften (herausgegeben von der Königlich Preußischen Akademie der Wissenschaften), Bd. VIII, 1912/23, S. 341 (349):

den Entwurf einer internationalen Ordnung souveräner Staaten auf der Grundlage eines zwischenstaatlichen Völkerrechts klassischer Prägung,[59] eine liberale Rechtfertigung der „Staatengesellschaft" ohne gemeinschaftliche Elemente.[60]

IV. Kommunitaristische Kritik internationalen Gemeinschaftsdenkens

Die als Kommunitarismus bezeichnete Denkrichtung versteht sich als Gegenentwurf zum Liberalismus. Sie beklagt den durch Liberalismus und Individualismus bedingten Werte- und Gemeinschaftsverfall und plädiert für eine stärkere Orientierung am Gemeinwohl:

> „Communitarians argue that there ought to be shared understandings of the good while liberals hold that the right should trump the good, that each person should choose his or her own moral ends."[61]

Die Kommunitaristen verwerfen bereits die von *Rawls* zugrunde gelegten anthropologischen Prämissen, da der Mensch sich durch seine Einbindung in die Gemeinschaft definiere und der aller persönlichen Eigenschaften beraubte und von sozialen Beziehungen isolierte Mensch des Urzustandes unwirklich sei.[62] Er sei eingebunden in eine Vielzahl familiärer und sozialer „unfreiwilliger Assoziationen", denen er sich kaum entziehen könne.[63] Ein „ungebundenes Selbst", wie es der Liberalismus konstruiere, sei weder in der Lage, eine Gemeinschaft zu bilden, noch

---

„Die bürgerliche Verfassung in jedem Staate soll republikanisch sein." (erster Definitivartikel).

[59] *Rawls* (Fn. 45), S. 378; siehe auch *Schefczyk* (Fn. 53), S. 52.

[60] *Paulus* (Fn. 1), S. 68 ff.; *Martti Koskenniemi*, From Apology to Utopia, 1989, S. 128.

[61] *Amitai Etzioni*, Affective Bonds and Moral Norms: A Communitarian Approach to the Emerging Global Society, IPG 3/2005, S. 127 (132).

[62] *Michael Sandel*, Liberalism and the Limits of Justice, 1982, S. 172; *Charles Taylor*, Atomism, in: ders., Philosophy and the Human Sciences, Philosophical Papers 2, 1985, S. 187 ff.

[63] *Michael Walzer*, Vernunft, Politik und Leidenschaft – Defizite liberaler Theorie, 1999, S. 11 ff.

dazu, sich einer solchen anzuschließen.[64] Rechte und Pflichten seien jedoch nur in einer Gemeinschaft denkbar.[65] Seine Freiheit könne das Individuum nur innerhalb der Gesellschaft ausüben, nur in ihr könne seine Identität aufrechterhalten werden. Auch der Vorrang des „Gerechten“ vor dem „Guten“, der der liberalen Gerechtigkeitstheorie zugrunde liegt, wird kritisiert, das „Gute“ müsse vielmehr gemeinschaftlich definiert werden.[66] Der Liberalismus biete mit seiner „moralischen Neutralität“ keine hinreichende Grundlage für eine moralische Gemeinschaft, individuelle Rechte und Freiheiten allein reichten hierfür nicht aus.

Die Betonung des Gemeinschaftsgedankens bei den Kommunitaristen führt indes nicht automatisch zu der Annahme, dass auch auf internationaler Ebene eine Gemeinschaft möglich und wünschenswert wäre. Im Gegenteil: Obwohl wenig Einigkeit hinsichtlich der Frage besteht, welche Form der Gemeinschaft das liberale Gesellschaftsmodell ersetzen soll,[67] gehen die Kommunitaristen mehrheitlich davon aus, dass eine Gemeinschaft ein hohes Maß an Homogenität ihrer Mitglieder voraussetzt. Zwar komme eine Mitgliedschaft des Individuums in mehreren unterschiedlich homogenen Gemeinschaften in Betracht, die Anerkennung einer Weltgemeinschaft wird jedoch entschieden abgelehnt.[68] Die Menschheit als Ganze sei ungeeignet, um eine inhaltlich aussagekräftige universelle Moral zu begründen.[69] Teilweise wird Patriotismus zum

---

64 *Michael Sandel*, Die verfahrensrechtliche Republik und das ungebundene Selbst, in: Axel Honneth (Hrsg.), Kommunitarismus, 1993, S. 18 (24 ff.); kritisch zur Tragfähigkeit der von *Sandel* vorgebrachten Argumente *Lutz Meyer*, John Rawls und die Kommunitaristen, 1996, S. 47 ff.

65 *Michael Sandel*, Justice and the Good, in: ders. (ed.), Liberalism and its Critics, 1984, S. 159 ff.; hierzu *Walter Reese-Schäfer*, Kommunitarismus, 3. Aufl. 2001, S. 15 ff.; ähnlich *Michael Walzer*, Spheres of Justice, 1983, S. 63; *Taylor* (Fn. 62), S. 198.

66 *Charles Taylor*, Aneinander vorbei: Die Debatte zwischen Liberalismus und Kommunitarismus, in: Axel Honneth (Hrsg.), Kommunitarismus, 1993, S. 103 ff.; *Sandel* (Fn. 62), S. 10 f.

67 Zum kommunitaristischen Begriff der Gemeinschaft *Paulus* (Fn. 1), S. 35 ff.

68 Siehe nur *Michael Sandel*, Democracy's Discontent, 1996, S. 338 ff.

69 *Michael Walzer*, Thick and Thin, 1994, S. 1 ff.; dazu auch *Paulus* (Fn. 1), S. 74 ff.

moralischen Postulat erhoben.[70] Im Ergebnis kommen somit auch die Kommunitaristen – zumindest in dieser partikularistischen Spielart ihrer Theorie – zu einer Rechtfertigung des Staatengesellschaftssystems.[71]

V. Kritische Würdigung

Möglichkeit und Existenz einer auf einem universellen Wertekonsens begründeten internationalen Gemeinschaft werden von zahlreichen wissenschaftlichen und politischen Strömungen mit unterschiedlicher Begründung verneint, das internationale System wird – um die Dichotomie von *Tönnies* wieder aufzugreifen – auf eine Staatengesellschaft beschränkt. Diese Sicht hat Auswirkungen auf die Konzeption des Völkerrechts. Sofern das Völkerrecht nicht gänzlich ignoriert, seine Relevanz für die internationale Wirklichkeit gering geschätzt oder seine Objektivität in Frage gestellt wird, bleibt es auf den Entwicklungsstand des „Westfälischen Systems" beschränkt. Der Staat und das Prinzip der staatlichen Souveränität stehen im Zentrum einer Rechtsordnung, deren primäre Aufgabe es ist, die Koexistenz der unabhängigen staatlichen Einheiten zu gewährleisten, und in der zwischenstaatliche Kooperation nur mit Zustimmung der einzelnen Staaten erfolgt.

Jenseits konkreter Einwände gegen die einzelnen Positionen stellt sich jedoch vorab die Frage, ob die vorgebrachten Ansätze der Möglichkeit einer völkerrechtlichen Konzeption einer auf gemeinsamen Werten basierenden internationalen Gemeinschaft entgegenstehen können. Denn die exemplarisch dargestellten Positionen stellen zum größten Teil keine normativ begründeten oder empirisch belegten Theorien dar, sondern zeugen von einem bestimmten philosophischen Zugang zum internationalen System, das sie auf der Grundlage politischer und teilweise ideologischer Prägungen und Vorverständnisse entwerfen. Daher lassen sie eine einseitige und eindimensionale Perspektive auf die internationale Ordnung erkennen, die der Vielschichtigkeit des Systems nicht gerecht wird.

---

70 *Alasdair MacIntyre*, Ist Patriotismus eine Tugend?, in: Axel Honneth (Hrsg.), Kommunitarismus, 1993, S. 84 ff.; hierzu auch *David Miller*, On Nationality, 1995, S. 49.

71 *Paulus* (Fn. 1), S. 76.

Die inhaltliche Kritik an den dargestellten Ansätzen kann bereits an den zugrunde gelegten empirischen Prämissen ansetzen: Ist der Mensch wirklich von Natur aus schlecht und nur auf seinen eigenen Vorteil bedacht? Stehen kulturelle Unterschiede einem friedlichen Zusammenleben sowie der Verfolgung gemeinsamer Interessen kategorisch entgegen? Diese negative Sichtweise gibt ein nur unvollständiges Bild der Realität wieder und orientiert sich zu sehr am pathologischen Fall. Indem sie den Rückzug in territorial abgegrenzte Räume suchen, versuchen die meisten der dargestellten Ansätze, der Globalisierung entgegenzuwirken, anstatt neue Handlungsformen zum Umgang mit den aktuellen Herausforderungen zu entwickeln. Insbesondere die erforderliche internationale Kooperation wird nicht hinreichend in Betracht gezogen. Damit bieten die dargestellten Ansätze keine überzeugenden Antworten auf die Herausforderungen der Globalisierung.

Die Kritik an den Postulaten über die negative menschliche Natur trifft in besonderem Maße auf den Realismus zu,[72] der zudem wesentliche Faktoren, die das Verhalten der Staaten entscheidend beeinflussen, vernachlässigt:[73] Weder das zunehmende Aufkommen internationaler sowie regionaler Kooperation[74] noch den Niederschlag von Gemeinschaftsinteressen im Völkerrecht[75] kann der Realismus erklären. Der neorealistische Ausgangspunkt eines der Anarchie verschriebenen internationalen

[72] Vgl. *Alexander Siedschlag*, Neorealismus, Neoliberalismus und postinternationale Politik, 1997, S. 63 ff.; *Bhupinder S. Chimni*, International Law and World Order, 1993, S. 37 m.w.N.

[73] *Stanley H. Hoffmann*, International Relations – The Long Road to Theory, in: Ernst-Otto Czempiel (Hrsg.), Die Lehre von den Internationalen Beziehungen, 1969, S. 187 (192 f.); vgl. auch *Richard K. Ashley*, The Poverty of Neo-realism, IO 38 (1984), S. 225 (231): „too fuzzy, too slippery, too resistant to consistent operational formulation, and, in application, too dependent upon the artful sensitivity of the historically minded and context-sensitive scholar"; insofern zustimmend *Chimni* (Fn. 72), S. 71.

[74] *Antônio Augusto Cançado Trindade*, International Law for Humankind: Towards a New Jus Gentium (I), RdC 316 (2005), S. 9 (79 ff.); *Schörnig* (Fn. 9), S. 81 ff.; *Steven L. Lamy*, Contemporary Mainstream Approaches: Neo-realism and Neo-liberalism, in: John Baylis/Steve Smith (eds.), The Globalization of World Politics, 3rd ed. 2005, S. 205 (215 ff.).

[75] Vgl. *Bruno Simma/Andreas L. Paulus*, The „International Community": Facing the Challenge of Globalization, EJIL 9 (1998), S. 266 (271 f.).

Systems verkennt darüber hinaus, dass die Entwicklung des internationalen Systems einen ergebnisoffenen Prozess darstellt, der von allen Akteuren beeinflusst wird.[76] Auch kann die stark staatszentrierte Perspektive des Realismus das Aufkommen und die tatsächliche Relevanz über- und nicht-staatlicher Akteure auf internationaler Ebene nicht erfassen oder erklären. Und so finden sich auch dem Realismus nahe stehende Ansätze, die ethischen Kriterien Relevanz für das internationale System beimessen, Gemeinschaftsinteressen auf internationaler Ebene sehen[77] oder die Bedeutung von Kooperation und internationalen Regimes hervorheben.[78] Und selbst wenn man das nationale Interesses als alleinigen Zweck zwischenstaatlichen Handelns begreift und die Erhaltung und Sicherung des eigenen Staates zum überragenden ethischen Ziel erklärt, zeigen die Herausforderungen der Globalisierung, dass nationale und gemeinschaftliche Interessen zusammen fallen können und sich nicht notwendigerweise entgegenstehen.

Auch *Huntingtons* Absage an gemeinschaftliche Werte kann in ihrer Rigorosität nicht überzeugen.[79] Die Einteilung der Welt in weitgehend abgeschlossene Kulturkreise, die zudem zu stark religiös definiert werden,[80] ignoriert Dynamik und Entwicklung von Kulturen, Annäherungen zwischen den verschiedenen Kulturkreisen[81] und den zunehmenden

---

[76] *Alexander Wendt*, Anarchy is what States Make of it: The Social Construction of Power Politics, IO 46 (1992), S. 391 ff.; *Cançado Trindade* (Fn. 74), S. 79 ff.

[77] Siehe insbesondere *Hedley Bull*, The Anarchical Society, 1977, S. 40 ff.

[78] Siehe beispielsweise *Robert O. Keohane*, Theory of World Politics: Structural Realism and beyond, in: ders. (ed.), Neorealism and its Critics, 1986, S. 158 ff.; *Stephan D. Krasner*, Structural Causes and Regime Consequences: Regimes as Intervening Variables, in: ders. (ed.), International Regimes, 1983, S. 1 ff.

[79] Siehe zur Kritik an *Huntington* nur die Beiträge in Foreign Affairs Vol. 72, No. 4 (1993), S. 1 ff.; Überblick bei *Wolfgang Klinghammer*, Kampf der Kulturen im Kosovo?, 2002, S. 23 ff.; *Udo M. Metzinger*, Die Huntington-Debatte, 2000, S. 19 ff.

[80] *Stefan Ulrich Pieper*, „The Clash of Civilizations" und das Völkerrecht, Rechtstheorie 29 (1998), S. 331 (332).

[81] Sehr weitgehend die Annahme einer im Entstehen befindlichen „globalen moralischen Synthese" bei *Amitai Etzioni*, From Empire to Community, 2004, S. 20 ff.

interkulturellen Austausch.[82] Auch verkennt *Huntington*, dass die meisten Konflikte innerhalb einzelner Kulturkreise stattfinden.[83] Ökonomische oder machtpolitische Ursachen für Konflikte werden von *Huntington* nur unzureichend gewürdigt.[84] Ethnische, kulturelle und ideologische Unterschiede zeigen zwar die Grenzen der Integration auf; der gemeinsamen Verfolgung von Gemeinschaftsinteressen stehen sie aber nicht grundsätzlich entgegen.[85]

Auch die hegemonialen Ansätze bieten keine überzeugende Konzeption des internationalen Systems. Selbst wenn man von *Carl Schmitts* Einbindung in das nationalsozialistische Regime[86] absehen würde, kann sein Entwurf einer neuen Weltordnung nicht erklären, warum die Einteilung der Welt in Reiche statt in Staaten eine friedliche Koexistenz garantieren soll. Aufgrund der mit der Globalisierung einhergehenden Herausforderungen erscheint die Abschottung regionaler Räume nach außen als wenig weiterführend und muss auch auf der Grundlage der *Schmitt*schen Methodik in Frage gestellt werden: Denn die zunehmende Interaktion

---

[82] *Fouad Ajami*, The Summoning, Foreign Affairs Vol. 72, No. 4 (1993), S. 2 ff.

[83] *Wilfried von Bredow*, Konflikte und Kämpfe zwischen Zivilisationen, in: Karl Kaiser/Hans-Peter Schwarz (Hrsg.), Weltpolitik im neuen Jahrhundert, 2000, S. 115 (121 f.).

[84] Vgl. *Pieper* (Fn. 80), S. 332.

[85] So auch *Christian Tomuschat*, International Law: Ensuring the Survival of Mankind on the Eve of a New Century, RdC 281 (1999), S. 9 (55).

[86] *Franz Neumann*, Behemoth, Struktur und Praxis des Nationalsozialismus 1933-1944, 1977, S. 198 ff. deutet die Theorie als Versuch der Rechtfertigung der Annexion osteuropäischer Gebiete durch die Nationalsozialisten; *Jean-Piere Bussalb*, Carl Schmitts völkerrechtliches Großraumprinzip – Perspektiven einer neuen Weltordnung, Rechtstheorie 35 (2004), S. 247 ff. sieht in ihr auch heute noch die Möglichkeit der Schaffung einer friedlichen internationalen Ordnung; *Joseph H. Kaiser*, Europäisches Großraumdenken. Die Steigerung geschichtlicher Größen als Rechtsproblem, in: Hans Barion u.a. (Hrsg.), Epirrhosis: Festgabe für Carl Schmitt, 1968, S. 529 (541 ff.) bezeichnet die Theorie als „wertneutral"; dies kann angesichts der persönlichen Verbindung *Carl Schmitts* mit dem Nationalsozialismus aber nicht darüber hinwegtäuschen, dass die Großraumtheorie auf das nationalsozialistische Deutschland zugeschnitten war, das „Anlass, Vorbild und Anwendungsfall" des Konzepts darstellte, vgl. *Schmoeckel* (Fn. 18), S. 133; *Petra Minnerop*, Paria-Staaten im Völkerrecht?, 2004, S. 431; zur Einbindung der Großraumtheorie in die Völkerrechtswissenschaft zur Zeit des Nationalsozialismus *Michael Stolleis*, Geschichte des öffentlichen Rechts in Deutschland, Bd. 3, 1999, S. 389 ff.

staatlicher und nicht-staatlicher Akteure über Staatsgrenzen und Kontinente hinweg stellt einen geschichtlichen Prozess dar, den eine neue Weltordnung nach Maßgabe des konkreten Ordnungsdenkens zu berücksichtigen hätte.

Wenig überzeugend ist auch die Behauptung *Fukuyamas*, die westliche Ideologie habe sich universell ausgebreitet. Weder in der politischen Realität noch im Bewusstsein der Weltbevölkerung hat sich der westlich geprägte Liberalismus als einzig gültige Weltanschauung etabliert. Westliche Werte werden – so man denn überhaupt von der Existenz eines einheitlichen westlichen Wertekanons sprechen kann – von nicht-westlichen Staaten und Gesellschaften nicht uneingeschränkt übernommen, sondern zunehmend in Zweifel gezogen. Und ob mit den vorwiegend ökonomisch motivierten Veränderungen in der ehemaligen Sowjetunion und China die Übernahme von Liberalismus und Demokratie nach westlichem Vorbild verbunden sein wird, ist höchst zweifelhaft.

Dem Neokonservatismus zuzustimmen ist darin, dass die Orientierung der Politik an nationalen Interessen eine geschichtliche Realität darstellt. Nichtsdestotrotz kann dieser Ansatz den ethischen Anforderungen einer immer enger werdenden Welt nicht genügen. Auch ist fraglich, ob es einen unüberwindbaren Gegensatz zwischen nationalen Interessen und den Interessen der internationalen Gemeinschaft gibt oder ob eine erfolgreiche Politik im Zeitalter der Globalisierung nicht vielmehr darauf gerichtet sein sollte, Gemeinsamkeiten zwischen Individual- und Gemeinschaftsinteressen herauszustellen und die eigenen Werte durch Überzeugung statt durch Zwang auf die globale Agenda zu bringen.[87]

Die *New Haven School* arbeitet zutreffend heraus, dass Rechtsanwendung immer zugleich ein subjektiver und wertorientierter Prozess ist, gleichwohl verwischt sie die Grenzen von geltendem Recht, Rechtspolitik und Ethik. Sie führt so zu großer Rechtsunsicherheit[88] und beeinträchtigt das verhaltenssteuernde Moment des Rechts.[89] Der „policy-

---

[87] So auch *Joseph S. Nye*, The Paradox of American Power, 2003, S. 137 ff., der den USA jedoch die Möglichkeit unilateralen militärischen Vorgehens als letzte Option offen hält.

[88] *Martti Koskenniemi*, From Apology to Utopia, 1989, S. 176; *Sandra Voos*, Die Schule von New Haven: Darstellung und Kritik einer amerikanischen Völkerrechtslehre, 2000, S. 279 f.; *James C. Hathaway*, America, Defender of Democratic Legitimacy?, EJIL 11 (2000), S. 121 (128); die Kritik zurückweisend *Schreuer* (Fn. 40), S. 74.

[89] *Tomuschat* (Fn. 85), S. 26; *Bardo Fassbender*, UN Security Council Reform and the Right of Veto, 1998, S. 49.

oriented approach" ermöglicht dem Rechtsanwender, seine eigenen subjektiven Wertvorstellungen als objektiv geltendes Recht auszugeben.[90] Eigenständigkeit[91] und Universalität des Rechts werden dadurch in Frage gestellt. Unter dem Deckmantel der „Rechtmäßigkeit" kann nahezu jegliche hegemoniale Handlung der mächtigen Staaten legitimiert werden.[92] Es verwundert daher kaum, dass die praktische Anwendung des US-amerikanischen *New Haven Approach* regelmäßig in einem den US-amerikanischen Interessen entsprechenden Ergebnis resultiert.[93] Der Ansatz der *New Haven School* erweist sich damit als ungeeignet, um eine Grundlage für ein Völkerrecht der gesamten internationalen Gemeinschaft, die sich durch Pluralität und Heterogenität der Wertvorstellungen auszeichnet, zu bilden.[94]

Ernst zu nehmen ist schließlich die – wenn auch überzeichnete – grundsätzliche Kritik von *Chimni*, der sich nicht gegen die Entstehung einer internationalen Gemeinschaft als solche wendet und auch die Möglichkeit globaler Werte nicht verneint. Seine Kritik setzt vielmehr an der konkreten Ausgestaltung dieser Gemeinschaft an, die von der hegemonialen und imperialistischen Vormachtstellung westlicher Staaten geprägt sei.

Die Theorie des politischen Liberalismus, die die Gesellschaft aus der Sicht des Individuums konstruiert und diesem einen grundsätzlichen Vorrang vor dem Gemeinwesen einräumt, hat viel Kritik erfahren, die

---

[90] *Stefan Kadelbach*, Zwingendes Völkerrecht, 1992, S. 159; *Tomuschat* (Fn. 85), S. 53 f.; *Chimni* (Fn. 72), S. 144 f.; *Hathaway* (Fn. 88), S. 128 f.; *Philip Allott*, Eunomia, 2001, S. xlviii; *Richard A. Falk*, Casting the Spell: The New Haven School of International Law, Yale L.J. 105 (1995), S. 1991 (2007 f.); *Paulus* (Fn. 1), S. 198.

[91] *Friedrich V. Kratochwil*, Rules, Norms and Decisions, 1989, S. 196 ff.

[92] Vgl. *Richard A. Falk*, New Approaches to the Study of International Law, AJIL 61 (1967), S. 477 (481).

[93] *Voos* (Fn. 88), S. 240, 292 ff. sowie S. 312; *Tomuschat* (Fn. 85), S. 54; *Paulus* (Fn. 1), S. 196; *Oran R. Young*, International Law and Social Science: The Contributions of Myres S. McDougal, AJIL 66 (1972), S. 60 (73 f.); *Martti Koskenniemi*, The Politics of International Law, EJIL 1 (1990), S. 4 (11).

[94] So auch *Chimni* (Fn. 72), S. 145: „A social order of diverse ideological systems cannot produce rules whose explicit function is to achieve the goals of one of them."

an dieser Stelle nicht nachgezeichnet werden muss.[95] Als problematisch erweist sich zunächst die pauschale und unscharfe Kategorisierung der Staaten, die sehr an das „Freund/Feind"-Schema bei *Carl Schmitt* oder den US-amerikanischen Neokonservativen erinnert. Auch verbindet *Rawls* sehr weitgehende Konsequenzen mit dieser Einteilung, die in ihrer Rigorosität nicht überzeugen können: Warum soll die Intervention durch einen „liberalen" Staat nach anderen Kriterien zu beurteilen sein als die durch einen *outlaw state*? Der Ausschluss nicht-wohlgeordneter Staaten und Gesellschaften aus dem „Law of Peoples" stellt zudem die Universalität des Rechts in Frage und beinhaltet die Gefahr, dass die Beziehungen zwischen wohlgeordneten und nicht-wohlgeordneten Völkern überhaupt nicht mehr von rechtlichen Regeln geprägt sind. Im Rahmen kriegerischer Auseinandersetzungen zwischen wohlgeordneten und nicht-wohlgeordneten Völkern etwa gäbe es keine Grundlage für eine Einbeziehung der *outlaw states* in das humanitäre Völkerrecht.[96] Zudem betont *Rawls* zu sehr die moralische Überlegenheit westlicher Staaten[97] und muss sich daher den Vorwurf gefallen lassen, ein westliches Werte- und Gesellschaftsmodell auf die internationale Ebene übertragen zu wollen.[98] Toleranz und Pluralismus kommen für *Rawls* nur innerhalb einer liberalen Weltordnung in Betracht. Dass mit der Entscheidung für den Liberalismus bereits eine ideologische Wahl getroffen wurde, deren globale Konsensfähigkeit zumindest fragwürdig erscheint, wird nicht problematisiert. Letztlich bleibt zumindest offen, inwieweit die Konzeption des „Law of Peoples" als Rechtfertigung für expansionistische Bestrebungen liberaler Staaten herangezogen werden kann.[99]

Der partikularistische Kommunitarismus sieht sich dem Vorwurf ausgesetzt, auf protektionistische Weise lokale Grenzen zu verteidigen und mit der nationalen Rückbesinnung die „falsche Antwort" auf das fest-

---

[95] Überblick bei *Wolfgang Kersting*, John Rawls zur Einführung, 1993, S. 163 ff.; *Michael Walzer*, Die kommunitaristische Kritik am Liberalismus, in: Axel Honneth (Hrsg.), Kommunitarismus, 1993, S. 157 ff.; zur Kritik an *Rawls* Konzeption einer internationalen Ordnung *Rex Martin/David A. Reidy*, Introduction, in: dies. (eds.), Rawl's Law of Peoples, 2006, S. 3 (7 f.).

[96] *Cremer* (Fn. 46), S. 123 ff., insbesondere S. 125: „Könnte doch der Schurkenstaat den wohlgeordneten Völkern entgegenhalten: ‚*Euer* Recht interessiert mich nicht!'"

[97] Siehe nur *Rawls* (Fn. 51), S. 62: „[I]f a liberal constitutional democracy is, in fact, superior to other forms of society, as I believe it to be (...)."

[98] Statt vieler *Cremer* (Fn. 46), S. 123.

[99] Vgl. *Paulus* (Fn. 1), S. 70.

gestellte Gemeinschaftsdefizit zu geben.[100] Im Übrigen vermag der partikularistische Kommunitarismus keinen überzeugenden Einwand gegen das Bestehen gemeinschaftlicher Werte auf internationaler Ebene zu liefern. Soweit die Möglichkeit einer internationalen Gemeinschaft pauschal bestritten wird, liegt dem ein zu enges Verständnis der Gemeinschaft zugrunde, das ein zu hohes Maß an Homogenität der Gemeinschaftsmitglieder fordert. Warum die Anerkennung gemeinschaftlicher Werte und Interessen auf globaler Ebene eine solche Homogenität voraussetzten sollte, ist nicht ersichtlich. Eine internationale Gemeinschaft verlangt keine derart weitgehende Solidarität ihrer Mitglieder, wie sie in Familien oder anderen kleinen und homogenen Gemeinschaften vorzufinden ist. Gemeinschaften sind vielmehr in unterschiedlich ausgeprägter Integration und in unterschiedlich homogenen Gruppen möglich, ein Gedanke, den die Kommunitaristen selbst grundsätzlich anerkennen.

Dennoch wäre es zu kurz gegriffen, die dargestellten kritischen Denkrichtungen als negativ und pessimistisch zu verwerfen. Die realistischen Ansätze zeigen die Grenzen des Völkerrechts sowie des Konzepts einer internationalen Gemeinschaft auf, da staatlichen Interessen zweifelsohne eine wesentliche Bedeutung für das internationale System zukommt und diese konträr zu Interessen anderer Staaten oder der Gemeinschaft verlaufen können. Die hegemonial geprägten Theorien verdeutlichen, welches Missbrauchspotential mit der Gemeinschaftsrhetorik und der Öffnung des Völkerrechts für Gemeinschaftswerte und -interessen verbunden ist, und werfen die Frage auf, wie ein internationales Gemeinschaftsrechtssystem sicherstellen kann, dass nicht allein die mächtigen Staaten ihre Werte und Interessen formulieren und verfolgen können. Die Verneinung globaler Werte durch die dargestellten Strömungen des Liberalismus und Kommunitarismus weist darauf hin, dass die staatliche Gemeinschaft immer noch die primäre Bezugs- und Identifikationseinheit für den Bürger darstellt und die Postulierung global gültiger Werte mit höchster Sorgfalt erfolgen muss, will sie sich nicht im bloßen Postulat erschöpfen.

---

[100] *Veit-Michael Bader*, Rassismus, Ethnizität, Bürgerschaft, 1995, S. 115 ff.; teilweise wird er sogar in die Nähe des Rassismus gerückt, siehe nur *Zygmunt Baumann*, Making and Unmaking of Strangers. Fremde in der postmodernen Gesellschaft, in: Christiane Harzig/Nora Räthzel (Hrsg.), Widersprüche des Multikulturalismus, 1995, S. 5 (22); für eine interne kommunitaristische Kritik *Etzioni* (Fn. 81); ausführlich *Thomas Mohrs*, Weltbürgerlicher Kommunitarismus, 2003, S. 103 ff.

B. Universaler Minimalkonsens als Grundlage der internationalen Gemeinschaft

Im Folgenden soll aufgezeigt werden, wie ein minimaler universal gültiger Wertekonsens denkbar erscheint.

I. Internationale Staaten- oder Menschheitsgemeinschaft?

Bei der Untersuchung, ob das internationale System auf einem grundlegenden Wertekonsens aufbauen kann und folglich den sozialen Nährboden für eine weitergehende Verrechtlichung aufweist, stellt sich zunächst die Frage des Bezugssubjekts. Kommt es auf diejenigen Werte an, die den Staaten zugrunde liegen, oder ist auf die Wertvorstellungen der einzelnen Individuen, letztlich somit der Menschheit als Ganzes, abzustellen? Unter rechtspolitischen Gesichtspunkten erscheint es problematisch, die Definition des Gemeinwohls allein den Staaten und ihren Vertretern zu überlassen. In den Worten von *Hedley Bull*:

> „[I]f it is chiefly through the views of states, and of states assembled in international organizations, that we have perforce to seek to discover the world common good, this is a distorting lens; universal ideologies that are espoused by states are notoriously subservient to their special interests, and agreements reached among states notoriously the product of bargaining and compromise rather than of any consideration of the interests of mankind as a whole."[101]

Dennoch verwundert kaum, dass die soeben dargestellten Ansätze den Staat und seine Interessen in den Vordergrund stellen, während optimistischere Entwürfe einer internationalen Gemeinschaft eher gewillt sind, von der staatszentrierten Sicht zumindest insofern abzuweichen, als sie den Menschen und seine Wertvorstellungen und Interessen mit berücksichtigen.[102] Wer aber macht nun die internationale Gemeinschaft aus? Im vorliegenden Kontext kann es hierauf nur eine differenzierte Antwort geben. Sowohl aus politikwissenschaftlicher als auch völkerrechtlicher Sicht ist das internationale System im Kern von zwischenstaatlichen

---

[101] *Bull* (Fn. 77), S. 86.

[102] Siehe nur *Allott* (Fn. 90), S. 415: „International society is the social becoming of five billion human beings (...)"; weitgehend auch *Cançado Trindade* (Fn. 74), S. 54 ff. sowie S. 219.

Beziehungen geprägt.[103] Staaten sind sowohl die primären Akteure als auch die primären Rechtssubjekte des internationalen Systems. Diese Feststellung muss jedoch für das internationale System zu Beginn des 21. Jahrhunderts relativiert werden. Das Individuum und andere nicht-staatliche Akteure erlangen zunehmende Bedeutung für die internationale Ebene und stellen das klassische Paradigma der zwischenstaatlichen Beziehungen in Frage. Diese Veränderung findet sowohl in faktischer als auch in rechtlicher Hinsicht statt. Individuen und nicht-staatliche Akteure nehmen Einfluss auf internationale Vorgänge, NGOs haben sich als feste Bestandteile des internationalen Systems etabliert und erlangen auf nahezu jedem Gebiet der internationalen Politik Bedeutung.[104] Mittelbar kommt nicht-staatlichen Akteuren Relevanz durch die zunehmende Anzahl demokratischer Staaten zu. Denn insofern sind die von Regierungsvertretern vorgenommenen außenpolitischen Maßnahmen an die Legitimation und Akzeptanz des Volkes gekoppelt. Ungeachtet der Diskussion um Voraussetzungen und Umfang der Völkerrechtssubjektivität von Individuen lässt sich eine stärkere Ausrichtung des Völkerrechts am Menschen feststellen, die sich als „Humanisierung“ des Völkerrechts kennzeichnen lässt.[105] Die Völkerrechtsordnung enthält umfassende Bekenntnisse zu den Rechten von Einzelnen, Gruppen und Völkern und stellt auf regionaler und universaler Ebene – wenn auch zögerlich – entsprechende Rechtsschutzmechanismen zur Verfü-

---

[103] Siehe aus politikwissenschaftlicher Sicht *Martin Griffiths/Terry O' Callaghan*, International Relations: The Key Concepts, 2002, S. vii: „The discipline of International Relations (IR) is the academic study of (...) a world divided among states“; für die völkerrechtliche Perspektive *Wolfgang Graf Vitzthum*, Begriff, Geschichte und Quellen des Völkerrechts, in: ders. (Hrsg.), Völkerrecht, 4. Aufl. 2007, S. 1 (7): „Im Schwerpunkt ist dieses Rechtsgebiet *Staaten*recht (...) Das Völkerrecht ist primär die Rechtsordnung der *zwischen*staatlichen Beziehungen.“

[104] Überblick bei *Eckart Klein*, Die Internationalen und die Supranationalen Organisationen, in: Wolfgang Graf Vitzthum (Hrsg.), Völkerrecht, 4. Aufl. 2007, S. 265 (278 f.); zur Frage der Völkerrechtssubjektivität *Stephan Hobe*, Der Rechtsstatus von Nichtregierungsorganisationen nach gegenwärtigem Völkerrecht, AVR 37 (1999), S. 152 ff.; *Waldemar Hummer*, Internationale nichtstaatliche Organisationen im Zeitalter der Globalisierung, BDGVR 39 (1999), S. 45 ff.

[105] *Oliver Dörr*, Privatisierung des Völkerrechts, JZ 2005, S. 905 ff.; ausführlich *Cançado Trindade* (Fn. 74).

gung.[106] Durch die Evolution des Völkerstrafrechts wird der Einzelne zudem zum völkerrechtlichen Pflichtensubjekt. Durch die Beteiligung von NGOs als Vertreter der Zivilgesellschaft oder auch durch vertragliche Beziehungen zwischen Staaten und Privatrechtssubjekten nehmen Private verstärkt an der internationalen Rechtsetzung Anteil.[107]

Neben diese punktuelle Berücksichtigung von Individuen tritt ein von Teilen der Literatur festgestellter Paradigmenwechsel. Der Staat wird nicht mehr als Selbstzweck des internationalen Systems betrachtet, sondern als dem Wohle des Menschen und der Menschheit dienend.[108] Klassische völkerrechtliche Prinzipien und Instrumente, die traditionell als „Grundrechte der Staaten" verstanden wurden,[109] werden hinterfragt, und ihre Legitimation wird in Zweifel gezogen, wenn sie nur Interessen des Staates reflektieren und nicht zur Verwirklichung der Volksinteressen dienen. Die zunehmende normative wie tatsächliche Bedeutung der Menschenrechte wird als wesentlicher Ausdruck dafür verstanden, dass auch die Völkerrechtsordnung ihre Legitimität letztlich vom Menschen ableitet. Der Eingang von Individualrechten in die Völkerrechtsordnung lässt sich daher als Ausdruck eines veränderten Selbstverständnisses dieser Ordnung begreifen.[110]

In der Konsequenz sieht das Zeitalter der Globalisierung die Revitalisierung des Gedankens, dass jedes Recht letztlich dem Menschen dient

---

[106] Überblick zum Ganzen bei *Kay Hailbronner*, Der Staat und der Einzelne als Völkerrechtssubjekte, in: Wolfgang Graf Vitzthum (Hrsg.), Völkerrecht, 4. Aufl. 2007, S. 157 (228 ff.); ausführlich *Cançado Trindade* (Fn. 74), S. 252 ff.

[107] Dazu *Uwe Kischel*, State Contracts – Völker-, schieds- und internationalprivatrechtliche Aspekte des anwendbaren Rechts, 1992.

[108] *René-Jean Dupuy*, La communauté internationale entre le mythe et l'histoire, 1986, S. 180; *Philip Kunig*, Das Völkerrecht als Recht der Weltbevölkerung, AVR 41 (2003), S. 327 ff.; *Tomuschat* (Fn. 85), S. 23 f.; *Brun-Otto Bryde*, International Democratic Constitutionalism, in: Ronald St. John MacDonald/ Douglas M. Johnston (eds.), Towards World Constitutionalism, 2005, S. 103 (109 f.); *Allott* (Fn. 90), S. 254 ff.; *Sienho Yee*, Towards an International Law of Co-progressiveness, in: ders./Wang Tieya (eds.), International Law in the Post-Cold War World, Essays in Memory of Li Haopei, 2001, S. 18 (37); *Cançado Trindade* (Fn. 74), S. 54 ff.

[109] So noch *Alfred Verdross/Bruno Simma*, Universelles Völkerrecht, 3. Aufl. 1984, S. 272 ff.

[110] *Brun-Otto Bryde*, Konstitutionalisierung des Völkerrechts und Internationalisierung des Verfassungsrechts, Der Staat 42 (2003), S. 61 (63 ff.); *Dörr* (Fn. 105), S. 905 f.

und auch das völkerrechtliche System ein Recht der Menschheit darstellt. Die internationale Gemeinschaft besteht zwar weiterhin aus Staaten und sieht diese als primären Bezugspunkt rechtlicher Reglementierung an, in letzter Instanz stellt sie aber eine internationale Gemeinschaft aller Menschen dar.[111] Die Entwicklungen auf internationaler Ebene machen deutlich, dass das internationale System sich trotz der grundsätzlichen Beibehaltung seiner Staatszentriertheit dem Individuum sowie anderen nicht-staatlichen Subjekten öffnet. Insofern erscheint es gerechtfertigt, bei der Frage, ob es einen universalen Werte- und Interessenkonsens gibt, auf dessen Grundlage die Errichtung eines internationalen Gemeinschaftsrechts denkbar erscheint, nicht nur auf die Werte und Interessen von Staaten, sondern auch auf diejenigen von Individuen abzustellen. Konsequenterweise sehen einige Autoren gerade transnationale Prozesse, die von der Zivilgesellschaft ausgehen und damit dem nicht-staatlichen Bereich entspringen, als Anzeichen für eine stärkere globale Gemeinschaftsbildung.[112]

II. Kultureller Relativismus oder universeller Wertekonsens?

Angesichts historischer, sprachlicher, religiöser, sozialer und kultureller Unterschiede zwischen den verschiedenen Gesellschaften und Kulturkreisen erscheint die Annahme eines gemeinsamen Werte- und Interessenkerns problematisch. Indes stimmen kulturelle Identitäten nur selten mit staatlichen Grenzen überein.[113] Auch innerhalb eines Staates oder integrierter Staatenverbände wie der Europäischen Union gibt es ein Zusammenleben unterschiedlicher Kulturen. Die bloße Heterogenität der Menschheit steht daher der Annahme einer rechtlich integrierten Weltgemeinschaft nicht kategorisch entgegen. Im Folgenden soll ein Ansatz entwickelt werden, nach dem es trotz dieser Unterschiede zwischen den

---

[111] *Bruno Simma*, From Bilateralism to Community Interest in International Law, RdC 250 (1994-VI), S. 217 (234); *ders.*, Universality of International Law from the Perspective of a Practitioner, EJIL 20 (2009), S. 265 (268).

[112] Siehe exemplarisch *Etzioni* (Fn. 81), S. 131 f.: „The rise of transnational citizenship, remittances, affective communications, voluntary associations, and social movements has several communitarian implications. They suggest that some social or communal bonds, a sense of identity and loyalty, are beginning to be formed across national borders."

[113] *Debra Satz*, Equality of What among Whom?, in: Ian Shapiro/Lea Brilmayer (eds.), Global Justice, 1999, S. 67 (70).

einzelnen Völkern und Gesellschaften möglich erscheint, einen Kanon gemeinsamer Werte und Interessen zu formulieren, der die Grundlage eines internationalen Gemeinschaftsrechts darstellen kann.

1. Anthropologische Grundannahmen einer internationalen Gemeinschaft

Ebenso wie pessimistischere Theorien der internationalen Ordnung auf anthropologischen Grundannahmen aufbauen, kann auch ein Entwurf einer stärker gemeinschaftsorientierten Konzeption an die Natur des Menschen anknüpfen. So betonen zahlreiche Autoren die Gemeinsamkeiten des Menschen und nehmen diese als Ausgangspunkt für die Entwicklung einer globalen, universalistischen Ethik. Grundlegende Eigenschaften des menschlichen Lebens werden von allen Menschen geteilt: Sterblichkeit, Körperlichkeit, kognitive Fähigkeiten, Vernunft, soziale Interaktion.[114] Und trotz aller kultureller Unterschiede existieren elementare menschliche Fähigkeiten, die das menschliche Leben zu einem „guten" Leben machen: die Fähigkeit, ein gesundes und schmerzfreies Leben zu führen, die Fähigkeit, die eigenen Sinne zu nutzen und Gefühle auszuleben, oder die Fähigkeit, in sozialen Beziehungen zu leben.[115] Diese grundlegenden menschlichen Eigenschaften und Ansichten bilden einen „kleinsten gemeinsamen Nenner", der auf nahezu universelle Zustimmung hoffen kann. Historische und kulturelle Unterschiede der Menschheit werden durch diese „essentialistische" Konzeption nicht

---

[114] *Martha C. Nussbaum*, Menschliches Tun und soziale Gerechtigkeit, in: Micha Brumlik/Hauke Brunkhorst (Hrsg.), Gemeinschaft und Gerechtigkeit, 1995, S. 323 (334 ff.); *Michael J. Perry*, Are Human Rights Universal? The Relativist Challenge and Related Matters, HRQ 19 (1997), S. 461 (481); siehe auch *Verdross/Simma* (Fn. 109), S. 385; *Allott* (Fn. 90), S. 117 ff. hebt die Einheit der Menschheit und die gemeinsamen Eigenschaften aller Menschen hervor; *Cançado Trindade* (Fn. 74), S. 179 ff. sieht das menschliche Gewissen als universelle Gemeinsamkeit an; siehe auch *Philip Kunig*, Das Völkerrecht und die Interessen der Bevölkerung, in: Pierre-Marie Dupuy et al. (Hrsg.), Völkerrecht als Wertordnung, Festschrift für Christian Tomuschat, 2006, S. 377 (379): „Die Interessen einzelner Menschen, der Weltbevölkerung also, sind einander näher, als es die Interessen der verschiedenen Staaten sind (...) Die Interessen der einzelnen Menschen überall auf der Welt sind (...) im Ausgangspunkt nahezu identisch."

[115] *Nussbaum* (Fn. 114), S. 339 f.; ähnlich *Satz* (Fn. 113), S. 74.

negiert, der Ansatz ist vage und offen genug, um unterschiedliche Lebensentwürfe erfassen zu können und die Unterschiedlichkeit der Menschen nicht durch ein vorgegebenes Menschenbild zu missachten.[116]

2. *Ein Konsens der politischen Werte*

Angesichts der Heterogenität der Weltbevölkerung lässt sich ein Konsens der Werte und Interessen zudem besser erklären, wenn man diesen Konsens auf politische Werte beschränkt, so wie *Rawls* es in seinem Modell des *overlapping consensus* darlegt:

> „Since there is no reasonable religious, philosophical, or moral doctrine affirmed by all citizens, the conception of justice affirmed in a well-ordered democratic society must be a conception limited to what I shall call ‚the domain of the political' and its values."[117]

Der Grundgedanke dieser Konzeption taucht schon an früherer Stelle auf[118] und wird von vielen Verfechtern einer internationalen Gemeinschaft rezipiert.[119] *Rawls* versucht, eine Antwort auf die Frage zu finden, wie es in einer pluralistischen Gesellschaft, der unterschiedliche und teilweise nicht miteinander zu vereinbarende moralische und religiöse Überzeugungen zugrunde liegen, möglich ist, eine gemeinsame Vorstellung von Gerechtigkeit zu erzeugen und gemeinsam unter stabilen politischen und sozialen Institutionen zu leben. Am Anfang steht dabei die

---

[116] *Nussbaum* (Fn. 114), S. 328-330 (zur Kritik), S. 341-346 (Erwiderung der Kritik).

[117] *Rawls* (Fn. 47), S. 38; ausführlich S. 133 ff.

[118] Siehe nur *McDougal* (Fn. 37), S. 190.

[119] *Daniel-Erasmus Khan/Andreas L. Paulus*, Gemeinsame Werte in der Völkerrechtsgemeinschaft?, in: Ingo Erberich u.a. (Hrsg.), Frieden und Recht, 1998, S. 217 (237 ff.); ausführlich *Paulus* (Fn. 1), S. 157 ff.; *Thomas W. Pogge*, Realizing Rawls, 1989, S. 213; *Charles R. Beitz*, Political Theory and International Relations, 1979, S. 18 f.; *Franck* (Fn. 36), S. 14; *Charles Taylor*, A World Consensus on Human Rights?, in: Patrick Hayden (ed.), The Philosophy of Human Rights, 2001, S. 409 ff.; *Stefan Kadelbach*, Ethik des Völkerrechts unter Bedingungen der Globalisierung, ZaöRV 64 (2004), S. 1 (15); *Bardo Fassbender*, Zwischen Staatsräson und Gemeinschaftsbindung, in: Herfried Münkler/Karsten Fischer (Hrsg.), Gemeinwohl und Gemeinsinn im Recht, 2002, S. 231 (265); der Sache nach ebenso *Martin Nettesheim*, Das kommunitäre Völkerrecht, JZ 2002, S. 569 (572 f.).

grundlegende Einsicht des politischen Liberalismus, dass es keine universell geltende Lehre, sondern eine Vielzahl vernünftiger Konzeptionen des „Guten" gibt. Die Ausübung politischer Macht – *Rawls* bezieht sich freilich auf die innerstaatliche Ausübung von Macht – sei daher nur dann angemessen, wenn sie im Einklang mit einer Verfassung stehe, deren Inhalte vernünftigerweise erwarten lassen, dass alle betroffenen Personen ihnen zustimmen werden. Danach hängen gemeinsame Werte innerhalb einer Gemeinschaft nicht davon ab, dass alle Mitglieder die gleiche ethische Ausgangsbasis teilen. Gemeinschaftswerte können auch auf der Basis divergierender religiöser, philosophischer und moralischer Grundvorstellungen und Letztbegründungsversuche entstehen.[120] Hauptvoraussetzung für die Existenz eines so gewonnenen Gemeinschaftswertesystems ist jedoch die Akzeptanz und Toleranz aller Gemeinschaftsmitglieder im Hinblick auf die unterschiedlichen Letztbegründungen der Wertvorstellungen. Fundamentalistische und missionarische Ansätze, die einen Ausschließlichkeitsanspruch erheben und die Verabsolutierung ihres Weltbildes anstreben, sind hiermit unvereinbar.[121]

3. Staatliche Grenzen als unzureichendes Differenzierungskriterium

Ob Liberale, die sich weigern, ihre Gerechtigkeitstheorie auf die internationale Ebene zu übertragen, oder Kommunitaristen, die die Bedeutung von Gemeinschaften betonen, diese aber national definieren: Sie alle können nicht erklären, warum staatliche Grenzen ein legitimes Differenzierungskriterium darstellen sollen. Gemeinsamkeiten zwischen Menschen enden nicht an staatlichen Grenzen, ebenso wenig ihre gemeinschaftlichen Interessen. Umgekehrt weisen staatlich definierte Bevölkerungen nicht notwendigerweise ein hohes Maß an Homogenität auf. Vertreter eines kosmopolitischen Liberalismus[122] etwa betonen daher die Gleichheit aller Menschen. Die Frage der Zugehörigkeit eines

---

[120] Anschaulich *Khan/Paulus* (Fn. 119), S. 236: „Zum Beispiel kann ein Kantianer die Menschenrechte mittels des kategorischen Imperativs begründen, der Christ mit der Gotteskindereigenschaft jedes Menschen, der Agnostiker mit dem Pluralismus von nicht rational überprüfbaren Wertvorstellungen."

[121] *Rawls* (Fn. 47), S. 78 sowie S. 144 f. beschränkt den *overlapping consensus* daher auf einen „vernünftigen" Pluralismus.

[122] Hierzu *Paulus* (Fn. 1), S. 130-135; *Kerstin Funk*, Gerechtigkeit in der politischen Philosophie der internationalen Beziehungen, 2003, S. 75-151; *Satz* (Fn. 113), S. 71 ff.

Individuums zu einer bestimmten politischen Gemeinschaft sei willkürlich und tauge nicht als moralisches Differenzierungskriterium.[123] Trotz kultureller Relativität existiere ein Mindestmaß an internationaler Moral, wie sie insbesondere in den Menschenrechten zum Ausdruck komme.[124] Gerechtigkeitstheorien müssten globalisiert werden,[125] internationale Institutionen hätten für eine gerechte Verteilung von Rohstoffen und Gütern zu sorgen.[126] Damit soll nicht geleugnet werden, dass staatlichen Grenzen weiterhin eine erhebliche Bedeutung zukommt; die Vertreter des kosmopolitischen Liberalismus zeigen jedoch die Willkür und Beschränktheit von Konzeptionen auf, die auf staatliche Grenzen als maßgebliches Differenzierungskriterium abstellen.

4. Gemeinschaft im Zeitalter der Globalisierung

Weitere Unterstützung erfährt die These von der inneren Verbundenheit der gesamten Menschheit durch das Phänomen der Globalisierung. Die weltweite Gemeinschaftsbildung wird vorangetrieben durch die in den Bereichen Kommunikation und Transport erreichten Fortschritte, da gegenseitiger Austausch und das Wissen voneinander die Menschheit näher zusammen bringen. Dieser Gedanke findet sich bereits in der Friedensschrift *Immanuel Kants*:

> „Da es nun mit der unter den Völkern der Erde einmal durchgängig überhand genommenen (engeren oder weiteren) Gemeinschaft so weit gekommen ist, daß die Rechtsverletzung an einem Platz der Erde an allen gefühlt wird: so ist die Idee eines Weltbürgerrechts keine phantastische und überspannte Vorstellungsart des Rechts, sondern eine nothwendige Ergänzung des ungeschriebenen Codex, sowohl des Staats- als Völkerrechts zum öffentlichen Menschenrechte überhaupt, und so zum ewigen Frieden, zu dem man sich in

---

[123] *Brian Barry*, Statism and Nationalism: A Cosmopolitan Critique, in: Ian Shapiro/Lea Brilmayer (eds.), Global Justice, 1999, S. 12 (35); *Pogge* (Fn. 119), S. 240; *Beitz* (Fn. 119), S. 176; *Satz* (Fn. 113), S. 67.

[124] *Beitz* (Fn. 119), S. 18 f.

[125] Siehe nur *Pogge* (Fn. 119), S. 247; *Beitz* (Fn. 119), S. 125 ff.

[126] *Thomas W. Pogge*, Eine globale Rohstoffdividende, in: Christine Chwaszcza/Wolfgang Kersting (Hrsg.), Politische Philosophie der internationalen Beziehungen, 1998, S. 325 (340 ff.); restriktiver *Barry* (Fn. 123), S. 53 ff.; *ders.*, Humanity and Justice in Global Perspective, in: James Roland Pennock/John W. Chapman (eds.), Ethics, Economics and the Law, 1982, S. 219 ff.

der continuirlichen Annäherung zu befinden, nur unter dieser Bedingung schmeicheln darf.«[127]

Schon *Kant* sieht den Zusammenhang zwischen der Kenntnis – und der damit verbundenen emotionalen Wahrnehmung – von (Rechts-)Verletzungen an anderen Orten der Welt und der Bildung von Gemeinschaft. Er zieht daraus den Schluss, dass ein über das geltende Recht hinausgehendes „Weltbürgerrecht" nicht nur möglich, sondern auch notwendig sei. Über 200 Jahre nach der Friedensschrift werden Rechtsverletzungen global stärker wahrgenommen als jemals zuvor. Unter diesem Gesichtspunkt erscheint auch die Weltgemeinschaft enger verbunden, als sie es jemals in der Geschichte der Menschheit war.

Die zweite Konsequenz der Globalisierung liegt in dem gesteigerten Bewusstsein, dass der Einzelne aufgrund der gegenwärtigen globalen Herausforderungen einen Teil der gesamten Menschheit ausmacht und mit dieser in tiefer Verbundenheit steht. Dem internationalen System liegt zunehmend die Einsicht zugrunde, dass es nicht ausreicht, die einzelnen Akteure voneinander zu isolieren (wie im Koexistenzvölkerrecht) oder punktuelle freiwillige Zusammenarbeit zuzulassen (wie im Kooperationsvölkerrecht), sondern dass die dringlichen Herausforderungen der globalisierten Welt sich nur durch ein gemeinsames Vorgehen bewältigen lassen. Bedrohungen, wie beispielsweise die Klimakatastrophe oder die Gefahr eines atomaren Krieges, betreffen nicht nur die eigene staatlich definierte Gemeinschaft, sondern die gesamte Menschheit – unabhängig von der räumlichen Einteilung in Staaten. Unter dem Gesichtspunkt der internationalen Gemeinschaftsbildung liegt in diesen Herausforderungen gleichzeitig eine Chance: Denn wie die soziologische Untersuchung des Gemeinschaftsbegriffs gezeigt hat, setzt jede Form der Gemeinschaft ein – wie auch immer geartetes – „Wir-Gefühl" voraus, das sich besonders deutlich in der Abgrenzung zu anderen, außerhalb der Gemeinschaft stehenden Subjekten manifestiert.[128]

---

[127] *Immanuel Kant*, Zum ewigen Frieden, in: Kants gesammelte Schriften (herausgegeben von der Königlich Preußischen Akademie der Wissenschaften), Bd. VIII, 1912/23, S. 341 (360).

[128] Siehe nur *Simma/Paulus* (Fn. 75), S. 268; *Jürgen Habermas*, Die postnationale Konstellation und die Zukunft der Demokratie, in: ders., Die postnationale Konstellation, 1998, S. 91 (161): „Von staatlich organisierten Gemeinschaften unterscheidet sich jede Weltorganisation durch die Bedingung vollständiger Inklusion – sie kann niemanden ausschließen, weil sie keine sozialen Grenzen zwischen Innen und Außen erlaubt. Eine politische Gemeinschaft muß mindestens dann, wenn sie sich als eine demokratische versteht, Mitglieder von Nicht-Mitgliedern unterscheiden können."

Das „Wir“ lässt sich am besten negativ gegenüber „den Anderen“ definieren. In einer weltweiten Gemeinschaft kann es „die Anderen“ jedoch auf den ersten Blick nicht geben.[129] Vor dem Hintergrund der bereits beschriebenen Interdependenzen und Herausforderungen erscheint ein solches Verständnis jedoch nicht zwingend. Es liegt vielmehr nahe, die Weltgemeinschaft auch anhand der gemeinsamen Herausforderungen zu definieren. An die Stelle der „Anderen“ treten die Bedrohungen und Herausforderungen, denen sich die Menschheit gegenübersieht.[130] Dass eine Gemeinschaft sich immer auch im Hinblick auf die gemeinsamen Ziele und Interessen definiert, wird deutlich, wenn man wie *Mosler* den Nationalstaat als „organisierte Entscheidungs- und Willenseinheit“ betrachtet, als:

> „(...) a political unit of effective action, consisting of a people conscious of being a nation. This consciousness might be derived from history, from ethnic and linguistic unity, from common interests or from other motives in the formation of such a community of common destiny.“[131]

Wenn eine Verschiebung dieser Interessen dergestalt stattfindet, dass diese nicht allein im staatlichen Verband verfolgt werden können, sondern nur auf der internationalen Ebene durch gemeinsames Handeln verwirklicht werden können, so liegt es nahe, auch die Gemeinschaft als

---

[129] Zu einem anderen Ergebnis gelangen Konzeptionen, die nicht oder zumindest nicht vorbehaltlos alle Staaten zur internationalen Gemeinschaft zählen wollen. So will etwa *Nicholas Tsagourias*, The Will of the International Community as a Normative Source of International Law, in: Ige F. Dekker (ed.), Governance and International Legal Theory, 2004, S. 97 (110 f.) einige Staaten nur zur internationalen Gesellschaft, nicht aber zur Gemeinschaft zählen. Als maßgebliches Kriterium nennt *Tsagourias* die Einhaltung liberal-demokratischer Standards. Diese Ansicht wird hier nicht geteilt. Für eine derartige Differenzierung bietet das geltende Völkerrecht keine hinreichenden Anhaltspunkte. Auch läuft eine derart inklusive Konzeption dem Gedanken einer universellen internationalen Gemeinschaft entgegen. Diese ist aber notwendig, da die globalen Herausforderungen ein Vorgehen *aller* internationaler Akteure erfordern.

[130] In diese Richtung auch *Etzioni* (Fn. 81), S. 141; auch *Habermas* erkennt an, dass das Kriterium der Abgrenzung nach außen prinzipiell ersetzt werden kann, siehe *Habermas* (Fn. 128), S. 162 (Fußnote 86): „Das kosmopolitische Bewußtsein könnte allenfalls konkretere Gestalt durch eine Abgrenzung in der zeitlichen Dimension anmerken – durch eine Stilisierung des Abstandes der Gegenwart von der nationalstaatlichen Vergangenheit.“

[131] *Hermann Mosler*, The International Society as a Legal Community, 1980, S. 7.

solche im größeren, globalen Zusammenhang zu denken. In den Worten *Philip Allotts*:

> „The task of humanity now is to take possession of the waste-land of international society in the name of the people and in the name of justice, to redeem state-societies as systems for organizing the willing and acting of all human beings. It is through re-conceiving itself as society that international society may humanize the state-system. It is by re-conceiving international law that international society may set about the process of re-conceiving itself as society. In finding the human potential of international society through the human potential of international law, humanity may discover the human potential of society and of law. Humanity may discover a truly human law as the potential of all law in all society."[132]

Auch wenn die Welt weiterhin in unterschiedliche Kulturkreise untergliedert ist, denen unterschiedliche Gesellschaftsmodelle zugrunde liegen, ist es daher verkürzt, von einem kategorischen Antagonismus dieser Gesellschaftsmodelle auszugehen, wie es beispielsweise *Huntington* oder *Fukuyama* tun: Das Zeitalter der Globalisierung zeichnet sich vielmehr dadurch aus, dass die unterschiedlichen Gesellschaftsmodelle Elemente anderer Kulturkreise – in sehr unterschiedlicher Weise und in sehr unterschiedlichem Umfang – in sich aufnehmen und miteinander verschmelzen.[133]

5. *Westliche oder universelle Werte?*

Es bleibt der Vorwurf, dass die auf einer universell gültigen Moral basierende internationale Gemeinschaft eine Fiktion westlicher Staaten darstellt und der rhetorischen Verdeckung ideologischer, strategischer und wirtschaftlicher Partikularinteressen dient. Und tatsächlich: Dass westliche Staaten und folglich auch ihre Werte und Interessen auf der internationalen Ebene proportional überrepräsentiert sind, lässt sich unschwer erkennen. Sie dominieren die internationalen Institutionen, den Prozess der Rechtsetzung sowie den Prozess der Rechtsdurchsetzung.

---

[132] *Allott* (Fn. 90), S. 254.

[133] *Etzioni* (Fn. 81), S. 20 ff. nennt diese Annäherung verschiedener Gesellschaftsmodelle „globale moralische Synthese", die er nicht nur normativ postuliert, sondern in verschiedenen Entwicklungen als „global harbingers" (S. 29 ff.) im Entstehen befindlich sieht.

Doch diese Feststellung betrifft allein die tatsächliche Ausgestaltung der internationalen Gemeinschaft. Die Kritik richtet sich gegen die rechtliche und faktische Realität internationaler Institutionen, ohne dass dadurch nachgewiesen wäre, dass die Berufung auf universelle Werte generell ein Moment westlichen Imperialismus beinhalten muss. Vielmehr richtet die vorgebrachte Kritik das Augenmerk auf den entscheidenden Schwachpunkt einer Konzeption weitergehender Verrechtlichung auf der Grundlage globaler Werte: die Frage, wie und in welchen Institutionen diese Werte und Interessen festgestellt werden und in welchen Institutionen darüber entschieden wird, welche Maßnahmen zur Verwirklichung dieser Werte und Interessen ergriffen werden. Ein Argument gegen die Existenz universeller Werte liegt in dieser Kritik jedoch nicht.

Darüber hinaus mag es zutreffen, dass es sich bei den in Frage kommenden gemeinsamen Grundwerten der internationalen Gemeinschaft um Werte handelt, die in der westlichen, abendländischen Gemeinschaft zuerst zum Vorschein getreten sind. Doch dieser Umstand allein schließt nicht aus, dass es sich um allgemein-menschliche Werte, die in der Natur des Menschen verankert sind, handelt.[134] Insbesondere in der Diskussion um die Universalität der Menschenrechte zeigt sich, dass eine vermeintlich westliche Idee nahezu allen Kultur- und Rechtskreisen zugrunde liegt – freilich unter Berufung auf unterschiedliche Letztbegründungen, mit unterschiedlicher schwerpunktmäßiger Ausgestaltung sowie mit Unterschieden im Hinblick auf das Verhältnis von rechtlichem und moralischem Anspruch und tatsächlicher und politischer Wirklichkeit.

6. *Internationale Gemeinschaft zwischen Universalität und Pluralität*

Schließlich bleibt der Einwand, dass eine auf globalen Werten basierende internationale Gemeinschaft im Widerspruch zur Heterogenität von Staaten und Gesellschaften stehe, kulturelle Vielfalt leugne und dieser zuwiderlaufe. Eine derartige Tendenz ist allerdings nicht zwingend mit dem Gemeinschaftsbegriff verbunden: Eine Gemeinschaft muss keinen ausschließlichen Charakter haben, der Mensch kann vielmehr Mitglied einer Vielzahl von Gemeinschaften mit unterschiedlicher Integrationstiefe sein. Die internationale Gemeinschaft weist nur ein geringes Maß

---

[134] So *Alfred Verdross*, Die Wertgrundlagen des Völkerrechts, AVR 4 (1953), S. 129 (139); kritisch *Ulrich Fastenrath*, Lücken im Völkerrecht, 1991, S. 39 m.w.N.

an Integration auf. Zudem kann selbst eine Gemeinschaft dem einzelnen Mitglied weitgehende Freiräume der Autonomie und Selbstentfaltung einräumen. Es handelt sich somit weniger um eine Frage der Existenz einer Gemeinschaft als vielmehr um die Frage der konkreten Ausgestaltung dieser Gemeinschaft: Will diese ihrem Anspruch an Universalität genügen, so muss sie gleichzeitig dem Gedanken der Pluralität Rechnung tragen.[135] Universell gültige Regeln der internationalen Gemeinschaft müssen auf einem weit reichenden Konsens aller Mitglieder der Gemeinschaft basieren, der regelmäßig nur einen Kern gemeinsamer Werte und Interessen umfassen wird. Ein internationales Gemeinschaftsrecht kann demnach nicht auf eine grundsätzliche Vereinheitlichung der weltweiten Rechts- und Gesellschaftssysteme abzielen, sondern ist auf die Grundfunktionen und Bedürfnisse der internationalen Gemeinschaft zu beschränken. Anerkennung von Pluralität und Toleranz gegenüber kulturellen Unterschieden ist hierfür unerlässliche Voraussetzung, so dass insbesondere hinsichtlich der Feststellung gemeinsamer moralischer Werte sowie der Festlegung dessen, was „gut" für die Gemeinschaft ist, Zurückhaltung geboten ist. Auch auf globaler Ebene gilt der Ausspruch *Kants*:

> „Niemand kann mich zwingen auf seine Art (wie er sich das Wohlsein anderer Menschen denkt) glücklich zu sein, sondern ein jeder darf seine Glückseligkeit auf dem Wege suchen, welcher ihm selbst gut dünkt, wenn er nur der Freiheit Anderer, einem ähnlichen Zwecke nachzustreben, die mit der Freiheit von jedermann nach einem möglichen allgemeinen Gesetze zusammen bestehen kann (d. i. diesem Rechte des Anderen) nicht Abbruch thut."[136]

---

[135] Statt vieler *Etzioni* (Fn. 81), S. 44: „(...) universalism takes priority over particularism but leaves ample room for it on matters not encompassed by universal rights but subject to democratic political resolutions (...)"; siehe auch *Bruno Simma*, Universality of International Law from the Perspective of a Practitioner, EJIL 20 (2009), S. 265 ff.

[136] *Immanuel Kant*, Über den Gemeinspruch: Das mag in der Theorie richtig sein, taugt aber nicht für die Praxis, in: Kants gesammelte Schriften (herausgegeben von der Königlich Preußischen Akademie der Wissenschaften), Bd. VIII, 1912/23, S. 275 (290).

III. Ergebnis

Wenn man auf Staatenvertreter und Individuen gleichermaßen zurückgreift, den notwendigen Wertekonsens auf einen politischen Konsens reduziert und dabei auf universelle Werte – und nicht auf als universelle Werte getarnte westliche Wertvorstellungen – abstellt, erscheint eine internationale Gemeinschaft denkbar. Der dergestalt festgestellte Wertekonsens kann als soziales Fundament für die Universalität grundlegender völkerrechtlicher Regelungen herangezogen werden. In den Worten von *Verdross* und *Simma*:

> „Durch die gemeinsame menschliche Natur und die daraus erwachsende Gleichartigkeit fundamentaler Lebensbedürfnisse wird immer ein Minimum an gemeinsamen Wertmaßstäben aufrechterhalten bleiben, die sich juristisch in universell übereinstimmenden Rechtsgrundsätzen niederschlagen."[137]

C. Bestandsaufnahme: Globale Werte und Interessen als Grundlage und materieller Gehalt des internationalen Gemeinschaftsrechts

Damit stellt sich die Frage, welche Werte und Interessen der internationalen Gemeinschaft zugrunde liegen. Insbesondere in der völkerrechtlichen Literatur finden sich zahlreiche katalogartige Aufzählungen von Werten und Interessen, die nicht oder zumindest nicht nur dem einzelnen Staat dienen, sondern der internationalen Gemeinschaft als Ganzes, und die sich im Völkerrecht niedergeschlagen haben.[138]

---

[137] *Verdross/Simma* (Fn. 109), S. 385; siehe auch bereits *Alfred Verdross*, Völkerrecht, 5. Aufl. 1964, S. 12 f.

[138] Siehe nur *Paulus* (Fn. 1), S. 252 ff.; *Simma* (Fn. 111), S. 236 ff.; *Nettesheim* (Fn. 119), S. 571 ff.; *Khan/Paulus* (Fn. 119), S. 244; *Bryde* (Fn. 108), S. 107 f.; *Fassbender* (Fn. 119), S. 242 ff.; *Etzioni* (Fn. 61), S. 135 ff.; *Martin Scheyli*, Konstitutionelle Gemeinwohlorientierung im Völkerrecht, 2008, S. 204 ff. Die Terminologie variiert: Es wird gesprochen von „Gemeinschaftsinteressen", Gemeinschaftswerten" oder auch von „objektiven Werten", ohne dass in der Sache ein Unterschied zu erkennen wäre, vgl. *Albert Bleckmann*, Allgemeine Staats- und Völkerrechtslehre, 1995, S. 1 ff.

I. Der Begriff des Gemeinschaftsinteresses

Eine genaue und allgemein gültige Definition des Gemeinschaftsinteresses bereitet Schwierigkeiten.[139] Im vorliegenden Kontext lassen sich jedoch zumindest einige Grundkonstanten eines völkerrechtlichen Gemeinwohlbegriffs festhalten: Erste Konturen ergibt die Gegenüberstellung von Gemeinschaftsinteressen und Staateninteressen. Während letztere dem Schutz des einzelnen Staates dienen, liegt ersteren der Gedanke des Gemeinwohls zugrunde. Danach liegt ein Gemeinschaftsinteresse vor, wenn eine bestimmte Regelung zumindest unmittelbar keinem Einzelstaat dient. Daneben gibt es Ziele, die sowohl im Interesse der einzelnen Staaten als auch der internationalen Gemeinschaft verfolgt werden, wie beispielsweise der Weltfrieden und die internationale Sicherheit. Die bloße Tatsache, dass eine bestimmte Regelung *auch* im Interesse einzelner Staaten ergangen ist, spricht nicht dagegen, diese als Gemeinschaftsinteresse zu bewerten. Insgesamt erscheint die Differenzierung zwischen „Staateninteressen“ und „Gemeinschaftsinteressen“ daher äußerst unscharf.[140] Eine klare Abgrenzung zwischen Staaten- und Gemeinschaftsinteressen ist nicht möglich,[141] vielmehr lässt sich eine konkrete Regelung auf einer fließenden Skala zwischen reinen Staateninteressen, denen kein Interesse der internationalen Gemeinschaft zugrunde liegt, sowie Gemeinschaftsinteressen, an denen einzelne Staaten zumindest kein unmittelbares Interesse haben, einordnen.

---

[139] Vgl. *André de Hoogh*, Obligations Erga Omnes and International Crimes, 1996, S. 10 ff. sowie S. 45 zur Unmöglichkeit einer allgemeinen Definition; für einen Überblick über verschiedene Modelle zur Bestimmung des Gemeinwohls *Scheyli* (Fn. 138), S. 237 ff.; ausführlich zum Begriff des Gemeinwohls *Michael Anderheiden*, Gemeinwohl in Republik und Union, 2006, S. 5 ff.

[140] Letztlich kann daher auch die Differenzierung zwischen Kollektivinteressen, die von der Gesamtheit oder zumindest einer Vielzahl von Staaten geteilt werden, aber nicht der Gemeinschaft als solcher dienen, und „echten“ Gemeinschaftsinteressen nicht überzeugen. Sie führt zu Widersprüchen, wie sich beispielsweise bei *Werner Stocker*, Das Prinzip des Common Heritage of Mankind, 1993, zeigt. Denn auf der einen Seite kategorisiert *Stocker* den Grundsatz der souveränen Gleichheit aller Staaten als bloßes Kollektivinteresse (S. 16), stellt aber an anderer Stelle fest, dass den zwingenden Normen des Völkerrechts, zu denen auch der Grundsatz der souveränen Gleichheit aller Staaten zu zählen sei, ein Gemeinschaftsinteresse zugrunde liege (S. 21).

[141] So auch *Bardo Fassbender*, Der Schutz der Menschenrechte als zentraler Inhalt des völkerrechtlichen Gemeinwohls, EuGRZ 30 (2003), S. 1 (13).

In einer auf Universalität und Gleichberechtigung und nicht auf Dominanz einiger vorherrschender Staaten oder Kulturkreise angelegten Völkerrechtsgemeinschaft können Gemeinschaftsinteressen zudem nur prozedural bestimmt werden.[142] Von einem *a priori* feststehenden Kanon materieller Gemeinschaftsinteressen auszugehen, wäre bereits im Ansatz verfehlt:[143] Was im Interesse der internationalen Gemeinschaft liegt, kann nicht von einzelnen, nicht repräsentativen Mitgliedern der Gemeinschaft bestimmt werden. Zu groß wäre die Versuchung, die eigenen Vorstellungen davon, was für die Gemeinschaft gut und wichtig ist, für allgemein gültig zu erklären. Ein Gemeinschaftsinteresse kann nur dann angenommen werden, wenn die Mitglieder der Gemeinschaft es als solches akzeptieren. Dieser prozedurale Ansatz der Bestimmung von Gemeinschaftsinteressen liegt – oftmals unausgesprochen – den meisten Untersuchungen völkerrechtlich relevanter Gemeinschaftsinteressen zugrunde, wenn darauf abgestellt wird, ob ein bestimmter Wert oder ein bestimmtes Interesse universell als gemeinsam geteilt anerkannt wird.[144]

II. Die Feststellung von Gemeinschaftsinteressen

Eine demokratisch legitimierte, zentralisierte Instanz zur Feststellung von Gemeinschaftsinteressen, zur Festlegung von Maßnahmen, die zur Verfolgung dieser Gemeinschaftsinteressen ergriffen werden sollen, sowie zur Entscheidung von Interessenkonflikten existiert nicht. Die internationale Gemeinschaft weist ein nur defizitär ausgeprägtes institutionelles Gefüge auf, und auch im Rahmen der nicht organisierten internationalen Gemeinschaft sind Entitäten, die hinreichend legitimiert erscheinen, um als Vertreter der internationalen Gemeinschaft zu fungieren, kaum auszumachen.[145] Daher besteht die Gefahr, dass von bestimm-

---

[142] Zur prozeduralen Bestimmung völkerrechtlicher Werte und Ziele statt vieler *Martti Koskenniemi*, The Future of Statehood, Harv. Int'l L.J. 32 (1991), S. 397 (401 ff.); im Grundsatz zustimmend aber für die Anreicherung mit materiellen Gemeinwohlinhalten *Scheyli* (Fn. 138), S. 231 ff.

[143] Siehe hierzu nur *Bernard H. Oxman*, The International Commons, the Public Interest and New Modes of International Lawmaking, in: Jost Delbrück (ed.), New Trends in International Lawmaking – International „Legislation" in the Public Interest, 1997, S. 21 (26 ff.).

[144] Siehe exemplarisch *Simma* (Fn. 111), S. 233 ff.

[145] Dazu ausführlich unten 5. Kap.

ten „Vertretern" der internationalen Gemeinschaft – seien es Staaten, Staatengruppen, gesellschaftliche Zusammenschlüsse oder Individuen – postulierte Gemeinschaftsinteressen nicht den Willen der gesamten internationalen Gemeinschaft reflektieren, sondern verdeckte Partikularinteressen oder subjektive Vorstellungen dessen, was als Interesse der Gemeinschaft wünschenswert erscheint.

Dennoch gibt es Anhaltspunkte dafür, welche gemeinsamen Interessen der internationalen Gemeinschaft zugrunde liegen: Gemeinschaftliche Interessen entspringen in wesentlichem Maße der Anerkennung gemeinsamer Probleme.[146] Insofern gibt die Agenda der internationalen Politik einen ersten Überblick über die Interessen der internationalen Gemeinschaft. Maßgeblich sind hierbei die Vereinten Nationen als das primäre Forum der globalen Politik, weitere internationale Organisationen sowie die um spezifische Fragestellungen organisierten Weltkonferenzen.[147] Da das Völkerrecht ein Gestaltungsinstrument der internationalen Politik zur Verfolgung gemeinsamer Interessen darstellt, lassen sich gemeinschaftliche Interessen dem Völkerrecht entnehmen. Insbesondere die Anerkennung einer Norm als zwingend bringt dabei die besondere Bedeutung, die die internationale Gemeinschaft dieser zumisst, zum Ausdruck.[148] Und auch in Präambeln völkerrechtlicher Verträge findet das gemeinschaftliche Interesse seinen Niederschlag.[149]

Dabei ist jedoch die potenzielle Diskrepanz zwischen Normanspruch und Normwirklichkeit zu beachten. Für die Anerkennung eines Gemeinschaftsinteresses reicht es nicht aus, dass eine entsprechende Normierung existiert. Eine Norm, deren Einhaltung weder von den Staaten noch den entsprechenden Bevölkerungen verfolgt wird und die keine Akzeptanz in der realen Welt für sich beanspruchen kann, bringt kein gemeinschaftliches Interesse zum Ausdruck, sondern stellt ein bloßes Lippenbekenntnis dar. Dagegen spricht die bloße Abwesenheit rechtlich verbindlicher Regelungen nicht *a priori* gegen die Annahme eines gemeinschaftlichen Interesses: Zum einen geht es im vorliegenden Kontext

---

[146] So auch *Simma* (Fn. 111), S. 235; *Jonna Ziemer*, Das gemeinsame Interesse an einer Regelung der Hochseefischerei, 2000, S. 265 f.

[147] Vgl. *Simma* (Fn. 111), S. 235; *Fassbender* (Fn. 119), S. 258 ff.

[148] *Bardo Fassbender*, The Meaning of International Constitutional Law, in: Ronald St. John MacDonald/Douglas M. Johnston (eds.), Towards World Constitutionalism, 2005, S. 837 (845); zum *ius cogens* unten 6. Kap., F.

[149] *Jochen Abr. Frowein*, Die Staatengemeinschaft als Rechtsbegriff im Völkerrecht, LJZ 1991, S. 141.

um die Frage tatsächlicher Interessen, die von der Frage rechtlicher Verbindlichkeit zu trennen ist. Zudem können unverbindliche Absichtserklärungen und moralische Bekenntnisse im Laufe der Zeit zu rechtlicher Normativität erstarken. So begann beispielsweise die völkerrechtliche Abschaffung des Sklavenhandels mit einer politischen Erklärung, erlangte rechtliche Verbindlichkeit durch den Abschluss eines völkerrechtlichen Vertrages und konnte später als allgemein anerkannter Grundsatz gelten.[150] Letztlich kann die Verweigerung eines Staates, eine völkerrechtliche Regel zu kodifizieren, die Werte und Interessen der Gemeinschaft widerspiegelt, auf unterschiedliche Gründe zurückzuführen sein: So kann der Staat mit den technischen Regelungen des Vertrages nicht einverstanden sein, es kann ihm widerstreben, sich den durch einen Vertrag errichteten Institutionen und Kontrollmechanismen zu unterwerfen, oder er kann einen Missbrauch der vertraglich getroffenen Regelungen durch andere Staaten befürchten. Die bloße Weigerung, eine rechtliche Verbindlichkeit einzugehen, bringt jedenfalls nicht zwingend zum Ausdruck, dass der Staat das in diesem Regelwerk verbürgte Gemeinschaftsinteresse grundsätzlich nicht anerkennt. Noch weniger vermag die Verweigerung eines Staates Aufschluss darüber zu geben, wie die entsprechende Bevölkerung des Staates – oder auch der internationalen Gemeinschaft als Ganzes – einen bestimmten Regelungsbereich bewertet.

III. Gemeinschaftliche Interessen im Völkerrecht

Im Folgenden werden ohne Anspruch auf Vollständigkeit und unter Inkaufnahme einer gewissen Vereinfachung exemplarisch einzelne Gemeinschaftsinteressen aufgezeigt.

1. Die Wahrung von Frieden und Sicherheit

Die Wahrung des Weltfriedens und der internationalen Sicherheit stellt das primäre Anliegen der internationalen Gemeinschaft dar.[151] Die Er-

---

[150] Nachweise bei *Jochen Abr. Frowein*, Das Staatengemeinschaftsinteresse – Probleme bei Formulierung und Durchsetzung, in: Kay Hailbronner u.a. (Hrsg.), Staat und Völkerrechtsordnung, Festschrift für Karl Doehring, 1989, S. 219 (220 f.).

[151] Vgl. die Präambel sowie Art. 1 Nr. 1 der UN-Charta; aus dem Schrifttum statt vieler *Georg Dahm/Jost Delbrück/Rüdiger Wolfrum*, Völkerrecht, Bd. I/1,

fahrungen zweier Weltkriege sowie militärische und technologische Entwicklungen, aufgrund derer ein Konflikt zwischen einzelnen Staaten zerstörerisches Potential für eine ganze Region oder sogar die gesamte Erde entfalten kann, bedingen, dass die Vermeidung politischer Spannungen und kriegerischer Auseinandersetzungen überall auf der Welt im Interesse jedes einzelnen Staates und jedes Einzelnen liegt. Die völkerrechtliche Reaktion hierauf bestand in der schrittweisen Entwicklung eines allgemeinen Gewaltverbotes, das nunmehr in Art. 2 Nr. 4 der UN-Charta verankert ist,[152] sowie in der Errichtung eines Systems kollektiver Sicherheit unter „Vergemeinschaftung" der Friedenssicherungsfunktion im UN-Sicherheitsrat. Trotz aller Defizite liegt diesem System die Einsicht zugrunde, dass Frieden und Sicherheit nicht allein durch bilaterale Handlungsinstrumente, sondern vorrangig durch ein gemeinschaftliches Vorgehen zu gewährleisten sind.[153] Die Schaffung von Frieden ist ein Anliegen der gesamten internationalen Gemeinschaft und jedes Individuums – wenn auch politische Interessen einzelner Glieder des Systems die Bereitschaft zur Kriegsführung begründen können.[154]

2. *Der Schutz der Menschenrechte*

Herausragende Bedeutung im Rahmen der inhaltlichen Weiterentwicklung des Völkerrechts kommt den Menschenrechten zu. Insbesondere seit der Verabschiedung der Allgemeinen Erklärung der Menschenrechte[155] durch die Generalversammlung der Vereinten Nationen hat auf dem Gebiet des Menschenrechtsschutzes eine beispiellose normative Verdichtung stattgefunden. Auf universeller Ebene sind die Menschen-

---

2. Aufl. 1989, S. 17: „Angesichts der heute im Besitz einer Reihe von Groß- und Supermächten vorhandenden Zerstörungspotentiale (...) ist die Erhaltung des Friedens eine übergreifende Zielvorstellung, die prinzipiell von allen Gliedern des Systems geteilt wird."; *Daniele Archibugi*, From the United Nations to Cosmopolitan Democracy, in: dies./David Held (eds.), Cosmopolitan Democracy, 1995, S. 121 (124); *Fassbender* (Fn. 119), S. 253.

[152] Überblick über den Entwicklungsprozess bei *Knut Ipsen*, Regelungsbereich, Geschichte und Funktion des Völkerrechts, in: ders. (Hrsg.), Völkerrecht, 5. Aufl. 2004, S. 1 (29 ff.).

[153] Auch das Selbstverteidigungsrecht nach Art. 51 UN-Charta ist ausdrücklich subsidiär gegenüber einem Vorgehen durch den Sicherheitsrat.

[154] So auch *Dahm/Delbrück/Wolfrum* (Fn. 151), S. 17.

[155] *Universal Declaration of Human Rights*, General Assembly Resolution 217 A (III) vom 10.12.1948.

rechte der ersten Generation im Internationalen Pakt über Bürgerliche und Politische Rechte[156] und die Menschenrechte der zweiten Generation im Internationalen Pakt über Wirtschaftliche, Soziale und Kulturelle Rechte[157] völkerrechtlich verbindlich niedergelegt. Daneben existieren auf internationaler Ebene zahlreiche menschenrechtliche Sonderabkommen, die sich beispielsweise mit der Verhütung und Bestrafung von Völkermord,[158] dem Verbot von Folter,[159] dem Verbot von Apartheid[160] oder der Diskriminierung von Frauen[161] beschäftigen.[162] Menschenrechtliche Mindeststandards werden als allgemeine Rechtsgrundsätze anerkannt,[163] zudem wird ihnen völkergewohnheitsrechtliche Geltung[164] sowie zwingender Charakter[165] zugesprochen. Und auch auf regionaler Ebene entstanden umfangreiche menschenrechtliche Regelungen, wie insbesondere die EMRK, die Amerikanische Menschenrechtskonvention (*Pact of San José*), die Afrikanische Charta der Menschenrechte und Rechte der Völker (*Banjul*-Charta) sowie die 2008 in Kraft

---

[156] *International Covenant on Civil an Political Rights* vom 16.12.1966, UNTS 999, S. 171, BGBl. 1973 II, S. 1534.

[157] *International Covenant on Economic, Social and Cultural Rights* vom 16.12.1966, UNTS 993, S. 3, BGBl. 1973 II, S. 1570.

[158] *Convention on the Prevention and Punishment of the Crime of Genocide* vom 9.12.1948, UNTS 78, S. 277, BGBl. 1954 II, S. 730.

[159] *Convention against Torture and Other Cruel, Inhuman or Degrading Treatment and Punishment* vom 10.12.1984, UNTS 1465, S. 1485, BGBl. 1990 II, S. 246.

[160] *International Convention on the Suppression and Punishment of the Crime of Apartheid* vom 30.11.1973, UNTS 1015, S. 243.

[161] *Convention on the Elimination of All Forms of Discrimination against Women* vom 18.12.1979, UNTS 1249, S. 13, BGBl. 1985 II, S. 648.

[162] Weitergehender Überblick bei *Knut Ipsen*, Individualschutz im Völkerrecht, in: ders. (Hrsg.), Völkerrecht, 5. Aufl. 2004, S. 771 (774 ff.); kritisch gegenüber dieser „Normierungshypertrophie" *Philip Alston*, Conjuring up New Human Rights. A Proposal for Quality Control, AJIL 78 (1984), S. 607 ff.; skeptisch auch *Klaus Stern*, Das Staatsrecht der Bundesrepublik Deutschland, Bd. III/1, 1988, S. 298 f.

[163] *Bruno Simma/Philip Alston*, The Sources of Human Rights Law: Custom, Jus Cogens, and General Principles, AusYIL 12 (1992), S. 82 (102 ff.).

[164] Statt vieler *Eibe Riedel*, Universeller Menschenrechtsschutz – Vom Anspruch zur Durchsetzung, in: Christian Koenig/Ralph Alexander Lorz (Hrsg.), Die Universalität der Menschenrechte, 2003, S. 105 (108 f.).

[165] Statt vieler *Kadelbach* (Fn. 90), S. 284 ff.

getretene Arabische Charta der Menschenrechte.[166] Kaum eine andere Rechtsmaterie hat die Konzeption und Entwicklung des Völkerrechts derart beeinflusst wie die Evolution der Menschenrechte: Menschenrechte werden zum zentralen Inhalt des völkerrechtlichen Gemeinwohls[167] und zum letzten Ziel des Völkerrechts[168] erhoben, ihr Schutz zum edelsten Zweig des Völkerrechts erklärt,[169] von einer anthropozentrischen Wende[170] oder stillen Revolution des Völkerrechts[171] ist die Rede.

Schon aufgrund dieser normativen Entwicklung liegt es nahe, den Schutz der Menschenrechte als herausragendes Gemeinschaftsinteresse zu qualifizieren. Doch die anhaltende Diskussion über die Universalität der Menschenrechte vor dem Hintergrund weltweiter kultureller Pluralität sowie der Widerspruch zwischen menschenrechtlichen Normierungen und der alltäglichen Realität massiver und systematischer Menschenrechtsverletzungen lassen Zweifel an der globalen Anerkennung von Menschenrechten als Gemeinschaftsgut aufkommen. Ob Menschenrechte tatsächlich eine universelle Dimension und weltweite Akzeptanz aufweisen, so dass man von einem Interesse der internationalen Gemeinschaft an ihrer Einhaltung ausgehen kann, muss daher in drei Schritten untersucht werden.[172] Den Ausgangspunkt bilden die normativen Grundlagen als Indiz für einen globalen menschenrechtlichen Konsens. Doch die Analyse darf sich nicht auf diese juristische Dimension beschränken: Sollen Menschenrechte einen global anerkannten Wert der internationalen Gemeinschaft darstellen, so müssen sie nicht nur universell normiert sein, sondern zweitens auch faktisch auf Akzeptanz treffen und in den unterschiedlichen Kulturkreisen ihre Verankerung finden. Schließlich stellt sich in einem dritten Schritt die Frage, ob angesichts der Diskrepanz zwischen normativem Bekenntnis zum Schutz

---

[166] *Arab Charter on Human Rights* vom 22.5.2004.

[167] *Fassbender* (Fn. 141), S. 1 ff.

[168] *Albert Bleckmann*, Völkerrecht, 2001, S. 315.

[169] *Verdross/Simma* (Fn. 109), S. 915.

[170] *Markus Kotzur*, Theorieelemente des internationalen Menschenrechtsschutzes, 2001, S. 143.

[171] *Eckart Klein*, Menschenrechte, Stille Revolution des Völkerrechts und Auswirkungen auf die innerstaatliche Rechtsanwendung, 1997.

[172] Vgl. *Christian Tomuschat*, Human Rights, Between Idealism and Realism, 2003, S. 61 f.

der Menschenrechte und der Realität alltäglicher Menschenrechtsverletzungen tatsächlich von einem globalen Wert gesprochen werden kann. Erst nachdem dargelegt wurde, dass trotz aller Einwände von einem universellen Konsens hinsichtlich der Menschenrechte gesprochen werden kann, kann die Bedeutung der Menschenrechte als Gemeinschaftswert untersucht werden.[173]

a) Erste Ebene: Das normative Bekenntnis zur Universalität der Menschenrechte

Die Universalität der Menschenrechte kommt bereits in der Allgemeinen Erklärung der Menschenrechte deutlich zum Ausdruck.[174] Zwar repräsentieren die 56 Staaten, die die Erklärung in der Generalversammlung verabschiedet haben, nur einen kleinen Teil der heutigen internationalen Gemeinschaft, und es waren vornehmlich westliche Staaten, die Einfluss auf die Gestaltung der Erklärung ausgeübt haben.[175] Nichtsdestotrotz ist die Allgemeine Erklärung der Menschenrechte in der nachfolgenden Praxis der Vereinten Nationen kontinuierlich bestätigt worden, und zwar insbesondere von der Generalversammlung, in der nicht-westliche Staaten dominieren.[176] Auch hat die Erklärung zumindest partiell ihren Niederschlag in den regionalen Menschenrechtsabkommen gefunden und sich damit trotz ihres westlichen Ursprungs zu

---

[173] Zur Bedeutung der Universalitätsfrage für Konzeption und Existenz einer internationalen Gemeinschaft *Janusz Symonides*, New Human Rights Dimensions, Obstacles and Challenges: Introductory Remarks, in: ders. (ed.), Human Rights: New Dimensions and Challenges, 1998, S. 1 (24): „The acceptance of the very idea that persons belonging to one culture should not judge the policies and values of other cultures, that any system of common values cannot and does not exist, indeed undermines the very basis of the international community and the ‚human family'."

[174] Hierzu *Rosalyn Higgins*, The Continuing Universality of the Universal Declaration, in: Peter Baehr et al. (eds.), Innovation and Inspiration: Fifty Years of the Universal Declaration of Human Rights, 1999, S. 17 ff.; siehe auch BGHSt 40, 241 (248).

[175] Vgl. *Adamantia Pollis/Peter Schwab*, Human Rights: A Western Construct with Limited Applicability, in: dies. (eds.), Human Rights: Cultural and Ideological Perspectives, 1979, S. 1 (4); *Fassbender* (Fn. 141), S. 13; ausführlich zum Entstehungsprozess *Johannes Morsink*, The Universal Declaration of Human Rights, 1999, S. 1 ff.

[176] Siehe beispielsweise General Assembly Resolution 58/174 vom 22.12.2003.

einem universell anerkannten Dokument entwickelt.[177] Das universelle Bekenntnis zu den Menschenrechten lässt sich schließlich an den beiden UN-Menschenrechtspakten sowie den zahlreichen Spezialabkommen ablesen, die von Staaten aller Kulturkreise unterzeichnet und ratifiziert wurden.[178] Die Universalität der Menschenrechte sowie die nur begrenzte Relevanz kultureller Unterschiede für die Konzeption der Menschenrechte kommen schließlich deutlich in der Deklaration der Wiener Menschenrechtskonferenz von 1993 zum Ausdruck:

> „1. The World Conference on Human Rights reaffirms the solemn commitment of all States to fulfil their obligations to promote universal respect for, and observance and protection of, all human rights and fundamental freedoms for all (...) The universal nature of these rights and freedoms is beyond question (...).
>
> 5. All human rights are universal, indivisible and interdependent and interrelated. The international community must treat human rights globally in a fair and equal manner, on the same footing, and with the same emphasis. While the significance of national and regional particularities and various historical, cultural and religious backgrounds must be borne in mind, it is the duty of States, regardless of their political, economic and cultural system, to promote and protect all human rights and fundamental freedoms."[179]

Auf der Basis der normativen Grundlagen kann die Universalität der Menschenrechte daher nicht geleugnet werden.[180]

---

[177] *Tomuschat* (Fn. 172), S. 64; siehe auch *Antonio Cassese*, Human Rights in a Changing World, 1994, S. 63 f., der davon ausgeht, dass sich diese Akzeptanz immer noch entwickelt.

[178] So wurde beispielsweise die Kinderrechtskonvention (*Convention on the Rights of the Child* vom 20.11.1989, UNTS 1577, S. 3, BGBl. 1992 II, S. 122) nahezu universell ratifiziert.

[179] *Vienna Declaration and Programme of Action* vom 25.6.1993, UN Doc. A/CONF. 157/23 (1993).

[180] Vgl. *Eibe Riedel*, Universality of Human Rights and Cultural Pluralism, in: Christian Koenig/Ralph Alexander Lorz (Hrsg.), Die Universalität der Menschenrechte, 2003, S. 139 (146).

b) Zweite Ebene: Soziologische und kulturelle Grundlage des Universalitätsbekenntnisses

Dieses grundsätzliche normative Bekenntnis zur Universalität der Menschenrechte kann jedoch nicht verdecken, dass ein allgemeiner Konsens hinsichtlich der Universalitätsfrage gerade nicht besteht.[181] Gegen die Universalität der Menschenrechte wird insbesondere vorgebracht, dass es sich um ein westliches Konzept handele, das auf andere Kulturen und Gesellschaftsformen in dieser Weise nicht übertragbar sei.[182] Ungeachtet der Frage, ob die Idee der Menschenrechte historisch im westlichen Kulturkreis[183] oder sogar in jüdisch-christlichen Vorstellungen[184] wurzelt, können jedoch auch Werte mit westlichem Hintergrund zu allgemein anerkannten Werten erstarken. Denkbar ist dies insbesondere auf der Grundlage der Theorie des *overlapping consensus*, die verschiedene Formen der Letztbegründung von Menschenrechten zulässt.[185]

---

[181] Siehe aber auch *Theodor Schilling*, Internationaler Menschenrechtsschutz, 2004, S. 14 f., der die Universalitätsdebatte in den Bereich der Ethik oder Rechtsphilosophie verbannt wissen will. Dem kann schon deshalb nicht zugestimmt werden, weil die Frage der Universalität auch die Anwendung und Auslegung menschenrechtlicher Normen beeinflussen kann.

[182] Dazu statt vieler *Pollis/Schwab* (Fn. 175), S. 1 sowie S. 8 ff.; *Mashood A. Baderin*, International Human Rights and Islamic Law, 2003, S. 10 m.w.N.

[183] Statt vieler *Heiner Bielefeldt*, Philosophie der Menschenrechte, 1998, S. 129 f.; dagegen *Yougindra Khushalani*, Human Rights in Asia and Africa, HRLJ 4 (1983), S. 403 (404 f.); Überblick über Ansätze, die die westliche Herkunft der Menschenrechte leugnen, bei *Jack Donnelly*, Universal Human Rights in Theory and Practice, 1989, S. 49 f.; gegen jede Form religiöser Begründung der Menschenrechte *Mahendra P. Singh*, Human Rights in the Indian Tradition – Alternatives in the Understanding and Realization of the Human Rights Regime, ZaöRV 63 (2003), S. 551 (553): „In view of the fact that religion inflames emotions and carries the history of many wrongs in its name in the past and is not free from those wrongs even in the present, it is rather unsafe and inadvisable to base the idea of human rights in religion." Darüber, dass Menschenrechte oftmals religiös begründet werden und religiöse Ansichten gegen universelle Menschenrechte vorgebracht werden, kann diese Forderung jedoch nicht hinwegtäuschen.

[184] *Schilling* (Fn. 181), S. 14; hiergegen *Horst Dreier*, in: ders. (Hrsg.), Grundgesetz-Kommentar, Bd. 1, 2. Aufl. 2004, Vorbemerkungen vor Art. 1, Rn. 3 ff.

[185] Zur Übertragung der Idee des *overlapping consensus* auf die Menschenrechte *Bielefeldt* (Fn. 183), S. 115 ff.; *ders.*, Muslim Voices in the Human Rights Debate, HRQ 17 (1995), S. 587 (594); *Xiarong Li*, „Asian Values" and the Uni-

Exemplarisch soll hier die angebliche Unvereinbarkeit von Menschenrechten und Islam, insbesondere dem „islamischen Recht" der *Sharia*, dargestellt werden. Drakonische körperliche Strafen, religiöse Unfreiheiten sowie die Diskriminierung der Frau scheinen die Grenzen der Universalität der Menschenrechte aufzuzeigen.[186] Allerdings findet eine vorsichtige Annäherung an westliche Wertvorstellungen statt,[187] beispielsweise im Hinblick auf die sich *de iure* oder zumindest *de facto* vollziehende Abschaffung von körperlichen Strafen.[188] Auch islamische Autoren zeigen die Vereinbarkeit von *Sharia* und Menschenrechten auf und legen die Regeln der *Sharia* in einer menschenrechtskonformen Weise aus.[189] Auch besteht ein Unterschied zwischen offizieller Staatspraxis und der Auffassung der gesellschaftlichen Mehrheiten, die den religiösen Fundamentalismus ihrer Führer oftmals nicht teilen.[190] Insofern ist es überzogen, von einer generellen und absoluten Unvereinbarkeit von Islam und Menschenrechten auszugehen. Vielmehr gibt es zahlreiche Facetten des Islam, die in unterschiedlicher Weise mit der Idee der Menschenrechte in Einklang zu bringen sind.[191] Allein fundamentalistische Ansätze, die zudem oftmals politisch motiviert sind, widersprechen der Anerkennung von Menschenrechten als gemeinsamem Wert.

---

versality of Human Rights, in: Patrick Hayden (ed.), The Philosophy of Human Rights, 2001, S. 397 (406); *Taylor* (Fn. 119), S. 409.

[186] Hierzu *Bielefeldt* (Fn. 185), S. 595 ff.; *Gabriele Kuhn-Zuber*, Der Islam und die Universalität der Menschenrechte in der Kritik, in: Jana Hasse u.a. (Hrsg.), Menschenrechte, Bilanz und Perspektiven, 2002, S. 307 (315 ff.); erhellend zum Ganzen *Riedel* (Fn. 180), S. 151 ff.

[187] *Riedel* (Fn. 180), S. 151; allgemein zur Annäherung der Kulturkreise *Etzioni* (Fn. 81), S. 29 ff.

[188] Hierzu etwa *Heiner Bielefeldt*, Facetten der islamischen Menschenrechtsdiskussion, in: Andreas Zimmermann (Hrsg.), Religion und Internationales Recht, 2006, S. 83 (87 f.), der aber zu Recht auf Fälle hinweist, in denen entsprechende Strafen verhängt und vollstreckt werden.

[189] Siehe beispielsweise *Abdullahi Ahmed An-Na'im*, Human Rights in the Muslim World: Socio-Political Conditions and Scriptural Imperatives, Harv. Hum. Rts. J. 3 (1990), S. 13 ff.; *Kuhn-Zuber* (Fn. 186), S. 325 ff.; *Baderin* (Fn. 182), S. 48 ff.; zum Ganzen *Bielefeldt* (Fn. 188), S. 87 ff.

[190] Zum Beispiel des Iran unter *Khomeini* siehe *Reza Afshari*, An Essay on Islamic Cultural Relativism in the Discourse of Human Rights, HRQ 16 (1994), S. 235 ff.

[191] *Bielefeldt* (Fn. 185), S. 614.

Die bloße islamische Prägung einer Staats- und Rechtsordnung steht der Universalität der Menschenrechte jedenfalls nicht entgegen.[192] Denn eine islamische Letztbegründung der Menschenrechte schließt – ebenso wenig wie eine christliche, jüdische oder hinduistische Letztbegründung – einen universellen Konsens nicht von vornherein aus, wenn auch die religiöse Fundierung die Auslegung, Anwendung und Abwägung der einzelnen Rechte im Falle einer Kollision maßgeblich prägen wird.

Ein weiterer grundsätzlicher Einwand gegen die Universalität der Menschenrechte besteht in ihrer individualistischen Konzeption, die mit stärker kommunitär ausgerichteten Gesellschaften nicht zu vereinbaren sei.[193] Insbesondere die stärkere Ausrichtung nicht-westlicher Gesellschaften an „Pflichten" statt an „Rechten" wird in diesem Zusammenhang angeführt.[194] Islamisches, afrikanisches, chinesisches, indisches und – ehemals – sowjetisches Rechtsverständnis basierten in viel stärkerem Maße auf der Konzeption von Pflichten und setzten keine korrespondierenden subjektiven Rechtspositionen voraus. Die Vereinbarkeit derartiger „nicht-westlicher" Sichtweisen mit der Konzeption von Menschenrechten wird oftmals bestritten.[195] Eine derartige Feststellung erweist sich aber bereits insofern als problematisch, als es *das* islamische, afrikanische, chinesische oder indische Rechtsverständnis ebenso wenig gibt, wie es sich dabei um in sich geschlossene homogene Kulturkreise handelt.[196] Kulturen können sich verändern, ebenso wie die ihnen zugrunde liegenden Werte.[197] Darüber hinaus erscheint es zu kurz

---

[192] So auch *Lorenz Müller*, Islam und Menschenrechte, 1996, S. 102 f.

[193] Überblick bei *Cassese* (Fn. 177), S. 53 f.; *Tomuschat* (Fn. 172), S. 69 ff.; *Riedel* (Fn. 180), S. 154 ff.; *Pollis/Schwab* (Fn. 175), S. 8 ff.; *Bielefeldt* (Fn. 183), S. 150 ff.; zur stärker kommunitären Ausrichtung nicht-westlicher Rechtskulturen *Philippe Mastronardi*, Recht und Kultur: Kulturelle Bedingtheit und universaler Anspruch des juristischen Denkens, ZaöRV 61 (2001), S. 61 (62 ff.).

[194] Siehe hierzu *Henry J. Steiner/Philip Alston/Ryan Goodman*, International Human Rights in Context, 3rd ed. 2007, S. 475 ff.; Überblick zum Ganzen bei *Khushalani* (Fn. 183), S. 404 ff.

[195] So deutlich *Donnelly* (Fn. 183), S. 49 ff.

[196] *Tomuschat* (Fn. 172), S. 69 ff.

[197] *Bonny Ibhawoh*, Between Culture and Constitution: Evaluating the Cultural Legitimacy of Human Rights in the African State, HRQ 22 (2000), S. 838 (841).

gegriffen, westliche Rechtsordnungen und Gesellschaften auf die Konzeption von „Rechten“ und die übrige Welt auf die Konzeption von „Pflichten“ zu reduzieren. So findet sich der Gedanke von Menschenpflichten auch in Art. 29 der Allgemeinen Erklärung der Menschenrechte, und die *Banjul*-Charta enthält zwar zahlreiche Menschenpflichten, daneben aber auch Menschenrechte.[198] Und auch innerhalb des westlichen Kulturkreises besteht keine Einigkeit im Hinblick auf das Verhältnis von Individuum und Gemeinschaft sowie von Rechten und Pflichten.[199] So steht beispielsweise in der jüdischen Rechtskultur die Konzeption von Verpflichtungen im Vordergrund,[200] ohne dass darin ein grundsätzlicher Konflikt mit menschenrechtlichen Normierungen gesehen wird. Eine apriorische Unvereinbarkeit dieser Positionen mit der Idee universeller Menschenrechte ist mit diesen konzeptionellen Unterschieden nicht verbunden.[201]

Schließlich wird ein generell divergierendes Verständnis von Menschenrechten gegen die Universalitätsthese angeführt, das in der Dimensionalität der Menschenrechte zum Ausdruck komme: Während die westlichen Staaten einen Schwerpunkt auf die abwehrrechtlich geprägten Menschenrechte der ersten Generation legen, beharren die kommunistisch geprägten Staaten auf dem Vorrang der wirtschaftlichen, sozialen und kulturellen Menschenrechte der zweiten Dimension, und die Staaten der Dritten Welt wollen vorrangig die kollektiven Menschenrechte der dritten Dimension verwirklicht wissen.[202] Zahlreiche normative sowie politische Entwicklungen deuten jedoch an, dass die unterschiedliche Dimensionalität der Menschenrechte ihrem Universalitätsanspruch nicht entgegensteht. Während der Zivilpakt von zahlreichen nicht-west-

---

[198] Vgl. Art. 27-29 der *Banjul*-Charta; *N. Barney Pityana*, The Challenge of Culture for Human Rights in Africa: The African Charter in a Comparative Context, in: Malcolm D. Evans/Rachel Murray (eds.), The African Charter on Human and Peoples' Rights, 2002, S. 219 (228 ff.).

[199] Hierzu mit Nachweisen und Beispielen *Paulus* (Fn. 1), S. 258; *Bielefeldt* (Fn. 183), S. 150 ff.

[200] Siehe nur *Robert Cover*, Obligation: A Jewish Jurisprudence of the Social Order, J. of Law and Relig. 5 (1987), S. 65 ff.; *Asher Maoz*, Can Judaism Serve as a Source of Human Rights?, ZaöRV 64 (2004), S. 677 (680 f.).

[201] Siehe aus indischer Sicht nur *Singh* (Fn. 183), S. 582 ff.

[202] Zum Ganzen *Eibe Riedel*, Menschenrechte der dritten Dimension, in: Christian Koenig/Ralph Alexander Lorz (Hrsg.), Die Universalität der Menschenrechte, 2003, S. 329 (333 ff.).

lichen Staaten ratifiziert wurde, gehen zunehmend auch westliche Staaten die Verbindlichkeit des Sozialpaktes ein.[203] Ebenso verliert auf regionaler Ebene die Zuordnung der einzelnen Dimensionen zu verschiedenen Kulturkreisen an Bedeutung.[204] Die liberalen Gewährleistungen der EMRK werden durch die Rechte der zweiten Dimension in der Europäischen Sozialcharta[205] ergänzt. Die Amerikanische Menschenrechtskonvention beinhaltet zwar nur bürgerliche und politische Rechte, inkorporiert aber in gewisser Weise über Art. 26 Menschenrechte der zweiten Generation, die in der Charta der Organisation Amerikanischer Staaten verankert sind.[206] Die *Banjul*-Charta enthält Rechte aller drei Dimensionen.[207] Diese Annäherung kann zwar nicht darüber hinwegtäuschen, dass die unterschiedlichen Dimensionen der Menschenrechte weiterhin unterschiedliche Bedeutung innerhalb der verschiedenen Kulturkreise und Staatengruppen beanspruchen. Dies ist aber zu einem großen Teil den faktischen Bedürfnissen der jeweiligen Lager geschuldet und erklärt sich weniger vor dem Hintergrund fundamentaler Wertdiskrepanzen.[208] Auch korrespondiert der Betonung der Bedeutung einer der drei Dimensionen oftmals eine politische Agenda der entsprechenden Staatenvertreter, ohne dass dies notwendigerweise die Ansicht der Mehrheit eines Volkes widerspiegeln oder spezifischen kulturellen Besonderheiten geschuldet sein muss.[209] Die Dimensionalität der Menschenrechte führt daher nicht zu derart grundsätzlichen Gegensätzen, dass die Universalität der Menschenrechte in Frage gestellt wäre.

---

[203] Vgl. *Paulus* (Fn. 1), S. 259 m.w.N.; *Pollis/Schwab* (Fn. 175), S. 15.

[204] *Cassese* (Fn. 177), S. 66 f.

[205] *European Social Charter* vom 18.10.1961, UNTS 529, S. 89, ETS 35, BGBl. 1965 II, S. 1261.

[206] Hierzu *Matthew Craven*, The Protection of Economic, Social and Cultural Rights under the Inter-American System of Human Rights, in: David J. Harris/Stephen Livingstone (eds.), The Inter-American System of Human Rights, 1998, S. 289 (297 ff.).

[207] Vgl. *Christof Heyns*, Civil and Political Rights in the African Charter, in: Malcolm D. Evans/Rachel Murray (eds.), The African Charter on Human and Peoples' Rights, 2002, S. 137.

[208] Vgl. *Pieper* (Fn. 80), S. 345.

[209] Siehe *Kunig* (Fn. 114), S. 379.

c) Dritte Ebene: Universalitätsbekenntnis und Normwirklichkeit

Schließlich bleibt zu erörtern, wie sich die Diskrepanz zwischen normativem Anspruch und faktischer Ausgestaltung menschenrechtlicher Gewährleistungen auf die Frage der Universalität sowie die Qualifizierung als Gemeinschaftsinteresse auswirkt. Menschenrechtsverletzungen unterschiedlichen Ausmaßes und unterschiedlicher Intensität gehören in jedem Staat der Erde zur alltäglichen Realität. Eine umfassende Verwirklichung scheitert an wirtschaftlichen, politischen und sozialen Rahmenbedingungen, dem fehlenden politischen Willen der Regierungen, teilweise am Unwillen und Unvermögen der Bevölkerungen, zur Verbesserung der Situation beizutragen, sowie manchmal an schierem menschlichen Versagen. Doch im Ergebnis stehen diese Missstände weder der Universalität der Menschenrechte noch deren Anerkennung als Interesse und Wert der internationalen Gemeinschaft entgegen. Obwohl es an effektiven Durchsetzungsmechanismen mangelt und die internationale Gemeinschaft selbst massiven Menschenrechtsverletzungen oftmals ohnmächtig gegenübersteht, tragen normative Gewährleistungen zur Verbesserung der Menschenrechtssituation bei.[210] Generell steht die Verletzung einer Norm ihrer Geltung nicht entgegen. Für völkerrechtliche Normen gilt nichts anderes als für innerstaatliche Normen.[211] Zudem gehen Menschenrechtsverletzungen regelmäßig von staatlichen Regimes aus, innerhalb des Staatsvolkes treffen Menschenrechte meist auf größere Zustimmung und Akzeptanz als innerhalb der Staatsführung. Auf der Grundlage des hier vertretenen Verständnisses der internationalen Gemeinschaft als in letzter Instanz aus Individuen bestehend steht daher selbst die dauerhafte und schwerwiegende Missachtung menschenrechtlicher Gewährleistungen durch einzelne Staaten der grundsätzlichen Anerkennung als Gemeinschaftswert nicht entgegen.

d) Fazit: Ein universeller Menschenrechtskern als Gemeinwohlbelang

Die kontrovers diskutierte Frage nach der Universalität der Menschenrechte lässt sich nicht einfach beantworten. Ihre umfassende Bearbeitung würde den Rahmen dieser Arbeit sprengen und ist mit juristischer Methodik allein nicht in den Griff zu bekommen. Dennoch spricht vie-

---

[210] Statt vieler *Bryde* (Fn. 108), S. 112 f.; skeptisch aber *Anja Jetschke*, Weltkultur vs. Partikularismus: die Universalität der Menschenrechte im Lichte der Ratifikation von Menschenrechtsverträgen, FW 2006, S. 25 ff.

[211] *Riedel* (Fn. 180), S. 142.

les dafür, dass zwar kulturell bedingte Unterschiede im Hinblick auf die Konzeption der Menschenrechte bestehen, diese sich aber eher im Bereich gradueller Verschiebungen bewegen, als dass sie die Idee universeller Menschenrechte als solche in Frage stellen würden.[212] Trotz aller kulturellen Unterschiede gibt es Handlungen und Zustände, die in jeder Kultur und von jedem Menschen gleichsam als „gut" oder „schlecht" eingestuft werden. Ein universeller Minimalkonsens ethischer Mindeststandards der Menschlichkeit findet etwa im Völkerstrafrecht seinen deutlichen Niederschlag.[213] Auch sind die Berufung auf kulturelle Relativität und die Ablehnung universeller Menschenrechte oftmals eher politisch motiviert als von sozialer Realität gekennzeichnet.[214] In den Worten des ehemaligen UN-Generalsekretärs *Kofi Annan*:

[212] In diesem Sinne – freilich auf der Grundlage unterschiedlicher Einschätzungen der Reichweite des Konsenses – *Thomas Franck*, Is Personal Freedom a Western Value?, AJIL 91 (1997), S. 593 (605); *Tomuschat* (Fn. 172), S. 81 ff.; *Paulus* (Fn. 1), S. 259; *Abdullahi Ahmed An-Na'im*, Toward a Cross-Cultural Approach to Defining International Standards of Human Rights: The Meaning of Cruel, Inhuman, or Degrading Treatment or Punishment, in: ders. (ed.), Human Rights in Cross-Cultural Perspective, 1992, S. 19 (27); *Bielefeldt* (Fn. 183), S. 145 ff.; *Nettesheim* (Fn. 119), S. 572 f.; *Taylor* (Fn. 185), S. 409 ff.; *Cassese* (Fn. 177), S. 64; *Michael Walzer*, Interpretation and Social Criticism, 1987, S. 24; *Stern* (Fn. 162), S. 219; *Antônio Augusto Cançado Trindade*, International Law for Humankind: Towards a New Jus Gentium (II), RdC 317 (2005), S. 9 (251 f.).

[213] So insbesondere *Paulus* (Fn. 1), S. 260 f.; *Cançado Trindade* (Fn. 212), S. 251. Ausdruck dieses transnationalen und transkulturellen Konsenses ist die Errichtung des Internationalen Strafgerichtshofes (*Rome Statute of the International Criminal Court* vom 17.7.1998, UNTS 2187, S. 90, BGBl. 2000 II, S. 1394), an dessen Entstehung die Staaten der Dritten Welt maßgeblich beteiligt waren und der auf die Akzeptanz von Staaten und Gesellschaften aus allen Kulturkreisen trifft, vgl. *Saied Mirzaee-Yengejeh*, International Law as a Cultural Perspective: Towards a Convergence of Civilizations, in: Ronald St. John MacDonald/Douglas M. Johnston (eds.), Towards World Constitutionalism, 2005, S. 191 (211 ff.); kritisch allerdings *Chimni* (Fn. 42), S. 13 f.

[214] *Rosalyn Higgins*, Problems and Process: International Law and How We Use it, 1994, S. 96; siehe auch die Studie von *Neil A. Englehart*, Rights and Culture in the Asian Values Argument: The Rise and Fall of Confucian Ethics in Singapore, HRQ 22 (2000), S. 548 ff.

> „It was never the people who complained of the universality of human rights, nor did the people consider human rights as a Western or Northern imposition. It was often their leaders who did so."[215]

Gleichzeitig ist die Durchsetzung von Menschenrechten, die aus westlicher Sicht als universell eingestuft werden, aber auf keinen gesellschaftlichen Rückhalt in den jeweiligen Kulturkreisen treffen, zum Scheitern verurteilt. Menschenrechte müssen in einer Weise angewandt werden, die kulturelle Partikularitäten berücksichtigt und ihnen Raum lässt. Ein interkultureller Menschenrechtsdialog ist fruchtbarer und mit dem Gedanken einer pluralistischen internationalen Gemeinschaft besser zu vereinbaren als ein westlicher „Menschenrechtskreuzzug".[216]

Die Frage, ob der Schutz der Menschenrechte ein Gemeinschaftsinteresse darstellt, kann danach nur differenziert beantwortet werden: Einige fundamentale Menschenrechtsstandards können universelle Geltung und Akzeptanz beanspruchen. Sie gelten unabhängig von kulturellen Begebenheiten für jeden Menschen und verpflichten jeden Staat. Beispiele für derartige Gewährleistungen stellen grundlegende Verpflichtungen auf die Menschlichkeit dar, wie sie in negativer Formulierung insbesondere in den völkerstrafrechtlichen Tatbeständen zum Ausdruck kommen. Andere Menschenrechte können zwar prinzipiell Universalität für sich beanspruchen, gelten jedoch nicht in jedem Kulturkreis in gleicher Weise.[217] Kulturelle Besonderheiten sind zu berücksichtigen und führen insbesondere zu unterschiedlichen Ergebnissen bei der Behandlung von Kollisionen mit anderen Rechten. So kann beispielsweise ein Kernbestand der Meinungs- und Pressefreiheit als universell anerkannt gelten, hinsichtlich der Frage, wie das Verhältnis dieser Freiheiten zu anderen Rechtsgütern – insbesondere der religiösen Pietät oder dem

---

215 Zitiert nach *Tomuschat* (Fn. 172), S. 81.

216 *Bielefeldt* (Fn. 185), S. 615 f.; *Kuhn-Zuber* (Fn. 186), S. 331; *Ibhawoh* (Fn. 197), S. 859 f.; *Pollis/Schwab* (Fn. 175), S. 1 ff.; *Mark Krieger*, Menschenrechte in arabo-islamischen Staaten, 1999, S. 89 f.

217 Zu dieser Form des kulturellen Relativismus *Baderin* (Fn. 182), S. 26 ff.; kritisch *Fernando R. Tesón*, International Human Rights and Cultural Relativism, in: Patrick Hayden (ed.), The Philosophy of Human Rights, 2001, S. 379 (381); siehe auch *Riedel* (Fn. 180), S. 159, der kulturelle Divergenzen innerhalb der entsprechenden Menschenrechtsregime berücksichtigt wissen will; ihm folgend *Ralph Alexander Lorz*, Menschenrechte unter Vorbehalt, Der Staat 41 (2002), S. 29 (44 f.), der einen universellen Kernbereich eines jeden Menschenrechts sieht und eine Abstufung in den Randbereichen anerkennt.

vermeintlichen Interesse der Staatsführung, keine Kritik dulden zu müssen – auszugestalten ist, ist jedoch kein Konsens ersichtlich. Während im Hinblick auf diese Kategorie von Menschenrechten zumindest weitgehende Akzeptanz dahingehend besteht, *dass* sie prinzipiell schutzwürdige Rechtsgüter verbürgen, gibt es schließlich Menschenrechte, deren universelle Geltung insgesamt in Frage steht: Insbesondere religiöse Freiheiten sowie die Gleichberechtigung der Frau werden wohl auf absehbare Zeit zu dieser Gruppe von Menschenrechten gehören.

Im Ergebnis stellen diese Divergenzen jedoch weniger die generelle Akzeptanz der Menschenrechte in Frage, als dass sie Grenzen und Schwierigkeiten für den Schutz der Menschenrechte in der Praxis nach sich ziehen: Wenn Menschenrechte mit unterschiedlichen Schwerpunkten wahrgenommen werden, eine andere Vorstellung des Verhältnisses von Individuum und Gemeinschaft diese Wahrnehmung prägt und bestimmte Menschenrechte vor dem Hintergrund kultureller Partikularitäten anders ausgelegt werden oder ihre Geltung vollständig in Zweifel gezogen wird, so sind damit die tatsächlichen Grenzen internationaler Normierungen und Durchsetzungsmechanismen zum Schutz der Menschenrechte aufgezeigt, und die politischen Schwierigkeiten eines Konsenses hinsichtlich der internationalen Institutionalisierung des Menschenrechtsschutzes werden evident. Das Gemeinschaftsinteresse beschränkt sich auf die grundsätzliche Anerkennung der Erforderlichkeit des Individualschutzes sowie auf einen minimalen Konsens hinsichtlich fundamentaler menschenrechtlicher Gewährleistungen.

Dass der Schutz der Menschenrechte ein Interesse der internationalen Gemeinschaft darstellt, lässt sich schließlich anschaulich an der Entwicklung der menschenrechtlichen Gewährleistungen ablesen. Die ersten völkerrechtlichen Ausprägungen des Individualschutzes fanden sich im Fremdenrecht,[218] dem der Gedanke zugrunde liegt, dass jeder Staat fremden Staatsangehörigen gewisse Mindeststandards entgegenbringen muss. Doch diese Verpflichtung besteht nicht dem Individuum gegenüber, sondern dem Staat, dem die betroffene Person angehört. Ihre Grundlage findet die völkerrechtliche Verpflichtung in der Personalhoheit des Staates, die mit der territorialen Souveränität eines anderen Staates kollidiert. Dem modernen Menschenrechtsschutz liegt ein völlig anderer Gedanke zugrunde: Menschenrechte stellen subjektive Rechte

---

[218] *Rhona K.M. Smith*, Textbook on International Human Rights, 2nd ed. 2005, S. 8.

des Einzelnen dar, unabhängig von dessen Staatsangehörigkeit. Sie verpflichten jeden Staat, auch und gerade den Heimatstaat des Individuums, gegenüber dem Einzelnen. In den Worten von *Bruno Simma*:

> „(...) [T]he rules of bilateralist international law on the treatment of aliens, delimiting the territorial jurisdiction of one State vis-à-vis the personal jurisdiction of another, have gradually been supplemented and superseded by a system under which all human beings, irrespective of their nationality, are to enjoy legal protection against transgressions by public authority, above all, that of their ‚own' State (...) Traditional bilateralist international law permitted States to concern themselves only with the treatment of their own nationals abroad whereas the relationship between foreign Governments and ‚their' respective subjects constituted the very core of domestic jurisdiction into which no other State was allowed to intrude. Today, however, these very relations have become the subject of community interest (...)."[219]

Menschenrechte haben sich immer weiter von partikulären Staatsinteressen abgesetzt und sich dadurch zu einem Gemeinschaftsinteresse entwickelt.[220] Dieser Strukturwandel vom Staaten- zum Gemeinschaftsinteresse durchzieht auch klassisch zwischenstaatliche Rechtsgebiete, so dass selbst konsularrechtliche Vorschriften als individualschützend anerkannt werden.[221] Das Interesse der internationalen Gemeinschaft am Schutz von Individuen erhält damit zunehmend normative Konturen im modernen Völkerrecht.

3. Der Schutz der Umwelt und der natürlichen Lebensgrundlagen

Das Interesse der internationalen Gemeinschaft tritt deutlich auf dem Gebiet des globalen Umweltschutzes zu Tage. In völkerrechtlichen Verträgen, insbesondere aber in Deklarationen und Stellungnahmen auf internationalen Umweltschutzkonferenzen, wird die Umwelt als globaler

---

[219] *Simma* (Fn. 111), S. 243 (*Fußnote ausgelassen*).

[220] *Simma* (Fn. 111), S. 242; *Nettesheim* (Fn. 119), S. 571 f.; *Wolfram Karl*, Menschenrechtliches ius cogens – Eine Analyse von „Barcelona Traction" und nachfolgender Entwicklungen, in: Eckart Klein (Hrsg.), Menschenrechtsschutz durch Gewohnheitsrecht, 2003, S. 102 (117).

[221] *LaGrand (Germany v. United States of America)*, ICJ Reports 2001, S. 466 (494 ff.); *Fassbender* (Fn. 141), S. 11 f.

Wert anerkannt.[222] Durchgesetzt hat sich auch die Erkenntnis, dass der Herausforderung globaler Umweltprobleme nur durch ein kooperatives, gemeinschaftliches Vorgehen begegnet werden kann.[223] Der Gemeinschaftscharakter des Umweltschutzes spiegelt sich dabei anschaulich im inhaltlichen Wandel des noch jungen Umweltvölkerrechts wider: Lag das ursprüngliche Ziel des Umweltvölkerrechts vorrangig darin, den „grenzüberschreitenden Umweltschutz“ zu gewährleisten, das heißt zu vermeiden, dass Aktivitäten auf dem Territorium eines Staates negative Auswirkungen auf das Gebiet eines anderen Staates entfalten, so liegt spätestens seit der Stockholmer Umweltkonferenz von 1972 der Schwerpunkt des Umweltvölkerrechts auf dem „globalen Umweltschutz“, der sich Umweltgefahren mit Auswirkungen auf die gesamte internationale Gemeinschaft widmet.[224] Während im ersten Fall die Souveränitätsrechte der Staaten – und damit klassische Staatenwerte – den Schutzzweck des Umweltvölkerrechts ausmachen, dienen die völkerrechtlichen Regelungsinstrumente zum Schutz der globalen Umwelt keinem einzelnen Staat. Sie müssen nicht einmal unmittelbare Auswirkungen auf das Territorium eines Staates haben, sondern zielen auf den Schutz der globalen Umwelt ab und stellen damit einen Wert der internationalen Gemeinschaft dar.

---

[222] Überblick bei *Simma* (Fn. 111), S. 238 ff.; *Paulus* (Fn. 1), S. 267, beide m.w.N.; ausführlich auch *Scheyli* (Fn. 138), S. 215 ff. sowie S. 328 ff.

[223] *Wolfgang Graf Vitzthum*, Raum und Umwelt im Völkerrecht, in: ders. (Hrsg.), Völkerrecht, 4. Aufl. 2007, S. 387 (449); *Concetta Maria Pontecorvo*, Interdependence between Global Environmental Regimes: The Kyoto Protocol on Climate Change and Forest Protection, ZaöRV 59 (1999), S. 709 (710) m.w.N.

[224] Zu dieser Unterscheidung und dem entsprechenden Wandel *Ulrich Beyerlin*, Umweltvölkerrecht, 2000, S. 2 f.; *Simma* (Fn. 111), S. 239 f.; *Alexandre Kiss*, The International Protection of the Environment, in: Ronald St. John MacDonald/Douglas M. Johnston (eds.), The Structure and Process of International Law, 1986, S. 1069 (1071 ff.); *Matthias Herdegen*, Völkerrecht, 8. Aufl. 2009, S. 358; *Eibe Riedel*, International Environmental Law – A Law to Serve the Public Interest? – An Analysis of the Scope of the Binding Effect of Basic Principles (Public Interest Norms), in: Jost Delbrück (ed.), New Trends in International Lawmaking – International „Legislation“ in the Public Interest, 1997, S. 61 (89 ff.); *Cançado Trindade* (Fn. 74), S. 209 f.; *Wolfgang Durner*, Common Goods – Statusprinzipien von Umweltgütern im Völkerrecht, 2001, S. 234 ff.; siehe aber auch *Nettesheim* (Fn. 119), S. 572, der noch keinen normativen Niederschlag des Gemeinschaftsgedankens im Umweltvölkerrecht erkennen will.

Besonders deutlich spiegelt sich dieser Paradigmenwechsel in der umweltvölkerrechtlichen Rechtsprechung wider. Zu deren Beginn steht der viel zitierte Schiedsspruch im *Trail Smelter*-Fall, in dem das Schiedsgericht ausführt:

> „(...) that under international law (...) no State has the right to use or permit the use of its territory in such a manner as to cause injury by fumes in or to the territory of another or the properties or persons therein (...).“[225]

Hierin kommt deutlich zum Vorschein, dass dieses Verbot weniger dem Schutz der globalen Umwelt als vielmehr der staatlichen Souveränität zu dienen bestimmt ist.[226] Neben dieses „zwischenstaatliche“ Umweltvölkerrecht tritt jedoch zunehmend ein „globales“ Umweltvölkerrecht, in dem der Stellenwert des Umweltschutzes als Gemeinschaftswert deutlich zum Ausdruck gelangt. So führt der IGH im *Nuklearwaffen*-Gutachten aus, dass:

> „(...) the environment is not an abstraction but represents the living space, the quality of life and the very health of human beings, including generations unborn. The existence of the general obligation of States to ensure that activities within their jurisdiction and control respect the environment of other States or of areas beyond national control is now part of the corpus of international law relating to the environment.“[227]

Noch deutlicher kommt der Paradigmenwechsel des Umweltvölkerrechts in der Entscheidung im Fall *Gabčíkovo-Nagymaros* zum Ausdruck:

> „The Court recalls that it has recently had occasion to stress (...) the great significance that it attaches to respect for the environment, not only for States but also for the whole of mankind.“[228]

---

[225] *Trail Smelter Arbitration*, RIAA, Vol. III (1941), S. 1905 (1938); hierzu *Astrid Epiney*, Das „Verbot erheblicher grenzüberschreitender Umweltbeeinträchtigungen“: Relikt oder konkretisierungsfähige Grundnorm, AVR 33 (1995), S. 309 ff.

[226] *Wolff Heintschel von Heinegg*, Internationales öffentliches Umweltrecht, in: Knut Ipsen (Hrsg.), Völkerrecht, 5. Aufl. 2004, S. 973 (1049); *Beyerlin* (Fn. 224), S. 7; *Nettesheim* (Fn. 119), S. 572.

[227] *Legality of the Use by a State of Nuclear Weapons in Armed Conflict*, Advisory Opinion, ICJ Reports 1996, S. 66 (241 f.).

[228] *Gabčíkovo-Nagymaros Project (Hungary/Slovakia)*, ICJ Reports 1997, S. 7 (41).

Auch völkerrechtliche Verträge bestätigen, dass der Schutz der Umwelt ein „common interest" darstellt,[229] und in der Resolution zur *Protection of Global Climate for Present and Future Generations of Mankind* erkennt die Generalversammlung den Klimawandel ausdrücklich als „common concern of mankind" an.[230]

Dieser generellen Anerkennung des Umweltschutzes als gemeinschaftliches Interesse stehen zwei Hauptprobleme des Umweltvölkerrechts entgegen. Zum einen befindet sich der Umweltschutz in einem permanenten Spannungsverhältnis zur wirtschaftlichen Entwicklung.[231] So verabschiedete die Generalversammlung sechs Monate vor der Konferenz von Stockholm eine Resolution, in der die Entwicklungsländer ihre Ansicht zum Ausdruck brachten, dass der Umweltschutz zu keiner Beeinträchtigung ihrer wirtschaftlichen Entwicklung führen dürfe.[232] Und auch in Prinzip 21 der Stockholmer Deklaration wird das souveräne Recht eines jeden Staates betont, „to exploit their own resources pursuant to their own environmental policies".[233] Durch diese ökonomisch motivierten Relativierungen wird die Stellung des Umweltschutzes als Interesse der internationalen Gemeinschaft jedoch nicht in Frage gestellt. Das Umweltvölkerrecht spiegelt vielmehr anschaulich wider, dass einzelne Gemeinschaftswerte sich in einem Spannungsverhältnis zu

---

[229] Siehe nur die Präambel der *Framework Convention on Climate Change* vom 9.5.1992, UNTS 1771, S. 107, BGBl. 1993 II, S. 1784, ILM 31 (1992), S. 849: „change in the Earth's climate and its adverse effects are a common concern of humankind"; die Präambel der *Convention on Biological Diversity* vom 5.6.1992, UNTS 1760, S. 79, ILM 31 (1992), S. 818: „the conservation of biological diversity is a common concern of humankind"; zum Ganzen *Alexandre Kiss*, The Protection of Environmental Interests of the World Community Through International Environmental Law, in: Rüdiger Wolfrum (ed.), Enforcing Environmental Standards: Economic Mechanisms as Viable Means?, 1996, S. 1 ff.; *Jutta Brunnée*, „Common Interest" – Echoes from an Empty Shell?, ZaöRV 49 (1989), S. 791 (791 ff.).

[230] General Assembly Resolution 43/53 vom 6.12.1988.

[231] Zu weiteren Interdependenzen des Umweltschutzes siehe *Vitzthum* (Fn. 223), S. 449 f.

[232] General Assembly Resolution 2849 (XXVI) vom 17.1.1972.

[233] *Declaration of the United Nations Conference on the Human Environment* vom 16.6.1972, ILM 11 (1972), S. 1416; dazu *Louis B. Sohn*, The Stockholm Declaration on the Human Environment, Harv. Int'l L.J. 14 (1972), S. 423 ff.

anderen Gemeinschaftswerten beziehungsweise Staatenwerten befinden können.[234]

Die zweite wesentliche Abschwächung des Umweltschutzes als Gemeinschaftsinteresse liegt darin, dass die Staatenwelt eine nur zurückhaltende Bereitschaft zeigt, völkerrechtlich verbindliche Umweltschutzprinzipien anzuerkennen sowie rechtsverbindliche Verpflichtungen zum Abbau umweltschädigender Praktiken einzugehen. So begründet das *Kyoto*-Protokoll[235] zum Klimaschutzübereinkommen zwar konkrete Pflichten zur Reduktion von Treibhausgasemissionen, ist aber sowohl in der Höhe der Reduktion als auch im Hinblick auf die Partizipation der Industriestaaten defizitär. Nichtsdestotrotz findet auch im Bereich des internationalen Umweltschutzes eine beachtliche rechtliche Verdichtung statt: Das Umweltvölkerrecht zeichnet sich durch ein Netz völkervertraglicher Spezialabkommen sowie gewohnheitsrechtlich anerkannter Prinzipien aus.[236] Darüber hinaus haben sich im Bereich des Umweltvölkerrechts neuartige vertragliche Regelungsstrategien entwickelt.[237] Trotz der Unzulänglichkeiten, die sowohl in der Normierung als auch im Hinblick auf die Einhaltung umweltvölkerrechtlicher Regelungen bestehen, stellt der Schutz der Umwelt einen universell anerkannten Gemeinschaftswert dar, dessen Verwirklichung von der internationalen Gemeinschaft betrieben wird. Unterschiedliche Auffassungen bestehen nicht im Hinblick auf die generelle Anerkennung, sondern in Fragen wie dem Verhältnis zu anderen Gemeinschafts- und Staatsgütern und den zu ergreifenden Maßnahmen sowie im Hinblick auf die Bereitschaft, aktiv und unter Einsatz finanzieller Ressourcen zur Verbesserung der globalen Umwelt beizutragen.

---

[234] Hierzu *Paulus* (Fn. 1), S. 269 f.

[235] *Kyoto Protocol to the Framework Convention on Climate Change* vom 11.12.1997, BGBl. 2002 II, S. 966, ILM 37 (1998), S. 22.

[236] Überblick bei *Vitzthum* (Fn. 223), S. 465 ff.; *Heintschel von Heinegg* (Fn. 226), S. 1049 ff.

[237] Darstellung bei *Beyerlin* (Fn. 224), S. 40 ff.

4. Welthandel und Weltwirtschaft

Der Bereich des Handels und der Wirtschaft erscheint auf den ersten Blick als rein von Staateninteressen geprägt. Jeder Staat hat ein Interesse an einer florierenden und wachsenden Wirtschaft.[238] Nichtsdestotrotz setzt sich die Annahme, dass ein weltweiter Handel und die globale Verflechtung von Volkswirtschaften zu einem allgemeinen Wirtschaftswachstum sowie Zugewinn an Wohlstand führen können, universell durch.[239] Insbesondere Staaten der Dritten Welt kritisieren zwar die bestehende Weltwirtschaftsordnung,[240] streben jedoch grundsätzlich eine Öffnung der Märkte[241] sowie den Beitritt zur WTO an.[242] Somit gibt es – motiviert aus eigenen staatlichen Interessen – ein gemeinschaftliches Interesse an einer weltweiten Ausgestaltung der Wirtschaftsbeziehungen und insbesondere des Handels. Insofern überschneiden sich Staaten- und Gemeinschaftsinteressen im Bereich der Weltwirtschaft zumindest partiell; sie können sich aber auch entgegenstehen.

5. Entwicklung und globale Solidarität

Eng mit der globalen wirtschaftlichen Zusammenarbeit verbunden ist die Frage der Entwicklung sowie der Solidarität zwischen Industrienationen und Entwicklungsländern. Auch dieses Politikfeld bietet einen

---

[238] *Wolfgang Weiß/Christoph Herrmann*, Welthandelsrecht, 2003, S. 9; *Paulus* (Fn. 1), S. 251.

[239] Statt vieler *Matthias Herdegen*, Internationales Wirtschaftsrecht, 8. Aufl. 2009, S. 7. Der Freihandel stellt allerdings – auch nach dem WTO-Übereinkommen – nur ein Mittel zum Zweck, nämlich zur Erreichung eines erhöhten Lebensstandards sowie der wirtschaftlichen Entwicklung der Entwicklungsländer dar, vgl. die Präambel (dritter Erwägungsgrund) zum WTO-Übereinkommen (*Agreement Establishing the World Trade Organization* vom 15.4.1994, UNTS 1867, S. 154, BGBl. 1994 II, S. 1443); *Peter-Tobias Stoll/Frank Schorkopf*, WTO – Welthandelsordnung und Welthandelsrecht, 2002, S. 31 ff.

[240] Hierzu statt vieler *Ignaz Seidl-Hohenveldern*, International Economic Law, 3rd ed. 1999, S. 3 ff. m.w.N.; *Markus Kaltenborn*, Entwicklungsvölkerrecht und Neugestaltung der internationalen Ordnung, 1998, S. 32 ff.; *Rahmatullah Khan*, The Anti-Globalization Protests: Side-show of Global Governance, or Law-making on the Streets?, ZaöRV 61 (2001), S. 323 (328 ff.).

[241] *Paulus* (Fn. 1), S. 268; *Khan/Paulus* (Fn. 119), S. 253; kritisch *Cançado Trindade* (Fn. 74), S. 59: „So-called ‚free' markets are contractual, rather than communitarian, in nature."

[242] Vgl. *John H. Jackson*, The World Trading System, 2nd ed. 1997, S. 1 ff.

breiten Entfaltungsspielraum für Gemeinschaftsinteressen, da unmittelbare Interessen einzelner Staaten an einer fortschreitenden Entwicklung anderer Staaten nicht ohne weiteres ersichtlich sind. Die normativen Fortschritte auf dem Gebiet des Entwicklungsvölkerrechts sind nicht zu leugnen: So wird die Entstehung eines Rechts auf Entwicklung als Menschenrecht der dritten Generation diskutiert,[243] und Solidarität wird zum völkerrechtlichen Prinzip erhoben.[244] Doch diese Beispiele zeigen bereits die Grenzen des bestehenden Entwicklungsvölkerrechts auf: Kennzeichnend für dieses Rechtsgebiet ist die Verwendung von generellen Rechts*prinzipien*, da eine Einigung auf konkrete Rechts*regeln* im „Nord-Süd-Dialog" nur schwer erreichbar ist.[245] Rechtsverbindliche Ansprüche der Entwicklungsländer gegen die Industriestaaten lassen sich dem Entwicklungsvölkerrecht daher nicht entnehmen. Auch im Hinblick auf die Öffnung der eigenen Märkte sowie den Abbau von Subventionen zeigt sich nur wenig Bereitschaft des Westens zu Zugeständnissen an die Dritte Welt. Ebenso wird die gemeinschaftliche Ausrichtung der internationalen Finanzinstitutionen Weltbank und Internationaler Währungsfonds – insbesondere angesichts der Konditionen für Kreditvergaben – zunehmend in Zweifel gezogen.[246] Somit fällt es schwer, auf dem Gebiet des Entwicklungsvölkerrechts von der Entstehung eines echten Gemeinschaftsrechts zu sprechen. Die selbst von Sei-

---

[243] Vgl. *Declaration on the Right to Development*, General Assembly Resolution 41/128 vom 4.12.1986; *Christian Tomuschat*, Das Recht auf Entwicklung, GYIL 25 (1982), S. 85 ff.; *Guido Odendahl*, Das Recht auf Entwicklung – The Right to Development, 1997; ausführlich *Eibe Riedel*, Theorie der Menschenrechtsstandards, 1986, S. 210 ff.; *ders.* (Fn. 202), S. 341 ff.; *de lege lata* kritisch *Scharpenack*, Das „Recht auf Entwicklung", 1996; *Matthias Herdegen*, Asymmetrien in der Staatenwelt und die Herausforderungen des „konstruktiven Völkerrechts", ZaöRV 64 (2004), S. 571 (578): „Das ‚Recht auf Entwicklung' ist im ephemeren Reich nebulöser Begrifflichkeiten geblieben."

[244] *Raimund Schütz*, Solidarität im Wirtschaftsvölkerrecht, 1994; *Odendahl* (Fn. 243), S. 178 f.; kritisch *Ulrich Scheuner*, Solidarität unter den Nationen als Grundsatz in der gegenwärtigen internationalen Gemeinschaft, in: ders., Schriften zum Völkerrecht, 1984, S. 379 (402).

[245] *Antonio Cassese*, International Law in a Divided World, 1986, S. 119 f.; umfassend und mit einer rechtstheoretischen Würdigung *Kaltenborn* (Fn. 240), S. 103 ff.

[246] Statt vieler *Chimni* (Fn. 42), S. 8 f.; differenzierend *Rudolf Dolzer*, Wirtschaft und Kultur im Völkerrecht, in: Wolfgang Graf Vitzthum (Hrsg.), Völkerrecht, 4. Aufl. 2007, S. 498 (549).

ten der westlichen Völkerrechtswissenschaft oftmals geforderte Umgestaltung des internationalen Rechtssystems zugunsten der Entwicklungsländer ist bislang jedenfalls ausgeblieben.[247]

Schließlich lassen sich selbst auf dem Gebiet der Entwicklungshilfe staatliche Interessen ausmachen, wenn auch nicht unmittelbar: Industrienationen haben ein wirtschaftliches Interesse daran, dass sich die weniger entwickelten Teile der Welt zu potenten Wirtschaftsteilnehmern mit absatzstarken Märkten entwickeln. Auch der Problematik ökonomisch verursachter Flüchtlingsströme lässt sich am Besten mit einer fortschreitenden wirtschaftlichen Entwicklung in der Dritten Welt begegnen. Und schließlich bedeutet das zunehmende Auseinanderklaffen der Schere zwischen Arm und Reich eine nicht unerhebliche Gefährdung des Weltfriedens, da:

> „(...) in the long run, a world split into extremely poor and extremely rich States simply cannot remain a peaceful place."[248]

Diese erneut festzustellende partielle Übereinstimmung von Staaten- und Gemeinschaftsinteressen kann aber nicht darüber hinwegtäuschen, dass eine stärkere Ausgestaltung des Entwicklungsvölkerrechts als Ausdruck eines stärkeren globalen Gemeinschaftsinteresses und -bewusstseins verstanden werden könnte.

6. *Common Heritage of Mankind*

Seit den sechziger Jahren hat das Interesse der internationalen Gemeinschaft in Form des Konzepts des *Common Heritage of Mankind* Eingang in die völkerrechtliche Diskussion gefunden. Den Kerngedanken dieses Prinzips bildet die Einsicht, dass bestimmte territoriale Räume im Interesse der internationalen Gemeinschaft der nationalen Jurisdiktion entzogen und einem gemeinschaftlichen Regime unterstellt werden müssen.[249] Das Prinzip des *Common Heritage of Mankind* beinhaltet das Verbot der Aneignung, die Verpflichtung zur ausschließlich friedlichen Nutzung, die Förderung der wissenschaftlichen Forschung, den

---

[247] Grundlegend *Bernard V.A. Röling*, International Law in an Expanded World, 1960, S. XV ff.

[248] *Simma* (Fn. 111), S. 237; zum entsprechenden Wandel im Rahmen des Systems der Friedenssicherung *Tomuschat* (Fn. 85), S. 60 f.

[249] Grundlegend *Rüdiger Wolfrum*, Die Internationalisierung staatsfreier Räume, 1984.

Schutz der Umwelt sowie – am problematischsten und umstrittensten – die Nutzung des entsprechenden Raumes.[250] Ausdrücklichen Eingang in das positive Völkerrecht hat das Konzept mit dem UN-Seerechtsübereinkommen von 1982 erhalten.[251] In expliziter Bezugnahme auf die Meeresbodenprinzipienerklärung der Generalversammlung[252] erklärt Art. 136 SRÜ den Meeresboden sowie den Meeresuntergrund zum gemeinsamen Menschheitserbe, und Art. 140 SRÜ ordnet an, dass sämtliche Aktivitäten auf diesem Gebiet zum Nutzen der gesamten Menschheit ausgeübt werden sollen.[253] Das Seerechtsübereinkommen etabliert ein internationales Verwaltungs- und Verteilungsregime und schafft mit der Internationalen Meeresbodenbehörde (Art. 156 ff. SRÜ) den entsprechenden institutionellen Rahmen.[254]

Über das Regime des Meeresbodens hinaus beansprucht das Konzept des *Common Heritage of Mankind* Relevanz für andere territoriale Räume:[255] Es stellt zwar kein allen „Staatengemeinschaftsräumen" gemeinsames Rechtsprinzip dar, entfaltet aber Vorbildcharakter für die

---

[250] Statt vieler *Wilhelm A. Kewenig*, Common Heritage of Mankind – politischer Slogan oder völkerrechtlicher Schlüsselbegriff?, in: Ingo von Münch (Hrsg.), Staatsrecht – Völkerrecht – Europarecht, Festschrift für Hans-Jürgen Schlochauer, 1981, S. 385 (393).

[251] *United Nations Convention on the Law of the Sea* vom 10.12.1982, UNTS 1833, S. 3, BGBl. 1994 II, S. 1799.

[252] General Assembly Resolution 2749 (XXV) vom 17.12.1970.

[253] Nach Art. 311 Abs. 6 SRÜ darf der in Art. 136 SRÜ niedergelegte Grundsatz nicht geändert werden.

[254] Hierzu *Vitzthum* (Fn. 223), S. 439 ff.; *Jens-Lienhard Gaster*, Der Meeresbodenbergbau unter der Hohen See, 1987, S. 180 ff.; *Gregory Alan French*, Der Tiefseebergbau, 1990, S. 202 ff.; skeptisch *Louis Henkin*, International Law: Politics and Values, 1995, S. 90 f. Dieses Regime wurde auch durch das Durchführungsabkommen von 1994 (*Agreement Relating to the Implementation of Part XI of the United Nations Convention on the Law of the Sea*, UNTS 1836, S. 41, UN Doc. A/48/263 (Annex I)) nicht maßgeblich beeinträchtigt, dazu *Bernard H. Oxman*, Law of the Sea Forum: The 1994 Agreement on Implementation of the Seabed Provisions of the Convention on the Law of the Sea, AJIL 88 (1994), S. 687 ff.

[255] Hierzu *Rüdiger Wolfrum*, Common Heritage of Mankind, in: Rudolf Bernhardt (ed.), EPIL, Vol. I, 1992, S. 692 f.; *Stocker* (Fn. 140), S. 66 ff.; *Cançado Trindade* (Fn. 74), S. 365 ff.

einzelnen Regelungsbereiche.[256] So enthält beispielsweise der Weltraumvertrag[257] alle wesentlichen Elemente des *Common Heritage of Mankind*-Prinzips – ohne jedoch die Nutzung des Weltraums zu institutionalisieren –, und auch Art. 4 Abs. 1 des Mondvertrags[258] erklärt die Erforschung und Nutzung des Mondes zur „province of all mankind". In das Regime der Antarktis hingegen sind die Prinzipien des *Common Heritage of Mankind* nur in abgeschwächter Form eingeflossen.[259]

Auch wenn das Prinzip des *Common Heritage of Mankind* sich im positiven Völkerrecht nur zögerlich verfestigt und bislang eine nur begrenzte praktische Relevanz aufweist, normiert es Interessen, die in besonderem Maße nur der internationalen Gemeinschaft als Ganzes dienen und keinen unmittelbaren Nutzen für einzelne Staaten beinhalten. Zutreffend sieht *Rüdiger Wolfrum* daher in der Reglementierung staatsfreier Räume eine verstärkte Gemeinschaftsbindung.[260] Darüber hinaus tritt in den einzelnen Normierungen eine Konzeption der internationalen Gemeinschaft hervor, in deren Zentrum die Menschheit steht.[261] Insofern lässt sich das Konzept des *Common Heritage of Mankind* nicht nur als Ausdruck des Eingangs von Gemeinschaftsinteressen in das Völkerrecht begreifen, sondern auch als Anhaltspunkt für eine weitere Menschheitsorientierung des Völkerrechts sowie für die Loslösung von der Staatszentriertheit des internationalen Systems.[262]

---

[256] *Vitzthum* (Fn. 223), S. 441.

[257] *Treaty on Principles Governing the Activities of States in the Exploration and Use of Outer Space, including the Moon and other Celestial Bodies* vom 27.1.1967, UNTS 610, S. 205.

[258] *Agreement Governing the Activities of States on the Moon and other Celestial Bodies* vom 5.12.1979, UNTS 1363, S. 3.

[259] Ausführlich *Wolfrum* (Fn. 249), S. 30 ff.; siehe auch *Khan/Paulus* (Fn. 119), S. 244.

[260] *Wolfrum* (Fn. 249), S. 680 ff.

[261] Siehe hierzu *French* (Fn. 254), S. 161.

[262] So insbesondere *Cançado Trindade* (Fn. 74), S. 365 ff.; zurückhaltender *Wolfrum* (Fn. 249), S. 339 f. sowie S. 688 f., der der Bezugnahme auf die Menschheit keine weit reichende Bedeutung beimessen will.

IV. Ergebnis: Tektonische Verschiebung vom Staaten- zum Gemeinschaftsinteresse?

Interessen der internationalen Gemeinschaft durchziehen das moderne Völkerrecht,[263] sie werden nicht nur normativ postuliert, sondern bilden zugleich den Kern eines weltweiten *overlapping consensus* hinsichtlich fundamentaler Werte und Interessen. Damit dienen sie als soziologische Grundlage für die Existenz und Entwicklung der internationalen Gemeinschaft. Gemeinschaftsinteressen ergänzen Regelungsgebiete, die wie das Umweltvölkerrecht ursprünglich an Staateninteressen ausgerichtet waren, führen insbesondere im Hinblick auf die Menschenrechte zu einem konzeptionellen Wandel oder schlagen sich im Konzept des *Common Heritage of Mankind* nieder, das auf der Grundlage reiner Staateninteressen nicht denkbar wäre. Klassische Staatenwerte behalten ihre Gültigkeit und Bedeutung, werden aber von gemeinschaftlichen Interessen überlagert und partiell verdrängt. Der Eingang gemeinschaftlicher Interessen in das Völkerrecht stützt zudem die These, dass die internationale Gemeinschaft sich nicht nur aus Staaten zusammensetzt, sondern zumindest in letzter Instanz aus der Menschheit besteht. Denn verbindendes Merkmal der gemeinwohlorientierten Normen des Völkerrechts ist, dass diese den Menschen und dessen Wohlergehen in das Zentrum der Betrachtung stellen.[264]

Gemeinschaftliche Interessen lassen sich indes nur schwer von Staateninteressen abgrenzen und erlangen teilweise nur zögerlich normative Anerkennung. Zudem besteht eine Diskrepanz zwischen der normativen Anerkennung von Gemeinschaftswerten und ihrer Bedeutung in der politischen Realität: Eine umfassende Orientierung aller internationalen Akteure am Gemeinwohl sowie den Interessen der internationalen Gemeinschaft lässt sich nicht erkennen.[265] Auch können die zuvor festgestellten gemeinsamen Werte und Interessen der Menschheit nicht darüber hinwegtäuschen, dass der Prozess der Globalisierung nicht nur ein verstärktes Gemeinschaftsgefühl und Gemeinschaftsbewusstsein

---

[263] Deutlicher Niederschlag bei *Gabcíkovo-Nagymaros Project (Hungary/Slovakia)*, Separate Opinion *Weeramantry*, ICJ Reports 1997, S. 7 (117 f.).

[264] Dazu *Cançado Trindade* (Fn. 74), S. 31 ff.; *Fassbender* (Fn. 141), S. 11; *ders.*, Die Souveränität des Staates als Autonomie im Rahmen der völkerrechtlichen Verfassung, in: Heinz-Peter Mansel (Hrsg.), Festschrift für Erik Jayme, Bd. 2, 2004, S. 1089 (1093 f.).

[265] *Simma* (Fn. 111), S. 247 f.; *Henkin* (Fn. 254), S. 295.

hervorruft, sondern gleichzeitig Renationalisierungstendenzen und Abgrenzungen nach außen mit sich führt: Die Bedeutung kultureller Unterschiede und nationaler Identitäten erscheint ungebrochen.[266] Nichtsdestotrotz bedingt die Existenz gemeinschaftlicher Werte zumindest eine Relativierung der „negativen" Ansätze zur internationalen Gemeinschaft.

[266] Vgl. *David Held*, Democracy and the New International Order, in: Daniele Archibugi/David Held (eds.), Cosmopolitan Democracy, 1995, S. 96 (115).

Ergebnis des ersten Teils: Chancen und Grenzen der internationalen Gemeinschaft

Aus der vorstehenden Untersuchung des ersten Teils lassen sich folgende Ergebnisse festhalten: Der Begriff der Gemeinschaft erscheint grundsätzlich als taugliches Paradigma zur Erfassung des strukturellen Wandels im modernen Völkerrecht. Obwohl er eine hohe Interpretationsoffenheit aufweist und nur wenig konturiert ist, kennzeichnet er in Abgrenzung zur Gesellschaft ein soziales System, in dem die Akteure ein hohes Maß an Interaktion und Verbundenheit aufweisen (*faktisches Element*) und gemeinsame Interessen verfolgen, die die eigenen egoistischen Interessen transzendieren (*normatives Element*). Dem Konzept der Gemeinschaft immanent ist eine zumindest partielle Unterordnung des Einzelnen unter die Gemeinschaft und ihre Interessen. Gleichzeitig erlaubt es der Begriff, von einer hohen Autonomie der einzelnen Mitglieder der Gemeinschaft auszugehen: Die Betonung der internationalen Gemeinschaft impliziert nicht zwangsläufig die Herausbildung eines Weltstaates. Die Rahmenbedingungen für die internationale Gemeinschaft werden durch den mit dem Schlagwort der Globalisierung gekennzeichneten Entwicklungsprozess skizziert. Die damit verbundenen Herausforderungen einer zunehmend interdependenten und transnationalen Welt bringen die Unzulänglichkeiten eines isoliert einzelstaatlichen Vorgehens zum Vorschein und lassen ein koordiniertes, gemeinschaftliches Agieren unausweichlich erscheinen. Die Völkerrechtswissenschaft hat eine Vielzahl von Entwürfen hervorgebracht, die auf eine verstärkte Integration und Gemeinschaftsbildung abzielen. Nichtsdestotrotz stehen sie in einem gewissen Widerspruch zur internationalen Realität, und Wünschbarkeit und Realisierbarkeit einer tiefer integrierten internationalen Gemeinschaft werden höchst unterschiedlich bewertet. Eine Kombination verschiedener Entwürfe zeigt jedoch, dass eine auf gemeinsamen Werten und Interessen basierende, völkerrechtlich ausgestaltete internationale Gemeinschaft zumindest denkbar erscheint. Mit der sowohl tatsächlichen als auch völkerrechtlichen Anerkennung universell geteilter Werte und Interessen ist die soziologische und normative Grundlage für eine internationale Gemeinschaft geschaffen. Damit lassen sich sowohl die *faktische* als auch die *normative* Voraussetzung des Gemeinschaftsbegriffs bejahen.

M. Payandeh, *Internationales Gemeinschaftsrecht*, Beiträge zum ausländischen öffentlichen Recht und Völkerrecht 219, DOI 10.1007/978-3-642-13141-7_6,

Aus den durch die Globalisierung bedingten Herausforderungen für das internationale System sowie dem festgestellten Grundkonsens lassen sich nun erste Grundaussagen für die Ausgestaltung einer „idealen“ internationalen Gemeinschaft ableiten: Auf der einen Seite erscheint das bloße *gesellschaftliche* Nebeneinander verschiedener staatlicher Einheiten nach dem Vorbild des Westfälischen Systems als unzureichend, um gemeinsame Werte und Interessen zu verfolgen und den globalen Herausforderungen des 21. Jahrhunderts wirkungsvoll entgegentreten zu können. Auf der anderen Seite stellt auch der Weltstaat – gedacht als auf die internationale Ebene transponierter Nationalstaat westlicher Prägung – eine kaum geeignete Organisationsform für das internationale System dar: Mangelnde Homogenität der Weltgesellschaft, fehlender politischer Wille sowie die einem internationalen *Leviathan* immanente Gefahr des Verfalls in die globale Despotie lassen eine entsprechende Entwicklung weder wahrscheinlich noch wünschenswert erscheinen. Als Ausgleich zwischen diesen beiden Extremen erscheint eine *internationale Gemeinschaft*, die den einzelnen staatlichen Mitgliedern weite Räume der Selbstbestimmung belässt, gleichzeitig aber dazu in der Lage ist, fundamentale Gemeinschaftswerte zu formulieren und diese notfalls auch ohne oder gegen den Willen eines Gemeinschaftsmitgliedes zu normieren und durchzusetzen.

Hieraus ergeben sich entsprechende Vorgaben für ein internationales Gemeinschaftsrecht als völkerrechtlicher Rahmen einer solchen internationalen Gemeinschaft: Das Völkerrecht darf nicht allein individuelle Werte und Interessen der einzelnen Staaten widerspiegeln, vielmehr müssen auch globale Werte und Interessen der internationalen Gemeinschaft ihren positiven Niederschlag finden. Dass derartige gemeinschaftliche Werte und Interessen Eingang in das geltende internationale Recht erhalten haben, dieses durchdringen und überlagern, hat bereits eine kurze Untersuchung der einzelnen völkerrechtlichen Regelungsbereiche gezeigt. Doch eine internationale Gemeinschaftsrechtsordnung kann sich nicht mit der punktuellen Anreicherung um substantielle Gemeinschaftswerte begnügen. Der gemeinschaftliche Charakter muss sich vielmehr in den allgemeinen Strukturen des internationalen Rechtssystems niederschlagen, insbesondere in den Bereichen der Organisation, der Rechtsetzung sowie der Rechtsdurchsetzung. Der folgende zweite Teil der Arbeit dient daher der Analyse, inwieweit das geltende Völkerrecht diesen Anforderungen bereits gerecht wird.

„Aucun Etat n'a le droit de s'opposer au nom de son intérêt particulier à la réglementation juridique d'une matière d'intérêt commun.“[1]

Zweiter Teil: Ansätze eines Internationalen Gemeinschaftsrechts im Völkerrecht der Gegenwart

Nach der theoretischen Grundlegung im ersten Teil erfolgt nun im zweiten Teil der Arbeit eine Analyse des internationalen Gemeinschaftsrechts im geltenden Völkerrecht. Ziel der Untersuchung ist es festzustellen, ob die Beschreibung der internationalen Ordnung als reines Staatengesellschaftssystem zutrifft oder ob bereits Elemente einer internationalen Gemeinschaft das Völkerrecht durchdringen. Geht die Anerkennung gemeinschaftlicher Interessen im Völkerrecht mit einem Wandel der allgemeinen Strukturen der Rechtsordnung einher? Ausgangspunkt der Betrachtung bildet die Organisationsstruktur des Völkerrechts (*5. Kapitel*). Die Untersuchung der wesentlichen Akteure der internationalen Beziehungen soll herausstellen, ob bereits eine institutionalisierte internationale Gemeinschaft erkennbar ist. Soweit noch keine oder nur eine unzureichende Institutionalisierung stattgefunden hat, stellt sich die Frage, ob die nicht-organisierte internationale Gemeinschaft andere Mechanismen jenseits der Institutionalisierung gefunden hat, auf die sie zur Durchsetzung ihrer Interessen zurückgreifen kann. Sodann wird die allgemeine Völkerrechtsdogmatik im Zentrum der Betrachtung stehen, zunächst der Bereich der Rechtsetzung (*6. Kapitel*). Gegenstand der Untersuchung ist die Frage, ob Rechtsetzung im geltenden Völkerrecht allein durch die einzelnen Staaten stattfindet, so wie es kennzeichnend für ein Staatengesellschaftssystem ist, oder ob die internationale Gemeinschaft – als partiell über den Staaten stehende Entität – Recht auch ohne oder gegen den Willen einzelner Staaten setzen kann, so dass von einem internationalen Gemeinschaftsrecht gesprochen werden kann. Nach der Darstellung der legislativen Funktion der internationalen Gemeinschaft wird der Bereich der Rechtsdurchsetzung

---

[1] International Law Association, Report of the Thirty-Ninth Conference, Paris 1936, 1937, S. 333 (335 f.).

darauf untersucht, ob die internationale Gemeinschaft exekutive und judikative Befugnisse aufweist, um die Beachtung der Verpflichtungen des internationalen Gemeinschaftsrechts jenseits der klassischen bilateralen Verpflichtungs- und Durchsetzungsstrukturen zu gewährleisten (*7. Kapitel*).

5. Kapitel: Organe der internationalen Gemeinschaft

Wie jedes andere nicht-menschliche Rechtssubjekt kann die internationale Gemeinschaft als solche nicht handeln, sondern benötigt Organe, die für sie tätig werden. Während das von Staaten und Staatenvertretern dominierte internationale System lange Zeit keine Formen der Institutionalisierung aufwies, führt das Auftreten internationaler Organisationen[1] zu der Frage, ob diese ein bloßes Instrument zur Verwirklichung von Einzelstaateninteressen darstellen oder sich als Ausdruck einer über den Staaten stehenden Gemeinschaft begreifen lassen, als eigenständige Handlungseinheiten, die Gemeinschaftswerte notfalls auch ohne oder gegen den Willen einzelner Staaten verfolgen. Als herausragendes Beispiel einer teilweisen Institutionalisierung der internationalen Gemeinschaft werden die Vereinten Nationen den zentralen Gegenstand der Betrachtung ausmachen. Danach wird untersucht, inwiefern regionale Integrationsprozesse den Gedanken einer universellen internationalen Gemeinschaft unterstützen oder diesem zuwiderlaufen. Schließlich ist der Bereich der nicht formal organisierten internationalen Gemeinschaft zu betrachten und der Frage nachzugehen, inwiefern Staaten, NGOs und sonstige Teile der Zivilgesellschaft das institutionelle Defizit der internationalen Gemeinschaft kompensieren können.[2]

---

[1] Der Begriff der internationalen Organisation wird hier im engeren Sinne verwendet, als auf einem völkerrechtlichen Vertrag beruhender Zusammenschluss von zwei oder mehr Völkerrechtssubjekten, der mit Organen ausgestattet ist und Angelegenheiten von gemeinsamem Interesse besorgt, vgl. *Eckart Klein*, Die Internationalen und die Supranationalen Organisationen, in: Wolfgang Graf Vitzthum (Hrsg.), Völkerrecht, 4. Aufl. 2007, S. 265 (276 f.). Abzugrenzen sind die internationalen Organisationen damit insbesondere von den nicht-staatlichen internationalen Organisationen (NGOs).

[2] Für die Beantwortung dieser Frage spielt die Kategorie der Völkerrechtssubjektivität eine nur untergeordnete Rolle (anders wohl *Martin Nettesheim*, Das kommunitäre Völkerrecht, JZ 2002, S. 569 (577); *Andreas L. Paulus*, Die internationale Gemeinschaft im Völkerrecht, 2001, S. 227 ff.). Auch ohne formale Anerkennung bestimmter Rechtspositionen können einzelne Akteure als Vertreter der internationalen Gemeinschaft angesehen werden. Die grundsätzliche Trennung von faktischer Bedeutung und rechtlicher Anerkennung als Völkerrechtssubjekt wird dadurch nicht in Frage gestellt.

M. Payandeh, *Internationales Gemeinschaftsrecht*, Beiträge zum ausländischen öffentlichen Recht und Völkerrecht 219, DOI 10.1007/978-3-642-13141-7_7,

A. Die Vereinten Nationen

Obwohl die am 26. Juni 1945 in San Francisco gegründeten Vereinten Nationen mit 192 Mitgliedstaaten die einzige (quasi-)universelle internationale Organisation darstellen, wird ihre Bedeutung unterschiedlich bewertet. Als institutionalisierte Weltgemeinschaft idealisiert, als gigantischer, aber in weiten Teilen handlungsunfähiger Bürokratieapparat kritisiert, bewegen sich die Vereinten Nationen ständig im Spannungsverhältnis von Anspruch und Wirklichkeit. Im Folgenden werden die Hauptorgane[3] der Vereinten Nationen nach Art. 7 Abs. 1 der UN-Charta anhand der Kriterien Effektivität und Legitimität darauf untersucht, ob sie als Organe der internationalen Gemeinschaft verstanden werden können.

I. Die Generalversammlung

Die Generalversammlung bildet als Plenarorgan das organisatorische Zentrum der Vereinten Nationen.[4] Sie ist das einzige Hauptorgan, in dem alle Mitglieder gleichberechtigt vertreten sind (Art. 9 Abs. 1 UN-Charta) und jeder Mitgliedstaat nach dem Prinzip des „one state, one vote" über eine Stimme verfügt (Art. 18 Abs. 1 UN-Charta).

1. Stellung der Generalversammlung

Art. 10 UN-Charta begründet eine Allzuständigkeit der Generalversammlung, die sich mit sämtlichen Fragen, die dem weit gefassten Aufgabenbereich der Vereinten Nationen unterfallen, befassen kann. Nach Art. 11 UN-Charta erstreckt sich diese Zuständigkeit auf die Wahrung des Weltfriedens und der internationalen Sicherheit, wobei Art. 12 UN-

---

[3] Zur Wahrnehmung wesentlicher Funktionen der internationalen Gemeinschaft durch Nebenorgane, Spezialorgane und Sonderorganisationen *Erika de Wet*, The International Constitutional Order, ICLQ 55 (2006), S. 51 (67 ff.).

[4] Zur Bedeutung der Generalversammlung im institutionellen Gefüge der Vereinten Nationen *Eric Suy*, The Role of the United Nations General Assembly, in: Georges Abi-Saab et al. (eds.), The Changing Constitution of the United Nations, 1997, S. 55 ff.; für ein besonders „euphorisches" Bild der Generalversammlung siehe *Reservations to the Convention on Genocide*, Advisory Opinion, Dissenting Opinion *Alvarez*, ICJ Reports 1951, S. 15 (51 ff.).

Charta die vorrangige Stellung des Sicherheitsrates normiert und der Generalversammlung eine nur subsidiäre Befassungskompetenz zugesteht.[5] Die Beschlüsse der Generalversammlung entfalten jedoch – mit Ausnahme einiger binnenrechtlicher Maßnahmen[6] – keine formelle rechtliche Verbindlichkeit,[7] so dass die Generalversammlung keinen Weltgesetzgeber darstellt und nicht mit einem Parlament vergleichbar ist. Befolgung und Durchsetzung der Empfehlungen hängen vom politischen Willen der Staaten ab, der durch öffentlichen Druck sowie durch die politische und moralische Autorität der Generalversammlung beeinflusst wird.[8] Dennoch hat die Generalversammlung eine Reihe wichtiger Resolutionen verabschiedet, die – wie insbesondere die *Universal Declaration of Human Rights*[9] – Bedeutung für die internationalen Beziehungen und das Völkerrecht entfalten.

2. Legitimität der Generalversammlung

Auf den ersten Blick scheint die Generalversammlung ein hohes Maß an Legitimität aufzuweisen und die internationale Gemeinschaft umfassend zu repräsentieren: Alle Mitgliedstaaten sind vertreten, haben das gleiche Stimmrecht und sind auch im Übrigen – zumindest *de iure* – gleichberechtigt. Gegen eine angemessene Repräsentation der internationalen Gemeinschaft in der Generalversammlung spricht jedoch, dass alle Staaten unabhängig von ihrer Größe, Bedeutung und Population das gleiche Stimmrecht haben. Eine solche Regelung genügt zwar dem Grundsatz der souveränen Gleichheit aller Staaten nach Art. 2 Nr. 1 UN-Charta, spiegelt aber nur in unzureichendem Maße die Weltbevölkerung wider:[10]

---

[5] Zur Bedeutung der *Uniting for Peace*-Resolution (General Assembly Resolution 377 vom 3.11.1950) in diesem Rahmen *Klein* (Fn. 1), S. 324; ausführlich *Richard C. Morrissey*, Uniting for Peace Resolution, in: Rudolf Bernhardt (ed.), EPIL, Vol. IV, 2000, S. 1232 ff.

[6] Siehe dazu *Alfred Verdross/Bruno Simma*, Universelles Völkerrecht, 3. Aufl. 1984, S. 93 f.

[7] *Kay Hailbronner/Eckart Klein*, in: Bruno Simma (ed.), The Charter of the United Nations, A Commentary, Vol. I, 2nd ed. 2002, Art. 10, Rn. 43 ff.

[8] *Sven Bernhard Gareis/Johannes Varwick*, Die Vereinten Nationen, 4. Aufl. 2006, S. 43.

[9] General Assembly Resolution 217 vom 10.12.1948.

[10] Zur Kritik *Rüdiger Wolfrum*, in: Bruno Simma (ed.), The Charter of the United Nations, A Commentary, Vol. I, 2nd ed. 2002, Art. 18, Rn. 9; *Thomas M.*

> „No amount of informal adjustment of UN General Assembly decision-making procedures can compensate for the absurdity of the Assembly's formal arrangements that permit a two-thirds majority to be constructed by a coalition of states paying less than 2 percent of the organisation's assessed budget, that gives the residents of one state (Liechtenstein) 39,000 times the influence of those of another state (China) and that defy almost any reasonable criteria."[11]

Zudem verfügen die mächtigeren Staaten über die Möglichkeit, schwächere Staaten über das Druckmittel der Entwicklungshilfe und anderer wirtschaftlicher Zugeständnisse zu beeinflussen und können so die formale Gleichheit unterlaufen.

Noch schwerwiegender erscheint der Einwand, dass die in der Generalversammlung vertretenen Staaten und Staatenvertreter nur bedingt die Bevölkerungen der jeweiligen Staaten repräsentieren.[12] Sie repräsentieren Regierungen, keine Völker. Das Legitimitätsdefizit wird offensichtlich im Fall von nicht-demokratischen Staaten und Diktaturen, die die Bevölkerung allenfalls partiell repräsentieren. Doch auch in einem demokratisch verfassten Staat erweckt die Repräsentation allein durch einen Regierungsvertreter Bedenken. In der Bundesrepublik Deutschland beispielsweise ist die Auswärtige Gewalt im Schwerpunkt der Regierung zugeordnet.[13] Der in die Generalversammlung entsandte Vertreter

---

Franck, Fairness in International Law and Institutions, 1995, S. 477 ff.; *Juliane Kokott*, Souveräne Gleichheit und Demokratie im Völkerrecht, ZaöRV 64 (2004), S. 517 (520 f.) sowie S. 528 f.; für eine positivere Bewertung hingegen *Louis B. Sohn*, Enhancing the Role of the General Assembly of the United Nations in Crystallizing International Law, in: Jerzy Makarczyk (ed.), Theory of International Law at the Threshold of the 21st Century, Essays in Honour of Krzystof Skubiszewski, 1996, S. 549 (555).

[11] *J. Martin Rochester*, Waiting for the Millennium: The United Nations and the Future of World Order, 1993, S. 147.

[12] *Bruno Simma*, From Bilateralism to Community Interest in International Law, RdC 250 (1994-VI), S. 217 (263); *Heikki Patomäki/Teivo Teivainen*, A Possible World – Democratic Transformation of Global Institutions, 2004, S. 24 ff.; zum Auseinanderfallen von Interessen der Staaten und Interessen der Bevölkerungen *Philip Kunig*, Das Völkerrecht und die Interessen der Bevölkerung, in: Pierre-Marie Dupuy et al. (Hrsg.), Völkerrecht als Wertordnung, Festschrift für Christian Tomuschat, 2006, S. 377 ff.

[13] BVerfGE 1, 372 (394); 68, 1 (87); *Christian Calliess*, Auswärtige Gewalt, in: Josef Isensee/Paul Kirchhof (Hrsg.), HStR, Bd. IV, 3. Aufl. 2006, S. 589 (600 ff.); ausführlich zum Streit über die konkrete Abgrenzung der Organkompeten-

Deutschlands ist zwar, wie alle Teile der Staatsgewalt, mittelbar demokratisch legitimiert. Die Repräsentation nach außen allein durch die Gubernative spiegelt die Bevölkerung jedoch nur bedingt wider. Noch gravierender ist das Problem in Staaten, die keine homogene Gesellschaftsstruktur aufweisen, sondern stark von ethnisch, religiös oder politisch definierten Minderheiten geprägt sind. Oftmals sind diese überhaupt nicht im staatlichen Gefüge repräsentiert, so dass ihre Interessen nicht über die jeweilige Regierung in die Generalversammlung getragen werden können. Weiten Teilen der Weltbevölkerung wird auf diese Weise die Teilnahme am internationalen Diskurs verwehrt.[14]

3. Konklusion

Die Bedeutung der Generalversammlung liegt weniger im rechtlichen als im politischen Bereich. Aufgrund der weiten Befassungskompetenz sowie der Repräsentation aller Staaten kommt der Generalversammlung als „town meeting of the world"[15] zwar eine wesentliche Funktion bei der Formulierung von Gemeinschaftsinteressen zu.[16] Darüber hinaus haben die Resolutionen der Generalversammlung, obwohl sie keine unmittelbare rechtliche Verbindlichkeit entfalten, eine nicht unerhebliche Bedeutung für Entstehung, Konkretisierung und Weiterentwicklung des Völkerrechts.[17] Zwar bestehen im Hinblick auf die Legitimität der Generalversammlung schwerwiegende Bedenken, nichtsdestotrotz erscheint sie als *de lege lata* einziges Forum, in dem alle Staaten formal gleichberechtigt vertreten sind, zumindest bedingt geeignet, einen glo-

---

zen *Ingolf Pernice*, in: Horst Dreier (Hrsg.), Grundgesetz-Kommentar, Bd. 2, 2. Aufl. 2006, Art. 59, Rn. 14 ff.

[14] Vgl. *Franck* (Fn. 10), S. 480 f.

[15] *Francis Vallat*, United Nations General Assembly, in: Rudolf Bernhardt (ed.), EPIL, Vol. IV, 2000, S. 1119 (1120).

[16] Dazu *Jochen Abr. Frowein*, Das Staatengemeinschaftsinteresse – Probleme bei Formulierung und Durchsetzung, in: Kay Hailbronner u.a. (Hrsg.), Staat und Völkerrechtsordnung, Festschrift für Karl Doehring, 1989, S. 219 (223), der gleichzeitig auf die unterschiedliche Bewertung der Generalversammlung durch Staaten der Dritten Welt und westliche Staaten hinweist; sehr kritisch *Maurice Bertrand*, The UN as an Organization – A Critique of its Functioning, EJIL 6 (1995), S. 349 (357 f.): „The UN General Assembly is only a stage for confronting various propagandas."

[17] Hierzu näher unten Kap. 6, E. II.

balen Wertediskurs zu führen, und repräsentiert damit die idealistische Komponente der UN-Charta und damit auch der internationalen Gemeinschaft.[18]

II. Der Sicherheitsrat

Der Sicherheitsrat ist das politisch bedeutsamste und wichtigste Organ der Vereinten Nationen. Mit der Friedenssicherung ist ihm die Kernaufgabe der Weltorganisation zugewiesen. Um zu bewerten, ob und in welchem Umfang der Sicherheitsrat ein Organ der internationalen Gemeinschaft darstellt, muss zunächst eine Bestandsaufnahme erfolgen: Aufgaben und Befugnisse, Zusammensetzung und Verfahren sowie die Eingliederung in die internationale Rechts- und Institutionenordnung werden analysiert. Dabei kann es nicht bei einer Inventur der einschlägigen Charta-Vorschriften bleiben. Vielmehr sind in besonderem Maße die Praxis des Rates sowie die politischen Rahmenbedingungen in die Betrachtung einzubeziehen, um herauszuarbeiten, welche Stellung der Sicherheitsrat nicht nur *de iure*, sondern auch *de facto* in der internationalen Gemeinschaft einnimmt.

1. Ausweitung der Aufgaben und Befugnisse

Als Exekutivorgan der Vereinten Nationen kommt dem Sicherheitsrat gemäß Art. 24 Abs. 1 UN-Charta die Hauptverantwortung für die Erhaltung und Wiederherstellung des Weltfriedens und der internationalen Sicherheit zu. Die Bedeutung dieser Aufgabe für die UN schlägt sich in der völkerrechtlichen Verbindlichkeit der Sicherheitsratsbeschlüsse nach Art. 25 UN-Charta nieder. Kapitel VII der UN-Charta stattet den Sicherheitsrat mit weit reichenden Kompetenzen aus, die nach Art. 2 Nr. 7 2. Halbsatz UN-Charta keiner Beschränkung durch das Interventionsverbot unterliegen.[19] Die Befugnisse des Sicherheitsrates werden

---

[18] *Wolfgang Friedmann*, The Changing Structure of International Law, 1964, S. 138: „(...) most representative organ of the most comprehensive organisation yet evolved by mankind"; ähnlich *Clarence Wilfred Jenks*, A New World of Law?, 1969, S. 201; *Paulus* (Fn. 2), S. 305.

[19] Für einen umfassenden Überblick über die Kompetenzen des Sicherheitsrates siehe *Thomas Bruha*, Security Council, in: Rüdiger Wolfrum (ed.), United Nations: Law, Policies and Practice, Vol. 2, 1995, S. 1147 (1148 ff.); dazu dass

– insbesondere in der Praxis nach dem Ende des Kalten Krieges – weit ausgelegt.[20] Diese Ausweitung manifestiert sich zum einen in der Auslegung des Friedensbegriffs in Art. 39 UN-Charta und zum anderen in der Wahl der vom Rat ergriffenen Maßnahmen.

Voraussetzung für ein Handeln des Sicherheitsrates nach Kapitel VII der UN-Charta ist gemäß Art. 39 UN-Charta die Feststellung, dass eine Bedrohung oder ein Bruch des Friedens vorliegt. Insbesondere seit dem Ende des Kalten Krieges lässt sich in der Praxis des Sicherheitsrates eine zunehmend extensive Handhabung dieser Eingriffsvoraussetzungen erkennen. Danach stellt Frieden nicht nur negativ die Abwesenheit gewaltsamer Konflikte zwischen Staaten dar, der Rat leitet vielmehr auch aus humanitären, sozialen, wirtschaftlichen oder ökologischen Faktoren eine Friedensbedrohung her.[21] Auch das Merkmal der Zwischenstaatlichkeit spielt eine immer geringere Rolle, vermehrt werden rein innerstaatliche Vorgänge als Friedensbedrohung qualifiziert.[22] Dieser Wandel von einem rein *negativen* zu einem *positiven* Friedensbegriff vollzog sich zunächst nicht offen, der Sicherheitsrat war vielmehr stets bemüht, Anknüpfungspunkte für eine Friedensbedrohung im traditionellen Sinne zu finden. So hebt er nicht nur die innerstaatlichen Missstände hervor, sondern verweist zugleich auf die Konsequenzen, die ein innerstaatlicher Konflikt für Nachbarstaaten oder die Stabilität einer Region haben kann. Insbesondere im Fall gravierender Menschenrechtsverletzungen sind es – zumindest nach dem Wortlaut der einschlägigen Resolutionen – nicht die Rechtsverletzungen selbst, die die Zuständigkeit des

---

teilweise auch Art. 24 oder 25 UN-Charta als Befugnisnormen gesehen werden *Simma* (Fn. 12), S. 264 f.

20 Ausführliche Darstellung der Praxis des Sicherheitsrates bei *David Schweigman*, The Authority of the Security Council under Chapter VII of the UN Charter, 2001, S. 51 ff.

21 Zur Entwicklung *Martin Lailach*, Die Wahrung des Weltfriedens und der internationalen Sicherheit als Aufgabe des Sicherheitsrates der Vereinten Nationen, 1998, S. 49 ff.

22 Im Fall Süd-Rhodesien betrachtete der Sicherheitsrat schon 1965 eine einseitige Unabhängigkeitserklärung als Friedensbedrohung (Security Council Resolution 217 vom 20.11.1965), und auch das süd-afrikanische Apartheidregime löste Maßnahmen nach Kapitel VII aus (Security Council Resolution 418 vom 4.11.1977). Der Irak sah sich nicht nur wegen des Überfalls auf Kuwait (Security Council Resolution 678 vom 29.11.1990), sondern auch aufgrund der Unterdrückung der kurdischen Zivilbevölkerung im eigenen Land internationalen Sanktionen ausgesetzt (Security Council Resolution 688 vom 5.4.1991).

Sicherheitsrates nach Kapitel VII begründen, sondern die daraus resultierenden massiven grenzüberschreitenden Flüchtlingsströme, die zu einer erheblichen regionalen Destabilisierung führen können. Später hat der Rat diese Zurückhaltung jedoch aufgegeben, wenn er etwa die katastrophalen humanitären Zustände im zerfallenen Staat Somalia,[23] die systematische Tötung der Zivilbevölkerung in Ruanda,[24] die Vertreibung von Präsident *Aristide* in Haiti[25] oder die humanitäre Situation in Ost-Timor[26] als Bedrohung für Frieden und Sicherheit bezeichnet und weitgehend darauf verzichtet, grenzüberschreitende Anknüpfungspunkte für eine Friedensbedrohung zu benennen. Dieser nunmehr offen vollzogene Wandel von einem negativen zu einem positiven Verständnis von Frieden kommt auch in einer Erklärung des Präsidenten des Sicherheitsrates deutlich zum Ausdruck:

> „The absence of war and military conflict among States does not in itself ensure international peace and security. The non-military sources of instability in the economic, social, humanitarian and ecological fields have become threats to peace and security.“[27]

Kann man diese Praxis vor dem Hintergrund der Offenheit des Friedensbegriffs sowie der Einschätzungsprärogative des Sicherheitsrates auch als völkerrechtlich zulässig ansehen, so ist sie rechtspolitisch ambivalent zu bewerten: Auf der einen Seite ermöglicht das weite Verständnis von Frieden ein internationales Einschreiten bereits im Frühstadium eines Konflikts, auf der anderen Seite eröffnet der konturlose Friedensbegriff die Möglichkeit eines kaum zu kontrollierenden Machtmissbrauchs durch die ständigen Mitglieder des Sicherheitsrates.[28]

---

[23] Security Council Resolution 794 vom 3.12.1992: „(...) *Determining* that the magnitude of the human tragedy caused by the conflict in Somalia, further exacerbated by the obstacles being created to the distribution of humanitarian assistance, constitutes a threat to international peace and security (...).“

[24] Security Council Resolution 929 vom 22.6.1994.

[25] Security Council Resolution 841 vom 16.6.1993 sowie Security Council Resolution 940 vom 31.6.1994.

[26] Security Council Resolution 1264 vom 15.9.1999.

[27] Note by the President of the Security Council, S/23500 vom 31.1.1992, S. 3.

[28] *Horst Fischer*, Kollektive Sicherheit und Verteidigungsbündnisse, in: Knut Ipsen (Hrsg.), Völkerrecht, 5. Aufl. 2004, S. 1107 (1111 f.); scharfe Kritik bei *Martti Koskenniemi*, The Police in the Temple – Order, Justice and the UN: A Dialectical View, EJIL 6 (1995), S. 325 (341 ff.).

Dem gewandelten Verständnis des Friedensbegriffs nach Art. 39 UN-Charta korrespondiert eine Ausdehnung der Handlungsinstrumente, die dem Sicherheitsrat nach Kapitel VII der UN-Charta zur Verfügung stehen. Ohne ausdrückliche Grundlage in der UN-Charta ermächtigt der Rat einzelne Staaten zu militärischem Vorgehen,[29] errichtet internationale Straftribunale,[30] entsendet Blauhelmeinsätze mit zunehmend umfassenderen Mandaten[31] und nimmt sogar legislative Aufgaben wahr.[32] Viele Sicherheitsratsresolutionen richten sich nicht mehr nur an Staaten, sondern adressieren ausdrücklich Völker, Befreiungsbewegungen oder sogar Individuen.[33] Auch diese Kompetenzausweitung vollzog sich weitgehend ohne Widerspruch anderer UN-Organe oder Mitgliedstaaten.[34] Insbesondere die nach dem Ende des Kalten Krieges aufkeimende Hoffnung, das UN-System kollektiver Friedenssicherung könne endlich die nach der UN-Charta vorgesehene Bedeutung erlangen, begründete eine grundsätzliche Billigung jeglicher Maßnahmen, die zu einer Stärkung der Stellung des Sicherheitsrates führen könnten.

2. *Zusammensetzung und Verfahren*

Der Sicherheitsrat besteht nach Art. 23 Abs. 1 UN-Charta aus fünfzehn Mitgliedern, unter denen China, Frankreich, Russland, das Vereinigte Königreich sowie die USA als ständige Mitglieder eine herausragende Stellung einnehmen. Diese schlägt sich insbesondere im Vetorecht in

---

[29] So ausdrücklich angesichts des irakischen Überfalls auf Kuwait Security Council Resolution 660 vom 2.8.1990, Überblick bei *Fischer* (Fn. 28), S. 1114 f., ausführlich unten 7. Kap., B. II.

[30] Security Council Resolution 827 vom 25.5.1993 für das ehemalige Jugoslawien, Security Council Resolution 955 vom 8.11.1994 für Ruanda.

[31] Für einen Überblick hierzu *Mehrdad Payandeh*, State-Building im Friedenssicherungssystem der Vereinten Nationen. Völkerrechtliche Rahmenbedingungen einer neuen Herausforderung für die internationale Gemeinschaft, HuV-I 2005, S. 253 ff.

[32] Siehe insbesondere Security Council Resolutions 1373 vom 28.11.2001; 1540 vom 28.4.2004; dazu ausführlich unten 6. Kap., E. III.

[33] Hierzu *Christian Tomuschat*, Obligations Arising for States without or against Their Will, RdC 241 (1993-IV), S. 195 (255).

[34] Siehe aber auch *Gaetano Arangio-Ruiz*, The „Federal Analogy“ and UN Charter Interpretation, EJIL 8 (1997), S. 1 (22).

materiellen Fragen nach Art. 27 Abs. 3 UN-Charta nieder[35] und kommt auch an anderen Stellen der Charta, insbesondere bei der Charta-Änderung nach Art. 108 UN-Charta,[36] zum Ausdruck. Diese Bevorzugung von fünf Staaten steht in offenem Widerspruch zum Prinzip der souveränen Gleichheit aller Staaten gemäß Art. 2 Nr. 1 UN-Charta und erklärt sich allein vor dem Hintergrund der besonderen politischen Bedeutung dieser Staaten nach dem Zweiten Weltkrieg.[37] Verstärkt wird das Legitimitätsdefizit durch die einseitige Vorherrschaft westlicher Staaten sowie der Großmächte Russland und China im Sicherheitsrat sowie das Fehlen ständiger Vertreter des afrikanischen sowie des südamerikanischen Kontinents. Der Rat repräsentiert somit vorrangig die Interessen des Westens beziehungsweise der Großmächte und eignet sich daher nur bedingt als Agent der internationalen Gemeinschaft und ihrer Interessen. Dieses Legitimitätsproblem spiegelt sich in der Praxis des Rates wider, die von hoher Selektivität und einer starken Orientierung an den Eigeninteressen der fünf ständigen Mitglieder geprägt ist. Daher besteht auch weitgehende Einigkeit dahingehend, dass eine derartige Bevorzugung einzelner Staaten sowie das Konzept der Friedenssicherung durch ein Konzert der Großmächte einen Anachronismus darstellen.[38] Dass alle Mitgliedstaaten der Vereinten Nationen die Not-

---

[35] Zum Vetorecht und zur entsprechenden Reformdiskussion *Bardo Fassbender*, UN Security Council Reform and the Right of Veto, 1998, S. 163 ff.; zu Reichweite und Anwendungsbereich des Vetos *Bruno Simma/Stefan Brunner/Hans-Peter Kaul*, in: Bruno Simma (ed.), The Charter of the United Nations, A Commentary, Vol. I, 2nd ed. 2002, Art. 27, Rn. 11 ff.

[36] Vgl. *Rudolf Geiger*, in: Bruno Simma (ed.), The Charter of the United Nations, A Commentary, Vol. I, 2nd ed. 2002, Art. 23, Rn. 10; ausführlich *David D. Caron*, The Legitimacy of the Collective Authority of the Security Council, AJIL 87 (1993), S. 552 (562 ff.).

[37] Vgl. *Geiger* (Fn. 36), Rn. 8.

[38] Siehe beispielsweise *Sydney D. Bailey/Sam Daws*, The Procedure of the UN Security Council, 1998, S. 6 m.w.N.; *Fassbender* (Fn. 35), S. 7 ff.; *Ronald St. John MacDonald*, The International Community as a Legal Community, in: ders./Douglas M. Johnston (eds.), Towards World Constitutionalism, 2005, S. 853 (879 ff.); *Caron* (Fn. 36), S. 552 ff.; *Geiger* (Fn. 36), Rn. 22 ff.; *Volker Rittberger/Heiko Baumgärtner*, Die Reform des Weltsicherheitsrates – Stand und Perspektiven, in: Johannes Varwick/Andreas Zimmermann (Hrsg.), Die Reform der Vereinten Nationen – Bilanz und Perspektiven, 2006, S. 47 (47 ff.); *Paul Kennedy*, The Parliament of Man, 2006, S. 51; weniger auf die Zusammensetzung und das Verfahren als auf die Praxis des Sicherheitsrates abstellend *Pierre-*

wendigkeit einer Reform des Sicherheitsrates anerkennen,[39] spiegelt nach Ansicht des ehemaligen UN-Generalsekretärs *Kofi Annan* die überwiegend geteilte Auffassung wider, dass:

> „(...) a change in the Council's composition is needed to make it more broadly representative of the international community as a whole, as well as of the geopolitical realities of today, and thereby more legitimate in the eyes of the world."[40]

Die Praxis des Sicherheitsrates ist zudem geprägt von informellen Absprachen und geheimen Vereinbarungen.[41] Beschlüsse werden regelmäßig unter den ständigen Mitgliedern ausgemacht, bevor um die Zustimmung der nicht-ständigen Mitglieder geworben wird.[42] Das gesamte Verfahren des Sicherheitsrates ist somit durch das Vetorecht der fünf ständigen Mitglieder geprägt. In der Zeit des Kalten Krieges war der Sicherheitsrat zudem durch das Vetorecht blockiert und konnte seine Verantwortung nach Art. 24 Abs. 1 UN-Charta nicht wahrnehmen. Auch wenn das Vetorecht nach dem Ende der Blockkonfrontation nur noch selten ausgeübt wird, verhindert es ein Einschreiten des Sicherheitsrates in Fällen, in denen ein ständiges Mitglied entgegenstehende Interessen aufweist. Die bloße Vetodrohung reicht aus, um einen bestimmten Gegenstand gar nicht erst auf die Tagesordnung kommen zu lassen und so eine Befassung des Sicherheitsrates auszuschließen.[43] Große Teile der politischen Weltkarte – darunter Krisenregionen wie Tschetschenien und Tibet, der Nahost-Konflikt sowie die Spannungen zwischen China und Taiwan – sind damit kategorisch von einer objektiven Befassung durch den Rat ausgenommen.

Marie Dupuy, The Constitutional Dimension of the Charter of the United Nations Revisited, MPYUNL 1 (1997), S. 1 (28 ff.).

[39] Siehe insbesondere das Bekenntnis in der *United Nations Millennium Declaration*, General Assembly Resolution 55/2 vom 8.11.2000, Ziff. 30.

[40] *Report of the Secretary-General, In Larger Freedom: Towards Development, Security and Human Rights for all* vom 21.3.2005, UN Doc. A/59/2005, S. 42.

[41] Ausführlich hierzu *Bailey/Daws* (Fn. 38), S. 60 ff.

[42] *Simma* (Fn. 12), S. 265.

[43] *Tono Eitel*, Bewährungsproben für den Sicherheitsrat der Vereinten Nationen, FW 74 (1999), S. 126 (135 f.) spricht insofern anschaulich von einem „latenten Veto".

3. Eingliederung in die Völkerrechtsordnung: Die Frage der Rechtsbindung

Eng mit der Frage der Kompetenzen des Sicherheitsrates verbunden ist die Frage nach der Rechtsbindung des Rates. Ist der Rat dem Völkerrecht unterworfen oder steht er *legibus solutus* über diesem? Weitgehende Einigkeit besteht dahingehend, dass die Befugnisse des Sicherheitsrates durch die UN-Charta als dem Gründungsdokument der Vereinten Nationen begrenzt werden.[44] Der Sicherheitsrat ist gemäß Art. 24 Abs. 2 Satz 1 UN-Charta an die Ziele und Grundsätze der Vereinten Nationen nach Art. 1 und 2 UN-Charta gebunden sowie – im Rahmen der Maßnahmen nach Kapitel VII – an die Regelungen der Art. 39 ff. UN-Charta. Nichtsdestotrotz kommt dem Sicherheitsrat nach allgemeiner Auffassung ein breiter Interpretations- und Ermessensspielraum sowohl im Hinblick auf die Feststellung des Friedensbruchs oder der Friedensbedrohung gemäß Art. 39 UN-Charta als auch bei der Bestimmung der Maßnahmen nach Art. 41, 42 UN-Charta zu.[45]

Eine weitergehende Bindung des Rates an das Völkerrecht ist schwieriger zu begründen.[46] Diskutiert wird dies vorrangig im Hinblick auf Menschenrechte sowie Verpflichtungen aus dem humanitären Völkerrecht. Die meisten Autoren im Schrifttum stimmen jedenfalls darin überein, dass das Handeln des Sicherheitsrates durch die zwingenden Normen des Völkerrechts begrenzt wird.[47] Der Vorranganspruch des

---

[44] Siehe nur *Jochen Abr. Frowein/Nico Krisch*, in: Bruno Simma (ed.), The Charter of the United Nations, A Commentary, Vol. I, 2nd ed. 2002, Introduction to Chapter VII, Rn. 25; *Udo Fink*, Kollektive Friedenssicherung, 1999, S. 857 ff.; *Dapo Akande*, The International Court of Justice and the Security Council: Is there Room for Judicial Control of Decisions of the Political Organs of the United Nations?, ICLQ 46 (1997), S. 309 (315 ff.); skeptisch *Michael Reisman*, The Constitutional Crisis in the United Nations, AJIL 87 (1993), S. 83 (91 ff.).

[45] *Torsten Stein/Christian von Buttlar*, Völkerrecht, 12. Aufl. 2009, S. 320 ff.; *Bernd Martenczuk*, Rechtsbindung und Rechtskontrolle des Weltsicherheitsrates, 1996, S. 164 ff.

[46] Dazu ausführlich *Mehrdad Payandeh*, Rechtskontrolle des UN-Sicherheitsrates durch staatliche und überstaatliche Gerichte, ZaöRV 66 (2006), S. 41 (44 ff.).

[47] *Erika de Wet/André Nollkaemper*, Review of Security Council Decisions by National Courts, GYIL 45 (2002), S. 166 (181) m.w.N.; *Dorothee Starck*, Die Rechtmäßigkeit von UNO-Wirtschaftssanktionen in Anbetracht ihrer Auswirkungen auf die Zivilbevölkerung, 2000, S. 222 ff.; *Frowein/Krisch* (Fn. 44), Rn.

ius cogens umfasst auch die UN-Charta.[48] Und auch an das dispositive Völkerrecht ist der Rat grundsätzlich gebunden. Diese Bindung ergibt sich zwar nicht explizit aus der Charta, andererseits steht Art. 103 UN-Charta einer Bindung an Völkerrecht jenseits der Charta nicht entgegen.[49] Als Völkerrechtssubjekt sind die Vereinten Nationen – und damit auch der Sicherheitsrat – grundsätzlich an das allgemeine Völkergewohnheitsrecht gebunden. Allerdings kann das Ziel der Erhaltung von Frieden und Sicherheit im Einzelfall eine Abweichung vom allgemeinen, dispositiven Völkerrecht rechtfertigen.[50]

Auch wenn die Aussage, dass unter der UN-Charta Frieden der Gerechtigkeit vorgeht, der Konzeption und Praxis der Vereinten Nationen entspricht, so steht der Sicherheitsrat trotz weitgehender Befugnisse und Einschätzungsspielräume nicht außerhalb des Rechts, ist nicht *legibus solutus*. Zur Erreichung und Wahrung des Friedens bildet das Völkerrecht das maßgebliche Instrument der Vereinten Nationen. Maßnahmen,

---

29; *Matthias Herdegen*, The „Constitutionalization" of the UN Security System, Vand. J. Transnat'l Law 27 (1994), S. 135 (156); *Barbara Lorinser*, Bindende Resolutionen des Sicherheitsrates, 1996, S. 53; *Karl Doehring*, Unlawful Resolutions of the Security Council and their Legal Consequences, MPYUNL 1 (1997), S. 91 (98); *Alexander Orakhelashvili*, Peremptory Norms in International Law, 2006, S. 423 ff.; siehe auch *Application of the Convention on the Prevention and Punishment of the Crime of Genocide, Provisional Measures, Order of 13 September 1993*, Separate Opinion *Lauterpacht*, ICJ Reports 1993, S. 325 (440 ff.); EuG, Urteile vom 21.9.2005, Rs. T-306/01 und T-315/01, *Yusuf und Al Barakaat International Foundation* sowie *Kadi/Rat und Kommission*, Ziff. 280 f. (*zitiert nach erstgenanntem Urteil*), im Hinblick auf die Rechtsmittelführer *Al Barakaat International Foundation* sowie *Kadi* aufgehoben durch EuGH, Urteil vom 3.9.2008, Rs. C-402/05 P und C-415/05 P, *Kadi und Al Barakaat International Foundation.*

48 *Paulus* (Fn. 2), S. 354 ff. Auch aus einer verfassungsrechtlichen Lesart der UN-Charta kann sich nichts anderes ergeben: Denn die Funktion einer Verfassung liegt nicht zuletzt darin, hoheitliche Gewalt zu mäßigen und ihr rechtliche Grenzen zu setzen, dazu oben 3. Kap., E.V.

49 Vgl. *Paulus* (Fn. 2), S. 309; *Stefan Kadelbach/Thomas Kleinlein*, Überstaatliches Verfassungsrecht, AVR 44 (2006), S. 235 (249 ff.); *Payandeh* (Fn. 46), S. 45 ff.; anders *Fassbender* (Fn. 35), S. 103 f.

50 *Doehring* (Fn. 47), S. 99; *Eckart Klein*, Paralleles Tätigwerden von Sicherheitsrat und Internationalem Gerichtshof bei friedensgefährdenden Streitigkeiten, in: Rudolf Bernhardt u.a. (Hrsg.), Völkerrecht als Rechtsordnung, Internationale Gerichtsbarkeit, Menschenrechte, Festschrift für Hermann Mosler, 1983, S. 467 (481 ff.).

die den völkerrechtlichen Rahmen überschreiten, stellen ein Handeln *ultra vires* dar und sind nichtig.[51]

4. Eingliederung in die Institutionenordnung: Die Frage der Rechtskontrolle

Von der Frage der Rechtsbindung strikt zu trennen ist die Frage nach den Möglichkeiten einer rechtlichen Kontrolle des Sicherheitsrates. Innerhalb des UN-Systems kommt dem IGH zwar keine Kompetenz zur unmittelbaren Überprüfung von Maßnahmen anderer Organe zu,[52] allerdings kann der IGH inzident, im Rahmen einer ihm unterbreiteten zwischenstaatlichen Streitigkeit oder einer Gutachtenanfrage nach Art. 96 UN-Charta, die Rechtmäßigkeit von Sicherheitsratsresolutionen überprüfen.[53] Der IGH selbst hat eine solche Kompetenz für sich bislang jedoch noch nicht beansprucht: Im *Lockerbie*-Fall lehnte er es ab, im Rahmen des Verfahrens zum Erlass vorsorglicher Maßnahmen die Rechtmäßigkeit einer Sicherheitsratsresolution zu überprüfen.[54] Weitergehende Ausführungen wurden der Entscheidung in der Hauptsache vorbehalten, die allerdings aufgrund einer „außergerichtlichen Einigung" der Streitparteien niemals erging.[55] Im Rechtsstreit zwischen

---

[51] Siehe hierzu *Martenczuk* (Fn. 45), S. 121 ff. mit überzeugender Ablehnung der teilweise angenommenen bloßen Anfechtbarkeit rechtswidriger Ratsbeschlüsse.

[52] *Legal Consequences for States of the Continued Presence of South Africa in Namibia (South West Africa) notwithstanding Security Council Resolution 276 (1970)*, Advisory Opinion, ICJ Reports 1971, S. 16 (45).

[53] Statt vieler *Stein/von Buttlar* (Fn. 45), S. 323 f.; einen Überblick über die gegen eine solche Prüfungskompetenz vorgebrachten Einwände bietet *Starck* (Fn. 47), S. 407 ff.

[54] *Questions of Interpretation and Application of the 1971 Montreal Convention Arising from the Aerial Incident at Lockerbie (Libyan Arab Jamahiriya v. United Kingdom)*, Provisional Measures, ICJ Reports 1992, S. 3, sowie *Questions of Interpretation and Application of the 1971 Montreal Convention Arising from the Aerial Incident at Lockerbie (Libyan Arab Jamahiriya v. United States of America)*, Provisional Measures, ICJ Reports 1992, S. 114.

[55] Zum weiteren Verlauf des Rechtsstreits *Markus Rau*, IGH v. 14.4.1992 – Lockerbie, in: Jörg Menzel u.a. (Hrsg.), Völkerrechtsprechung, 2004, S. 763 (766). Nach *Thomas Franck*, The „Power of Appreciation": Who is the Ultimate Guardian of UN Legality?, AJIL 86 (1992), S. 519 (521) hat der IGH die Möglichkeit einer Prüfungskompetenz zumindest angedeutet.

Bosnien-Herzegowina und Restjugoslawien vermied es der IGH ebenfalls, auf die Frage der Gültigkeit der Sicherheitsratsresolution 713 (1991) einzugehen.[56] Die Berufungskammer des Internationalen Straftribunals für das ehemalige Jugoslawien (ICTY) hingegen hat im *Tadić*-Fall die Rechtsbindung des Sicherheitsrates bejaht und eine inzidente Rechtmäßigkeitsprüfung der in Rede stehenden Resolution vorgenommen.[57]

Das Fehlen eines ausdrücklichen Verbotes einer Rechtskontrolle des Sicherheitsrates durch den IGH führt dazu, dass eine solche implizite Kontrolle zumindest im Grundsatz völkerrechtlich zulässig ist:[58] Denn der Gerichtshof hat nach Art. 38 Abs. 1 IGH-Statut die ihm unterbreiteten Streitigkeiten auf der Grundlage des Völkerrechts zu entscheiden, was prinzipiell die Reichweite der Kompetenznormen der UN-Charta sowie die Gültigkeit von Sekundärrechtsakten einschließt. Allerdings wird der IGH aus politischen Erwägungen nach Möglichkeit davon absehen, von dieser Kompetenz Gebrauch zu machen.[59] Das System der Vereinten Nationen lässt die Rechtskontrolle des Sicherheitsrates zwar zu, hält aber nur unzureichende Mechanismen zur Geltendmachung der Rechtswidrigkeit von Sicherheitsratsresolutionen bereit. Die darüber hinausgehenden politischen Möglichkeiten der Einflussnahme auf den Sicherheitsrat, die sich nach der UN-Charta für die Generalversammlung sowie den Generalsekretär ergeben, können dieses Defizit nicht kompensieren.

Damit stellt sich die Frage, inwieweit außerhalb des UN-Systems Möglichkeiten der Rechtskontrolle von Sicherheitsratsresolutionen bestehen, insbesondere, ob die einzelnen Staaten, auf deren Mitwirkung der Sicherheitsrat angewiesen ist, sowie regionale Organisationen Beschlüsse auf ihre Völkerrechtskonformität hin überprüfen und, falls sie diese für rechtswidrig halten, unbeachtet lassen können.[60] Art. 25 UN-Charta,

---

[56] Vgl. *Application of the Convention on the Prevention and Punishment of the Crime of Genocide, Provisional Measures, Order of 8 April 1993*, ICJ Reports 1993, S. 3.

[57] ICTY, *Prosecutor v. Dusko Tadić, Appeals Chamber, Decision on the Defence Motion for Interlocutory Appeal on Jurisdiction*, Urteil vom 2.10.1995, Case No. IT-94-1-AR72, ILM 35 (1996), S. 32 (42 ff.).

[58] So zutreffend *Akande* (Fn. 44), S. 326 f.; für eine ausführlichere Analyse der Problematik siehe die in Fn. 44 und Fn. 47 zitierten Nachweise.

[59] *Simma* (Fn. 12), S. 281 ff.

[60] Dazu ausführlich *Payandeh* (Fn. 46), S. 41 ff.

der die grundsätzliche Verbindlichkeit von Sicherheitsratsresolutionen anordnet, bietet aufgrund seines ambivalenten Wortlautes keine eindeutige Lösung des Problems.[61] Und auch im Schrifttum gehen die Auffassungen auseinander: Während die wohl herrschende Auffassung eine Rechtskontrolle des Sicherheitsrates durch außerhalb des UN-Systems stehende Rechtssubjekte im Hinblick auf die Gefahren für die Effektivität des Friedenssicherungssystems ablehnt,[62] bejahen andere Autoren – insbesondere im Hinblick auf den Schutz der Menschenrechte und zur Kompensation des Rechtsschutzdefizits auf UN-Ebene – eine generelle Prüfungskompetenz staatlicher und überstaatlicher Gerichte.[63] Im Zusammenhang mit dem vom Sicherheitsrat angeordneten Einfrieren der Konten potenzieller Terroristen sah sich erstmals die europäische Gerichtsbarkeit mit dem Problem konfrontiert. Dabei erkannte das Europäische Gericht erster Instanz den generellen Vorrang des UN-Systems vor nationalem und Gemeinschaftsrecht an, kam aber dennoch zu einer Prüfungskompetenz, allerdings begrenzt auf die Feststellung, ob durch die entsprechende Resolution des Sicherheitsrates zwingendes Völkerrecht verletzt wurde.[64] Der EuGH hingegen erklärte die europäischen Sekundärrechtsakte, die der Umsetzung der Resolutionen dienten, wegen Verstoßes gegen gemeinschaftsrechtlich garantierte Grundrechte für nichtig.[65] Er vermied damit eine direkte Rechtmäßigkeitskontrolle der Sicherheitsratsresolutionen, sah sich aber durch die völkerrechtliche

---

[61] *Martenczuk* (Fn. 45), S. 133; *Starck* (Fn. 47), S. 416.

[62] Statt vieler *Georg Dahm*, Völkerrecht, Bd. II, 1958, S. 212; *Jost Delbrück*, in: Bruno Simma (Hrsg.), The Charter of the United Nations, A Commentary, Vol. I, 2nd ed. 2002, Art. 25, Rn. 17; *Fink* (Fn. 44), S. 861 ff.; *Stein/von Buttlar* (Fn. 45), S. 335.

[63] *Theodor Schilling*, Die „neue Weltordnung" und Souveränität der Mitglieder der Vereinten Nationen, AVR 33 (1995), S. 67 (100); *de Wet/Nollkaemper* (Fn. 47), S. 184 ff.; *Payandeh* (Fn. 46), S. 57 ff.; *Jochen Abr. Frowein*, The UN Anti-Terrorism Administration and the Rule of Law, in: Pierre-Marie Dupuy et al. (Hrsg.), Völkerrecht als Wertordnung, Festschrift für Christian Tomuschat, 2006, S. 785 (795); aus gemeinschaftsrechtlicher Sicht *Saskia Hörmann*, Völkerrecht bricht Rechtsgemeinschaft?, AVR 44 (2006), S. 267 ff.; zurückhaltender *Starck* (Fn. 47), S. 417 f.

[64] EuG (Fn. 47), Ziff. 277; zur Kritik an der dogmatischen Begründung sowie der praktischen Tauglichkeit eines derart beschränkten Prüfungsrechts *Payandeh* (Fn. 46), S. 54 ff.

[65] EuGH, Urteil vom 3.9.2008, verb. Rs. C-402/05 P und C-415/05 P, *Kadi und Al Barakaat International Foundation/Rat und Kommission*.

Determinierung nicht an einer umfassenden Kontrolle der gemeinschaftlichen Sekundärrechtsakte gehindert.[66]

5. *Die Abhängigkeit des Sicherheitsrates von den Mitgliedstaaten*

Nach der Konzeption der UN-Charta ist der Rat vom Entscheidungswillen der mit einem Vetorecht ausgestatteten ständigen Mitglieder abhängig. Darüber hinaus stellt er sich jedoch *de iure* als von der Staatenwelt unabhängig dar: Art. 25 UN-Charta ordnet die völkerrechtliche Verbindlichkeit der Sicherheitsratsbeschlüsse an, die von den Mitgliedstaaten durchzuführen sind (Art. 48 Abs. 2 UN-Charta). Und nach Art. 43 UN-Charta sollen nationale Truppenkontingente in den Dienst des Sicherheitsrates gestellt werden. *De facto* ergibt sich indes ein anderes Bild: Mangels Bereitschaft der Staatenwelt ist die Etablierung eigener militärischer Streitkräfte unter der Befehlsgewalt des Sicherheitsrates ausgeblieben, und die Durchführung der Beschlüsse obliegt in wesentlichen Teilen einzelnen Staaten.[67] Zudem hat die Intervention der USA im Irak die Stellung des Rates im Spannungsfeld zwischen Apologie und Utopie deutlich werden lassen. Der Rat hatte die Wahl, ob er das militärische Vorhaben der letzten verbliebenen Großmacht legitimieren oder die Ermächtigung verweigern und in Kauf nehmen sollte, dass das Friedenssicherungssystem missachtet wird. Das militärische Vorgehen der USA ohne Mandat des Sicherheitsrates hat die Grenzen des verhaltenssteuernden Moments der Entscheidungen des Rates deutlich werden lassen und zu einer Erosion der Autorität des Sicherheitsrates geführt.[68] Die Abhängigkeit von den Mitgliedstaaten schwächt insofern die Effektivität sowie Legitimität des Sicherheitsrates.

---

[66] Dazu *Mehrdad Payandeh/Heiko Sauer*, European Union: UN Sanctions and EU Fundamental Rights, ICON 7 (2009), S. 306 ff.

[67] Dazu unten 7. Kap., B. II.

[68] Hierzu stellvertretend *Michael J. Glennon*, The UN Security Council in a Unipolar World, Va. J. Int'l L. 44 (2003), S. 91 ff.; kritisch zur zumindest partiellen nachträglichen Legitimierung – zwar nicht der Intervention aber der nachfolgenden Handlungen – durch Security Council Resolution 1483 vom 22.5.2003 *José E. Alvarez*, Hegemonic International Law Revisited, AJIL 97 (2003), S. 873 (882 ff.).

6. Auswertung: Der Sicherheitsrat zwischen Großmächtekonzert und internationaler Gemeinschaft

Schon der erste Überblick über die Stellung des Sicherheitsrates im institutionellen Gefüge der internationalen Gemeinschaft liefert ein zwiespältiges Bild. Der Sicherheitsrat stellt die am weitesten fortgeschrittene Form internationaler Zentralisierung dar, seine Bedeutung für das Unternehmen, ein umfassendes und effektives Gewaltmonopol auf internationaler Ebene zu errichten, kann nicht überschätzt werden. Und es lässt sich nicht bestreiten, dass der Sicherheitsrat in zahlreichen Fällen zur Verfolgung von Gemeinschaftsinteressen tätig geworden ist.[69] Dennoch sind der Effektivität des Rates in der Praxis deutliche Grenzen gesetzt. Noch schwerwiegender erscheint das Legitimitätsproblem, das sich in Zusammensetzung, Verfahren und Praxis des Sicherheitsrates zeigt. Vor diesem Hintergrund ist die nur unvollkommene Eingliederung des Rates in die internationale Rechts- und Institutionenordnung nur schwer hinnehmbar und trägt zum Legitimitätsdefizit bei. Die ständige Ausweitung seines Aktionsradius und Handlungsinstrumentariums wird auf dieser Grundlage zunehmend Gegenstand der Kritik werden. Schon werden Forderungen nach einer Beschränkung der Aktivitäten des Rates laut. In den Worten von *Koskenniemi*:

> „The dominant role of the permanent five, the secrecy of the Council's procedures, the lack of a clearly delimited competence and the absence of what might be called a legal culture within the Council hardly justify enthusiasm about its increased role in world affairs."[70]

Dabei zeigt sich besonders deutlich die wechselseitige Abhängigkeit von Effektivität und Legitimität: Der Rat ist im Hinblick auf die Durchführung seiner Beschlüsse auf die Bereitschaft der Staaten angewiesen, die ihm eher Folge leisten werden, wenn seine Praxis nicht nur ein hohes Maß an Legalität, sondern auch an Legitimität aufweist.

Eine effektive und legitime Weltregierung an der Spitze der internationalen Gemeinschaft stellt der Sicherheitsrat somit nicht dar. Trotz seiner in der internationalen Politik einzigartigen Stellung ist der Rat noch weit entfernt vom Idealbild einer allein am Recht orientierten und mit faktischer Durchsetzungskraft ausgestatteten Weltexekutive.[71] Aufgrund der

---

[69] Siehe statt vieler *de Wet* (Fn. 3), S. 64.

[70] *Koskenniemi* (Fn. 28), S. 327.

[71] So auch *Paulus* (Fn. 2), S. 303.

starken Orientierung an den Partikularinteressen der ständigen Mitglieder fällt es somit schwer, der Aussage von *Kelsen* uneingeschränkt zuzustimmen, dass:

> „[a]s an organ of the United Nations the Security Council acts on behalf of the United Nations, not on behalf of its Members."[72]

Dies stellt zwar die normative Konzeption nach der UN-Charta zutreffend dar, vermag die Realität des Rates aber nur unzureichend zu erfassen. Der Sicherheitsrat ist nur in sehr eingeschränktem Maße ein Agent der internationalen Gemeinschaft.

III. Der Generalsekretär

Dem Generalsekretär der Vereinten Nationen kommt neben seiner administrativen Funktion als höchster Verwaltungsbeamter der UN (Art. 97 Satz 3 UN-Charta) primär eine politische Rolle zu. Auf der Grundlage der Art. 98 und 99 UN-Charta ist der Generalsekretär in die Arbeit der anderen Hauptorgane eingebunden, nimmt Kontrollrechte wahr und ergreift politische Initiativen.[73] Darüber hinaus kommt ihm eine wichtige Funktion im Rahmen der friedlichen Streitbeilegung (*Good Offices*) sowie bei der Errichtung und Durchführung von *Peacekeeping Operations* zu.[74] In der Praxis stellt sich der Generalsekretär als Vertreter der Ziele der Vereinten Nationen und damit wesentlicher Interessen und Werte der internationalen Gemeinschaft dar.[75] Seine Bedeutung liegt zudem darin, Appelle an die entscheidungsbefugten Organe und Staaten zu richten und somit moralisch und politisch über die Öffentlichkeitswirksamkeit seines Auftretens Druck zu erzeugen. Dennoch ist der tatsächliche Einfluss, den der Generalsekretär auf das internationale Geschehen ausüben kann, durch seine geringen rechtlichen Kompetenzen und die Einbindung in das politische Machtgefüge der

---

[72] *Hans Kelsen*, The Law of the United Nations, 1951, S. 280.

[73] *Klein* (Fn. 1), S. 343 f.

[74] *Hubertus von Morr*, Secretary-General, in: Rüdiger Wolfrum (ed.), United Nations: Law, Policies and Practice, Vol. 2, 1995, S. 1136 (1139); *Kennedy* (Fn. 38), S. 62.

[75] *Christian Tomuschat*, International Law: Ensuring the Survival of Mankind on the Eve of a New Century, RdC 281 (1999), S. 9 (399) bezeichnet den Generalsekretär daher als „agent of the international community"; siehe auch *Bertrand* (Fn. 16), S. 357.

Staatenwelt begrenzt. Auch wenn seine Unabhängigkeit von nationalen Interessen in Art. 100 UN-Charta rechtlich verankert ist, steht die politische Abhängigkeit des Generalsekretärs von den Staaten und insbesondere den ständigen Mitgliedern des Sicherheitsrates (Art. 97 Satz 2 UN-Charta) einer unbefangenen Wahrnehmung der Gemeinschaftsinteressen auch und gerade gegen den Willen einzelner mächtiger Staaten entgegen.[76]

IV. Der Internationale Gerichtshof

Die Stellung des Internationalen Gerichtshofes ist erkennbar von der Staatszentriertheit des traditionellen Völkerrechts geprägt: Zum einen ist seine Zuständigkeit gemäß Art. 34 Abs. 1 IGH-Statut auf zwischenstaatliche Streitigkeiten beschränkt; weder für Organstreitverfahren noch für Beschwerden von Individuen ist der Rechtsweg zum IGH eröffnet. Zum anderen hängt die Zuständigkeit des Gerichtshofes von der Unterwerfung des jeweiligen Staates ab. Zwar bestimmt Art. 93 Abs. 1 UN-Charta, dass alle Mitgliedstaaten der Vereinten Nationen gleichzeitig Vertragsparteien des IGH-Statuts sind. Die Zuständigkeit im konkreten Einzelfall setzt jedoch nach Art. 36 IGH-Statut die Zustimmung aller am Gerichtsverfahren beteiligten Staaten voraus, sei es durch eine Unterwerfung *ad hoc*, die Begründung der Zuständigkeit durch einen völkerrechtlichen Vertrag oder eine generelle Unterwerfungserklärung beider Parteien. Dieses Fehlen einer obligatorischen und umfassenden Zuständigkeit bedeutet eine enorme Schwächung der internationalen Gerichtsbarkeit, die damit in vielfacher Hinsicht strukturell einem Schiedsgericht vergleichbar ist.[77] Auch im Übrigen ist der IGH in starkem Maße von denjenigen Staaten abhängig, die seiner Jurisdiktion eigentlich unterworfen sein sollten. In der Folge des *Nicaragua*-Verfahrens[78] beispielsweise nahmen die USA sowie Frankreich ihre Unterwer-

---

[76] Siehe nur *Kennedy* (Fn. 38), S. 60: „(...) to offend one of the Permanent Five is usually fatal". Dies bekam beispielsweise *Boutros Boutros-Ghali* zu spüren, dessen Wiederwahl 1996 durch ein Veto der USA verhindert wurde. Das Spannungsverhältnis zwischen dem vormaligen Generalsekretär und den USA wird von ihm selbst eindrucksvoll geschildert, siehe *Boutros Boutros-Ghali*, Hinter den Kulissen der Weltpolitik, 2000.

[77] Vgl. *Arangio-Ruiz* (Fn. 34), S. 13.

[78] *Military and Paramilitary Activities in and against Nicaragua (Nicaragua v. United States of America)*, Merits, ICJ Reports 1986, S. 14.

fungserklärungen unter die Gerichtsbarkeit des IGH zurück. Und in Abwesenheit einer internationalen Instanz für die Überwachung der Einhaltung und Durchsetzung der Entscheidungen des IGH ist die Umsetzung der Richtersprüche in erheblichem Maße von der Bereitschaft der Staaten hierzu abhängig.[79] Selbst die Unabhängigkeit der Richter ist nicht zweifelsfrei gewährleistet. Da diese nach Art. 4 Abs. 1 IGH-Statut von der Generalversammlung und vom Sicherheitsrat gewählt werden, eröffnet sich insofern die Möglichkeit der staatlichen Einflussnahme. Die Reputation eines Richters als zu „progressiv" kann dessen Wiederwahl gefährden.[80] Aufgrund dieser politischen Zwänge sieht sich der IGH einem permanenten Spannungsverhältnis ausgesetzt, in dem er einerseits seiner Funktion als Hauptrechtsprechungsorgan der internationalen Gemeinschaft Genüge tun muss, andererseits darauf achten muss, nicht zu sehr den Interessen der rechtsunterworfenen Staaten zuwider zu handeln. So erklärt sich manche Flucht in den *judicial self-restraint*, wenn aus völkerrechtlicher oder politischer Sicht eine deutlichere Stellungnahme wünschenswert gewesen wäre.[81]

Nichtsdestotrotz genießt der Gerichtshof ein hohes Ansehen sowohl in der Staatenwelt als auch im völkerrechtlichen Schrifttum. Wenn auch das Ideal einer obligatorischen internationalen Gerichtsbarkeit noch weit entfernt erscheint, ist die Zahl der dem IGH zur Entscheidung vorgelegten Streitigkeiten insbesondere nach dem Ende der Blockkonfrontation spürbar gestiegen.[82] Selbst Autoren, die den Vereinten Nationen im

---

[79] Art. 94 Abs. 2 UN-Charta begründet zwar die Kompetenz des UN-Sicherheitsrates, Empfehlungen abzugeben und Maßnahmen zu beschließen, um einem Urteil des IGH Wirksamkeit zu verschaffen, praktische Relevanz kommt diesem Mechanismus jedoch nicht zu.

[80] Vgl. hierzu *Paulus* (Fn. 2), S. 378.

[81] Insbesondere die im *Nuklearwaffen*-Gutachten (*Legality of the Threat or Use of Nuclear Weapons*, Advisory Opinion, ICJ Reports 1996, S. 226) geübte Zurückhaltung und Flucht in Uneindeutigkeiten wird oftmals kritisiert: kritisch zur Zurückhaltung *Antônio Augusto Cançado Trindade*, International Law for Humankind: Towards a New Jus Gentium (II), RdC 317 (2005), S. 9 (41 ff.); kritisch im Hinblick auf die Uneindeutigkeit *Dapo Akande*, Nuclear Weapons, Unclear Law? Deciphering the Nuclear Weapons Advisory Opinion of the International Court, BYIL 68 (1997), S. 165 (216 f.); kritisch zur dem IGH vorgelegten Fragestellung *Martti Koskenniemi*, Faith, Identity and the Killing of the Innocent: International Lawyers and Nuclear Weapons, Leiden J. Int'l L. 10 (1997), S. 137 ff.

[82] Siehe dazu *John G. Merrills*, International Dispute Settlement, 3rd ed. 1998, S. 164 f.

Übrigen skeptisch gegenüber stehen, heben Neutralität und Unparteilichkeit des Gerichts hervor.[83] Zwar blieb es dem Internationalen Gerichtshof bislang verwehrt, sich zu einer umfassenden und effektiven Weltgerichtsbarkeit zu entwickeln, dennoch ist seine Bedeutung für die internationale Gemeinschaft nicht zu unterschätzen. Seinen Urteilen kommt hohe Autorität zu, die über die bloße, ausdrücklich normierte Wirkung *inter partes* hinausgeht.[84] Ungeachtet der rechtlichen und politischen Einschränkungen, denen er unterliegt, kommt ihm eine wesentliche Funktion für die Fortentwicklung des Völkerrechts zu.[85] Auch entzieht sich der IGH nicht generell der Entscheidung über politisch brisante Fragen, wie der Fall des Mauerbaus auf palästinensischem Territorium durch Israel zeigt, in dem der Gerichtshof betont, dass der politische Charakter der Streitigkeit einer völkerrechtlichen und judikativen Überprüfung nicht entgegensteht.[86]

V. Der Wirtschafts- und Sozialrat

Der Wirtschafts- und Sozialrat (ECOSOC) besteht aus 54 von der Generalversammlung gewählten Mitgliedern. Die Entwicklungsländer sind aufgrund des für die Zusammensetzung angewandten Regionalschlüssels überproportional vertreten, so dass der ECOSOC die tatsächliche Weltbevölkerung in weitaus höherem Maße widerspiegelt als die Generalversammlung oder der Sicherheitsrat. Darüber hinaus besteht ein direkterer

---

[83] Siehe nur *Venkateswara S. Mani*, Humanitarian Intervention and International Law, IJIL 33 (1993), S. 1 (21); kritisch zur damals überwiegend „westlichen" Zusammensetzung des Gerichtshofes *Bernard V.A. Röling*, International Law in an Expanded World, 1960, S. 76; kritisch im Hinblick auf die Zusammensetzung des Gerichts in der stark kritisierten Entscheidung *South West Africa, Second Phase*, ICJ Reports 1966, S. 6, *Wolfgang Friedmann*, The Jurisprudential Implications of the South West Africa Case, Colum. J. Transnat'l L. 6 (1967), S. 1 (2); allgemein zur Anerkennung des IGH durch die internationale Gemeinschaft *Tomuschat* (Fn. 75), S. 411 ff.

[84] Dazu unten 9. Kap., C. II. 2. a).

[85] Dazu *Rudolf Bernhardt*, Anmerkungen zur Rechtsfortbildung und Rechtsschöpfung durch internationale Gerichte, in: Konrad Ginther (Hrsg.), Völkerrecht zwischen normativem Anspruch und politischer Realität, Festschrift für Karl Zemanek, 1994, S. 11 ff.

[86] *Legal Consequences of the Construction of a Wall in the Occupied Palestinian Territory*, Advisory Opinion, ICJ Reports 2004, S. 136 (155).

Einfluss der Zivilgesellschaft über die Konsultativbeziehungen, die der ECOSOC auf der Grundlage von Art. 71 UN-Charta mit über 2.000 NGOs unterhält. Die Aufgaben des ECOSOC erstrecken sich auf den gesamten wirtschaftlichen und sozialen Bereich (Art. 62 und 60 UN-Charta). Ebenso wie die Generalversammlung ist der ECOSOC jedoch auf rechtlich unverbindliche Empfehlungen (Art. 62 Abs. 2 UN-Charta) und Vorarbeiten (Art. 62 Abs. 3 und 4 UN-Charta) beschränkt. Darüber hinaus wird ihm ein hohes Maß an Undurchsichtigkeit, Ressourcenvergeudung sowie Ineffizienz vorgeworfen und seine umfassende Reformierung gefordert.[87]

VI. Der Treuhandrat

Der Grundgedanke einer solidarischen internationalen Gemeinschaft lässt sich schließlich im Treuhandsystem der Vereinten Nationen erkennen.[88] Hervorgegangen aus dem Mandatssystem des Völkerbundes diente es gemäß Art. 76 *lit.* b) UN-Charta dazu, Gebieten, deren Völker nicht eigenständig dazu in der Lage waren, zu Selbstregierung oder Unabhängigkeit zu verhelfen. Große Bedeutung hat das UN-Treuhandsystem allerdings nie erlangt, seine Arbeit wurde schließlich 1994 nach der Unabhängigkeit Palaus suspendiert.[89] Auch die teilweise erwogene Revitalisierung des Rates im Hinblick auf *failed states*[90] dürfte sich mit der Errichtung der *Peacebuilding Commission*[91] erübrigt haben.[92]

---

[87] *Klein* (Fn. 1), S. 339 m.w.N.

[88] Allgemein zum Treuhandsystem *Verdross/Simma* (Fn. 6), S. 114 ff.

[89] Trusteeship Council Resolution 2200 (LXI) vom 25.5.1994.

[90] Siehe etwa *Daniel Thürer*, Der Wegfall effektiver Staatsgewalt: „The Failed State", BDGVR 34 (1996), S. 9 (38 f.).

[91] General Assembly Resolution 60/180 vom 30.12.2005.

[92] Der vormalige UN-Generalsekretär *Kofi Annan* empfahl daher die Streichung des Treuhandrates aus der UN-Charta, siehe *Report of the Secretary-General, In Larger Freedom: Towards Development, Security and Human Rights for all* vom 21.3.2005, UN Doc. A/59/2005, S. 52.

VII. Zwischenergebnis

Die Vereinten Nationen stellen sich somit allenfalls defizitär als Institutionalisierung der internationalen Gemeinschaft dar. Die Generalversammlung erweist sich sowohl nach der Konzeption der Charta als auch in der Praxis als wenig handlungsfähig und repräsentiert die internationale Gemeinschaft nur unzureichend, da sie sich ausschließlich aus Regierungsvertretern zusammensetzt, die demokratische Legitimation und Repräsentation des jeweiligen Staatsvolkes nicht immer gewährleisten. Die herausragende Stellung des Sicherheitsrates lässt sich zwar als Indiz für eine „Teilvergemeinschaftung" der internationalen Gemeinschaft ansehen,[93] kann aber nicht über die Abhängigkeit des Exekutivorgans von einzelnen Staaten sowie die zweifelhafte Legitimität hinwegtäuschen. Auch die Handlungsmöglichkeiten des Generalsekretärs sind stark begrenzt. Der Internationale Gerichtshof nimmt eine wesentliche Funktion in der internationalen Gemeinschaft wahr und trägt zur Fortentwicklung des „Gemeinschaftsrechts" bei, konnte sich aber bislang aufgrund rechtlicher und politischer Beschränkungen nicht als umfassendes Gemeinschaftsgericht etablieren. Der ECOSOC nimmt zwar Gemeinschaftsaufgaben wahr, ist jedoch nur begrenzt handlungsfähig. Dem Treuhandrat schließlich kommt keine Relevanz mehr zu.

Die vorläufige Bewertung der Vereinten Nationen am Maßstab der internationalen Gemeinschaft ergibt daher ein zwiespältiges Bild. Handlungsfähigkeit und Legitimität der Organe sind defizitär, hoheitliche Strukturmerkmale und Gewaltenteilung sind nur rudimentär ausgeprägt, und die Abhängigkeit von den Mitgliedstaaten ist in der täglichen Arbeit jedes Organs greifbar. Nichtsdestotrotz stellen die Vereinten Nationen, selbst wenn sie die auf sie projizierten Hoffnungen nicht vollends erfüllen konnten, mehr als ein bloßes intergouvernementales Forum, in dessen Rahmen staatliche Interessen verhandelt werden, dar. Sie haben eine Eigendynamik entfaltet und stehen – repräsentiert über die Organe – den Mitgliedstaaten als selbständige Handlungseinheit gegenüber. Bei der Formulierung des Interesses der internationalen Gemeinschaft kommt ihnen jedenfalls eine herausragende Bedeutung zu.[94]

---

[93] *Paulus* (Fn. 2), S. 303.

[94] In diesem Sinne auch *Georg Dahm/Jost Delbrück/Rüdiger Wolfrum*, Völkerrecht, Bd. I/3, 2. Aufl. 2002, S. 629 f.; dazu noch unten 9. Kap., C. I. 1. b) bb) (2) sowie C. II. 1. a).

B. Regionale Organisationen

Das internationale System ist nicht allein von universell wirkenden internationalen Organisationen, sondern zunehmend von regional begrenzten Zusammenschlüssen geprägt, wie insbesondere die Europäische Union und den Europarat, die Arabische Liga, die Afrikanische Union und die Organisation Amerikanischer Staaten. Daneben etablieren sich stärker funktional begrenzte Organisationen, wie beispielsweise die NATO und die OSZE auf dem Gebiet der Friedenssicherung oder die NAFTA und der MERCOSUR auf dem Gebiet der wirtschaftlichen Zusammenarbeit und Integration.[95] Neben der zunehmenden internationalen Institutionalisierung ergibt sich somit ein dichtes Netz regionaler Organisationen mit unterschiedlichen Funktionen, unterschiedlicher Integrationsdichte und unterschiedlicher politischer und wirtschaftlicher Relevanz. Dies wirft die Frage auf, wie das Phänomen der zunehmenden Regionalisierung mit dem Konzept einer internationalen Gemeinschaft zu vereinbaren ist: Können regionale Organisationen das auf internationaler Ebene bestehende institutionelle Defizit teilweise kompensieren oder überwiegt die Gefahr einer regionalen Fragmentierung der internationalen Gemeinschaft?

Regionale Integration hat sowohl positive als auch negative Auswirkungen auf die internationale Vergemeinschaftung.[96] Auf dem Gebiet der wirtschaftlichen Zusammenarbeit etwa befindet sich die Bildung regionaler Präferenzzonen in einem grundsätzlichen Spannungsverhältnis zum Ziel eines weltweit liberalisierten Handels.[97] Im Allgemeinen Zoll- und Handelsabkommen (GATT 1994)[98] ist der offensichtliche Konflikt

---

[95] Für eine detaillierte Darstellung der Regionalorganisationen siehe *Ignaz Seidl-Hohenveldern/Gerhard Loibl*, Das Recht der Internationalen Organisationen einschließlich der Supranationalen Gemeinschaften, 7. Aufl. 2000, S. 318 ff.; *Heribert Franz Köck/Peter Fischer*, Das Recht der Internationalen Organisationen, 3. Aufl. 1997, S. 359 ff.

[96] Vgl. *Alvin LeRoy Bennett*, International Organizations: Principles and Issues, 6th ed. 1995, S. 229 ff.; *Christoph Schreuer*, Regionalism v. Universalism, EJIL 6 (1995), S. 477 ff.

[97] Siehe hierzu am Beispiel des Verhältnisses von NAFTA und EG zur WTO *Jörg Dunker*, Regionale Integration im System des liberalisierten Welthandels, 2002, S. 255 ff.

[98] *General Agreement on Tariffs and Trade* vom 15.4.1994, ILM 33 (1994), S. 1125, BGBl. 1994 II, S. 1453.

mit dem Prinzip der Meistbegünstigung nach Art. I GATT 1994 durch eine grundsätzliche Öffnung für regionale Präferenzabkommen gemäß Art. XXIV GATT 1994 entschieden.[99] Die Gefahr, dass staatlicher Protektionismus durch einen Protektionismus der regionalen Präferenzzonen ersetzt wird, liegt jedoch auf der Hand, und Regionalismus wird dementsprechend als Bedrohung der universalen Prinzipien der WTO wahrgenommen.[100] Doch dieser stärkeren Wendung nach innen lassen sich auch positive Effekte für die Weltwirtschaft abgewinnen. So kann regionale Liberalisierung der weltweiten Liberalisierung neue Dynamik verleihen.[101] Darüber hinaus ist auf regionaler Ebene oftmals eine tiefer gehende Integration möglich als auf globaler Ebene,[102] so dass regionale Liberalisierungen eine Vorstufe zu weitergehender internationaler Liberalisierung darstellen können. Regionale Präferenzabkommen lassen sich somit entweder als Bausteine des freien Welthandels oder aber als Stolpersteine auf dem Weg dorthin verstehen.[103]

Ähnliches gilt für den Bereich der Friedenssicherung: Die NATO-Intervention im Kosovo ohne vorherige Autorisierung durch den UN-Sicherheitsrat hat die Gefahren regionaler Friedenssicherung für das universelle Gewaltverbot zum Vorschein gebracht. Und auch das Beharren der Afrikanischen Union darauf, die Krise im Sudan primär als „afrikanische Angelegenheit" zu behandeln, zeigte nur wenig Erfolg. Auf der anderen Seite eröffnen regionale Organisationen die Möglichkeit eines schnelleren Eingreifens und können besser auf regionale Besonderheiten eingehen. Oftmals sind sie durch die regionale Betroffenheit eher zu

---

[99] Dazu *Wolfgang Weiß/Christoph Herrmann*, Welthandelsrecht, 2003, S. 245 ff.

[100] *Dunker* (Fn. 97), S. 23; *Jagdish Bhagwati*, The World Trading System at Risk, 1991, S. 50 ff., insbesondere S. 73; dagegen *Wolfgang Kirchhof*, Die „Festung Europa" – begründete Angst unserer Handelspartner oder politisches Schlagwort?, RIW 1991, S. 533 ff.

[101] *Erich Supper*, Regionalismus und die WTO, in: Forschungsinstitut für Wirtschaftsverfassung und Wettbewerb (Hrsg.), Die Bedeutung der WTO für die europäische Wirtschaft, 1997, S. 93 (98).

[102] *Robert Z. Lawrence*, Regionalism, Multilateralism and Deeper Integration, 1996; *Waldemar Schreckenberger*, Der moderne Verfassungsstaat und die Idee der Weltgemeinschaft, Der Staat 34 (1995), S. 502 (525).

[103] *Axel Kallmayer*, Verbot und Rechtfertigung von Präferenzabkommen im GATT, 2005, S. 58 ff., mit einem Überblick über die von beiden Seiten vorgebrachten Argumente.

einem Einschreiten bereit als die Weltgemeinschaft. Zudem verfügen die Vereinten Nationen über keine eigenen militärischen Mittel, um die von ihnen angeordneten friedenserhaltenden Maßnahmen durchzusetzen. Insofern können regionale Organisationen dieses Defizit auffangen, indem sie auf der Grundlage der Art. 42, 28 und 53 der UN-Charta tätig werden.[104] Daher erscheint es nur konsequent, wenn der vormalige UN-Generalsekretär *Boutros Boutros-Ghali* in seiner „Agenda for Peace" eine stärkere Kooperation zwischen den Vereinten Nationen und Regionalorganisationen fordert.[105] Regionale Organisationen tragen somit sowohl Vor- als auch Nachteile für das internationale Friedenssicherungssystem in sich.[106] Die UN-Charta greift dieses Spannungsverhältnis auf, indem sie regionale Zusammenschlüsse und Organisationen in die Friedenssicherung einbindet.[107] Der Gefahr regionaler Interventionen begegnet die Charta durch die zwingende Voraussetzung der Autorisierung auf internationaler Ebene.[108]

Eine überwiegend positive Bilanz ergibt sich auf dem Gebiet des Menschenrechtsschutzes: Die meisten Staaten zeigen eine höhere Bereitschaft, sich regionalen Regimes und Überwachungsmechanismen zu unterwerfen, als dies auf globaler Ebene der Fall ist. Internationale und regionale Menschenrechtsregime weisen unterschiedliche Schwerpunkte in ihrer Funktion auf und ergänzen sich somit. Ein Konkurrenzverhältnis besteht insofern – zumindest noch – nicht, allenfalls die Frage der Koordination der verschiedenen Rechtsebenen wird zunehmend Bedeu-

---

[104] *Rüdiger Wolfrum*, Der Beitrag regionaler Abmachungen zur Friedenssicherung: Möglichkeiten und Grenzen, ZaöRV 53 (1993), S. 576 (598 f.); die ergänzende Rolle regionaler Organisationen betont *Georg Nolte*, Restoring Peace by Regional Action: International Legal Aspects of the Liberian Conflict, ZaöRV 53 (1993), S. 603 ff.

[105] *An Agenda for Peace* vom 17.6.1992, UN Doc. A/47/277-S/24111, Ziff. 60 ff.; vgl. auch Statement by the President of the Security Council vom 20.9.2006, S/PRST/2006/39, in dem dieser die Bedeutung regionaler Organisationen hervorhebt und diese zu verstärkter Kooperation mit den Vereinten Nationen aufruft.

[106] Zusammenfassend *Andrew Hurrell/Louise Fawcett*, Conclusion: Regionalism and International Order?, in: dies. (eds.), Regionalism in World Politics, 1995, S. 309 (310 ff.).

[107] Ausführlich hierzu *Christian Walter*, Vereinte Nationen und Regionalorganisationen, 1996.

[108] Zum Ganzen *Schreuer* (Fn. 96), S. 479 ff.

tung erlangen.[109] Auch können kulturelle Besonderheiten besser auf regionaler Ebene Berücksichtigung finden.[110] Schließlich können regionale Menschenrechtsabkommen und die entsprechenden Institutionen als Vorbilder für die internationale Ebene dienen und Perspektiven für eine entsprechende Entwicklung aufzeigen. Ähnliches gilt für den Umweltschutz, dessen regionale Realisierung in vielfacher Hinsicht Erfolg versprechender erscheint als globale Maßnahmen. Und zweifelsohne wirkt sich auch eine regionale Verminderung der Umweltverschmutzung positiv auf das Weltklima aus.[111] Schließlich wird dem Europäischen Einigungs- und Konstitutionalisierungsprozess insofern Relevanz für das internationale System beigemessen, als er aufzeige, dass Demokratisierung auf überstaatlicher Ebene möglich sei.[112]

Regionale Organisationen und Integrationsprozesse können somit eine Vorreiterrolle einnehmen und Interessen der internationalen Gemeinschaft wahrnehmen.[113] Insbesondere die Europäische Union wird oftmals als „role model" für andere Integrationsprozesse angesehen.[114] Andererseits erfüllt sich die sozialwissenschaftliche Erkenntnis, dass jeder Gemeinschaft die Tendenz zukommt, sich gegenüber anderen Gemeinschaften abzugrenzen und zu isolieren. Insofern können sich regionale Integrationsprozesse als kontraproduktiv für die Entwicklung der internationalen Gemeinschaft herausstellen. Einer zu stark betonten Regionalisierung ist somit stets die Gefahr der Herausbildung einer „isola-

---

[109] So auch *Schreuer* (Fn. 96), S. 484 ff.

[110] Siehe aber auch *Schreuer* (Fn. 96), S. 485, der das Bestehen völkerrechtlich relevanter Kulturunterschiede leugnet.

[111] Siehe statt vieler nur *Ulrich Beyerlin*, Umweltvölkerrecht, 2000, S. 34, der darauf hinweist, dass sich universelle, regionale und bilaterale Normen im Umweltvölkerrecht und in der Praxis des internationalen Umweltschutzes gut ergänzen.

[112] *Brun-Otto Bryde*, Konstitutionalisierung des Völkerrechts und Internationalisierung des Verfassungsrechts, Der Staat 42 (2003), S. 61 (66); *MacDonald* (Fn. 38), S. 854 ff.

[113] Bereits 1958 kam *Clarence Wilfred Jenks* zu dem Ergebnis, dass die europäische und die internationale Integration nicht als zwei alternative und rivalisierende Ansätze zu verstehen seien, sondern vielmehr als zwei sich gegenseitig stärkende komplementäre Prozesse, siehe *Clarence Wilfred Jenks*, The Common Law of Mankind, 1958, S. 220 ff.

[114] Siehe bereits *Friedmann* (Fn. 18), S. 113 f.; *Brun-Otto Bryde*, International Democratic Constitutionalism, in: Ronald St. John MacDonald/Douglas M. Johnston (eds.), Towards World Constitutionalism, 2005, S. 103 (111).

tionistischen Großraumordnung" nach der Vorstellung *Carl Schmitts* immanent.[115] Regionale Akteure müssen daher in den internationalen Rahmen eingegliedert werden.[116]

C. Staaten

I. Der Staat als geschlossene Handlungseinheit

Der Staat ist das primäre Subjekt des Völkerrechts und dem Völkerrecht unterworfen. Dennoch werden Staaten regelmäßig nicht als Organe der internationalen Gemeinschaft betrachtet.[117] Das herkömmliche Verständnis der internationalen Ordnung geht vielmehr davon aus, dass nicht die Völkerrechtsordnung die Staaten konstituiert, sondern die Völkerrechtsordnung von den Staaten geschaffen wird. Nichtsdestotrotz ist der Gedanke, dass der Staat ein Organ der Völkerrechtsgemeinschaft darstellt, nicht neu. Er taucht in *George Scelles* Konzeption des Völkerrechts auf[118] und *Hans Kelsen* gelangt zu diesem Ergebnis über die monistische Konstruktion des Rechts mit dem Primat der Völkerrechtsordnung sowie über die Identifizierung von Staat und Rechtsordnung: Wenn die Bedeutung des Staates sich in der Rechtsordnung erschöpft und die staatliche Rechtsordnung nur einen Teilausschnitt der Gesamtweltrechtsordnung darstellt, so lässt sich der Staat als Organ der Völkerrechtsgemeinschaft denken.[119] Die Qualifizierung des Staates zu einem bloßen Organ verdeutlicht bei *Kelsen* die Subordination unter die Völkerrechtsordnung und den Primat des Völkerrechts.[120] Im vor-

---

[115] Dazu oben 4. Kap., A. II.

[116] *Schreckenberger* (Fn. 102), S. 525; *Schreuer* (Fn. 96), S. 497 f.

[117] *Robert Uerpmann*, Internationales Verfassungsrecht, JZ 2001, S. 565 (566); *Armin von Bogdandy*, Constitutionalism in International Law: Comment on a Proposal from Germany, Harv. Int'l L.J. 47 (2006), S. 223 (227 ff.).

[118] *Georges Scelle*, Précis de droit des gens, Première Partie, 1932, S. 54 f.

[119] *Hans Kelsen*, Reine Rechtslehre, 2. Aufl. 1960, S. 160 f.; siehe auch *Philip Allott*, Eunomia, 2001, S. 255 f.

[120] Insoweit erscheint *Kelsen* deutlich als der politische Kosmopolit und weniger als der juristische Purist. Zu diesem häufig kritisierten Widerspruch *András Jakab*, Kelsens Völkerrechtslehre zwischen Erkenntnistheorie und Politik, ZaöRV 64 (2004), S. 1045 ff.; den Widerspruch als wechselseitige Bedingung auf-

liegenden Kontext geht es hingegen weniger um die generelle Unterordnung des Staates unter die Gemeinschaft, sondern vielmehr um die Frage, ob und inwieweit einzelne Staaten als Vertreter der Interessen und Werte der internationalen Gemeinschaft angesehen werden können.

Einen entsprechenden Wandel in Funktion und Stellung des Staates in der Völkerrechtsgemeinschaft sieht insbesondere *Albert Bleckmann*, wenn er konstatiert, dass die Verfolgung einzelstaatlicher Interessen mittels subjektiver Rechte zunehmend der Ausübung völkerrechtlicher Kompetenzen zur Durchsetzung von Allgemeininteressen weiche.[121] Allerdings wollten Staaten die Allgemeininteressen der internationalen Gemeinschaft regelmäßig nur dann erreichen, wenn diese mit ihren subjektiven Eigeninteressen übereinstimmen.[122] Damit ist das Kernproblem einer internationalen Rechtsordnung umrissen, die sich der Verfolgung von Gemeinschaftsinteressen verpflichtet hat, aber keine adäquaten zentralisierten Mechanismen zur Normierung und Durchsetzung derselben zur Verfügung stellt. Ist die Verfolgung von Gemeinschaftsinteressen von der Bereitschaft der einzelnen Mitglieder der Gemeinschaft abhängig, so werden diejenigen Gemeinschaftsinteressen, denen kein individuelles Interesse korrespondiert, nicht verfolgt. Übertragen auf die Rolle des Staates in der internationalen Gemeinschaft bedeutet dies, dass der Staat solange ein effektiver und legitimer Vertreter der internationalen Gemeinschaft ist, wie er ein Interesse an der Verfolgung des jeweiligen Gemeinschaftsgutes aufweist.[123] Dies spiegelt sich in der politischen Praxis wider, in der nationale Interessen offen als Voraussetzung für die Wahrnehmung von Gemeinschaftsaufgaben festgesetzt

lösend *Jochen von Bernstorff*, Der Glaube an das universale Recht: Zur Völkerrechtstheorie Hans Kelsens und seiner Schüler, 2001.

[121] *Albert Bleckmann*, Allgemeine Staats- und Völkerrechtslehre, 1995, S. 579 ff.; anschaulich auch *Eibe Riedel*, International Environmental Law – A Law to Serve the Public Interest? – An Analysis of the Scope of the Binding Effect of Basic Principles (Public Interest Norms), in: Jost Delbrück (ed.), New Trends in International Lawmaking – International „Legislation“ in the Public Interest, 1997, S. 61 (92): „A functionalized state, cooperating in a community of states for the achievement of community aims of global concern, will stand alongside global, regional, and sub-regional structures (...).“

[122] *Bleckmann* (Fn. 121), S. 735.

[123] Die Prägung und Abhängigkeit des Völkerrechts von staatlichen Interessen wird – in sehr zugespitzter Form – betont von *Jack L. Goldsmith/Eric A. Posner*, The Limits of International Law, 2005.

werden.[124] Diese Ausrichtung staatlichen Handelns an eigenen Interessen führt dazu, dass einige Gemeinschaftsaufgaben nicht oder nur unzureichend wahrgenommen werden. Zudem besteht die Gefahr, dass nationale Interessen unter Berufung auf ein nur vermeintlich existentes Gemeinschaftsinteresse verfolgt werden.[125] Nichtsdestotrotz obliegen nach der geltenden Völkerrechtsordnung zahlreiche Aufgaben der internationalen Gemeinschaft, insbesondere die Rechtsetzung sowie die Rechtsdurchsetzung, den einzelnen Staaten. Wenn diese im konkreten Fall im Interesse der Gemeinschaft tätig werden, lassen sie sich als Gemeinschaftsorgane in einem funktionalen Sinne begreifen.[126] Doch die Grenzen der Verfolgung von Gemeinschaftsinteressen durch einzelne Staaten sind aufgezeigt: Die Erforderlichkeit weitergehender Institutionalisierung wird durch punktuelles gemeinschaftsorientiertes Handeln der Staatenwelt nicht beseitigt.

II. Der disaggregierte Staat

Ein Ausweg aus dem Dilemma, dass einerseits das bisherige System souveräner Staaten nicht in der Lage ist, den Herausforderungen der Globalisierung wirksam zu begegnen, andererseits die Entstehung einer Weltregierung weder realisierbar noch wünschenswert erscheint, wird teilweise darin gesehen, dass der Staat im internationalen System nicht mehr allein als unitarischer Akteur in Erscheinung tritt, sondern zu-

---

[124] Ein herausragendes Beispiel stellt etwa die vom damaligen US-Präsidenten *Bill Clinton* erlassene politische Direktive Nr. 25 vom 5. Mai 1994 dar, in welcher das nationale Eigeninteresse als Voraussetzung für eine US-Beteiligung an *Peacekeeping Operations* aufgestellt wird; vgl. *Bertrand* (Fn. 16), S. 352.

[125] Daher ist der Aussage von *Nettesheim* (Fn. 2), S. 575, dass das Völkerrecht den Staaten solange, wie es im Hinblick auf seine Institutionalisierung hinterherhinkt, die Freiheit zur Durchsetzung der materiellen Gehalte lassen muss, zumindest in ihrer Absolutheit zu widersprechen. In der Folge bejaht *Nettesheim* die grundsätzliche Zulässigkeit humanitärer Interventionen auch ohne Mandatierung durch den Sicherheitsrat.

[126] So sieht etwa *Daniel Thürer*, Modernes Völkerrecht: Ein System im Wandel und Wachstum – Gerechtigkeitsgedanke als Kraft der Veränderung?, ZaöRV 60 (2000), S. 557 (601) im *Pinochet*-Fall die britische Justiz als „Organ zum Schutz von Gemeinwohlinteressen der internationalen Gemeinschaft" an, das „stellvertretend für einen noch fehlenden Internationalen Strafgerichtshof" gehandelt habe.

nehmend in seine einzelnen Organe und Funktionen disaggregiert wird. Insbesondere *Anne-Marie Slaughter* hebt hervor, dass Vertreter der Exekutive, Judikative und Legislative zunehmend in horizontalen und vertikalen Netzwerken mit ihren jeweiligen staatlichen und überstaatlichen Pendants interagierten.[127] Durch derartige Kooperationen werde die Lücke zwischen den einzelnen nationalen Jurisdiktionen geschlossen und ein globales Netzwerk mit persönlichen Bindungen und übereinstimmenden Interessen gebildet.[128] Effektivität erlangten derartige Netzwerke durch die Kombination von „soft power" – dem Einfluss staatlicher Vertreter innerhalb des Netzwerkes – mit „hard power" – den Befugnissen und Kompetenzen, die ihnen nach nationalem Recht zustehen.[129] Indem sie die Konvergenz nationaler Vorschriften und die Einhaltung internationaler Normen erhöhten, verwirklichten Regierungsnetzwerke somit Interessen der gesamten internationalen Gemeinschaft.[130]

Die empirische Beobachtung, dass transnationale Kooperation einzelner staatlicher Funktionsträger zunimmt, trifft zu. Dennoch es ist zweifelhaft, ob transnationale Regierungsnetzwerke tatsächlich effektiv und legitim die Interessen der internationalen Gemeinschaft verfolgen und in ihnen die Zukunft einer neuen Weltordnung zu sehen ist.[131] Demokratische Legitimation, Transparenz, Zurechenbarkeit und Verantwortung sind innerhalb dieser Netzwerke allenfalls schwach ausgeprägt.[132] Prob-

---

[127] *Anne-Marie Slaughter*, A New World Order, 2004, S. 36-64 (zur Exekutive), S. 65-103 (zur Judikative), S. 104-130 (zur Legislative).

[128] *Slaughter* (Fn. 127), S. 3 f.

[129] *Slaughter* (Fn. 127), S. 168 f.; zur Unterscheidung von „hard power" und „soft power" *Joseph S. Nye*, The Paradox of American Power, 2003, S. 9.

[130] *Slaughter* (Fn. 127), S. 213.

[131] Für eine ausführliche Kritik an *Slaughters* Entwurf siehe *Kenneth Anderson*, Squaring the Circle? Reconciling Sovereignty and Global Governance through Global Governance Networks, Harv. L. Rev. 118 (2005), S. 1255 ff.; speziell zum Aspekt der transnationalen Netzwerke und ihrer Bewertung *José E. Alvarez*, Do Liberal States Behave Better? A Critique of Slaughter's Liberal Theory, EJIL 12 (2001), S. 183 (211 ff.); speziell zur Kritik an der Legitimation von Regierungsnetzwerken *Philip Alston*, The Myopia of the Handmaidens: International Lawyers and Globalization, EJIL 8 (1997), S. 435 (441 ff.); zur problematischen Legitimität transnationaler Verwaltungskooperation *Christoph Möllers*, Transnationale Behördenkooperation, ZaöRV 65 (2005), S. 351 (378 ff.).

[132] Hierzu *Alvarez* (Fn. 131), S. 228 ff.; *Kunig* (Fn. 12), S. 386; *Nico Schrijver*, The Future of the Charter of the United Nations, MPYUNL 10 (2006), S. 1

leme wie Bürokratisierung und Korruption innerhalb von Netzwerken blendet *Slaughter* weitgehend aus.[133] Schließlich sind nationalstaatliche Vertreter nach den jeweiligen Mechanismen der staatlichen Rechtsordnung legitimiert und vertreten die Interessen des jeweiligen Staates. Daher ist es zu optimistisch, in den einzelnen Staatenvertretern uneingeschränkte Verfechter von internationalen Gemeinschaftsinteressen zu erblicken. Zweifellos kommt einzelnen Personen, insbesondere in hohen Ämtern, die Möglichkeit zu, internationalen Allgemeininteressen zu Geltung zu verhelfen. Letztlich ist dies jedoch eine Frage der subjektiven Überzeugung und persönlichen Interessen der einzelnen Individuen.[134] Eine generelle „gemeinschaftsfreundliche" Tendenz kann den einzelnen disaggregierten staatlichen Einheiten nicht unterstellt werden.

III. Ergebnis

Staaten sind daher weniger Vertreter der Interessen der internationalen Gemeinschaft als vielmehr Vertreter nationaler oder sogar persönlicher Interessen.[135] Ihre Interessen können mit denen der internationalen Gemeinschaft harmonieren, müssen dies jedoch nicht zwangsläufig. Die Formulierung und Durchsetzung von Gemeinschaftsinteressen durch einzelne Staaten und Staatengruppen ist daher nur eine behelfsmäßige Konstruktion zur Überbrückung des auf internationaler Ebene bestehenden institutionellen Defizits. Dennoch stellt der Staat in der nur schwach institutionalisierten internationalen Gemeinschaft ein zentrales Organ zur Wahrnehmung gemeinschaftlicher Funktionen dar.[136]

---

(34). Dies erkennt auch *Slaughter* (Fn. 127), S. 217 ff. an, die von ihr vorgeschlagenen Lösungsansätze (S. 230 ff.) können diese Defizite jedoch allenfalls abschwächen, keinesfalls kompensieren.

[133] *Anderson* (Fn. 131), S. 1275 ff.

[134] Vgl. *Peter Berkowitz*, Laws of Nations, Policy Review 130 (April/May 2005), S. 71 ff.

[135] *Simma* (Fn. 12), S. 248; *Antonio Cassese*, International Law, 2nd ed. 2005, S. 6: „(...) when making law, settling disputes, or enforcing the law, States do not act in the interest and on behalf of the international community; they do not fulfil an obligation, but primarily pursue their own interests."

[136] Statt vieler *Henry G. Schermers*, Different Aspects of Sovereignty, in: Gerard Kreijen (ed.), State, Sovereignty and International Governance, 2002, S. 185 (186): „In many respects the sovereign States are the executive branch of the international community." Diese Ansicht teilt auch *Tomuschat* (Fn. 75),

D. Die internationale Zivilgesellschaft

Nicht-staatliche Akteure wie insbesondere NGOs,[137] transnationale Unternehmen und auch Individuen wurden in ihrer Bedeutung für das internationale System erst spät von der Völkerrechtswissenschaft wahrgenommen. Die Befassung mit diesen Ansätzen einer im Entstehen befindlichen internationalen Zivilgesellschaft[138] reduzierte sich zudem meist auf die Frage der partiellen Völkerrechtssubjektivität nicht-staatlicher Akteure.[139] Insbesondere seit den 90er Jahren hat sich jedoch die Erkenntnis durchgesetzt, dass NGOs durch ihre Tätigkeit wesentlich zum Schutz von Gemeinschaftsinteressen insbesondere auf dem Gebiet des Menschenrechtsschutzes sowie des Umweltschutzes beitragen können.[140] Die zunehmende tatsächliche Bedeutung von NGOs für inter-

---

S. 435 f., der die Wahrnehmung von Gemeinschaftsinteressen durch einzelne Staaten als wesentliche Funktion der Völkerrechtsordnung *de lege lata* sowie *de lege ferenda* ansieht; ähnlich auch *Nicholas Tsagourias*, The Will of the International Community as a Normative Source of International Law, in: Ige F. Dekker (ed.), Governance and International Legal Theory, 2004, S. 97 (115): „States (...) personify and actualize the will of the international community to the extent that their actions reflect and correspond to the community's normative fabric." (*Fußnote ausgelassen*).

[137] NGOs werden definiert als privatrechtlich organisierte und grenzüberschreitend tätige Vereinigungen. Über das Merkmal der ideellen Tätigkeit erfolgt eine Abgrenzung gegenüber transnational tätigen Wirtschaftsunternehmen, über das Merkmal der Legalität eine Abgrenzung gegenüber kriminellen und terroristischen Vereinigungen; siehe hierzu *Waldemar Hummer*, Internationale nichtstaatliche Organisationen im Zeitalter der Globalisierung, BDGVR 39 (1999), S. 45 (53 ff.)

[138] Zu den verschiedenen Konzepten internationaler Zivilgesellschaft *Paulus* (Fn. 2), S. 103 ff.

[139] Grundlegend *Hermann Mosler*, Die Erweiterung des Kreises der Völkerrechtssubjekte, ZaöRV 22 (1962), S. 1 ff.; *Karl Zemanek*, Über das dualistische Denken in der Völkerrechtswissenschaft, in: Friedrich August von der Heydte u.a. (Hrsg.), Völkerrecht und rechtliches Weltbild, Festschrift für Alfred Verdross, 1960, S. 321 (322 f.); aus neuerer Zeit *Hummer* (Fn. 137), S. 190 ff.; *Stephan Hobe*, Der Rechtsstatus der Nichtregierungsorganisationen nach gegenwärtigem Völkerrecht, AVR 37 (1999), S. 152 ff.; *Michael Hempel*, Die Völkerrechtssubjektivität internationaler nichtstaatlicher Organisationen, 1999.

[140] Vgl. *Wolfgang Graf Vitzthum*, Begriff, Geschichte und Quellen des Völkerrechts, in: ders. (Hrsg.), Völkerrecht, 4. Aufl. 2007, S. 1 (14); beispielhaft genannt seien *Greenpeace*, *amnesty international* und *Human Rights Watch*, so-

und transnationale Vorgänge wird kontrastiert durch die Zurückhaltung bei der formalisierten Einbindung derselben in internationale Entscheidungsprozesse. Auf UN-Ebene werden NGOs primär in die Arbeit des ECOSOC einbezogen,[141] eine vorsichtige Öffnung ist auch im Rahmen von Sonderorganisationen und regionalen Organisationen festzustellen.[142]

Aufgrund ihres Beitrags zur Verfolgung von Gemeinschaftsinteressen wird in NGOs oftmals ein Gegengewicht zur Staatenwelt gesehen, teilweise sogar die Zukunft des internationalen Systems, eine Alternative zum utopischen und unliberalen Weltstaat.[143] Auch von einer Demokratisierung der Vereinten Nationen durch die Öffnung gegenüber nichtstaatlichen Akteuren wird gesprochen.[144] Kritiker hingegen betonen die undemokratische Verfasstheit von NGOs.[145] Sie repräsentierten weniger

---

wie der Einsatz der *International Campaign to Ban Landmines* für die Anti-Landminen Konvention im Jahre 1997.

[141] Siehe insbesondere Art. 71 UN-Charta sowie ECOSOC Resolution 288 B (X) vom 27.2.1950 sowie ECOSOC Resolution 1296 (XLIV) vom 23.5.1986; Überblick zum Ganzen bei *Hobe* (Fn. 139), S. 161 f.; zur Stellung von NGOs in den Vereinten Nationen *Klaus Hüfner*, Nichtstaatliche Organisationen, in: Rüdiger Wolfrum (Hrsg.), Handbuch Vereinte Nationen, 1991, S. 624 ff.; *Dianne Otto*, Nongovernmental Organizations in the United Nations System: The Emerging Role of International Civil Society, HRQ 18 (1996), S. 107 ff.; *Rahmatullah Khan*, The Anti-Globalization Protests: Side-show of Global Governance, or Law-making on the Streets?, ZaöRV 61 (2001), S. 323 (336 ff.).

[142] Ausführliche Darstellung bei *Hummer* (Fn. 139), S. 90 ff.; zur Einbindung von NGOs in gerichtliche und außergerichtliche Streitschlichtungsverfahren *Ulrich Beyerlin*, The Role of NGOs in International Environmental Litigation, ZaöRV 61 (2001), S. 357 ff.

[143] Statt vieler *Beyerlin* (Fn. 142), S. 357: „In today's international environmental relations NGOs represent a multitude of private interests. Their ever-increasing presence gives evidence of an emerging international civil society which is going to become, to a certain extent, a counterpart to the community of States which for decades has clearly dominated the international arena."

[144] *Peter M. Schulze*, Nicht-Regierungsorganisationen und die Demokratisierung des VN-Systems, in: Klaus Hüfner (Hrsg.), Die Reform der Vereinten Nationen, 1994, S. 119 (130 f.).

[145] *Slaughter* (Fn. 127), S. 8 ff.; *Kenneth Anderson*, The Ottawa Convention Banning Landmines, the Role of International Non-governmental Organizations and the Idea of International Civil Society, EJIL 11 (2000), S. 91 ff.; *Torsten Stein*, Demokratische Legitimierung auf supranationaler und internationaler Ebene, ZaöRV 64 (2004), S. 563 (564 f.); *Beyerlin* (Fn. 142), S. 357; *Tomuschat*

die Interessen der Weltbevölkerung als vielmehr die Ansichten einiger weniger Angehöriger westlicher Eliten.[146] Angesichts ihrer zunehmenden wirtschaftlichen und politischen Macht werden Forderungen nach mehr Transparenz und Kontrolle der Aktivitäten von NGOs laut.[147] *Philip Allott* beurteilt den Bedeutungszuwachs der internationalen Zivilgesellschaft sogar als kontraproduktiv und rückschrittlich:

> „To introduce into international society the idea that governments and intergovernmental organization simply co-exist with a random collection (‚civil society') of self-appointed and self-legitimating, more or less institutionalized, representations of individual interests, special interests, and public interests is to condemn international society to be a pre-revolutionary or counter-revolutionary system (...).“[148]

Dabei darf dieser Bedeutungszuwachs nicht überbewertet werden. Zivilgesellschaftliche Akteure werden keine neue Weltordnung konstruieren und können die Staatszentriertheit des internationalen Systems allenfalls aufweichen nicht jedoch ablösen. Die Einbindung von NGOs in internationale Prozesse beruht noch auf der entsprechenden Bereitschaft der Staatenwelt hierzu.[149] NGOs können Gemeinschaftsinteressen formulieren und verfolgen und zur Legitimierung internationaler

---

(Fn. 75), S. 155 f.; *Stefan Kadelbach*, Die parlamentarische Kontrolle des Regierungshandelns bei der Beschlußfassung in internationalen Organisationen, in: Rudolf Geiger (Hrsg.), Neuere Probleme der parlamentarischen Legitimation im Bereich der auswärtigen Gewalt, 2003, S. 41 (56), der aber Elemente demokratischer Mitentscheidung erkennen will, solange die Pluralität der Einfluss nehmenden NGOs gewährleistet ist; skeptisch auch *Patomäki/Teivainen* (Fn. 12), S. 29.

[146] Vgl. *Marcus Höreth*, Das Demokratiedefizit lässt sich nicht wegdiskutieren. Über Sinn und Unsinn der europäischen Verfassungsdebatte, IPG 4/2002, S. 11 (33 f.).

[147] Hierzu und zu den Missbrauchsmöglichkeiten potenzieller Kontrollmechanismen *Hummer* (Fn. 139), S. 180 ff.

[148] *Philip Allott*, Eunomia, 2001, S. xxi; siehe auch *ders.*, Book Review: Richard Falk, Law in an Emerging Global Village: A Post-Westphalian Perspective, AJIL 93 (1999), S. 733 (734 f.); zustimmend *Iain Scobbie*, Slouching towards the Holy City: Some Weeds for Philip Allott, EJIL 16 (2005), S. 299 (312).

[149] So auch *Khan* (Fn. 141), S. 352 ff., der daher vor einer Überbewertung des Einflusses zivilgesellschaftlicher Akteure oder gar einer Gleichsetzung mit dem souveränen Staat warnt.

Entscheidungsprozesse beitragen.[150] Zivilgesellschaftliche Akteure handeln jedoch nicht stets im Interesse der internationalen Gemeinschaft. Auch multinationale Wirtschaftsunternehmen und Lobbygruppen, wie beispielsweise die *National Rifle Association*, agieren global und transnational und versuchen, ihre Interessen gegenüber Staaten und internationalen Organisationen geltend zu machen.[151] Und auch idealistische NGOs, wie *amnesty international*, *Human Rights Watch* oder *Greenpeace*, vertreten ihre eigenen Vorstellungen von globalen Werten wie Menschenrechten oder Umweltschutz, die nicht notwendigerweise von der gesamten internationalen Gemeinschaft geteilt werden müssen.

Die Völkerrechtsordnung muss daher den rechtlichen Rahmen für die Einbindung der Zivilgesellschaft in internationale Entscheidungsprozesse liefern. Zivilgesellschaftliche Ordnungen bedürfen institutioneller Stützung.[152] Zivilgesellschaftliche Akteure können als Vertreter des Gemeinwesens agieren und die Verwirklichung von Gemeinschaftsinteressen vorantreiben, sind dazu allerdings nicht allgemein legitimiert.

---

[150] So auch *Daniel Thürer*, The Emergence of Non-Governmental Organizations and Transnational Enterprises in International Law and the Changing Role of the State, in: Rainer Hofmann (ed.), Non-State Actors as New Subjects of International Law, 1999, S. 37 (46); *Stefan Kadelbach*, Ethik des Völkerrechts unter Bedingungen der Globalisierung, ZaöRV 64 (2004), S. 1 (17); *ders.* (Fn. 145), S. 56; *Ulla Hingst*, Auswirkungen der Globalisierung auf das Recht der völkerrechtlichen Verträge, 2001, S. 163; *Carsten Stahn*, NGOs and International Peacekeeping – Issues, Prospects and Lessons Learned, ZaöRV 61 (2001), S. 379 (380). Auch wirkt sich die zusätzliche Expertise, die NGOs in den internationalen Entscheidungsfindungsprozess einbringen, positiv auf die Qualität der Ergebnisse und damit auf deren Akzeptanz und (*output*-)Legitimität aus, siehe *Dahm/Delbrück/Wolfrum* (Fn. 94), S. 631 (Fußnote 108); *Tomuschat* (Fn. 75), S. 158.

[151] Vgl. *Gordon A. Christenson*, World Civil Society and the International Rule of Law, HRQ 19 (1997), S. 724 ff.; *Scobbie* (Fn. 148), S. 312; für die Festlegung von Auswahlkriterien bei der Einbeziehung von NGOs in Entscheidungsprozesse daher *Beyerlin* (Fn. 142), S. 378.

[152] *Julian Nida-Rümelin*, Zur Philosophie einer globalen Zivilgesellschaft, in: Christine Chwaszcza/Wolfgang Kersting (Hrsg.), Politische Philosophie der internationalen Beziehungen, 1998, S. 223 (235 ff.); *Christenson* (Fn. 151), S. 733; *Paulus* (Fn. 2), S. 107; zu aktuellen Reformbemühungen *Helmut Volger*, Mehr Partizipation nicht erwünscht – Der Bericht des Cardoso-Panels über die Reform der Beziehungen zwischen den Vereinten Nationen und der Zivilgesellschaft, VN 2005, S. 12 ff.

E. Ergebnis und Reformperspektiven

Die organisierte internationale Gemeinschaft weist ein nur unzureichendes institutionelles Gefüge auf. Sie kann zwar teilweise auf Organe zurückgreifen, diese erweisen sich jedoch sowohl unter dem Gesichtspunkt der Effektivität als auch im Hinblick auf ihre Legitimität als nur bedingt geeignet, Gemeinschaftsinteressen zu formulieren, zu normieren und durchzusetzen. Das Völkerrecht ist weiterhin auf die nichtorganisierte internationale Gemeinschaft angewiesen und bleibt den Strukturen eines von Selbsthilfe geprägten Systems verhaftet. Auch jenseits der organisierten internationalen Gemeinschaft fällt es schwer, Gemeinschaftsorgane auszumachen. Regionale Organisationen befinden sich in einem Spannungsverhältnis zwischen den Interessen der internationalen Gemeinschaft und der Herausbildung exklusiver lokaler Gemeinschaften. Das Handeln von Staaten und Staatenvertretern ist primär an nationalen Interessen ausgerichtet, altruistische Momente sind selten, und auch zivilgesellschaftliche Akteure garantieren keine Orientierung am Gemeinwohl. War das institutionelle Defizit schon im klassischen Völkerrecht ein Problem, so erscheint es angesichts des Eingangs von Gemeinschaftsinteressen in das Völkerrecht noch prekärer. Denn insofern besteht die Gefahr, dass selbsternannte Vertreter der internationalen Gemeinschaft ihre eigenen Interessen unter Berufung auf Werte der Gemeinschaft verfolgen und dabei auch vor dem Bruch fundamentaler Rechtssätze wie dem Gewaltverbot nicht Halt machen.[153]

Die Frage, wie dieses Legitimitätsdefizit beseitigt werden kann, wirft zugleich die generelle Frage nach der „Ordnung der Welt" auf, die seit jeher die verschiedenen wissenschaftlichen Disziplinen beschäftigt.[154] Allen radikalen Neuentwürfen und der grundsätzlichen Kritik zum Trotz wird den Vereinten Nationen als der einzigen internationalen Organisation von universeller Reichweite auch in Zukunft eine herausragende Bedeutung für die internationale Gemeinschaft zukommen. Nur eine weitergehende Institutionalisierung garantiert die Teilnahme aller Mitglieder der internationalen Gemeinschaft am globalen Wertediskurs sowie die Herausbildung von Normen, die sich als Ausdruck einer universell akzeptierten Ethik begreifen lassen.[155] Andere Konzeptionen der

---

[153] So *Prosper Weil*, Towards Relative Normativity in International Law?, AJIL 77 (1983), S. 413 ff.; diese Kritik ernst nehmend, wenn auch optimistischer *Simma* (Fn. 12), S. 248 f.

[154] Verwiesen sei erneut auf *Paulus* (Fn. 2), S. 45-219.

[155] So auch *Kadelbach* (Fn. 150), S. 16.

internationalen Ordnung – seien sie an regionalen Organisationen, Staaten, Individuen, zivilgesellschaftlichen Akteuren oder Kombinationen hieraus orientiert – werden sich im von den Vereinten Nationen vorgegebenen Rahmen bewegen oder eine Ergänzung zum UN-System darstellen. Verdrängen werden sie dieses nicht.

Damit stellt sich primär die Frage nach der Steigerung von Effektivität und Legitimität durch eine institutionelle Reform der Vereinten Nationen.[156] Auch wenn die hohen Anforderungen der Art. 108 und 109 UN-Charta an eine Charta-Änderung sowie die unterschiedlichen Reformvorstellungen und Interessen der Mitgliedstaaten der notwendigen Konsensbildung vielfach im Wege stehen,[157] hat die Diskussion durch den Report des *High-level Panel on Threats, Challenges and Change* aus dem Jahre 2004[158] sowie den größtenteils zustimmenden Bericht des vormaligen UN-Generalsekretärs *Kofi Annan* aus dem Jahre 2005[159] eine neue Dynamik erhalten.

---

[156] Für einen Überblick über die Geschichte der Reformdiskussion siehe *Klaus Dicke*, Reform der UN, in: Rüdiger Wolfrum (Hrsg.), Handbuch Vereinte Nationen, 1991, S. 663 ff. sowie *ders.*, Effizienz und Effektivität internationaler Organisationen, 1994, S. 118 ff.; *Wolfram Karl/Bernd Mützelburg/Georg Witschel*, in: Bruno Simma (ed.), The Charter of the United Nations, A Commentary, Vol. II, 2nd ed. 2002, Art. 108, Rn. 45 ff.

[157] Hierzu statt vieler *Karl Theodor Paschke*, UN-Reform – die unendliche Geschichte, VN 2005, S. 170, der daher jegliche grundlegende UN-Reform für unrealistisch hält.

[158] *United Nations, A More Secure World: Our Shared Responsibility, Report of the High-level Panel on Threats, Challenges and Change* vom 2.12.2004, UN Doc. A/59/565; Überblick hierzu bei *Sebastian Graf von Einsiedel*, Vision mit Handlungsanweisung – Das High-level Panel und die Reformagenda der Vereinten Nationen, VN 2005, S. 5 ff.

[159] *Report of the Secretary-General, In Larger Freedom: Towards Development, Security and Human Rights for all* vom 21.3.2005, UN Doc. A/59/2005.

I. Reform des Sicherheitsrates

Die Hauptangriffspunkte eines jeden Vorschlags zur Reform des Sicherheitsrates stellen das Vetorecht sowie die Zusammensetzung des Organs dar.[160] Während die *Permanent Five* an ihrem Privileg festhalten und allenfalls noch von einigen Aspiranten auf einen ständigen Sitz unterstützt werden, lehnt die überwiegende Mehrheit der UN-Mitgliedstaaten das Vetorecht als anachronistisch, undemokratisch und ineffektiv ab. Vorsichtigere Vorschläge zielen auf eine Begrenzung des Vetorechts auf bestimmte Entscheidungen ab oder verlangen, dass die Blockierung einer Resolution das Veto mehrerer Staaten voraussetzen soll.[161] Angesichts des Unwillens der fünf ständigen Mitglieder des Sicherheitsrates, auf ihr Veto-Privileg zu verzichten oder auch nur Einschränkungen in der Ausübung dieses Rechts hinzunehmen, ist eine Reform jedoch nicht in Sicht.

Im Hinblick auf die Zusammensetzung des Sicherheitsrates wird seit jeher eine Erweiterung diskutiert, um eine erhöhte Repräsentation der internationalen Gemeinschaft zu erreichen. Neben einer Erweiterung des Rates um ständige Mitglieder und zusätzliche nicht-ständige Mitglieder wird auch die Schaffung einer neuen Kategorie von permanenten Mitgliedern ohne Vetorecht erörtert. Ebenso wird die Errichtung ständiger Sitze für bestimmte Regionen, die im Rotationsverfahren zu besetzen wären, angedacht.[162]

Im Rahmen der aktuellen Reformdebatte schlägt das *High-level Panel on Threats, Challenges and Change* vor, die Anzahl der Mitglieder des Sicherheitsrates auf 24 zu erhöhen, wobei die neuen Sitze ohne Veto-

---

[160] Siehe insofern den Überblick über entsprechende Reformvorschläge bei *Fassbender* (Fn. 35), S. 221 ff.; *Ingo Winkelmann*, Bringing the Security Council into a New Era, MPYUNL 1 (1997), S. 35 ff.; *Caron* (Fn. 36), S. 562 ff.; *Karl/ Mützelburg/Witschel* (Fn. 156), Rn. 68 ff.; *Bernhard Hofstötter*, Einige Anmerkungen zur Reform des Sicherheitsrates der Vereinten Nationen, ZaöRV 66 (2006), S. 143 ff.; *Bruha* (Fn. 19), S. 1155 ff.

[161] Vgl. die Nachweise bei *Winkelmann* (Fn. 160), S. 80 f.; *Hofstötter* (Fn. 160), S. 157; siehe auch bereits UNYB 1947/48, S. 59 f.

[162] Vgl. *Kai Ahlborn/Carolin Berschauer*, Die Zukunft der Vereinten Nationen – ein Ausblick, in: Dietmar Herz u.a. (Hrsg.), Die Vereinten Nationen – Entwicklung, Aktivitäten, Perspektiven, 2002, S. 228 (240); *Rudolf Geiger*, in: Bruno Simma (ed.), The Charter of the United Nations, A Commentary, Vol. I, 2nd ed. 2002, Art. 23, Rn. 22 ff.; *Bruha* (Fn. 19), S. 1155 f.

Recht ausgestattet werden sollen.[163] Bei der Besetzung der neuen Sitze sollen – entsprechend der Regelung des Art. 23 UN-Charta – diejenigen Staaten bevorzugt werden, die finanziell, militärisch und diplomatisch die größten Beiträge zu den Vereinten Nationen leisten.[164] Der Unwille der ständigen Mitglieder des Sicherheitsrates sowie die Uneinigkeit der potenziellen Anwärter auf die neuen Sitze stehen der Umsetzung der Reformvorschläge bislang jedoch entgegen.[165]

Ungeachtet der tatsächlichen Schwierigkeiten einer Reform des Sicherheitsrates stellt die sowohl unter Legitimitäts- als auch Effektivitätsgesichtspunkten problematische doppelte Privilegierung der ständigen Mitglieder im Sicherheitsrat weniger die Ursache als vielmehr ein Symptom des tiefer liegenden politischen Problems dar. Insbesondere die wirtschaftlich, militärisch und politisch bedeutsamsten Staaten im Sicherheitsrat zeigen wenig Bereitschaft, sich dem Willen der Mehrheit der internationalen Gemeinschaft unterzuordnen und ihre nationalstaatlichen Interessen zugunsten multilateraler Vorgehensweisen zu opfern. Daher stellen die Privilegierung der Großmächte im Sicherheitsrat und insbesondere das Vetorecht eine notwendige Grundlage für die universelle Akzeptanz der Vereinten Nationen dar.[166] Selbst wenn man eine Abschaffung oder Abschwächung des Vetorechts erreichte, bliebe zu befürchten, dass die mächtigsten Staaten sich einer Überstimmung im

---

[163] UN Doc. A/59/565 (Fn. 158), S. 66-69. Der Vorschlag sieht zwei unterschiedliche Modelle vor: Modell A zufolge soll der Rat um sechs neue ständige Mitglieder sowie um drei nicht-ständige Mitglieder erweitert werden. Modell B beinhaltet eine Erweiterung um eine neue Kategorie von acht Sitzen für eine erneuerbare Amtszeit von vier Jahren sowie einen zusätzlichen nicht-ständigen Sitz.

[164] Diesen Vorschlag unterstützt auch der vormalige UN-Generalsekretär *Kofi Annan*, vgl. UN Doc. A/59/2005 (Fn. 159), S. 42 f.

[165] Auch auf dem *World Summit* von 2005 konnte keine Einigung über die Reform des Sicherheitsrates erzielt werden. Das Abschlussdokument enthält allein eine allgemeine Bekräftigung der Reformbedürftigkeit des Organs, siehe World Summit Outcome, General Assembly Resolution 60/1 (2005), Ziff. 153; hierzu *Schrijver* (Fn. 132), S. 27 f.; *Bardo Fassbender*, On the Boulevard of Broken Dreams: The Project of a Reform of the UN Security Council after the 2005 World Summit, IO L. Rev. 2 (2005), S. 391 ff.

[166] So auch *Bruha* (Fn. 19), S. 1157 f.; ähnlich *Ahlborn/Berschauer* (Fn. 162), S. 240. Zu weit geht allerdings die Bewertung des Vetorechts als „positives Gestaltungsinstrument“ durch *Christian Hillgruber*, Souveränität – Verteidigung eines Rechtsbegriffs, JZ 2002, S. 1072 (1076) (Fußnote 29); *ders.*, Diskussionsbeitrag, BDGVR 39 (2000), S. 460 (461).

Sicherheitsrat nicht beugen und ihre egoistischen Interessen über die Befolgung der völkerrechtlich verbindlichen Beschlüsse stellen würden. Ein signifikanter Autoritäts- und Bedeutungsverlust des Sicherheitsrates, des kollektiven Friedenssicherungssystems und damit der gesamten Vereinten Nationen wäre die Folge.

Darüber hinaus kann jede Erweiterung des Sicherheitsrates zwar zur Erhöhung der Legitimität beitragen, sie beinhaltet aber gleichzeitig die Gefahr einer Abschwächung der Effektivität des Gremiums.[167] Die Bedeutung des Sicherheitsrates liegt gerade darin, dass er – anders als die Generalversammlung – Entscheidungen in relativ kurzer Zeit treffen kann. Mit steigender Anzahl der Mitglieder wird diese *de facto* ohnehin nur begrenzt bestehende Möglichkeit weiter beschränkt. Effektivität und Legitimität bedingen sich daher nicht nur, sondern stehen auch in einem Spannungsverhältnis zueinander. Ferner beherrschen die ständigen Mitglieder nicht nur aufgrund ihrer formalen Vorrangstellung nach der UN-Charta den Sicherheitsrat: Die weitgehende Nichtbeachtung der Bedeutung der zehn nicht-ständigen Mitglieder im Schrifttum sowie in der öffentlichen Wahrnehmung deutet darauf hin, dass die ständigen Mitglieder auch in einem erweiterten Rat dominieren würden, eine Entscheidung des Rates weiterhin als eine Entscheidung von drei, vier oder fünf ständigen Mitgliedern wahrgenommen würde.[168] Schließlich können sämtliche Reformvorschläge, die die Zusammensetzung und das Verfahren des Rates betreffen, nicht darüber hinwegtäuschen, dass der Rat selbst nur begrenzte Durchsetzungsmöglichkeiten hat und stets auf die Kooperationsbereitschaft der Staatenwelt angewiesen ist, um die Durchführung seiner Beschlüsse herbeizuführen.[169]

II. Reform der Generalversammlung

Der Generalversammlung kommt in der aktuellen Reformdiskussion ein deutlich geringerer Stellenwert zu. Sowohl der Bericht des *High-level Panel on Threats, Challenges and Change*[170] als auch die entsprechenden

[167] Statt aller *Schrijver* (Fn. 132), S. 33, der daher vorschlägt, regionale Organisationen statt einzelner Staaten im Sicherheitsrat zu versammeln.

[168] Siehe hierzu *Caron* (Fn. 36), S. 562 ff.

[169] Dies wird zu Recht hervorgehoben von *Karl Zemanek*, New Trends in the Enforcement of Erga Omnes Obligations, MPYUNL 4 (2000), S. 1 (47).

[170] UN Doc. A/59/565 (Fn. 158), S. 65.

Empfehlungen des UN-Generalsekretärs[171] beschränken sich im Wesentlichen auf eine Aufforderung an die Mitgliedstaaten, der Generalversammlung durch Veränderungen des Verfahrens, eine stärker fokussierte Agenda sowie eine bessere Einbindung zivilgesellschaftlicher Akteure zu neuer Bedeutung zu verhelfen. Weitergehende Konzepte sehen hingegen in der Generalversammlung den Anknüpfungspunkt für das Projekt einer „Demokratisierung der Vereinten Nationen". Den Hintergrund solcher Überlegungen bildet die Frage der Auswirkungen der Globalisierung auf das demokratische Prinzip.[172] Eine mögliche Antwort hierauf wird in der Demokratisierung internationaler Institutionen und insbesondere der Vereinten Nationen gesehen:[173] Der moderateste Ansatz in diesem Zusammenhang geht dahin, die Stimmgewichtung in der Generalversammlung vom Prinzip des „one state, one vote" zu lösen und an der Bevölkerungsstärke oder am Beitrag zum UN-Haushalt auszurichten.[174] Andere zielen darauf ab, gesellschaftliche Akteure in das System der Vereinten Nationen zu integrieren.[175] Die ambitioniertesten Vorschläge regen die Errichtung einer zweiten Kammer der Generalversammlung an, die sich entweder aus Delegierten der nationalen Parlamente oder aus direkt gewählten Vertretern zusammensetzen solle.[176]

---

[171] UN Doc. A/59/2005 (Fn. 159), S. 40 f.

[172] Überblick hierzu bei *Armin von Bogdandy*, Demokratie, Globalisierung, Zukunft des Völkerrechts – eine Bestandsaufnahme, ZaöRV 63 (2003), S. 853 (859 ff.), dort auch zu Ansätzen, die in der Globalisierung eine Chance für mehr Demokratie sehen.

[173] Überblick bei *Thomas von Winter*, Die Idee einer Parlamentarisierung der Vereinten Nationen als Beitrag zur Debatte über „Global Governance" und Demokratie, Info-Brief der Wissenschaftlichen Dienste des Deutschen Bundestages vom 4.6.2004, Reg.-Nr. WF II.

[174] Siehe dazu etwa *Ahlborn/Berschauer* (Fn. 162), S. 242; *Patomäki/Teivainen* (Fn. 12), S. 25.

[175] Siehe insbesondere *We the Peoples: Civil Society, the United Nations and Global Governance*, Report of the Panel of Eminent Persons on United Nations-Civil Society Relations, angenommen durch General Assembly Resolution 58/817 vom 11.6.2004.

[176] *Ernst-Otto Czempiel*, Die Reform der UNO, 1994, S. 157 f.; *David Held*, Democracy and the New International Order, in: Daniele Archibugi/ders. (eds.), Cosmopolitan Democracy, 1995, S. 96 ff.; *Daniele Archibugi*, From the United Nations to Cosmopolitan Democracy, in: dies./David Held (eds.), Cosmopolitan Democracy, 1995, S. 121 f., insbesondere S. 137 ff.; *Franck* (Fn. 10), S. 483 f.; *Johannes Varwick*, Die Reform der Vereinten Nationen – Weltorganisation unter Anpassungsdruck, Aus Politik und Zeitgeschichte 43

Auf lange Sicht wird schließlich die Errichtung eines – von der Generalversammlung unabhängigen – Weltparlaments angestrebt.[177] Dass diese Konzepte keine bloßen akademischen Glasperlenspiele darstellen, zeigt sich darin, dass beispielsweise das Europäische Parlament die Einrichtung einer konsultativen Parlamentarischen Versammlung der Vereinten Nationen anregt[178] und auch innerhalb des Bundestages entsprechende Überlegungen diskutiert werden.[179]

Ungeachtet demokratietheoretischer Einwände gegen eine derartige Etablierung von Demokratie auf internationaler Ebene[180] würden die aufgezeigten Konzepte zu einer Stärkung des repräsentativen Moments der Generalversammlung führen, die internationale Gemeinschaft auf eine neue Entwicklungsstufe stellen und die Ausrichtung des internationalen Systems und des Völkerrechts am Menschen und seinen Interessen verdeutlichen. Nichtsdestotrotz haben insbesondere die radikaleren Entwürfe in absehbarer Zeit keine Aussicht auf eine Realisierung. Und selbst die Befürworter einer Parlamentarisierung der Generalversammlung sehen darin nicht den einzigen Anknüpfungspunkt für eine Demokratisierung der internationalen Gemeinschaft. Vorschläge zur Demokratisierung der Generalversammlung gehen regelmäßig einher mit Forderungen nach mehr Demokratie innerhalb der Staaten, auf regionaler Ebene sowie nach einer verstärkten Einbindung der internationalen Zivilgesellschaft in überstaatliche Entscheidungsprozesse.

(2004), S. 37 (40); zum Ganzen auch *Gareis/Varwick* (Fn. 8), S. 278 f.; *Ahlborn/Berschauer* (Fn. 162), S. 242 f.; *Patomäki/Teivainen* (Fn. 12), S. 30 ff.; zu entsprechenden Überlegungen im Hinblick auf andere internationale Organisationen *Kadelbach* (Fn. 145), S. 56 f.

177 *David Held*, Democracy and the Global Order, 1995, S. 270 ff.; zur Idee eines Weltparlaments auch *Patomäki/Teivainen* (Fn. 12), S. 139 ff.

178 Europäisches Parlament, Entschließungsantrag vom 30.5.2005, Plenarsitzungsdokument B6-0328/2005, Ziff. 36.

179 Siehe nur den Antrag „Für eine parlamentarische Dimension im System der Vereinten Nationen" der Fraktionen von SPD, CDU/CSU, Bündnis 90/Die Grünen und FDP vom 22.9.2004 (BT-Drs. 15/3711) sowie den Antrag „Für eine parlamentarische Mitwirkung im System der Vereinten Nationen" der Fraktionen von SPD und Bündnis 90/Die Grünen vom 15.6.2005 (BT-Drs. 15/5690).

180 Zu der Frage, ob Demokratie ohne Staat überhaupt denkbar ist, und zur Abhängigkeit ihrer Beantwortung vom jeweiligen Demokratieverständnis *Uwe Volkmann*, Setzt Demokratie den Staat voraus?, AöR 127 (2002), S. 575 ff.

III. Möglichkeiten *de lege lata*

Mangels Realisierungschancen tief greifender Reformen stellt sich vorrangig die Frage, wie eine verstärkte organisierte Verfolgung von Gemeinschaftsinteressen im Rahmen des bestehenden institutionellen Gefüges möglich ist. Trotz aller Defizite ist die Generalversammlung das im UN-System am stärksten legitimierte Organ, wohingegen der Sicherheitsrat zumindest potenziell die höchste Effektivität aufweist. Insofern liegt in einer stärkeren Zusammenführung der beiden Organe die Möglichkeit, eine zumindest bedingt handlungsfähige und partiell legitimierte Handlungseinheit der internationalen Gemeinschaft zu erhalten.[181] Auch wenn auf der Ebene der Vereinten Nationen keine dem Verfassungsstaat vergleichbare Konzeption von Gewaltenteilung[182] existiert, lässt sich die Institutionenordnung – stark vereinfacht – mit folgenden von *Koskenniemi* gebrauchten Schlagworten charakterisieren: Die Gewährleistung von Sicherheit und Ordnung ist Aufgabe des Sicherheitsrates (der „Polizei"), wohingegen Fragen der Gerechtigkeit – im weitesten Sinne – von der Generalversammlung (dem „Tempel") zu behandeln sind.[183] Diese Konzeption liegt der UN-Charta zugrunde und spiegelt sich auch in der Praxis der Organe wider. Hieraus ergeben sich mehrere Optionen der gegenseitigen Einflussmöglichkeit, die hier nur kurz skizziert werden können: So kann die Generalversammlung beispielsweise

---

[181] In diese Richtung geht auch der Ansatz von *Koskenniemi* (Fn. 28), S. 339: „The principle of the division of competences, however, remains sound. The Security Council should establish/maintain order: for this purpose, its composition and procedures are justifiable. The Assembly should deal with the acceptability of that order: its composition and powers are understandable from this perspective. Both bodies provide a check on each other. The Council's functional effectiveness is a guarantee against the Assembly's inability to agree creating chaos; the Assembly's competence to discuss the benefits of any policy – including the policy of the Council – provides, in principle, a public check on the Great Powers' capacity to turn the organization into an instrument of imperialism."

[182] Allgemein zur Übertragung der Idee der Gewaltenteilung auf die überstaatliche Ebene *Christoph Möllers*, Gewaltengliederung, 2005, S. 253 ff., am Beispiel der EU, der ILO sowie der WTO.

[183] Ergänzend könnte man die Einhaltung der Kompetenzgrenzen durch den Sicherheitsrat und die Generalversammlung sowie die Beachtung der *rule of law* als Aufgabe des IGH qualifizieren. Angesichts der nur schwach ausgeprägten Stellung des Gerichtshofes trifft eine solche Sichtweise jedoch nur bedingt zu.

ein Veto im Sicherheitsrat dadurch „überstimmen", dass sie eine vergleichbare Resolution annimmt und damit die Interessen der Gemeinschaft über die Partikularinteressen einzelner ständiger Mitglieder des Sicherheitsrates stellt.[184] Einer solchen Resolution kommt zwar keine völkerrechtliche Verbindlichkeit zu, nichtsdestotrotz kann die Generalversammlung auf politische Weise die Mitglieder des Sicherheitsrates an ihre Verantwortung nach Art. 24 UN-Charta erinnern. Beispiele einer solchen Praxis sind angesichts der Unentschlossenheit und Uneinigkeit innerhalb der Generalversammlung freilich selten.[185] Einen weiteren Anwendungsfall für eine entsprechende Zusammenarbeit zwischen den Organen kann die Ausweitung des Aktionsradius des Sicherheitsrates darstellen. So eröffnet die erweiterte Lesart des Friedensbegriffs nach Art. 39 UN-Charta dem Sicherheitsrat ein Handlungsspektrum, das in dieser Weise nicht von den Verfassern der UN-Charta beabsichtigt war und im Hinblick auf die defizitäre Legitimität des Rates problematisch ist. Diese Bedenken werden abgeschwächt, wenn der Sicherheitsrat Maßnahmen in Kooperation mit und unter breiter Zustimmung von der Generalversammlung erlässt. Dann kompensiert die Generalversammlung das Legitimitätsdefizit des Sicherheitsrates, und der Rat kann den legitimierten, aber rechtlich unverbindlichen Resolutionen der Generalversammlung zu rechtlicher Verbindlichkeit verhelfen. Auf der anderen Seite kann die Generalversammlung Resolutionen des Sicherheitsrates, die sie für rechtswidrig oder illegitim erachtet, ablehnen und ihnen damit zwar nicht die formelle rechtliche Verbindlichkeit, wohl aber die politische Legitimation entziehen. Die Praxis der Generalversammlung, die von Unentschlossenheit und innerer Zerrüttetheit geprägt ist, zeigt jedoch gleichzeitig die Grenzen einer solchen Zusammenarbeit der Organe auf.[186]

---

[184] In diese Richtung auch *de Wet* (Fn. 3), S. 65.

[185] Für Nachweise einer entsprechenden Praxis siehe *Koskenniemi* (Fn. 28), S. 340 (Fußnote 62) sowie die ausführliche Darstellung bei *Nigel D. White*, Keeping the Peace, 1993, S. 140 ff.

[186] Ein seltenes Beispiel für eine entsprechende Kooperation stellt indes die Einrichtung der *Peacebulding Commission* durch zwei nahezu wortgleiche Resolutionen der Generalversammlung (General Assembly Resolution 60/180 vom 20.12.2005) und des Sicherheitsrates (Security Council Resolution 1645 (2005) vom 20.12.2005) dar.

6. Kapitel: Gemeinschaftsrechtliche Strukturen der Rechtsetzung

Während gemeinschaftliche Interessen ihren Niederschlag im materiellen Völkerrecht gefunden haben, wird die Frage der Existenz gemeinschaftlicher Mechanismen der Rechtsentstehung nur selten gestellt. Das nachfolgende Kapitel widmet sich der Frage, inwieweit das geltende Völkerrecht Möglichkeiten zur Normierung von Interessen der internationalen Gemeinschaft bereithält. Die Untersuchung soll ergeben, ob ein *internationales Gemeinschaftsrecht* als Weiterentwicklung der herkömmlichen Rechtsquellenlehre[1] existiert. Die dabei entwickelte Kernthese lässt sich wie folgt formulieren: Obwohl das geltende Völkerrecht augenscheinlich an der herkömmlichen Dogmatik des traditionellen *Staatengesellschaftsrechts* festhält, wird es zunehmend von gemeinschaftsrechtlichen Strukturmerkmalen, also Elementen eines *internationalen Gemeinschaftsrechts*, durchdrungen und überlagert. Dieser Wandel wird nicht offen vollzogen, sondern wird im Rahmen der herkömmlichen Rechtsquellenlehre kaschiert, die am Konsensprinzip als maßgeblichem Paradigma festhält. Dies kann aber nicht darüber hinwegtäuschen, dass die völkerrechtliche Quellenlehre sich in der Sache bereits deutlich von der überkommenen Konzeption des Staatengesellschaftsrechts entfernt hat. Im Folgenden wird zunächst dargelegt, wie das Konsensprinzip nach herkömmlichem Verständnis die Quellen des Völkerrechts bestimmt und warum eine nicht-konsensuale Rechtsetzung sich

---

1 Der Begriff der Rechtsquelle bezeichnet im vorliegenden Kontext den Prozess der Erzeugung von Völkerrecht. Der Begriff der *formellen* Völkerrechtsquelle erfasst das Verfahren der Normentstehung, wohingegen die *materiellen* Rechtsquellen aus den außerrechtlichen Elementen bestehen, die auf den Inhalt der Normen einwirken, wie beispielsweise Erwägungen der Gerechtigkeit oder das Rechtsbewusstsein; zum Ganzen *Wolff Heintschel von Heinegg*, Die völkerrechtlichen Verträge als Hauptrechtsquelle des Völkerrechts, in: Knut Ipsen (Hrsg.), Völkerrecht, 5. Aufl. 2004, S. 112 (113 f.); *Alfred Verdross/Bruno Simma*, Universelles Völkerrecht, 3. Aufl. 1984, S. 321 ff.; *Ulrich Fastenrath*, Lücken im Völkerrecht, 1991, S. 84 ff.; kritisch zur Unterscheidung von formellen und materiellen Quellen *Antônio Augusto Cançado Trindade*, International Law for Humankind: Towards a New Jus Gentium (I), RdC 316 (2005), S. 9 (177 ff.).

M. Payandeh, *Internationales Gemeinschaftsrecht*, Beiträge zum ausländischen öffentlichen Recht und Völkerrecht 219, DOI 10.1007/978-3-642-13141-7_8,

als Ausdruck eines *internationalen Gemeinschaftsrechts* begreifen lässt (A). Dann werden die einzelnen Rechtsquellen darauf untersucht, inwieweit sie Elemente einer nicht-konsensualen Rechtsetzung enthalten (B-F). Eine Auswertung der Untersuchung soll ergeben, ob sich bereits allgemeine Parameter nicht-konsensualer Rechtsetzung im Völkerrecht erkennen lassen (G).[2]

A. Vorüberlegungen: Konsensprinzip und internationales Gemeinschaftsrecht

I. Das Konsensprinzip als Kern der Völkerrechtsquellenlehre

Der Grundsatz der staatlichen Souveränität, wie er in Art. 2 Nr. 1 UN-Charta an prominenter Stelle seinen positiv-rechtlichen Niederschlag erfahren hat, bildet das fundamentale Strukturprinzip des klassischen Völkerrechts.[3] Völkerrechtliche Souveränität beinhaltet, dass die Staaten untereinander keiner überstaatlichen Macht, sondern bloß dem vom zwischenstaatlichen Konsens getragenen Völkerrecht unterworfen sind.[4] In der Lehre von den Völkerrechtsquellen findet der Grundsatz der Souveränität[5] seine Ausprägung im Konsensprinzip, dem zufolge eine völkerrechtliche Regel einen Staat nur dann bindet, wenn dieser ihr – sei es ausdrücklich, konkludent oder stillschweigend – zugestimmt hat.[6]

---

[2] Der Versuch einer rechtsdogmatischen und rechtstheoretischen Erfassung dieses Phänomens erfolgt im 9. Kapitel, die Untersuchung der Auswirkungen auf Struktur und Konzeption der Völkerrechtsordnung im 10. Kapitel.

[3] *Antonio Cassese*, International Law, 2nd ed. 2005, S. 48: „the fundamental premise on which all international relations rest"; *Prosper Weil*, Towards Relative Normativity in International Law?, AJIL 77 (1983), S. 413 (420); *Albert Bleckmann*, Völkerrecht, 2001, S. 60.

[4] Statt aller *Verdross/Simma* (Fn. 1), S. 29; zum Zusammenhang zwischen innerstaatlicher und völkerrechtlicher Souveränität *Bardo Fassbender/Albert Bleckmann*, in: Bruno Simma (ed.), The Charter of the United Nations, A Commentary, Vol. I, 2nd ed. 2002, Art. 2(1), Rn. 4 ff.

[5] Zum Verhältnis von Souveränität und Rechtsquellendogmatik *Ulrich Haltern*, Die nackte Wahrheit über eine theoriefeindliche Völkerrechtswissenschaft, in: Matthias Jestaedt/Oliver Lepsius (Hrsg.), Rechtswissenschaftstheorie, 2008, S. 133 (137).

[6] *Jonathan I. Charney*, Universal International Law, AJIL 87 (1993), S. 529 (534 ff.); *Jonathan I. Charney/Gennady M. Danilenko*, Consent and the Crea-

Grundsätzliche Bestätigung findet diese rechtspositivistische[7] und staatsvoluntaristische[8] Theorie in der Rechtsprechung internationaler Gerichte. So führt der Ständige Internationale Gerichtshof im viel zitierten *Lotus*-Urteil aus:

> „International law governs relations between independent States. The rules of law binding upon States therefore emanate from their own free will as expressed in conventions or by usages generally accepted as expressing principles of law and established in order to regulate the relations between these co-existing independent communities or with a view to the achievement of common aims. Restrictions upon the independence of States cannot therefore be presumed."[9]

---

tion of International Law, in: Lori Fisler Damrosch et al. (eds.), Beyond Confrontation, International Law in the Post-Cold War Era, 1995, S. 23; *Louis Henkin*, International Law: Politics and Values, 1995, S. 26 f.; *Anne Peters*, Völkerrecht, 2006, S. 4 f.; *Martti Koskenniemi*, The Politics of International Law, EJIL 1 (1990), S. 4 (13); grundlegend *Georg Jellinek*, Die rechtliche Natur der Staatenverträge, 1880, S. 2 ff.; *ders.*, Allgemeine Staatslehre, 3. Aufl. 1914, S. 376; *Heinrich Triepel*, Völkerrecht und Landesrecht, 1899, S. 27 ff.; in neuerer Zeit die ausnahmslose Geltung des Konsensprinzips betonend insbesondere *Christian Hillgruber*, Braucht das Völkerrecht eine Völkerrechtswissenschaftstheorie?, in: Matthias Jestaedt/Oliver Lepsius (Hrsg.), Rechtswissenschaftstheorie, 2008, S. 113 ff.

[7] Auch wenn das Konsensprinzip nicht zwangsläufig eine positivistische Erklärung des völkerrechtlichen Systems bedingt (so zutreffend *Bruno Simma/ Andreas L. Paulus*, The Responsibility of Individuals for Human Rights Abuses in Internal Conflicts: A Positivist View, AJIL 93 (1999), S. 302 (304)), weist eine Rechtsquellenlehre, die die Zustimmung eines Staates als *conditio sine qua non* der völkerrechtlichen Bindung ansieht, eine starke Nähe zum Positivismus auf; wie hier *Martti Koskenniemi*, The Pull of the Mainstream, Mich. L. Rev. 88 (1990), S. 1946 (1946); siehe auch *Stefan Oeter*, Souveränität – ein überholtes Konzept?, in: Hans-Joachim Cremer (Hrsg.), Tradition und Weltoffenheit des Rechts, Festschrift für Helmut Steinberger, 2002, S. 259 (273). Besonders deutlich wird dieser Zusammenhang bei *Steven R. Ratner/Anne-Marie Slaughter*, Appraising the Methods of International Law: A Prospectus for Readers, AJIL 93 (1999), S. 291 (293), wenn diese – unter Vernachlässigung der Vielfalt positivistischer Theorien – Positivismus mit Staatsvoluntarismus gleichsetzen.

[8] Dazu *Antônio Augusto Cançado Trindade*, The Voluntarist Conception of International Law: A Re-Assessment, RDISDP 59 (1981), S. 201 ff.

[9] *S.S. „Lotus"*, PCIJ Reports Series A, Nr. 10 (1927), S. 18.

Und auch der Internationale Gerichtshof folgt diesem Ansatz, wenn er im Fall *North Sea Continental Shelf* betont, dass eine völkerrechtliche Norm sich stets aus dem positiven Völkerrecht ableiten muss,[10] und im *Nicaragua*-Urteil hervorhebt, dass:

> „(...) in international law there are no rules, other than such rules as may be accepted by the State concerned, by treaty or otherwise (...) and this principle is valid for all States without exception."[11]

Auch die Staatenpraxis ist vom voluntaristischen Grundaxiom geprägt: Staaten und ihre Vertreter betonen häufig, dass sie eine völkerrechtliche Bindung nur akzeptieren, wenn sie dieser zugestimmt haben.[12]

Der danach erforderliche staatliche Konsens liegt daher – zumindest der theoretischen Konzeption zufolge – allen Quellen des Völkerrechts zugrunde, wie sie in Art. 38 Abs. 1 IGH-Statut zum Ausdruck kommen:

> „The Court, whose function is to decide in accordance with international law such disputes as are submitted to it, shall apply:
>
> a) international conventions, whether general or particular, establishing rules expressly recognized by the contesting states;
>
> b) international custom, as evidence of a general practice accepted as law;
>
> c) the general principles of law recognized by civilized nations (...)."

---

[10] *North Sea Continental Shelf*, ICJ Reports 1969, S. 3 (29); speziell zum Vertragsrecht auch *Reservations to the Convention on Genocide*, Advisory Opinion, ICJ Reports 1951, S. 15 (21).

[11] *Military and Paramilitary Activities in and against Nicaragua (Nicaragua v. United States of America)*, Merits, ICJ Reports 1986, S. 14 (135); siehe ferner *Legality of the Threat or Use of Nuclear Weapons*, Advisory Opinion, Separate Opinion *Guillaume*, ICJ Reports 1996, S. 226 (291): „International law rests on the principle of the sovereignty of States and thus originates from their consent."

[12] Siehe aber auch *Vladimir-Djuro Degan*, Some Objective Features in Positive International Law, in: Jerzy Makarczyk (ed.), Theory of International Law at the Threshold of the 21st Century, Essays in Honour of Krzystof Skubiszewski, 1996, S. 123 (125): „The voluntaristic approach to international legal order is esteemed by most legal advisors of governments, but on a highly selective basis. In fact, everything depends on whether legal obligations or rights, burdens or advantages of the respective State are at stake. They will refute without much hesitation the specific duties of their State on the basis of voluntaristic arguments (...) But for the sake of the same arguments they will never deprive their country of new rights (...)."

Das allen Quellen zugrunde liegende Konsenserfordernis ergibt sich ausdrücklich aus Art. 38 Abs. 1 IGH-Statut:[13] Die entsprechenden Rechtsnormen müssen „recognized" oder „accepted" sein, um rechtliche Verbindlichkeit entfalten zu können. In der Konsequenz durchzieht die Abhängigkeit der drei Rechtsquellen von einem Akt der staatlichen Zustimmung die gesamte Dogmatik.[14] Völkerrechtliche Verträge binden einen Staat nur, wenn er der Bindung in dem dafür vorgesehenen formalisierten Verfahren zugestimmt hat. Die Willensfreiheit der Staaten wird durch eine weitgehende Vertragsfreiheit sowie die Möglichkeit von Vorbehalten gewährleistet. Das grundsätzliche Verbot von Verträgen zu Gunsten oder zu Lasten Dritter verhindert rechtliche Auswirkungen von Verträgen auf Staaten, die diesen nicht zugestimmt haben. Danach kann jeder Staat *de iure* frei entscheiden, ob, wie und in welchem Umfang er sich völkervertraglich binden will. Auch das Völkergewohnheitsrecht knüpft mit den Voraussetzungen der Staatenpraxis (*consuetudo*) sowie der Rechtsüberzeugung (*opinio iuris*) an Verhalten und Willen des Staates an, und die Rechtsfigur des *persistent objector* soll garantieren, dass kein Staat gegen seinen Willen rechtlich gebunden werden kann. Auf den ersten Blick nicht eindeutig erscheint die Ausprägung des Konsensprinzips im Rahmen der allgemeinen Rechtsgrundsätze. Auslegung, Bedeutung und Inhalt dieser Rechtsquelle sind stark umstritten, die Rolle des staatlichen Willens für die Erzeugung allgemeiner Rechtsgrundsätze variiert innerhalb der entsprechenden Ansätze. Die nur geringe praktische Relevanz dieser Rechtsquelle verhindert jedoch eine wesentliche Beeinträchtigung der staatlichen Willensfreiheit in der Praxis.

---

13 Siehe *Hermann Mosler/Karin Oellers-Frahm*, in: Bruno Simma (ed.), The Charter of the United Nations, A Commentary, Vol. II, 2nd ed. 2002, Art. 92, Rn. 92: „These provisions indicate that the consensus of members of the international community (...) is regarded as the legal foundation of all three categories."

14 Für einen Überblick hierzu *Charney/Danilenko* (Fn. 6), S. 33-46.

II. Das Spannungsverhältnis zwischen dem Konsensprinzip und den Interessen der internationalen Gemeinschaft im Zeitalter der Globalisierung

Zumindest ihrer theoretischen Konzeption zufolge sehen die drei primären formellen Völkerrechtsquellen den staatlichen Konsens als *conditio sine qua non* jeder rechtlichen Bindung an. Genügen sie damit den Anforderungen eines Völkerrechts, das den Interessen der internationalen Gemeinschaft dienen soll und folglich in der Lage sein muss, deren Werte rechtsverbindlich zu normieren? Einerseits kann es – das hat die Untersuchung des Eingangs von Gemeinschaftsinteressen in das positive Völkerrecht gezeigt – auch auf der Grundlage der traditionellen Rechtsquellenlehre gelingen, zumindest punktuell Gemeinschaftsbelange in das Völkerrecht zu überführen. Dennoch stellt das voluntative Element der Rechtsquellenlehre ein Hauptkennzeichen des klassischen Staatengesellschaftssystems dar.[15] Daher betrachten die meisten Autoren, die einen qualitativen und strukturellen Wandel des Völkerrechts und eine verstärkte Orientierung an den Interessen der internationalen Gemeinschaft sehen, das Konsensprinzip als Hindernis für die effektive Verwirklichung von Gemeinschaftsinteressen und -werten.

Schon 1964 betonte *Wolfgang Friedmann* die Defizite der konsensbasierten Rechtserzeugung, insbesondere durch völkerrechtliche Verträge, gegenüber einer echten internationalen Legislative.[16] Die Aufweichung der Einstimmigkeitsregel, das heißt die Durchbrechung des Konsensprinzips, sah er als essentiell für die Regelung von Rechtsbereichen, hinsichtlich derer eine universelle (oder zumindest quasi-universelle) internationale Organisation erforderlich sei.[17] In ähnlicher Weise erachtet *Richard Falk* einen normativen Wandel für notwendig, um auf die veränderten sozialen Bedingungen zu reagieren:

---

[15] So ausdrücklich *Martin Nettesheim*, Das kommunitäre Völkerrecht, JZ 2002, S. 569 (570).

[16] *Wolfgang Friedmann*, The Changing Structure of International Law, 1964, S. 124.

[17] *Friedmann* (Fn. 16), S. 125. Aufweichungen von der Einstimmigkeitsregel sah *Friedmann* allerdings nur im Hinblick auf die Zulässigkeit von Vorbehalten sowie bei der Revision völkerrechtlicher Verträge (S. 125 ff.).

> „If international society is to function effectively, it requires a limited legislative authority, at minimum, to translate an overriding consensus among states into rules of order and norms of obligation despite the opposition of one or more sovereign states."[18]

Auch in *Bruno Simmas* Definition von Gemeinschaftsinteressen wird die Erforderlichkeit, alle Staaten auf die Verfolgung von Allgemeininteressen völkerrechtlich verpflichten zu können, deutlich:

> „(...) a consensus according to which respect for certain fundamental values is not to be left to the free disposition of States individually or *inter se* but is recognized and sanctioned by international law as a matter of concern to all States."[19]

In der Konsequenz gelangt *Simma* zu der Erkenntnis, dass multilaterale Verträge das effektivste Instrument zur Verfolgung von Gemeinschaftsinteressen darstellten, das souveränitätsbasierte Konsensprinzip jedoch das größte Hindernis für eine Normierung von Gemeinschaftsbelangen ausmache.[20] *Christian Tomuschat* zufolge könnte das Konsensprinzip einmal dazu geeignet gewesen sein, die Realität der internationalen Ordnung widerzuspiegeln.[21] Die gewachsenen Herausforderungen an das System machten es aber erforderlich, in einigen Kernangelegenheiten der internationalen Gemeinschaft für alle Staaten verbindliche Regelungen zu treffen, selbst wenn einzelne Staaten sich dem Konsens entziehen.[22] Einzelne dissentierende Staaten könnten ansonsten den Konsens der übrigen Staatengemeinschaft unterlaufen, entweder, weil ein geschlossenes Vorgehen aller Staaten unbedingt erforderlich sei, oder aufgrund der negativen Vorbildfunktion, der andere Staaten folgen könnten.[23] Die effektive Verfolgung fundamentaler Belange der internationalen Gemeinschaft werde dadurch vereitelt oder zumindest wesentlich erschwert. *Jonathan Charney* und *Gennady Danilenko* fassen die

---

[18] *Richard A. Falk*, On the Quasi-Legislative Competence of the General Assembly, AJIL 60 (1966), S. 782 (785).

[19] *Bruno Simma*, From Bilateralism to Community Interest in International Law, RdC 250 (1994-VI), S. 217 (233).

[20] *Simma* (Fn. 19), S. 324 f. sowie S. 331.

[21] *Christian Tomuschat*, Obligations Arising for States without or against Their Will, RdC 241 (1993-IV), S. 195 (210).

[22] *Tomuschat* (Fn. 21), S. 213; ähnlich bereits *ders.*, Völkerrechtlicher Vertrag und Drittstaaten, BDGVR 28 (1988), S. 9 (20 ff.).

[23] Siehe auch *Charney* (Fn. 6), S. 529 f.

Unzulänglichkeiten der herkömmlichen Rechtsquellenlehre im Hinblick auf die Herausforderungen für die internationale Gemeinschaft daher treffend zusammen, wenn sie mutmaßen, dass:

> „[f]aced with a number of global problems affecting the interests of every human being on this planet, the international community may find that a constitutional theory based on state consent presents unacceptable obstacles to necessary solutions."[24]

Und selbst *Louis Henkin*, der dem Konzept einer internationalen Gemeinschaft in Anbetracht der politischen Realität eher skeptisch gegenübersteht, wirft am Ende seiner Betrachtung des modernen Völkerrechts die Frage auf, ob angesichts einer Verschärfung der gemeinsamen Herausforderungen der Menschheit nicht auch das Völkerrecht einen Strukturwandel nachvollziehen könne:

> „Might global danger require a new conception of commonage, one that supports international regulation that is not only extraterritorial, one that cannot wait on universal enlightenment to bring universal consent to what may be essential? The international system has accepted regulation that penetrates and permeates societies for the human values of human rights; might it have to accept even more intrusive regulation (...) for human survival?"[25]

Ergänzen lassen sich diese Bedenken hinsichtlich der Eignung eines umfassenden und lückenlosen Konsensprinzips für die völkerrechtliche Ordnung um eine ethische Komponente. In den Worten *Martti Koskenniemis*:

> „It is inherently difficult to accept the notion that states are legally bound not to engage in genocide, for example, only if they have ratified and not formally denounced the 1948 Genocide Convention. Some norms seem so basic, so important, that it is more than slightly artificial to argue that states are legally bound to comply with them simply because there exists an agreement between them to that effect, rather than because, in the words of the International Court of Justice (ICJ), noncompliance would ‚shock the conscience of mankind' and be contrary to ‚elementary considerations of humanity'."[26]

---

[24] *Charney/Danilenko* (Fn. 6), S. 25.

[25] *Henkin* (Fn. 6), S. 296.

[26] *Koskenniemi* (Fn. 7), S. 1946 f. (*Fußnoten ausgelassen*); ähnlich *Wolfram Karl*, Menschenrechtliches ius cogens – Eine Analyse von „Barcelona Traction" und nachfolgender Entwicklungen, in: Eckart Klein (Hrsg.), Menschenrechtsschutz durch Gewohnheitsrecht, 2003, S. 102 (115).

III. Ergebnis: Rechtsetzung jenseits des Konsensprinzips

In der modernen Völkerrechtswissenschaft besteht weitgehende Einigkeit hinsichtlich der Unzulänglichkeit rein konsensualer Rechtserzeugung angesichts der Herausforderungen für die internationale Gemeinschaft.[27] Andererseits wird vor dem Hintergrund der unzulänglichen Organisation des internationalen Systems vor den Gefahren gewarnt, die mit einer Aufweichung des Konsenserfordernisses verbundenen seien.[28] Der wahre Kern dieser Warnung kann indes nicht darüber hinwegtäuschen, dass ein grundsätzliches Bedürfnis nach nicht-konsensualer Rechtsetzung besteht, dem die Völkerrechtsordnung nachkommen muss, will sie ihrem eigenen Anspruch, geeignete normative Rahmenbedingungen und Handlungsinstrumente für das internationale System bereitzuhalten, gerecht werden. Insofern beeinflussen die faktischen Notwendigkeiten zwar nicht unmittelbar die normative Ebene, doch die nachfolgende Analyse der völkerrechtlichen Praxis und Theorie wird zeigen, dass die nationalen und internationalen Rechtsanwender das Völkerrecht zunehmend an diesen tatsächlichen Bedürfnissen ausrichten. Insofern ist ein mittelbarer Einfluss der faktischen Herausforderungen auf die normative Dimension erkennbar. Die zumindest punktuelle Aufweichung des Konsensprinzips, das heißt die Möglichkeit, völkerrechtlich verbindliche Regelungen mit universeller Geltung auch ohne oder gegen den Willen einzelner Staaten zu schaffen, ist danach aus mehreren Gründen zu begrüßen: Sie eröffnet völkerrechtliche Handlungsspielräume zur effektiven Begegnung der Herausforderungen einer globalisierten Welt, sie trägt zur völkerrechtlichen Normierung globaler ethischer Mindestanforderungen bei, und sie gewährleistet die

---

[27] Siehe neben den oben zitierten Autoren *Nettesheim* (Fn. 15), S. 576; *Jurij Daniel Aston*, Sekundärgesetzgebung internationaler Organisationen zwischen mitgliedstaatlicher Souveränität und Gemeinschaftsdisziplin, 2005, S. 27; *Ulla Hingst*, Auswirkungen der Globalisierung auf das Recht der völkerrechtlichen Verträge, 2001, S. 193 f.; *Robert Y. Jennings/Arthur Watts* (eds.), Oppenheim's International Law, Vol. I, Parts 2-4, 9th ed. 1992, S. 1264; *Georg Dahm/Jost Delbrück/Rüdiger Wolfrum*, Völkerrecht, Bd. I/3, 2. Aufl. 2002, S. 613 f.; *Hanspeter Neuhold*, Völkerrechtlicher Vertrag und „Drittstaaten", BDGVR 28 (1988), S. 51 (52 f.); *Christian Feist*, Kündigung, Rücktritt und Suspendierung von multilateralen Verträgen, 2001, S. 107 ff. m.w.N.

[28] Eindringlich *Weil* (Fn. 3); *Christos L. Rozakis*, Treaties and Third States: A Study in the Reinforcement of the Consensual Standards in International Law, ZaöRV 35 (1975), S. 1 ff.

Effektivität und Relevanz des Völkerrechts unter den Bedingungen der Globalisierung.

Internationales Gemeinschaftsrecht, verstanden als Bündel völkerrechtlicher Strukturen, die eine Verfolgung universell anerkannter Gemeinschaftsinteressen auch ohne oder gegen den Willen einzelner Staaten ermöglichen, impliziert daher die Möglichkeit der Rechtsetzung jenseits des Konsensprinzips: Die internationale Gemeinschaft muss universell verbindliches Recht auch ohne oder gegen den Willen einzelner Staaten setzen können.[29]

Zwei Relativierungen dieser These seien bereits an dieser Stelle angedeutet: Zum einen soll die Herausbildung gemeinschaftlicher Rechtsetzungsstrukturen das Konsensprinzip keinesfalls verdrängen. Das Dogma, dass ein Staat an eine völkerrechtliche Norm nur dann gebunden ist, wenn er ihr ausdrücklich oder konkludent zugestimmt hat, muss seine grundsätzliche Geltung behalten. Es ist Ausdruck staatlicher Souveränität, die auch im modernen Völkerrecht Geltung beansprucht. Die internationale Gemeinschaft kann zwar zur Verfolgung fundamentaler Allgemeininteressen das Konsensprinzip – und damit die Souveränität des Staates – partiell durchbrechen. Ein vollständiger Wandel von konsensualer zu majoritärer Rechtsetzung auf internationaler Ebene ist damit jedoch nicht verbunden. Darüber hinaus darf die hier entwickelte Konzeption des internationalen Gemeinschaftsrechts als Möglichkeit der Rechtsetzung gegen den Willen eines Staates nicht zu der Annahme führen, dass *jede* Form der Rechtsetzung gegen den Willen eines einzelnen Staates als Ausdruck internationalen Gemeinschaftsrechts verstanden werden kann. Nicht-konsensuale Rechtsetzung kann nur zur Verfolgung von Interessen der internationalen Gemeinschaft stattfinden. Sie legitimiert sich allein aus diesem Grunde. Die nachstehend näher zu untersuchende völkerrechtliche Praxis nicht-konsensualer Rechtsetzung weist hingegen Fälle auf, hinter denen allein Partikularinteressen einzelner Staaten oder Staatengruppen stehen. Diese Fälle sind Folge des institutionellen Defizits der organisierten internationalen Gemeinschaft,

[29] Vgl. auch *Jonna Ziemer*, Das gemeinsame Interesse an einer Regelung der Hochseefischerei, 2000, S. 259: „Sobald einmal anerkannt ist, daß eine Regel des internationalen Rechts verbindlich für alle sein kann, selbst wenn rechtzeitig widersprochen wurde, so führt das zu dem unvermeidlichen Schluß, daß die internationale Gemeinschaft in der Lage ist, gesetzgebend tätig zu werden."; zum Zusammenhang zwischen nicht-konsensualer Normsetzung und Gemeinschaftsgedanken auch *Bruno Simma*, Universality of International Law from the Perspective of a Practitioner, EJIL 20 (2009), S. 265 (268).

in der nicht alle Staaten und Völker gleichberechtigt vertreten sind, und zeigen die Missbrauchsgefahr des Konzepts eines internationalen Gemeinschaftsrechts auf.

Wenn danach auch feststeht, dass das wesentliche Qualifikationsmerkmal des internationalen Gemeinschaftsrechts die Möglichkeit der Rechtsetzung jenseits des Konsensprinzips darstellt, das heißt die verbindliche Setzung universellen Rechts auch gegen den Willen einzelner Staaten zur Realisierung eines höheren Allgemeininteresses, und eine solche nicht-konsensuale Rechtserzeugung angesichts der globalen Herausforderungen einer interdependenten Welt grundsätzlich erforderlich erscheint, so ist damit noch nichts über die Existenz entsprechender Rechtserzeugungsmechanismen gesagt. Und schon ein flüchtiger Blick in die völkerrechtliche Theorie und Praxis macht deutlich, dass eine eigenständige und universell anerkannte Rechtsquelle der hier umrissenen Art nicht ausgemacht werden kann. Sofern es also gemeinschaftsrechtliche Rechtsetzung gibt, findet diese im Rahmen der herkömmlichen Rechtsstrukturen statt, das heißt kaschiert von der vom Konsensprinzip getragenen Rechtsquellenlehre. Aufgabe der nachfolgenden Analyse ist es daher, Elemente nicht-konsensualer Rechtsetzung in Praxis und Theorie des Völkerrechts ausfindig zu machen.

B. Völkerrechtliche Verträge als internationales Gemeinschaftsrecht

Durch völkerrechtliche Verträge lässt sich das Völkerrecht schnell, präzise und transparent fortentwickeln,[30] so dass *Simma* sie in seiner Untersuchung zum Wandel des Völkerrechts von bilateralen Strukturen zum Gemeinschaftsinteresse als „vehicle *par excellence* of community interest“ bezeichnet.[31] Gleichzeitig findet das Konsensprinzip seinen deutlichsten – und auf den ersten Blick kompromisslosesten – Niederschlag im Vertragsrecht. Damit sind der Verfolgung gemeinschaftlicher Interessen insofern Grenzen gesetzt, als die Normierung völkerrechtlich verbindlicher Regeln von universeller Reichweite die Bereitschaft

---

[30] *Wolfgang Graf Vitzthum*, Begriff, Geschichte und Quellen des Völkerrechts, in: ders. (Hrsg.), Völkerrecht, 4. Aufl. 2007, S. 1 (57).

[31] *Simma* (Fn. 19), S. 323; siehe auch schon *ders.*, Consent: Strains in the Treaty System, in: Ronald St. John MacDonald/Douglas M. Johnston (eds.), The Structure and Process of International Law, 1986, S. 485.

jedes einzelnen Staates voraussetzt, sich diesen zu unterwerfen. Ein universeller Konsens hinsichtlich konkreter völkerrechtlicher Normierungen lässt sich aber – sieht man von einigen wenigen quasi-universellen Verträgen ab – kaum erreichen. Zudem führt das Konsenserfordernis oft zu einer inhaltlichen „Verwässerung" der Vertragstexte: Ein universell akzeptabler Vertragstext stellt das Ergebnis zahlreicher Kompromisse dar. Je mehr Staaten Partei eines multilateralen Vertrages werden sollen, desto geringer wird regelmäßig die Regelungsdichte ausfallen. Auch fällt die Errichtung schlagkräftiger Durchsetzungsmechanismen schwer, will man die Zustimmung von nahezu 200 Staaten erreichen. Im Folgenden wird zunächst dargestellt, welche Ausprägungen das Konsensprinzip der Dogmatik des völkerrechtlichen Vertrages verleiht, bevor untersucht wird, inwiefern nicht-konsensuale – und damit nach dem hier vertretenen Verständnis potenziell gemeinschaftsrechtliche – Elemente das Vertragsrecht durchziehen.

I. Das Konsensprinzip als Grundlage völkerrechtlicher Verträge

Ungeachtet des Einflusses der unterschiedlichen völkerrechtlichen Theorien auf die Konzeption des Vertragsrechts[32] besteht ein weitgehender Konsens hinsichtlich der Voraussetzungen der Entstehung völkerrechtlicher Verträge sowie der rechtlichen Folgen. Das Recht der völkerrechtlichen Verträge ist maßgeblich in der Wiener Vertragsrechtskonvention (WVK) normiert.[33] Da die meisten Vorschriften der Konvention gewohnheitsrechtliche Geltung beanspruchen, stellen die dort enthaltenen Regelungen – unbeschadet einzelner Abweichungen – das universell gültige Recht der Verträge dar.[34] Der Konzeption dieser Regelungen zufolge durchzieht das Konsensprinzip das gesamte Recht der völkerrechtlichen Verträge.[35] Schon Art. 38 Abs. 1 *lit.* a) IGH-Statut setzt für eine vertragliche Bindung voraus, dass der jeweilige Staat die entspre-

---

[32] Siehe hierzu *Fastenrath* (Fn. 1), S. 92 ff.

[33] *Vienna Convention on the Law of Treaties* vom 23.5.1969, UNTS 1155, S. 331, BGBl. 1985 II, S. 926.

[34] *Legal Consequences for States of the Continued Presence of South Africa in Namibia (South West Africa) notwithstanding Security Council Resolution 276 (1970)*, Advisory Opinion, ICJ Reports 1971, S. 16 (47); aus dem Schrifttum statt vieler *Vitzthum* (Fn. 30), S. 57.

[35] Siehe hierzu *Charney/Danilenko* (Fn. 6), S. 38 ff.

chenden vertraglichen Regelungen ausdrücklich anerkannt hat.[36] Auch die Wiener Vertragsrechtskonvention bestätigt bereits in der Präambel den Grundsatz der freien Zustimmung zu völkerrechtlichen Verträgen und normiert in den Art. 11 ff. WVK formalisierte Verfahren, mit denen die vertragsschließenden Staaten ihre Zustimmung äußern können.[37] Die Art. 48-52 WVK bringen zum Ausdruck, dass die Bindung an einen völkerrechtlichen Vertrag nicht bloß die formale Zustimmung eines Staates voraussetzt, sondern grundsätzlich von der tatsächlich gewollten Zustimmung abhängt; Willensmängel stehen der Bindung grundsätzlich entgegen. Die Möglichkeit der Einlegung von Vorbehalten gemäß den Art. 19-23 WVK gewährleistet, dass der einzelne Staat seinen Willen auch innerhalb multilateraler Verträge verwirklichen kann. Die Art. 34-38 WVK schließen über die Normierung der anerkannten Regel *pacta tertiis nec nocent nec prosunt* aus, dass Drittstaaten gegen ihren Willen an völkerrechtliche Verträge zwischen anderen Staaten gebunden werden. Regelungen über die Beendigung völkerrechtlicher Verträge in den Art. 54-64 WVK gewährleisten schließlich, dass ein Vertragsstaat sich aus seiner rechtlichen Bindung wieder befreien kann. Der quellentheoretischen Konzeption zufolge beansprucht das Konsensprinzip somit vollumfängliche Geltung für das Völkervertragsrecht. Ein Staat ist an eine vertragliche Regelung nur gebunden, wenn und soweit er ihr ausdrücklich zugestimmt hat. Ob diese Aussage absolute Geltung beanspruchen kann, wird im Folgenden näher untersucht.

II. Der Abschluss völkerrechtlicher Verträge

Das Konsensprinzip prägt bereits den Abschluss völkerrechtlicher Verträge. Kein Staat ist rechtlich dazu verpflichtet, an Vertragsverhandlungen teilzunehmen, Unterzeichnung und Ratifikation völkerrechtlicher Verträge liegen in seinem freien Ermessen. Nichtsdestotrotz zeichnen sich Entwicklungen in der Vertragsentstehung ab, die den Konsens als notwendige Voraussetzung des Vertragsschlusses in Frage stellen oder zumindest aufweichen.

---

[36] Vgl. die Legaldefinition des „Vertrages" in Art. 2 Abs. 1 *lit.* a) WVK sowie die Legaldefinition der „Vertragspartei" in Art. 2 Abs. 1 *lit.* g) WVK; siehe auch *Reservations to the Convention on Genocide*, Advisory Opinion, ICJ Reports 1951, S. 15 (21).

[37] Überblick über die Verfahren bei *Heintschel von Heinegg* (Fn. 1), S. 127 ff.; ausführlich *Anthony Aust*, Modern Treaty Law and Practice, 2000, S. 75 ff.

1. Die Institutionalisierung des Rechtsetzungsprozesses

Verträge, die nahezu 200 potenziellen Vertragsparteien offen stehen, können nicht im Rahmen bilateraler Verhandlungen entstehen, sondern verlangen nach entsprechenden multilateralen Foren. Einen wesentlichen Beitrag zur rechtlichen Normierung von Gemeinschaftsinteressen stellt daher die Institutionalisierung des Rechtsetzungsprozesses in internationalen Organisationen und Konferenzen dar, die ein neutrales Forum für die politische Auseinandersetzung bieten, grundsätzlich allen Staaten ungeachtet ihrer politischen oder ideologischen Ausrichtung offen stehen und die unter Gemeinschaftsgesichtspunkten angestrebte universelle oder zumindest quasi-universelle Reichweite multilateraler Verträge ermöglichen.[38] Zudem können innerhalb internationaler Organisationen bereits erhebliche, insbesondere technische, Vorarbeiten geleistet werden, so dass die eigentlichen Vertragsverhandlungen auf der Grundlage qualifizierter Vorentwürfe stattfinden können.[39] Besondere Bedeutung kommt in diesem Rahmen den Kodifikationsbemühungen der *International Law Commission* zu. Die Institutionalisierung der Vertragsverhandlungen führt ferner zu einer gewissen Verselbständigung des Rechtsetzungsprozesses, der nicht mehr notwendigerweise von der Initiative einzelner Staaten abhängt.[40] Internationale Organisationen bieten die Ressourcen und den Sachverstand, um komplexe völkerrechtliche Fragen zu erörtern und zu normieren. Darüber hinaus haben internationale Organisationen, die sich wie die Vereinten Nationen zumindest partiell als Vertreter des Allgemeininteresses begreifen lassen, bei der Entwicklung völkerrechtlicher Verträge Einfluss auf Entstehung und Inhalt der Rechtsnormen.[41] Sie haben die Entstehung völkerrechtli-

---

[38] *Verdross/Simma* (Fn. 1), S. 461 ff.; *Simma* (Fn. 19), S. 325 f.; *Paul C. Szasz*, General Law-Making Processes, in: Christopher C. Joyner (ed.), The United Nations and International Law, 1997, S. 27 (44 ff.); zur Entwicklung siehe *Karl Zemanek*, Majority Rule and Consensus Technique in Law-Making Diplomacy, in: Ronald St. John MacDonald/Douglas M. Johnston (eds.), The Structure and Process of International Law, 1986, S. 857 (858 ff.).

[39] Vgl. *Szasz* (Fn. 38), S. 38 f. und S. 48 ff.

[40] *José E. Alvarez*, The New Treaty Makers, B.C. Int'l & Comp. L. Rev. 25 (2002), S. 213 (218 ff.).

[41] *Verdross/Simma* (Fn. 1), S. 462 sprechen insofern bereits von „gemeinsamer Völkerrechtserzeugung durch Staaten und internationale Organisationen".

cher Verträge sowie die Rolle des Staates in dieser Hinsicht stark beeinflusst.[42]

2. *Die Annahme des Vertragstextes durch Mehrheitsbeschluss und Consensus*

Eng mit der Institutionalisierung des Rechtsetzungsprozesses verbunden ist ein entsprechender Wandel im Verfahren des Vertragsabschlusses. Musste in der Anfangszeit multilateraler Abkommen der Vertragstext regelmäßig einstimmig angenommen werden, so zeigt schon die Zahl der heute potenziell am Vertragsschluss beteiligten Staaten die Grenzen einer solchen Normierungstechnik im modernen Völkerrecht auf. Spätestens seit den Gründungskonferenzen der Vereinten Nationen sowie ihrer Sonderorganisationen in der Mitte des 20. Jahrhunderts setzte sich daher die Annahme des Vertragstextes durch Mehrheitsbeschluss als das übliche Verfahren multilateraler Konferenzen durch, eine Praxis, die ihre positiv-rechtliche Anerkennung in Art. 9 Abs. 2 WVK gefunden hat.[43] Danach kommt ein Vertragstext nicht nur dann zustande, wenn alle an der Konferenz teilnehmenden Parteien ihm zugestimmt haben, sondern wenn eine – entsprechend qualifizierte – Mehrheit ihn annimmt. Die Einführung dieses formellen Verfahrens kann freilich nicht darüber hinwegtäuschen, dass politisch brisante Fragen nur selten im Wege des Mehrheitsbeschlusses entschieden werden und der Abstimmung formelle und informelle Verhandlungen vorausgehen, um die am Ende notwendige Zustimmung der Staaten zu erhalten.[44]

Ihre Weiterentwicklung hat diese Gestaltung der Vertragsverhandlungen in der Einführung des *Consensus*-Verfahrens gefunden. Dabei ist nicht – wie beim Einstimmigkeitsverfahren – die positive Zustimmung aller am Rechtsetzungsprozess Beteiligter erforderlich, sondern vielmehr das Fehlen ausdrücklicher Gegenstimmen: Mit der Feststellung des *Consensus* aller Teilnehmer durch den Verhandlungsleiter gilt eine Vereinbarung als angenommen.[45] Eine förmliche Abstimmung findet

---

[42] Vgl. die Darstellung bei *Alvarez* (Fn. 40), S. 223 ff.

[43] Darstellung der Entwicklung bei *Louis B. Sohn*, Voting Procedures in United Nations Conferences for the Codification of International Law, AJIL 69 (1975), S. 310 ff.

[44] Vgl. *Zemanek* (Fn. 38), S. 860.

[45] Ausführlich *Zemanek* (Fn. 38), S. 862 ff. sowie S. 871 ff.; siehe auch die Legaldefinition in Art. 161 Abs. 8 *lit.* e) SRÜ.

nicht statt.[46] Erstmals 1961 im Weltraumausschuss der Vereinten Nationen zur Anwendung gebracht, prägte das Verfahren insbesondere die dritte Seerechtskonferenz der Vereinten Nationen, die zum Abschluss des Seerechtsübereinkommens[47] im Wege des *Consensus* führte.[48]

Weder Mehrheitsbeschlüsse noch das *Consensus*-Verfahren ersetzen jedoch das Erfordernis der Unterzeichnung und Ratifikation der angenommenen völkerrechtlichen Verträge durch jeden einzelnen Staat, so dass das Konsensprinzip insofern unangetastet bleibt. Gegen die Abweichungen von der Einstimmigkeitsregel werden daher insbesondere rechtspolitische Bedenken vorgebracht. So wird befürchtet, dass ein durch Mehrheitsbeschluss angenommener Vertragstext, der nicht den notwendigen Rückhalt der gesamten internationalen Gemeinschaft aufweist, nicht umfassend ratifiziert wird.[49] Auch die einstimmige Annahme von Verträgen führt jedoch nicht zwangsläufig zu einer hohen Zahl von Ratifikationen, wie das Beispiel des Wiener Konsularrechtsübereinkommens zeigt,[50] und nicht alle Bedenken hinsichtlich eines Vertragstextes schlagen sich in entsprechenden Vorbehalten nieder.[51] Darüber hinaus wird kritisiert, dass insbesondere die Annahme im *Consensus*-Verfahren dazu führe, dass eine Einigung nur auf den „kleinsten gemeinsamen Nenner" stattfinde.[52] Doch auch insofern gilt, dass es weniger das Verfahren als solches ist, das eine breitere Zustimmung zu weitergehenden Regelungen verhindert, als die politische Realität divergierender In-

---

46 *Eric Suy*, Consensus, in: Rudolf Bernhardt (ed.), EPIL, Vol. I, 1992, S. 759.

47 *United Nations Convention on the Law of the Sea* vom 10.12.1982, UNTS 1833, S. 3, BGBl. 1994 II, S. 1799.

48 *Hingst* (Fn. 27), S. 164 ff.; *Günther Jaenicke*, Die Dritte Seerechtskonferenz der Vereinten Nationen, ZaöRV 38 (1978), S. 438 (445 ff.); zur Kombination von *Consensus*-Verfahren und *„package deals"* bei der Seerechtskonferenz *Heintschel von Heinegg* (Fn. 1), S. 131.

49 Siehe *Sohn* (Fn. 43), S. 353; *Simma* (Fn. 31), S. 488 f.

50 *Vienna Convention on Consular Relations* vom 24.4.1963, UNTS 596, S. 261, BGBl. 1969 II, S. 1585.

51 Vgl. *Zemanek* (Fn. 38), S. 861 m.w.N.

52 *Suy* (Fn. 46), S. 759; *Zemanek* (Fn. 38), S. 874; *Daniel Vignes*, Will the Third Conference on the Law of the Sea Work According to the Consensus Rule?, AJIL 69 (1975), S. 119 (121). *Simma* (Fn. 31), S. 489 f. weist zudem auf die Gefahr hin, dass ein möglichst vager, aber für alle Parteien akzeptabler Text vereinbart wird.

teressen. Daher ist es gerade ein Vorteil des *Consensus*-Verfahrens, dass es das Maximum des politisch Realisierbaren zum Vorschein bringt.[53]

Die Bedeutung von Mehrheitsbeschlüssen und *Consensus*-Verfahren besteht vom Standpunkt des internationalen Gemeinschaftsrechts aus daher nicht in einer formellen Durchbrechung des Konsensprinzips *de iure*, sondern in einer Aufweichung *de facto*: Gemeinschaftsrelevante Regelungen können besser erreicht werden, da es einem Staat regelmäßig leichter fallen wird, sich der Stimme oder des formellen Widerspruchs zu enthalten als – wie dies im Einstimmigkeitsverfahren erforderlich ist – einer Regelung, die er nicht in vollem Umfang unterstützt, ausdrücklich zuzustimmen.[54] Auch entfaltet das *Consensus*-Verfahren erheblichen Druck auf die beteiligten Staaten: So wird bereits während der Vertragsverhandlungen Druck insofern aufgebaut, als das Nichterreichen eines *Consensus* dazu führen kann, dass ein Vertragstext doch mit Mehrheitsbeschluss angenommen wird.[55] Ist ein Vertragstext einmal im *Consensus*-Verfahren angenommen, so erhöht sich der Druck auf die an der Konferenz beteiligten Staaten, diesen auch zu ratifizieren, da jeder Staat Gelegenheit hatte, seine Einwände und Bedenken vorzubringen.[56] Durch beredtes Schweigen bringt ein Staat seine grundsätzliche Akzeptanz zum Ausdruck. Auch die Einlegung weit reichender Vorbehalte erscheint vor diesem Hintergrund nicht akzeptabel, liefe sie doch der Funktion des *Consensus*-Verfahrens zuwider.[57] Viele Autoren verbinden daher mit dem *Consensus*-Verfahren die Hoffnung, dass entsprechend angenommene Vertragstexte umfassend ratifiziert werden und schnell in Kraft treten.[58] Nicht zuletzt kommt dem *Consensus*-Verfahren eine psychologische Bedeutung zu, da es die an den Vertragsverhandlungen Beteiligten dazu zwingt, sich mit den Positionen der anderen Staaten auseinanderzusetzen und auch den eigenen Standpunkt und die

---

53 In diesem Sinne auch *Hingst* (Fn. 27), S. 166.

54 *Sohn* (Fn. 43), S. 353: „(...) unanimity is often reached by making the retreat easier for the dissatisfied delegations."

55 *Zemanek* (Fn. 38), S. 863 f.

56 *Hans Ballreich*, Wesen und Wirkung des „Konsens" im Völkerrecht, in: Rudolf Bernhardt u.a. (Hrsg.), Völkerrecht als Rechtsordnung, Internationale Gerichtsbarkeit, Menschenrechte, Festschrift für Hermann Mosler, 1983, S. 1 (10); *Hingst* (Fn. 27), S. 166 f.

57 So auch *Suy* (Fn. 46), S. 760.

58 *Suy* (Fn. 46), S. 760; *Sohn* (Fn. 43), S. 353; skeptisch auf der Grundlage empirischer Analysen *Zemanek* (Fn. 38), S. 878.

eigenen Interessen zu hinterfragen. Dieser Prozess führt zu einem besseren Verständnis aller Positionen und trägt damit zur Herausbildung eines „Gemeinschaftsbewusstseins“ bei.[59]

3. Die am Rechtsetzungsprozess beteiligten Parteien

Im modernen Völkerrecht öffnet sich der Rechtsetzungsprozess: Nichtstaatliche Akteure werden nicht nur zunehmend als mögliche Parteien völkerrechtlicher Verträge anerkannt,[60] sondern gewinnen auch an Einfluss auf die Entstehung zwischenstaatlicher Verträge. Soweit nichtstaatliche Akteure zumindest partiell als Vertreter von Interessen der internationalen Gemeinschaft angesehen werden können,[61] reichern sie den zwischenstaatlichen Rechtsetzungsprozess um eine zivilgesellschaftliche Komponente an. Insbesondere auf den Gebieten des Umweltschutzes, des Menschenrechtsschutzes, der wirtschaftlichen Zusammenarbeit und der Entwicklung entfalten NGOs ein enormes Aktivitätspotential und nehmen Einfluss auf die Vertragsverhandlungen.[62] Zivilgesellschaftliche Akteure nehmen sowohl im Vorfeld multilateraler Vertragskonferenzen als auch währenddessen bedeutende Aufgaben wahr: Sie betreiben Forschung und bringen Expertise in den Rechtsetzungsprozess ein, machen Staaten auf regelungsbedürftige Themenstellungen aufmerksam und mobilisieren die Öffentlichkeit, um die Staatenwelt zum Handeln zu bewegen.[63] Sie können sowohl mit den Staaten

---

[59] *Simma* (Fn. 19), S. 327; *Hingst* (Fn. 27), S. 165; zur Bedeutung des Gemeinschaftsbewusstseins *Chris Brown*, International Political Theory and the Idea of World Community, in: Ken Booth/Steve Smith (eds.), International Relations Theory Today, 1995, S. 90 ff.

[60] Siehe insbesondere die *Vienna Convention on the Law of Treaties between States and International Organizations or between International Organizations* vom 21.3.1986, BGBl. 1990 II, S. 1415 (noch nicht in Kraft); zum Rechtsverkehr zwischen Staaten und nicht-staatlichen Subjekten *Heintschel von Heinegg* (Fn. 1), S. 120 ff.

[61] Dazu oben 5. Kap., D.

[62] Historische Darstellung der Einbeziehung von NGOs in UN-Konferenzen bei *Michael Hempel*, Die Völkerrechtssubjektivität internationaler nichtstaatlicher Organisationen, 1999, S. 162 ff.; ausführlich *Rahmatullah Khan*, The Anti-Globalization Protests: Side-show of Global Governance, or Law-making on the Streets?, ZaöRV 61 (2001), S. 323 (336 ff.).

[63] Hierzu *Stephan Hobe*, The Role of Non-State Actors, in Particular of NGOs, in Non-Contractual Law-Making and the Development of Customary

zusammenwirken als auch gegen diese arbeiten.[64] Und auch ohne formelle Anerkennung und gegen den Willen der Staaten finden NGOs oftmals Wege, den Verhandlungsprozess zu beeinflussen.[65] Viel zitiert ist der Einfluss der *International Campaign to Ban Landmines* auf die Entstehung der Anti-Landminen-Konvention[66] sowie der *International Coalition for an International Criminal Court* auf die Errichtung des Internationalen Strafgerichtshofes.[67]

Auch wenn eine abschließende Bewertung des tatsächlichen Einflusses von NGOs auf die Gestaltung und Verbreitung völkerrechtlicher Verträge schwer fällt: Zivilgesellschaftliche Akteure machen einen festen Bestandteil völkervertraglicher Verhandlungen aus und werden von der Staatenwelt ernst genommen – sowohl als Partner, insbesondere im Hinblick auf die Unterstützung mit wissenschaftlicher Forschung, als auch als Gegner, in der Konfrontation einzelstaatlicher Interessen mit Interessen und Werten der internationalen Zivilgesellschaft als Teilsegment der internationalen Gemeinschaft.

4. Konklusion

Eine rein formal-juristische Betrachtung des Abschlusses völkerrechtlicher Verträge mag weiterhin ergeben, dass die Eingehung völkervertraglicher Verbindlichkeiten im Einklang mit dem Konsensprinzip von einem staatlichen Willensakt abhängt. Eine solche Betrachtung wird in-

---

International Law, in: Rüdiger Wolfrum/Volker Röben (eds.), Developments of International Law in Treaty Making, 2005, S. 319 (320 ff.); *Eibe Riedel*, The Development of International Law: Alternatives to Treaty-Making? International Organizations and Non-State Actors, in: Rüdiger Wolfrum/Volker Röben (eds.), Developments of International Law in Treaty Making, 2005, S. 301 (304); *Louise Doswald-Beck*, Participation of Non-Governmental Entities in Treaty-Making: The Case of Conventional Weapons, in: Vera Gowlland-Debbas (ed.), Multilateral Treaty-Making, 2002, S. 41 f.; *Khan* (Fn. 62), S. 337 ff.

64 *Anne-Marie Slaughter*, International Law and International Relations, RdC 285 (2000), S. 9 (101 ff.).

65 Vgl. *Doswald-Beck* (Fn. 63), S. 43.

66 *Convention on the Prohibition of the Use, Stockpiling, Production and Transfer of Anti-personnel Mines and their Destruction* vom 18.9.1997, UNTS 2056, S. 211, ILM 36 (1997), S. 1507, BGBl. 1998 II, S. 778.

67 Hierzu statt vieler *Andreas L. Paulus*, Die internationale Gemeinschaft im Völkerrecht, 2001, S. 231; weitere Beispiele bei *Hingst* (Fn. 27), S. 158 (Fußnote 67); *Hobe* (Fn. 63), S. 321 ff.; *Khan* (Fn. 62), S. 341 f.

des der internationalen Realität sowie der Praxis völkerrechtlicher Vertragskonferenzen immer weniger gerecht. Das Bild des souveränen Nationalstaates, der nach freiem Belieben in den rechtsgeschäftlichen Verkehr mit anderen Staaten tritt und im Hinblick auf die Verhandlung sowie den Abschluss völkerrechtlicher Verträge weitgehend selbstbestimmt ist, entspricht nicht mehr der internationalen Wirklichkeit. Staaten sind vielmehr dazu gezwungen, an internationalen Vertragskonferenzen teilzunehmen, teilweise zur Verwirklichung ihrer eigenen Interessen, teilweise aufgrund interner sowie externer Zwänge. Andere Staaten, internationale Organisationen, nicht-staatliche Organisationen sowie teilweise die internationale und die nationale Öffentlichkeit üben einen erheblichen Druck auf den einzelnen Staat aus. Kaum ein Staat könnte es sich etwa erlauben, nicht an den Weltwirtschaftsrunden teilzunehmen: Sowohl wirtschaftliche Eigeninteressen als auch die Interessen der nationalen Wirtschaftsteilnehmer stehen dem entgegen. Und durch eine Verweigerung gegenüber den globalen Umweltkonferenzen zöge ein Staat nicht nur den Unmut der übrigen Staatenwelt auf sich, sondern müsste zudem scharfe Kritik von Seiten der Zivilgesellschaft hinnehmen. Ähnliches gilt für Menschenrechtsabkommen.[68]

III. Vorbehalte zu völkerrechtlichen Verträgen

Vorbehalte spiegeln das Spannungsverhältnis von im Konsensprinzip zum Ausdruck gelangenden Individualinteressen und in multilateralen Verträgen verankerten Gemeinschaftsinteressen wider. Sie stellen den Versuch dar, die universelle Geltung eines Vertrages durch die Möglichkeit individueller Modifikationen zu erreichen. Das Universalitätsinteresse, das heißt das Interesse daran, möglichst viele Parteien für einen Vertrag zu gewinnen, steht dem Integritätsinteresse an einem inhaltlich möglichst unangetasteten Vertrag gegenüber.[69] Dabei stellt es einen

---

[68] Vgl. *Thomas Giegerich*, Vorbehalte zu Menschenrechtsabkommen: Zulässigkeit, Gültigkeit und Prüfungskompetenzen von Vertragsgremien, ZaöRV 55 (1995), S. 713 (720 f.).

[69] Statt vieler *Ralph Alexander Lorz*, Menschenrechte unter Vorbehalt, Der Staat 41 (2002), S. 29 (32 ff.); siehe aber auch *Giegerich* (Fn. 68), S. 721, der zutreffend darauf hinweist, dass beide Interessen letztlich auf dasselbe Ziel hinauslaufen, nämlich die möglichst effektive und umfassende Durchsetzung von Gemeinschaftsinteressen; ähnlich auch *Edward T. Swaine*, Reserving, Yale J. Int'l L. 31 (2006), S. 307 (311).

Ausdruck des Konsensprinzips dar, dass ein Staat, selbst wenn er Partei eines multilateralen Vertrages wird, einzelne Regelungen ausschließen oder modifizieren kann. Doch auch insofern erfährt das Konsensprinzip Durchbrechungen sowohl im Hinblick auf die Zulässigkeit von Vorbehalten als auch hinsichtlich der mit der Unzulässigkeit eines Vorbehaltes verbundenen Rechtsfolgen. Bedeutung erlangen diese Einschränkungen insbesondere im Rahmen multilateraler Menschenrechtsabkommen, an denen die Problematik im Folgenden erörtert werden soll.

1. Grundzüge des Vorbehaltsregimes nach der Wiener Vertragsrechtskonvention

Das durch die Wiener Vertragsrechtskonvention etablierte Vorbehaltsregime stellt in weiten Teilen kodifiziertes Gewohnheitsrecht dar; darüber hinaus wird von einer Weiterentwicklung des Gewohnheitsrechts durch die Kodifizierung ausgegangen.[70] Die historische Entwicklung des Rechts der Vorbehalte ist dabei von zwei divergierenden Ansätzen geprägt:[71] Nach der lange Zeit vorherrschenden *absoluten Theorie* kann der einen Vorbehalt anbringende Staat nur Partei eines Vertrages werden, wenn dieser Vorbehalt von allen Staaten angenommen wird. Die Vertreter der *relativen Theorie* hingegen nehmen an, dass ein Staat, der einen Vorbehalt erklärt, auch dann Vertragspartei wird, wenn ein anderer Vertragsstaat diesen Vorbehalt ablehnt. Vertragliche Beziehungen entstehen dann jedoch nur zwischen dem Reservatarstaat und denjenigen Staaten, die den Vorbehalt akzeptieren, und nicht im Verhältnis zu Staaten, die den Vorbehalt ablehnen. Inhalt der *erweiterten relativen Theorie* ist schließlich, dass der Widerspruch eines Vertragspartners gegen einen Vorbehalt nicht nur nicht zum Ausschluss des den Vorbehalt erklärenden Staates vom Vertragsregime führt, sondern auch vertragliche Beziehungen zwischen dem Reservatarstaat und dem ablehnenden Staat entstehen, allerdings unter reziprokem Ausschluss der von dem Vorbehalt betroffenen Vorschriften.

---

[70] Hierzu *Dahm/Delbrück/Wolfrum* (Fn. 27), S. 563 f. Die unmittelbare Bedeutung der Konvention ist dadurch begrenzt, dass sie nicht umfassend unterzeichnet und ratifiziert ist und gemäß Art. 1 bis 4 WVK nur einen begrenzten Anwendungsbereich aufweist; zur anhaltenden Diskussion um die Fortentwicklung der Vorbehaltsregelungen *Swaine* (Fn. 69), S. 308 f.

[71] Zum Ganzen *Dahm/Delbrück/Wolfrum* (Fn. 27), S. 561 ff.

Die Wiener Vertragsrechtskonvention inkorporiert Elemente aller drei Theorien:[72] Die *absolute Theorie* gelangt zur Anwendung im Hinblick auf so genannte geschlossene oder beschränkt multilaterale Verträge[73] (Art. 20 Abs. 2 WVK) sowie Gründungsverträge internationaler Organisationen (Art. 20 Abs. 3 WVK), für die die Annahme eines Vorbehalts durch alle Parteien erforderlich ist, damit der Reservatarstaat Vertragspartei wird. Für alle übrigen Verträge gilt der an der *erweiterten relativen Theorie* ausgerichtete Art. 20 Abs. 4 WVK: Wird ein Vorbehalt von einem anderen Vertragsstaat akzeptiert, so bestimmt sich das Vertragsverhältnis zwischen den beiden Staaten nach dem Inhalt des Vorbehaltes (Art. 20 Abs. 4 *lit.* a) i.V.m. Art. 21 Abs. 1 WVK). Ein Widerspruch gegen einen Vorbehalt bewirkt hingegen grundsätzlich den Ausschluss der jeweiligen Vertragsbestimmung im Verhältnis zwischen dem Reservatarstaat und dem widersprechenden Staat (Art. 20 Abs. 4 *lit.* b) i.V.m. Art. 21 Abs. 3 WVK). Die *relative Theorie* kommt in Art. 20 Abs. 4 *lit.* b) 2. Halbsatz WVK zum Tragen, wonach zwischen dem den Vorbehalt erklärenden und einem widersprechenden Staat keine vertraglichen Beziehungen zustande kommen, wenn die widersprechende Partei einen entsprechenden Willen eindeutig zum Ausdruck bringt. Das Vertragsverhältnis der anderen Parteien untereinander bleibt in jedem Fall von dem Vorbehalt unberührt (Art. 21 Abs. 2 WVK).

2. *Zulässigkeit von Vorbehalten*

Auf der Grundlage des traditionellen Völkergewohnheitsrechts waren der Einlegung von Vorbehalten keine inhaltlichen Grenzen gesetzt, entscheidend war allein die Zustimmung der übrigen Vertragsparteien. Dieser am Willen der vertragsschließenden Staaten ausgerichtete Grundsatz kann spätestens seit der Entscheidung des IGH im Gutachten zur Völkermordkonvention[74] keine Geltung mehr beanspruchen. Folgerichtig normiert Art. 19 der Wiener Vertragsrechtskonvention, dass ein Vorbehalt unzulässig ist, wenn:

---

[72] Siehe hierzu *Heintschel von Heinegg* (Fn. 1), S. 170 ff.

[73] Dabei handelt es sich um Verträge mit begrenzter Mitgliederzahl, aus deren Ziel und Zweck hervorgeht, dass die unveränderte einheitliche Anwendung des Vertrages auf alle Vertragsparteien eine wesentliche Voraussetzung für den Vertragsschluss ist.

[74] *Reservations to the Convention on Genocide*, Advisory Opinion, ICJ Reports 1951, S. 15.

„a) the reservation is prohibited by the treaty;

b) the treaty provides that only specified reservations, which do not include the reservation in question, may be made; or

c) in cases not falling under sub-paragraphs (a) and (b), the reservation is incompatible with the object and purpose of the treaty."

a) Annahme unzulässiger Vorbehalte?

Umstritten ist jedoch, ob und welche Rechtswirkungen ein nach dieser Vorschrift unzulässiger Vorbehalt entfaltet, insbesondere, ob die Vertragsparteien einen nach Art. 19 WVK unzulässigen Vorbehalt dennoch annehmen können. Hiervon hängt ab, inwiefern das Vorbehaltsregime der WVK weiterhin allein dem zwischenstaatlichen Willen verhaftet ist oder ob es objektive, der Disposition der Vertragsparteien entzogene Zulässigkeitsbeschränkungen enthält. Mangels expliziter Regelung bejaht eine weit verbreitete Ansicht die Möglichkeit der Vertragsparteien, auch unzulässige Vorbehalte anzunehmen.[75] Zur Begründung wird auf die Maßgeblichkeit des Willens der vertragsschließenden Parteien verwiesen: Wenn diese einen Vorbehalt akzeptierten, der Sinn und Zweck des Vertrages zuwiderläuft, so sei diese politische Entscheidung hinzunehmen.[76] Eine derartige Lesart wird indes der Bedeutung des Art. 19 *lit.* c) WVK nicht gerecht. Schon der Wortlaut der Vorschrift spricht für eine objektive Zulässigkeitsbeschränkung.[77] Und auch die Systematik der Vertragsrechtskonvention indiziert, dass ein unzulässiger Vorbehalt nicht angenommen werden kann, sondern dass die Zulässigkeit eine echte Voraussetzung für die Wirksamkeit des Vorbehalts darstellt: Denn nach Art. 21 Abs. 1 WVK muss ein Vorbehalt „in accordance with" Artikel 19 WVK entstanden sein, um die entsprechenden nachfolgend ge-

---

[75] Siehe statt vieler *Peters* (Fn. 6), S. 116; *Matthias Herdegen*, Völkerrecht, 8. Aufl. 2009, S. 118 f. will dies nur für die Fälle des Art. 19 *lit.* c) WVK gelten lassen; ähnlich differenzierend auch *Rolf Kühner*, Vorbehalte zu multilateralen völkerrechtlichen Verträgen, 1986, S. 145 ff.; deutlich auch *José Maria Ruda*, Reservations to Treaties, RdC 146 (1975-III), S. 95 (190); *Heintschel von Heinegg* (Fn. 1), S. 172 f. (unter Ablehnung der von *Herdegen* und *Kühner* vertretenen differenzierenden Lösungen).

[76] *Ruda* (Fn. 75), S. 190.

[77] Dies gesteht auch *Heintschel von Heinegg* (Fn. 1), S. 172 f. ein; siehe auch *Ralph Alexander Lorz*, Der Vorrang des Kindeswohls nach Art. 3 der UN-Kinderrechtskonvention in der deutschen Rechtsordnung, 2003, S. 33.

regelten Rechtswirkungen zu entfalten.[78] Die Vertragsrechtskonvention unterscheidet damit zwischen der grundsätzlichen Zulässigkeit eines Vorbehalts und der Annahme dieses Vorbehalts durch die übrigen Staaten.[79] Diese Unterscheidung würde unterlaufen, überließe man die Annahme eines unzulässigen Vorbehalts den übrigen Vertragsstaaten. Gegen die Annahme, dass ein unzulässiger Vorbehalt von den anderen Staaten einfach akzeptiert werden kann, spricht zudem, dass Art. 19 WVK nach dieser Auslegung keine eigenständige normative Bedeutung zukäme. Denn da ein Vorbehalt ohnehin angenommen werden muss, wäre es insofern unerheblich, ob der Vorbehalt zulässig ist oder nicht. Die Unterscheidung zwischen zulässigen und unzulässigen Vorbehalten, die in Art. 19 WVK ausdrücklich vorgenommen wird und dem Vorbehaltsregime zugrunde liegt, verlöre damit ihren Sinn.[80] Eine derartige Auslegung der Norm widerspricht dem Grundsatz der Effektivität (*effet utile*), wonach vertragliche Bestimmungen dergestalt ausgelegt werden müssen, dass ihnen ihre beabsichtigte Bedeutung zukommt.[81] Schließlich hat der einen unzulässigen Vorbehalt anbringende Staat zum Ausdruck gebracht, dass er grundsätzlich Partei des Vertrages werden will. Dieser Wille wird zumeist stärker sein als die mit dem unzulässigen Vorbehalt verbundene Intention.[82]

Nicht überzeugen kann zudem der Einwand, die Einschätzung, ob ein Vorbehalt zulässig sei oder nicht, müsse mangels obligatorischer Streitschlichtungsverfahren den Vertragsstaaten überlassen bleiben, denen ei-

---

[78] So auch *Catherine Redgwell*, Universality or Integrity? Some Reflections on Reservations to General Multilateral Treaties, BYIL 64 (1993), S. 245 (261); *Giegerich* (Fn. 68), S. 725 f.

[79] Vgl. *Frank Horn*, Reservations and Interpretative Declarations to Multilateral Treaties, 1988, S. 120.

[80] *Rolf Kühner*, Vorbehalte und auslegende Erklärungen zur Europäischen Menschenrechtskonvention, ZaöRV 42 (1982), S. 58 (78); *Swaine* (Fn. 69), S. 315 f.; *Ruda* (Fn. 75), S. 190.

[81] *Redgwell* (Fn. 78), S. 260 f.; *Giegerich* (Fn. 68), S. 726; *Lorz* (Fn. 77), S. 33; zum Grundsatz des *effet utile* als Auslegungsmaxime im Völkerrecht *Verdross/ Simma* (Fn. 1), S. 494; ausführlich *Heike Krieger*, Das Effektivitätsprinzip im Völkerrecht, 2000. Noch weiter geht die Annahme von *Derek William Bowett*, Reservations to Non-restricted Multilateral Treaties, BYIL 48 (1976/77), S. 67 (82 f.), der in der Annahme eines unzulässigen Vorbehaltes durch einen anderen Vertragsstaat einen Vertragsbruch sieht.

[82] *Bowett* (Fn. 81), S. 76; skeptisch, im Ergebnis aber zustimmend *Giegerich* (Fn. 68), S. 775; anderer Ansicht ist *Heintschel von Heinegg* (Fn. 1), S. 173.

ne Einschätzungsprärogative zukomme.[83] Das Fehlen gerichtlicher Instanzen zur verbindlichen Auslegung völkerrechtlicher Normen stellt deren objektiven rechtlichen Gehalt ebenso wenig in Frage wie die Anerkennung von Einschätzungsspielräumen. Es handelt sich vielmehr um ein generelles Phänomen der Völkerrechtsordnung, in der die Auslegung völkerrechtlicher Normen grundsätzlich den Staaten obliegt.[84] Das Fehlen obligatorischer Streitentscheidungsmechanismen führt daher nicht dazu, dass das objektive Kriterium der Inkompatibilität in Art. 19 *lit.* c) WVK zu einem subjektiven Kriterium wird.[85] Es veranschaulicht jedoch die Erforderlichkeit unabhängiger gerichtsförmiger Instanzen zur verbindlichen Entscheidung über die Zulässigkeit von Vorbehalten *de lege ferenda.*[86]

b) Zulässigkeit von Vorbehalten zu Verträgen zum Schutz der Menschenrechte

Die Frage der Zulässigkeit von Vorbehalten wird besonders kontrovers im Hinblick auf Verträge zum Schutz der Menschenrechte diskutiert. Während der IGH im Völkermord-Gutachten von 1951 Vorbehalte zu Menschenrechtsabkommen noch für grundsätzlich zulässig erachtete,[87] mehren sich die Stimmen in der Völkerrechtswissenschaft, die sich gegen die Zulässigkeit von Vorbehalten wenden.[88] Die Kritiker berufen

---

83 Vgl. *Peter Hilpold*, Das Vorbehaltsregime der Wiener Vertragskonvention, AVR 34 (1996), S. 376 (411 ff.); *Herdegen* (Fn. 75), S. 118 f.

84 Vgl. *Heintschel von Heinegg* (Fn. 1), S. 138.

85 So aber *Dahm/Delbrück/Wolfrum* (Fn. 27), S. 567; treffender ist die Bezeichnung von *Roberto Ago*, dass es sich bei der Zulässigkeit von Vorbehalten um ein objektives Kriterium handelt, das subjektiv anzuwenden ist, vgl. *Summary Records of the First Part of the Seventeenth Session*, YBILC 1965 I, S. 161.

86 Siehe hierzu *Lorz* (Fn. 69), S. 42 ff.; *Simma* (Fn. 19), S. 344 f.

87 *Reservations to the Convention on Genocide*, Advisory Opinion, ICJ Reports 1951, S. 15 ff.; anders aber bereits Dissenting Opinion *Alvarez*, ICJ Reports 1951, S. 49 ff.

88 Siehe statt vieler nur *Giegerich* (Fn. 68), S. 772; *Jochen Abr. Frowein*, Reservations and the International Ordre Public, in: Jerzy Makarczyk (ed.), Theory of International Law at the Threshold of the 21st Century, Essays in Honour of Krzysztof Skubiszewski, 1996, S. 403 (411); *Antônio Augusto Cançado Trindade*, International Law for Humankind: Towards a New Jus Gentium (II), RdC 317 (2005), S. 9 (67); vermittelnd *Lorz* (Fn. 69), S. 44 f.; zur völkerrechtlichen Praxis *Simma* (Fn. 19), S. 345 ff.

sich insbesondere darauf, dass sich das Vorbehaltsregime der Wiener Vertragsrechtskonvention nicht in überzeugender Weise auf menschenrechtliche Abkommen übertragen lässt: Nach Art. 21 Abs. 1 und 2 WVK führt die Annahme eines Vorbehaltes zur Modifikation der entsprechenden Vertragsnorm im bilateralen Verhältnis zwischen dem Reservatarstaat und dem den Vorbehalt annehmenden Staat. Und für den Fall eines Widerspruchs ordnet Art. 21 Abs. 3 WVK an, dass die vom Vorbehalt betroffene Vertragsvorschrift im bilateralen Verhältnis zwischen Reservatarstaat und widersprechendem Staat nicht zur Anwendung gelangt.[89] Die Regelung des Art. 21 WVK führt damit zu einer Aufspaltung eines multilateralen Vertrages in mehrere bilaterale Vertragsverhältnisse.[90] Diese Zergliederung eines multilateralen Vertrages in einzelne reziproke Rechtsverhältnisse kann auf menschenrechtliche Abkommen jedoch keine Anwendung finden.[91] Denn menschenrechtliche Verpflichtungen entziehen sich der bilateralen Verpflichtungsstruktur klassischer völkerrechtlicher Verträge, da ihre Einhaltung den Individuen sowie der Gesamtheit der übrigen Vertragsstaaten geschuldet ist und nicht bloß einer einzelnen Vertragspartei. Menschenrechtsabkommen begründen Verpflichtungen *erga omnes* und zielen auf die Errichtung einer objektiven Rechtsordnung ab.[92] Die reziproke Außerkraftsetzung einzelner Verpflichtungen ist daher nicht möglich und stellt einen Rechtsbruch gegenüber allen anderen Vertragsparteien dar.[93] Auf der Grundlage des Vorbehaltsregimes der WVK spricht daher vieles dafür, Vorbehalte zu menschenrechtlichen Verträgen aus strukturellen Gründen für *de lege lata* unzulässig zu erachten. Nichtsdestotrotz machen Vorbehalte zu menschenrechtlichen Abkommen einen festen Bestandteil der völkervertraglichen Praxis aus und werden regelmäßig sowohl von den anderen Vertragsstaaten als auch von großen Teilen des Schrifttums akzeptiert.

---

89 Im praktischen Ergebnis unterscheiden sich die Rechtsfolgen von Art. 21 Abs. 1 und 2 WVK sowie Art. 21 Abs. 3 WVK somit kaum, vgl. *Giegerich* (Fn. 68), S. 726 m.w.N.

90 *Simma* (Fn. 19), S. 341 f.

91 Siehe hierzu *Giegerich* (Fn. 68), S. 742 ff.; *Simma* (Fn. 19), S. 342 ff.; *Lorz* (Fn. 69), S. 36 ff.

92 Statt vieler *Giegerich* (Fn. 68), S. 753 ff.

93 So ausdrücklich *Simma* (Fn. 19), S. 343.

Daher gewinnt die Ausarbeitung von Vorschlägen *de lege ferenda* an Bedeutung, so dass sich seit 1993 auch die *International Law Commission* mit der Frage von Vorbehalten zu völkerrechtlichen Verträgen beschäftigt. Doch obwohl sich die ILC der Problematik bewusst ist,[94] ist die Mehrheit innerhalb der Kommission der Ansicht, dass die Vorschriften der Vertragsrechtskonvention nicht geändert werden sollten.[95] Die 2003 vorläufig angenommenen *Draft Guidelines on Reservations to Treaties* sehen daher auch nur einen regelmäßigen Überprüfungsprozess dahingehend vor, ob ein angebrachter Vorbehalt noch notwendig ist oder ob er zurückgenommen werden sollte.[96]

Im Ergebnis lässt sich damit festhalten, dass zwar zunehmend dogmatisch sowie rechtspolitisch überzeugende Kritik an einer uneingeschränkten Zulässigkeit von Vorbehalten zu menschenrechtlichen Verträgen formuliert wird, eine einheitliche Linie im völkerrechtlichen Schrifttum sowie in der Praxis bislang jedoch nicht ersichtlich ist.[97]

3. Rechtsfolgen unzulässiger Vorbehalte

Nicht abschließend geklärt ist schließlich die Frage, welche Rechtsfolgen ein unzulässiger und damit unwirksamer[98] Vorbehalt entfaltet.[99] Der Streit spiegelt den Gegensatz zwischen Individual- und Gemeinschaftsinteressen wider, der das gesamte Vorbehaltsregime prägt. Dass der Staat, der einen unzulässigen Vorbehalt erklärt hat, Vertragspartei wird, ohne dass die Vorschriften, auf die sich sein Vorbehalt bezieht, für

---

94 Siehe etwa *First Report on the Law and Practice Relating to Reservations to Treaties* (1995), UN Doc. A/CN.4/470, Ziff. 138-142, 148-149; *Second Report on Reservations to Treaties* (1996), UN Doc. A/CN.4/477, Ziff. 12 und 14.

95 Vgl. *Report of the International Law Commission on the Work of its Forty-ninth Session*, UN Doc. A/52/10, YBILC 1997 II/2, S. 1 (44). Der Special Rapporteur *Alain Pellet* betont vielmehr, dass die allgemeinen Vorschriften über das Recht der Verträge auch auf Verträge zum Schutz von Menschenrechten anwendbar sind und auch Anwendung finden, vgl. *Second Report on Reservations to Treaties* (1996), UN Doc. A/CN.4/477, Ziff. 37.

96 Vgl. *Report of the International Law Commission on the Work of its Fifty-fifth Session*, UN Doc. A/58/10, S. 184; kritisch hierzu *Cançado Trindade* (Fn. 88), S. 73 ff.

97 So auch der Befund von *Dahm/Delbrück/Wolfrum* (Fn. 27), S. 569.

98 Vgl. *Giegerich* (Fn. 68), S. 774.

99 Überblick über das Meinungsspektrum bei *Kühner* (Fn. 80), S. 82 f.

ihn gelten, muss dabei von vorneherein ausscheiden.[100] Andernfalls würde der unzulässige Vorbehalt auf diesem Umweg Wirksamkeit entfalten und die Regelung des Art. 19 *lit.* c) WVK liefe erneut leer.[101] Unter Hinweis auf das Konsensprinzip vertreten zahlreiche Autoren, dass der einen unzulässigen Vorbehalt erhebende Staat nicht Partei des Vertrages wird.[102] Andere wiederum betonen das Effektivitätsprinzip und nehmen eine vollumfängliche vertragliche Bindung des Staates ohne Geltung des Vorbehaltes an.[103] Eine vermittelnde Ansicht will grundsätzlich auf den entsprechenden Staatenwillen abstellen und daran differenzierende Rechtsfolgen anknüpfen.[104] Und auch der Staatenpraxis lassen sich keine eindeutigen Vorgaben für die Rechtsfolgen unzulässiger Vorbehalte entnehmen.[105]

Eine eindeutige Tendenz, im Fall unzulässiger Vorbehalte zu einer vollumfänglichen Bindung des entsprechenden Staates zu gelangen, lässt sich jedoch in der Praxis der Überwachungsorgane zu menschenrechtlichen Abkommen erkennen.[106] Im *Belilos*-Fall erachtete der Europäische Gerichtshof für Menschenrechte eine „auslegende Erklärung" der Schweiz zur EMRK als einen mit Art. 57 Abs. 1 EMRK (ehemals

---

[100] So aber wohl *Kühner* (Fn. 80), S. 87 m.w.N.; im Ergebnis ebenso *Walter Kälin*, Die Vorbehalte der Türkei zu ihrer Erklärung gemäß Art. 25 EMRK, EuGRZ 14 (1987), S. 421 (429).

[101] Wie hier *Susan Marks*, Reservations Unhinged: The Belilos Case Before the European Court of Human Rights, ICLQ 39 (1990), S. 300 ff.; *Bowett* (Fn. 81), S. 75 ff.; *Giegerich* (Fn. 68), S. 774; *Lorz* (Fn. 77), S. 34.

[102] Statt vieler *Daniel Patrick O'Connell*, International Law, Vol. 1, 2nd ed. 1970, S. 237; *Christian Tomuschat*, Admissibility and Legal Effects of Reservations to Multilateral Treaties, ZaöRV 27 (1967), S. 463 (467); in diese Richtung tendierend auch *Christian Hillgruber*, Diskussionsbeitrag, BDGVR 39 (2000), S. 460 (462).

[103] So etwa *Giegerich* (Fn. 68), S. 775 ff.; *Jochen Abr. Frowein*, Konstitutionalisierung des Völkerrechts, BDGVR 39 (2000), S. 427 (437).

[104] *Iain Cameron*, Turkey and Article 25 of the European Convention on Human Rights, ICLQ 37 (1988), S. 887 (923); *Horn* (Fn. 79), S. 120; differenzierend auch *Dahm/Delbrück/Wolfrum* (Fn. 27), S. 574; zum Ganzen *Lorz* (Fn. 69), S. 40 m.w.N.

[105] Vgl. die Nachweise bei *Kühner* (Fn. 80), S. 84 ff.; zur zurückhaltenden Staatenpraxis insgesamt *Lorz* (Fn. 69), S. 38 f.; siehe aber auch die Nachweise von Vorfällen, in denen Staaten die Irrelevanz unzulässiger Vorbehalte gerügt haben, bei *Frowein* (Fn. 88), S. 408 ff.

[106] Ausführliche Darstellung dieser Entwicklung bei *Hingst* (Fn. 27), S. 229 ff.

Art. 64 Abs. 1 EMRK) unvereinbaren Vorbehalt allgemeiner Art.[107] Gleichwohl sah der Gerichtshof es als unzweifelhaft an, dass die Schweiz trotz des unzulässigen Vorbehalts an die Konvention gebunden sei.[108] Diese Praxis wurde in der nachfolgenden Entscheidung im Fall *Weber* bestätigt, ohne dass der Gerichtshof überhaupt noch auf die Frage eingegangen wäre.[109] Auch im *Loizidou*-Fall betrachtete der EGMR die Türkei trotz einer unzulässigen Beschränkung des Rechtsschutzmechanismus durch einen territorial begrenzten Vorbehalt als in vollem Umfang an die Konvention gebunden und der Gerichtsbarkeit unterworfen.[110] Auch der Menschenrechtsausschuss des IPBPR vertritt in einem auf der Grundlage von Art. 40 Abs. 4 Satz 2 IPBPR ergangenen *General Comment* die Auffassung, dass die Einlegung eines unzulässigen Vorbehalts regelmäßig nicht die Nichtigkeit der Ratifikationserklärung nach sich zieht.[111] Ein Staat, der einen unzulässigen und damit nichtigen Vorbehalt einlege, sei in vollem Umfang an den Pakt gebunden.

So sehr diese Praxis der internationalen Überwachungsorgane im Hinblick auf die umfassende Geltung sowie die effektive Durchsetzung der Menschenrechtsabkommen zu begrüßen ist, so ambivalent erscheint sie in Anbetracht der Reaktionen in der Staatenwelt. Während die Praxis

---

[107] EGMR, Urteil vom 29.4.1988, Beschwerde-Nr. 10328/83, Series A, Nr. 132, *Belilos v. Switzerland*, Ziff. 51-60. Die Entscheidung, ob es sich bei dieser Erklärung um einen Vorbehalt handelt, lässt der Gerichtshof dabei offen, da er diesen jedenfalls für unzulässig erachtet; vgl. hierzu *Stefan Oeter*, Die „auslegende Erklärung" der Schweiz zu Art. 6 Abs. 1 EMRK und die Unzulässigkeit von Vorbehalten nach Art. 64 EMRK, ZaöRV 48 (1988), S. 514 (516 f.).

[108] EGMR (Fn. 107), Ziff. 60.

[109] EGMR, Urteil vom 22.5.1990, Beschwerde-Nr. 11034/84, Series A, Nr. 177, *Weber v. Switzerland*, Ziff. 36 ff.

[110] EGMR, Urteil vom 23.3.1995, Beschwerde-Nr. 15318/89, Series A 310, *Loizidou v. Turkey* (Preliminary Objections), Ziff. 65 ff.; zur Begründung beruft sich der Gerichtshof auf den „special character of the Convention as an instrument of European public order (ordre public) for the protection of individual human beings" (Ziff. 93); siehe hierzu *Hans-Konrad Ress*, Die Zulässigkeit territorialer Beschränkungen bei der Anerkennung der Zuständigkeit des Europäischen Gerichtshofs für Menschenrechte, ZaöRV 56 (1996), S. 427 ff.

[111] Human Rights Committee, General Comment No. 24 (52) vom 2.11.1994, UN Doc. CCPR/C/21/Rev.1/Add.6, Hum. Rts. L.J. 15 (1994), S. 464 ff.; zur rechtlichen Wirkung von *General Comments* siehe *Gudmundur Alfredsson*, Human Rights Commissions and Treaty Bodies in the UN-System, in: Rüdiger Wolfrum/Volker Röben (eds.), Developments of International Law in Treaty Making, 2005, S. 559 ff.

des EGMR auf grundsätzliche Akzeptanz traf, begegneten insbesondere die USA, Großbritannien und Frankreich dem Vorstoß des Menschenrechtsausschusses mit harscher Kritik.[112] Auch andere Staaten reagierten auf eine ihrer Ansicht nach zu extensive Praxis des Menschenrechtsausschusses mit einer Kündigung des Fakultativprotokolls zum IPBPR.[113] Diese Beispiele zeigen die Gefahr einer zu starken Abweichung vom staatlichen Konsens durch entsprechende „Gemeinschaftsinstitutionen" auf: Angesichts der Abhängigkeit des internationalen Systems von staatlichen Akteuren und deren Bereitschaft zur Kooperation kann eine solche Praxis zum Rückzug aus den entsprechenden Regimes führen oder andere Staaten von weitergehenden Zugeständnissen abhalten und sich insofern als kontraproduktiv für die Verwirklichung von Gemeinschaftsinteressen erweisen. *Simma* zieht hieraus den Schluss, dass die Behebung der Unzulässigkeit eines Vorbehalts in Kooperation mit dem entsprechenden Staat erfolgen müsse: Die Überwachungsorgane der Vereinten Nationen sollten ihre Rechtsansicht zum Ausdruck bringen, in letzter Instanz obliege es jedoch dem Reservatarstaat sowie den übrigen Vertragsparteien, eine angemessene Lösung des Konflikts zu finden.[114]

4. Konklusion

Trotz aller Unzulänglichkeiten und Unsicherheiten im Vorbehaltsregime der Wiener Vertragsrechtskonvention wird die Relevanz der Regelungen für ein internationales Gemeinschaftsrecht deutlich. Im Spannungsverhältnis von Universalitätsinteresse und Integritätsinteresse spiegelt sich das Interesse der internationalen Gemeinschaft wider, möglichst viele Staaten als Parteien eines multilateralen Vertrages zu gewinnen, gleichzeitig aber in diesem Vertrag möglichst weitgehende und effektive

---

[112] Siehe die in Hum. Rts. L.J. 16 (1995), S. 422 ff. abgedruckten Stellungnahmen; zum Ganzen auch *Simma* (Fn. 19), S. 346 ff.

[113] Zu den Beispielen von Trinidad und Tobago, Jamaika und Guyana *Lorz* (Fn. 69), S. 33 (Fußnote 17) sowie S. 40 (Fußnote 47); *Dahm/Delbrück/Wolfrum* (Fn. 27), S. 573.

[114] *Simma* (Fn. 19), S. 348; *Christian Tomuschat*, International Law: Ensuring the Survival of Mankind on the Eve of a New Century, RdC 281 (1999), S. 9 (322) akeptiert die Einschränkung der staatlichen Souveränität auf der Ebene der EMRK, steht ihr aber im Hinblick auf die universelle Ebene des UN-Menschenrechtsausschusses skeptisch gegenüber.

Regelungen zu normieren.[115] Völkerrechtliche Doktrin und Praxis versuchen, beiden Gemeinschaftsinteressen zu optimaler Geltung zu verhelfen. Doch während den WVK-Regelungen vielfach eine Privilegierung von Vorbehalten vorgeworfen wird,[116] hat die weitere Entwicklung zu einer prinzipiellen Stärkung der Vertragsintegrität geführt. Damit einher geht eine Abschwächung des Konsensprinzips im Hinblick auf die inhaltlichen Grenzen von Vorbehalten und die Rechtsfolgen der Unzulässigkeit eines Vorbehalts. In seiner Bewertung der *Belilos*-Entscheidung führt *Tomuschat* daher aus, dass:

> „[a]lthough the European Court of Human Rights did not totally discard the consensual element, one cannot escape the inference that that element was turned around and objectivated in a manner hardly in keeping with traditional canons of interpretation."[117]

Doch erneut zeigt sich, dass die internationale Gemeinschaft aufgrund des Institutionalisierungsdefizits auf bilaterale Mechanismen zur Durchsetzung von Gemeinschaftsinteressen angewiesen ist: Das Sinn-und-Zweck-Kriterium als Zulässigkeitsvoraussetzung eines Vorbehalts gemäß Art. 19 *lit.* c) WVK weist zwar einen objektiven Gehalt auf, mangels obligatorischer Streitschlichtungsinstanz obliegt die Geltendmachung der Unzulässigkeit eines Vorbehalts jedoch den vertragsschließenden Parteien. Das Vorbehaltsregime der Vertragsrechtskonvention erweist sich darüber hinaus als weitgehend untauglich im Hinblick auf multilaterale Verträge, die sich nicht aus reziproken Rechtsverhältnissen zusammensetzen, sondern Verpflichtungen *erga omnes* begründen. Die sich anbietende Konsequenz, Vorbehalte in solchen Verträgen generell für unzulässig zu erachten, wird weder im Schrifttum noch in der Staatenpraxis umfassend vollzogen.[118] Nichtsdestotrotz stellt es eine bedeutsame Relativierung des Konsensprinzips zugunsten des Gemeinschaftsinteresses dar, dass Staaten bei der Einlegung von Vorbehalten an objektive und materielle Maßstäbe gebunden sind und – zumindest in gewissem Maße – auch gegen ihren Willen ohne Geltung des Vorbehalts an einen völkerrechtlichen Vertrag gebunden werden können.

---

[115] *Simma* (Fn. 19), S. 330 f. sowie S. 340 ff.

[116] Siehe nur *Don W. Greig*, Reciprocity, Proportionality, and the Law of Treaties, Va. J. Int'l L. 34 (1994), S. 295 (327 f.): „unacceptable advantage to a reserving state".

[117] *Tomuschat* (Fn. 21), S. 263 (*Fußnote ausgelassen*).

[118] Vgl. auch das Resümee von *Dahm/Delbrück/Wolfrum* (Fn. 27), S. 571.

IV. Die Bindungswirkung völkerrechtlicher Verträge

Den wohl deutlichsten Niederschlag im Recht der völkerrechtlichen Verträge findet das Konsensprinzip in der Regel *pacta tertiis nec nocent nec prosunt*. Völkerrechtliche Verträge binden keine Drittstaaten,[119] Verträge zwischen zwei Staaten stellen für andere Staaten eine *res inter alios acta* dar. Dieser Grundsatz der Relativität völkerrechtlicher Verträge ist allgemein anerkannt[120] und findet seinen positiv-rechtlichen Niederschlag in Art. 34 WVK. In der Konsequenz normiert Art. 35 WVK, dass eine Drittwirkung nur dann entsteht, wenn die vertragsschließenden Parteien eine solche beabsichtigen und der Drittstaat der Verpflichtung ausdrücklich und schriftlich zustimmt.[121] Nichtsdestotrotz wird für bestimmte Fallkonstellationen eine Drittwirkung völkerrechtlicher Verträge auch ohne Zustimmung der Drittstaaten diskutiert. Diese Ansätze werden im Folgenden dargestellt, da eine Ausnahme vom Verbot der Drittwirkung völkerrechtlicher Verträge das Konsensprinzip deutlich relativieren würde.[122]

---

[119] Art. 2 Abs. 1 *lit.* h) WVK definiert einen Drittstaat als Staat, der nicht Vertragspartei ist.

[120] Zur Staatenpraxis *Dahm/Delbrück/Wolfrum* (Fn. 27), S. 615; aus der Rechtsprechung bereits *Certain German Interests in Polish Upper Silesia*, PCIJ Reports Series A, Nr. 7 (1926), S. 29: „A Treaty only creates law as between the States which are parties to it"; aus dem Schrifttum bereits *Ronald F. Roxburgh*, International Conventions and Third States, 1917, S. 19 ff.; aus neuerer Zeit statt vieler *Rozakis* (Fn. 28), S. 4 ff.; *Verdross/Simma* (Fn. 1), S. 482 ff.

[121] Insofern liegt keine Ausnahme vom Konsensprinzip vor, da die Zustimmung des Drittstaates Voraussetzung für die rechtliche Bindung ist. Der Wortlaut der Vorschrift ist in dieser Hinsicht von außergewöhnlicher Klarheit, vgl. *Rozakis* (Fn. 28), S. 11 ff.

[122] Nicht berücksichtigt werden indes solche Verträge, die sich zwar als vor- oder nachteilig für dritte Staaten darstellen, jedoch keine echten Rechte und Pflichten begründen, sondern einen bloßen „Rechtsreflex" beinhalten, vgl. hierzu *Verdross/Simma* (Fn. 1), S. 483; *Theodor Schweisfurth*, International Treaties and Third States, ZaöRV 45 (1985), S. 653 (655 ff.).

1. Verträge zugunsten Dritter

Eine erste Aufweichung erfährt das Konsensprinzip im Rahmen von Verträgen zugunsten Dritter. Aufgrund der *pacta tertiis*-Regel kann einem Staat ohne seine Zustimmung kein Recht aufgedrängt werden.[123] Im Rahmen der Vorarbeiten der *International Law Commission* zur Wiener Vertragsrechtskonvention war indes streitig, ob eine Begünstigung für Drittstaaten die Zustimmung des Drittstaates voraussetzen soll.[124] Die Konvention wählt einen vermittelnden Ansatz, wenn sie in Art. 36 Abs. 1 normiert:

> „A right arises for a third State from a provision of a treaty if the parties to the treaty intend the provision to accord that right either to the third State, or to a group of States to which it belongs, or to all States, and the third State assents thereto. Its assent shall be presumed so long as the contrary is not indicated, unless the treaty otherwise provides."

Mit der erforderlichen Zustimmung des Drittstaates hält Satz 1 der Vorschrift am Konsenserfordernis fest. Nach Satz 2 hingegen wird die Zustimmung vermutet, solange das Gegenteil nicht erkennbar ist. Dadurch wird das Letztentscheidungsrecht des Drittstaates zwar nicht aufgehoben, jedoch wird ihm eine Reaktionspflicht aufgebürdet, die dem *pacta tertiis*-Grundsatz widerspricht.[125] Die wohl überwiegende Auffassung sieht hierin keinen Konflikt mit dem Konsenserfordernis, da es dem Drittstaat freistehe, von seinen Rechten Gebrauch zu machen.[126] Dabei wird jedoch verkannt, dass die Geltung einer Norm für einen Drittstaat von der Ausübung des Rechts dogmatisch zu unterscheiden ist.[127] Zudem begründet die rechtliche Begünstigung gemäß Art. 36 Abs. 2 WVK die Pflicht, die im Vertrag begründeten Rechte nur nach Maßgabe der

---

[123] Siehe bereits die Entscheidung des StIGH im Fall *Free Zones of Upper Savoy and the District of Gex (France v. Switzerland)*, PCIJ Series A/B, Nr. 46 (1932), S. 95 (147 f.).

[124] Vgl. *Reports of the International Law Commission on the Second Part of its Seventeenth Session and on its Eighteenth Session*, UN Doc. A/6309/Rev.1, YBILC 1966 II, S. 169 (228 f.); dazu *Rozakis* (Fn. 28), S. 13 ff.

[125] So zutreffend *Dahm/Delbrück/Wolfrum* (Fn. 27), S. 616; *Hingst* (Fn. 27), S. 177 f.

[126] *Heintschel von Heinegg* (Fn. 1), S. 158; *Feist* (Fn. 27), S. 90; *Rozakis* (Fn. 28), S. 6 und 18 ff.

[127] So zutreffend im Hinblick auf Art. 35 Abs. 2 UN-Charta *Verdross/Simma* (Fn. 1), S. 484.

dort normierten Bedingungen auszuüben.[128] Insofern können durch einen Vertrag zugunsten Dritter rechtliche Verpflichtungen – oder zumindest Obliegenheiten – auch ohne die ausdrückliche Zustimmung des Drittstaates begründet werden.

Zur Rechtfertigung dieser begrenzten Rechtswirkung zu Lasten Dritter wird angeführt, dass es sich dabei nur um eine geringfügige Belastung handele, die angesichts der Vorteile, die der Vertrag für den Drittstaat begründe, zu akzeptieren sei.[129] Mag dieser Einwand auch rechtspolitisch überzeugen, so ändert er nichts an der Tatsache, dass aus einer *res inter alios acta* Rechtswirkungen ohne den Willen eines nicht am Vertrag beteiligten Staates entstehen können. Unter dogmatischen Gesichtspunkten macht es keinen Unterschied, wie schwer die rechtliche Belastung für den Drittstaat wiegt oder ob diese durch andere rechtliche Vorteile kompensiert wird. Insofern durchbricht die Regelung den Grundsatz *pacta tertiis nec nocent nec prosunt*.

2. Die Charta der Vereinten Nationen

Seit jeher kontrovers diskutiert wird das Verhältnis der Vereinten Nationen zu den Nichtmitgliedstaaten und insbesondere, ob Nichtmitglieder an materielles Charta-Recht sowie Beschlüsse der UN-Organe gebunden sind. Beim Abschluss der Charta kam zudem die Ansicht zum Ausdruck, dass der Sicherheitsrat unter den Voraussetzungen des Art. 39 UN-Charta auch gegen Nichtmitgliedstaaten vorgehen können sollte.[130] Auch wenn die Frage aufgrund des quasi-universellen Charakters der Vereinten Nationen an praktischer Relevanz verloren hat, ist sie unter dem hier diskutierten Aspekt der Geltung des Grundsatzes *pacta tertiis nec nocent nec prosunt* und damit des Konsensprinzips von dogmatischer Bedeutung. Praktische Bedeutung könnte die Frage im Hinblick auf neu entstehende Staaten sowie im Fall des Austritts oder Ausschlusses von Mitgliedstaaten entfalten.[131]

---

[128] *Dahm/Delbrück/Wolfrum* (Fn. 27), S. 616.

[129] So etwa *Philippe Cahier*, Le problème des effets des traités à l'égard des États tiers, RdC 143 (1974), S. 589 (730).

[130] Vgl. UNCIO VI, S. 348 sowie S. 722; hierzu *Josef Soder*, Die Vereinten Nationen und die Nichtmitglieder, 1956, S. 143 f.

[131] *Soder* (Fn. 130), S. 132 f.; *Wolfgang Graf Vitzthum*, in: Bruno Simma (ed.), The Charter of the United Nations, A Commentary, Vol. I, 2nd ed. 2002, Art. 2(6), Rn. 2.

a) Drittwirkung der UN-Charta in der völkerrechtswissenschaftlichen Diskussion

Den Ausgangspunkt der Diskussion bildet Art. 2 Nr. 6 UN-Charta, in dem es heißt:

> „The Organization shall ensure that states which are not Members of the United Nations act in accordance with these Principles so far as may be necessary for the maintenance of international peace and security.“

Hans Kelsen sprach der Vorschrift bereits früh Wirkung auch für Nichtmitgliedstaaten zu.[132] Diese Auslegung ist jedoch zu Recht auf überwiegende Kritik gestoßen:[133] Der Wortlaut spricht nicht von einer Verpflichtung der Nichtmitglieder, sondern bestimmt allein die Organisation als Adressatin, die für die Einhaltung der Charta-Grundsätze durch die Nichtmitgliedstaaten Sorge tragen soll.[134] Zudem entspricht es der Intention der Verfasser der Charta, Art. 2 Nr. 6 UN-Charta als an die Mitgliedstaaten der Vereinten Nationen adressierte Verpflichtung zu verstehen.[135] Darüber hinaus wäre es verfehlt, allein aus dem Regelungsgehalt des Art. 2 Nr. 6 UN-Charta eine Drittwirkung abzuleiten: Als vertragliche Regelung entfaltet die Vorschrift grundsätzlich keine Drittwirkung, die Bindung von Nichtmitgliedstaaten an die Norm muss gerade begründet werden.[136] Daher lässt sich auch aus Art. 39 UN-Charta – jedenfalls unter vertragsrechtlichen Gesichtspunkten – keine

---

[132] *Hans Kelsen*, The Law of the United Nations, 1951, S. 85 f. sowie S. 106 ff.; zustimmend insofern *Ian Brownlie*, Principles of Public International Law, 7th ed. 2008, S. 689; auch *Military and Paramilitary Activities in and against Nicaragua (Nicaragua v. United States of America)*, Merits, Dissenting Opinion *Jennings*, ICJ Reports 1986, S. 14 (531 f.).

[133] *Jochen Abr. Frowein/Nico Krisch*, in: Bruno Simma (ed.), The Charter of the United Nations, A Commentary, Vol. I, 2nd ed. 2002, Introduction to Chapter VII, Rn. 41; *Cahier* (Fn. 129), S. 709 ff.; *Verdross/Simma* (Fn. 1), S. 177; *Schweisfurth* (Fn. 122), S. 667; *Vitzthum* (Fn. 131), Rn. 19 m.w.N.

[134] *Kelvin Widdows*, Security Council Resolutions and Non-Members of the United Nations, ICLQ 27 (1978), S. 459 (460); *Tomuschat* (Fn. 21), S. 252; *Paulus* (Fn. 67), S. 311 f.; anders und mit Vehemenz die Bedeutung der Formulierung leugnend *Soder* (Fn. 130), S. 142 f.; ungenau insofern auch *Eckart Klein*, Die Internationalen und die Supranationalen Organisationen, in: Wolfgang Graf Vitzthum (Hrsg.), Völkerrecht, 4. Aufl. 2007, S. 265 (306).

[135] Vgl. UNCIO VI, S. 348.

[136] Statt vieler *Charney/Danilenko* (Fn. 6), S. 40.

Bindung von Nichtmitgliedstaaten an die UN-Charta oder Maßnahmen der Vereinten Nationen herleiten, auch wenn die Vorschrift nicht zwischen Mitgliedstaaten und Nichtmitgliedstaaten differenziert.[137] Denn eine vertragliche Vorschrift kann als solche nur die Vertragsstaaten binden. Eine darüber hinausgehende Bindung von Nichtmitgliedstaaten allein aus der Formulierung der vertraglichen Normen und dem Willen der vertragsschließenden Parteien abzuleiten, wäre verfehlt.

Auch jenseits des Art. 2 Nr. 6 UN-Charta wird jedoch eine Drittwirkung angenommen. So führt *Hermann Mosler* beispielsweise aus, dass:

> „[n]evertheless, if there is a real threat to international peace and security in which non-members of the Organisation are involved, intervention by the United Nations is, in my opinion, justified."[138]

Eine dogmatische Begründung für diese Durchbrechung des *pacta tertiis*-Grundsatzes bleibt jedoch aus.[139] Auch *Alfred Verdross* und *Bruno Simma* halten am Grundsatz der Relativität von Verträgen fest: Die Charta ist ihrer Ansicht nach zwar eine Verfassung, aber eben nur die Verfassung der Mitgliedstaaten der Vereinten Nationen.[140] Dennoch sehen auch *Verdross* und *Simma* das praktische Erfordernis, Nichtmitgliedstaaten in das Friedenssicherungssystem der Vereinten Nationen einzubinden und dem Sicherheitsrat die Möglichkeit zu geben, friedenssichernde Maßnahmen auch gegenüber Nichtmitgliedstaaten verbindlich anzuordnen. Daher führen sie aus:

> „Umgekehrt kann der Sicherheitsrat Zwangsmaßnahmen gegen Nichtmitglieder anordnen, wenn die Voraussetzungen des Art. 39 vorliegen. Gemäß Art. 2 Ziff. 6 soll schließlich die Organisation dafür Sorge tragen (...), daß die Nichtmitgliedstaaten die Grundsätze der UN-Charta zur Erhaltung des Weltfriedens und der internationalen Sicherheit beobachten. Solche Einwirkungen können, vom Falle des Art. 39 abgesehen, nur aus Vorschlägen und Empfehlungen

---

[137] So aber *Alfred Verdross*, Jus Dispositivum and Jus Cogens in International Law, AJIL 60 (1966), S. 55 (62); Anklang auch bei *Tomuschat* (Fn. 21), S. 252 f.

[138] *Hermann Mosler*, The International Society as a Legal Community, 1980, S. 193.

[139] *Mosler* weigert sich insbesondere, sein Konzept der verfassten Rechtsgemeinschaft auf die UN-Charta anzuwenden und diese als universell gültige Verfassung zu qualifizieren; kritisch *Bardo Fassbender*, UN Security Council Reform and the Right of Veto, 1998, S. 93 f.

[140] *Verdross/Simma* (Fn. 1), S. 177.

bestehen, da jeder Vertrag nur die Vertragsteile verpflichtet. Dadurch wird die Anwendung des Kapitels VII der UN-Charta gegen Nichtmitgliedstaaten nicht ausgeschlossen, da schon nach allgemeinem [Völkerrecht], jedenfalls im Falle eines bewaffneten Angriffs, jeder Staat einem rechtswidrig angegriffenen anderen Staat Hilfe leisten darf."[141]

Abgesehen davon, dass auf der Grundlage dieser Konstruktion die neuere Praxis des Sicherheitsrates nicht erklärt werden kann – der „bewaffnete Angriff" ist enger zu fassen als der Friedensbegriff des Art. 39 UN-Charta[142] –, kann diese Gleichsetzung von Sicherheitsratsmaßnahmen mit einem kollektiven Vorgehen auf der Basis von Art. 51 UN-Charta nicht überzeugen.[143] Das Selbstverteidigungsrecht stellt einen Ausdruck des archaischen Charakters des Völkerrechts dar und kann nach Art. 51 UN-Charta nur ausgeübt werden, bis der Sicherheitsrat die erforderlichen Maßnahmen trifft. Selbstverteidigung ist daher von einem Vorgehen des Sicherheitsrates zu unterscheiden. Eine umfassende Geltung der UN-Charta für Nichtmitgliedstaaten lässt sich auf dieser Basis jedenfalls nicht begründen.[144] Primär auf außerrechtlichen Argumenten beruht schließlich der von vertragsrechtlichen und positivistischen Erwägungen losgelöste Ansatz von *Josef Soder*, der eine rechtlichen Bindung sowie Berechtigung von Nichtmitgliedstaaten in grundsätzlichen Fragen aus Gründen der soziale Notwendigkeit einer völkerrechtlichen Organisation der Staatengemeinschaft sowie der gemeinschaftlichen Verbundenheit aller Staaten herleiten will.[145]

---

[141] *Verdross/Simma* (Fn. 1), S. 177 (*Fußnoten ausgelassen*); siehe auch bereits *Verdross* (Fn. 137), S. 62; ähnlich *Tomuschat* (Fn. 21), S. 253.

[142] Vgl. *Albrecht Randelzhofer*, in: Bruno Simma (ed.), The Charter of the United Nations, A Commentary, Vol. I, 2nd ed. 2002, Art. 51, Rn. 4 ff.

[143] Siehe auch *Fassbender* (Fn. 139), S. 91 f.

[144] Zu ähnlichen Ergebnissen kommen Ansätze, die eine Bindung von Drittstaaten an die grundlegenden Prinzipien der Charta über den normativen Anknüpfungspunkt des Völkergewohnheitsrechts herleiten wollen; vgl. beispielsweise *Jochen Abr. Frowein*, Die Vereinten Nationen und die Nichtmitgliedstaaten, EA 7 (1970), S. 256 (259 f.); *Ahmed Mahiou*, in: Jean-Pierre Cot/Alain Pellet (eds.), La Charte des Nations Unies, Commentaire article par article, 2e édition 1991, Art. 2 (6), S. 136 f. m.w.N.; *Wladyslaw Czapliński*, Sources of International Law in the Nicaragua Case, ICLQ 38 (1989), S. 151 (157 f.).

[145] *Soder* (Fn. 130), S. 254 ff.

Auf den ersten Blick überzeugend erscheint eine umfassende Bindung von Nichtmitgliedstaaten indes auf der Grundlage der extensiven konstitutionellen Lesart der UN-Charta, wenn man die Charta also nicht nur als völkerrechtlichen Vertrag und auch nicht als bloße Verfassung der UN-Mitgliedstaaten begreift, sondern als Verfassung der gesamten internationalen Gemeinschaft.[146] Die argumentative Überzeugungskraft dieses Ansatzes ist jedoch gering: Denn teilweise ziehen die Vertreter der Konstitutionalisierungsthese gerade die Wirkung der Charta auch für Nichtmitglieder als Indiz für ihren Verfassungscharakter heran, so dass es einen Zirkelschluss darstellte, die Bindung der Nichtmitgliedstaaten mit dem Verfassungscharakter der Charta begründen zu wollen.[147]

Eine Bindung von Drittstaaten an die UN-Charta wird von vielen Autoren gewollt, ohne dass eine überzeugende dogmatische Erklärung angeboten würde. Daher wird zur argumentativen Verstärkung die besondere Bedeutung der Vereinten Nationen für die Wahrung des Weltfriedens angeführt[148] oder darauf abgestellt, dass die Vereinten Nationen die Großmächte sowie die Mehrheit aller Staaten zu ihren Mitgliedern zählen.[149] Teilweise wird die normative Gültigkeit der Aussage allein aus der faktischen Erforderlichkeit einer entsprechenden Regelung abgeleitet.[150] In dogmatischer Hinsicht überzeugen können derartige Ansätze

---

146 Siehe nur *Rudolf Bernhardt*, in: Bruno Simma (ed.), The Charter of the United Nations, A Commentary, Vol. II, 2nd ed. 2002, Art. 103, Rn. 17; *Fassbender* (Fn. 139), S. 108 ff. sowie S. 129 f.; *Peters* (Fn. 6), S. 126; dazu ausführlich oben 3. Kap., E. II.

147 So auch *Gaetano Arangio-Ruiz*, The Normative Role of the General Assembly of the United Nations and the Declaration of Principles of Friendly Relations, RdC 137 (1972-III), S. 419 (709 f.); ihm folgend *Eric Suy*, The Constitutional Character of Constituent Treaties of International Organizations and the Hierarchy of Norms, in: Ulrich Beyerlin u.a. (Hrsg.), Recht zwischen Umbruch und Bewahrung, Völkerrecht, Europarecht, Staatsrecht, Festschrift für Rudolf Bernhardt, 1995, S. 267.

148 *Ronald St. John MacDonald*, The International Community as a Legal Community, in: ders./Douglas M. Johnston (eds.), Towards World Constitutionalism, 2005, S. 853; *Brownlie* (Fn. 132), S. 689 f.; auch *Vitzthum* (Fn. 131), Rn. 15 will eine Drittwirkung trotz dogmatischer Bedenken „for the sake of world peace and international security" bejahen.

149 Erneut *Brownlie* (Fn. 132), S. 689 f.

150 Vgl. die Ausführungen bei *Jennings/Watts* (Fn. 27), S. 1264.

jedoch nicht.[151] Im Ergebnis lässt sich jedoch festhalten, dass ein Großteil des völkerrechtlichen Schrifttums davon ausgeht, dass die UN-Charta zumindest partiell rechtliche Wirkungen auch für Nichtmitgliedstaaten entfaltet.[152]

b) Drittwirkung der UN-Charta in der Praxis der Vereinten Nationen

Der Sicherheitsrat hat sich bereits früh auch mit Nicht-Mitgliedstaaten beschäftigt. So beschloss er etwa 1946, die Geschehnisse in Spanien, das zum damaligen Zeitpunkt kein Mitgliedstaat der Vereinten Nationen war, unter Beobachtung zu behalten, um gegebenenfalls Maßnahmen zur Wahrung von Sicherheit und Frieden zu ergreifen.[153] Auch als der Sicherheitsrat im Fall von Süd-Rhodesien mit der Resolution 232 (1966) zum ersten Mal ein Wirtschaftsembargo verhängte, sprach er auch die Nichtmitgliedstaaten an:

> „*The Security Council* (...)
>
> 2. *Decides* that all States Members to the United Nations shall prevent (...);
>
> 5. *Calls upon* all States not to render financial or other economic aid to the illegal racist régime in Southern Rhodesia;
>
> 6. *Calls upon* all States Members of the United Nations to carry out this decision of the Security Council in accordance with Article 25 of the United Nations Charter;
>
> 7. *Urges*, having regard to the principles stated in Article 2 of the United Nations Charter, States not Members of the United Nations to act in accordance with the provisions of paragraph 2 of the present resolution (...).“[154]

---

[151] Vgl. *Rudolf L. Bindschedler*, Das Problem der Beteiligung der Schweiz an Sanktionen der Vereinten Nationen, besonders im Falle Rhodesiens, ZaöRV 28 (1968), S. 1 (6 f.).

[152] Zahlreiche Stimmen sprechen sich jedoch gegen eine Bindungswirkung der UN-Charta für Nicht-Mitgliedstaaten aus, siehe stellvertretend *Klein* (Fn. 134), S. 306 f.; *Saskia Hörmann*, Völkerrecht bricht Rechtsgemeinschaft?, AVR 44 (2006), S. 267 (272 f.); *Dedo von Schenck*, Das Problem der Beteiligung der Bundesrepublik Deutschland an Sanktionen der Vereinten Nationen, besonders im Fall Rhodesiens, ZaöRV 29 (1969), S. 257 (269 ff.).

[153] Security Council Resolution 7 vom 26.6.1946.

[154] Security Council Resolution 232 vom 16.12.1966.

Der Sicherheitsrat unterscheidet jedoch zwischen Mitgliedstaaten und Nichtmitgliedstaaten: Während erstere unter Berufung auf die völkerrechtliche Verbindlichkeit der Resolution gemäß Art. 25 UN-Charta dazu verpflichtet werden, das Embargo gegen Süd-Rhodesien einzuhalten („Decides"), werden letztere nur dazu angehalten („Calls upon", „Urges"), dem Beschluss Folge zu leisten.

Diese sorgsame Differenzierung hat der Sicherheitsrat jedoch mit Beginn der siebziger Jahre weitgehend aufgegeben.[155] In Resolution 276 (1970) heißt es nur noch:

> „*The Security Council* (...)
>
> 2. *Declares* that the continued presence of the South African authorities in Namibia is illegal (...)
>
> 5. *Calls upon* all States (...) to refrain from any dealings with the Government of South Africa which are inconsistent with paragraph 2 of the present resolution (...)."[156]

Schon dem Wortlaut nach beansprucht der Sicherheitsrat für sich die Kompetenz, mit rechtlicher Verbindlichkeit für alle Staaten festzustellen, dass die Anwesenheit Süd-Afrikas in Namibia rechtswidrig ist, und fordert alle Staaten auf, ihre Beziehungen mit Süd-Afrika dieser Einschätzung anzupassen. Eine Differenzierung zwischen Mitgliedstaaten und Nichtmitgliedstaaten findet nicht mehr statt. Seither ist es gängige Praxis des Sicherheitsrates, Beschlüsse an „all states",[157] „all states, including states not members of the United Nations"[158] oder an die „international community as a whole"[159] zu richten. Wenn danach die Unterscheidung zwischen Mitgliedstaaten und Nichtmitgliedstaaten auch

---

[155] Aufschlussreich zum politischen Hintergrund *Daniel Thürer*, Comment: UN Enforcement Measures and Neutrality – The Case of Switzerland, AVR 30 (1992), S. 63 (70).

[156] Security Council Resolution 276 vom 30.1.1970; zur Bestätigung dieser Resolution durch den Internationalen Gerichtshof siehe *Legal Consequences for States of the Continued Presence of South Africa in Namibia (South West Africa) notwithstanding Security Council Resolution 276 (1970)*, Advisory Opinion, ICJ Reports 1971, S. 16.

[157] Siehe beispielsweise Security Council Resolutions 661 vom 6.8.1990; 670 vom 25.9.1990.

[158] Siehe beispielsweise Security Council Resolutions 917 vom 6.5.1994; 918 vom 17.5.1994; 1054 vom 26.4.1996.

[159] Siehe beispielsweise Security Council Resolutions 1045 vom 8.2.1996; 1075 vom 11.10.1996; 1182 vom 14.7.1998; 1230 vom 26.2.1999.

nicht obsolet geworden ist – einzelne Resolutionen oder Teile von Resolutionen richten sich weiterhin ausdrücklich nur an die Mitgliedstaaten –, so durchbricht der Sicherheitsrat diese Unterscheidung doch erkennbar. Widerstand der Staatenwelt gegen diese ausweitende Praxis ist ausgeblieben, insbesondere die UN-Mitgliedstaaten selbst gehen seit jeher davon aus, dass diese Ausdehnung der Charta-Vorschriften völkerrechtlich zulässig ist.[160]

Auch dem IGH zufolge sind die Wirkungen der UN-Charta nicht auf den Kreis der Mitgliedstaaten beschränkt. Konfrontiert mit der Frage, ob die Vereinten Nationen die rechtliche Möglichkeit haben, Schadensersatzansprüche auch gegenüber Nichtmitgliedstaaten geltend zu machen, führt der Gerichtshof im *Bernadotte*-Fall aus:

> „On this point, the Court's opinion is that fifty States, representing the vast majority of the members of the international community, had the power, in conformity with international law, to bring into being an entity possessing objective international personality, and not merely personality recognized by them alone (...).“[161]

Danach komme den Vereinten Nationen objektive Rechtspersönlichkeit zu, die auch von Nichtmitgliedstaaten anzuerkennen sei.[162] Damit stellt sich der Gerichtshof gegen die in der Literatur vorherrschende Auffassung, dass die Rechtspersönlichkeit internationaler Organisationen gegenüber Drittstaaten davon abhängt, ob letztere die Organisation ausdrücklich oder konkludent anerkennen.[163] Eine Aussage dahingehend,

---

[160] Vgl. *Tomuschat* (Fn. 22), S. 15 f.; *ders.* (Fn. 21), S. 256; anders aber *Christian Hillgruber*, Dispositives Verfassungsrecht, zwingendes Völkerrecht: Verkehrte juristische Welt?, JöR n.F. 54 (2006), S. 57 (81), der diese Praxis als unzulässige Kompetenzanmaßung bezeichnet.

[161] *Reparation for Injuries Suffered in the Service of the United Nations*, Advisory Opinion, ICJ Reports 1949, S. 174 (185).

[162] Vgl. *Hersch Lauterpacht*, The Development of International Law by the International Court, 1958, S. 311; *Feist* (Fn. 27), S. 90 weist zutreffend darauf hin, dass dieser Ausspruch mit dem *pacta tertiis*-Grundsatz nur schwer zu vereinbaren ist. *Tomuschat* (Fn. 114), S. 128 will keinen Bruch mit dem *pacta tertiis*-Grundsatz erkennen, weil die Vereinten Nationen eine Bündelung staatlicher Rechte darstellten, so dass keine neuen Verpflichtungen von Drittstaaten begründet würden. Dabei vernachlässigt er die konzeptionelle Eigenständigkeit einer internationalen Organisation und insbesondere der Vereinten Nationen.

[163] Statt vieler *Volker Epping*, Völkerrechtssubjekte, in: Knut Ipsen (Hrsg.), Völkerrecht, 5. Aufl. 2004, S. 55 (85).

ob konkrete Vorschriften der UN-Charta Drittwirkung auch für Nicht-Mitgliedstaaten entfalten, enthält das Gutachten jedoch nicht.[164] Im *Namibia*-Gutachten differenziert der Gerichtshof zwar grundsätzlich zwischen Verpflichtungen der Mitgliedstaaten aus der UN-Charta und denen von Nichtmitgliedstaaten aus allgemeinem Völkerrecht, führt aber darüber hinaus aus, dass die weitere Präsenz Südafrikas auf dem ehemaligen Mandatsgebiet rechtswidrig und diese Rechtswidrigkeit von *allen* Staaten anzuerkennen sei.[165]

c) Drittwirkung der UN-Charta in der Staatenpraxis

Weniger einheitlich zur Frage der rechtlichen Drittwirkung der UN-Charta präsentiert sich die Staatenpraxis. Während sowohl die Mitgliedstaaten der Vereinten Nationen als auch die Nichtmitgliedstaaten gegen die Rechtsbindung von Nichtmitgliedstaaten regelmäßig nicht offen opponieren,[166] zeigt etwa die Praxis der Schweiz, die den Vereinten Nationen erst 2002 beigetreten ist, ein zwiespältiges Bild. So ersuchte der Sicherheitsrat im Rahmen der Verhängung wirtschaftlicher Sanktionen gegen Rhodesien ausdrücklich auch die Nichtmitgliedstaaten, dem Beschluss nachzukommen, auch wenn in der Formulierung deutlich zum Ausdruck kommt, dass eine den Mitgliedstaaten entsprechende Rechtspflicht vom Rat nicht angenommen wird.[167] Auf eine Anfrage des UN-Generalsekretärs teilte der Bundesrat der Schweiz mit, dass die Schweiz an Maßnahmen der Vereinten Nationen nicht gebunden sei und sich aufgrund ihrer Neutralität auch nicht an diesen beteiligen könne.[168] Dennoch traf die Schweiz Maßnahmen, um zumindest eine Umgehung der Sanktionen durch Rhodesien auf dem Gebiet der Schweiz zu ver-

---

[164] Vgl. *Widdows* (Fn. 134), S. 461.

[165] *Legal Consequences for States of the Continued Presence of South Africa in Namibia (South West Africa) notwithstanding Security Council Resolution 276 (1970)*, Advisory Opinion, ICJ Reports 1971, S. 16 (56); dazu *Jennings/Watts* (Fn. 27), S. 1265; *Paulus* (Fn. 67), S. 312 f.; restriktivere Lesart bei *Widdows* (Fn. 134), S. 461 f.

[166] *Verdross* (Fn. 137), S. 62 begründet damit eine gewohnheitsrechtliche Bindung von Nichtmitgliedstaaten an das Friedenssicherungssystem der UN-Charta.

[167] Security Council Resolution 232 vom 16.12.1966, Ziff. 2.

[168] Die öffentliche Erklärung des Bundesrates ist abgedruckt bei *Bindschedler* (Fn. 151), S. 14 f.

hindern. Diese Entscheidung wurde als „in autonomer Weise und ohne Anerkennung einer Rechtspflicht" ergangen charakterisiert. An den folgenden Embargo-Maßnahmen des Sicherheitsrates in den Fällen Ex-Jugoslawien, Libyen und Irak beteiligte sich die Schweiz zwar umfassend, verneinte jedoch stets die Existenz einer Rechtspflicht und betonte ihre autonome Entscheidung.[169] Damit hat die Schweiz sich zwar faktisch den durch den Sicherheitsrat aufgestellten Anforderungen weitgehend unterworfen, gleichzeitig aber darauf beharrt, nicht an Beschlüsse der Vereinten Nationen gebunden zu sein.

Diese Position wurde indes selbst im schweizerischen Schrifttum nicht allgemein geteilt. So kommt beispielsweise *Dietrich Schindler* anhand einer Analyse der Praxis des Sicherheitsrates und der Entscheidungen des IGH zu dem Ergebnis, dass auch Nichtmitgliedstaaten rechtlich dazu verpflichtet seien, sich an Wirtschaftssanktionen des Sicherheitsrates zu beteiligen.[170] Eine dogmatische Begründung für die Annahme einer Rechtsbindung bleibt *Schindler* jedoch schuldig, er führt lediglich aus, dass sich eine entsprechende Ansicht durchgesetzt habe. Als Ergebnis bleibt insofern nur die Feststellung einer leichten Tendenz von Nicht-Mitgliedstaaten der Vereinten Nationen, sich im Einklang mit den Entscheidungen der Weltorganisation zu verhalten.[171]

d) Zwischenergebnis

Insgesamt zeigt sich im Schrifttum sowie in der Praxis die Tendenz zur Bereitschaft dazu, eine begrenzte rechtliche Drittwirkung der UN-Charta für Nichtmitgliedstaaten anzuerkennen. Zu Recht stellt *Andreas Paulus* allerdings fest, dass der Anspruch des Sicherheitsrates, dass seine Resolutionen auch von Nichtmitgliedstaaten befolgt werden müssen, weniger auf einer bestimmten Regelung der UN-Charta beruht als vielmehr auf der quasi-universellen Mitgliedschaft in den Vereinten Nationen sowie der Akzeptanz dieser Praxis durch die betroffenen Nichtmitglieder.[172] Davon, dass die UN-Charta allein diejenigen Staaten bindet,

---

[169] Vgl. *Tomuschat* (Fn. 21), S. 256; *Klein* (Fn. 134), S. 306.

[170] *Dietrich Schindler*, Kollektive Sicherheit der Vereinten Nationen und dauernde Neutralität der Schweiz, SZIER 2 (1992), S. 435 (458 ff.); dagegen *Thürer* (Fn. 155), S. 69 ff., S. 82.

[171] So auch *Jochen Abr. Frowein*, Reactions by Not Directly Affected States to Breaches of Public International Law, RdC 248 (1994-IV), S. 345 (357 f.).

[172] *Paulus* (Fn. 67), S. 313.

die einer entsprechenden Bindung formell zugestimmt haben, hat sich die völkerrechtliche Wirklichkeit nichtsdestotrotz schon weit entfernt.

3. *Statusverträge*

Seit jeher umstritten ist die Frage, ob und unter welchen Voraussetzungen Statusverträge,[173] die wie beispielsweise der Antarktis-Vertrag, der Weltraumvertrag oder auch das Seerechtsübereinkommen[174] darauf abzielen, eine objektive internationale Ordnung zu schaffen, rechtliche Wirkung zu Lasten aller Staaten entfalten können. Die Praxis weist zahlreiche Versuche auf, eine objektive Wirkung aus zwischenstaatlichen Verträgen abzuleiten. So bejahte etwa der Völkerbundsrat eine Bindung Finnlands an ein 1856 zwischen Großbritannien, Frankreich und Russland geschlossenes Abkommen über die Demilitarisierung der Aalandinseln mit der Begründung, dass die Vertragsparteien im gesamteuropäischen Interesse gehandelt und daher objektives Recht mit Wirkung *erga omnes* gesetzt hätten.[175] Und im *Wimbledon*-Fall sprach der Ständige Internationale Gerichtshof Art. 380 des Versailler Vertrages, der die Internationalisierung des Nord-Ostsee-Kanals betraf, objektive Rechtswirkungen auch gegenüber Staaten zu, die keine Vertragsparteien waren.[176] Diese vereinzelten Fälle in der völkerrechtlichen Praxis führten jedoch nicht dazu, dass sich eine einheitliche Auffassung herausgebildet hat. Auch Versuche innerhalb der ILC, die Frage zu regeln,[177] konnten sich nicht durchsetzen,[178] so dass die Wiener Vertragsrechtskonvention sich hierzu ausschweigt.

---

[173] Zum Begriff *Eckart Klein*, Statusverträge im Völkerrecht, 1980, S. 21 ff.

[174] Vgl. *Heintschel von Heinegg* (Fn. 1), S. 159; umfassende Untersuchung bei *Rüdiger Wolfrum*, Die Internationalisierung staatsfreier Räume, 1984.

[175] Siehe zum Ganzen *Feist* (Fn. 27), S. 96 ff.

[176] *S.S. „Wimbledon"*, PCIJ Reports Series A Nr. 1 (1923); hierzu ausführlich *Alexander Böhmer*, One Hundred Years: The Kiel Canal in International Law, GYIL 38 (1995), S. 325 ff.

[177] Vgl. *Third Report on the Law of Treaties, by Sir Humphrey Waldock*, Special Rapporteur, UN Doc. A/CN.4/167, YBILC 1964 II, S. 5 (26 ff.) zum Vorschlag eines Art. 63 über „Treaties providing for objective régimes".

[178] Vgl. *Summary Records of the Sixteenth Session*, YBILC 1964 I, S. 96 ff. zur kommissionsinternen Debatte. Dabei impliziert die Ablehnung des Vorschlags weniger die Ansicht der ILC-Mitglieder, dass Statusverträgen keine Drittwirkung zukommt, als vielmehr die Befürchtung, dass ein entsprechender

Auch in der Völkerrechtswissenschaft wurde der Versuch unternommen, eine objektive Wirkung von Statusverträgen herzuleiten. So sieht beispielsweise *Georg Dahm* nicht die Zustimmung eines jeden Staates, sondern die Anerkennung durch die internationale Gemeinschaft als ausreichend an, um Rechte und Pflichten auch für Nicht-Vertragsstaaten abzuleiten.[179] In der zunehmenden Bedeutung derartiger Ordnungsverträge sieht er eine Aufweichung der *pacta tertiis*-Regel. Nach *Eckart Klein* kann ein objektives Rechtsregime entstehen, wenn eine Staatengruppe nicht nur behauptet, im allgemeinen Interesse zu handeln, sondern ihnen eine entsprechende Kompetenz von den übrigen, nicht am Vertrag beteiligten Staaten, zuerkannt wird.[180] Damit bleibt das Konsensprinzip unangetastet: Ein objektives Regime entsteht nur mit der Zustimmung der nicht am Vertragsschluss beteiligten Staaten. Allerdings leitet *Klein* aus der im Vertrag erhobenen Gemeinwohlbehauptung eine Obliegenheit der Nichtvertragsstaaten zur abwehrenden Reaktion ab, ohne die von einer Zuerkennung der in Anspruch genommenen Befugnis auszugehen sei.[181] Wie bereits im Rahmen der Verträge zugunsten Dritter ausgeführt, ist eine solche Konstruktion nicht mit dem Konsensprinzip vereinbar,[182] da sie die Staaten zu einer Reaktion oder einem Dulden verpflichtet. Insgesamt ist im völkerrechtlichen Schrifttum die Tendenz feststellbar anzuerkennen, dass Statusverträge rechtliche Pflichten auch zu Lasten von Nicht-Vertragsstaaten begründen können.[183]

Diese Ansicht entspricht der Vertragspraxis, wie beispielsweise der Antarktisvertrag zeigt, der in Art. X darauf abzielt, Nicht-Vertragsparteien zu einem Verhalten im Einklang mit dem Vertrag zu bewegen. Auch Art. 137 des Seerechtsübereinkommens, der regelt, dass die Beanspru-

---

Normierungsvorschlag auf Widerstand der Staaten treffen könnte, vgl. *Rozakis* (Fn. 28), S. 9 f.; anders aber *Schweisfurth* (Fn. 122), S. 665 f.

[179] *Georg Dahm*, Völkerrecht, Bd. III, 1961, S. 119 f.

[180] *Klein* (Fn. 173), S. 209 ff.; zustimmend *Verdross/Simma* (Fn. 1), S. 488 f.

[181] *Klein* (Fn. 173), S. 210 ff. m.w.N.; vgl. bereits *Third Report on the Law of Treaties, by Sir Humphrey Waldock,* Special Rapporteur, UN Doc. A/CN.4/167, YBILC 1964 II, S. 5 (33).

[182] So aber *Schweisfurth* (Fn. 122), S. 666.

[183] *Torsten Stein/Christian von Buttlar*, Völkerrecht, 12. Aufl. 2009, S. 37 f.; *Karl Doehring*, Völkerrecht, 2. Aufl. 2004, S. 155; *Herdegen* (Fn. 75), S. 116; *Ronald St. John MacDonald*, Fundamental Norms in Contemporary International Law, Canadian YIL 25 (1987), S. 115 (142 f.); *Peters* (Fn. 6), S. 126 f.; skeptisch aber *Charney/Danilenko* (Fn. 6), S. 41.

chung oder Geltendmachung souveräner Rechte im Hinblick auf den Tiefseeboden für alle Staaten ausgeschlossen ist, ist darauf ausgerichtet, für alle Staaten Geltung zu beanspruchen.[184] Indes zeigt gerade das Beispiel des Antarktisvertrages, dass ein objektives Regime nicht notwendigerweise die Interessen der gesamten internationalen Gemeinschaft widerspiegeln muss. Am Vertrag beteiligt sind primär Staaten, die ein wirtschaftliches Interesse und die entsprechenden technischen Fähigkeiten haben, um auf dem Gebiet der Antarktis tätig zu werden. Ob sich in diesem Regime die Interessen beispielsweise der Staaten der Dritten Welt widerspiegeln, darf bezweifelt werden.[185]

4. Konklusion

Einzelne völkerrechtliche Verträge zeigen die zunehmende Tendenz, nicht nur die Rechtsbeziehungen zwischen den Vertragsparteien zu regeln, sondern auch außerhalb des Vertragsregimes stehende Staaten einzubeziehen. Neben einzelnen Vorschriften des Seerechtsübereinkommens sowie auf diesem beruhender Durchführungsübereinkommen[186] hat die Drittwirkungsproblematik insbesondere mit dem römischen Statut des Internationalen Strafgerichtshofes[187] an Aktualität gewonnen: Nach Art. 12 Abs. 2 *lit.* a) IStGH-Statut erstreckt sich die Jurisdiktion des IStGH *ratione loci* auf völkerstrafrechtliche Delikte, die auf dem Staatsgebiet einer Vertragspartei begangenen wurden, so dass auch Staatsangehörige der Jurisdiktion des Strafgerichtshofes unterliegen können, deren Heimatstaat nicht Partei des Statuts ist. Nicht-Vertragsstaaten können danach zur Respektierung und Duldung der Strafverfolgung durch den IStGH verpflichtet sein.[188]

---

[184] *Feist* (Fn. 27), S. 117. Auch an anderern Stellen versucht die Seerechtskonvention, Rechte und Pflichten auch mit Wirkung für Nichtvertragsparteien zu begründen, vgl. *Rüdiger Wolfrum*, The Legal Order for the Seas and Oceans, in: Myron H. Nordquist/John Norton Moore (eds.), Entry into Force of the Law of the Sea Convention, 1995, S. 161 (167 f.).

[185] So auch *Neuhold* (Fn. 27), S. 84 f.

[186] Hierzu ausführlich *Hingst* (Fn. 27), S. 244 ff.; *Ziemer* (Fn. 29), S. 187 ff.

[187] *Rome Statute of the International Criminal Court* vom 17.7.1998, UNTS 2187, S. 90, BGBl. 2000 II, S. 1394.

[188] Ob dem IStGH-Statut damit eine rechtliche Drittwirkung zukommt, wird im stark politisch aufgeladenen Diskurs unterschiedlich gesehen. Während vornehmlich US-amerikanische Autoren eine unzulässige Drittwirkung annehmen und sich auf diese berufen, um die politische Opposition der USA zum

Der Satz *pacta tertiis nec nocent nec prosunt* prägt somit zwar weiterhin das Recht der völkerrechtlichen Verträge und setzt der Verfolgung von Gemeinschaftsinteressen deutliche Grenzen. Gleichwohl setzt sich die Auffassung durch, dass der Grundsatz im modernen Völkerrecht nicht mehr uneingeschränkt aufrechterhalten werden kann – wenngleich die diskutierten Fallgruppen allesamt umstritten sind. Meist wird der Versuch unternommen, die Durchbrechung des Grundsatzes durch entsprechende rechtstechnische Konstruktionen an die überkommene Vorstellung des Konsenserfordernisses anzupassen.[189] Nur selten wird eine Aufweichung oder Durchbrechung des Konsensprinzips im Einzelfall tatsächlich als solche charakterisiert. Dies spricht nicht gegen die Existenz und Berechtigung entsprechender Durchbrechungen, sondern zeigt vielmehr, dass die vorherrschende Auffassung diese Ausnahmen zwar zulassen will, eine dogmatisch schlüssige Begründung hierfür auf dem Boden der klassischen Völkerrechtslehre aber nicht möglich ist.

V. Die Änderung völkerrechtlicher Verträge

Für die Änderung völkerrechtlicher Verträge bedarf es gemäß Art. 39 WVK einer Übereinkunft aller Vertragsparteien, sofern der Vertrag nichts anderes bestimmt. Art. 40 Abs. 4 WVK bekräftigt, dass Änderungsvereinbarungen zwischen einzelnen Vertragsstaaten nur diejenigen Vertragsstaaten binden, die diesen zugestimmt haben. Eine Vielzahl multilateraler Verträge enthält jedoch modifizierte Änderungsverfah-

---

IStGH zu rechtfertigen (siehe etwa *David Scheffer*, The United States and the International Criminal Court, AJIL 93 (1999), S. 12 (18); *Ruth Wedgwood*, The International Criminal Court: An American View, EJIL 10 (1999), S. 93 ff.), geht die wohl überwiegende Auffassung davon aus, dass die Jurisdiktionsregelungen für Drittstaaten einen bloßen Rechtsreflex darstellen (siehe nur *Antonio Cassese*, The Statute of the International Criminal Court: Some Preliminary Reflections, EJIL 10 (1999), S. 144 (160); *Carsten Stahn*, Gute Nachbarschaft um jeden Preis? Einige Anmerkungen zur Anbindung der USA an das Statut des Internationalen Strafgerichtshofs, ZaöRV 60 (2000), S. 631 (642 ff.); *Hingst* (Fn. 27), S. 281 ff.; *Andreas Zimmermann/Holger Scheel*, Zwischen Konfrontation und Kooperation, VN 50 (2002), S. 137 ff.; *Gerhard Hafner* et al., A Response to the American View as Presented by Ruth Wedgwood, EJIL 10 (1999), S. 108 (117 f.); *Hans-Peter Kaul*, Preconditions to the Exercise of Jurisdiction, in: Antonio Cassese et al. (eds.), The Rome Statute of the International Criminal Court: A Commentary, Vol. I, 2002, S. 583 (608)).

[189] *Dahm/Delbrück/Wolfrum* (Fn. 27), S. 620.

ren.[190] Diese sind teilweise noch deutlich vom Konsensprinzip geprägt: So erfolgt beispielsweise nach Art. 94 *lit.* a) des Chicagoer Abkommens zur Gründung der Internationalen Zivilluftfahrt-Organisation[191] eine Änderung der Satzung mit einer Zweidrittelmehrheit in der Versammlung sowie einer Ratifikation durch zwei Drittel der Mitgliedstaaten; allerdings tritt die Änderung nur im Verhältnis zu denjenigen Mitgliedstaaten in Kraft, die die Änderung auch ratifiziert haben. Auch der Vertrag zur Gründung der Europäischen Union hält gemäß Art. 48 EU am Konsenserfordernis fest. Insofern ist keine Vertragsänderung zu Lasten eines Staates ohne dessen Willen möglich. Teilweise ist jedoch auch eine Änderung mit Wirkung für alle Vertragsparteien durch eine entsprechende Mehrheit vorgesehen. So erfolgt eine Änderung der Charta der Vereinten Nationen nach Art. 108 UN-Charta, wenn die Änderung von einer Zweidrittelmehrheit in der Generalversammlung angenommen wurde und von zwei Dritteln der UN-Mitgliedstaaten einschließlich der fünf ständigen Mitglieder des Sicherheitsrates ratifiziert wurde. Die Änderung tritt dann mit Wirkung für *alle* Mitgliedstaaten in Kraft. Damit hat eine Mehrheit von Staaten die Befugnis, verbindliches Recht zu Lasten einer Minderheit zu setzen.[192]

Die wohl überwiegende Auffassung im Schrifttum sieht indes in dieser Regelung keine Durchbrechung des Konsensprinzips, da ein Staat, der einer Änderung der Charta nicht zugestimmt hat, seine Mitgliedschaft in den Vereinten Nationen einseitig beenden könne.[193] Indes erscheint es

---

[190] Überblick bei *Derek William Bowett*, The Law of International Institutions, 4th ed. 1982, S. 408 ff.

[191] *Convention on International Civil Aviation* vom 7.12.1944, UNTS 15, S. 295, BGBl. 1956 II, S. 411.

[192] In diesem Sinne auch *Tomuschat* (Fn. 21), S. 264; *Charney/Danilenko* (Fn. 6), S. 43. Nach Art. 155 des Seerechtsübereinkommens können drei Viertel der Vertragsstaaten zu Lasten aller Vertragsstaaten das Übereinkommen ändern; hierzu *Wolfrum* (Fn. 184), S. 170 f., der darin eine Abschwächung des *pacta tertiis*-Prinzips sieht; für weitere Beispiele mit ähnlicher Regelung *Verdross/Simma* (Fn. 1), S. 464; *Dahm/Delbrück/Wolfrum* (Fn. 27), S. 665.

[193] Die UN-Charta sieht ein solches Austrittsrecht nicht ausdrücklich vor, es ist jedoch in einer Interpretationserklärung zur Gründungskonferenz der Vereinten Nationen verankert (vgl. UNCIO I, S. 616 f.) und wird auch im Schrifttum allgemein anerkannt, statt vieler *Wolfram Karl/Bernd Mützelburg/Georg Witschel*, in: Bruno Simma (ed.), The Charter of the United Nations, A Commentary, Vol. II, 2nd ed. 2002, Art. 108, Rn. 43 f. m.w.N.; anders aber *Kelsen* (Fn. 132), S. 127.

zu formalistisch, aufgrund des bloßen Bestehens eines Rücktrittsrechts das Konsenserfordernis als gewahrt anzusehen. Während des mittlerweile über sechzigjährigen Bestehens der Vereinten Nationen ist es bislang erst in einem Fall zu einem „versuchten" Austritt gekommen.[194] Die geringe praktische Relevanz der formell bestehenden Rücktrittsmöglichkeit, der politische Unwille sowohl der Staatenwelt als auch der UN-Organe, einen Rücktritt zu akzeptieren, sowie die Nachteile eines Staates, die mit einem Austritt verbunden sind, lassen den Rücktritt im Fall der Charta-Änderung als bloß theoretische und faktisch kaum existente Möglichkeit erscheinen.[195] Ebenso wenig kann die Konstruktion eines „antizipierten Konsenses" überzeugen: Dass die Staaten, die nunmehr ohne ihren Willen durch eine Charta-Änderung gebunden werden können, doch zumindest der Vorschrift des Art. 108 UN-Charta zugestimmt hätten, so dass der Konsens insofern auch die nachträglich erfolgten Änderungen umfasse,[196] ist allenfalls als formal-juristische Konstruktion haltbar. Kein Staat kann absehen, welche Änderungen ein multilateraler Vertrag erfahren wird. Materielle Grenzen der Vertragsänderung sind nicht ersichtlich.[197] Antizipierter Konsens ist daher eine bloße

---

[194] Im Januar 1965 teilte der indonesische Vize-Außenminister dem UN-Generalsekretär mit, dass Indonesien aus Protest gegen die Aufnahme Malaysias in den Sicherheitsrat von der Mitgliedschaft in den Vereinten Nationen zurücktrete. Der Generalsekretär bestätigte den Erhalt der Erklärung, ließ ihre rechtliche Wirksamkeit jedoch offen. Weder im Sicherheitsrat noch in der Generalversammlung wurde der Vorgang offiziell erörtert. Im September 1966 nahm Indonesien wieder in vollem Umfang an der Arbeit der Vereinten Nationen teil. Eine formelle Wiederaufnahme nach Art. 4 UN-Charta blieb ebenso aus wie der Widerspruch anderer Staaten. Insofern liegt der Schluss nahe, dass Indonesien trotz entsprechender eindeutiger Erklärung niemals den Status eines UN-Mitglieds verloren hat, so auch *Egon Schwelb*, Withdrawal from the United Nations, The Indonesian Intermezzo, AJIL 61 (1967), S. 661 (671); *Dahm/Delbrück/Wolfrum* (Fn. 27), S. 717 (Fußnote 5); *Konrad Ginther*, in: Bruno Simma (ed.), The Charter of the United Nations, A Commentary, Vol. I, 2nd ed. 2002, Art. 4, Rn. 40.

[195] *Tomuschat* (Fn. 21), S. 265: „(...) this avenue is more fictitious than real and represents little more than a formalistic argument to conceal the real lack of true sovereign power of decision (...) no State is really free to terminate its membership."

[196] Vgl. *Charney/Danilenko* (Fn. 6), S. 44.

[197] Siehe aber *Jochen Abr. Frowein*, Are there Limits to the Amendment Procedures in Treaties Constituting International Organisations?, in: Gerhard Hafner (Hrsg.), Liber amicorum – Professor Ignaz Seidl-Hohenveldern, 1998,

juristische Fiktion.[198] Eine Betrachtung der Rechtslage unter Einbeziehung der politischen Wirklichkeit und Interessenlage der Staatenwelt führt daher zu dem Ergebnis, dass – sofern bedeutsame völkerrechtliche Verträge eine Vertragsänderung mit Wirkung für alle Vertragsparteien durch Mehrheitsbeschluss zulassen – die Möglichkeit der Rechtsetzung ohne oder sogar gegen den Willen einzelner Vertragsstaaten eröffnet ist. Die Entscheidungsfreiheit des einzelnen Staates wird dadurch eingeschränkt.[199]

VI. Die Beendigung völkerrechtlicher Verträge

Der Grundsatz *pacta sunt servanda* führt zu einer bedeutsamen Relativierung der Aussage, dass völkerrechtliche Verbindlichkeiten nicht ohne oder gegen den Willen eines Staates bestehen können: Denn der willentliche Akt ist nur bei der Eingehung der vertraglichen Bindung erforderlich, eine spätere Willensänderung beseitigt die Bindung nicht.[200] Deshalb verlangt das Konsensprinzip nach Möglichkeiten, eine einmal eingegangene vertragliche Bindung wieder auflösen zu können. Völkerrechtliche Verträge können aus den unterschiedlichsten Gründen beendet werden: Sie können von den Parteien einvernehmlich aufgehoben werden (Art. 54 *lit.* b) WVK), sie können auflösende Bedingungen oder Befristungen enthalten, Kündigungs- beziehungsweise Rücktrittsklauseln können greifen (Art. 54 *lit.* a) WVK) oder der Vertrag endet mit Erreichung des vertraglich vorgesehenen Zwecks.[201] Besonderer Ausdruck

---

S. 201 ff.; die praktische Relevanz derartiger materieller Maßstäbe wohl zu Recht bezweifelnd *Karl/Mützelburg/Witschel* (Fn. 193), Rn. 7.

[198] *Tomuschat* (Fn. 21), S. 266: „(...) it would amount to a distortion of the true picture to contend that, in accepting an amendment procedure providing for majority vote, States have accepted *ex ante* the substance of any further amendments (...) The peculiarity of an amendment is that it departs from the law as it stands. Anticipatory consent to amendments adopted by majority is therefore a pure legal fiction."

[199] *Verdross/Simma* (Fn. 1), S. 464.

[200] *Alain Pellet*, The Normative Dilemma: Will and Consent in International Law-making, AusYIL 12 (1992), S. 22 (33 ff.) sieht hierin einen grundlegenden Einwand gegen die voluntaristische Konzeption des Völkerrechts.

[201] Überblick bei *Dahm/Delbrück/Wolfrum* (Fn. 27), S. 716 ff.

des Konsensprinzips ist es, wenn sich ein Staat durch einen einseitigen Willensakt seiner vertraglichen Verpflichtungen entledigen kann.[202]

1. Die Ausübung eines vertraglich vereinbarten Kündigungsrechts

Im Einklang mit der Orientierung des Rechts der Verträge am Dogma des staatlichen Willens steht es den Staaten nach Art. 54 *lit.* a) WVK frei, beim Abschluss völkerrechtlicher Verträge zu vereinbaren, dass und unter welchen Voraussetzungen sie sich von ihren vertraglichen Verpflichtungen durch einseitige Erklärung lösen können. Aber obwohl *de iure* keine Beschränkung dieses Rechts ersichtlich ist, zeigt die völkerrechtliche Praxis, dass die Staatenwelt – insbesondere wenn wesentliche Gemeinschaftsinteressen betroffen sind – zunehmend unwillig ist, die freie Ausübung dieses Rechts zu akzeptieren. So enthält etwa der Atomwaffensperrvertrag[203] in Art. X Abs. 1 Satz 1 ein Rücktrittsrecht:

> „Each Party shall in exercising its national sovereignty have the right to withdraw from the Treaty if it decides that extraordinary events, related to the subject matter of this Treaty, have jeopardized the supreme interests of its country."

Der Vertrag sieht zwar materielle Voraussetzungen für einen Rücktritt vor, die Entscheidung über deren Vorliegen ist aber ausdrücklich dem jeweiligen Mitgliedstaat überlassen. Selbst wenn man diesen Rücktrittsvoraussetzungen einen objektiven Gehalt zumessen will, etabliert Art. X des Vertrages *de facto* ein freies Kündigungsrecht.[204] Nichtsdestotrotz erlangte die Vorschrift erst 1993 im Atomkonflikt mit Nordkorea Rele-

---

[202] Die Terminologie der verschiedenen Rechtsinstitute zur einseitigen Beendigung völkerrechtlicher Verträge ist umstritten: Während *Dahm/Delbrück/Wolfrum* (Fn. 27), S. 721 von Kündigung sprechen, wenn es um einen bilateralen Vertrag geht, und von Rücktritt, sofern ein multilateraler Vertrag betroffen ist, benutzen *Verdross/Simma* (Fn. 1), S. 513 (Fußnote 7) den Begriff der Kündigung, wenn die einseitige Beendigungsmöglichkeit sich aus dem Vertrag selbst ergibt, und den des Rücktritts im Hinblick auf die Beendigung nach dem allgemeinen Recht der Verträge (siehe auch United Nations Conference on the Law of Treaties, First and Second Sessions, Vienna, 26 March-24 May 1968 and 9 April-22 May 1969, Official Records, Documents of the Conference, 1971, UN Doc. A/CONF.39/11/Add.2, S. 275). In Anbetracht der uneinheitlichen Terminologie werden die Begriffe im Folgenden synonym verwendet.

[203] *Treaty on the Non-Proliferation of Nuclear Weapons* vom 1.7.1968, UNTS 729, S. 161, BGBl. 1976 II, S. 552.

[204] So auch *Feist* (Fn. 27), S. 212.

vanz.[205] Obwohl der nordkoreanische Außenministers dem Präsidenten des Sicherheitsrates im März 1993 mitteilte, dass Nordkorea sich entschlossen habe, aus dem Nichtverbreitungsvertrag auszutreten,[206] war die internationale Gemeinschaft nicht gewillt, diese Kündigung, die aufgrund der expliziten Normierung des Kündigungsrechts als völkerrechtsgemäß anzusehen ist, zu akzeptieren: In einem gemeinsamen Schreiben vom 1. April 1993 kritisierten Russland, die USA sowie Großbritannien das Vorgehen Nordkoreas, zweifelten die Rechtmäßigkeit des Rücktritts an und qualifizierten diesen als Bedrohung des Friedens und der internationalen Sicherheit.[207] Auch der Sicherheitsrat forderte Nordkorea auf, sein Austrittsvorhaben zu überdenken und die Forderungen des Vertrages sowie der Internationalen Atomenergieorganisation (IAEA) zu erfüllen.[208] Nach intensiven Verhandlungen sowie dem Abschluss des umfassende Anreize enthaltenden Genfer Rahmenabkommens konnte Nordkorea 1994 dazu gebracht werden, Mitglied des Atomwaffensperrvertrages zu bleiben.

Diese Geschehnisse zeigen, welche Diskrepanz zwischen der Normierung eines „freien" Austrittsrechts und der tatsächlichen Möglichkeit der Geltendmachung eines solchen Rechts bestehen kann. Das Rücktrittsrecht unterliegt zwar kaum rechtlichen Einschränkungen, dennoch erschwert ein enormer politischer Druck den Rücktritt. Die Reaktion Russlands, der USA sowie Großbritanniens enthält darüber hinaus die Andeutung einer weiteren Möglichkeit: Indem diese den beabsichtigten Austritt Nordkoreas aus dem Vertrag als Bedrohung für den Frieden und die internationale Sicherheit qualifizieren, deuten sie ein mögliches Vorgehen des Sicherheitsrates nach Kapitel VII der UN-Charta an. Die Wahrnehmung eines Rechts – es ist der Austritt aus dem vertraglichen Regime als solcher, der als Bedrohung qualifiziert wird – wird damit zum Anknüpfungspunkt für Sanktionen.[209]

---

[205] Vgl. *Jozef Goldblat*, The Nuclear Non-Proliferation Régime: Assessment and Prospects, RdC 256 (1995-VI) S. 9 (84 f.); zu den politischen Hintergründen *Gottfried-Karl Kindermann*, Der Aufstieg Koreas in der Weltpolitik, 2005, S. 283 ff.

[206] UN Doc. S/25405.

[207] UN Doc. S/25515.

[208] Security Council Resolution 825 vom 11.5.1993.

[209] Einem entsprechenden Vorgehen des Sicherheitsrates standen indes die Interessen der Vetomacht China entgegen, siehe hierzu *Kindermann* (Fn. 205), S. 288 ff.

Die Praxis der Staaten sowie internationaler Organisationen zeigt, dass trotz der Verankerung freier Austrittsrechte der Integrität von Vertragsregimes oftmals ein größerer Stellenwert eingeräumt wird als der Verwirklichung einzelstaatlicher Interessen.[210] Die Grenzen derartigen politischen Drucks zeigt indes der weitere Verlauf des Nordkorea-Konflikts auf: Die mit dem Genfer Rahmenabkommen verfolgte Politik der „positiven Anreize“ hatte keinen Erfolg, im Januar 2003 ist Nordkorea endgültig aus dem Atomwaffensperrvertrag ausgetreten und behauptet nunmehr, im Besitz von Atomwaffen zu sein.

2. *Die einseitige Beendigung völkerrechtlicher Verträge wegen grundlegender Änderung der Umstände*

Die Möglichkeit der Beendigung völkerrechtlicher Verträge aufgrund grundlegender Änderung der Umstände (*clausula rebus sic stantibus*) ist gewohnheitsrechtlich anerkannt,[211] Teil der völkerrechtlichen Praxis[212] und in Art. 62 Abs. 1 WVK normiert:

> „A fundamental change of circumstances which has occurred with regard to those existing at the time of the conclusion of a treaty, and which was not foreseen by the parties, may not be invoked as a ground for terminating or withdrawing from the treaty unless:
>
> (a) the existence of those circumstances constituted an essential basis of the consent of the parties to be bound by the treaty; and
>
> (b) the effect of the change is radically to transform the extent of obligations still to be performed under the treaty.“

Da es im Interesse der internationalen Gemeinschaft liegt, dass alle Vertragsparteien dauerhaft an die einmal vertraglich eingegangenen Verpflichtungen gebunden sind, hat das Schrifttum immer wieder Versuche unternommen, die *clausula rebus sic stantibus* einzuschränken: *Karl Doehring* befürwortete schon früh, die Vertragslösung erst zuzulassen,

[210] In diesem Sinne auch *Feist* (Fn. 27), S. 206.

[211] *Fisheries Jurisdiction (United Kingdom v. Iceland)*, Jurisdiction of the Court, ICJ Reports 1973, S. 3 (18 ff.); *Gabčíkovo-Nagymaros Project (Hungary/Slovakia)*, ICJ Reports 1997, S. 7 (64).

[212] Siehe bereits *Erich Kaufmann*, Das Wesen des Völkerrechts und die clausula rebus sic stantibus, 1911, S. 7 ff.; aus neuerer Zeit *Feist* (Fn. 27), S. 168 ff.

wenn eine Vertragsanpassung nicht erfolgreich war.[213] *Eckart Klein* will die *clausula rebus sic stantibus* für Statusverträge ausgeschlossen wissen, da das durch den Vertrag geschützte Gemeinschaftsinteresse der Verfügungsmacht der Vertragsstaaten entzogen sei.[214] Und nach *Christian Feist* ist die für eine Berufung auf die *clausula rebus sic stantibus* erforderliche Störung des Synallagmas von Leistung und Gegenleistung im Rahmen multilateraler Verträge, die Verpflichtungen *erga omnes* begründen, nicht denkbar.[215]

Die völkerrechtliche Vertragspraxis ist indes einen anderen Weg gegangen: Notstandsklauseln, die Möglichkeit der Vertragsrevision, dynamische Vertragsauslegung sowie ähnliche vertragsinterne Mechanismen erlauben es, die durch einen völkerrechtlichen Vertrag aufgestellten normativen Rahmenbedingungen den gewandelten Umständen anzupassen.[216] So ermöglichen zahlreiche Menschenrechtsabkommen die vorübergehende Relativierung staatlicher Bindung an die materiellen Vertragspflichten für den Fall einer internen Situation, in der die ordnungsgemäße Erfüllung der vertraglichen Pflichten nicht möglich ist.[217] Auch die Möglichkeit der vereinfachten Vertragsrevision kann dazu führen, dass die Vertragsparteien den Vertag ändern, statt sich einseitig von ihm zu lösen. Schließlich führt das Institut der dynamischen Vertragsauslegung dazu, dass ein völkerrechtlicher Vertrag Veränderungen der faktisch-politischen Grundlage angepasst werden kann. Durch diese vertragstechnischen Mechanismen wird die einseitige Beendigung eines völkerrechtlichen Vertrages zwar nicht rechtlich ausgeschlossen, faktisch aber erschwert: Wenn der Vertrag den Umständen angepasst werden kann, so entfällt die Notwendigkeit der vollständigen Loslösung vom

---

[213] *Karl Doehring*, Das Gutachten des Generalsekretärs der Vereinten Nationen über die Fortgeltung der nach dem ersten Weltkrieg eingegangenen Minderheitenschutzverpflichtungen, ZaöRV 15 (1953/54), S. 521 (537).

[214] *Klein* (Fn. 173), S. 294. Dabei erkennt jedoch auch *Klein* an, dass ein entsprechender Rechtssatz noch nicht existiert.

[215] *Feist* (Fn. 27), S. 181. Allerdings verkennt *Feist*, dass die Störung des Synallagmas nur eine von mehreren anerkannten Fallkonstellationen der *clausula rebus sic stantibus* darstellt und die anderen Fallgruppen weiterhin anwendbar sind.

[216] Hierzu ausführlich *Feist* (Fn. 27), S. 183 ff.

[217] Siehe etwa Art. 15 EMRK, Art. 4 IPBPR; hierzu *Ralph Alexander Lorz*, Possible Derogations from Civil and Political Rights under Article 4 of the ICCPR, Israel YHR 33 (2003), S. 85 ff.

Vertrag. Eine solche ist dann politisch schwer zu vertreten. Damit weist die völkerrechtliche Praxis im Umgang mit der *clausula rebus sic stantibus* die Tendenz auf, die Vorgaben des Konsensprinzips nicht in vollem Umfang umzusetzen, sondern dieses zum Schutz überragender Gemeinschaftsinteressen insofern einzuschränken, als eine umfassende Lösung von einmal eingegangenen vertraglichen Verpflichtungen kaum zugelassen wird.

3. Konklusion

Das Recht der völkerrechtlichen Verträge hält *de iure* weitgehende Möglichkeiten der Vertragslösung bereit, die jedoch zunehmend eingeschränkt werden. Selbst dem Wortlaut nach voraussetzungslos auszuübende Austrittsrechte werden mit normativen Bedingungen verknüpft, und die Anwendung der *clausula rebus sic stantibus* wird zunehmend eingeengt. Auf dieser Linie liegt auch der unter dem IPBPR eingesetzte Menschenrechtsausschuss, wenn er im Rahmen eines *General Comment* davon ausgeht, dass der Pakt unkündbar sei.[218] Auch im Hinblick auf die UN-Charta wird von einzelnen Stimmen die Austrittsmöglichkeit verneint.[219] Und in der politischen Praxis gestaltet sich der Rückzug aus multilateralen Regimes schwieriger als die normativen Regeln vermuten lassen: Staatsinterne sowie -externe Zwänge lassen die Austrittsentscheidung nicht als freie Willensbetätigung erscheinen, die internationale Gemeinschaft ist vielmehr bemüht, einmal eingegangene vertragliche Verbindlichkeiten fortbestehen zu lassen, insbesondere, wenn hochrangige Gemeinschaftsinteressen betroffen sind.

VII. Staatennachfolge in völkerrechtliche Verträge

Während staatsinterne Regierungswechsel völkerrechtliche Rechte und Pflichten eines Staates nicht tangieren, stellt sich im Fall der Staatennachfolge (Staatensukzession) in Folge einer Zession, Sezession, Dismembration, Fusion oder Inkorporation, das heißt des Eintretens eines Staates in die Rechtsstellung eines anderen Staates im Hinblick auf ein

---

[218] Human Rights Committee, General Comment No. 26 vom 8.12.1997, UN Doc. CCPR/C/21/Rev.1/Add.8/Rev.1.

[219] Siehe etwa *Kelsen* (Fn. 132), S. 122 ff.

bestimmtes Gebiet,[220] die Frage, ob und in welchem Umfang der Nachfolgestaat an völkerrechtliche Verträge des Vorgängerstaates gebunden ist.

1. Staatennachfolge zwischen Kontinuität und Diskontinuität

Trotz partieller völkervertraglicher Regelung durch die Wiener Konvention über das Recht der Staatennachfolge in völkerrechtliche Verträge[221] sowie die Wiener Konvention über die Staatennachfolge in Staatsvermögen, -archive und -schulden,[222] hat sich ein einheitliches Recht der Staatennachfolge bislang nicht herausgebildet. Beide Konventionen regeln nur Teilbereiche der Staatennachfolge, weisen einen nur geringen Ratifikationsstand auf und stellen jedenfalls in ihrer Gesamtheit keine Kodifikation des bestehenden Völkergewohnheitsrechts dar.[223] Die politische Praxis orientiert sich kaum an den Konventionen, sondern nimmt vielmehr einzelfallbezogene Entscheidungen vor, so dass sich eine einheitliche Staatenpraxis nicht feststellen lässt.[224]

Zwei unterschiedliche theoretische Ansätze prägen das Recht der Staatensukzession:[225] das Kontinuitätsprinzip, demzufolge vertragliche Bindungen des Vorgängerstaates *ipso iure* Wirkung für und gegen den Nachfolgestaat entfalten, und der Grundsatz der Diskontinuität – auch

---

[220] Vgl. *Ulrich Fastenrath*, Das Recht der Staatensukzession, BDGVR 35 (1996), S. 9; *Andreas Zimmermann*, Staatennachfolge in völkerrechtliche Verträge, 2000, S. 13 ff.

[221] *Vienna Convention on Succession of States in Respect of Treaties* vom 23.8.1978, UNTS 1946, S. 3, ILM 17 (1978), S. 1488.

[222] *Vienna Convention on Succession of States in Respect of State Property, Archives and Debts* vom 8.4.1983, ILM 22 (1983), S. 306 (noch nicht in Kraft getreten).

[223] *Stein/von Buttlar* (Fn. 183), S. 108; differenzierend *Zimmermann* (Fn. 220), S. 820 ff.; weitergehend *Cançado Trindade* (Fn. 88), S. 106.

[224] *Heintschel von Heinegg* (Fn. 1), S. 153; *Fastenrath* (Fn. 220), S. 10; für ein Beispiel divergierender Staatenpraxis siehe *Andreas Zimmermann*, Europäischer Gerichtshof und Staatennachfolge in völkerrechtliche Verträge, in: Jürgen Bröhmer u.a. (Hrsg.), Internationale Gemeinschaft und Menschenrechte, Festschrift für Georg Ress, 2005, S. 357 (359 ff.).

[225] Hierzu *Karl Zemanek*, Die Wiener Konvention über die Staatennachfolge in Verträge, in: Herbert Miehsler (Hrsg.), Ius humanitatis. Festschrift für Alfred Verdross, 1980, S. 719 (721).

clean slate- oder *tabula rasa*-Prinzip genannt –, nach dem der Nachfolgestaat keine völkerrechtlichen Verpflichtungen des Vorgängerstaates übernimmt. Insbesondere im Hinblick auf multilaterale Verträge spiegeln die beiden gegensätzlichen Prinzipien den Konflikt zwischen Gemeinschaftsinteresse und staatlichem Souveränitätsinteresse anschaulich wider. Entsprechend der Bedeutung des Souveränitätsprinzips sowie der Maßgeblichkeit des Konsenserfordernisses für die Rechtsquellenlehre müsste konsequenterweise das Diskontinuitätsprinzip uneingeschränkte Geltung beanspruchen.[226] Nichtsdestotrotz lassen sich Entwicklungen dahingehend ausmachen, den Interessen der internationalen Gemeinschaft durch eine verstärkte Orientierung am Grundsatz der Kontinuität Vorrang vor der Selbstbestimmung des einzelnen Staates einzuräumen. Insbesondere die Staatennachfolgefälle der 90er Jahre haben die Ansicht vieler Staaten deutlich werden lassen, dass völkerrechtliche Verträge ohne weiteres auf die entsprechenden Nachfolger übergehen. Der normative Gehalt dieser Praxis ist jedoch fraglich. So ordnen die Art. 31 und 34 der Wiener Konvention über die Staatennachfolge in Verträge für durch Separation, Dismembration sowie Fusion entstehende neue Staaten die automatische Fortgeltung der für die Gebietsvorgänger geltenden bi- und multilateralen Verträge an.[227] Allerdings kommt der Regelung aufgrund des nur geringen Anwendungsbereichs der Konvention keine große Bedeutung zu. Auch die Annahme einer völkergewohnheitsrechtlichen Geltung ist aufgrund der wenig aussagekräftigen Staatenpraxis zweifelhaft.[228]

---

[226] So ausdrücklich *Akbar Rasulov*, Revisiting State Succession to Humanitarian Treaties: Is There a Case for Automaticity?, EJIL 14 (2003), S. 141 (151).

[227] Kritisch zur Regelung *Zemanek* (Fn. 225), S. 734.

[228] *Zimmermann* (Fn. 220), S. 825 f. sowie S. 831 f.; *Theodor Schweisfurth*, Das Recht der Staatensukzession, BDGVR 35 (1996), S. 49 (197 ff.) sowie S. 203 ff. In einer Entscheidung zur Nachfolge Tschechiens in bilaterale Verträge der ehemaligen Tschechoslowakei ließ der Europäische Gerichtshof (EuGH) die Frage, ob es einen völkergewohnheitsrechtlichen Grundsatz der Fortgeltung von Verträgen gibt, offen. Nichtsdestotrotz nimmt er an, dass es zu einer Weitergeltung bilateraler Verträge komme, soweit nicht einer der Vertragsstaaten seinen Willen zu einer Neuaushandlung oder Kündigung des Abkommens zum Ausdruck bringe. Damit wählt der EuGH einen Mittelweg, indem er zwar eine automatische Staatennachfolge annimmt, dem Nachfolgestaat aber die Option belässt, durch einen Willensakt die Nachfolge auszuschließen. Insofern wird zwar das Kontinuitätsprinzip zum Grundsatz erklärt, die Sukzession aber weiterhin an den Willen des Nachfolgestaates gekoppelt; siehe EuGH, Urteil vom 18.11.2003, Rs. C-216/01, *Budejovický Budvar/Rudolf Ammersin GmbH*, Slg.

2. *Staatennachfolge und* newly independent States

Eine Ausnahme von den Art. 31 ff. der Konvention normiert Art. 16 zudem für die im Dekolonisationsprozess entstandenen *newly independent States*,[229] die entsprechend der *clean slate*-Theorie ohne vertragliche Bindungen ihre Existenz beginnen sollen. Art. 17 Abs. 1 der Konvention räumt den *newly independent States* ein Optionsrecht zur Fortführung der bisher geltenden multilateralen Verträge ein (*free choice doctrine*). Mit der umfassenden Orientierung am Erfordernis eines staatlichen Willensaktes wird die universelle Kontinuität bedeutsamer vertraglicher Regelwerke zwar nicht gewährleistet. Andererseits ermöglicht die *free choice doctrine* den einseitigen Beitritt und erleichtert damit die universelle Teilnahme an multilateralen Verträgen, so dass sie jedenfalls partiell als Ausdruck des Interesses der internationalen Gemeinschaft angesehen werden kann.[230]

3. *Staatennachfolge in radizierte Verträge und Statusverträge*

Gefestigte Geltung kann das Kontinuitätsprinzip indes im Hinblick auf so genannte „lokalisierte" oder „radizierte" Verträge, das heißt gebietsbezogene Verträge wie insbesondere Grenzverträge und Verträge zur Gebietsnutzung, beanspruchen:[231] Die Art. 11 ff. der Wiener Konvention über die Staatennachfolge in völkerrechtliche Verträge legen fest, dass solche Verträge von der Staatennachfolge nicht berührt werden. Diese Regelung kann gewohnheitsrechtliche Geltung beanspruchen und wird von der Staatenpraxis bestätigt.[232] Im Fall *Gabčíkovo-Nagymaros* hat auch der IGH die gewohnheitsrechtliche Geltung der Staatennach-

---

2003, S. I-13657 (13704); zur Widersprüchlichkeit dieses Ansatzes überzeugend *Zimmermann* (Fn. 224), S. 365 f.

229 Nach Art. 2 Abs. 1 *lit.* f) der Konvention ist ein *newly independent State* „a successor State the territory of which immediately before the date of the succession of States was a dependent territory for the international relations of which the predecessor State was responsible."

230 In diesem Sinne auch *Simma* (Fn. 19), S. 353.

231 Statt vieler *Zimmermann* (Fn. 220), S. 451 ff.; *Verdross/Simma* (Fn. 1), S. 616 ff.

232 Zur gewohnheitsrechtlichen Geltung *Hans D. Treviranus*, Die Konvention der Vereinten Nationen über Staatensukzession bei Verträgen, ZaöRV 39 (1979), S. 259 (275); zur Staatenpraxis *Schweisfurth* (Fn. 228), S. 210 ff.

folge in territorial gebundene Verträge bejaht.[233] Insofern bilden radizierte Verträge eine anerkannte Ausnahme vom Diskontinuitätsgrundsatz und durchbrechen das Konsensprinzip.[234] Einen Sonderfall der radizierten Verträge stellen die bereits erwähnten Statusverträge dar, so dass sich das Kontinuitätsprinzip auch auf diese erstreckt.[235]

4. Staatennachfolge in Verträge zum Schutz der Menschenrechte

Eine besondere Dimension erhält das Problem der Staatennachfolge in völkerrechtliche Verträge im Hinblick auf multilaterale Verträge zum Schutz der Menschenrechte. Hier wird das Interesse der internationalen Gemeinschaft an der Fortgeltung der materiellen Garantien und Durchsetzungsmechanismen für neu entstehende Staaten sowie für Fälle des Gebietswechsels besonders deutlich. Ein entsprechender Vorschlag innerhalb der *International Law Commission*, zumindest eine begrenzte Fortgeltung wichtiger multilateraler Verträge auch für *newly independent States* in der Wiener Konvention zu normieren, hat zwar keinen Niederschlag in der endgültigen Fassung des Vertrages gefunden.[236] Nichtsdestotrotz ist eine deutliche Tendenz der Überwachungsorgane zu menschenrechtlichen Abkommen dahingehend feststellbar, von der automatischen Weitergeltung der Verträge für Nachfolgestaaten auszugehen. Insbesondere die UN-Gremien zum Schutz der Menschenrechte haben eine entsprechende Rechtsansicht zum Ausdruck gebracht.[237] So führt die UN-Menschenrechtskommission in einer Resolution zur *Succession of States in Respect of International Human Rights Treaties* vom 4. März 1993[238] aus:

---

[233] *Gabčíkovo-Nagymaros Project (Hungary/Slovakia)*, ICJ Reports 1997, S. 7 (72).

[234] *Charney/Danilenko* (Fn. 6), S. 39.

[235] *Zimmermann* (Fn. 220), S. 528.

[236] Vgl. *Report of the International Law Commission on the Work of its Twenty-Sixth Session*, UN Doc. A/9610/Rev.1, YBILC 1974 II/1, S. 157 (172 f.).

[237] Siehe hierzu die Darstellung im *Report of the Secretary-General on Succession of States in Respect of International Human Rights Treaties* vom 28.11.1994, UN Doc. E/CN.4/1995/80.

[238] Commission on Human Rights Resolution 1993/23, UN Doc. E/CN.4/RES/1993/23.

> „The Commission on Human Rights (...)
>
> Noting that the confirmation of successor States to appropriate depositaries that they continue to fulfil international human rights treaty obligations of the predecessor State is important in facilitating full and effective cooperation between successor States and United Nations human rights bodies in the promotion of universal enjoyment of human rights and fundamental freedoms,
>
> 1. Encourages successor States to confirm to appropriate depositaries that they continue to be bound by obligations under relevant international human rights treaties (...).“

Die Menschenrechtskommission geht also davon aus, dass eine bloße Bestätigung der Nachfolgestaaten, dass sie an die menschenrechtlichen Verpflichtungen der Vorgängerstaaten gebunden sind („they *continue* to be bound“), ausreichend ist, und fordert diese nicht zum Beitritt auf. Später bekräftigte die Kommission diesen Aufruf unter Bezugnahme auf die besondere Bedeutung menschenrechtlicher Abkommen.[239] Und auch der Ausschuss für Menschenrechte unter dem Pakt für Bürgerliche und Politische Rechte ging vor dem Hintergrund der Auflösung Jugoslawiens davon aus, dass sämtliche Nachfolgestaaten automatisch in die Verpflichtungen Jugoslawiens aus dem Zivilpakt nachgefolgt seien. Die Anwesenheit der kroatischen Delegation sah der Vorsitzende des Ausschusses als Beweis für das Bestreben der kroatischen Regierung, ihre bestehenden Verpflichtungen unter dem Pakt einzuhalten.[240] Dem Verhalten des Staates wird danach keine konstitutive Bedeutung beigemessen, es wird als bloße Bestätigung einer ohnehin bestehenden Rechtsbindung verstanden. Und auch im Fall von Serbien und Montenegro stellte der Ausschuss unmissverständlich fest, dass er von einer Nachfolge in die vertraglichen Pflichten auch ohne Kundgabe eines staatlichen Willensaktes ausgeht:

> „The Committee welcomed the delegation, explaining that it regarded the submission of the report by the Government and the presence of the delegation as confirmation that the Federal Republic of Yugoslavia (Serbia and Montenegro) had succeeded, in respect of its territory, to the obligations undertaken under the International

---

[239] Commission on Human Rights Resolution 1994/16, UN Doc. E/CN.4/RES/1994/16.

[240] Human Rights Committee Summary Record of the 46th Session, UN Doc. CCPR/C/SR.1201, Ziff. 2.

Covenant on Civil and Political Rights by the former Socialist Federal Republic of Yugoslavia."[241]

In der Praxis gehen diese internationalen Organe daher vielfach von einer automatischen Staatennachfolge aus.[242] Und auch aus der Staatenpraxis lassen sich zumindest punktuell Nachweise für die Anerkennung einer automatischen Sukzession in menschenrechtliche Verträge entnehmen.[243] Zahlreiche Staaten haben ihre Nachfolge in die einschlägigen völkervertraglichen Rechtsinstrumente erklärt;[244] die Praxis anderer Staaten hingegen lässt sich deutlich als Ausdruck der *clean slate*-Theorie verstehen.[245]

Im Verfahren Bosnien-Herzegowina gegen Serbien und Montenegro wegen Verletzung der Völkermordkonvention musste sich schließlich auch der Internationale Gerichtshof mit der Frage der Staatennachfolge in einen multilateralen Vertrag zum Schutz von Individuen befassen. Im Verfahren zum Erlass einstweiliger Maßnahmen lässt der Gerichtshof die Frage ausdrücklich offen,[246] in der Hauptsacheentscheidung zu den Einwänden gegen die Zulässigkeit des Verfahrens führt er dann zwar aus, dass er die Frage der automatischen Staatensukzession nicht zu beantworten habe, kommt aber dennoch zu dem Ergebnis, dass die Völkermordkonvention für die gesamte Zeit des Konflikts Geltung bean-

---

[241] Human Rights Committee Concluding Observations: Yugoslavia, UN Doc. CCPR/C/79/Add.16, Ziff. 3.

[242] *Menno T. Kamminga*, State Succession in Respect of Human Rights Treaties, EJIL 7 (1996), S. 469 (473 ff.); anders aber die Bewertung von *Rasulov* (Fn. 226), S. 157, demzufolge auch nach dieser Praxis stets ein konstitutiver staatlicher Akt erforderlich sei.

[243] Vgl. *Zimmermann* (Fn. 220), S. 549 ff.; *Schweisfurth* (Fn. 228), S. 142 ff.; *Philipp Jäger*, Staatennachfolge und Menschenrechtsverträge, 2002, S. 113 ff.; *Kamminga* (Fn. 242), S. 475 ff.; kritisch zum Aussagegehalt der Staatenpraxis *Rasulov* (Fn. 226), S. 154 ff.

[244] Zur Praxis der Nachfolgestaaten Jugoslawiens, der Sowjetunion sowie der Tschechoslowakei *Report of the Secretary-General on Succession of States in Respect of International Human Rights Treaties* vom 28.11.1994, UN Doc. E/CN.4/1995/80, S. 5 ff.

[245] Vgl. nur die Nachweise bei *Rasulov* (Fn. 226), S. 158.

[246] *Application of the Convention on the Prevention and Punishment of the Crime of Genocide, Provisional Measures, Order of 8 April 1993*, ICJ Reports 1993, S. 3.

spruche.[247] Woraus sich die Bindung insbesondere Bosnien-Herzegowinas, das erst im Jahre 1993 eine Sukzessionserklärung abgegeben hat, ergeben soll, begründet der IGH nicht. Da andere rechtliche Anknüpfungspunkte nicht ersichtlich sind, spricht viel dafür, dass er von einer automatischen Staatennachfolge mit dem Eintritt des Nachfolgefalls ausgeht.[248] Deutlichere Stellungnahmen finden sich in den *Separate Opinions*. So führt Richter *Shahabuddeen* aus, dass aufgrund der besonderen Eigenschaften der Völkermordkonvention eine zeitliche Unterbrechung ihrer normativen Geltung nicht in Frage komme.[249] Allerdings lässt er offen, ob diese Verbindlichkeit auf einer automatischen Staatensukzession beruht oder die Abgabe einer Sukzessionserklärung voraussetzt. Richter *Weeramantry* hingegen geht explizit von einer automatischen Weitergeltung fundamentaler menschenrechtlicher Verträge auch für Nachfolgestaaten aus.[250] Zur Begründung dieser These führt *Weeramantry* zehn Argumente an,[251] die jedoch entweder auf die besondere Struktur oder Eigenschaft der in menschenrechtlichen Verträgen normierten Rechte abstellen und sich daher als Frage der *materiellen* Rechtsquelle darstellen (Argument Nr. 1, 2, 9 und 10) oder völkerrechtspolitischer Natur sind (Argument Nr. 3, 6, 7 und 8). Die einzige quellentheoretische Begründung besteht darin, dass in menschenrechtlichen Abkommen kodifizierte Normen auch gewohnheitsrechtliche Geltung beanspruchen könnten und unabhängig von ihrer vertragsrechtli-

---

[247] *Application of the Convention on the Prevention and Punishment of the Crime of Genocide, Preliminary Objections, Judgment*, ICJ Reports 1996, S. 595 (612) sowie S. 617.

[248] So auch *Zimmermann* (Fn. 220), S. 560.

[249] Separate Opinion *Shahabuddeen*, ICJ Reports 1996, S. 636.

[250] Separate Opinion *Weeramantry*, ICJ Reports 1996, S. 645 ff.

[251] Er führt aus, dass (1) die Völkermordkonvention keine Staateninteressen verkörpere, (2) sie das Konzept der Staatssouveränität transzendiere, (3) sie keine zusätzliche rechtliche Belastung des Staates darstelle, sondern vielmehr eine bloße Bestätigung der aus der Menschlichkeit ableitbaren Menschenrechte, (4) die Verpflichtungen unabhängig von einer konventionellen Rechtsgrundlage bestünden, (5) die Konvention Völkergewohnheitsrecht widerspiegele, (6) zur globalen Stabilität beitrüge, (7) eine Unterbrechung der rechtlichen Geltung der Konvention nicht wünschenswert erscheine, (8) gerade in der Zeit des Übergangs die Geltung des Völkermordverbotes bedeutsam sei, (9) die Begünstigten der Völkermordkonvention gerade keine dritten Parteien darstellten, so dass das *res inter alios acta*-Prinzip nicht betroffen sei und (10) die in der Völkermordkonvention verankerten Rechte nicht derogierbar seien.

chen Grundlage gelten würden (Argument Nr. 4 und 5). Hiergegen lässt sich einwenden, dass zwar bestimmten materiellen Menschenrechtsgewährleistungen gewohnheitsrechtliche Geltung zukommt, nicht jedoch den verfahrensmäßigen Pflichten der entsprechenden Verträge.[252] Auch in ihrer Gesamtschau können die von *Weeramantry* vorgebrachten Argumente zumindest auf der Grundlage eines positivistischen Rechtsverständnisses den dogmatischen Boden für eine automatisierte Fortgeltung universeller Verträge im Bereich des Menschenrechtsschutzes nur schwer bereiten:[253] Außerrechtlichen Argumenten kommt auch dann keine normative Überzeugungskraft zu, wenn sie in Kumulation auftreten.

Nichtsdestotrotz trifft die These der automatischen Nachfolge in multilaterale Verträge zum Schutz der Menschenrechte im Schrifttum auf breite Zustimmung,[254] auch wenn die dogmatische Erklärung einer solchen Staatennachfolge Schwierigkeiten bereitet. Eine konstante und einheitliche Staatenpraxis, die für die Annahme einer gewohnheitsrechtlichen Regelung erforderlich ist, lässt sich nicht nachweisen.[255] So lässt sich das Verhalten einiger Staaten zwar im Sinne einer automatischen Nachfolge deuten, andere Staaten haben jedoch förmlich ihren Beitritt erklärt. Das Verhalten wieder anderer Staaten stellt sich als ambivalent dar und kann in beide Richtungen gedeutet werden, und einige Staaten schließlich haben gar kein interpretationsfähiges Verhalten gezeigt. Zudem lässt sich kaum der Nachweis führen, dass die entsprechenden Staaten in der Annahme einer rechtlichen Überzeugung gehandelt haben, so dass das für die Entstehung von Völkergewohnheitsrecht erforderliche subjektive Element fehlt. Auch das Verhalten der UN-Menschenrechtsorgane ist – ungeachtet der Frage, welche Bedeutung dieser Praxis für die Begründung von Völkergewohnheitsrecht zukommt –

---

[252] *Zimmermann* (Fn. 220), S. 562.

[253] Anders aber *Zimmermann* (Fn. 220), S. 562.

[254] Siehe nur *Kamminga* (Fn. 242), S. 482 ff.; *Zimmermann* (Fn. 220), S. 572 ff.; *Karin Oellers-Frahm*, Anmerkungen zur einstweiligen Anordnung des Internationalen Gerichtshofs im Fall Bosnien-Herzegowina gegen Jugoslawien (Serbien und Montenegro) vom 8. April 1993, ZaöRV 53 (1993), S. 638 (646); *Stefan Oeter*, Kriegsverbrechen in den Konflikten um das Erbe Jugoslawiens, ZaöRV 53 (1993), S. 1 (16); *Cançado Trindade* (Fn. 88), S. 108 ff.

[255] Vgl. insofern auch die Auswertung bei *Jäger* (Fn. 243), S. 232 f.; siehe auch *Matthew C.R. Craven*, The Genocide Case, The Law of Treaties and State Succession, BYIL 68 (1997), S. 127 (158 f.), der aber eine entsprechende Entwicklung feststellt.

nicht eindeutig und konsequent genug. *De lege lata* ist daher nicht von der Existenz einer entsprechenden völkergewohnheitsrechtlichen Norm auszugehen.[256]

Nicht weiterführend ist auch der Versuch, die Staatennachfolge in menschenrechtliche Abkommen mit dem Hinweis auf die völkergewohnheitsrechtliche Geltung der inkorporierten Normen oder deren zwingenden Charakter zu begründen. Selbst wenn einzelne materielle Vorschriften der Menschenrechtsabkommen gewohnheitsrechtliche Geltung beanspruchen können und einen zwingenden Kern aufweisen, so gilt dies nicht für alle menschenrechtlichen Garantien und auch nicht für die verfahrensrechtlichen Mechanismen.[257]

Die meisten Befürworter einer unmittelbaren Nachfolge in menschenrechtliche Abkommen argumentieren daher mit der besonderen Struktur der entsprechenden Verträge sowie der menschenrechtlichen Verpflichtungen. Dabei wird beispielsweise die Rechtsfigur des *law-making treaty* bemüht, das heißt eines Vertrages mit legislativem Charakter.[258] Für andere Autoren ist der Inhalt menschenrechtlicher Abkommen entscheidend, sie berufen sich auf das humanitäre Anliegen des entsprechenden Vertrages, um eine automatische Staatennachfolge zu begründen.[259] Zudem wird die Verpflichtungsstruktur von Menschenrechtsabkommen angeführt:[260] Menschenrechte durchbrächen die zwischenstaatliche Verpflichtungsebene und gewährten unmittelbar kraft Völkerrechts Rechte des Einzelnen auch und gerade gegenüber dessen Heimatstaat. Die Rechte stünden einer bestimmten Bevölkerungsgruppe zu, unabhängig von deren Zugehörigkeit zu einem bestimmten Gebiet. Daher könne auch die Staatensukzession nicht zu einem Wegfall der ent-

---

256 So aber *Oellers-Frahm* (Fn. 254), S. 646; *Cançado Trindade* (Fn. 88), S. 108 sieht zumindest eine „*opinio juris* in favour of succession"; unentschlossen *Kamminga* (Fn. 242), S. 484; wie hier *Schweisfurth* (Fn. 228), S. 226, der aber zumindest eine deutliche Tendenz im Hinblick auf die Entstehung einer entsprechenden gewohnheitsrechtlichen Norm erkennen will; ähnlich *Jäger* (Fn. 243), S. 242 f.

257 Siehe statt vieler *Craven* (Fn. 255), S. 155 f.

258 Grundlegend hierzu *Clarence Wilfred Jenks*, State Succession in Respect of Law-Making Treaties, BYIL 29 (1952), S. 105 ff.; siehe auch *Oeter* (Fn. 254), S. 16.

259 *Daniel Patrick O'Connell*, State Succession in Municipal Law and International Law, Vol. II, International Relations, 1967, S. 214.

260 *Zimmermann* (Fn. 220), S. 575 f.; *Kamminga* (Fn. 242), S. 472 f.

sprechenden Rechte führen.[261] Besonders deutlich tritt dies in einem Beitrag von *Rüdiger Wolfrum* zum Vorschein, wenn dieser ausführt:

> „Wenn sich aber aus der Staatenverpflichtung ein Recht der Bewohner ergibt, dann frage ich mich, können wir dann sagen, daß durch den Wegfall eines Staates diese Rechtsstellung des Einzelnen aufgehört hat zu existieren. Ich könnte die Begründung für diesen Wegfall nicht so ohne weiteres nachvollziehen und glaube ganz im Gegenteil, daß sich aus dieser Konstruktion ergibt, daß menschenrechtliche Abkommen wegen ihres Bezuges zum Bürger weitergelten, auch wenn der Nachfolgefall eintritt.“[262]

Damit wird der Versuch unternommen, menschenrechtliche Verpflichtungen von ihrer vertragsrechtlichen Grundlage abzulösen[263] und eine Geltung unabhängig vom Vertrag zu konstruieren. Insofern wird auch eine Parallele zu den radizierten Verträgen gezogen:[264] Ebenso wie bestimmte Regeln unabhängig vom Träger der Herrschaftsgewalt Geltung für ein bestimmtes Territorium beanspruchen könnten, müssten auch personell bezogene Rechte im Fall der Staatennachfolge weiterhin rechtliche Verbindlichkeit entfalten.

Auf der Grundlage der herkömmlichen Völkerrechtsdogmatik und Rechtsquellentheorie ist diese stark ergebnisorientierte teleologische Argumentation jedoch kaum haltbar. Multilaterale Abkommen zum Schutz von Menschenrechten unterscheiden sich strukturell von anderen Verträgen und können eine Modifikation der vertragsrechtlichen Regeln bedingen.[265] Solange es sich dabei um vertragsinterne Regelungen – wie die Zulässigkeit von Vorbehalten oder die Möglichkeiten der Vertragsbeendigung – handelt, ist diese Annahme dogmatisch unproblematisch, denn das Telos eines Vertrages ist ein nach Art. 31 Abs. 1 WVK anerkanntes Kriterium der Auslegung. Diese Methodik kann jedoch nicht auf die Frage der Staatennachfolge übertragen werden. Denn

---

[261] *Kamminga* (Fn. 242), S. 472 f.

[262] *Rüdiger Wolfrum*, Diskussionsbeitrag, BDGVR 35 (1996), S. 347 (348); ähnlich auch *Cançado Trindade* (Fn. 88), S. 108.

[263] Vgl. insofern die Kritik bei *Rasulov* (Fn. 226), S. 153.

[264] *Kamminga* (Fn. 242), S. 483; *Roda Mushkat*, Hong Kong and Succession of Treaties, ICLQ 46 (1997), S. 181 (190 f.); *Zimmermann* (Fn. 220), S. 576; ablehnend wohl *Jäger* (Fn. 243), S. 107 f., dessen bloßer Verweis auf die Unterschiedlichkeit von radizierten Verträgen und Menschenrechtsabkommen allerdings nicht überzeugen kann.

[265] Überblick bei *Rasulov* (Fn. 226), S. 151 f.

die Bindung eines Nachfolgestaates an einen völkerrechtlichen Vertrag kann sich nicht aus dem Vertrag selbst ergeben, dessen normative Geltung gerade zur Debatte steht und begründet werden muss. Die Bindung des Nachfolgestaates aus dem Vertragsinhalt selbst abzuleiten, bedeutete einen Zirkelschluss. Die teleologische Auslegung eines Vertrages setzt vielmehr voraus, dass eine Vertragsbindung besteht. Insofern unterscheidet sich die Staatennachfolge von den bereits dargestellten Konstellationen der Vorbehalte zu menschenrechtlichen Abkommen sowie der Kündigung. Denn in diesen Fällen haben Parteien der Bindung an den Vertrag grundsätzlich zugestimmt, und die restriktive Auslegung der Vorbehalts- und Kündigungsbestimmungen betrifft die Reichweite der normativen Bindung. Im Fall der Staatennachfolge fehlt es aber an einem entsprechenden Willensakt. Daher können auch die durch den Vertrag eingesetzten Überwachungsorgane nicht verbindlich über die Staatennachfolge entscheiden.[266] Denn diese Organe leiten ihre Kompetenzen aus dem Vertrag ab und haben gegenüber außerhalb des Vertrages stehenden Staaten grundsätzlich keine Befugnisse. Insofern kann der besondere Charakter eines Menschenrechtsabkommens beziehungsweise die besondere Bedeutung des Vertrages nur dann eine automatische Staatensukzession begründen, wenn außerhalb des Vertrages ein Rechtssatz existiert, der anordnet, dass derartige Verträge automatisch auf den Nachfolgestaat übergehen. Der quellentheoretische Nachweis einer solchen Norm fällt jedoch schwer. Ein vertragsrechtlicher Satz existiert – sieht man einmal von der nur partiellen Regelung des Art. 34 der Wiener Konvention über das Recht der Staatennachfolge in völkerrechtliche Verträge ab, der allerdings nur geringe Bedeutung zukommt – ebenso wenig wie eine völkergewohnheitsrechtlich gefestigte Bestimmung oder ein allgemeiner Rechtsgrundsatz.

5. *Konklusion*

Im Rahmen der Staatennachfolge kann das Diskontinuitätsprinzip keine umfassende Geltung beanspruchen: Die Praxis ist vielmehr geprägt von einer einzelfallbezogenen Betrachtung unter Einbeziehung der beteiligten Staaten. Hieraus rechtliche Maßstäbe abzuleiten, erscheint auf der Grundlage der herkömmlichen Quellendogmatik problematisch. Doch zeigen sowohl Stimmen im Schrifttum als auch Aussagen der Organe internationaler Organisationen, dass sie die entsprechenden Fälle der automatischen Staatennachfolge nicht nur faktisch annehmen, son-

---

[266] Siehe aber auch *Zimmermann* (Fn. 220), S. 574 f.

dern als rechtliches Gebot qualifizieren. Eine überzeugende dogmatische Begründung hierfür fehlt jedoch. Die Argumentation ist stark ergebnisorientiert, zumeist werden Kriterien angeführt, die nach der herkömmlichen Unterscheidung der *materiellen* Rechtsquelle zuzuordnen, für die Frage des Bestehens einer *formellen* Rechtsquelle jedoch unbeachtlich sind. Die rechtliche Annahme der Fortgeltung völkerrechtlicher Verträge scheint allein dem faktisch angenommenen Erfordernis einer solchen zu entspringen. Paradigmatisch hierfür sind die folgenden Ausführungen:

> „If one takes seriously the admirable efforts spent on international law-making, be it in the fields of human rights, warfare and armed conflicts, trade, private international law, traffic, telecommunications, etc., one cannot but hope that events of State succession may neither exclude territories from the scope of such lawmaking treaties nor create periods of legal insecurity."[267]

Stimmt man den dargestellten Ausnahmen vom Diskontinuitätsprinzip aber zu und nimmt zumindest in bestimmten Konstellationen sowie für bestimmte Arten völkerrechtlicher Verträge eine automatische Fortgeltung auch für den Nachfolgestaat an, so liegt ein erklärungsbedürftiger Bruch mit dem Konsensprinzip vor.[268]

VIII. Ergebnis: Durchbrechungen und Aufweichungen des Konsensprinzips *de iure* und *de facto*

Auch wenn das Recht der völkerrechtlichen Verträge weiterhin vom Konsensprinzip als dem maßgeblichen quellendogmatischen Paradigma geprägt ist, kann angesichts zahlreicher diskutierter und angenommener Durchbrechungen und Aufweichungen von einer vollumfänglichen Geltung des Prinzips in der völkerrechtlichen Realität nicht gesprochen werden. Beim Abschluss völkerrechtlicher Verträge stellt der staatliche Konsens zwar immer noch ein unumgängliches formales Kriterium dar, durch die Institutionalisierung des Rechtsetzungsprozesses, Entwicklungen im Verfahren der Vertragsentstehung sowie die Einbindung nichtstaatlicher Akteure sind der Willensfreiheit jedoch Grenzen gesetzt. Im Hinblick auf die Zulässigkeit von Vorbehalten sowie die an ei-

---

[267] *Hubert Beemelmans*, State Succession in International Law: Remarks on Recent Theory and State Praxis, B.U. Int'l L.J. 15 (1997), S. 71 (123).

[268] Vgl. *Martti Koskenniemi*, From Apology to Utopia, 1989, S. 272 f.

nen unzulässigen Vorbehalt geknüpften Rechtsfolgen setzt sich zunehmend die Ansicht durch, dass der Verwirklichung von Gemeinschaftsinteressen Vorrang vor dem staatlichen Willen einzuräumen ist. Auch der Grundsatz, dass Verträge keine rechtlichen Wirkungen gegenüber Nichtmitgliedstaaten entfalten, wird vollumfänglich nur noch formal, nicht aber der Sache nach aufrechterhalten. Bei der Änderung sowie der Beendigung völkerrechtlicher Verträge schwächen sowohl rechtliche als auch faktische Parameter den Anwendungsbereich des Konsensprinzips ab. Und auch im Bereich der Staatennachfolge in völkerrechtliche Verträge gewinnt das Kontinuitätsprinzip zunehmend Bedeutung gegenüber dem konsensorientierten Diskontinuitätsprinzip.

C. Völkergewohnheitsrecht als internationales Gemeinschaftsrecht

Trotz fortschreitender Kodifikationsbemühungen und -erfolge spielt das Gewohnheitsrecht nach wie vor eine bedeutsame Rolle im internationalen Rechtssystem.[269] Anhand einer Darstellung der Konturen und wesentlichen Charakteristika der theoretischen Konzeption und praktischen Anwendung von Völkergewohnheitsrecht soll in der Folge der Frage nachgegangen werden, inwieweit diese Rechtsquelle ein Mittel zur punktuellen nicht-konsensualen Rechtsetzung darstellen kann[270] und welche Schlüsse für die Existenz und Ausgestaltung eines internationalen Gemeinschaftsrechts daraus gezogen werden können. Zwei grundsätzliche Thesen seien bereits an dieser Stelle formuliert: Zum einen unterliegen theoretische Konzeption und praktische Handhabung des Völkergewohnheitsrechts einem Wandel dahingehend, dass eine im Wesentlichen konsensuale Konstruktion um Ansätze einer Gemeinschaftsrechtsetzung ergänzt wird.[271] Zum anderen ermöglicht gerade

---

[269] *Rudolf Bernhardt*, Customary International Law, in: ders. (ed.), EPIL, Vol. I, 1992, S. 898 (899); *Stein/von Buttlar* (Fn. 183), S. 38; *Maurice H. Mendelson*, The Formation of Customary International Law, RdC 272 (1999), S. 155 (169 f.); weitergehende Einschätzung der Bedeutung von Gewohnheitsrecht bei *Brigitte Stern*, Custom at the Heart of International Law, Duke J. Comp. & Int'l L. 11 (2001), S. 89 ff.

[270] Siehe insofern bereits *Tomuschat* (Fn. 21), S. 275 ff.

[271] Vgl. insofern bereits die anschaulichen Ausführungen bei *Cassese* (Fn. 3), S. 153 ff.

das weitgehende Fehlen allgemein anerkannter Konturen des Völkergewohnheitsrechts der internationalen Gemeinschaft die Setzung von universell verbindlichem Recht auch ohne oder gegen den Willen einzelner Staaten.

I. Die Entstehung von Völkergewohnheitsrecht

1. Die grundlegende Konstruktion des Völkergewohnheitsrechts

Die Entstehung einer völkergewohnheitsrechtlichen Norm setzt zwei kumulativ vorliegende, konstitutive Merkmale voraus: eine allgemeine Übung (*consuetudo*) und die Anerkennung dieser Übung als Recht (*opinio iuris sive necessitatis*).[272] Dabei wird aus einer Vielzahl einzelner Sachverhalte eine allgemeine Regel des Völkerrechts induktiv hergeleitet,[273] tatsächliche Vorgänge aus der Welt des „Seins" werden in die Ebene des „Sollens" transferiert.[274] Der Wortlaut des Art. 38 Abs. 1 *lit.* b) IGH-Statut („general practice accepted as law") bestätigt diese Ansicht,[275] und auch der Internationale Gerichtshof vertritt dieses Ver-

---

[272] Siehe nur *Bleckmann* (Fn. 3), S. 73 f.; *Cassese* (Fn. 3), S. 157; *Verdross/Simma* (Fn. 1), S. 348 f.; *Alfred Verdross*, Die Quellen des universellen Völkerrechts, 1973, S. 95; *Bernhardt* (Fn. 269), S. 899; *Wolff Heintschel von Heinegg*, Die weiteren Quellen des Völkerrechts, in: Knut Ipsen (Hrsg.), Völkerrecht, 5. Aufl. 2004, S. 210 (213); *Georg Dahm/Jost Delbrück/Rüdiger Wolfrum*, Völkerrecht, Bd. I/1, 2. Aufl. 1989, S. 56 ff.; aus früherer Zeit exemplarisch *Franz von Liszt*, Das Völkerrecht, 5. Aufl. 1907, S. 12; kritisch gegenüber der Möglichkeit, allgemeine Maßstäbe für die Entstehung von Völkergewohnheitsrecht aufzustellen, *Helmut Strebel*, Quellen des Völkerrechts als Rechtsordnung, ZaöRV 36 (1976), S. 301 (320 ff.).

[273] *Albert Bleckmann*, Zur Feststellung und Auslegung von Völkergewohnheitsrecht, ZaöRV 37 (1977), S. 504 (505); *J. Patrick Kelly*, The Twilight of Customary International Law, Va. J. Int'l L. 40 (2000), S. 449 (453); *Adolf Schüle*, Methoden der Völkerrechtswissenschaft, AVR 8 (1959/60), S. 129 (148); *Niels Petersen*, Der Wandel des ungeschriebenen Völkerrechts im Zuge der Konstitutionalisierung, AVR 46 (2008), S. 502 (505).

[274] *Case Concerning Right of Passage over Indian Territory*, Merits, Dissenting Opinion *Armand-Ugon*, ICJ Reports 1960, S. 6 (82): „What ‚is' becomes what ‚must be'."

[275] Zur wenig geglückten Formulierung *Herbert Günther*, Zur Entstehung von Völkergewohnheitsrecht, 1970, S. 64; *Karol Wolfke*, Custom in Present In-

ständnis von Völkergewohnheitsrecht[276] ebenso wie nationale Gerichte.[277]

Nichtsdestotrotz gab und gibt es Konzeptionen, die einen gänzlich anderen Ansatz zum Völkergewohnheitsrecht favorisieren.[278] Dabei handelt es sich im Wesentlichen um Ansätze, die die Erforderlichkeit entweder des einen oder des anderen Elements anzweifeln. So stellen bedeutende Strömungen der Völkerrechtswissenschaft auch im Hinblick auf das Völkergewohnheitsrecht maßgeblich auf den Willen der Staaten ab.[279] Danach ist Völkergewohnheitsrecht eine stillschweigend getroffene Übereinkunft, ein *pactum tacitum*.[280] Die nach herrschender Ansicht konstitutive Übung ist in dieser Konzeption ein bloßes Indiz für das Bestehen einer entsprechenden Willensübereinstimmung.[281] Die Bindung

---

ternational Law, 2nd ed. 1993, S. 5 ff.; gegen die Aussagekraft des Normtextes *Mendelson* (Fn. 269), S. 195.

[276] Siehe nur *North Sea Continental Shelf*, ICJ Reports 1969, S. 3 (44); *Military and Paramilitary Activities in and against Nicaragua (Nicaragua v. United States of America)*, Merits, ICJ Reports 1986, S. 14 (97 f.).

[277] Siehe etwa die ständige Rechtsprechung des Bundesverfassungsgerichts BVerfGE 15, 25 (35); 46, 342 (367); 95, 96 (129).

[278] Für einen Überblick *Alfred Verdross*, Entstehungsweisen und Geltungsgrund des universellen völkerrechtlichen Gewohnheitsrechts, ZaöRV 29 (1969), S. 635 (636 ff.); *Fastenrath* (Fn. 1), S. 95 ff.

[279] Diese Theorie findet bereits Anklang bei den „Vätern des Völkerrechts" (Nachweise bei *Verdross* (Fn. 278), S. 636 f. sowie *Mendelson* (Fn. 269), S. 253 f.) und wurde insbesondere von der sozialistischen Rechtsschule vertreten (siehe beispielsweise *Grigorij Ivanovic Tunkin*, Völkerrechtstheorie, 1972, S. 153 ff.).

[280] Dennoch sehen auch die Vertreter dieser Ansicht regelmäßig das Gewohnheitsrecht als selbständige Quelle neben dem Vertragsrecht an, vgl. die Stellungnahme von *Tunkin* in: *Summary Records of the Fifteenth Session*, YBILC 1963 I, S. 69.

[281] Zu ähnlichen Ergebnissen gelangen naturrechtliche Ansätze, denen zufolge eine Norm des Völkergewohnheitsrechts nicht von den Staaten gesetzt wird, sondern vorgegeben ist und über das Rechtsbewusstsein sowie eine entsprechende Übung als rechtlich verbindlich anerkannt wird, siehe insbesondere *Paul Heilborn*, Grundbegriffe des Völkerrechts, 1912, S. 38; auch *Bin Cheng*, United Nations Resolutions on Outer Space: „Instant" International Customary Law?, IJIL 5 (1965), S. 23 (36), der die Übung nicht als konstitutive Voraussetzung, sondern als Beweis für das Bestehen von *opinio iuris* begreift; in diese Richtung auch *Rein Müllerson*, The Interplay of Objective and Subjective Elements in Customary Law, in: Karel Wellens (ed.), International Law: Theory and Practice, Essays in Honour of Eric Suy, 1998, S. 161 (166 ff.).

von Staaten ohne oder gegen ihren Willen ist nach dieser Willenstheorie nicht möglich,[282] wenn auch im Ergebnis über die Konstruktion entsprechender Vermutungsregeln eine weite Übereinstimmung mit dem herrschenden Ansatz erzielt wird.[283] Andere Ansätze lassen eine übereinstimmende Staatenpraxis ausreichen, um gewohnheitsrechtliche Normen zu begründen, und verzichten auf die Feststellung von *opinio iuris* als konstitutive Voraussetzung.[284] Eine Abgrenzung von rechtsverbindlicher Übung und bloß moralisch oder politisch motivierten Verhaltensweisen sowie der bloßen *Courtoisie* ist nach diesem Ansatz jedoch nur schwer möglich.[285]

Diese alternativen Ansätze zum Völkergewohnheitsrecht haben sich zwar weder in der Praxis noch im Schrifttum durchsetzen können; sie beeinflussen aber die Auslegung der beiden Tatbestandsmerkmale im Rahmen der herrschenden Definition von Völkergewohnheitsrecht.[286] Zumindest in der praktischen Anwendung erscheinen die unterschiedlichen theoretischen Ansätze daher nicht als sich gegenseitig ausschließende Paradigmen, sondern als nebeneinander anwendbare Argumentationsmuster.

---

[282] Für einen strikt konsensorientierten Ansatz aus neuerer Zeit *Hillgruber* (Fn. 160), S. 81 f.

[283] Vgl. *Fastenrath* (Fn. 1), S. 98 f. m.w.N.; dazu, dass der *pactum tacitum* Ansatz eher im Einklang mit dem Souveränitätsprinzip und damit auch dem Konsensprinzip steht, *Bernhardt* (Fn. 269), S. 901; *Mendelson* (Fn. 269), S. 168 f.

[284] So beispielsweise *Paul Guggenheim*, Contribution à l'histoire des sources du droit des gens, RdC 94 (1958-II), S. 1 (36 ff.); *Hans Kelsen*, Théorie du droit international coutumier, Revue internationale de la théorie du droit, Nouvelle Série 1 (1939), S. 253 (262 ff.). Sowohl *Guggenheim* als auch *Kelsen* haben ihre Ansichten jedoch später revidiert, vgl. *Paul Guggenheim*, Traité de droit international public I, 2. éd. 1967, S. 103 ff.; *Hans Kelsen*, Principles of International Law, 2nd ed. 1966 (rev. and ed. by Robert W. Tucker), S. 450 f.; zum Ganzen auch *Tunkin* (Fn. 279), S. 149 ff.; siehe auch *Mendelson* (Fn. 269), S. 246 ff., der davon ausgeht, dass dem subjektiven Element zumindest in den meisten Fällen der Entstehung von Völkergewohnheitsrecht keine konstitutive Bedeutung zukommt; ähnlich auch *Theodor Schilling*, Völkerkonsensrecht, in: Jürgen Bröhmer u.a. (Hrsg.), Internationale Gemeinschaft und Menschenrechte, Festschrift für Georg Ress, 2005, S. 235 (237 f.).

[285] Vgl. *Peter Macalister-Smith*, Comity, in: Rudolf Bernhardt (ed.), EPIL, Vol. I, 1992, S. 671 (673); *Bernhardt* (Fn. 269), S. 899.

[286] In diesem Sinne wohl auch *Fastenrath* (Fn. 1), S. 100; *Verdross/Simma* (Fn. 1), S. 371.

2. Das objektive Element

Besteht danach zumindest weitgehende Einigkeit darüber, dass die Entstehung von Völkergewohnheitsrecht eine allgemeine Übung voraussetzt, so sind die konkreten Anforderungen, die an dieses Tatbestandsmerkmal gestellt werden, stark umstritten und lassen sich nur schwer in allgemeingültiger Weise feststellen.

a) Die Anknüpfungspunkte für Staatenpraxis

Unklar ist zunächst, welche staatlichen Verhaltensweisen als Staatenpraxis im Sinne des objektiven Elements des Völkergewohnheitsrechts angesehen werden können. Eine früher vertretene Auffassung, die nur die Handlungen von Staatsorganen, die nach innerstaatlichen Vorschriften zur völkerrechtlichen Vertretung des Staates befugt sind, berücksichtigen wollte,[287] trifft zu Recht auf wenig Zuspruch. Denn sie impliziert, dass gewohnheitsrechtliche Regeln in einem ähnlich formalisierten Verfahren zustande kommen wie völkerrechtliche Verträge. Zudem verkennt sie, dass nicht nur die zur völkerrechtlichen Vertretung befugten Teile der Exekutive[288] an internationalen Beziehungen teilhaben, sondern eine Vielzahl anderer Träger der Staatsgewalt. Daher kann grundsätzlich jedes Organ und jede Behörde des staatlichen Gefüges zur Entstehung von Gewohnheitsrecht beitragen.[289] Auch die Rechtsprechung nationaler Gerichte wird als gewohnheitsrechtsbildende Staatspraxis anerkannt.[290] Akte nichtstaatlicher Einheiten, wie Individuen

---

[287] Siehe beispielsweise *Karl Strupp*, Les règles générales du droit de la paix, RdC 47 (1934), S. 257 (313 ff.). Anklänge dieses restriktiven Ansatzes finden sich noch bei *Stephan Hobe*, Einführung in das Völkerrecht, 9. Aufl. 2008, S. 191.

[288] Zur grundgesetzlichen Ausgestaltung *Christian Calliess*, Auswärtige Gewalt, in: Josef Isensee/Paul Kirchhof (Hrsg.), HStR, Bd. IV, 3. Aufl. 2006, S. 589 (598 ff.).

[289] Statt vieler *Bleckmann* (Fn. 3), S. 74; *Stein/von Buttlar* (Fn. 183), S. 39 f.; *Verdross/Simma* (Fn. 1), S. 369; *Maarten Bos*, The Identification of Custom in International Law, GYIL 25 (1982), S. 9 (28 f.) stellt darauf ab, dass ein Akt dem Staat zurechenbar ist; *Mendelson* (Fn. 269), S. 200 schlägt eine unterschiedliche Gewichtung abhängig von der Zuordnung außenpolitischer Kompetenzen und Verantwortungen vor.

[290] BVerfGE 16, 27 (34); aus dem Schrifttum statt vieler und mit weiteren Nachweisen *Klaus Ferdinand Gärditz*, Die Legitimation der Justiz zur Völkerrechtsfortbildung, Der Staat 47 (2008), S. 381 (385).

und transnationale Unternehmen, können Gewohnheitsrecht begründen, zumindest wenn sie mit staatlicher Unterstützung oder Duldung erfolgen.[291]

Darüber hinaus stellt sich die Frage, welche Akte als Anknüpfungspunkte für die Entstehung von Gewohnheitsrecht akzeptiert werden. Während teilweise der Versuch unternommen wird, den Kreis der potenziell gewohnheitsrechtsbildenden Handlungsformen einzuengen,[292] geht die vorherrschende Ansicht davon aus, dass grundsätzlich jegliche staatliche Verhaltensweise als Anknüpfungspunkt für die allgemeine Übung in Betracht kommt: offizielles staatliches Handeln ebenso wie konkludentes Verhalten, bloße Äußerungen oder Unterlassen.[293] Auch innerstaatliche Handlungen und innerstaatliche Rechtsetzung werden hiervon umfasst.[294] Leitlinien, welches Verhalten zu berücksichtigen ist und wie unterschiedliche Verhaltensweisen zu gewichten sind, finden

---

[291] *Bernhardt* (Fn. 269), S. 900; *Wilhelm Wengler*, Völkerrecht, Bd. I, 1964, S. 175; restriktiver *Mendelson* (Fn. 269), S. 203. Auf eine neue Dimension der Diskussion um die Rechtsquelle des Völkergewohnheitsrechts weist Richterin *van den Wyngaert* in einer *Dissenting Opinion* hin, wenn sie im Hinblick auf Stellungnahmen von Forschungsinstituten, *Think Tanks*, Menschenrechtsorganisationen sowie Juristenvereinigungen auszuführt: „This may be seen as the opinion of *civil society*, an opinion that cannot be completely discounted in the formation of customary international law today." (*Arrest Warrant of 11 April 2000 (Democratic Republic of the Congo v. Belgium)*, Dissenting Opinion *van den Wyngaert*, ICJ Reports 2002, S. 3 (155)); ähnlich auch *Hobe* (Fn. 63), S. 328 f. Worin genau die normative Wirkung der zivilgesellschaftlichen Rechtsüberzeugung auf die Entstehung des Gewohnheitsrechts liegen soll, lässt Richterin *van den Wyngaert* jedoch offen, sie begnügt sich mit dem kritischen Einwand, der Gerichtshof habe diese Entwicklung nicht berücksichtigt.

[292] Siehe beispielsweise *Wolfke* (Fn. 275), S. 41 f., der das objektive Merkmal auf tatsächliche Handlungen beschränken und bloße Verbalakte ausklammern will.

[293] Statt vieler *Stein/von Buttlar* (Fn. 183), S. 39 f.; *Brownlie* (Fn. 132), S. 6.

[294] Siehe *Nottebohm Case (Second Phase)*, ICJ Reports 1955, S. 4 (22); *Arrest Warrant of 11 April 2000 (Democratic Republic of the Congo v. Belgium)*, ICJ Reports 2002, S. 3 (21); BVerfGE 46, 342 (367); 16, 27 (51); *von Liszt* (Fn. 272), S. 12; *Dahm/Delbrück/Wolfrum* (Fn. 272), S. 57 f.; *Bleckmann* (Fn. 273), S. 508; *Michael Bothe*, Die Bedeutung der Rechtsvergleichung in der Praxis internationaler Gerichte, ZaöRV 36 (1976), S. 280 (281); für innerstaatliche Gerichte *Bos* (Fn. 289), S. 28 ff.; kritisch *Friedrich Berber*, Lehrbuch des Völkerrechts, Bd. I, 2. Aufl. 1975, S. 44 ff.; *Hobe* (Fn. 287), S. 194; *Kelly* (Fn. 273), S. 467 f.

sich nicht. Eine abschließende Aufzählung von Instanzen und Verhaltensweisen, die zur gewohnheitsrechtlichen Entstehung eines Rechtssatzes beitragen können, ist daher nicht möglich.

b) Dauer, Einheitlichkeit und Verbreitung der Praxis

Das objektive Element des Gewohnheitsrechts erfordert eine allgemeine Übung von gewisser Dauer, Einheitlichkeit und Verbreitung. Dennoch lassen sich nur schwer allgemeingültige Maßstäbe für diese Kriterien aufstellen. Die Bezeichnung Völker*gewohnheits*recht impliziert, dass eine Verhaltensregel längere Zeit existieren muss, bevor sie zu Recht erstarken kann. Dementsprechend verlangte eine ältere Auffassung eine längere Zeit dauernde Übung.[295] Auch die *International Law Commission* ging zu Beginn ihrer Arbeit noch davon aus, dass eine entsprechende Praxis „over a considerable period of time" notwendig sei.[296] Diese Anforderungen wurden in Schrifttum und Praxis angesichts des wachsenden Bedürfnisses der internationalen Gemeinschaft nach universellen Rechtsregeln für globale Probleme jedoch entscheidend herabgesetzt. Grundlegend ist dabei die Entscheidung des IGH im Fall *North Sea Continental Shelf*, in der dieser ausführt:

> „Although the passage of only a short period of time is not necessarily, or of itself, a bar to the formation of a new rule of customary international law on the basis of what was originally a purely conventional rule, an indispensable requirement would be that within the period in question, short though it might be, State practice, including that of States whose interests are specially affected, should have been both extensive and virtually uniform (...)."[297]

Eine geringe zeitliche Dauer kann danach durch eine entsprechend ausführliche und einheitliche Praxis kompensiert werden. Nichtsdestotrotz kann nach der Entscheidung des IGH auf das Element der dauerhaften Übung nicht gänzlich verzichtet werden. Dem hat sich der überwiegen-

---

[295] So etwa *Wengler* (Fn. 291), S. 174.

[296] Vgl. *Article 24 of the Statute of the International Law Commission*, Working Paper by *Manley O. Hudson*, Special Rapporteur, UN Doc. A/CN.4/16, YBILC 1950 II, S. 24 (26).

[297] *North Sea Continental Shelf*, ICJ Reports 1969, S. 3 (43).

de Teil der Völkerrechtslehre angeschlossen.[298] Ihre Kulmination findet die Tendenz, die Entstehung von Gewohnheitsrecht auch nach kurzer Zeit zuzulassen, hingegen in der Auffassung, dass selbst auf der Grundlage einer einmaligen Handlung ein gewohnheitsrechtlicher Satz entstehen kann[299] oder dass die Übung gänzlich obsolet ist und sich bei Vorliegen einer entsprechend starken Rechtsüberzeugung ein Rechtssatz auch „spontan" bilden kann.[300] Diese Auffassung steht sowohl der Konzeption als auch der Bezeichnung des *Gewohnheits*rechts diametral entgegen, so dass die Möglichkeit von „Instant Customary Law" zu Recht überwiegend auf Ablehnung stößt.[301]

Nicht nur die Dauer der Praxis, sondern auch das Kriterium der Einheitlichkeit wird zunehmend offen und flexibel gehandhabt. Im Grundsatz gilt zwar weiterhin, dass sich eine repräsentative Zahl von Völkerrechtssubjekten in weitgehend konsistenter Weise verhalten muss,[302] die völkerrechtliche Realität bedient sich jedoch Hilfskonstruktionen, um widersprüchliches Verhalten möglichst zu reduzieren oder auszuschalten, beispielsweise indem eher abstrakte und damit konsensfähigere Rechtsnormen gewohnheitsrechtlich begründet werden.[303] Ferner betonte der IGH bereits im britisch-norwegischen *Fisheries*-Fall, dass Un-

---

[298] Statt vieler *Rudolf Bernhardt*, Ungeschriebenes Völkerrecht, ZaöRV 36 (1976), S. 50 (67) m.w.N.; *Verdross/Simma* (Fn. 1), S. 361 f.; *Heintschel von Heinegg* (Fn. 272), S. 215 f.; *Wolfke* (Fn. 275), S. 59.

[299] So beispielsweise *Malanczuk Akehurst*, Custom as a Source of International Law, BYIL 47 (1974/75), S. 1 (13); *Strupp* (Fn. 287), S. 304 f.; *Tunkin* (Fn. 279), S. 143.

[300] *Cheng* (Fn. 281), S. 35 ff.; *Roberto Ago*, Science juridique et droit international, RdC 90 (1956-II), S. 850 (932 ff.).

[301] *Verdross/Simma* (Fn. 1), S. 361 f.; *Godefridus Josephus Henricus van Hoof*, Rethinking the Sources of International Law, 1983, S. 86 sowie S. 93; *Mendelson* (Fn. 269), S. 209 f.; *Dahm/Delbrück/Wolfrum* (Fn. 272), S. 56; *Petersen* (Fn. 273), S. 505; differenzierend und die Möglichkeit für Ausnahmefälle bejahend *Wolfke* (Fn. 275), S. 60; unentschlossen *Doehring* (Fn. 183), S. 127.

[302] Vgl. *Columbian-Peruvian Asylum Case*, ICJ Reports 1950, S. 266 (276 f.), wo der IGH eine völkergewohnheitsrechtliche Norm des diplomatischen Asyls aufgrund uneinheitlicher und widersprüchlicher Praxis ablehnt.

[303] Siehe hierzu *Albert Bleckmann*, Völkergewohnheitsrecht trotz widersprüchlicher Praxis?, ZaöRV 36 (1976), S. 374 (376 ff.).

sicherheiten und Widersprüchlichkeiten innerhalb der Staatenpraxis keine große Bedeutung zukomme,[304] und führte im *Nicaragua*-Fall aus:

> „The Court does not consider that, for a rule to be established as customary, the corresponding practice must be in absolutely rigorous conformity with the rule (...) the Court deems it sufficient that the conduct of states should, in general, be consistent with such rules, and that instances of State conduct inconsistent with a given rule should generally have been treated as breaches of that rule, not as indication of the recognition of a new rule."[305]

Auch an die Verbreitung der Praxis werden mitunter nur noch geringe Anforderungen gestellt. So gehen zahlreiche Autoren davon aus, dass es für die Entstehung von Völkergewohnheitsrecht ausreicht, wenn wenige Staaten oder sogar nur ein einzelner Staat an einer entsprechenden Praxis beteiligt sind.[306] In diesem Zusammenhang wird zunehmend weniger auf die Anzahl der beteiligten Staaten als vielmehr darauf abgestellt, ob die internationale Gemeinschaft hinreichend repräsentiert ist und ob diejenigen Staaten, deren Interessen maßgeblich betroffen („specially affected") sind, eine hinreichend konsistente Praxis aufweisen.[307] Damit erhalten die wirtschaftlich, politisch und militärisch starken Staaten eine herausragende Position im Rahmen der Entstehung von Gewohnheitsrecht.[308]

---

[304] *Fisheries Case (United Kingdom v. Norway)*, ICJ Reports 1951, S. 116 (138).

[305] *Military and Paramilitary Activities in and against Nicaragua (Nicaragua v. United States of America)*, Merits, ICJ Reports 1986, S. 14 (98). Diese Aufweichung wird im völkerrechtlichen Schrifttum weitgehend nachvollzogen, siehe statt vieler *Mendelson* (Fn. 269), S. 214; *Bleckmann* (Fn. 3), S. 74.

[306] Siehe nur *Anthony D'Amato*, The Concept of Custom in International Law, 1971, S. 42; zustimmend *Strebel* (Fn. 272), S. 325; *Wolfke* (Fn. 275), S. 59.

[307] *North Sea Continental Shelf*, ICJ Reports 1969, S. 3 (42); *Dahm/Delbrück/Wolfrum* (Fn. 272), S. 56; *Doehring* (Fn. 183), S. 128; kritisch und restriktiv *Tomuschat* (Fn. 21), S. 280 f.; zur Entwicklung *Heintschel von Heinegg* (Fn. 272), S. 216 f. unter Hinweis auf die selektive gerichtliche Praxis.

[308] Siehe hierzu nur *Oscar Schachter*, New Custom: Power, Opinio Juris and Contrary Practice, in: Jerzy Makarczyk (ed.), Theory of International Law at the Threshold of the 21st Century, Essays in Honour of Krzystof Skubiszewski, 1996, S. 531 (536 f.).

3. Das subjektive Element

Zur Entstehung einer völkergewohnheitsrechtlichen Norm muss neben das objektive Moment der allgemeinen Übung das subjektive Element der *opinio iuris sive necessitatis* treten. Hierunter ist entsprechend dem Wortlaut des Art. 38 Abs. 1 *lit.* b) IGH-Statut die Überzeugung zu verstehen, zu dem in der Übung zum Ausdruck gelangenden Verhalten rechtlich verpflichtet zu sein.[309] Das in dieser Konstruktion inhärente Paradoxon[310] – wenn für die Entstehung einer Norm das Bewusstsein von der rechtlichen Verpflichtung zu einem entsprechenden Verhalten vorausgesetzt wird, so muss dieses Bewusstsein auf einem Rechtsirrtum beruhen – versucht die herrschende Ansicht unter Hinweis auf den fließenden Prozess der Erzeugung von Gewohnheitsrecht zu entkräften.[311]

Da ein Staat als juristische Person kein Rechtsbewusstsein im eigentlichen Sinne aufweisen kann, kommt es auf die entsprechende Überzeugung derjenigen natürlichen Personen an, die als Organe des Staates tätig werden und deren Handlungen und Erklärungen daher auszulegen sind.[312] Die konkreten Anforderungen, die an das Vorliegen von *opinio iuris* gestellt werden, lassen sich jedoch nur schwer allgemeingültig festlegen: Es muss keine Willenserklärung im juristischen Sinne vorliegen,

---

[309] Siehe bereits *S.S. „Lotus"*, PCIJ Reports Series A, Nr. 10 (1927), S. 28: „conscious of having a duty"; *North Sea Continental Shelf*, ICJ Reports 1969, S. 3 (44); aus dem Schrifttum statt vieler *Hobe* (Fn. 287), S. 191.

[310] *Hans Kelsen*, Théorie du droit international coutumier, Revue internationale de la théorie du droit, Nouvelle Série 1 (1939), S. 253 (262 f.); *ders.*, Principles of International Law, 2nd ed. 1966 (rev. and ed. by Robert W. Tucker), S. 453; *Josef F. Kunz*, The Nature of Customary International Law, AJIL 47 (1953), S. 662 (667); *Herman Meijers*, How is International Law Made? – The Stages of Growth of International Law and the Use of its Customary Rules, NYIL 9 (1978), S. 3 (12 f.), der das Problem auf einen Kompromiss zwischen Naturrechtslehre und Positivismus zurückführt; *van Hoof* (Fn. 301), S. 87; zum Ganzen auch *Jörg Kammerhofer*, Uncertainty in the Formal Sources of International Law: Customary International Law and Some of its Problems: in EJIL 15 (2004), S. 523 (534 f.).

[311] *Verdross* (Fn. 278), S. 640; *ders.*, (Fn. 272), S. 106 f.; *Verdross/Simma* (Fn. 1), S. 356 f.; *Cassese* (Fn. 3), S. 157 f.; *Stern* (Fn. 269), S. 97; kritisch *Kunz* (Fn. 310), S. 667.

[312] *Bernhardt* (Fn. 269), S. 900 unter Hinweis darauf, dass es nicht auf die rechtlichen Überzeugungen des Staatsvolkes ankommt, sondern dass auf die Regierung abzustellen ist; *Akehurst* (Fn. 299), S. 36 f.; *Verdross/Simma* (Fn. 1), S. 355.

sondern die Rechtsüberzeugung kann aus einer Vielzahl staatlicher Erklärungen und aus dem staatlichen Verhalten abgeleitet werden.[313] Dabei scheint das Erfordernis der Rechtsüberzeugung die These, dass rechtliche Bindungen eines Staates nur mit dessen Zustimmung zustande kommen können, auf den ersten Blick zu stützen: Denn es steht einem Staat grundsätzlich frei, sein Verhalten als Ausdruck einer rechtlichen Überzeugung zu deklarieren oder dies ausdrücklich auszuschließen.[314] Theorie und Praxis sind jedoch im Hinblick auf das subjektive Element des Völkergewohnheitsrechts von einer vollumfänglichen Geltung des Konsensprinzips weit entfernt. Denn der Wille eines Staates gelangt regelmäßig nicht eindeutig zum Ausdruck, es gibt kein dem Vertragsrecht vergleichbares formalisiertes Verfahren der Willensäußerung. Vielmehr ist aus dem Verhalten der Staaten auf den Willen zu schließen, und es bleibt dem Betrachter vorbehalten, ob er ein bestimmtes Verhalten als Ausdruck von Rechtsüberzeugung bewerten will oder nicht. Diese Unsicherheiten im Umgang mit dem subjektiven Element des Völkergewohnheitsrechts führen zwar nicht dazu, dass die Völkerrechtslehre gänzlich auf das Vorliegen dieser Voraussetzung verzichten will, bedingen jedoch, dass ihre Bedeutung nicht allzu stark betont wird.[315] Vom Bestehen einer gefestigten Praxis wird auf die Existenz der *opinio iuris* geschlossen,[316] es wird nicht auf den Willen des einzelnen Staates abgestellt, sondern vielmehr auf die kollektive Rechtsüberzeu-

---

[313] *Fastenrath* (Fn. 1), S. 97 f. nennt als mögliche Anknüpfungspunkte: diplomatische Korrespondenz, Instruktionen, Noten, Erklärungen aller Art, die Aufstellung von Rechtsbehauptungen, die Androhung und Durchführung von Repressalien bei Abweichungen von der Übung, nationale Gesetzgebung sowie die Praxis nationaler Gerichte.

[314] Dabei ist *Mendelson* (Fn. 269), S. 254 (Fußnote 273) zuzugeben, dass Rechts*überzeugung* etwas anderes ist als *Wille*. Dennoch besteht ein starker Zusammenhang zwischen der Rechtsüberzeugung und dem staatlichen Willen insofern, als die zum Ausdruck gebrachte Rechtsüberzeugung willentlich gesteuert sein kann.

[315] So das Resümee von *Ulrich Scheuner*, Internationale Verträge als Elemente der Bildung von völkerrechtlichem Gewohnheitsrecht, in: Werner Flume u.a. (Hrsg.), Internationales Recht und Wirtschaftsordnung, Festschrift für Frederick A. Mann, 1977, S. 409 (416).

[316] *Brownlie* (Fn. 132), S. 8; *Lauterpacht* (Fn. 162), S. 380; restriktiver *Scheuner* (Fn. 315), S. 416. Umgekehrt lässt man auch beim Vorliegen einer gefestigen *opinio iuris* eine weniger konsistente Staatenpraxis ausreichen.

gung der Staatengemeinschaft.[317] Die Berufung auf eine dem tatsächlichen Verhalten widersprechende *opinio iuris* wird unter dem Gesichtspunkt des *venire contra factum proprium* (*estoppel*) für unzulässig erachtet.[318]

4. *Die Rolle internationaler Organisationen und Gerichte*

Die Frage der Bedeutung internationaler Organisationen im Entstehungsprozess des Gewohnheitsrechts stellt sich sowohl im Hinblick auf das Verhalten von Staaten innerhalb dieser Organisationen als auch dahingehend, ob die Organe internationaler Organisationen selbst zur Entstehung gewohnheitsrechtlicher Normen beitragen können.

a) Staatliches Verhalten im Rahmen internationaler Organisationen

Im Hinblick auf die erste Frage wird insbesondere angedacht, ob das Abstimmungsverhalten eines Staates innerhalb der Generalversammlung als Praxis oder als Ausdruck einer entsprechenden Rechtsüberzeugung dieses Staates verstanden werden kann. Große Teile des Schrifttums lehnen dies prinzipiell ab.[319] Das Abstimmungsverhalten stelle einen nur einmaligen Vorgang und daher keine Übung dar, und Resolutionen der Generalversammlung komme keine rechtsverbindliche Wirkung zu,

---

[317] *Nottebohm Case (Second Phase)*, ICJ Reports 1955, S. 4 (23); *Bernhardt* (Fn. 298), S. 62; *Stein/von Buttlar* (Fn. 183), S. 41.

[318] *Fastenrath* (Fn. 1), S. 98.

[319] Siehe nur *Klein* (Fn. 134), S. 328; *Doehring* (Fn. 183), S. 136 f.; *Iain MacGibbon*, Means for the Identification of International Law. General Assembly Resolutions: Custom, Practice and Mistaken Identity, in: Bin Cheng (ed.), International Law: Teaching and Practice, 1982, S. 10 (19 ff.); *Kay Hailbronner/Eckart Klein*, in: Bruno Simma (ed.), The Charter of the United Nations, A Commentary, Vol. I, 2nd ed. 2002, Art. 10, Rn. 49; *Bruno Simma*, Die Erzeugung ungeschriebenen Völkerrechts: Allgemeine Verunsicherung – klärende Beiträge Karl Zemaneks, in: Konrad Ginther (Hrsg.), Völkerrecht zwischen normativem Anspruch und politischer Realität, Festschrift für Karl Zemanek, 1994, S. 95 (103); kritisch auch *Military and Paramilitary Activities in and against Nicaragua (Nicaragua v. United States of America)*, Merits, Separate Opinion *Ago*, ICJ Reports 1986, S. 14 (184).

so dass der notwendige Bindungswille nicht vorliege.[320] Beide Einwände greifen jedoch nicht durch. Auch als einmaliger Vorgang kann das Abstimmungsverhalten als relevante Übung qualifiziert werden, es reicht freilich allein nicht aus, um eine Norm des Gewohnheitsrechts zu begründen. Und soweit Resolutionen internationaler Organisationen auf frühere Beschlüsse verweisen, lässt sich sogar eine wiederholte Übung nachweisen. Auch steht die fehlende Rechtsverbindlichkeit von Resolutionen der Generalversammlung der Annahme, ein abstimmender Staat handele mit *opinio iuris*, nicht entgegen. *Opinio iuris* setzt nicht den Willen eines Staates voraus, Recht zu setzen, sondern das Bewusstsein, im Rahmen einer rechtlichen Verpflichtung zu handeln. Die Erzeugung von Gewohnheitsrecht ist kein reflexiver und bewusst vorgenommener Akt der Rechtsetzung, sondern knüpft an eine tatsächlich vorhandene Rechtsüberzeugung an. Es kommt daher nicht darauf an, dass ein Staat sich durch sein Abstimmungsverhalten an eine rechtliche Norm binden will, sondern es kommt vielmehr auf den Inhalt der Resolution an, dem der Staat zustimmt. Insoweit gilt nichts anderes als für die Feststellung der Rechtsüberzeugung anhand anderer Erklärungen oder Verhaltensweisen. Auch insofern wird aus rechtlich unverbindlichen Handlungen, wie politischen Erklärungen oder diplomatischen Noten, auf das Bestehen einer Rechtsüberzeugung geschlossen.

Folgerichtig bejahen zahlreiche Autoren die grundsätzliche Möglichkeit, aus dem Abstimmungsverhalten eines Staates im Rahmen internationaler Organisationen auf eine entsprechende Rechtsüberzeugung zu schließen.[321] Dieser Ansicht neigt auch der IGH zu: So zog er im *Fisheries Jurisdiction*-Fall Resolutionen heran, um die Zustimmung der Staatenge-

---

[320] Statt vieler *Doehring* (Fn. 183), S. 136 f.; *Stein/von Buttlar* (Fn. 183), S. 42; *Gennady M. Danilenko*, The Theory of International Customary Law, GYIL 31 (1988), S. 9 (37).

[321] Ausführlich *Blaine Sloan*, General Assembly Resolutions Revisited (Forty Years Later), BYIL 58 (1987), S. 39 (74); *Mosler* (Fn. 138), S. 90; *Dahm/Delbrück/Wolfrum* (Fn. 272), S. 60 f.; *Mendelson* (Fn. 269), S. 201 f.; *Verdross* (Fn. 272), S. 116; *van Hoof* (Fn. 301), S. 182 f.; *Brownlie* (Fn. 132), S. 691; *Louis B. Sohn*, ‚Generally Accepted' International Rules, Wash. L. Rev. 61 (1986), S. 1073 (1074); *Rosalyn Higgins*, The Development of International Law Through the Political Organs of the United Nations, 1963, S. 2; weit gehend *Cheng* (Fn. 281), S. 35 ff., insbesondere S. 38 f.; nach *Jochen Abr. Frowein*, Der Beitrag der internationalen Organisationen zur Entwicklung des Völkerrechts, ZaöRV 36 (1976), S. 147 (150) kommt es entscheidend auf die nachfolgende Staatenpraxis an.

meinschaft zu einem Rechtssatz nachzuweisen,[322] und verwies in der *Nicaragua*-Entscheidung auf das Abstimmungsverhalten der USA in der Generalversammlung, um auf eine entsprechende Rechtsüberzeugung zu schließen.[323] Ebenso hob er im *Nuklearwaffen*-Gutachten die Bedeutung von Resolutionen der Generalversammlung für die Feststellung einer bestehenden oder sich entwickelnden *opinio iuris* hervor.[324]

Im Ergebnis erscheint eine vermittelnde und differenzierende Sichtweise angemessen, die die allgemeinen Voraussetzungen für die Entstehung von Gewohnheitsrecht auch auf das Verhalten von Staaten innerhalb internationaler Organisationen anwendet. Unter Zugrundelegung des weiten Verständnisses von Staatenpraxis bedeutet dies, dass das Abstimmungsverhalten von Staaten in internationalen Organisationen grundsätzlich als gewohnheitsrechtsbildende Übung verstanden werden kann. Indes ist nicht allein auf den formellen Vorgang der Abstimmung abzustellen; staatliches Verhalten liegt auch in den der Abstimmung vorangehenden Diskussionen sowie in Stellungnahmen und Verhalten nach erfolgter Abstimmung. Ebenso wie nicht in jede staatliche Äußerung eine Rechtsüberzeugung hineingelesen werden kann, liegt jedoch auch nicht jeder Abstimmung eine *opinio iuris* zugrunde. Es ist vielmehr nach dem Inhalt der Resolution sowie den Umständen des konkreten Falles zu differenzieren, um zu ermitteln, ob ein Staat durch seine Zustimmung zu einer Resolution eine bestimmte Rechtsüberzeugung zum Ausdruck bringt.[325] Dagegen kann auch nicht eingewendet werden, dass

---

[322] *Fisheries Jurisdiction (Federal Republic of Germany v. Iceland)*, Merits, ICJ Reports 1974, S. 175 (195).

[323] *Military and Paramilitary Activities in and against Nicaragua (Nicaragua v. United States of America)*, Merits, ICJ Reports 1986, S. 14 (99 ff.).

[324] *Legality of the Threat or Use of Nuclear Weapons*, Advisory Opinion, ICJ Reports 1996, S. 226 (254 f.): „The Court notes that General Assembly resolutions, even if they are not binding, may sometimes have normative value. They can, in certain circumstances, provide evidence important for establishing the existence of a rule or the emergence of an *opinio juris*. To establish whether this is true of a given General Assembly resolution, it is necessary to look at its content and the conditions of its adoption; it is also necessary to see whether an *opinio juris* exists as to its normative character. Or a series of resolutions may show the gradual evolution of the *opinio juris* required for the establishment of a new rule."

[325] Vgl. insofern *Legality of the Threat or Use of Nuclear Weapons*, Advisory Opinion, ICJ Reports 1996, S. 226 (254 f.); *Sloan* (Fn. 321), S. 42.

Abstimmungen in internationalen Organisationen und insbesondere in der Generalversammlung aufgrund der mangelnden Rechtsverbindlichkeit der Beschlüsse oftmals nicht die wahre Rechtsüberzeugung der abstimmenden Staaten widerspiegeln, sondern der politischen Opportunität entspringende Lippenbekenntnisse darstellen. Denn insofern gilt der Grundsatz des *venire contra factum proprium*, demzufolge ein Staat sich nicht auf sein widersprüchliches Verhalten berufen kann.[326] Jeder Staat muss auf rechtlich relevante Erklärungen anderer Staaten vertrauen können – seien sie in rechtsverbindlicher oder bloß politischer Form geäußert.[327] Steht danach fest, dass staatliches Abstimmungsverhalten prinzipiell als Ausdruck von *opinio iuris* verstanden werden kann, so bleibt nichtsdestotrotz der Inhalt der entsprechenden Resolution maßgeblich. Nur wenn sich aus dem Text der Resolution sowie dem konkreten Kontext der Beschlussfassung der Ausdruck einer bestimmten Rechtsüberzeugung ableiten lässt, kann dem Abstimmungsverhalten gewohnheitsrechtsbildende Funktion zukommen.

b) Gewohnheitsrechtsbildung durch Organe internationaler Organisationen

Darüber hinaus stellt sich die Frage, ob das Verhalten von Organen internationaler Organisationen als solches als Praxis im Sinne des objektiven Elements von Völkergewohnheitsrecht qualifiziert werden kann. Insbesondere im Hinblick auf Resolutionen der Generalversammlung wird dies von Teilen des Schrifttums bejaht.[328] Als Andeutung in diese

---

[326] So auch *Dahm/Delbrück/Wolfrum* (Fn. 272), S. 73; *Cheng* (Fn. 281), S. 39; gegen die Anwendung des Grundsatzes in dieser Konstellation *Doehring* (Fn. 183), S. 137, allerdings auf der Grundlage der – hier bereits abgelehnten – Prämisse, dass schon die rechtliche Unverbindlichkeit der Resolutionen der Annahme von *opinio iuris* entgegensteht.

[327] *Frowein* (Fn. 321), S. 154; *Szasz* (Fn. 38), S. 41 f.; siehe auch *Bernhardt* (Fn. 298), S. 63 f., demzufolge für *opinio iuris* nicht die wirkliche subjektive Überzeugung des Staates maßgeblich ist, sondern die wahrnehmbare Behauptung (objektiver Empfängerhorizont); umfassend zum Vertrauensschutz *Jörg P. Müller*, Vertrauensschutz im Völkerrecht, 1971, S. 77 ff.; kritisch *Scheuner* (Fn. 315), S. 416 f.

[328] *Mendelson* (Fn. 269), S. 201; *Sloan* (Fn. 321), S. 74; *Akehurst* (Fn. 299), S. 11; *Michel Virally*, The Sources of International Law, in: Max Sorensen (ed.), Manual of Public International Law, 1968, S. 116 (139); *Berber* (Fn. 294), S. 43 f.; *Szasz* (Fn. 38), S. 43 f. sowie S. 60 f.; *Cançado Trindade* (Fn. 1), S. 152 f.

Richtung wird das Gutachten des IGH zur Zulässigkeit von Vorbehalten zur Völkermordkonvention verstanden, in dem der Gerichtshof für die Ermittlung gewohnheitsrechtlicher Regeln unter anderem auf die Praxis und Rechtsüberzeugung des UN-Generalsekretärs als Depositar multilateraler Verträge abstellt.[329] Die wohl vorherrschende Gegenansicht beruft sich indes auf das klassische Verständnis des objektiven Elements im Rahmen der Entstehung von Gewohnheitsrecht und erklärt nur die Praxis von Staaten für maßgeblich.[330]

Eine positivistische Auslegung des Art. 38 Abs. 1 *lit.* b) IGH-Statut ist dabei wenig erhellend. Der Wortlaut ist offen und beschränkt den Kreis der an der Entstehung von Gewohnheitsrecht beteiligten Rechtssubjekte nicht auf Staaten. Auch die Systematik der Norm ist wenig aufschlussreich. Zwar enthält *lit.* a) der gleichen Vorschrift eine explizite Bezugnahme auf Staaten („recognized by the contesting states"), so dass man im Wege des Umkehrschlusses argumentieren könnte, dass nach *lit.* b) eine solche Einschränkung gerade nicht intendiert sei. Indes bringt die Erwähnung der Staaten im Rahmen des *lit.* a) primär die Relativität vertraglicher Beziehungen zum Ausdruck, so dass die argumentative Aussagekraft für das Gewohnheitsrecht begrenzt ist. Auch eine weitere systematische Auslegung, insbesondere unter Berücksichtigung von Art. 10 UN-Charta, demzufolge Resolutionen der Generalversammlung bloß empfehlenden Charakter aufweisen, führt nicht weiter, weil der bloße Ausschluss der Rechtsverbindlichkeit von Sekundärrechtsakten der Generalversammlung keine Rückschlüsse auf eine mögliche Relevanz der Praxis für die Rechtsentstehung aus anderen Rechtsquellen erlaubt. Art. 38 Abs. 1 IGH-Statut allein vermag die Frage daher nicht zu beantworten.

---

[329] *Reservations to the Convention on Genocide*, Advisory Opinion, ICJ Reports 1951, S. 15 (25).

[330] *Alfred Verdross*, Kann die Generalversammlung der Vereinten Nationen das Völkerrecht weiterbilden?, ZaöRV 26 (1966), S. 690 (693 f.); *Bernhardt* (Fn. 298), S. 65 f.; wohl auch *Frowein* (Fn. 321), S. 149 ff.; *Hailbronner/Klein* (Fn. 319), Rn. 47. Die meisten Autoren, die sich mit dem Entstehungsprozess von Völkergewohnheitsrecht befassen, behandeln die hier angesprochene Frage nicht explizit, sondern gehen wohl stillschweigend davon aus, dass allein Praxis und Rechtsüberzeugung von Staaten maßgeblich sind.

Befürworter der Fähigkeit internationaler Organisationen zur unmittelbaren Teilnahme am Entstehungsprozess gewohnheitsrechtlicher Normen beziehen sich daher auf deren Rechtssubjektivität.[331] Sie verkennen dabei jedoch, dass sich die Völkerrechtssubjektivität induktiv nach dem Bestehen einzelner völkerrechtlicher Rechte und Pflichten bemisst.[332] Internationale Organisationen sind nur partielle Völkerrechtssubjekte,[333] Umfang und Reichweite ihrer Völkerrechtssubjektivität bemessen sich danach, welche Rechte ihnen von den Mitgliedstaaten zugesprochen werden. Aus der partiellen Völkerrechtssubjektivität weitergehende Rechte, wie die Möglichkeit der Teilnahme an der Entstehung von Gewohnheitsrecht, abzuleiten, bedeutete daher einen Zirkelschluss.

Weder die Praxis internationaler Organisationen und Gerichte noch die Staatenpraxis oder die vorherrschende Auffassung im Schrifttum stützen die These, dass internationale Organisationen an der Entstehung von allgemeinem Gewohnheitsrecht beteiligt sein können. Die dogmatischen Einwände hiergegen werden aber von der grundsätzlichen Einschätzung kontrastiert, dass insbesondere Resolutionen der Generalversammlung zur Formung von Gewohnheitsrecht beitragen, indem sie das Staatenverhalten beeinflussen, das dann zur Entstehung von Gewohnheitsrecht führen kann.[334]

---

[331] *Sloan* (Fn. 321), S. 74; *Akehurst* (Fn. 299), S. 11; ähnlich *Mendelson* (Fn. 269), S. 201.

[332] Siehe insbesondere *Manuel Rama-Montaldo*, International Legal Personality and Implied Powers of International Organizations, BYIL 44 (1970), S. 111 (112); *Hermann Mosler*, Die Erweiterung des Kreises der Völkerrechtssubjekte, ZaöRV 22 (1962), S. 1 (18 ff.); *Lars Mammen*, Völkerrechtliche Stellung von internationalen Terrororganisationen, 2008, S. 33 ff.; *Michael Hempel*, Die Völkerrechtssubjektivität internationaler nichtstaatlicher Organisationen, 1999, S. 57 ff.; für einen deduktiven Ansatz aber *J. Josef Lador-Lederer*, International Non-Governmental Organizations and Economic Entities, 1963, S. 210 ff.; *Finn Seyersted*, Objective International Personality of Intergovernmental Organisations, 1963, S. 46 f.

[333] *Georg Dahm/Jost Delbrück/Rüdiger Wolfrum*, Völkerrecht, Bd. I/2, 2. Aufl. 2002, S. 214 ff.

[334] Vgl. *Humphrey Waldock*, General Course on Public International Law, RdC 106 (1962-II), S. 1 (36 f.); siehe auch *East Timor (Portugal v. Australia)*, Dissenting Opinion *Weeramantry*, ICJ Reports 1995, S. 90 (188).

c) Auswertung: Internationale Organisationen und Gewohnheitsrecht

Ungeachtet dieser dogmatischen Streitigkeiten kommt der Praxis internationaler Organisationen maßgebliche Bedeutung für die Entstehung von Gewohnheitsrecht zu: *Erstens* haben Resolutionen eine klarstellende Funktion, wenn sie eine bereits bestehende Norm des Völkergewohnheitsrechts hervorheben. Mangels formeller Feststellungsmechanismen und Entscheidungsautoritäten kommt der Feststellung einer gewohnheitsrechtlichen Norm *de facto* eine der Normsetzung vergleichbare Funktion zu. Darüber hinaus kann eine Resolution der Generalversammlung *zweitens* den Ausgangspunkt der Entstehung einer völkergewohnheitsrechtlichen Norm bilden und den Prozess der Normentstehung beschleunigen.[335] Ausgehend vom Text der Resolution entsteht eine gewohnheitsrechtliche Norm, wenn die Resolution durch von entsprechender Rechtsüberzeugung getragener nachfolgender Staatenpraxis bestätigt wird. *Drittens* lässt sich das Verhalten von Staaten innerhalb der Organe internationaler Organisationen – zumindest bedingt – als Staatenpraxis sowie Indikator für *opinio iuris* begreifen. Schließlich kann *viertens* eine Resolution der Generalversammlung zur Kristallisierung einer im Entstehen befindlichen Norm führen.[336] Die Resolution stellt danach den letzten Impuls dar, der notwendig ist, um eine außerrechtliche Verhaltensregel in eine Rechtsnorm zu transferieren.

Auch wenn man Resolutionen nicht als Praxis und *opinio iuris* im Sinne des Art. 38 Abs. 1 *lit.* b) IGH-Statut ansehen will, haben insbesondere Resolutionen der Generalversammlung eine starke Indizwirkung für die Existenz von Gewohnheitsrecht. Bringt die Generalversammlung in einer Resolution zum Ausdruck, dass sie einen Satz des Gewohnheitsrechts anerkennt oder nicht anerkennt, so kommt dieser Entscheidung der Generalversammlung – als Versammlung aller rechtsetzenden Staaten – eine große Autorität zu.[337] Die dogmatischen Einwände des Schrifttums können nicht darüber hinwegtäuschen, dass die völkerrechtliche Praxis nicht allein auf das Verhalten von Staaten abstellt, sondern in großem Umfang auf Resolutionen internationaler Organisationen zurückgreift, um die Existenz völkergewohnheitsrechtlicher Normen

---

[335] *Heintschel von Heinegg* (Fn. 272), S. 221; *Akehurst* (Fn. 299), S. 51 f.; *Alfred Verdross*, Kann die Generalversammlung der Vereinten Nationen das Völkerrecht weiterbilden?, ZaöRV 26 (1966), S. 690 (693 f.); *Sloan* (Fn. 321), S. 71.

[336] *Hailbronner/Klein* (Fn. 319), Rn. 47; *Mosler* (Fn. 138), S. 90.

[337] *Antonio Cassese*, International Law in a Divided World, 1986, S. 183 ff.; *Tomuschat* (Fn. 21), S. 277.

zu begründen. Wendet sich ein Staat gegen eine in einer Resolution zum Ausdruck kommende Rechtsansicht, so trägt er die Argumentationslast dafür, dass ein entsprechender Rechtssatz nicht existiert.[338]

5. Die Entstehung von Gewohnheitsrecht aus völkerrechtlichen Verträgen

Ein in der Literatur zwar durchaus beachtetes, aber in seiner Tragweite noch nicht vollständig herausgearbeitetes Phänomen stellt die zunehmende Verknüpfung von Vertrags- und Gewohnheitsrecht dar. Dabei geht es im vorliegenden Zusammenhang nicht um das Rangverhältnis von vertraglichen und gewohnheitsrechtlichen Normen, sondern um die Frage, inwieweit in einem völkerrechtlichen Vertrag enthaltene Normen zu gewohnheitsrechtlicher Geltung erstarken können.

a) Vertragsschluss und Vertragspraxis in der Dogmatik des Gewohnheitsrechts

Dass sich eine in einem multilateralen Vertrag kodifizierte völkerrechtliche Norm zu Völkergewohnheitsrecht entwickeln kann, ist in Rechtsprechung und Lehre allgemein anerkannt. Ein völkerrechtlicher Vertrag kann eine Norm des Gewohnheitsrechts nicht nur deklaratorisch kodifizieren[339] oder zu ihrer Kristallisierung beitragen.[340] Eine vertragliche Norm kann vielmehr auch selbst zu Gewohnheitsrecht werden.[341] Dies kommt in Art. 38 WVK zum Ausdruck, in dem es heißt:

---

[338] *Klein* (Fn. 134), S. 328 f.; *Frowein* (Fn. 321), S. 153; für eine unwiderlegbare Vermutungswirkung *Jorge Castañeda*, Legal Effects of United Nations Resolutions, 1969, S. 172.

[339] Dazu *Legal Consequences for States of the Continued Presence of South Africa in Namibia (South West Africa) notwithstanding Security Council Resolution 276 (1970)*, Advisory Opinion, ICJ Reports 1971, S. 16 (47); *Gabčíkovo-Nagymaros Project (Hungary/Slovakia)*, ICJ Reports 1997, S. 7 (38).

[340] *North Sea Continental Shelf*, ICJ Reports 1969, S. 3 (39).

[341] Vgl. *North Sea Continental Shelf*, ICJ Reports 1969, S. 3 (41); *Roxburgh* (Fn. 120), S. 72 ff.; *Verdross/Simma* (Fn. 1), S. 350 ff. sowie S. 366; *Heintschel von Heinegg* (Fn. 272), S. 220 f.; *D'Amato* (Fn. 306), S. 103 ff.; *Karl Doehring*, Gewohnheitsrecht aus Verträgen, ZaöRV 36 (1976), S. 77 ff.; *Dahm/Delbrück/Wolfrum* (Fn. 272), S. 51 f.

> „Nothing in articles 34 to 37 precludes a rule set forth in a treaty from becoming binding upon a third State as a customary rule of international law, recognized as such."

Für die Entstehung von Gewohnheitsrecht aus einem völkerrechtlichen Vertrag kommen zwei unterschiedliche Anknüpfungspunkte in Betracht: Zum einen kann der Vertragsschluss selbst als Teil der Gewohnheitsrechtsbildung verstanden werden, zum anderen kann die dem Vertragsschluss nachfolgende Übung Gewohnheitsrecht begründen. Auf der Grundlage des weiten Verständnisses von Staatenpraxis lässt sich der Abschluss völkerrechtlicher Verträge unproblematisch als gewohnheitsrechtsbildende Übung begreifen.[342] Teilweise wird hiergegen zwar vorgebracht, dass die Eingehung eines Vertrages *prima facie* dafür spreche, dass eine entsprechende gewohnheitsrechtliche Norm gerade nicht existiere.[343] Dieser Einwand verkennt jedoch, dass völkervertragliche Normierungen oftmals der Kodifikation bestehenden Gewohnheitsrechts dienen. Zudem ist die Frage der Staatenpraxis von der Frage der Rechtsüberzeugung zu unterscheiden. Zwar ist zutreffend, dass die Eingehung eines völkerrechtlichen Vertrages oftmals ein Zeichen dafür ist, dass die darin enthaltene Rechtsnorm noch nicht existiert. Doch muss der Staatenpraxis nicht zwangsläufig eine rechtliche Pflicht korrespondieren, damit diese für die Entstehung von Gewohnheitsrecht herangezogen werden kann. Im Gegenteil: Staatenpraxis ist die objektive Voraussetzung für die Entstehung einer Norm, eine solche existiert daher regelmäßig noch nicht. Insofern steht es der Berücksichtigung einer staatlichen Handlung als Teil der *consuetudo* gerade nicht entgegen, wenn diese keiner Rechtspflicht entspricht. Die Rechtsüberzeugung kann auch erst später zu einer bereits bestehenden Praxis hinzutreten.[344] Es kann auch nicht darauf ankommen, ob die vertragschließenden Parteien eine über den Vertrag hinausgehende Bindung an Gewohnheitsrecht herbeiführen wollten oder nicht.[345] Denn die Entstehung von Gewohnheitsrecht ist kein willentlicher, reflexiv betriebener Prozess, sondern beruht

---

[342] Statt vieler *Akehurst* (Fn. 299), S. 43; *D'Amato* (Fn. 306), S. 104; *van Hoof* (Fn. 301), S. 109.

[343] So *Heintschel von Heinegg* (Fn. 272), S. 220; ablehnend auch *Wolfke* (Fn. 275), S. 70; differenzierend *Mendelson* (Fn. 269), S. 324 ff.

[344] Diese „normative Befestigung" der Praxis stellt sogar den Regelfall dar, vgl. *Scheuner* (Fn. 315), S. 417.

[345] So aber *Doehring* (Fn. 183), S. 140 f.; ähnlich auch *Mendelson* (Fn. 269), S. 345; *Mark E. Villiger*, Customary International Law and Treaties, 2nd ed. 1997, S. 187.

auf der induktiven Herleitung rechtlicher Normen aus staatlichem Verhalten. Ein Staat kann sich zwar bewusst zu einem Verhalten entschließen und eine entsprechende Rechtsüberzeugung äußern, um gewohnheitsrechtsbildende Faktoren zu schaffen. Darüber hinaus ist der Wille der Staaten zur Setzung von Gewohnheitsrecht jedoch bedeutungslos.[346] Über den Akt des Vertragsschlusses hinaus ist insbesondere die nachfolgende Staatenpraxis entscheidend,[347] wobei sowohl auf die Praxis vertragsfremder Staaten[348] als auch auf das Verhalten der Vertragsparteien abgestellt wird.[349]

Der IGH scheint ebenfalls zu akzeptieren, dass sowohl der Vertragsschluss als solcher als auch die nachfolgende Staatenpraxis zum objektiven Element des Völkergewohnheitsrechts beitragen können, wenn er in der Entscheidung *North Sea Continental Shelf* die Möglichkeit andenkt, dass:

> „(...) even if there was at the date of the Geneva Convention no rule of customary international law in favour of the equidistance principle, and no such rule was crystallized in Article 6 of the Convention, nevertheless such a rule has come into being since the Convention, partly because of its own impact, partly on the basis of subsequent State practice (...).“[350]

Auch im Hinblick auf die Feststellung der Rechtsüberzeugung als konstitutive Voraussetzung kommen mehrere Anknüpfungspunkte in Betracht. So kann zum einen unter den vertragschließenden Parteien bereits die Überzeugung vorhanden sein, in Erfüllung einer Rechtspflicht zu handeln, zum anderen wird diese Überzeugung bei der nachfolgenden Praxis der Vertragsstaaten bestehen, wenn in Erfüllung der vertrag-

---

[346] Wie hier *Anthony D'Amato*, Manifest Intent and the Generation by Treaty of Customary Rules of International Law, AJIL 64 (1970), S. 892 (895); *ders.* (Fn. 306), S. 150 ff.; *Gary L. Scott/Craig L. Carr*, Multilateral Treaties and the Formation of Customary International Law, Denv. J. Int'l L. & Pol'y 25 (1996), S. 71 (81 f.).

[347] *Verdross/Simma* (Fn. 1), S. 366; *Szasz* (Fn. 38), S. 31; anders *D'Amato* (Fn. 306), S. 164; teilweise auch *Scott/Carr* (Fn. 346), S. 82.

[348] *Heintschel von Heinegg* (Fn. 272), S. 220.

[349] *Müllerson* (Fn. 281), S. 170; *Szasz* (Fn. 38), S. 31; anders wohl *North Sea Continental Shelf*, ICJ Reports 1969, S. 3 (43); *Military and Paramilitary Activities in and against Nicaragua (Nicaragua v. United States of America)*, Merits, Dissenting Opinion *Jennings*, ICJ Reports 1986, S. 14 (531).

[350] *North Sea Continental Shelf*, ICJ Reports 1969, S. 3 (41).

lichen Pflichten gehandelt wird. Die Erstarkung einer vertraglichen Vorschrift zu einer universellen gewohnheitsrechtlichen Norm setzt darüber hinaus die ausdrückliche oder stillschweigende Anerkennung dieser Norm durch die nicht am Vertrag beteiligten Staaten voraus, wobei zwar nicht alle Staaten die Entstehung des gewohnheitsrechtlichen Satzes akzeptieren müssen, zumindest aber eine Vielzahl unter Einbeziehung der besonders betroffenen Staaten.[351] Die bloße Tatsache, dass ein Staat nicht Partei eines Vertrages geworden ist, spricht insoweit nicht gegen die Annahme einer entsprechenden *opinio iuris*.[352] Denn zum einen kommt es für die Entstehung einer völkergewohnheitsrechtlichen Norm nicht auf die Rechtsüberzeugung jedes einzelnen Staates an, sondern vielmehr auf die kollektive Überzeugung der Staatengemeinschaft. Darüber hinaus muss der unterbliebene Beitritt eines Staates zu einem vertraglichen Regime nicht zwangsläufig auf eine entgegenstehende Rechtsüberzeugung deuten. Vielmehr können auch politische Gesichtspunkte einen Staat dazu verleiten, eine vertragliche Bindung nicht einzugehen. Ferner kann sich die Zurückhaltung gegen den Vertrag als Ganzes richten oder nur gegen einzelne darin enthaltene Regelungen. Die Nichtteilnahme an einem Vertrag, der regelmäßig eine Vielzahl materieller sowie prozessualer Regelungen enthält, läuft deshalb der Annahme, dass eine einzelne im Vertrag enthaltene Norm gewohnheitsrechtliche Geltung beanspruchen kann oder zumindest eine im Entstehen begriffene Norm des Gewohnheitsrechts darstellt, nicht zuwider.

b) Anwendung der dogmatischen Grundsätze in der Völkerrechtswirklichkeit

Für die Entstehung einer gewohnheitsrechtlichen Norm aus einer vertraglichen Norm müssen die beiden konstitutiven Voraussetzungen für die Entstehung von Völkergewohnheitsrecht vorliegen. Nichtsdestotrotz bestehen ernsthafte Zweifel daran, ob diese in der Theorie aufgestellten Grundsätze Beachtung in der praktischen Anwendung finden. Dies soll anhand von drei Fallstudien untersucht werden.

---

[351] *North Sea Continental Shelf*, ICJ Reports 1969, S. 3 (42); *Scheuner* (Fn. 315), S. 426 ff.

[352] In diesem Sinne aber wohl *van Hoof* (Fn. 301), S. 109.

aa) Fallstudie: Die Wiener Vertragsrechtskonvention

Das Recht der völkerrechtlichen Verträge ist in besonderem Maße von der 1969 verabschiedeten und 1980 in Kraft getretenen Wiener Vertragsrechtskonvention geprägt. Gleichwohl ist der unmittelbare Anwendungsbereich der Konvention begrenzt. Nur knapp die Hälfte aller Mitglieder der Staatengemeinschaft hat die Konvention bislang unterzeichnet, und nicht alle Unterzeichnerstaaten – darunter die Vereinigten Staaten – haben die Konvention ratifiziert. Dennoch orientiert sich die Praxis in weitem Umfang an den in der Konvention niedergelegten Regeln und hat dies auch schon vor Inkrafttreten der Konvention getan.[353] Der dogmatische Anknüpfungspunkt einer solchen Anwendung der Vorschriften der WVK auf alle völkerrechtlichen Verträge liegt in der Feststellung, dass die Konvention in weiten Teilen eine Kodifikation bestehenden Gewohnheitsrechts darstellt.[354] Die Konvention schreibt allerdings nicht nur bestehendes Gewohnheitsrecht fest, sondern stellt eine Kombination aus Kodifizierung und progressiver Weiterentwicklung des Völkerrechts dar:[355] So enthält die Kodifikation allgemein anerkannter Normen, wie beispielsweise des Grundsatzes *pacta sunt servanda* (Art. 26 WVK), Normierungen, die zwar auf gewohnheitsrechtlichen Regelungen aufbauen, diese aber konkretisieren und „im Lichte der neuesten Staatenpraxis" normieren,[356] wie insbesondere das Recht der Vorbehalte, das weitgehend nach Maßgabe der IGH-Rechtsprechung kodifiziert wurde, und drittens Festschreibungen umstrittener Rechtsinstitute, wie insbesondere des *ius cogens*.

Um eine Norm der Konvention über den vertraglichen Geltungsbereich hinaus als Gewohnheitsrecht anwenden zu können, müsste daher zunächst auf der Grundlage einer empirischen Untersuchung von Staatenpraxis und Rechtsüberzeugung festgestellt werden, ob die Norm bereits vor Entstehung der Konvention gewohnheitsrechtliche Geltung bean-

---

353 *Scheuner* (Fn. 315), S. 424.

354 Statt aller *Verdross/Simma* (Fn. 1), S. 433; *Cassese* (Fn. 3), S. 171; *Taslim Olawale Elias*, The Modern Law of Treaties, 1974, S. 5: „part and parcel of customary international law."

355 Dies ergibt sich bereits aus der Präambel der WVK und zeigt sich auch in den kontroversen Debatten, die im Rahmen der Vertragsrechtskonferenz geführt wurden, dazu *Stephan Verosta*, Die Vertragsrechts-Konferenz der Vereinten Nationen 1968/69 und die Wiener Konvention über das Recht der Verträge, ZaöRV 29 (1969), S. 654 ff.

356 *Verdross* (Fn. 272), S. 93.

spruchen konnte. Kann eine solche Geltung der Norm nicht bejaht werden, müsste sich eine Analyse der dem Vertragsschluss nachfolgenden Praxis unter besonderer Berücksichtigung der nicht am Vertrag beteiligten Staaten anschließen, um zu evaluieren, ob die vertragliche Regelung auf überragende Akzeptanz in der Staatengemeinschaft aufbauen kann und damit zu einem Rechtssatz des universellen Völkergewohnheitsrechts erstarkt ist. In der Praxis der Rechtsanwendung beschränkt sich die Prüfung jedoch regelmäßig auf die Feststellung, dass die Konvention größtenteils gewohnheitsrechtliche Regeln kodifiziere. Eine Unterscheidung zwischen kodifikatorischen und progressiven Elementen der WVK findet nicht statt, wie insbesondere die Rechtsprechung zeigt: In der *Namibia*-Entscheidung bestätigt der IGH die prinzipielle gewohnheitsrechtliche Geltung der WVK und wendet die Vorschriften über die Beendigung völkerrechtlicher Verträge im Fall des Vertragsbruchs als gewohnheitsrechtliche Regeln an, ohne den empirischen Nachweis einer entsprechenden von Rechtsüberzeugung getragenen Staatenpraxis zu führen.[357] Das Europäische Gericht erster Instanz zieht in den – mittlerweile vom EuGH aufgehobenen – Entscheidungen zur Vereinbarkeit der Terroristenlisten des Sicherheitsrates mit den europäischen Grundrechten das Rechtsinstitut des *ius cogens* auf der Basis der WVK heran, ohne den Nachweis von Staatenpraxis oder *opinio iuris* zu führen.[358] Und auch der Europäische Gerichtshof für Menschenrechte wendet Vorschriften der WVK an, ohne sich mit dem Problem des begrenzten Anwendungsbereichs auseinanderzusetzen.[359]

Auch innerstaatliche Gerichte wenden die in der Konvention enthaltenen Regeln regelmäßig als Ausdruck des Völkergewohnheitsrechts an.[360]

---

[357] *Legal Consequences for States of the Continued Presence of South Africa in Namibia (South West Africa) notwithstanding Security Council Resolution 276 (1970)*, Advisory Opinion, ICJ Reports 1971, S. 16 (47).

[358] EuG, Urteile vom 21.9.2005, Rs. T-306/01 und T-315/01, *Yusuf und Al Barakaat International Foundation* sowie *Kadi/Rat und Kommission*, Ziff. 278 ff. (zitiert nach dem erstgenannten Urteil); im Hinblick auf die Rechtsmittelführer *Al Barakaat International Foundation* sowie *Kadi* aufgehoben durch EuGH, Urteil vom 3.9.2008, Rs. C-402/05 P und C-415/05 P, *Kadi und Al Barakaat International Foundation*.

[359] Siehe nur EGMR, Urteil vom 4.2.2005, Beschwerde-Nr. 46827/99 und 46951/99, *Mamatkulov und Askarov/Turkey*, Ziff. 111 ff.

[360] Siehe aus der Rechtsprechung des Bundesverfassungsgerichts BVerfGE 68, 1 (60); 94, 49 (91); aus der Rechtsprechung des schweizerischen Bundesgerichts BGE 120 Ib 360 (365); 122 II 234 (238); aus der Rechtsprechung des ka-

Da nationale Richter eher selten mit der Materie des Völkerrechts in Kontakt geraten, werden sie sich bereitwillig an der WVK orientieren und von der aufwändigen induktiven Gewinnung eines gewohnheitsrechtlichen Satzes aus Staatenpraxis und Rechtsüberzeugung Abstand nehmen. So beschränken sich die Ausführungen US-amerikanischer Gerichte auf die Feststellung, dass die USA zwar keine Partei der Vertragsrechtskonvention seien, die in ihr enthaltenen Regelungen aber als Ausdruck kodifizierten oder weiterentwickelten Gewohnheitsrechts akzeptierten.[361]

In der Praxis werden somit auch die progressiven Regelungen der Konvention angewendet, ohne dass der Nachweis der konstitutiven Voraussetzungen der Gewohnheitsrechtsentstehung geführt wird.[362] Trotz des Widerspruchs der völkerrechtlichen Doktrin zieht allein der Abschluss des Vertrages als solcher die gewohnheitsrechtliche Geltung nahezu aller Vorschriften der WVK nach sich; und das, obwohl nur knapp über die Hälfte aller Staaten den Vertrag ratifiziert hat.

bb) Fallstudie: Das Seerechtsübereinkommen der Vereinten Nationen

Das dritte Seerechtsübereinkommen der Vereinten Nationen (SRÜ) stellt den ambitionierten Versuch dar, ein für alle Staaten einheitlich geltendes Seerecht zu schaffen.[363] Das Übereinkommen stellt zu großen Teilen eine Kodifikation bestehenden Gewohnheitsrechts dar, und Teile

---

nadischen Supreme Courts *Canada (Attorney General) v. Ward*, [1993] 2 S.C.R. 689; *Thomson v. Thomson*, [1994] 3 S.C.R. 551; *Pushpanathan v. Canada (Minister of Citizenship and Immigration)*, [1998] 1 S.C.R. 982; aus der Rechtsprechung des U.S. Supreme Courts *Sale v. Haitian Centers Council, Inc.*, 509 U.S. 155 (1993).

[361] *Chubb & Son, Inc. v. Asiana Airlines*, 214 F.3d 301, 308 (2nd Cir. 2000); *Kreimerman v. Casa Veerkamp S.A. de C.V.*, 22 F.3d 634, 638 n. 9 (5th Cir. 1994); ausführliche Auswertung der Anwendung der WVK durch US-amerikanische Gerichte bei *Maria Frankowska*, The Vienna Convention on the Law of Treaties before United States Courts, Va. J. Int'l L. 28 (1988), S. 281 ff.; *Martin A. Rogoff*, Interpretation of International Agreements by Domestic Courts and the Politics of International Treaty Relations: Reflections on Some Recent Decisions of the United States Supreme Court, Am. U. J. Int'l L. & Pol'y 11 (1996), S. 559 ff.

[362] *Dahm/Delbrück/Wolfrum* (Fn. 27), S. 564.

[363] General Assembly Resolution 3067 (XXVIII) vom 16.11.1973, Ziff. 3 und 7; ausführlich *Jaenicke* (Fn. 48), S. 444 ff.

früherer Konventionen[364] wurden wortgleich übernommen. Nichtsdestotrotz enthält der Vertrag auch Weiterentwicklungen und Neuregelungen, die vom gewohnheitsrechtlichen Normbestand abweichen.[365] Obwohl die Seerechtskonvention mit momentan 160 Vertragsparteien[366] einen relativ hohen Ratifikationsstand aufweist, stellt sich mangels universeller Geltung die praktisch bedeutsame Frage, ob die Konventionsvorschriften auch kraft Gewohnheitsrecht gelten.

In der Rechtsprechung des IGH hat diese Frage einen bemerkenswerten Wandel erfahren. So stellte der Gerichtshof 1974 im *Fisheries Jurisdiction*-Fall fest, dass die Seerechtskonferenz – die sich damals noch in der Anfangsphase befand – Ausdruck des Willens der Staatengemeinschaft zu einer Kodifizierung und progressiven Weiterentwicklung des Seerechts sei.[367] Im Rahmen der Konferenz vorgebrachte Stellungnahmen deuteten daher nicht auf bereits bestehende rechtliche Prinzipien, sondern seien vielmehr als Zeichen des Bestrebens, eine neue Rechtslage zu erreichen, zu verstehen. 1982 stellte der Gerichtshof im Festlandsockel-Streit zwischen Tunesien und Libyen fest – die Seerechtskonvention war zu diesem Zeitpunkt noch nicht angenommen –, dass die Rechtsentwicklung seit der *Fisheries Jurisdiction*-Entscheidung entschieden fortgeschritten sei.[368] Der Vertragsentwurf könne nicht nur Ausdruck bestehenden Gewohnheitsrechts sein, sondern auch – und das ist bemerkenswert – zur Kristallisierung einer neuen Gewohnheitsrechtsnorm beitragen.[369] Der Gerichtshof misst somit nicht nur dem Vertragsschluss und der nachfolgenden Vertragspraxis Bedeutung für die Entstehung von Gewohnheitsrecht zu, sondern bereits den im Vorfeld des

---

[364] Hierzu *Christian Gloria*, Internationales öffentliches Seerecht, in: Knut Ipsen (Hrsg.), Völkerrecht, 5. Aufl. 2004, S. 816 (819).

[365] *Wolfrum* (Fn. 184), S. 161; für eine ausführliche Untersuchung siehe *Rudolf Bernhardt*, Custom and Treaty in the Law of the Sea, RdC 205 (1987-V), S. 247 ff.

[366] Aktueller Ratifikationsstand abrufbar auf der Homepage der UN unter http://www.un.org/Depts/los/convention_agreements/convention_agreements.htm.

[367] *Fisheries Jurisdiction (United Kingdom v. Iceland)*, Merits, ICJ Reports 1974, S. 3 (23 f.).

[368] *Continental Shelf (Tunisia/Libyan Arab Jamahiriya)*, ICJ Reports 1982, S. 18 (37).

[369] ICJ Reports 1982, S. 38.

Vertragsschlusses stattfindenden Verhandlungen.[370] In der Folgezeit sprach der IGH einzelnen Vorschriften der Seerechtskonvention gewohnheitsrechtliche Geltung zu.[371]

Auch das Schrifttum misst der Seerechtskonferenz und der Konvention große Bedeutung für das Gewohnheitsrecht bei: Teilweise wird die mittelbare Wirkung der Konvention für das Gewohnheitsrecht hervorgehoben[372] oder darauf verwiesen, dass es politisch und faktisch schwierig für einen Staat sei, sich entgegen den von der überwiegenden Mehrheit

---

[370] Noch weitergehender im Ansatz Dissenting Opinion *Oda*, ICJ Reports 1982, S. 170: „(...) what has been formulated with almost worldwide cooperation throughout the decade may contribute to the development of customary international law, quite apart from the entry into force of the draft as treaty law." Im Ergebnis verneint Richter *Oda* jedoch eine solche Wirkung, da der Entwurf im *Consensus*-Verfahren und als *„package deal"* angenommen worden sei und die einzelnen Vorschriften somit eher auf einem politischen Kompromiss als auf einer breiten inhaltlichen Zustimmung aufbauten; zustimmend *Theodor Schweisfurth*, The Influence of the Third United Nations Conference on the Law of the Sea on International Customary Law, ZaöRV 43 (1983), S. 566 (577 f.); dagegen *Wolfrum* (Fn. 184), S. 169.

[371] Vgl. *Military and Paramilitary Activities in and against Nicaragua (Nicaragua v. United States of America)*, Merits, ICJ Reports 1986, S. 14 (111); *Maritime Delimitation and Territorial Questions between Qatar and Bahrain*, Merits, ICJ Reports 2001, S. 40 (93 f.) sowie S. 97 und S. 100. Während Bahrain das Seerechtsübereinkommen ratifiziert hatte, hatte Katar es zum damaligen Zeitpunkt erst unterschrieben. Beide Staaten akzeptierten jedoch, dass die meisten relevanten Vorschriften der Konvention Ausdruck von Völkergewohnheitsrecht darstellten (S. 91, siehe aber auch das Vorbringen Katars auf S. 96).

[372] Siehe etwa *Schweisfurth* (Fn. 370), S. 580, der sich aber vehement gegen eine unmittelbare „Drittwirkung" des SRÜ verwehrt (*ders.* (Fn. 122), S. 672 ff.); *Wolfrum* (Fn. 184), S. 175 ff. weist darauf hin, dass eine gewohnheitsrechtliche Geltung für Nichtvertragsstaaten deren Akzeptanz im Rahmen der nachfolgenden Praxis voraussetzt, nichtsdestotrotz konstatiert er einen „stimulating effect" der Konvention für das Gewohnheitsrecht; siehe auch *Nikos St. Skourtos*, Legal Effects for Parties and Nonparties: The Impact of the Law of the Sea Convention, in: Myron H. Nordquist/John Norton Moore (eds.), Entry into Force of the Law of the Sea Convention, 1995, S. 187 ff.; *Bernhardt* (Fn. 365), S. 327 f. weist darauf hin, dass die Konvention die Entstehung von Gewohnheitsrecht erleichtert, betont aber die Notwendigkeit weitergehender Bestätigung und Akzeptanz.

der Staaten akzeptierten rechtlichen Regeln zu verhalten.[373] Vielfach wird darüber hinaus die Ansicht vertreten, dass nicht nur die kodifizierenden, sondern auch die progressiven Teile des Seerechtsübereinkommens gewohnheitsrechtliche Geltung und damit rechtliche Wirkung auch gegenüber Nichtvertragsstaaten entfalten.[374] Nach Maßgabe der allgemeinen dogmatischen Prämissen könnten die progressiven Elemente des Vertrages indes nur dann in Gewohnheitsrecht übergegangen sein, wenn sie in der nachfolgenden Vertragspraxis auch und vor allem von den Staaten, die keine Partei des Abkommens sind, mit einer entsprechenden Rechtsüberzeugung praktiziert wurden. Vor diesem Hintergrund erstaunt es umso mehr, dass Teile des Schrifttums bereits im Entstehungsprozess oder im Abschluss der Seerechtskonvention eine Weiterentwicklung des Völkergewohnheitsrechts sehen.[375]

Eine noch weitergehende Ansicht brachten einige Delegationen bei der Seerechtskonferenz zum Ausdruck: Insbesondere aufgrund der Partizipation einer überwältigenden Mehrheit der Staatengemeinschaft stelle die Konvention mit ihrem Inkrafttreten ein international gültiges Rechtsinstrument dar, das rechtliche Wirkungen auch für Nicht-Vertragsstaaten entfalte.[376] Auf diese Weise versuchte eine – wenn auch be-

---

[373] *Jonathan I. Charney*, The United States and the Law of the Sea After UNCLOS III – The Impact of General International Law, Law & Contemp. Probs. 46/2 (1983), S. 37 (50 f.).

[374] Besonders deutlich *Charney/Danilenko* (Fn. 6), S. 43: „There is no doubt that as a result of the process [der Seerechtskonferenz] the customary law of the sea changed substantially."; *Jost Delbrück*, The Impact of the Allocation of International Law Enforcement Authority on the International Legal Order, in: ders. (ed.), Allocation of Law Enforcement Authority in the International System, 1995, S. 135 (150); *Eduardo Jiménez de Aréchaga*, Customary International Law and the Conference on the Law of the Sea, in: Jerzy Makarczyk (ed.), Essays in International Law in Honour of Judge Manfred Lachs, 1984, S. 575 (577); *Louis B. Sohn*, The Law of the Sea: Customary International Law Developments, Am. U. L. Rev. 34 (1984), S. 271 (278 f.); *Rüdiger Wolfrum*, Preface, ZaöRV 55 (1995), S. 273 f.; *Tullio Scovazzi*, The Evolution of International Law of the Sea: New Issues, New Challenges, RdC 286 (2000), S. 39 (122): „Verfassung der Meere"; *Tullio Treves*, The Law of the Sea „System" of Institutions, MPYUNL 2 (1998), S. 325; zurückhaltender *Luke T. Lee*, The Law of the Sea Convention and Third States, AJIL 77 (1983), S. 541 (566).

[375] *Jiménez de Aréchaga* (Fn. 374), S. 577; *Sohn* (Fn. 374), S. 278 f.; hiergegen *Schweisfurth* (Fn. 370), S. 577 ff.

[376] Siehe die Stellungnahmen des Vertreters von Peru (UN Doc. A/CONF. 62/SR.185, S. 22), der Delegation von Trinidad und Tobago (UN Doc.

deutsame und große – Gruppe von Staaten, sich als Vertreter der internationalen Gemeinschaft zu gerieren.[377] Und selbst die Vereinigten Staaten, die die Seerechtskonvention noch nicht ratifiziert haben, haben schließlich anerkannt, dass zumindest die Mehrzahl der in der Konvention enthaltenen Vorschriften auch für sie rechtsverbindlich ist.[378]

Im Ergebnis herrscht weitgehende Einigkeit dahingehend, dass die Seerechtskonferenz und das Seerechtsübereinkommen das Seevölkerrecht mit rechtlicher Wirkung gegenüber allen Staaten signifikant verändert haben. Die rechtspolitische Rechtfertigung für diese Annahme scheint überwiegend in dem Anspruch der Konferenz, universell gültiges Recht im Interesse der gesamten internationalen Gemeinschaft zu setzen, sowie in der „demokratischen" universellen Partizipation der Staaten[379] gesehen zu werden; dennoch verorten die meisten Autoren den dogmatischen Anknüpfungspunkt für diese Entwicklung im Völkergewohnheitsrecht und in der Möglichkeit, gewohnheitsrechtliche Normen aus völkerrechtlichen Verträgen abzuleiten. Dabei wird auf den empirischen Nachweis einer entsprechenden von Rechtsüberzeugung getragenen Praxis der Nichtvertragsstaaten kein Wert gelegt. Die selbst auferlegten dogmatischen Vorgaben für eine „Drittwirkung völkerrechtlicher Verträge über den Umweg des Völkergewohnheitsrechts" hält die Völkerrechtswissenschaft somit nicht konsequent ein. Ähnlich wie im Hinblick auf die Wiener Vertragsrechtskonvention festgestellt besteht eine faktische Vermutungswirkung dafür, dass eine Norm des Seerechtsübereinkommens auch gewohnheitsrechtliche Geltung hat, und ein Nicht-Vertragsstaat, der dies bestreiten will, trägt die Argumentationslast.

A/CONF.62/SR.185, S. 23) sowie den Versuch der chilenische Delegation, den zwingenden Charakter der *Common Heritage of Mankind*-Vorschriften festzuschreiben (UN Doc. A/CONF.62/GP/9 (1980)); dazu *Gennady M. Danilenko*, International Jus Cogens: Issues of Law-Making, EJIL 2 (1991), S. 42 (58).

377 Kritisch im Hinblick auf die souveräne Gleichheit aller Staaten *Wolfrum* (Fn. 174), S. 391.

378 Joint Statement by the United States of America and the Union of Soviet Socialist Republics (Jackson Hole) vom 23.9.1989, ILM 28 (1989), S. 1444; für weitere Nachweise siehe *Charney/Danilenko* (Fn. 6), S. 43.

379 *Jiménez de Aréchaga* (Fn. 374), S. 585.

cc) Fallstudie: Die *Nicaragua*-Entscheidungen des IGH

Den Gegenstand der *Nicaragua*-Entscheidungen des IGH bildete die US-amerikanische Unterstützung der „Contras“, die die sandinistische Regierung Nicaraguas bekämpften.[380] In dem Verfahren sah sich der IGH aufgrund eines US-amerikanischen Vorbehalts zur Unterwerfungserklärung nach Art. 36 Abs. 2 IGH-Statut gehindert, auf die Normierungen der UN-Charta sowie anderer völkerrechtlicher Verträge zurückzugreifen.[381] Er musste daher das allgemeine Gewaltverbot, das Recht auf individuelle und kollektive Selbstverteidigung sowie das Interventionsverbot gewohnheitsrechtlich herleiten.[382] Im Ergebnis bejahte der Gerichtshof mehrere Verstöße gegen das Gewalt- und Interventionsverbot sowie gegen die territoriale Souveränität Nicaraguas durch die USA und lehnte eine Rechtfertigung unter dem Gesichtspunkt der kollektiven Selbstverteidigung ab.[383]

Die viel beachteten Entscheidungen sind für den Umgang der Praxis mit dem Phänomen der parallelen Existenz gewohnheitsrechtlicher und vertraglicher Normen höchst aufschlussreich.[384] Der Gerichtshof betont

---

380 *Military and Paramilitary Activities in and against Nicaragua (Nicaragua v. United States of America)*, Jurisdiction and Admissibility, ICJ Reports 1984, S. 392; *Military and Paramilitary Activities in and against Nicaragua (Nicaragua v. United States of America)*, Merits, ICJ Reports 1986, S. 14.

381 ICJ Reports 1986, S. 38. Dieser sogenannte *Vandenberg*-Vorbehalt schloss die Jurisdiktion des IGH für Streitigkeiten unter multilateralen Verträgen aus, wenn nicht alle betroffenen Vertragsstaaten auch Partei des Verfahrens vor dem IGH waren. El Salvador war Vertragspartei der UN-Charta, wäre von einem Urteil betroffen gewesen und nahm nicht am Verfahren teil; gegen die Anwendbarkeit des *Vandenberg*-Vorbehalts Separate Opinion *Ruda*, ICJ Reports 1984, S. 174 f.; Separate Opinion *Elias*, ICJ Reports 1984, S. 178; Separate Opinion *Sette-Camara*, ICJ Reports 1984, S. 197; Separate Opinion *Ni*, ICJ Reports 1984, S. 205 ff.

382 ICJ Reports 1986, S. 98 ff.

383 ICJ Reports 1986, S. 118 ff.

384 Eine kritische Würdigung des Urteils speziell unter diesem Aspekt bieten *Anthony D'Amato*, Trashing Customary International Law, AJIL 81 (1987), S. 101 ff.; *Frederic L. Kirgis*, Custom on a Sliding Scale, AJIL 81 (1987), S. 146 ff.; *Czapliński* (Fn. 144), S. 151 ff.; *Hilary C.M. Charlesworth*, Customary International Law and the Nicaragua Case, AusYIL 11 (1991), S. 1 ff.; *Jonathan I. Charney*, Customary International Law in the Nicaragua Case Judgment on the Merits, Hague YIL 1 (1988), S. 16 ff.; *Stephen Donaghue*, Normative Habits, Genuine Beliefs and Evolving Law: Nicaragua and the Theory of Customary

zunächst, dass die völkergewohnheitsrechtlichen Ausprägungen vertraglicher Normen grundsätzlich einen selbständigen Anwendungsbereich neben den entsprechenden vertraglichen Regelungen behielten.[385] Sodann stellt er fest, dass die im vorliegenden Fall einschlägigen gewohnheitsrechtlichen Normen inhaltlich weitgehend deckungsgleich mit ihren vertraglichen Pendants seien.[386] Im Rahmen der nachfolgenden Untersuchung von Staatenpraxis und *opinio iuris* knüpft der Gerichtshof maßgeblich an Resolutionen der Generalversammlung sowie den Inhalt völkerrechtlicher Verträge an. Insbesondere stellt er fest, dass er zwar nicht direkt auf die UN-Charta sowie die OAS-Charta zurückgreifen könne, er diese aber mit einbeziehen müsse, um den Inhalt des geltenden Gewohnheitsrechts festzustellen.[387] Die gewohnheitsrechtliche Geltung des Gewaltverbotes leitet der IGH primär aus Stellungnahmen der beiden streitenden Parteien, Resolutionen internationaler Organisationen sowie Arbeiten der *International Law Commission* her.[388] In ähnlicher Weise stellt er ein gewohnheitsrechtliches Selbstverteidigungsrecht fest.[389] Bemerkenswert ist dabei, dass er die konkreten Konturen des gewohnheitsrechtlichen Selbstverteidigungsrechts – nämlich das Erfordernis einer Anforderung des betroffenen Staates für die Ausübung kollektiver Selbstverteidigung – ausschließlich auf der Grundlage entsprechender völkerrechtlicher Verträge begründet.[390] Eine Untersuchung der sonstigen Staatenpraxis unterbleibt. Auch für die Herleitung des gewohnheitsrechtlichen Interventionsverbotes akzeptiert der Gerichtshof eine entsprechende *opinio iuris* maßgeblich auf der Grundlage einschlägiger Resolutionen.[391] Auf ähnliche Weise statuiert er die gewohnheits-

---

International Law, AusYIL 16 (1995), S. 327 ff.; *Maurice H. Mendelson*, The „Nicaragua Case" and Customary International Law, in: William Elliott Butler (ed.), The Non-Use of Force in International Law, 1989, S. 85 ff.; *Peter P. Rijpkema*, Customary International Law in the Nicaragua Case, NYIL 20 (1989), S. 91 ff.; *Ingrid Detter DeLupis*, The Concept of International Law, 1987, S. 119 f.

[385] ICJ Reports 1986, S. 93 ff.; bereits hierzu kritisch *Mendelson* (Fn. 384), S. 86 ff.

[386] ICJ Reports 1986, S. 93 f.

[387] ICJ Reports 1986, S. 96 f.

[388] ICJ Reports 1986, S. 98 ff.

[389] ICJ Reports 1986, S. 102 ff.

[390] ICJ Reports 1986, S. 104 f.

[391] ICJ Reports 1986, S. 106 f.

rechtliche Geltung des Souveränitätsprinzips[392] sowie der elementaren Grundsätze des humanitären Völkerrechts, als deren bloßen Ausdruck er die Genfer Konventionen begreift.[393]

Die Herleitung des anwendbaren Rechts durch den IGH lässt sich somit wie folgt skizzieren: Dem Gerichtshof wird ein Sachverhalt unterbreitet, dessen rechtliche Behandlung sich im Wesentlichen nach völkervertraglichen Normierungen bemisst. Da er diese völkervertraglichen Regelungen aufgrund des *Vandenberg*-Vorbehalts nicht anwenden kann, bezieht er sich auf entsprechende Normen des Gewohnheitsrechts, deren parallele Existenz zu den völkervertraglichen Normierungen er unter Verweis auf eine entsprechende Rechtsüberzeugung und – in marginaler Weise – Staatenpraxis bekräftigt. Auf diese Weise kann entgegenstehende Staatenpraxis leicht als Verletzung der angenommenen gewohnheitsrechtlichen Norm qualifiziert werden und steht deren Entstehung nicht im Wege.[394] Damit verkehrt der IGH den Grundsatz, dass eine vertragliche Vorschrift zu einer gewohnheitsrechtlichen Norm erstarken kann, in sein Gegenteil: Nicht Staatenpraxis und Rechtsüberzeugung stehen im Zentrum der Untersuchung und werden durch die Existenz eines Vertrages gestützt, sondern der Vertrag bildet den Ausgangspunkt, während die knappen Hinweise auf das Vorliegen der entsprechenden konstitutiven Entstehungsmerkmale des Gewohnheitsrechts als bloße argumentative Untermauerung eines ohnehin bereits ermittelten normativen Befundes erscheinen.[395]

Diese Vorgehensweise des IGH sieht sich in methodischer Hinsicht deutlicher Kritik ausgesetzt. Auch wenn das Gewalt- und Interventionsverbot sowie das Selbstverteidigungsrecht in ihren jeweiligen Kernbereichen gewohnheitsrechtlich gelten, stellt der Gerichtshof mit zu geringem Begründungsaufwand auf die entsprechenden völkerrechtlichen Verträge ab, um die gewohnheitsrechtlichen Normen herzuleiten.[396] Ei-

---

[392] ICJ Reports 1986, S. 111 f.

[393] ICJ Reports 1986, S. 112 ff.

[394] Vgl. hierzu *Rosalyn Higgins*, The Identity of International Law, in: Bin Cheng (ed.), International Law: Teaching and Practice, 1982, S. 27 (35).

[395] *Tomuschat* (Fn. 21), S. 259; *Rijpkema* (Fn. 384), S. 93 ff.; *Charney* (Fn. 384), S. 16; ähnlich auch *Charlesworth* (Fn. 384), S. 25.

[396] Wie hier die Kritik bei Separate Opinion *Ago*, ICJ Reports 1986, 183 f.; *Mendelson* (Fn. 269), S. 341; *Thomas M. Franck*, Some Observations on the ICJ's Procedural and Substantive Innovations, AJIL 81 (1987), S. 116 (118 f.); *Martti Koskenniemi*, The Politics of International Law, EJIL 1 (1990), S. 4 (27); *D'Amato* (Fn. 384), S. 101 ff.; *Tomuschat* (Fn. 21), S. 259; *Charney* (Fn. 384),

ne Untersuchung der – durchaus vorhandenen – Staatenpraxis findet nicht statt.[397] Die Feststellung von *opinio iuris* beschränkt sich auf die Aussagen der streitenden Parteien sowie Resolutionen internationaler Organisationen und völkerrechtliche Verträge.[398] Dabei ist weder ersichtlich, dass die UN-Charta nur bestehendes Gewohnheitsrecht kodifiziert, noch lässt sich feststellen, dass die Konturen, welche die UN-Charta den Friedenssicherungsvorschriften gegeben hat, bereits in vollem Umfang zu Völkergewohnheitsrecht erstarkt wären.[399] Darüber hinaus vernachlässigt das Gericht die Möglichkeit, dass das dynamische Gewohnheitsrecht eine Weiterentwicklung erfahren hat, die dazu führt, dass es sich von den vertraglichen Regelungen unterscheidet.[400] Vor dem Hintergrund, dass sowohl die Vereinigten Staaten als auch Nicaragua Vertragsparteien der entsprechenden völkerrechtlichen Verträge sind, erscheint die Anwendung der parallelen gewohnheitsrechtlichen Normierungen insgesamt als unnatürlich und lässt den Zweck dieses „juristischen Kniffs" – die Umgehung des *Vandenberg*-Vorbehalts – deutlich hervortreten.[401] Und obwohl der Gerichtshof mehrfach betont, dass die vertraglichen und gewohnheitsrechtlichen Vorschriften einen nicht vollständig identischen Inhalt aufweisen, wendet er die völkergewohnheitsrechtlichen Normen nach Maßgabe der UN-Charta an. Im Ergebnis macht es damit keinen Unterschied, ob die Entscheidung auf der

---

S. 18 ff.; *Curtis A. Bradley/Jack L. Goldsmith*, Customary International Law as Federal Common Law: A Critique of the Modern Position, Harv. L. Rev. 110 (1997), S. 815 (839); *Schilling* (Fn. 284), S. 238; *Theodor Meron*, The Geneva Conventions as Customary Law, AJIL 81 (1987), S. 348 (361 f.). Aus methodischer Sicht erscheint insofern die Bewertung von *Herbert W. Briggs*, The International Court of Justice Lives Up to its Name, AJIL 81 (1987), S. 78 ff., der Gerichtshof habe die gewohnheitsrechtlichen Normen „meticulously careful" (S. 81) auf der Grundlage einer „exhaustive analysis" (S. 83) hergeleitet und damit zum „enlightenment on the relation of treaty law (...) and customary law" beigetragen (S. 81), nur schwer nachvollziehbar.

[397] *Kirgis* (Fn. 384), S. 147; *Donaghue* (Fn. 384), S. 341 ff.; *Charlesworth* (Fn. 384), S. 18 ff.; *Charney* (Fn. 384), S. 17; *Wilhelm Wengler*, Die Entscheidung des Internationalen Gerichtshofs im Nicaragua-Fall, NJW 1986, S. 2994 (2996).

[398] *Charlesworth* (Fn. 384), S. 23; *Donaghue* (Fn. 384), S. 338 f.

[399] Dissenting Opinion *Jennings*, ICJ Reports 1986, S. 530 f.; *Charney* (Fn. 384), S. 18 ff.

[400] *D'Amato* (Fn. 384), S. 104 f.

[401] Deutlich Dissenting Opinion *Schwebel*, ICJ Reports 1986, S. 302 ff.

Grundlage völkerrechtlicher Verträge oder des Völkergewohnheitsrechts getroffen wird. Der *Vandenberg*-Vorbehalt läuft praktisch leer.[402]

Das Spannungsverhältnis zwischen dogmatisch überzeugendem Vorgehen und objektiver Rechtsanwendung auf der einen Seite und dem Treffen der für „richtig" befundenen Entscheidung auf der anderen Seite schlägt sich deutlich in der Bewertung des Urteils im völkerrechtlichen Schrifttum nieder: Während einige Kommentatoren die Entscheidung des IGH, den Streitfall nicht aufgrund eines prozessualen Vorbehalts unentschieden zu lassen, begrüßen und von einem Sieg des Völkerrechts sprechen,[403] heben andere Autoren die dogmatischen Schwächen der Entscheidungsfindung hervor[404] oder betonen die negativen politischen Implikationen.[405] Besonders harsch fällt die Kritik bei *D'Amato* aus, der den Richtern des IGH jegliche fachliche Kompetenz abspricht und das Urteil als „failure of legal scholarship" brandmarkt.[406] Im Ergebnis führte die Entscheidung des IGH zumindest mittelfristig zu einer deutlichen Schwächung des Gerichtshofes.[407] Die USA verweigerten dem Urteil die Befolgung und legten ein Veto ein, als Nicaragua im Sicher-

---

[402] Dissenting Opinion *Jennings*, ICJ Reports 1986, S. 532 f.; *Czapliński* (Fn. 144), S. 166.

[403] Siehe nur *Briggs* (Fn. 396), S. 78 ff.; *Francis A. Boyle*, Determining U.S. Responsibility for Contra Operations under International Law, AJIL 81 (1987), S. 86 ff.; *Richard A. Falk*, The World Court's Achievement, AJIL 81 (1987), S. 106 ff., der die ideologische Ausgewogenheit des Urteils hervorhebt und die Betonung der Relevanz des Völkerrechts auch im Hinblick auf bewaffnete Konflikte begrüßt.

[404] Siehe nur *Mendelson* (Fn. 269), S. 339 ff., der die Entscheidung im Ergebnis aber doch begrüßt; ähnlich wohl auch *Tomuschat* (Fn. 21), S. 259; *Czapliński* (Fn. 144), S. 156 ff.

[405] Besonders drastisch *John Norton Moore*, The Nicaragua Case and the Deterioration of World Order, AJIL 81 (1987), S. 151 ff.; *Michael J. Glennon*, Protecting the Court's Institutional Interests: Why not the Marbury Approach?, AJIL 81 (1987), S. 121 ff.; *Edward Gordon*, Discretion to Decline to Exercise Jurisdiction, AJIL 81 (1987), S. 129 ff.; *Mark Weston Janis*, Somber Reflections on the Compulsory Jurisdiction of the International Court, AJIL 81 (1987), S. 144 ff.; *Karin Oellers-Frahm*, Die ‚obligatorische' Gerichtsbarkeit des Internationalen Gerichtshofs, ZaöRV 47 (1987), S. 243 (262).

[406] *D'Amato* (Fn. 384), S. 105.

[407] Hierzu statt vieler *James Crawford*, Military Activities against Nicaragua Case (Nicaragua v. United States), in: Rudolf Bernhardt (ed.), EPIL, Vol. III, 1997, S. 371 (377).

heitsrat versuchte, eine Vollstreckung des Urteils nach Art. 94 Abs. 2 UN-Charta herbeizuführen. Eine überzeugendere und weniger angreifbare Herleitung der völkergewohnheitsrechtlichen Normen hätte zur Akzeptanz des Urteils in der Staatengemeinschaft beigetragen.[408]

Damit erhärtet eine Analyse der *Nicaragua*-Entscheidung den Befund, dass den in der Völkerrechtswissenschaft diskutierten dogmatischen Voraussetzungen für die gewohnheitsrechtliche Geltung einer vertraglichen Norm in der praktischen Anwendung nur eine geringe Bedeutung zukommt. Eine umfassende Auswertung von Praxis und Rechtsüberzeugung der Staaten findet nicht statt, und spätestens bei der Feststellung des genauen Inhalts einer gewohnheitsrechtlichen Norm zeigt sich die starke Ausstrahlungswirkung völkerrechtlicher Verträge auf das Gewohnheitsrecht: Die Frage, ob kollektive Selbstverteidigung nur mit Zustimmung der betroffenen Staaten zulässig ist, entscheidet der IGH allein auf der Grundlage der völkervertraglichen Regelungen.

c) Konklusion

Die Möglichkeit, dass eine Norm eines völkerrechtlichen Vertrages gewohnheitsrechtliche Geltung erlangen kann, stellt eigentlich keine Besonderheit dar. Ebenso wie eine bloß politische oder moralische Praxis oder ein Akt der *Courtoisie* zu Gewohnheitsrecht erstarken können, steht es der Herausbildung einer gewohnheitsrechtlichen Norm nicht entgegen, dass bereits vorher eine vergleichbare vertragliche Regelung existierte. Dogmatisch betrachtet ist es dann die gewohnheitsrechtliche Norm, von der die rechtliche Bindungswirkung ausgeht, und nicht der zugrunde liegende Vertrag. Konsequenterweise geht die Völkerrechtswissenschaft nahezu einhellig davon aus, dass die hier aufgezeigte Möglichkeit der Erstarkung vertraglicher Inhalte zu universellem Gewohnheitsrecht keine Durchbrechung der *pacta tertiis nec nocent nec prosunt*-Regel darstellt.[409] Diese Bewertung erscheint plausibel, solange die formellen Entstehungsvoraussetzungen des Völkergewohnheitsrechts vorliegen und entsprechend geprüft werden. Doch die untersuchten Fallstudien zeigen, dass die völkerrechtliche Realität eine derartige dogmatische Sorgfalt kaum erkennen lässt. Obwohl stets die selbständige Exis-

---

[408] So auch *D'Amato* (Fn. 384), S. 105; *Mendelson* (Fn. 269), S. 343.

[409] Der Gedanke wird ausdrücklich verworfen von *Verdross/Simma* (Fn. 1), S. 489; ähnlich auch *Dahm/Delbrück/Wolfrum* (Fn. 27), S. 625 f.; *Hingst* (Fn. 27), S. 182; *Aust* (Fn. 37), S. 210 f.

tenz des Gewohnheitsrechts sowie das Erfordernis der konstitutiven Voraussetzungen für die Entstehung einer gewohnheitsrechtlichen Norm betont werden, sind die Organe internationaler Organisationen, internationale Gerichte sowie die Staatenwelt und teilweise auch die Völkerrechtswissenschaft in weitem Umfang dazu bereit, die gewohnheitsrechtliche Geltung vertraglicher Regelungen ohne Prüfung der angeblich konstitutiven Voraussetzungen zu bejahen. Insofern greift es zu kurz, die Möglichkeit der Gewohnheitsrechtsentstehung aus völkerrechtlichen Verträgen allein deshalb nicht als Fall der Drittwirkung völkerrechtlicher Verträge zu begreifen, weil der formale Anknüpfungspunkt der Rechtsbindung im Gewohnheitsrecht und nicht im Vertrag zu sehen ist. Denn im Ergebnis werden Nicht-Vertragsparteien vielfach genauso behandelt wie Vertragsparteien.[410] Die Grenze zwischen Vertrag und Gewohnheitsrecht verliert damit an Konturen. In den Worten von *Oscar Schachter*:

> „(...) [I]n practice, governments (and often courts) tend to take the codification treaty as the embodiment of customary law. The accessibility of the treaty – its black letter law – is an important practical factor. It reduces the need for intellectual effort in so far as it makes it unnecessary to hunt for scarce and fragmentary precedents and to distinguish among them."[411]

Hinzu kommt, dass ein Vertrag, der bestehendes Gewohnheitsrecht kodifizieren soll, zumeist kodifizierende und progressive Elemente enthält. Eine Unterscheidung zwischen den beiden Kategorien ist schwierig, und selbst Spezialisten können kaum präzise bestimmen, welche Bestandteile eines Vertrages geltendes Gewohnheitsrecht widerspiegeln und welche darüber hinausgehen.[412] Auch insofern wird eine vertragliche Vorschrift im Zweifel eher als Ausdruck von Gewohnheitsrecht gewertet und die Befolgung dieser Vorschrift durch Vertragsstaaten als die gewohnheitsrechtliche Geltung verfestigend angesehen. So entwickelt sich eine faktische Vermutung dafür, dass einer vertraglichen

---

[410] *Weil* (Fn. 3), S. 439.

[411] *Oscar Schachter*, Entangled Treaty and Custom, in: Yoram Dinstein et al. (eds.), International Law at a Time of Perplexity: Essays in Honour of Shabtai Rosenne, 1989, S. 717 (721 f.).

[412] *Sohn* (Fn. 374), S. 276; *Mendelson* (Fn. 269), S. 296 f.; *Scheuner* (Fn. 315), S. 422 f.; *Robert Y. Jennings*, The Identification of International Law, in: Bin Cheng (ed.), International Law: Teaching and Practice, 1982, S. 3 (5 f.); *Szasz* (Fn. 38), S. 30 spricht daher zutreffend von einer „important though perhaps somewhat theoretical distinction."

Norm auch gewohnheitsrechtliche Geltung zukommt, und Staaten, die dies bestreiten wollen, tragen die argumentative Last.

Die Möglichkeit, aus multilateralen völkerrechtlichen Verträgen gewohnheitsrechtliche Normen abzuleiten, wird in der völkerrechtlichen Praxis oftmals dazu genutzt, einzelnen vertraglichen Normen über den Umweg des Gewohnheitsrechts zu universeller Geltung zu verhelfen. Dass dabei das Gewohnheitsrecht als der quellentheoretische Anknüpfungspunkt der Rechtsgeltung angesehen wird, kaschiert diese Wirkung nur. Multilaterale Vertragskonferenzen nehmen damit in vielen Fällen *de facto* quasi-legislative Funktionen mit Wirkung für die gesamte Staatengemeinschaft wahr.[413] Diese Funktion bezieht sich nicht allein auf die progressiven Elemente multilateraler Verträge, sondern kann auch Auswirkungen auf die deklaratorisch-kodifizierenden Teile haben. Denn nur selten besteht umfassende Klarheit hinsichtlich der konkreten Konturen eines Rechtssatzes. Im Wege der Kodifikation werden Voraussetzungen und Rechtsfolgen einer Norm regelmäßig näher konkretisiert. Damit haben die vertragschließenden Parteien – und auch die vorgelagerten Instanzen wie die *International Law Commission* – die Möglichkeit, einer gewohnheitsrechtlichen Norm Konturen zu verleihen, die sich allein aus der gewohnheitsrechtlichen Geltung dieser Norm so nicht ergeben.[414]

In der praktischen Anwendung weist diese Form der Rechtsgewinnung deshalb ein stark ergebnisorientiertes Moment auf. Oftmals stellt die gewohnheitsrechtliche Begründung einer Norm nur die dogmatische Rechtfertigung eines als richtig empfundenen Ergebnisses dar. Einen deutlichen Eindruck einer solchen Vorgehensweise erhält der Leser der *Nicaragua*-Entscheidungen. Überspitzt formuliert hat eine Norm danach nicht deshalb gewohnheitsrechtliche Geltung, weil die formellen Voraussetzungen einer von Rechtsüberzeugung getragenen ständigen

---

[413] *Charney/Danilenko* (Fn. 6), S. 43.

[414] *Friedmann* (Fn. 16), S. 136; *Yoram Dinstein*, Restatements of International Law by Technical/Informal Bodies, in: Rüdiger Wolfrum/Volker Röben (eds.), Developments of International Law in Treaty Making, 2005, S. 93 f.; *Oscar Schachter*, Law-Making in the United Nations, in: Nadasiri Jasentuliyana (ed.), Perspectives on International Law: Dedicated to Judge Manfred Lachs for his Lifelong and Lasting Contribution to International Law, 1995, S. 119 (130 f.); *Mendelson* (Fn. 269), S. 167.

Übung vorliegen, sondern weil ihre gewohnheitsrechtliche Geltung gewollt ist und für richtig erachtet wird.[415]

In der Literatur werden daher Versuche unternommen, die Entstehung von Gewohnheitsrecht aus völkerrechtlichen Verträgen nicht nur aus der Perspektive der überkommenen formellen Voraussetzungen der Entstehung von Gewohnheitsrecht zu betrachten, sondern ein materielles Element einfließen zu lassen. So will *Doehring* die gewohnheitsrechtliche Geltung einer vertraglichen Norm von einem besonderen Interesse der Staatengemeinschaft abhängig machen.[416] Und auch der von *Maurice Mendelson* vorgebrachte Ansatz, die gewohnheitsrechtliche Geltung vertragsrechtlicher Normen dann anzunehmen, wenn die internationale Gemeinschaft als Ganze eine entsprechende Intention zum Ausdruck bringt, geht in eine ähnliche Richtung.[417] Diese Versuche lassen erkennen, dass es bei der Ableitung von Gewohnheitsrecht aus völkerrechtlichen Verträgen weniger um die Entstehung von Rechtsnormen nach traditionellen gewohnheitsrechtlichen Maßstäben geht als vielmehr um den Versuch, einen dogmatisch tragbaren Weg für die Setzung universell gültiger Normen im Interesse des Gemeinwohls zu finden. Damit tritt ein wertendes Moment an die Stelle der rein formalen Analyse von Staatenpraxis und Rechtsüberzeugung, und der empirische Nachweis der Entstehung einer völkergewohnheitsrechtlichen Norm wird zu einem normativen Rechtsetzungsverfahren umgewandelt.[418]

6. *Zwischenergebnis*

Die Entstehung von Gewohnheitsrecht knüpft mit der *consuetudo* sowie der *opinio iuris* als konstitutive Merkmale an staatliches Verhalten an, das Konsenserfordernis ist damit scheinbar gewahrt. Doch die von Schrifttum und Praxis vorangetriebene Ausweitung der Anknüpfungspunkte für die Feststellung von Staatenübung und Rechtsüberzeugung sowie die Aufweichung der einzelnen Tatbestandsmerkmale führen dazu, dass sich zunehmend einfacher ein Rechtssatz des Gewohnheits-

---

[415] *Samuel Estreicher*, Rethinking the Binding Effect of Customary International Law, Va. J. Int'l L. 44 (2003), S. 5 f.; *Charney* (Fn. 384), S. 22.

[416] *Doehring* (Fn. 341), S. 87 sowie 92 f.; die Bedeutung eines entsprechenden Interesses heben auch *Stein/von Buttlar* (Fn. 183), S. 49 hervor.

[417] Siehe *Mendelson* (Fn. 269), S. 344.

[418] So – im Hinblick auf die generelle Tendenz der Anwendung von Völkergewohnheitsrecht in Theorie und Praxis – zutreffend *Kelly* (Fn. 273), S. 458.

rechts behaupten lässt. Auch die Offenheit der Kriterien läuft dem Konsenserfordernis entgegen: Denn damit staatlicher Konsens tatsächlich eine konstitutive Voraussetzung der Entstehung eines Rechtssatzes darstellt, muss nicht nur feststehen, dass der Konsens Entstehungsvoraussetzung ist, sondern auch, in welchen Akten sich der Konsens manifestiert.[419] Die zunehmende Bedeutung internationaler Organisationen bei der Formulierung von Völkergewohnheitsrecht entfernt diese Rechtsquelle noch weiter vom Erfordernis eines staatlichen Willensaktes. Und die Praxis, aus multilateralen völkerrechtlichen Verträgen gewohnheitsrechtliche Normen abzuleiten, zeigt, wie flexibel und ergebnisorientiert die Entstehungsvoraussetzungen des Gewohnheitsrechts gehandhabt werden können, und weist auf die Bedeutung der ideologischen Perspektive des Rechtsanwenders bei der Feststellung des bestehenden Rechts hin.

II. Die Bindungswirkung von Völkergewohnheitsrecht

Im Zentrum der wissenschaftlichen und praktischen Auseinandersetzung mit der Bindungswirkung von Völkergewohnheitsrecht steht die Frage, inwieweit ein Staat, der an der Entstehung einer völkergewohnheitsrechtlichen Norm nicht beteiligt war oder dieser sogar widersprochen hat, an diese Norm gebunden ist.

1. Universelle Bindungswirkung und die Rechtsfigur des persistent objector

Eine Norm des Gewohnheitsrechts bindet nicht nur diejenigen Staaten, die sich an der Übung beteiligt haben, sondern grundsätzlich alle Staaten.[420] Dies schlägt sich auch in der Praxis internationaler Gerichte nieder, die im konkreten Streitfall nicht untersuchen, ob die Streitparteien eine Norm anerkannt haben, sondern ob diese allgemein anerkannt ist.[421] Auch ein an der Entstehung einer völkergewohnheitsrechtlichen Norm unbeteiligter Staat ist daher an diese gebunden, solange er ihre

---

[419] Vgl. *Koskenniemi* (Fn. 268), S. 271.

[420] Statt aller *Cassese* (Fn. 3), S. 162; *Heintschel von Heinegg* (Fn. 272), S. 222.

[421] *Verdross/Simma* (Fn. 1), S. 349 mit Nachweisen; ausführlich auch *Krzysztof Skubiszewski*, Elements of Custom and the Hague Court, ZaöRV 31 (1971), S. 810 ff.

Entstehung stillschweigend hinnimmt (*acquiescence*). Eine Ausnahme von diesem Grundsatz stellt die Regel des *persistent objector* dar: Wenn ein Staat sich einer Praxis durch kontinuierlichen Protest widersetzt, kann er zwar die Entstehung einer gewohnheitsrechtlichen Norm nicht vermeiden, ist jedoch selbst nicht an diese Norm gebunden. Einen ersten Anknüpfungspunkt für diese Regel bildete der *Asylum*-Fall vor dem IGH, in dem der Gerichtshof offen ließ, ob eine bestimmte lateinamerikanischen Staatenpraxis im Hinblick auf diplomatisches Asyl zu regionalem Völkergewohnheitsrecht erstarkt sei, da diese jedenfalls nicht gegenüber Peru gelte, das diese Praxis deutlich zurückgewiesen habe.[422] Und im britisch-norwegischen *Fisheries*-Streit stellte der Gerichtshof mit Blick auf eine seevölkerrechtliche Regel fest, dass schon eine hinreichend aussagekräftige Staatenpraxis für die Annahme einer völkergewohnheitsrechtlichen Norm nicht vorlag, Norwegen aber jedenfalls aufgrund expliziten und dauerhaften Widerstands nicht an eine solche Norm gebunden wäre.[423] Diese Regel des *persistent objector* trifft im Schrifttum sowie in der Staatenpraxis auf breite Zustimmung.[424]

Dennoch unterliegt die Möglichkeit des *persistent objector*, sich der Bindung einer neu entstehenden Norm des Gewohnheitsrechts entziehen zu können, Einschränkungen. Zum einen werden hohe Anforderungen an den Protest geknüpft: So wird der einmalig geäußerte Protest für rechtlich irrelevant gehalten, nur der beharrliche, dauerhafte und ausdrücklich erklärte Protest kann die Bindungswirkung verhindern.[425]

---

[422] *Columbian-Peruvian Asylum Case*, ICJ Reports 1950, S. 266 (277 f.). Auch wenn diese Entscheidung den Sonderfall des regionalen Völkergewohnheitsrechts betrifft und Schlüsse für das allgemeine Völkergewohnheitsrecht daher fraglich erscheinen (so *D'Amato* (Fn. 306), S. 233 ff.), spricht der begrenzte Anwendungsbereich im konkreten vom IGH entschiedenen Fall nicht prinzipiell dagegen, diese Regel auf das allgemeine Gewohnheitsrechts auszudehnen (so zutreffend *Mendelson* (Fn. 269), S. 229).

[423] *Fisheries Case (United Kingdom v. Norway)*, ICJ Reports 1951, S. 116 (131).

[424] Statt vieler *Heintschel von Heinegg* (Fn. 272), S. 222; *Mendelson* (Fn. 269), S. 239; *Restatement of the Law Third, The Foreign Relations Law of the United States*, as adopted and promulgated by the American Law Institute, 1987, Vol. I, S. 32; anders *Jonathan I. Charney*, The Persistent Objector Rule and the Development of Customary International Law, BYIL 56 (1985), S. 1 ff.; vorsichtiger *Cassese* (Fn. 3), S. 163.

[425] Statt vieler *Stein/von Buttlar* (Fn. 183), S. 43; *Mendelson* (Fn. 269), S. 240 f.

Zum anderen ist zumindest im Schrifttum die Tendenz festzustellen, einen Staat trotz Protest binden zu wollen, wenn dieser Staat sich dadurch in der Staatengemeinschaft isoliert[426] oder wenn die gewohnheitsrechtliche Normierung ein fundamentales Prinzip des Völkerrechts darstellt.[427] Eine solche Durchbrechung stellte einen bedeutsamen Anknüpfungspunkt nicht-konsensualer Rechtsetzung im Interesse der internationalen Gemeinschaft dar, hat sich bislang jedoch nicht durchsetzen können.

2. *Völkergewohnheitsrecht und neue Staaten*

Auch im Rahmen des Völkergewohnheitsrechts stellt sich die Frage nach der Bindung neu entstehender Staaten. Im Schrifttum stehen sich dabei im Wesentlichen zwei Ansätze gegenüber.[428] Nach der Theorie vom notwendigen Konsens sind neue Staaten nur dann an eine bereits bestehende völkergewohnheitsrechtliche Norm gebunden, wenn sie diese akzeptieren.[429] Allerdings soll eine stillschweigende Akzeptanz des gewohnheitsrechtlichen *acquis commun* ausreichen, die regelmäßig in der vorbehaltslosen Aufnahme von offiziellen Beziehungen zu anderen Staaten zu sehen sei.[430] Mit dem Eintritt in die Völkerrechtsgemeinschaft sei die Anerkennung zumindest der wesentlichen völkergewohn-

---

426 Siehe *Karl Doehring*, Völkerrecht, 2. Aufl. 2004, S. 129; *Stein/von Buttlar* (Fn. 183), S. 44; *Peters* (Fn. 6), S. 73 f.

427 *Dahm/Delbrück/Wolfrum* (Fn. 272), S. 55 (Fußnote 27); im Hinblick auf Menschenrechte *Holning Lau*, Rethinking the Persistent Objector Doctrine in International Human Rights Law, Chi. J. Int'l L. 6 (2005), S. 495 ff.; Anklang auch bei *Oscar Schachter*, International Law in Theory and Practice, 1991, S. 13 f.; abstellend auf das zwingende Völkerrecht *Inter-American Commission on Human Rights*, Report No 62/02 vom 22.10.2002, Merits, Case 12.285, *Michael Domingues/United States*, Ziff. 85.

428 Zur vor dem ersten Weltkrieg vertretenen Theorie der Gesamtrechtsnachfolge neuer Staaten in hoheitsrechtliche Rechte und Pflichten des Vorgängerstaates *Hans-Ernst Folz*, Zur Frage der Bindung neuer Staaten an das Völkerrecht, Der Staat 3 (1963), S. 319 (325 f.).

429 *Walther Schönborn*, Staatensukzessionen, Handbuch des Völkerrechts, 2. Bd. 3. Abt., 1913, S. 71 f.; *Tunkin* (Fn. 279), S. 159; *van Hoof* (Fn. 301), S. 78; *Wolfke* (Fn. 275), S. 166 f.; *Danilenko* (Fn. 320), S. 43 ff.; *Hanna Bokor-Szegő*, New States and International Law, 1970, S. 61 ff.; *Hillgruber* (Fn. 160), S. 82 f.

430 *Tunkin* (Fn. 279), S. 159; *Walter Rudolf*, Neue Staaten und das Völkerrecht, AVR 17 (1977/78), S. 1 (27 ff.).

heitsrechtlichen Grundregeln verbunden.[431] Nichtsdestotrotz steht es einem neuen Staat nach dieser Ansicht – zumindest theoretisch – frei, die Bindung an bestehendes Völkergewohnheitsrecht im Einzelnen oder *en bloc* zu verneinen.

Die wohl vorherrschende Ansicht bejaht demgegenüber die umfassende Bindung neu entstehender Staaten an den existierenden Bestand völkergewohnheitsrechtlicher Normen.[432] Auf der Grundlage unterschiedlicher dogmatischer Ansätze wird das geltende Völkerrecht als „vorgefundene Rechtsordnung" betrachtet, in die neue Staaten „hineingeboren" werden.[433] Teilweise wird die Bindung neuer Staaten an das bestehende Völkergewohnheitsrecht mit einem entsprechenden Willensakt der internationalen Gemeinschaft begründet.[434] Andere stellen auf die Zugehörigkeit zur Völkerrechtsgemeinschaft ab, die nicht auf einem willentlichen Akt beruhe, sondern auf der Zugehörigkeit des Volkes zur Rechtsgemeinschaft,[435] oder gründen die Bindung neuer Staaten auf die von der internationalen Gemeinschaft anerkannte Notwendigkeit einer solchen Bindung.[436] Insofern wird die rein voluntative Grundlage des Völkerrechts verlassen, die horizontale Konzeption um eine vertikale Dimension einer über den Staaten stehenden internationalen Gemeinschaft erweitert.

---

[431] *Schönborn* (Fn. 429), S. 72; *Georg Jellinek*, System der subjektiven öffentlichen Rechte, 2. Aufl., 1963, S. 324: „Denn was einmal als gemeinsame Rechtsüberzeugung ausgesprochen ist, tritt nun allen Mitgliedern der Staatengemeinschaft als gültige Norm entgegen, von welcher der Rücktritt nicht gestattet ist und die auch alle künftigen Mitglieder bindet."; *Hillgruber* (Fn. 160), S. 82 f.

[432] *Kelsen* (Fn. 284), S. 270; *Bernhardt* (Fn. 269), S. 902; *Charney/Danilenko* (Fn. 6), S. 35 ff.; *D'Amato* (Fn. 306), S. 191 ff.; *Mendelson* (Fn. 269), S. 259; *Michael Schweitzer*, New States and International Law, in: Rudolf Bernhardt (ed.), EPIL, Vol. III, 1997, S. 582 (584 f.); *Akehurst* (Fn. 299), S. 27 f.; *Virally* (Fn. 328), S. 137 f.; *Robert Y. Jennings/Arthur Watts* (eds.), Oppenheim's International Law, Vol. I, Introduction and Part 1, 9th ed. 1992, S. 14 f.

[433] Vgl. *Heintschel von Heinegg* (Fn. 272), S. 223. Plausibel erscheint dies insbesondere, wenn man eine voluntaristische Basis des Völkerrechts ablehnt und das Völkerrecht wie *Kelsen* als auf einer Grundnorm beruhende, den Staaten vorgelagerte Rechtsordnung begreift, *Hans Kelsen*, Das Problem der Souveränität und die Theorie des Völkerrechts, 2. Aufl. 1928, S. 224 ff.; dazu unten 9. Kap., D. III. 2.

[434] *Charney/Danilenko* (Fn. 6), S. 36.

[435] *Folz* (Fn. 428), S. 336.

[436] *Tomuschat* (Fn. 114), S. 50.

Die im Schrifttum geführte Auseinandersetzung findet ihren Niederschlag auch in der Staatenpraxis.[437] Das Verhalten neuer Staaten war lange Zeit deutlich vom Grundsatz der automatischen Bindung an bestehendes Völkergewohnheitsrecht geprägt.[438] Nachfolgestaaten erklären zwar regelmäßig nicht ausdrücklich, dass sie sich an den Bestand des geltenden Völkergewohnheitsrechts gebunden fühlen, ihre Äußerungen und ihr Verhalten lassen aber oftmals erkennen, dass eine entsprechende Bindung vorausgesetzt wird.[439] Nichtsdestotrotz lassen sich auch vereinzelte Vorfälle ausmachen, in denen ein Staat die Geltung einzelner gewohnheitsrechtlicher Normen mit der Begründung verneint hat, dass diese vor seiner Entstehung in Kraft getreten sind und er daher keine Möglichkeit hatte, auf den Entstehungsprozess Einfluss zu nehmen.[440] Insbesondere die schrittweise Erweiterung des internationalen Rechtssystems von einem europäischen oder westlichen Völkerrecht zu einem universellen Völkerrecht liegt dieser Staatenpraxis zugrunde. Die neuen Mitglieder der internationalen Gemeinschaft – beziehungsweise die Mitglieder der internationalen Gemeinschaft, die im Zuge dieser Entwicklung erstmals mehr Einfluss im internationalen System erlangen – bringen dadurch zum Ausdruck, dass sie nicht gewillt sind, völkergewohnheitsrechtliche Regeln, die auf die Praxis und Rechtsansichten allein der westlichen Staaten zurückzuführen sind, anzuerkennen.[441] Die Staatenpraxis weicht diesen Unsicherheiten oftmals durch bi- und multilaterale Verhandlungen und einvernehmliche Lösungen aus.[442] Nichtsdestotrotz stellt die Befolgung des universellen Völkergewohnheitsrechts durch neue Staaten die Regel dar, ausdrücklicher Widerstand

[437] Offizielle Stellungnahmen staatlicher Vertreter lassen sich dabei zur Unterstützung beider Ansichten anführen, siehe *Danilenko* (Fn. 320), S. 43 f.; *Charney/Danilenko* (Fn. 6), S. 36.

[438] Siehe nur *Waldock* (Fn. 334), S. 52 f. mit Beispielen; *Akehurst* (Fn. 299), S. 27.

[439] Vgl. *Rudolf* (Fn. 430), S. 32; *Michael Schweitzer*, Das Völkergewohnheitsrecht und seine Geltung für neuentstehende Staaten, 1969, S. 67; *ders.* (Fn. 432), S. 585.

[440] Siehe nur *Ram Prakash Anand*, Attitude of the Asian-African States Towards Certain Problems of International Law, ICLQ 15 (1966), S. 55 (63 ff.); allgemein *Wilhelm Karl Geck*, Völkerrechtliche Verträge und Kodifikation, ZaöRV 36 (1976), S. 96 (101 f.), der hieraus die Erforderlichkeit klarstellender Kodifikationen ableitet.

[441] Vgl. *Clarence Wilfred Jenks*, The Common Law of Mankind, 1958, S. 29 f.

[442] Vgl. *Heintschel von Heinegg* (Fn. 272), S. 224.

gegen einzelne Normen ist die Ausnahme.[443] Eine Leugnung jeglicher Bindung an bereits existentes Gewohnheitsrecht findet jedenfalls nicht statt.

Fraglich ist jedoch, welche Schlüsse sich aus dieser Beobachtung für die Frage der universellen Geltung von Völkergewohnheitsrecht für neue Staaten ziehen lassen. Denkbar wäre es, auf der Grundlage der Staatenpraxis und unter Annahme einer entsprechenden Rechtsüberzeugung eine völkergewohnheitsrechtliche Norm mit entsprechendem Inhalt anzunehmen. Doch zum einen erscheint die Staatenpraxis nicht konsistent genug, um von einem derartigen uneingeschränkten Prinzip auszugehen. Zum anderen lässt sich die Fortgeltung völkergewohnheitsrechtlicher Normen nicht durch eine andere völkergewohnheitsrechtliche Norm erklären – die Bindung neuer Staaten an diese Gewohnheitsrechtsnorm wäre ihrerseits begründungsbedürftig. Die Antwort auf die Frage der Fortgeltung einer Norm muss damit außerhalb der klassischen Rechtsquellen gefunden werden. Damit ergibt sich erneut der Befund, dass die traditionelle konsensorientierte Völkerrechtslehre ein für richtig befundenes Ergebnis, das im Wesentlichen auch der Völkerrechtsrealität entspricht, dogmatisch nicht überzeugend begründen kann. Die Annahme einer stillschweigenden Akzeptanz des geltenden Rechts durch neu entstehende Staaten bei Eintritt in die Völkerrechtsgemeinschaft mag das gewünschte Ergebnis in den meisten Fällen tragen. Sie erscheint jedoch als juristische Fiktion und kann eine Bindung neuer Staaten gegen ihren explizit erklärten Willen dogmatisch überzeugend nicht begründen.

3. Zwischenergebnis

Auch im Hinblick auf die Bindungswirkung von Völkergewohnheitsrecht wird grundsätzlich am Konsensprinzip festgehalten. Zwar kann eine Bindung auch zu Lasten eines Staates eintreten, der nicht unmittelbar an der Entstehung des Rechtssatzes beteiligt war, die Rechtsfigur des *persistent objector* schließt jedoch eine Bindung gegen den ausdrücklichen Willen eines Staates grundsätzlich aus. Ob allein hiermit bereits das Konsensprinzip gewahrt ist, erscheint fraglich. Eine Durchbrechung des Konsensprinzips findet jedenfalls statt, wenn man mit der vorherrschenden Auffassung auch neue Staaten an den existierenden Bestand des Völkergewohnheitsrechts binden will.

---

[443] So auch *Rudolf* (Fn. 430), S. 34 sowie S. 45.

III. Der Nachweis der Existenz von Völkergewohnheitsrecht

Von besonderer Bedeutung für die Rechtsquelle des Völkergewohnheitsrechts ist nicht nur die dogmatische Frage der Entstehungsvoraussetzungen, sondern die praktische Frage des Nachweises der Existenz einer völkergewohnheitsrechtlichen Norm. Das Fehlen eines formalisierten Entstehungsverfahrens sowie zentraler und autoritativer Zusammenstellungen der einzelnen gewohnheitsrechtlichen Normen führt dazu, dass eine objektive und unangreifbare Aussage hinsichtlich des Bestehens oder Nichtbestehens einer gewohnheitsrechtlichen Norm kaum möglich erscheint. Insofern eröffnet sich – im Zusammenspiel mit den aufgezeigten dogmatischen Unsicherheiten – dem Rechtsanwender ein breiter argumentativer Spielraum. Umfassende Untersuchungen von Staatenpraxis und Rechtsüberzeugung finden nicht statt und können rein faktisch nicht geleistet werden.[444] Oftmals erschöpfen sich die Ausführungen im Postulat, eine Regel „könne" oder „könne wohl" gewohnheitsrechtliche Geltung beanspruchen. Erfolgt eine Analyse, so werden regelmäßig nur exemplarisch einige Verhaltensweisen einiger weniger Staaten dargelegt, so dass selektiv besonders aussagekräftige Ereignisse, die die gewünschte These bestätigen, aufgezeigt werden, und dieser zuwiderlaufende Verhaltensweisen unterschlagen werden können. Auch erschließen sich staatliche Verhaltensweisen oftmals erst vor dem politischen und kulturellen Hintergrund des jeweiligen Staates, so dass auch insofern die Interpretation in hohem Maße vom Vorverständnis des Rechtsanwenders abhängt.[445] Und selbst der sorgfältige und um Objektivität bemühte Rechtsanwender wird dadurch eingeschränkt, dass umfassende Zusammenstellungen der Staatenpraxis nicht existieren.[446]

---

[444] Vgl. *Peters* (Fn. 6), S. 68 f.; *Petersen* (Fn. 273), S. 502 f.

[445] *Kelly* (Fn. 273), S. 467; *Jonathan I. Charney*, International Lawmaking – Article 38 of the ICJ Statute Reconsidered, in: Jost Delbrück (ed.), New Trends in International Lawmaking – International „Legislation" in the Public Interest, 1997, S. 171 (179).

[446] *Michael Byers*, Custom, Power, and the Power of Rules, Customary International Law from an Interdisciplinary Perspective, Mich. J. Int'l L. 17 (1995), S. 109 (144) (Fußnote 119); *Kelly* (Fn. 273), S. 472; *Charney* (Fn. 445), S. 179. Für die Bundesrepublik Deutschland wird zumindest eine partielle Auswertung der Staatenpraxis von den Mitarbeitern des Max-Planck-Instituts für ausländisches öffentliches Recht und Völkerrecht in der ZaöRV veröffentlicht, auch das AJIL enthält entsprechende Darstellungen der US-amerikanischen Staatenpraxis. Freilich weisen auch diese Zusammenstellungen ein selektives und zwangsläufig auch ein wertendes Moment auf.

Eine gleichberechtigte Auswertung der Praxis aller Staaten ist somit schon aus praktischen Gründen nicht möglich.[447]

Noch deutlicher stellt sich das Problem im Hinblick auf die Feststellung des subjektiven Elements, das sich als psychologischer Zustand nur indirekt aus einer Auslegung relevanter Erklärungen oder Verhaltensweisen ermitteln lässt.[448] Der Rechtsanwender kann dabei einzelne Anknüpfungspunkte selektiv herausfiltern und interpretieren.[449] Nach *Kelsen* handelt es sich bei der Voraussetzung von *opinio iuris* daher um eine bloße Fiktion, die es dem Rechtsanwender ermögliche, in absoluter Freiheit zu entscheiden, ob er aus einer bestimmten Staatenpraxis einen gewohnheitsrechtlichen Satz ableiten will oder nicht.[450] Das subjektive Element diene allein der Verschleierung der ideologischen Motive desjenigen, der autoritativ über das Bestehen oder Nichtbestehen einer gewohnheitsrechtlichen Norm entscheidet.[451] Verstärkt werden diese Einschätzungs- und Bewertungsspielräume durch die allgemeine Vorgehensweise, aus dem tatsächlichen Verhalten eines Staates – also dem objektiven Element des Völkergewohnheitsrechts – auf das Bestehen oder Nichtbestehen einer Rechtsüberzeugung zu schließen.[452]

Deutlich wird dieser argumentative Freiraum in der Rechtsprechung des Internationalen Gerichtshofes: Teilweise begnügt sich der Gerichtshof mit dem Nachweis von Staatenpraxis und schließt daraus auf eine entsprechende Rechtsüberzeugung.[453] In anderen Fällen analysiert das Gericht das Verhalten der Staaten im Hinblick auf ihre *opinio iuris*, verzich-

---

[447] Vgl. auch *Jack L. Goldsmith/Eric A. Posner*, Understanding the Resemblance Between Modern and Traditional Customary International Law, Va. J. Int'l L. 40 (2000), S. 639 (641 ff.), die anhand einer Entscheidung des U.S. Supreme Courts (*Paquete Habana*, 175 U.S. 677 (1900)), die für die sorgfältige Herleitung von Völkergewohnheitsrecht bekannt sei, aufzeigen, dass selbst umfassende Nachweise von Staatenpraxis ein hohes Maß an Selektivität aufweisen und dass die aus der festgestellten Praxis gezogenen Schlüsse auch anders gedeutet werden könnten.

[448] *Bleckmann* (Fn. 273), S. 505.

[449] Vgl. *Fastenrath* (Fn. 1), S. 97 f.

[450] *Kelsen* (Fn. 284), S. 264 f.; ähnlich auch *Kelly* (Fn. 273), S. 469 ff.

[451] *Kelsen* (Fn. 284), S. 266.

[452] Statt vieler *Bos* (Fn. 289), S. 31 ff.; kritisch *Kelly* (Fn. 273), S. 470.

[453] Vgl. beispielsweise *Nottebohm Case (Second Phase)*, ICJ Reports 1955, S. 4 (22).

tet aber auf Nachweise aus der Staatenpraxis.[454] Dann wiederum nimmt der Gerichtshof das Bestehen einer völkergewohnheitsrechtlichen Norm an, ohne überhaupt das Vorliegen der beiden konstitutiven Elemente zu prüfen.[455] Hinzu kommt, dass der IGH in der *North Sea Continental Shelf*-Entscheidung die Anforderungen an die Staatenpraxis im Hinblick auf das zeitliche Moment und in den Fällen *Fisheries* und *Nicaragua* die Anforderungen an die Einheitlichkeit der Praxis entschieden abgeschwächt hat.[456] Daher kann der Gerichtshof sich mit dem Nachweis einiger weniger Vorgänge aus der Staatenpraxis begnügen. Die Feststellung von Völkergewohnheitsrecht ist danach kein objektiver Prozess, sondern beruht auf einer wertenden und oftmals ergebnisorientierten Entscheidung.[457]

Auch wenn zwischen den Voraussetzungen des Entstehens und dem Beweis der Existenz von Gewohnheitsrecht zu unterscheiden ist, verschwimmt diese Trennlinie in der praktischen Anwendung. Anders als im Fall des formalisierten Vertragsrechts lässt sich im informalisierten Völkergewohnheitsrecht nur schwer ein konkreter Moment ausmachen, in dem ein völkergewohnheitsrechtlicher Satz entsteht. Die Grenzen zwischen Entstehung und Existenz einer gewohnheitsrechtlichen Norm sind fließend.[458] Für das Völkergewohnheitsrecht gilt daher in besonderem Maße der Ausspruch des *U.S. Supreme Court* Richters *Benjamin Cardozo* im Fall *New Jersey v. Delaware*:

> „International law, or the law that governs between states, has at times, like the common law within states, a twilight existence during

---

[454] Vgl. beispielsweise *Military and Paramilitary Activities in and against Nicaragua (Nicaragua v. United States of America)*, Merits, ICJ Reports 1986, S. 14 (97 ff.).

[455] Vgl. *Theodor Meron*, Human Rights and Humanitarian Norms as Customary Law, 1989, S. 36.

[456] Dazu oben C. I. 2. b).

[457] *Bernhardt* (Fn. 269), S. 901; *Dahm/Delbrück/Wolfrum* (Fn. 272), S. 56: „ein Akt wertender Erkenntnis"; *Koskenniemi* (Fn. 7), S. 1952 f.; *D'Amato* (Fn. 384), S. 101 ff.; *Kirgis* (Fn. 384), S. 147 f.; *Meron* (Fn. 396), S. 361 f.; zugespitzt bei *Kelly* (Fn. 273), S. 526: „Much of what is commonly termed [Customary International Law] is judge-made or judge-confirmed law."

[458] *Mendelson* (Fn. 269), S. 175.

which it is hardly distinguishable from morality or justice, till at length the imprimatur of a court attests its jural quality."[459]

Doch nicht nur gerichtlichen Entscheidungen kommt in diesem Zusammenhang besondere Bedeutung zu, auch Beschlüsse internationaler Organisationen – wie insbesondere Resolutionen der Generalversammlung – entfalten eine praktisch schwer widerlegbare Vermutungswirkung für die Existenz oder Nichtexistenz einer völkergewohnheitsrechtlichen Norm.

IV. Konklusion: Völkergewohnheitsrecht zwischen internationaler Gemeinschaft, hegemonialer Dominanz und relativer Normativität

In Konzeption und Handhabung des Völkergewohnheitsrechts wird das Konsensprinzip nicht konsequent durchgehalten. Dies stellt eine Einbruchstelle für das hier entwickelte Konzept des internationalen Gemeinschaftsrechts als Rechtsetzung ohne oder gegen den Willen eines Staates dar (1). Gleichzeitig werden die Gefahren einer hegemonialen Dominanz (2) sowie einer normativen Aufweichung dieser Rechtsquelle (3) deutlich.

1. Konsensprinzip und Völkergewohnheitsrecht

Die herrschende Auffassung sieht in der Konzeption des Völkergewohnheitsrechts keinen Bruch mit dem Konsensprinzip: Staaten, die sich nicht an der Entstehung eines gewohnheitsrechtlichen Satzes beteiligen und diesem auch nicht widersprechen, würden stillschweigend ihre Zustimmung zum Ausdruck bringen.[460] Diese *acquiescence* oder auch vermutete Akzeptanz wird als ausreichend angesehen, um von einer willentlichen Bindung der Staaten zu sprechen und eine universelle Norm des Völkergewohnheitsrechts auch bei direkter Beteiligung nur weniger Staaten zu akzeptieren. Diese Konstruktion stellt indes eine bloße juristische Fiktion dar: *Erstens* ist es einem Staat regelmäßig nicht bewusst, dass eine gewohnheitsrechtliche Norm im Entstehen begriffen ist und

---

[459] *New Jersey v. Delaware*, 291 U.S. 361, 383 (1934); ähnlich auch *Clarence Wilfred Jenks*, The Prospects of International Adjudication, 1964, S. 258 ff.; *Strebel* (Fn. 272), S. 320.

[460] Statt vieler *Folz* (Fn. 428), S. 329; *Hillgruber* (Fn. 160), S. 81 ff.; *Wolfke* (Fn. 275), S. 160 ff.

er dieser widersprechen muss, um nicht gebunden zu werden.[461] Denn weder existiert ein formeller und klar erkennbarer Entstehungsprozess, noch sind die Anknüpfungspunkte für die Entstehung einer gewohnheitsrechtlichen Norm abschließend geklärt. Ein Staat kann nicht eindeutig bestimmen, ob das Verhalten eines anderen Staates als *consuetudo* zur Entstehung von Gewohnheitsrecht beitragen wird. Mit der Anerkennung der Praxis nationaler Gerichte als gewohnheitsrechtsbildende Staatenpraxis ergibt sich zudem das Problem, dass einzelne, kleine Einheiten innerhalb der Staatsorganisation maßgeblichen Einfluss auf den gewohnheitsrechtlichen Entstehungsprozess haben, auf die die eigentlich zur Wahrnehmung der auswärtigen Gewalt berufene Regierung regelmäßig keine unmittelbare Einwirkungsmöglichkeit hat.[462] *Zweitens* haben insbesondere kleinere Staaten nicht die Möglichkeit, die völkerrechtliche Entwicklung und das Verhalten anderer Staaten kontinuierlich zu überwachen und ihren Regierungen rechtzeitig die Entstehung einer gewohnheitsrechtlichen Norm und das Erfordernis, dagegen Protest einzulegen, zur Kenntnis zu bringen.[463] *Drittens* gehen Staaten regelmäßig davon aus, dass sie nur mit ihrem ausdrücklichen Willen rechtlichen Verpflichtungen unterworfen werden können, das Erfordernis des ausdrücklichen Widerspruchs wird Staatenvertretern meistens nicht bewusst sein.[464] Die Unsicherheiten im Hinblick auf die Relevanz des Verhaltens anderer Staaten für die Entstehung einer gewohnheitsrechtlichen Norm werden schließlich, *viertens*, dazu führen, dass ein Staat im Zweifel nicht gegen ein bestimmtes Verhalten protestieren wird. Kaum ein Staat wird diplomatische Verstimmungen riskieren, nur um vorsorglich die potenzielle Bindung an eine im Entstehen befindliche gewohnheitsrechtliche Norm zu verhindern.[465] Hinzu kommt, dass die Beweislast für einen hinreichend starken Protest bei dem dissentierenden Staat liegt.[466] Unter Einbeziehung der tatsächlichen und politischen Rahmenbedingungen der Entstehung gewohnheitsrechtlicher Normen

---

[461] *Mendelson* (Fn. 269), S. 257; *Estreicher* (Fn. 415), S. 8; *Charney/Danilenko* (Fn. 6), S. 37; *Pellet* (Fn. 200), S. 37; *Charney* (Fn. 445), S. 178 f.

[462] Hierzu aus verfassungsrechtlicher Perspektive *Gärditz* (Fn. 290), S. 391 ff.

[463] *Charney/Danilenko* (Fn. 6), S. 37.

[464] *Kelly* (Fn. 273), S. 474.

[465] *Estreicher* (Fn. 415), S. 8; *Malcolm N. Shaw*, International Law, 6th ed. 2008, S. 90 f.

[466] Vgl. *Scheuner* (Fn. 315), S. 430.

kann das Schweigen eines nicht beteiligten Staates allenfalls im Sinne einer formal-juristischen Fiktion als stillschweigende Akzeptanz und damit Ausdruck von Konsens qualifiziert werden. Rückhalt in der völkerrechtlichen Realität findet diese Fiktion zumeist nicht.

Gleiches gilt für die Entstehung von Gewohnheitsrecht aus völkerrechtlichen Verträgen. Ähnlich formalistisch und fiktiv ist es, das Konsenserfordernis dadurch gewahrt zu sehen, dass die Gewohnheitsrechtsnorm unter Mitwirkung von Nicht-Vertragsstaaten zur Entstehung gelangt.[467] Denn warum sollte ein Staat gegen den Abschluss eines multilateralen Vertrages durch andere Staaten protestieren? Für ihn als nicht am Vertragsschluss beteiligte Partei stellt der Vertrag eine *res inter alios acta* dar. Zudem legen internationale Gerichte wenig Wert darauf, das Verhalten und die Rechtsüberzeugung von Nicht-Vertragsparteien bei der Ermittlung von Existenz und Inhalt gewohnheitsrechtlicher Normen, die aus Verträgen entspringen sollen, zu untersuchen.

Und auch im Hinblick auf die Frage der Bindung neuer Staaten an bestehendes Gewohnheitsrecht stellt sich der Konsens weitgehend als Fiktion dar.[468] Selbst diejenigen Ansätze, die die Zustimmung des neuen Staates als konstitutive Voraussetzung für eine entsprechende Bindung an das universelle Völkergewohnheitsrecht ansehen, lassen eine stillschweigende Akzeptanz im Fall des Eintritts in die Völkerrechtsgemeinschaft ausreichen. Ob in so einem Fall wirklich ein willentlich zum Ausdruck gebrachter Konsens angenommen werden kann,[469] ist fraglich. Denn zum einen wird ein einzelner neuer Staat kaum die Möglichkeit haben, sich dem internationalen System als solchem zu verweigern. Und selbst wenn man ihm das Recht einräumt, sich von einzelnen völkergewohnheitsrechtlichen Normen loszusagen, hat der Staat nur wenige Möglichkeiten, von diesem *opting out* Gebrauch zu machen. Praktische und politische Umstände sprechen dagegen, mit einer weit reichenden Liste von Rechtsnormen, die man nicht anerkennt, in die Staatengemeinschaft einzutreten.[470] Der Konsens neuer Staaten beim Eintritt

---

[467] So aber *Hingst* (Fn. 27), S. 182.

[468] So auch *Akehurst* (Fn. 299), S. 27; *Charney/Danilenko* (Fn. 6), S. 37; *Stephan Hall*, The Persistent Spectre: Natural Law, International Order and the Limits of Legal Positivism, EJIL 12 (2001), S. 269 (289).

[469] So *Hillgruber* (Fn. 160), S. 82 f.

[470] Siehe hierzu auch *Danilenko* (Fn. 320), S. 45.

in die Völkerrechtsgemeinschaft stellt damit eine „unzulässige Fiktion" dar.[471]

Zu diesen bereits in der Konzeption des Gewohnheitsrechts liegenden Durchbrechungen des Konsensprinzips treten die Offenheit und die Unbestimmtheit der konstitutiven Merkmale dieser Rechtsquelle.[472] Das Fehlen autoritativer Normierungen über den Entstehungsprozess völkergewohnheitsrechtlicher Normen sowie das Fehlen einer einheitlichen völkerrechtlichen Theorie sowie Rechtskultur ziehen grundlegende Unsicherheiten nach sich.[473] Nicht nur der Entstehungsprozess als solcher ist mit den Unsicherheiten eines jeden induktiven Verfahrens behaftet,[474] auch die rechtlichen Rahmenbedingungen der Induktion sind zweifelhaft. Gibt es aber keine anerkannte einheitliche Methode zur Feststellung einer gewohnheitsrechtlichen Norm, so kann die Frage nach Existenz, Inhalt und Reichweite einer Norm nicht eindeutig beantwortet werden.[475] Auch lässt sich eine starke Tendenz dahingehend ausmachen, gewohnheitsrechtliche Normen auch ohne Belege für Staatenpraxis und *opinio iuris* anzuerkennen.[476] Methodisch werden dabei nicht in einen *induktiven* Prozess das Verhalten und die Äußerungen von Staaten *empirisch* untersucht, sondern es wird *deduktiv* und *normativ* eine völkergewohnheitsrechtliche Norm aus einem subjektiven Vorverständnis sowie aus anderen rechtlichen und politischen Quellen – insbesondere völkerrechtlichen Verträgen sowie Resolutionen internationaler Organisationen – abgeleitet.[477] Staatlicher Konsens liegt einem derart gewonnenen Recht nicht zugrunde. Vielmehr eröffnet sich dem Rechtsanwender die Möglichkeit, seine eigenen Vorstellungen, Werte und Interessen in die Herleitung einer Norm einfließen zu lassen.

---

[471] So bereits *Kelsen* (Fn. 433), S. 225 f.

[472] Treffend *David P. Fidler*, Challenging the Classical Concept of Custom: Perspectives on the Future of Customary International Law, GYIL 39 (1996), S. 198: Völkergewohnheitsrecht als „a riddle inside a mystery wrapped in an enigma".

[473] Siehe insofern auch *Kammerhofer* (Fn. 310), S. 552.

[474] Dazu *Bleckmann* (Fn. 273), S. 505.

[475] So deutlich *Kelly* (Fn. 273), S. 498 ff. sowie S. 516 f.

[476] *Bradley/Goldsmith* (Fn. 396), S. 838 ff. und *Kelly* (Fn. 273), S. 484 ff. sprechen insofern von einem „New Customary International Law".

[477] So auch die kritische Bewertung von *Kelly* (Fn. 273), S. 475 f., S. 484 ff. sowie S. 497 f.

Völkergewohnheitsrecht

> „(...) serves and can be manipulated by many masters because its elements, state practice and opinio juris, have no ascertainable meaning and are routinely ignored."[478]

Insofern ist es weniger das Konzept des Völkergewohnheitsrechts, das unter dem Gesichtspunkt des *internationalen Gemeinschaftsrechts* relevant erscheint, als vielmehr die Offenheit und Konturlosigkeit der Rechtsquelle als solche. Gerade diese Offenheit ermöglicht es, das Konzept des Völkergewohnheitsrechts den Bedürfnissen der internationalen Gemeinschaft anzupassen und Interessen und Werte der internationalen Gemeinschaft in das Völkerrecht einfließen zu lassen.[479] Im modernen Völkerrecht ersetzt das Völkergewohnheitsrecht damit eine suspekte naturrechtliche Argumentation.[480] Zum anderen eröffnet das Völkergewohnheitsrecht die Möglichkeit, ein Element der mehrheitlichen Rechtsetzung in die Quellenlehre einzuführen. Beide Entwicklungen finden unter dem Deckmantel des in der Staatenwelt akzeptierten Völkergewohnheitsrechts statt, obwohl sie mit dessen ursprünglicher Konzeption nur noch wenig zu tun haben.

2. *Die Gefahr hegemonialer Dominanz im Rahmen des Völkergewohnheitsrechts*

Aufgrund des Grundsatzes der souveränen Gleichheit aller Staaten nach Art. 2 Nr. 1 UN-Charta müssten bei der Entstehung von Völkergewohnheitsrecht die Praxis und Rechtsüberzeugung aller Staaten gleich gewichtet werden.[481] Doch weder in rechtlicher noch in faktischer Hinsicht ist eine solche Gleichbehandlung zu erkennen. In rechtlicher Hinsicht führt der Fokus, der von Rechtsprechung und Lehre auf die „spe-

---

[478] *Kelly* (Fn. 273), S. 459; siehe auch *Mendelson* (Fn. 269), S. 172 ff.; *Estreicher* (Fn. 415), S. 7: „In recent decades, the sprawling literature reflects attempts by ‚highly qualified publicists of the various nations' (...) and other international law activists to expand the reach of customary law so as to help advance the particular political, ideological, or humanitarian aims of the writer."

[479] Vgl. *Meron* (Fn. 455), S. 246 ff.; *Bernhardt* (Fn. 269), S. 899; *Richard B. Lillich*, The Growing Importance of Customary International Human Rights Norms, Ga. J. Int'l & Comp. L. 25 (1995/1996), S. 1 ff.; zum Ganzen auch *Fidler* (Fn. 472), S. 220 ff.

[480] In diesem Sinne auch *Koskenniemi* (Fn. 7), S. 1947.

[481] *Petra Minnerop*, Paria-Staaten im Völkerrecht?, 2004, S. 387.

cially affected states“ gelegt wird, zu einer Bevorzugung der mächtigen Staaten.[482] Denn es sind vorrangig die einflussreichen, politisch, wirtschaftlich und militärisch bedeutsamen Staaten, die in hohem Ausmaß am internationalen Geschehen teilnehmen und daher öfter als besonders betroffen gelten. Zudem wird in der Wirklichkeit des Völkerrechts dem Verhalten mächtiger und bedeutsamer Staaten ein höheres Gewicht beigemessen. Der Nachweis des Bestehens einer völkergewohnheitsrechtlichen Norm, an deren Entstehung ausschließlich Staaten der dritten Welt beteiligt waren, wird kaum autoritative Kraft für sich beanspruchen können.[483] Ebenso wird eine vertragliche Norm wohl eher zu Gewohnheitsrecht erstarken, wenn alle mächtigen Staaten am Vertrag teilnehmen, die Abwesenheit einzelner „kleinerer“ und „unbedeutender“ Staaten wird der Entstehung einer universell gültigen Gewohnheitsrechtsnorm dann nicht entgegenstehen.[484]

Gewohnheitsrecht bringt damit das Spannungs- und Abhängigkeitsverhältnis von Recht und Macht deutlich zum Vorschein.[485] Insbesondere das „neue“ Völkergewohnheitsrecht ermöglicht es den mächtigen Staaten, ihre eigenen Werte und Interessen als in akzeptierten Rechtsnormen verankert darzustellen, ohne dass der Nachweis einer breiten Akzeptanz in der gesamten Staatenwelt erforderlich wäre.[486] Konsequenz ist eine deutlich westliche Prägung des existierenden Bestands völkergewohnheitsrechtlicher Normen.[487] Damit offenbart sich eine entscheidende

---

[482] So auch *Scott/Carr* (Fn. 346), S. 81 f.; *Bernard H. Oxman*, The International Commons, the Public Interest and New Modes of International Lawmaking, in: Jost Delbrück (ed.), New Trends in International Lawmaking – International „Legislation“ in the Public Interest, 1997, S. 21 (29); *Matthias Herdegen*, Asymmetrien in der Staatenwelt und die Herausforderungen des „konstruktiven Völkerrechts“, ZaöRV 64 (2004), S. 571 (579 f.).

[483] *Detlev F. Vagts*, Hegemonic International Law, AJIL 95 (2001), S. 843 (847).

[484] So auch *Minnerop* (Fn. 481), S. 444.

[485] *Byers* (Fn. 446), S. 109 ff.

[486] *Kelly* (Fn. 273), S. 498; *José E. Alvarez*, Hegemonic International Law Revisited, AJIL 97 (2003), S. 873: „vagueness benefits primarily (if not solely) the hegemon“; dazu, dass das „Aufweichen“ des Rechtsetzungsprozesses oftmals von hegemonialen Bestrebungen forciert und ausgenutzt wird, *Nico Krisch*, International Law in Times of Hegemony: Unequal Power and the Shaping of the International Legal Order, EJIL 16 (2005), S. 369 (392 ff.).

[487] *Kelly* (Fn. 273), S. 466: „The substantive norms offered as [Customary International Law] in much of the Western literature are, not coincidentally, norms

Schwäche der im modernen Völkerrecht zum Vorschein gelangenden gemeinschaftsrechtlichen Strukturen in der Rechtsetzung: In Abwesenheit einer umfassend institutionalisierten internationalen Gemeinschaft liegt die Feststellung des geltenden Rechts in den Händen der Staatenwelt. Eine Norm, deren Existenz von der Mehrzahl der mächtigen Staaten angenommen und behauptet wird, gilt als Recht. Die faktische Ungleichheit aller Staaten, die das internationale System prägt und vom Völkerrecht hingenommen wird, wird damit perpetuiert und erhält eine normative Dimension.

3. Die Gefahr relativer Normativität des Völkergewohnheitsrechts

Völkergewohnheitsrecht kann damit den Interessen der internationalen Gemeinschaft dienen, gleichzeitig aber für hegemoniale Bestrebungen missbraucht werden. Darüber hinaus ist die Konturlosigkeit dieser Rechtsquelle im Hinblick auf die Objektivität und Normativität des Völkerrechts problematisch. Denn die Untersuchung des Völkergewohnheitsrechts in Theorie und Praxis bestätigt die Aussage von *Robert Jennings*, dass:

> „(...) most of what we perversely persist in calling customary international is not only *not* customary law: it does not even faintly resemble a customary law".[488]

Diese Konturlosigkeit der Rechtsquelle Gewohnheitsrecht führt dazu, dass die Trennung von *lex lata* und *lex ferenda* verschwimmt.[489] Diese Entwicklung gefährdet die Normativität des Völkerrechts insofern, als die wesentliche Funktion des Rechts – die Unterscheidung zwischen

---

associated with individualism and the market economy."; siehe auch S. 468: „There is, throughout the Restatement and the writings of many scholars and advocates, a tendency to prematurely conclude that one's policy preferences, particularly when shared by other Western societies, have become customary norms."; für eine rechtliche Anerkennung dieser Vormachtstellung westlicher Staaten bei der Entstehung von Gewohnheitsrecht *Jack L. Goldsmith/Eric A. Posner*, A Theory of Customary International Law, U. Chi. L. Rev. 66 (1999), S. 1113 (1136 f.). Die rechtspolitisch zweifelhafte Begründung für diese Bevorzugung westlicher Staaten sehen *Goldsmith* und *Posner* in dem höheren Vertrauen, das „zivilisierte" Staaten im Vergleich zu *rogue states* beanspruchen könnten.

[488] *Jennings* (Fn. 412), S. 5; ähnlich auch *Kelly* (Fn. 273), S. 453 f.

[489] Vgl. *Weil* (Fn. 3), S. 417.

Recht und Unrecht[490] – nicht eindeutig erfüllt werden kann. Damit läuft das Recht Gefahr, seine selbständige Bedeutung neben anderen Faktoren wie Macht und Moral zu verlieren, gleichzeitig besteht die Befürchtung, dass eine wertende und von einigen einflussreichen Staaten entwickelte Norm auf wenig Befolgung hoffen darf. Für ein hohes Maß an Rechtsbefolgung erscheint daher ein zurückhaltender Umgang bei der Feststellung der Existenz einer gewohnheitsrechtlichen Norm angebracht.[491]

D. Allgemeine Rechtsgrundsätze und allgemeine Grundsätze des Völkerrechts als internationales Gemeinschaftsrecht

Art. 38 Abs. 1 *lit.* c) IGH-Statut benennt als letzte der drei klassischen formellen Quellen des Völkerrechts die „general principles of law recognized by civilized nations", die allgemeinen Rechtsgrundsätze.

I. Die grundsätzliche Konstruktion der allgemeinen Rechtsgrundsätze und allgemeinen Grundsätze des Völkerrechts

Allgemeine Rechtsgrundsätze im Sinne des Art. 38 Abs. 1 *lit.* c) IGH-Statut sind Grundsätze, die in den nationalen Rechtsordnungen von grundlegender Bedeutung sind und aufgrund ihres Regelungsbereichs auf die völkerrechtliche Ebene übertragen werden können.[492] Der Bestand solcher Rechtsgrundsätze muss demnach anhand einer rechtsvergleichenden Analyse der wichtigsten Rechtskreise und Rechtsfamilien ermittelt werden.[493] Dabei können nicht alle übereinstimmenden Nor-

---

490 *Niklas Luhmann*, Die Codierung des Rechtssystems, Rechtstheorie 17 (1986), S. 171 ff.

491 *Dahm/Delbrück/Wolfrum* (Fn. 272), S. 56 (Fußnote 28). Das Unbehagen mit der Entwicklung, die das Völkergewohnheitsrecht durchgemacht hat, mündet zudem in Vorschlägen, lieber von einem „unwritten law" (so *Tomuschat* (Fn. 21), S. 309; *Cheng* (Fn. 281), S. 36) oder „general international law" (so *Charney* (Fn. 6), S. 546) zu sprechen.

492 Statt aller *Stein/von Buttlar* (Fn. 183), S. 51.

493 Statt aller und ausführlich *Bothe* (Fn. 294), S. 282 ff. Hiergegen wendete sich traditionell die sozialistische Völkerrechtslehre (exemplarisch *Tunkin* (Fn.

men der nationalen Rechtsordnungen als allgemeine Rechtsgrundsätze anerkannt werden, sondern nur solche, die aufgrund ihres Regelungsgehalts auf das Völkerrecht übertragbar sind.[494] Nachdem traditionell die meisten der anerkannten allgemeinen Rechtsgrundsätze den nationalen Privatrechtsordnungen entstammen, wird zunehmend die Ableitung allgemeiner Rechtsgrundsätze aus dem nationalen öffentlichen Recht diskutiert.[495] Damit wird der Weg eröffnet, neben verschiedenen koordinationsrechtlichen Grundsätzen, wie beispielsweise Prinzipien der deliktischen Haftung, der Entschädigung, der ungerechtfertigten Bereicherung oder des Gebots von Treu und Glauben oder der Billigkeit,[496] menschenrechtliche Grundprinzipien aus den nationalen Grundrechten abzuleiten.[497]

---

279), S. 223 ff. m.w.N.), da sich aufgrund der unterschiedlichen gesellschaftspolitischen Konzeptionen der nationalen Rechtsordnungen gemeinsame Rechtsgrundsätze nicht ermitteln ließen. Allgemeine Rechtsgrundsätze seien daher keine eigenständige Rechtsquelle. Schon die Enumeration des Art. 38 Abs. 1 *lit.* a) bis c) IGH-Statut sowie die Abgrenzung zu den bloßen Hilfsmitteln zur Feststellung von Rechtsnormen nach *lit.* d) sprechen jedoch für die Annahme einer eigenständigen Rechtsquelle. Auch die Einleitung des Art. 38 Abs. 1 IGH-Statut, die den IGH auf die Anwendung der *folgenden* Rechtsquellen verpflichtet, spricht dafür, ebenso wie die Präambel der UN-Charta, die die Staaten auf die Erfüllung ihrer Verpflichtungen aus Verträgen und anderen Quellen des Völkerrechts verpflichtet und damit auf die in Art. 38 Abs. 1 *lit.* a) bis c) IGH-Statut angeführten Normkategorien hinweist. Allgemeine Rechtsgrundsätze als Ausdruck nationaler Rechtsnormen, die sich auf die völkerrechtliche Ebene übertragen lassen, stellen zudem eine feste Größe der völkerrechtsgeschichtlichen Entwicklung dar, und bei der Entstehung des damaligen StIGH-Statut war man der Ansicht, mit der gewählten Formulierung die bisherige Praxis und das überkommene Verständnis der allgemeinen Rechtsgrundsätze zu bestätigen (vgl. Advisory Committee of Jurists, Procès-verbaux of the Proceedings of the Committee, 1920, S. 316); zum Ganzen *Verdross/Simma* (Fn. 1), S. 383; *Verdross* (Fn. 272), S. 120 ff.; *Fastenrath* (Fn. 1), S. 101.

494 *Heintschel von Heinegg* (Fn. 272), S. 231 f.; *Bleckmann* (Fn. 3), S. 78; *Stein/von Buttlar* (Fn. 183), S. 51.

495 *Doehring* (Fn. 183), S. 179 f.; *Bleckmann* (Fn. 3), S. 78 f.; *Herdegen* (Fn. 75), S. 145 sieht in dieser Entwicklung ein neues Potential der allgemeinen Rechtsgrundsätze.

496 *Bleckmann* (Fn. 3), S. 79; *Hermann Mosler*, General Principles of Law, in: Rudolf Bernhardt (ed.), EPIL, Vol. II, 1995, S. 511 (518 ff.); *Verdross/Simma* (Fn. 1), S. 390 ff.

497 *Tomuschat* (Fn. 21), S. 335; *Herdegen* (Fn. 75), S. 145; *Mosler* (Fn. 496), S. 525; *Doehring* (Fn. 183), S. 180.

Die allgemeinen Rechtsgrundsätze gemäß Art. 38 Abs. 1 *lit.* c) IGH-Statut sind von den allgemeinen Grundsätzen des Völkerrechts abzugrenzen, die ihren Ursprung nicht in den nationalstaatlichen Rechtsordnungen haben, sondern dem völkerrechtlichen System selbst entspringen. Dabei handelt es sich um übergeordnete Prinzipien, die im Wege der Induktion aus einzelnen Normen des Völkerrechts gewonnen werden.[498] Der IGH macht von dieser Möglichkeit der Rechtsgewinnung oftmals Gebrauch, indem er beispielsweise Grundsätze wie das Prinzip der „elementary considerations of humanity" postuliert, aus denen er dann rechtliche Folgerungen für den konkreten zu entscheidenden Fall ableitet, ohne dass der Nachweis einer vertraglichen oder gewohnheitsrechtlichen Norm erforderlich wäre.[499] Ob auch diese Form der Grundsätze in Art. 38 Abs. 1 *lit.* c) IGH-Statut verankert ist[500] oder ohne explizite Normierung im Völkerrecht zur Anwendung gelangt, ist letztlich unerheblich.

II. Allgemeine Rechtsgrundsätze und allgemeine Grundsätze des Völkerrechts als gemeinschaftsrechtliche Strukturelemente?

Allgemeine Rechtsgrundsätze bieten in mehrfacher Hinsicht Anknüpfungspunkte für eine Normierungstechnik im Interesse der internationalen Gemeinschaft, da das Konsensprinzip nicht konsequent eingehalten wird.[501] Schon der formal-juristischen Konstruktion zufolge kommt

---

[498] *Van Hoof* (Fn. 301), S. 143 f.; *Fastenrath* (Fn. 1), S. 126.

[499] Siehe beispielsweise *Corfu Channel Case*, ICJ Reports 1949, S. 4 (22); speziell hierzu *Pierre-Marie Dupuy*, Les „considérations élémentaires d'humanité" dans la jurisprudence de la Cour internationale de justice, in: Réne-Jean Dupuy (ed.), Droit et justice – Mélanges en l'honneur de Nicolas Valticos, 1999, S. 117 ff.; *Fastenrath* (Fn. 1), S. 129. Der IGH geht davon aus, dass die rechtliche Verbindlichkeit dieses Prinzips keiner besonderen positiv-rechtlichen Verankerung bedarf, vgl. *Brownlie* (Fn. 132), S. 27; *Tomuschat* (Fn. 114), S. 355 f.

[500] So *Johan G. Lammers*, General Principles of Law Recognized by Civilized Nations, in: Frits Kalshoven et al. (eds.), Essays on the Development of the International Legal Order, 1980, S. 53 (57 ff.) sowie S. 66 ff. m.w.N.; *Stefan Kadelbach/Thomas Kleinlein*, Überstaatliches Verfassungsrecht, AVR 44 (2006), S. 235 (255 ff.); *Cançado Trindade* (Fn. 1), S. 93 ff.; *Bleckmann* (Fn. 3), S. 78 ff. spricht von unterschiedlichen Kategorien allgemeiner Rechtsgrundsätze.

[501] So auch *Charney/Danilenko* (Fn. 6), S. 44 f.; *Charney* (Fn. 6), S. 535 f.; zur Unzulänglichkeit einer rein voluntaristischen Erklärung der allgemeinen

es nicht darauf an, dass eine Regel, die in einen allgemeinen Rechtsgrundsatz münden soll, in allen nationalen Rechtsordnungen besteht. Vielmehr reicht es aus, dass die Regel in den wesentlichen Rechtskreisen ihren normativen Niederschlag findet. Doch selbst wenn eine Norm vergleichbaren Inhalts in den nationalstaatlichen Rechtsordnungen vorhanden ist, wird ein vergleichbarer Rechtsgrundsatz auf völkerrechtlicher Ebene nicht zwangsläufig von staatlichem Konsens getragen. Denn die Staaten haben die Rechtsnorm willentlich nur für die innerstaatlichen Rechtsbeziehungen geschaffen. Der Wille, sich dieser Norm auch im Rahmen der internationalen Beziehungen zu unterwerfen, ist mit der Setzung einer innerstaatlichen Norm nicht verbunden, insbesondere da eine Norm im völkerrechtlichen Kontext andere Wirkungen entfalten kann als im innerstaatlichen Bereich.[502] Schon auf der Grundlage einer rein rechtlichen Analyse lässt sich nicht von staatlichem Konsens als konstitutivem Merkmal der allgemeinen Rechtsgrundsätze ausgehen. Bezieht man die Völkerrechtswirklichkeit in die Untersuchung ein, so ergibt sich eine noch schwächere Geltung des Konsensprinzips. Denn der Nachweis eines konkreten allgemeinen Rechtsgrundsatzes bereitet ähnliche Schwierigkeiten, wie sie im Rahmen des Völkergewohnheitsrechts bestehen, so dass sich in vergleichbarer Weise ein subjektiver Entscheidungsspielraum des Rechtsanwenders eröffnet.[503] Der IGH strengt jedenfalls – wie schon der StIGH – keine rechtsvergleichenden Untersuchungen an, um den Nachweis eines allgemeinen Rechtsgrundsatzes zu führen.[504] Auch ansonsten beschränkt sich der Nachweis primär auf westliche Rechtsordnungen, so dass vor dem Hintergrund der Völkerrechtswirklichkeit fraglich erscheint, ob die anerkannten allgemeine Rechtsgrundsätze ihre Grundlage wirklich in den nationalen Rechtsordnungen aller Rechtskreise finden.[505] Insofern erschöpft sich der Nachweis der Existenz eines allgemeinen Rechtsgrundsatzes oftmals im bloßen Postulat. Der Feststellung der Existenz sowie des Inhalts ei-

---

Rechtsgrundsätze auch *Degan* (Fn. 12), S. 126 ff.; *Wolfgang Weiß*, Allgemeine Rechtsgrundsätze des Völkerrechts, AVR 39 (2001), S. 394 (430) erwägt daher die Anwendung der Figur des *persistent objectors*.

[502] *Pellet* (Fn. 200), S. 38; *Charney/Danilenko* (Fn. 6), S. 44; anders aber *Hillgruber* (Fn. 6), S. 114, der die Anerkennung im innerstaatlichen Bereich als Ausdruck von Konsens ansieht.

[503] *Charney/Danilenko* (Fn. 6), S. 44 f.; *Kadelbach/Kleinlein* (Fn. 500), S. 258.

[504] *Bothe* (Fn. 294), S. 283 ff.; *Charney* (Fn. 6), S. 536.

[505] Skeptisch auch *Koskenniemi* (Fn. 7), S. 1950 f.

nes allgemeinen Rechtsgrundsatzes liegt regelmäßig ein stark wertendes Moment zugrunde.[506]

Insbesondere im Hinblick auf die grundsätzlich anerkannte „zweite Möglichkeit" der Herleitung von Rechtsgrundsätzen im Wege der Induktion aus bereits bestehenden positiven Völkerrechtsnormen eröffnet sich internationalen Gerichten ein breiter Spielraum, um kreativ und legislativ tätig zu werden.[507] Denn auch insofern kann der Rechtsanwender einzelne Normen des Völkerrechts auswählen und zu einem übergeordneten Grundsatz zusammenfassen, ohne dass diese Vorgehensweise plausibel widerlegt werden könnte.

III. Ergebnis

Die Rechtsquelle der allgemeinen Rechtsgrundsätze bietet nach alledem Anknüpfungspunkte für eine Normierung im Interesse der internationalen Gemeinschaft auch ohne oder gegen den Willen einzelner Staaten.[508] Dies wird deutlich in der Völkerrechtskonzeption von *Verdross*, demzufolge die allgemeinen Rechtsgrundsätze als „Bindeglieder zwischen dem positiven Völkerrecht und den allgemeinen sittlichen Grundsätzen der Menschheit" fungieren.[509] Als im Naturrecht veran-

---

[506] Bezeichnenderweise nimmt der EuGH nach eigenem Selbstverständnis bei der Ermittlung allgemeiner Rechtsgrundsätze eine „wertende Rechtsvergleichung" vor; siehe hierzu *Albert Bleckmann*, Die wertende Rechtsvergleichung bei der Entwicklung europäischer Grundrechte, in: Jürgen F. Baur u.a. (Hrsg.), Europarecht, Energierecht, Wirtschaftsrecht, Festschrift für Bodo Börner, 1992, S. 29 ff.

[507] *Van Hoof* (Fn. 301), S. 144.

[508] So auch *Daniel Thürer*, Modernes Völkerrecht: Ein System im Wandel und Wachstum – Gerechtigkeitsgedanke als Kraft der Veränderung?, ZaöRV 60 (2000), S. 557 (599 f.), der das Potential der allgemeinen Rechtsgrundsätze für eine autonome, dynamische und unmittelbar an den Zielen der internationalen Gemeinschaft ausgerichtete Rechtsentstehung hervorhebt.

[509] *Verdross/Simma* (Fn. 1), S. 394; zur moralischen Dimension der allgemeinen Rechtsgrundsätze siehe auch den entsprechenden Vorschlag in *Law of Treaties*, Report by Mr. *H. Lauterpacht*, Special Rapporteur, UN Doc. A/CN.4/63, YBILC 1953 II, S. 90 (155); ihren Niederschlag hat dieser Ansatz gefunden bei *South West Africa, Second Phase*, Dissenting Opinion *Tanaka*, ICJ Reports 1966, S. 6 (298): „[I]t is undeniable that in Article 38, paragraph 1 (c), some natural law elements are inherent. It extends the concept of the source of international law beyond the limit of legal positivism."; ähnlich nunmehr *Cançado*

kerte Grundsätze seien sie nicht unmittelbar anwendbar, sondern erhielten über die Positivierung in den einzelstaatlichen Rechtsordnungen Eingang in das Völkerrecht.[510] Die völkerrechtliche Praxis macht von dieser Möglichkeit indes nur wenig Gebrauch. Die Bedeutung der allgemeinen Rechtsgrundsätze in der internationalen Judikatur beschränkt sich auf wenige Einzelfälle, sie dienen dort – wie insbesondere im *Corfu Channel*-Fall – als Einfallstor für ethische und politische Erwägungen. Die bei *Verdross* zum Ausdruck kommende Betonung der Nähe der allgemeinen Rechtsgrundsätze zum Naturrecht erscheint danach zumindest plausibel.

E. Rechtsetzung durch internationale Organisationen als internationales Gemeinschaftsrecht

Rechtsetzung im Völkerrecht wird üblicherweise als dezentralisierter Prozess charakterisiert: Die Rechtserzeuger sind zugleich die Rechtsunterworfenen, ein über den Staaten stehender internationaler Gesetzgeber existiert nicht.[511] Dieses Dogma wird durch das Erscheinen internationaler Organisationen in Frage gestellt. Denn soweit internationale Organisationen Entschließungen mit rechtlicher Verbindlichkeit für ihre Mitgliedstaaten treffen können, lassen sie sich als Ansätze der Herausbildung einer überstaatlichen Gesetzgebung begreifen.[512] Wenn eine internationale Organisation rechtlich verbindliche Beschlüsse durch

---

Trindade (Fn. 1), S. 85 ff.: allgemeine Rechtsgrundsätze als Manifestation des „international juridical conscience".

[510] *Alfred Verdross*, Völkerrecht, 5. Aufl. 1964, S. 23 f. Die Argumentation des IGH im *Corfu Channel*-Fall sieht *Verdross* als Ausdruck dieses Verständnisses der allgemeinen Rechtsgrundsätze an, da der IGH eine völkerrechtliche Verpflichtung unmittelbar aus den Grundsätzen der Menschlichkeit abgeleitet habe, ohne auch nur den Versuch zu unternehmen, eine positivrechtliche Fundierung dieser Grundsätze nachzuweisen; vgl. auch *Verdross/Simma* (Fn. 1), S. 394.

[511] Statt aller *Vitzthum* (Fn. 30), S. 25; *Herdegen* (Fn. 75), S. 28 f.

[512] So auch *Dahm/Delbrück/Wolfrum* (Fn. 272), S. 70; *Brun-Otto Bryde*, International Democratic Constitutionalism, in: Ronald St. John MacDonald/ Douglas M. Johnston (eds.), Towards World Constitutionalism, 2005, S. 103 (111 f.).

Mehrheitsentscheid treffen kann, wird das Konsensprinzip in Frage gestellt.[513]

I. Der Begriff der Sekundärrechtsetzung

Sekundärrechtsetzung[514] durch internationale Organisationen zeichnet sich durch drei Merkmale aus:[515] Um von einem dem nationalstaatlichen System in Ansätzen vergleichbaren Rechtsetzungsprozess sprechen zu können, muss *erstens* ein einseitiger Akt einer internationalen Organisation vorliegen. Es genügt nicht, dass ein völkerrechtlicher Vertrag im Rahmen einer Organisation ausgehandelt wird, der anschließend von den Vertragsstaaten angenommen und ratifiziert werden muss. Auch in einem solchen Fall übt die internationale Organisation zwar einen bedeutsamen Einfluss auf den Rechtsentstehungsprozess aus, die

---

[513] Der Schwerpunkt der folgenden Untersuchung liegt auf der Rechtsetzung durch Organe und Sonderorganisationen der Vereinten Nationen. Weitgehend ausgeklammert wird der Rechtsetzungsprozess innerhalb der Europäischen Union. Mit dem Europäischen Gemeinschaftsrecht wurde eine eigene Rechtsordnung geschaffen, die sich durch von den Mitgliedstaaten übertragene eigene Hoheitsrechte auszeichnet, vgl. EuGH, Urteil vom 15.7.1964, Rs. 6/64, *Costa/ ENEL*, Slg. 1964, S. 1251 (1269). Mit den Rechtsakten nach Art. 249 EG verfügt die EU über ein ausdifferenziertes System der Sekundärrechtsetzung, dem über die Möglichkeit der Mehrheitsentscheidung, die unmittelbare Verbindlichkeit für Mitgliedstaaten sowie natürliche und juristische Personen und den grundsätzlichen Vorrang vor dem Recht der Mitgliedstaaten eine besondere Qualität zukommt, die üblicherweise mit dem Schlagwort der Supranationalität erfasst wird. Die außergewöhnliche Integrationsdichte dieses supranationalen Sekundärrechtsetzungsmechanismus ist auf der Ebene universeller internationaler Organisationen nicht anzutreffen, so dass diese regionale Entwicklung hier ausgeklammert werden kann. Erwähnt sei aber erneut die potentielle Vorbild- und Vorreiterfunktion der europäischen Rechtsentwicklung für das internationale System, dazu *Bryde* (Fn. 512), S. 111; *Friedmann* (Fn. 16), S. 114: EG als „world's most important laboratory".

[514] Zur Terminologie *Aston* (Fn. 27), S. 32 ff. *Aston* selbst verwendet den Begriff der Sekundärgesetzgebung, um die Nähe zu nationalstaatlichen legislativen Prozessen aufzuzeigen.

[515] Vgl. *Edward Yemin*, Legislative Powers in the United Nations and Specialized Agencies, 1969, S. 6; *Frederic L. Kirgis*, The Security Council's First Fifty Years, AJIL 89 (1995), S. 506 (520); ausführlich *Aston* (Fn. 27), S. 50 ff.

Entstehung der rechtlich verbindlichen Normen beruht aber letztlich auf einem Rechtsetzungsakt der Staaten in der horizontalen Ebene. Von einem gesetzgebungsgleichen Rechtsetzungsakt lässt sich nur sprechen, wenn eine Rechtsnorm „von oben" erlassen wird, wenn zwischen dem Rechtserzeuger und dem Rechtsunterworfenen eine Form der Subordination herrscht, also ein vertikales Strukturelement ersichtlich ist. *Zweitens* wird vorausgesetzt, dass es sich um einen rechtlich verbindlichen Akt mit Außenwirkung handelt. Damit werden rein politische Erklärungen sowie organisationsinterne Maßnahmen ausgeschlossen. Letztere stellen zwar Akte verbindlicher Rechtsetzung dar, tangieren aber regelmäßig die souveränitätsgeschützte Sphäre der Mitgliedstaaten nicht. *Drittens* setzt ein Akt der Rechtsetzung eine abstrakt-generelle Regelung voraus, die sich an einen unbestimmten Adressatenkreis richtet und eine unbestimmte Anzahl von Fällen erfasst. Damit sind rechtlich verbindliche Einzelentscheidungen – wie sie beispielsweise der Sicherheitsrat als Exekutivorgan trifft – aus der Untersuchung auszugrenzen. Sie lassen sich nicht als Form der Rechtsetzung begreifen, wenn auch die Abgrenzung im konkreten Fall problematisch sein kann. Der Zusatz „sekundär" schließlich grenzt die abgeleiteten Rechtsakte von dem Gründungsvertrag der jeweiligen Organisation, dem Primärrecht, ab.[516]

II. Die Generalversammlung als Weltgesetzgeber?

1. Rechtsverbindlichkeit von Resolutionen der Generalversammlung?

Die Frage nach einer legislativen Kompetenz der Generalversammlung beschäftigt die Völkerrechtswissenschaft seit der Gründung der Vereinten Nationen. Die Generalversammlung kann sich gemäß Art. 10 UN-Charta mit allen Fragen und Angelegenheiten befassen, die dem Zuständigkeitsbereich der Vereinten Nationen unterfallen. Nach Art. 11 UN-Charta umfasst diese Kompetenz auch allgemeine Fragen der Friedenssicherung. Allerdings beschränken beide Vorschriften sowie Art. 13 Abs. 1 UN-Charta die Befugnisse der Generalversammlung auf die Abgabe von Empfehlungen („recommendations"). Mit einer Empfehlung ist aber sowohl nach allgemeinem als auch nach juristischem Sprach-

---

516 *Aston* (Fn. 27), S. 46 ff., dort auch zur Abgrenzung zur rechtstheoretischen Kategorie von primären und sekundären Normen.

gebrauch keine Bindungswirkung verbunden.[517] Auch, dass die Generalversammlung in ihren Resolutionen oftmals Formulierungen verbindlicher und befehlender Natur verwendet („requests"), kann keine normative Bindungswirkung begründen.[518] Ebenso wenig kann die Bezeichnung der Resolution als „Deklaration" die rechtliche Verbindlichkeit erhöhen.[519] Eine Auslegung unter systematischen Gesichtspunkten spricht ebenfalls gegen die Annahme einer generellen Rechtsverbindlichkeit von Entschließungen der Generalversammlung. Denn die UN-Charta misst Beschlüssen der Generalversammlung in einzelnen organisationsinternen Fällen ausdrücklich rechtlich verbindliche Bedeutung bei.[520] Dies legt – wenn auch nicht zwingend – den Umkehrschluss nahe, dass anderen Beschlüssen, insbesondere solchen mit Außenwirkung, keine rechtliche Bindungswirkung zukommen soll. Unterstützt wird diese Auslegung von der Entstehungsgeschichte der UN-Charta, da sich die auf der Gründungskonferenz der Vereinten Nationen vorgebrachten Vorschläge, die Generalversammlung mit legislativen Kompetenzen auszustatten, nicht durchsetzen konnten.[521] Auf der Grundlage der UN-Charta ist eine rechtliche Verbindlichkeit der Beschlüsse der Generalversammlung daher nicht herzuleiten.[522] Die vorherrschende

---

[517] *Hailbronner/Klein* (Fn. 319), Rn. 44; *Dahm/Delbrück/Wolfrum* (Fn. 272), S. 71; *Aston* (Fn. 27), S. 121; skeptisch *Sloan* (Fn. 321), S. 42 f.; siehe auch *Verdross* (Fn. 330), S. 691.

[518] *Rainer Lagoni*, Resolution, Declaration, Decision, in: Rüdiger Wolfrum (ed.), United Nations: Law, Policies and Practice, Vol. 2, 1995, S. 1081 (1086).

[519] *Heribert Golsong*, Das Problem der Rechtsetzung durch internationale Organisationen (insbesondere im Rahmen der Vereinten Nationen), BDGVR 10 (1971), S. 1 (12).

[520] *Verdross/Simma* (Fn. 1), S. 94 sprechen anschaulich von „housekeeping".

[521] Vgl. UNCIO III, S. 536 f. zum Vorschlag der philippinischen Delegation; UNCIO III, S. 339 zum Versuch Belgiens, die Generalversammlung mit der Kompetenz zur authentischen Auslegung der UN-Charta auszustatten. In der Konsequenz stellte der IGH in *Certain Expenses of the United Nations*, Advisory Opinion, ICJ Reports 1962, S. 151 (168) fest, dass es grundsätzlich jedem Organ der UN selbst obliegt, über seine Zuständigkeiten zu entscheiden.

[522] Auch eine völkergewohnheitsrechtliche Abänderung der Charta ist nicht ersichtlich (zur Problematik einer gewohnheitsrechtlichen Charta-Änderung *Verdross* (Fn. 330), S. 691 f.). Dass die Generalversammlung mit dem Prinzip des „one state, one vote" und der damit verbundenen Ungleichgewichtung der Staaten und Bevölkerungen die tatsächlichen globalen Verhältnisse nicht widerspiegelt und „undemokratisch" ist, ist ein rechtspolitisches Argument, das den nachhaltigen Widerwillen insbesondere der westlichen Staaten, der Generalver-

Auffassung sieht daher – trotz immer wieder vorgebrachter anders lautender Vorstöße[523] – Resolutionen der Generalversammlung nicht als eigenständige Quelle des Völkerrechts an.[524]

Zahlreiche Autoren wollen jedoch eine Rechtsverbindlichkeit von Resolutionen der Generalversammlung annehmen, wenn diese von einem formlosen, zwischenstaatlichen Konsens, der die ursprüngliche Quelle des Völkerrechts bilde, getragen werden.[525] Ungeachtet der Frage, wie man einer solchen Konstruktion gegenübersteht, würden die Resolutionen selbst aber auch nach diesem Ansatz keine rechtliche Verbindlichkeit entfalten. Der Anknüpfungspunkt für die normative Geltung liegt im zwischenstaatlichen Konsens und damit außerhalb der Resolutionen begründet.[526]

---

sammlung weitergehende Befugnisse im Rahmen der Rechtsetzung zuzusprechen, erklärt, siehe *Christian Tomuschat*, Die Charta der wirtschaftlichen Rechte und Pflichten der Staaten, ZaöRV 36 (1976), S. 444 (486 ff.); *Aston* (Fn. 27), S. 122.

[523] *Taslim Olawale Elias*, Modern Sources of International Law, in: Wolfgang Friedmann et al. (eds.), Transnational Law in a Changing Society, Essays in Honor of Philip C. Jessup, 1972, S. 34 (51) begründet dies mit dem demokratischen Prinzip der Unterwerfung der Mehrheit unter den Willen der Minderheit; *Schachter* (Fn. 414), S. 126 f. denkt an, Resolutionen der Generalversammlung als authentische Auslegung der UN-Charta zu begreifen, so dass über die Konkretisierung der offenen Charta-Prinzipien neues Recht gesetzt werden könne; *Obed Y. Asamoah*, The Legal Significance of the Declarations of the General Assembly of the United Nations, 1966, S. 66 f. deutet Resolutionen teilweise als zwischenstaatliche Abkommen; zu ähnlichen Ansätzen in der sowjetischen Völkerrechtsdoktrin *Tunkin* (Fn. 279), S. 194 ff.; dagegen statt vieler *Tomuschat* (Fn. 21), S. 331.

[524] *Verdross/Simma* (Fn. 1), S. 405 ff.; *Hailbronner/Klein* (Fn. 319), Rn. 43 ff.; *Aston* (Fn. 27), S. 120 ff.; *Tomuschat* (Fn. 21), S. 330 ff.; *Simma* (Fn. 19), S. 262 f.; *Peter Rösgen*, Rechtsetzungsakte der Vereinten Nationen und ihrer Sonderorganisationen, 1985, S. 144 f.; *MacGibbon* (Fn. 319), S. 10 ff.

[525] *Bruno Simma*, Zur völkerrechtlichen Bedeutung von Resolutionen der VN-Generalversammlung, in: Rudolf Bernhardt u.a. (Hrsg.), Die Bedeutung der Resolutionen der Generalversammlung der Vereinten Nationen, 1981, S. 45 (61 ff.); *Bernhardt* (Fn. 298), S. 73; *Lagoni* (Fn. 518), S. 1089; grundsätzlich zustimmend *Tomuschat* (Fn. 522), S. 485; zur Diskussion *Fastenrath* (Fn. 1), S. 110 ff.

[526] Auch *Simma* (Fn. 525), S. 62 f. sieht Resolutionen nur als Indiz für einen Konsens an.

Im Ergebnis kommt Resolutionen der Generalversammlung damit keine formell-rechtliche Verbindlichkeit zu. Dies zeigt sich deutlich in der Staatenpraxis: Von vereinzelten Stellungnahmen abgesehen, in denen eine rechtliche Verbindlichkeit einzelner Resolutionen behauptet wird, betonen alle Staaten, dass sich allein aus einer Resolution keine völkerrechtlichen Verpflichtungen ergeben können. Dem steht die zunehmende Berufung der Staaten auf Resolutionen der Generalversammlung im Rahmen zwischenstaatlicher rechtlicher Streitigkeiten nicht entgegen: Denn sofern sie sich auf Resolutionen berufen, bringen sie regelmäßig den Hinweis an, dass die in den Resolutionen verankerten Grundsätze völkergewohnheitsrechtliche Geltung beanspruchten, die Resolutionen damit nur Ausdruck bereits bestehenden Rechts seien.[527] Und auch nach der Rechtsprechung des IGH stellen Resolutionen der Generalversammlung keine eigenständige Rechtsquelle dar.[528]

2. *„Quasi-Rechtsverbindlichkeit" von Resolutionen der Generalversammlung?*

Da die Herleitung einer völkerrechtlichen Verbindlichkeit von Resolutionen der Generalversammlung Schwierigkeiten bereitet, haben sich Ansätze entwickelt, die eine normative Geltung der Resolutionen unterhalb der Schwelle der vollen Rechtsverbindlichkeit annehmen. So begründet *Georg Dahm* eine Pflicht der Mitgliedstaaten, die Empfehlungen der Generalversammlung ernsthaft und nach den Grundsätzen von Treu und Glauben zu berücksichtigen.[529] Die Verweigerung einer solchen Berücksichtigung bedeute einen Verstoß gegen die aus der Mit-

---

[527] Aufschlussreich insofern *Legality of the Threat or Use of Nuclear Weapons*, Advisory Opinion, ICJ Reports 1996, S. 226 (254). Die wachsende Unsicherheit hinsichtlich des rechtlichen Status von Resolutionen der Generalversammlung führt jedoch dazu, dass dissentierende Staaten zunehmend förmliche Vorbehaltserklärungen zu Resolutionen abgeben, vgl. *Dahm/Delbrück/Wolfrum* (Fn. 272), S. 72 f.

[528] Ausdrücklich *South West Africa, Second Phase*, ICJ Reports 1966, S. 6 (50).

[529] *Georg Dahm*, Völkerrecht, Bd. I, 1958, S. 27; ähnlich auch *Szasz* (Fn. 38), S. 41 f.; siehe auch *South-West Africa – Voting Procedure*, Advisory Opinion, Separate Opinion *Lauterpacht*, ICJ Reports 1955, S. 67 (120), der Resolutionen bezeichnet als „(...) a legal act of the principal organ of the United Nations which Members of the United Nations are under a duty to treat with a degree of respect appropriate to a resolution of the General Assembly."

gliedschaft in den Vereinten Nationen folgenden völkerrechtlichen Verpflichtungen. Ein solcher Verstoß wäre indes nur schwer zu begründen, und die völkerrechtliche Realität erkennt eine entsprechende Verpflichtung nicht an.[530]

Falk bejaht eine quasi-legislative Kompetenz der UN-Generalversammlung, da Resolutionen auch ohne formale Bindungswirkung funktional wie Recht wirkten.[531] Das Fehlen eines politischen Konsenses sei ein größeres Hindernis für die Ausübung legislativer Befugnisse durch die Generalversammlung als die Abwesenheit einer formalen Kompetenzzuweisung. Auch wenn unklar bleibt, welche rechtlichen Wirkungen *Falk* Resolutionen der Generalversammlung genau beimessen will, so nähert er sich im Ergebnis der heute verbreiteten Konzeption von Resolutionen als *soft law* an.[532] Die Bezeichnung *soft law* dient dabei der Erfassung von Verhaltensregeln, die sich keiner formellen Quelle des Völkerrechts zuordnen lassen, aber dennoch über den moralischen oder politischen Verbindlichkeitsgrad außerrechtlicher Normen hinausgehen.[533] Umfasst werden hiervon typischerweise Regelungen, die sich in der Vorphase zur Entstehung einer den traditionellen Rechtsquellen zuzuordnenden Norm befinden, also neben Entschlüssen internationaler Organisationen auch noch nicht ratifizierte Verträge.

Eibe Riedel verortet Resolutionen der Generalversammlung ebenfalls zwischen verbindlichem Recht und unverbindlichen Empfehlungen, indem er die in Resolutionen enthaltenen Inhalte als Standards begreift.[534] Diesen komme zwar keine unmittelbare rechtliche Verbindlichkeit zu, sie seien jedoch bei der Ausfüllung und Auslegung allgemein formulierter, interpretationsoffener Normen heranzuziehen und erlangten so über

---

[530] Skeptisch auch *Jochen Abr. Frowein*, The Internal and External Effects of Resolutions by International Organisations, ZaöRV 49 (1989), S. 778 (785).

[531] *Falk* (Fn. 18), S. 782 ff.; kritisch hierzu *Nicholas Greenwood Onuf*, Professor Falk on the Quasi-Legislative Competence of the General Assembly, AJIL 64 (1970), S. 349 ff. Insbesondere bezweifelt *Onuf*, ob es *Falk* wirklich um einen „Mittelweg" geht, oder ob er nicht vielmehr Resolutionen der Generalversammlung als eigenständige Rechtsquelle ansieht.

[532] Siehe nur *Daniel Thürer*, Soft Law, in: Rudolf Bernhardt (ed.), EPIL, Vol. IV, 2000, S. 452 (454 f.); *Heintschel von Heinegg* (Fn. 272), S. 251; *Hobe* (Fn. 287), S. 202 ff.; *Verdross/Simma* (Fn. 1), S. 419 f.; *Cassese* (Fn. 3), S. 196.

[533] *Verdross/Simma* (Fn. 1), S. 419 f.

[534] *Eibe Riedel*, Theorie der Menschenrechtsstandards, 1986, S. 308 ff.

den Anknüpfungspunkt positiv-rechtlicher Normierungen rechtliche Bedeutung.

Die Anerkennung von *soft law* und damit eines „abgestuften Härtegrades" rechtlicher Verbindlichkeit wird kontrovers diskutiert: Während die Gegner des Konzepts die Relativierung des Rechts heraufbeschwören,[535] begrüßen andere die Anerkennung eines „grauen Bereichs" zwischen dem „Weiß" rechtlicher Verbindlichkeit und dem „Schwarz" rechtlicher Unverbindlichkeit.[536] Die grundsätzliche Trennung von rechtlichen und außerrechtlichen Normen wird jedoch nicht aufgegeben, *soft law* stellt kein Recht, keine vierte Rechtsquelle neben den in Art. 38 Abs. 1 IGH-Statut enumerierten Quellen dar.[537] Die Nichtbeachtung von *soft law* begründet keine Verletzung von Völkerrecht, wird aber als den Vorstellungen einer vertrauensvollen Kooperation widersprechend angesehen und kann daher auf der politischen Ebene eine Rolle spielen.[538]

3. Konklusion: Legislative Funktion der Generalversammlung

Die Erfassung der normativen Bedeutung von Resolutionen der UN-Generalversammlung steht vor dem Dilemma, dass eine positivistische Betrachtung des geltenden Rechts die Einordnung der Resolutionen als formelle Rechtsquelle nicht zulässt, gleichzeitig jedoch die Qualifizierung als rechtlich nicht verbindlich unbefriedigend und unzutreffend erscheint:[539] Resolutionen werden herangezogen, um den Inhalt ge-

---

[535] Statt vieler *Weil* (Fn. 3), S. 414 ff.

[536] Statt vieler *van Hoof* (Fn. 301), S. 189.

[537] *Hartmut Hillgenberg*, A Fresh Look at Soft Law, EJIL 10 (1999), S. 499 (514 f.); *Verdross/Simma* (Fn. 1), S. 420; *Thürer* (Fn. 532), S. 457.

[538] *Stein/von Buttlar* (Fn. 183), S. 12. Gegen die Abgrenzbarkeit von *soft law* und rechtsverbindlichen Normen führen *Charney/Danilenko* (Fn. 6), S. 50 f. an, dass auch die Verletzung von Völkerrecht regelmäßig allein mit soziologischen Zwängen, wie insbesondere dem Druck der internationalen Gemeinschaft, geahndet wird. Dabei verkennen sie, dass die Verletzung rechtlicher Normen die Möglichkeit weitergehender Sanktionsmaßnahmen begründet, zudem unterscheiden sich rechtliche Normen nicht allein durch die Sanktionierbarkeit im Fall ihrer Verletzung von außerrechtlichen Normen; zu Eigenständigkeit und Besonderheit des Völkerrechts *Martti Koskenniemi*, Global Governance and Public International Law, KJ 37 (2004), S. 241 (253).

[539] Vgl. *van Hoof* (Fn. 301), S. 181; deutlich spürbar auch bei *Clarence Wilfred Jenks*, A New World of Law?, 1969, S. 210 f.

wohnheitsrechtlicher Normen zu bestimmen, und selbst wenn es formal-juristisch die der Resolution zugrunde liegenden gewohnheitsrechtlichen Normen sind, die den Anknüpfungspunkt einer rechtlichen Verbindlichkeit darstellen, wird in der Praxis eine Norm vielfach so angewendet, wie sie sich aus dem Text der Resolution ergibt. Ein ähnliches Bild ergibt sich im zwischenstaatlichen Diskurs. Staaten berufen sich auf den Resolutionen zugrunde liegende Gewohnheitsrechtsnormen, zitieren dabei aber allein die Resolutionen und führen nur selten zusätzliche empirische Nachweise aus der Staatenpraxis an. *De facto* stellen die in den Resolutionen verkörperten Normen das angewendete Recht dar. Durch Resolutionen werden Normen nicht nur deklaratorisch kodifiziert, sondern auch konkretisiert und weiterentwickelt.[540] In der Völkerrechtswirklichkeit kommt Resolutionen der Generalversammlung damit eine normative Wirkung zu, die ihre Einordnung als bloß empfehlende, rechtlich unverbindliche Beschlüsse zweifelhaft erscheinen lässt. *Wolfgang Friedmann* bringt dies deutlich zum Ausdruck:

> „Such resolutions may have no formal standing in the processes of international law-making; yet emanating from the most representative organ of the most comprehensive organisation yet evolved by mankind, they clearly have considerable impact on the development of the law.“[541]

Und auch Richter *Lauterpacht* führt in einer *Separate Opinion* an:

> „It would be wholly inconsistent with sound principles of interpretation as well as with the highest international interest, which can never be legally irrelevant, to reduce the value of the Resolutions of the General Assembly – one of the principal instrumentalities of the formation of the collective will and judgment of the community of nations represented by the United Nations – and to treat them (...) as nominal, insignificant and having no claim on the conduct of its Members.“[542]

Die Völkerrechtslehre hat erkennbare Schwierigkeiten, dieses Phänomen dogmatisch zu erfassen. Fixiert auf die aus positivistischer Sicht maßgebliche Unterscheidung zwischen formellen und materiellen Rechtsquellen und den Rechtsquellenkanon des Art. 38 Abs. 1 IGH-Statut verliert sie sich in der wenig fruchtbaren Diskussion um die formelle

---

[540] *Higgins* (Fn. 321), S. 5 ff.; *Falk* (Fn. 18), S. 785 f.

[541] *Friedmann* (Fn. 16), S. 138.

[542] *South-West Africa – Voting Procedure*, Advisory Opinion, Separate Opinion *Lauterpacht*, ICJ Reports 1955, S. 67 (122).

Rechtsqualität der Resolutionen, ohne der tatsächlichen normativen Bedeutung der Resolutionen gerecht zu werden.[543] Und auch die Klassifizierung als *soft law* kann nicht vollumfänglich erklären, warum Resolutionen wie etwa die *Friendly Relations-Declaration*[544] teilweise wie verbindliches Recht behandelt werden.[545] Die in der Literatur angeführten Möglichkeiten, den Inhalt von Resolutionen der Generalversammlung über andere Rechtsquellen, wie insbesondere das Völkergewohnheitsrecht, die allgemeinen Rechtsgrundsätze oder einen formlosen Konsens erstarken zu lassen, erscheinen als Versuche, ein vorab für richtig befundenes Ergebnis trotz entgegenstehender Hürden in der Dogmatik über den „Umweg" anerkannter Rechtsquellen zu konstruieren.[546] Dogmatisch überzeugend ist diese Indienstnahme der Rechtsquellen indes nicht.

---

[543] So bereits überzeugend *Falk* (Fn. 18), S. 782 f.; vgl. auch *Simma* (Fn. 525), S. 68 ff.

[544] *Declaration on Principles of International Law Concerning Friendly Relations and Co-operation among States in Accordance with the Charter of the United Nations*, General Assembly Resolution 2625 (XXV) vom 24.10.1970.

[545] Siehe dazu *Falk* (Fn. 18), S. 784; *Frowein* (Fn. 321), S. 150 f.

[546] *Verdross/Simma* (Fn. 1), S. 420 (Fußnote 7) sprechen anschaulich von „trojanische[n] Pferde[n] vor den Mauern des traditionellen Völkerrechtsverständnisses."

III. Der Sicherheitsrat als Ersatzgesetzgeber

Der Fokus der wissenschaftlichen Befassung mit der legislativen Tätigkeit innerhalb der Vereinten Nationen hat sich in den letzten Jahren von der Generalversammlung auf den Sicherheitsrat verschoben.[547] Zwar betreffen die meisten Entscheidungen des Sicherheitsrates einen konkreten Fall und beziehen sich auf einen geographisch begrenzten Raum,[548] und die Regelungen des Kapitel VII der UN-Charta gleichen mit konkreten Eingriffsvoraussetzungen und einem Katalog anwendbarer Maßnahmen eher polizeirechtlichen[549] Ermächtigungsgrundlagen als legislativen Kompetenzen. Nichtsdestotrotz beschränkt sich der Sicherheitsrat in der Praxis nicht auf die Anordnung konkret-individueller

---

[547] Siehe nur *Jurij Daniel Aston*, Die Bekämpfung abstrakter Gefahren für den Weltfrieden durch legislative Maßnahmen des Sicherheitsrats – Resolution 1373 (2001) im Kontext, ZaöRV 62 (2002), S. 257 ff.; *ders.* (Fn. 6), S. 64 ff.; *Paul C. Szasz*, The Security Council Starts Legislating, AJIL 96 (2002), S. 901 ff.; *Markus Wagner*, Die wirtschaftlichen Maßnahmen des Sicherheitsrates nach dem 11. September 2001 im völkerrechtlichen Kontext – Von Wirtschaftssanktionen zur Wirtschaftsgesetzgebung?, ZaöRV 63 (2003), S. 879 ff.; *Axel Marschik*, Legislative Powers of the Security Council, in: Ronald St. John MacDonald/Douglas M. Johnston (eds.), Towards World Constitutionalism, 2005, S. 457 ff.; *Munir Akram/Syed Haider Shah*, The Legislative Powers of the United Nations Security Council, in: Ronald St. John MacDonald/Douglas M. Johnston (eds.), Towards World Constitutionalism, 2005, S. 431 ff.; *Eric Rosand*, The Security Council as „Global Legislator“: Ultra Vires or Ultra Innovative?, Fordham L. Rev. 28 (2005), S. 542 ff.; *Roberto Lavalle*, A Novel, if Awkward, Exercise in International Law-Making: Security Council Resolution 1540 (2004), NILR 2004, S. 411 ff.; *Klaus Dicke*, Weltgesetzgeber Sicherheitsrat, VN 49 (2001), S. 163; *Andreas Zimmermann/Björn Elberling*, Grenzen der Legislativbefugnisse des Sicherheitsrats, VN 52 (2004), S. 71 ff.; *Gaetano Arangio-Ruiz*, On the Security Council's „Law-Making“, RDI 83 (2000), S. 607 ff.; *Matthew Happold*, Security Council Resolution 1373 and the Constitution of the United Nations, Leiden J. Int'l L. 16 (2003), S. 593 ff.; *Stefan Talmon*, The Security Council as World Legislature, AJIL 99 (2005), S. 175 ff. Die Möglichkeit legislativer Tätigkeit des Sicherheitsrates wurde auch schon früher angedacht, siehe nur *Rösgen* (Fn. 524), S. 149 ff.; *Christian Tomuschat*, Die internationale Gemeinschaft, AVR 33 (1995), S. 1 (12); *Keith Harper*, Does the United Nations Security Council Have the Competence to Act as Court and Legislature?, NY.U. J. Int'l L. & Pol. 27 (1994), S. 103 ff.; *Schachter* (Fn. 414), S. 120 f.

[548] *Tomuschat* (Fn. 21), S. 344; *Krzysztof Skubiszewski*, International Legislation, in: Rudolf Bernhardt (ed.), EPIL, Vol. II, 1995, S. 1255 (1260).

[549] Vgl. *Frowein/Krisch* (Fn. 133), Rn. 12 ff.

Maßnahmen, sondern trifft zunehmend Beschlüsse, die sich aufgrund ihres abstrakt-generellen Inhalts als Sekundärrechtsakte qualifizieren lassen. Eine besondere Dimension erhält diese Praxis dadurch, dass Beschlüssen des Sicherheitsrates – anders als Resolutionen der Generalversammlung – nach Art. 25 UN-Charta rechtliche Verbindlichkeit zukommt.[550]

1. Bestandsaufnahme: Legislative Tätigkeit des Sicherheitsrates

a) Erste Tendenzen legislativer Tätigkeit

Erste Anzeichen einer legislativen oder quasi-legislativen Tätigkeit des Sicherheitsrates enthalten Entscheidungen des Sicherheitsrates, in denen dieser sich ohne eindeutig erkennbaren Bezug zu einem konkreten Konflikt in abstrakter und allgemein-verbindlicher Weise mit humanitären Fragen,[551] dem Schutz von Kindern,[552] Zivilisten[553] und Frauen[554] sowie dem internationalen Terrorismus[555] beschäftigt. Mangels rechtsverbindlicher Anordnungen handelt es sich dabei zwar nicht um Sekundärrechtsakte im klassischen Sinne,[556] nichtsdestotrotz können sie zur Entwicklung des Rechts beitragen.[557]

Im Rahmen der Maßnahmen gegen den Irak im Jahre 1991 unterwarf der Sicherheitsrat den Irak mit der Resolution 687 (1991) einem umfassenden Regime, das die Demilitarisierung, die Bestimmung der Grenze zu Kuwait, die internationale Verantwortlichkeit sowie die Zahlung von Reparationen regelte.[558] Damit traf der Sicherheitsrat eine Regelung,

---

[550] *Jost Delbrück*, in: Bruno Simma (ed.), The Charter of the United Nations, A Commentary, Vol. I, 2nd ed. 2002, Art. 25, Rn. 4 ff., dort auch zur Reichweite der Norm.

[551] Security Council Presidential Statement 2000/7 vom 9.3.2000.

[552] Security Council Resolutions 1261 vom 30.8.1999; 1265 vom 17.7.1999; 1296 vom 19.4.2000; 1314 vom 11.8.2000.

[553] Security Council Resolutions 1265 vom 17.7.1999; 1296 vom 19.4.2000.

[554] Security Council Resolution 1325 vom 31.10.2000.

[555] Security Council Resolution 1269 vom 19.10.1999.

[556] *Szasz* (Fn. 547), S. 902; ihm folgend *Aston* (Fn. 27), S. 67.

[557] *Frowein/Krisch* (Fn. 133), Rn. 10.

[558] Security Council Resolution 687 vom 3.4.1991; kritisch hierzu *Erika de Wet*, The Security Council as a Law Maker: The Adoption of (Quasi)-Judicial Decisions, in: Rüdiger Wolfrum/Volker Röben (eds.), Developments of Interna-

wie sie üblicherweise von einem Friedensvertrag erfasst wird.[559] Auch wenn aufgrund des Fehlens eines abstrakt-generellen Regelungsgehalts der legislative Charakter der Resolution in Frage steht,[560] zeigt der Sicherheitsrat, dass er durch seine Resolutionen völkerrechtliche Verträge ersetzen kann, und bringt damit zum Ausdruck, dass er zumindest keine strikte Differenzierung zwischen exekutiver und legislativer Tätigkeit zugrunde legt.

Spätestens die Etablierung der *ad hoc*-Kriegsverbrechertribunale für das ehemalige Jugoslawien[561] sowie Ruanda[562] entzieht sich dem Verständnis des Sicherheitsrates als reines Exekutivorgan. Denn die mit den Resolutionen erlassenen Statute der Tribunale enthalten detaillierte Normierungen des prozessualen und materiellen Strafrechts und damit Regelungsgehalte, die klassischerweise der legislativen Gewalt zugeordnet sind.[563] Auch wenn der Sicherheitsrat auf gewohnheitsrechtlichen Regelungen des Völkerstrafrechts aufbauen konnte, hat er diese durch die Statute näher konkretisiert und damit neues Recht gesetzt.[564] Dass inhaltlich vergleichbare oder sogar deckungsgleiche Rechtssätze bereits im

---

tional Law in Treaty Making, 2005, S. 183 (217 ff.); *Bernhard Graefrath*, Iraqi Reparations and the Security Council, ZaöRV 55 (1995), S. 1 ff.

[559] *Simma* (Fn. 19), S. 275; *Bardo Fassbender*, Uncertain Steps into a Post-Cold War World: The Role and Functioning of the UN Security Council after a Decade of Measures against Iraq, EJIL 13 (2002), S. 273 (279 f.).

[560] Ablehnend *Aston* (Fn. 27), S. 67; *Marschik* (Fn. 355), S. 466; *Happold* (Fn. 547), S. 596; anders *Jost Delbrück*, Transnational Federalism: Problems and Prospects of Allocating Public Authority beyond the State, Ind. J. Global Leg. Stud. 11 (2004), S. 31 (37); *Harper* (Fn. 547), S. 128.

[561] Security Council Resolution 827 vom 25.5.1993.

[562] Security Council Resolution 955 vom 8.11.1994.

[563] *Aston* (Fn. 27), S. 67 f. wendet hiergegen ein, die Tatsache, dass eine Regelungsmaterie im nationalen Kontext legislativer Natur sei, lasse keine Rückschlüsse auf die zwischenstaatliche Bewertung zu. Allerdings zeigt das IStGH-Statut, dass Strafrecht auch auf völkerrechtlicher Ebene eine Materie dartellt, die eher legislativ durch einen völkerrechtlichen Vertrag geregelt wird. Diese These wird durch das Vorbringen Chinas und Brasiliens unterstützt, die zwar im Sicherheitsrat nicht gegen die Resolution stimmten, jedoch deutlich machten, dass sie einen völkerrechtlichen Vertrag als angemessener erachteten, vgl. *Rosand* (Fn. 547), S. 566.

[564] Anders aber der Report of the Secretary-General Pursuant to Paragraph 2 of Security Council Resolution 808 (1993) vom 3.5.1993, UN Doc. S/25704, S. 8 (Ziff. 29); *Aston* (Fn. 27), S. 68; *Happold* (Fn. 547), S. 596.

Völkergewohnheitsrecht verankert waren, spricht nicht gegen die Annahme eines rechtsetzenden Prozesses. Auch steht der Annahme einer legislativen Maßnahme nicht entgegen, dass die Resolutionen jeweils einen *ratione temporis* und *ratione loci* begrenzten Anwendungsbereich haben.[565] Sie erfassen dennoch in abstrakt-genereller Weise eine Vielzahl von Fällen und begründen zudem Kooperations- und Auslieferungspflichten aller Staaten.[566] Der legislative Charakter der Resolutionen lässt sich auch nicht mit der Begründung verneinen, sie seien bloße Maßnahmen zur Durchsetzung des bestehenden Rechts.[567] Denn auch Rechtsdurchsetzung kann in der Vorbereitung die Setzung von Recht erfordern. Die Errichtung der *ad hoc*-Tribunale lässt daher bereits legislative Elemente erkennen.[568]

b) Resolution 1373 (2001)

Ihren Höhepunkt findet die Andeutung legislativer Tendenzen jedoch in der Reaktion des Sicherheitsrates auf die Anschläge vom 11. September 2001. Der Sicherheitsrat stellte bereits am 12. September 2001 fest, dass terroristische Akte eine Gefahr für den Weltfrieden und die internationale Sicherheit darstellen,[569] und verabschiedete am 28. September 2001 die Resolution 1373.[570] Gestützt auf seine Befugnisse aus Kapitel VII der UN-Charta verpflichtet der Rat die Mitgliedstaaten dazu, die Finanzierung von Terroristen zu verhindern und dieser vorzubeugen, die Unterstützung terroristischer Aktivitäten zu untersagen und unter Strafe zu stellen sowie zum Zwecke der Bekämpfung und Vorbeugung des Terrorismus zu kooperieren. Zudem richtet er einen Ausschuss ein und statuiert eine Berichtspflicht der Mitgliedstaaten. Die Tragweite der Resolution wird bereits in der Präambel deutlich, in der sich der Sicherheitsrat zwar auf die Angriffe vom 11. September 2001 bezieht, dann aber nicht nur die konkrete Situation als Gefahr für den Weltfrieden

---

565 In diesem Sinne auch *Kirgis* (Fn. 515), S. 522.

566 Darauf weist auch *Rosand* (Fn. 547), S. 564 f. hin.

567 So aber *Simma* (Fn. 19), S. 276 f.

568 So auch *Robert Uerpmann*, Internationales Verfassungsrecht, JZ 2001, S. 565 (567); *Kirgis* (Fn. 515), S. 522; *Rosand* (Fn. 547), S. 562 ff.

569 Security Council Resolution 1368 vom 12.9.2001.

570 Security Council Resolution 1373 vom 28.9.2001.

und die internationale Sicherheit qualifiziert, sondern den internationalen Terrorismus als abstraktes Phänomen.[571] In der Konsequenz ist der Anwendungsbereich der nachfolgenden operativen Verpflichtungen nicht auf einen bestimmten Konfliktfall begrenzt, sondern beansprucht sowohl zeitlich als auch räumlich abstrakt-generelle Geltung.

Resolution 1373 ist nicht im „normativen Vakuum" entstanden, sondern ist eingebettet in den Entwicklungsprozess multilateraler Konventionen zur Bekämpfung des internationalen Terrorismus.[572] Sie ist insbesondere im Kontext der Konvention zur Bekämpfung der Finanzierung des Terrorismus vom 9. Dezember 1999[573] zu sehen, die im Unterschied zu anderen Anti-Terrorismus-Konventionen nicht an spezifische Formen des Terrorismus anknüpft, sondern auf die Bekämpfung des Terrorismus insgesamt abzielt und nicht nach den Begehungsformen terroristischer Akte unterscheidet.[574] Zum Zeitpunkt der Verabschiedung von Resolution 1373 war das Übereinkommen jedoch nur von vier Staaten ratifiziert und war daher noch nicht in Kraft getreten. Wenn auch nicht in identischer Weise, so finden sich doch die wesentlichen Verpflichtungen aus der Konvention in den operativen Paragraphen der Resolution wieder.[575] Indem er unilateral Vorschriften eines multilateralen Vertrages in für alle Staaten völkerrechtlich verbindlicher Weise erlassen hat, ist der Sicherheitsrat folglich legislativ tätig geworden und hat den vertraglichen Entstehungsprozess *de facto* umgangen.[576] Damit hat er die fehlende Universalität des Vertrages überwunden und den normativen Regelungen mit der Einsetzung eines Ausschusses zur Überwachung der Implementierung der Resolution einen Durchsetzungsmechanismus hinzugefügt.

---

[571] Security Council Resolution 1373 vom 28.9.2001, Präambel: „(...) such acts, like any act of international terrorism, constitute a threat to international peace and security."

[572] Überblick bei *Ralph Alexander Lorz/Lars Mammen*, Die Bedeutung multilateraler Konventionen für das Vorgehen gegen den internationalen Terrorismus, in: Katharina von Knop u.a. (Hrsg.), Countering Modern Terrorism, 2005, S. 321 (328 ff.); *Aston* (Fn. 27), S. 70 ff.

[573] *Convention for the Suppression of the Financing of Terrorism* vom 9.12.1999, BGBl 2003 II, S. 1923, ILM 39 (2000), S. 270.

[574] *Roberto Lavalle*, The International Convention for the Suppression of the Financing of Terrorism, ZaöRV 60 (2000), S. 491 (492).

[575] Ausführliche Analyse bei *Aston* (Fn. 27), S. 75 ff.

[576] *Alvarez* (Fn. 486), S. 874 f.

c) Resolution 1540 (2004)

Die zweite Resolution, die einen legislativen Inhalt im engeren Sinne aufweist, stellt die am 28. April 2004 verabschiedete Resolution 1540 dar, die die Verbreitung von Massenvernichtungswaffen zum Gegenstand hat.[577] Darin bezeichnet der Sicherheitsrat die Verbreitung von Massenvernichtungswaffen und insbesondere die Möglichkeit, dass diese in die Hände von Terroristen fallen könnten, in abstrakt-genereller Weise als Bedrohung von Frieden und Sicherheit und statuiert im operativen Teil der Resolution weit reichende völkerrechtliche Verpflichtungen der Mitgliedstaaten. Die Unterstützung nicht-staatlicher Vereinigungen bei der Entwicklung, Erlangung oder Herstellung sowie im Hinblick auf Besitz, Transport und Benutzung nuklearer, chemischer oder biologischer Waffen einschließlich der entsprechenden Trägersysteme wird untersagt, und die Staaten werden verpflichtet, Gesetze zu erlassen, um die Proliferation zu verhindern, und effektive innerstaatliche Kontrollen einzurichten. Zudem richtet der Sicherheitsrat einen Überwachungsausschuss ein, dem die Mitgliedstaaten Bericht zu erstatten haben.

d) Zwischenergebnis: Tendenz einer neuen Praxis oder Ausnahmeerscheinung?

Ob die dargestellten Entwicklungen tatsächlich legislative Maßnahmen darstellen, wird je nachdem, ob man einen engen oder weiten Begriff von Rechtsetzung zugrunde legt, unterschiedlich beurteilt. Weitgehende Einigkeit besteht jedenfalls dahingehend, dass die Resolutionen 1373 (2001) und 1540 (2004) als legislative Tätigkeit zu qualifizieren sind. Ob die beiden Resolutionen Präzedenzfälle einer neuen Praxis darstellen oder eher Ausnahmecharakter aufweisen, wird die zukünftige Entwicklung zeigen.[578] Aufschlussreich ist jedoch, dass die Resolution 1373 vor dem Hintergrund der Anschläge vom 11. September 2001 erging und zwischen der Vorlage des Entwurfs und der Beschlussfassung, die nur fünf Minuten dauerte, gerade einmal ein Tag lag.[579] Insofern sind zu Recht Zweifel daran geäußert worden, ob die Mitglieder des Sicherheitsrates sich der Tragweite ihrer Entscheidung und der völkerrechtlichen

---

[577] Security Council Resolution 1540 vom 28.4.2004.

[578] Für eine vorsichtige Prognose siehe *Marschik* (Fn. 355), S. 480 f., der vom Anfang einer neuen Praxis spricht; ähnlich *Talmon* (Fn. 547), S. 175.

[579] *Aston* (Fn. 27), S. 78.

Innovationskraft bewusst gewesen sind.[580] Anders stellt sich der Erlass der Resolution 1540 dar, die auf eine längere Entstehungsgeschichte zurückzuführen ist und das Resultat kontroverser Auseinandersetzungen darstellt, die sich auch explizit mit der Völkerrechtskonformität eines legislativen Handelns des Sicherheitsrates befassten.[581] In diesem Fall hat sich der Rat bewusst für eine legislative Regelung entschieden. Dies deutet darauf hin, dass er sich bei zukünftigen Beschlüssen – den erforderlichen politischen Konsens vorausgesetzt – nicht auf einzelfallbezogene Regelungen beschränken will, sondern grundsätzlich auch Regelungen abstrakt-genereller Art verabschieden wird.

2. Rechtliche Würdigung der legislativen Tätigkeit des Sicherheitsrates

Die rechtliche und rechtspolitische Bewertung der zunehmenden legislativen Tätigkeit des Sicherheitsrates im Schrifttum fällt sehr unterschiedlich aus. Die Errichtung der Tribunale ist von der Staatenwelt und Völkerrechtslehre zwar nicht gänzlich ohne Protest angenommen worden, ihre Rechtmäßigkeit wird jedoch mehrheitlich bejaht.[582] Resolution 1373 (2001) wurde von der Staatenwelt weitgehend akzeptiert,[583] der erneute Rückgriff auf legislative Befugnisse mit Resolution 1540 (2004) wurde zwar von kritischen Bemerkungen begleitet, im Ergebnis jedoch hingenommen. Nichtsdestotrotz stellt sich die Frage, ob eine legislative Tätigkeit des Sicherheitsrates unter der UN-Charta zulässig ist.

---

580 *Szasz* (Fn. 547), S. 950; *Aston* (Fn. 27), S. 78.

581 Siehe die Nachweise bei *Zimmermann/Elberling* (Fn. 547), S. 75 (Fußnote 45); ausführlich *Marschik* (Fn. 547), S. 476 ff.

582 Zur Rechtmäßigkeit des Jugoslawien-Tribunals ICTY, *Prosecutor v. Dusko Tadić, Appeals Chamber, Decision on the Defence Motion for Interlocutory Appeal on Jurisdiction*, Urteil vom 2.10.1995, Case No. IT-94-1-AR72, ILM 35 (1996), S. 32 (42 ff.); kritisch zur Rechtmäßigkeit *Bernhard Graefrath*, Jugoslawientribunal – Präzedenzfall trotz fragwürdiger Rechtsgrundlage, NJ 47 (1993), S. 433 (434 f.); *Arangio-Ruiz* (Fn. 547), S. 723 f.; ähnlich auch *Marschik* (Fn. 547), S. 469 f., der die Einrichtung der Tribunale wohl als *ultra vires* ansieht, aber von einer Heilung dieses Mangels aufgrund der nachträglichen Akzeptanz der Staatenwelt ausgeht; insgesamt kritisch zur Entwicklung *Martti Koskenniemi*, The Police in the Temple – Order, Justice and the UN: A Dialectical View, EJIL 6 (1995), S. 325 ff.

583 *Marschik* (Fn. 547), S. 475 weist darauf hin, dass alle UN-Mitgliedstaaten die vom Sicherheitsrat geforderten Berichte über die Implementation der Resolution erbracht haben.

a) Statische Auslegung der UN-Charta

Da der Sicherheitsrat sich im Rahmen seiner legislativen Tätigkeit auf Kapitel VII der UN-Charta beruft, kommt ein Handeln nur unter den Voraussetzungen von Art. 39 UN-Charta in Betracht. Auf der Rechtsfolgenseite ist allein Art. 41 UN-Charta als Norm ersichtlich, die die vom Rat ausgeübte Praxis umfassen könnte. Somit müssten abstrakte Gefahren, wie der internationale Terrorismus als solcher oder die Proliferation von Massenvernichtungswaffen, als Bedrohungen des Friedens im Sinne des Art. 39 UN-Charta angesehen werden können, und Art. 41 UN-Charta müsste als Rechtsfolge den Erlass abstrakt-genereller Regelungen umfassen. Der Wortlaut des Art. 39 UN-Charta ist insofern unergiebig als „Bedrohung des Friedens" sowohl eine konkrete als auch eine allgemeine Gefährdung des Friedens bedeuten kann.[584] Auch die Unbestimmtheit des Friedensbegriffs lässt eine Bestimmung der rechtlichen Grenzen des Sicherheitsratshandelns allein auf dieser Grundlage nicht zu.[585] Die Aufzählung der möglichen Maßnahmen des Art. 41 UN-Charta ist nicht abschließend,[586] so dass auch insofern der Wortlaut der Norm nicht weiterführt.

Die Systematik der UN-Charta ist aussagekräftiger und spricht für eine Beschränkung des Sicherheitsrates auf einzelfallbezogene Maßnahmen.[587] Die Maßnahmen im Rahmen der friedlichen Streitbeilegung nach Kapitel VI der Charta – das als Vorstufe zu den Maßnahmen nach Kapitel VII zu sehen ist – beziehen sich auf konkrete Streitigkeiten.[588] Insbesondere der Vergleich von Generalversammlung und Sicherheitsrat macht zudem deutlich, dass die Charta ihrer Konzeption zufolge den Sicherheitsrat für einzelfallbezogene Reaktionen in konkreten friedensbedrohlichen Situationen vorsieht und der Generalversammlung die Befassung mit Frieden und Sicherheit unter generellen Gesichtspunkten zuweist.[589] Und speziell im Hinblick auf Resolution 1540 ist

---

[584] So auch *Zimmermann/Elberling* (Fn. 547), S. 71.

[585] *Akram/Shah* (Fn. 547), S. 440.

[586] *Jochen Abr. Frowein/Nico Krisch*, in: Bruno Simma (ed.), The Charter of the United Nations, A Commentary, Vol. I, 2nd ed. 2002, Art. 41, Rn. 14.

[587] Vgl. *Happold* (Fn. 547), S. 599 ff.; *Zimmermann/Elberling* (Fn. 547), S. 71 f.

[588] Art. 33 UN-Charta spricht von „any dispute" und Art. 34 UN-Charta von „any dispute" oder „any situation".

[589] In diesem Sinne auch *Koskenniemi* (Fn. 582), S. 337 ff.; *Happold* (Fn. 547), S. 600 f.; *Zimmermann/Elberling* (Fn. 547), S. 72; *Frowein/Krisch* (Fn. 133),

schließlich auf Art. 26 UN-Charta zu verweisen, der dem Sicherheitsrat im Rahmen der Abrüstung die Befugnis zuweist, Pläne auszuarbeiten und den Mitgliedstaaten vorzulegen, ohne dass damit eine konkrete Pflicht der Staaten verbunden wäre.[590] Auch diese Regelung spricht im Umkehrschluss dagegen, dem Sicherheitsrat weitergehende legislative Befugnisse zuzusprechen.[591]

Auf der Rechtsfolgenseite spricht die nicht abschließende Enumeration keineswegs für die Zulässigkeit legislativer Maßnahmen.[592] Denn allein aus dem Fehlen eines ausdrücklichen Verbotes lässt sich nicht auf das Bestehen einer entsprechenden Kompetenz schließen. Art. 41 UN-Charta stellt zwar eine „offene Ermächtigungsgrundlage" dar, die eine Vielzahl unterschiedlicher Maßnahmen erfasst, nichtsdestotrotz zeigt der systematische Vergleich der einzelnen normierten Anordnungsmöglichkeiten, dass es sich stets um konkrete und gegen einzelne Staaten gerichtete Maßnahmen handelt. Dies lässt den Schluss zu, dass der Sicherheitsrat zwar andere Maßnahmen als die in Art. 41 UN-Charta genannten ergreifen kann, es sich dabei aber stets um einzelfallbezogene Maßnahmen zur Bekämpfung einer konkreten Gefahr handeln muss.[593]

Auch die nach Art. 32 WVK ergänzend heranzuziehenden *travaux préparatoires* unterstützen diese restriktive Lesart der Art. 39 und 41 UN-Charta, da es nicht der Intention der Verfasser der Charta entsprach, den Sicherheitsrat mit legislativen Kompetenzen auszustatten.[594] Aufgrund der Reichweite und Bedeutung legislativer Tätigkeit und der damit verbundenen Entfernung von der ursprünglichen Funktion des Sicherheitsrates lässt sich eine Kompetenz auch nicht aus der *implied powers*-Doktrin herleiten.[595] Eine streng positivistische Auslegung an-

---

Rn. 23; *Simma* (Fn. 19), S. 278; angedeutet auch bei *Akram/Shah* (Fn. 547), S. 452; anders *Aston* (Fn. 27), S. 95 f.

590 *Hans-Joachim Schütz*, in: Bruno Simma (ed.), The Charter of the United Nations, A Commentary, Vol. I, 2nd ed. 2002, Art. 26, Rn. 11.

591 *Happold* (Fn. 547), S. 606.

592 In diese Richtung aber *Aston* (Fn. 27), S. 95.

593 So auch *Marschik* (Fn. 547), S. 462 f.; *Zimmermann/Elberling* (Fn. 547), S. 72.

594 Konklusion von *Arangio-Ruiz* (Fn. 547), S. 688 nach Auswertung der *travaux préparatoires.*

595 *Arangio-Ruiz* (Fn. 547), S. 688 f.; *Marschik* (Fn. 547), S. 463 f.; auch *Fassbender* (Fn. 139), S. 133 f. will trotz seiner ausgeprägten konstitutionellen Lesart der Charta die Ableitung von Kompetenzen aus der *implied powers*-Doktrin

hand von Wortlaut und Systematik der UN-Charta ergibt somit, dass die legislative Tätigkeit des Sicherheitsrates von der Charta nicht gedeckt ist.

b) Dynamisch-evolutive Auslegung der UN-Charta

Die UN-Charta wird jedoch zunehmend nicht nur statisch, sondern dynamisch-evolutiv ausgelegt.[596] Die Charta sei als ein „living instrument"[597] zu begreifen, am Maßstab der praktischen Wirksamkeit orientiert auszulegen und unter besonderer Berücksichtigung der nachfolgenden Staatenpraxis.[598] Und auch die Praxis der Organe der Vereinten Nationen soll zur Auslegung beitragen können.[599] Der ursprüngliche Wille der vertragschließenden Parteien spiele hingegen nur eine untergeordnete Rolle. Diese dynamisch-evolutive Methode der Auslegung hat auch ihren Niederschlag in der Rechtsprechung des IGH gefunden.[600]

Auch eine dynamisch-evolutive Auslegung der Charta ergibt indes kein eindeutiges Ergebnis: Während einige Autoren die Rechtmäßigkeit unter dem Gesichtspunkt einer effektiven Erfüllung der friedenssichernden

---

nur in Ausnahmefällen und wenn die Erfüllung essentieller Funktionen der Organisation in Frage steht in Betracht ziehen; siehe aber auch *Kirgis* (Fn. 515), S. 522 ff., der die Errichtung der *ad-hoc*-Tribunale als von den *implied powers* des Sicherheitsrates gedeckt ansieht.

[596] Ausführlich *Georg Ress*, in: Bruno Simma (ed.), The Charter of the United Nations, A Commentary, Vol. I, 2nd ed. 2002, The Interpretation of the Charter, Rn. 19 ff.

[597] *Salo Engel*, „Living" International Constitutions and the World Court, ICLQ 16 (1967), S. 865 ff.; *Fassbender* (Fn. 139), S. 130 f.

[598] *Zimmermann/Elberling* (Fn. 547), S. 73; *Ress* (Fn. 596), Rn. 19 ff. sowie Rn. 27 ff.

[599] *Fassbender* (Fn. 139), S. 136 f.; *Rosand* (Fn. 547), S. 571 f.; kritisch hierzu *Zimmermann/Elberling* (Fn. 547), S. 74.

[600] Siehe nur *Admission of a State to the United Nations*, Advisory Opinion, Individual Opinion *Alvarez*, ICJ Reports 1948, S. 57 (68); *Reservations to the Convention on Genocide*, Advisory Opinion, Dissenting Opinion *Alvarez*, ICJ Reports 1951, S. 15 (53); *Legal Consequences for States of the Continued Presence of South Africa in Namibia (South West Africa) notwithstanding Security Council Resolution 276 (1970)*, Advisory Opinion, ICJ Reports 1971, S. 16 (31): „(...) an international instrument has to be interpreted and applied within the framework of the entire legal system prevailing at the time of the interpretation."

Funktion des Sicherheitsrates bejahen,[601] sehen andere eine derart weitgehende Auslegung als nicht mehr zulässig an, da sie eine grundlegende Modifikation des gesamten internationalen Systems darstelle.[602] Und auch die nachfolgende Praxis der Staaten ist nicht einfach zu bewerten. Resolution 1373 (2001) wurde zwar weitgehend akzeptiert.[603] Dies ist jedoch auf den Ausnahmecharakter der Resolution sowie die besonderen Umstände nach dem 11. September 2001 zurückzuführen und kann nicht als allgemeine Zustimmung zu einer generellen legislativen Befugnis des Sicherheitsrates verstanden werden. Und die vereinzelt geäußerte Kritik der Staaten an Resolution 1540 (2004) wird teilweise als irrelevant für die Beurteilung der nachfolgenden Praxis angesehen,[604] teilweise wird hieraus geschlossen, dass die nachfolgende Praxis das Handeln des Sicherheitsrates nicht legitimieren konnte.[605] Indes ist fraglich, ob die vereinzelten Stellungnahmen der Staaten wirklich ein realistisches Bild der Zustimmung widerspiegeln oder ob nicht viele Staaten ihren Unwillen aus politischen Gründen nicht zum Ausdruck gebracht haben. Vor diesem Hintergrund von einer stillschweigenden Anerkennung und Akzeptanz der Praxis des Sicherheitsrates zu sprechen, überzeugt nicht.

c) Stellungnahme

Entscheidend gegen die Annahme einer legislativen Befugnis spricht die mangelnde Legitimation des Sicherheitsrates:[606] Zusammensetzung, Verfahren und Vetorecht der ständigen Mitglieder widersprechen der Annahme, der Sicherheitsrat könne über die Regelung konkreter friedensbedrohender Situationen hinaus abstrakt-generell und universell verbindliches Recht setzen. Wenn eine solche Befugnis schon der Generalversammlung nicht zugesprochen werden kann, dann erscheint der

---

[601] So insbesondere *Rosand* (Fn. 547), S. 569 ff.

[602] So insbesondere *Zimmermann/Elberling* (Fn. 547), S. 75.

[603] *Georg Nolte*, Lawmaking through the UN Security Council, in: Rüdiger Wolfrum/Volker Röben (eds.), Developments of International Law in Treaty Making, 2005, S. 237 (240): „The sustained general acceptance of Resolution 1373 trumps all traditional arguments which challenge its legality."

[604] In diesem Sinne *Marschik* (Fn. 547), S. 480 f., der die Rechtmäßigkeit der legislativen Tätigkeit des Rates nichtsdestotrotz von der künftigen Staatenpraxis abhängig machen will.

[605] *Zimmermann/Elberling* (Fn. 547), S. 75.

[606] Dazu ausführlich oben 5. Kap., A. II.

Sicherheitsrat erst recht nicht als das hierfür geeignete Organ. Die zahlreichen Beispiele einer Verschiebung von konsensualer Rechtsetzung zu Rechtsetzungsprozessen, die sich als Ausdruck eines internationalen Gemeinschaftsrechts verstehen lassen, deuten zwar an, dass im modernen Völkerrecht universell verbindliche Normen auch ohne oder gegen den Willen einzelner Staaten entstehen können. Hinter dieser Rechtsetzung muss aber stets die internationale Gemeinschaft als Ganze stehen. Auch die Tatsache, dass Resolution 1373 (2001) auf einem völkerrechtlichen Vertrag aufbauen konnte, vermag keine zusätzliche Legitimität zu begründen. Denn zum einen wies das Abkommen nur einen geringen Ratifikationsstand auf, zum anderen umging der Rat den partiellen Konsens der internationalen Gemeinschaft, der in dem Vertrag seinen Ausdruck findet, indem er diesen nicht in seiner Gesamtheit aufnahm, sondern einzelne Regelungen aus dem Kontext löste.[607] Schließlich sprechen Effektivitätserwägungen gegen den Sicherheitsrat als Ersatzgesetzgeber. Selbst wenn die Resolutionen kurzfristig Rechtslücken schließen können,[608] hängt die Effektivität der Entscheidungen des Sicherheitsrates in hohem Maße von der Bereitschaft der übrigen Staatenwelt ab, diese zu implementieren. Und wenn die Setzung globaler Normen zunehmend als illegitim und nicht den Interessen der gesamten internationalen Gemeinschaft entsprechend angesehen wird, schwindet der Wille zur Durchsetzung.[609] Ob die Appelle der Befürworter einer legislativen Tätigkeit des Sicherheitsrates, dieser möge bei seiner Beschlussfassung die Generalversammlung mit einbeziehen[610] oder nur im Interesse der internationalen Gemeinschaft handeln,[611] dieses Legitimitätsdefizit beseitigen können, erscheint fraglich.

Diese Einwände gegen die Legitimität des Sicherheitsrates weisen auf den ersten Blick allein rechtspolitische Relevanz auf. In Anbetracht der dynamisch-evolutiven Auslegung und der damit verbundenen Fokussierung auf teleologische Argumentationsmuster erlangen sie jedoch ei-

---

[607] Zur Kritik hieran siehe *Alvarez* (Fn. 486), S. 874 f.

[608] So *Rosand* (Fn. 547), S. 548 ff.; *Nicholas Rostow*, Before and After: The Changed UN Response to Terrorism Since September 11th, Cornell Int'l L.J. 35 (2002), S. 475 (482).

[609] Wie hier *Marschik* (Fn. 547), S. 492; auch *Szasz* (Fn. 547), S. 905, der die Zulässigkeit legislativen Handelns des Sicherheitsrates im Übrigen aber bejaht.

[610] *Lavalle* (Fn. 547), S. 157; *Szasz* (Fn. 547), S. 905; siehe auch *Happold* (Fn. 547), S. 608; *Marschik* (Fn. 547), S. 490.

[611] *Rosand* (Fn. 547), S. 581 ff.; ähnlich auch *Alvarez* (Fn. 486), S. 888.

ne rechtliche Dimension und sprechen gegen eine Anerkennung der extensiven Praxis des Sicherheitsrates. Im Ergebnis ist die Setzung abstrakt-genereller Normen durch den Sicherheitsrat daher als *ultra vires* abzulehnen.[612]

Gleichwohl sprechen sich zahlreiche Stimmen in der Literatur für die Zulässigkeit einer legislativen Tätigkeit des Sicherheitsrates aus.[613] Gestützt wird dies auf Effektivitätserwägungen, die die hier dargestellten Gefahren anders einschätzen oder den Nutzen legislativer Tätigkeit des Sicherheitsrates als überwiegend ansehen. Diese stark ergebnisorientierten und von subjektiven Einschätzungen abhängenden Auslegungsergebnisse zeigen zugleich die Gefahren und Unsicherheiten auf, die mit einer dynamisch-evolutiven Lesart der UN-Charta einhergehen.

IV. Sekundärrechtsetzung durch Sonderorganisationen der Vereinten Nationen

Sekundärrechtsetzung im institutionellen Gefüge der Vereinten Nationen findet nicht nur durch die Hauptorgane statt, sondern auch durch zahlreiche Sonderorganisationen.[614] Dabei lassen sich verschiedene Formen der Rechtsetzung unterscheiden, die das Konsensprinzip in unterschiedlicher Weise berücksichtigen.

---

[612] So auch *Happold* (Fn. 547), S. 607; *Zimmermann/Elberling* (Fn. 547), S. 76; *Simma* (Fn. 19), S. 277 f.; *Koskenniemi* (Fn. 582), S. 339 ff.; *Paulus* (Fn. 67), S. 344 (Fußnote 65); *Jochen Herbst*, Rechtskontrolle des UN-Sicherheitsrats, 1999, S. 370 sowie S. 376; *Arangio-Ruiz* (Fn. 547), S. 609 ff.; zumindest *de lege lata* auch *Frowein/Krisch* (Fn. 133), Rn. 23; zurückhaltend *Akram/Shah* (Fn. 547), S. 455; unentschlossen *Marschik* (Fn. 547), S. 480 f.

[613] *Tomuschat* (Fn. 21), S. 344 ff.; *Rosand* (Fn. 547), S. 569 f.; *Szasz* (Fn. 547), S. 901 ff.; *Aston* (Fn. 27), S. 80 ff.; *Wagner* (Fn. 547), S. 907 ff.; *Lavalle* (Fn. 547), S. 415 ff.; *Harper* (Fn. 547), S. 148 ff.; wohl auch *Dicke* (Fn. 547), S. 163.

[614] Ausführlich *Rösgen* (Fn. 524), S. 8 ff.; *Yemin* (Fn. 515), S. 27 ff.; *Aston* (Fn. 27), S. 125 ff.; speziell unter dem Gesichtspunkt der Rolle des Staates *Stephan Hobe*, Der offene Verfassungsstaat zwischen Souveränität und Interdependenz, 1998, S. 294 ff.

1. Unmittelbar rechtsverbindliche Sekundärrechtsetzung

Die weitestreichende Form der Sekundärrechtsetzung, die Setzung von unmittelbar für alle Mitgliedstaaten verbindlichem Recht durch einzelne Organe, findet im Rahmen des Weltpostvereins (UPU)[615] statt. Der alle Mitgliedstaaten umfassende Kongress erlässt gemäß Art. 22 Abs. 2 der UPU-Verfassung allgemeine Vollzugsregeln (*General Regulations*), die die Umsetzung der Satzung sowie das Funktionieren der UPU sicherstellen sollen. Er entscheidet mit einfacher Mehrheit, wobei mindestens zwei Drittel aller Mitglieder bei der Abstimmung zugegen sein müssen.[616] Die dergestalt angenommenen allgemeinen Vollzugsregeln entfalten nach Art. 22 Abs. 2 Satz 2 der UPU-Satzung unmittelbare Rechtsverbindlichkeit für alle Mitgliedstaaten, ohne dass es eines zusätzlichen Aktes der Zustimmung bedarf. Damit kann ein Teil der Mitgliedstaaten unmittelbar verbindliches Recht mit Wirkung gegenüber allen Staaten setzen. Auch im Rahmen der Allgemeinen Postkonvention, die grundlegende Regeln über den postalischen Verkehr enthält, trifft der Kongress mit einfacher Mehrheit und unter Anwesenheit von mindestens der Hälfte der Mitgliedstaaten[617] Entscheidungen, die gemäß Art. 22 Abs. 3 Satz 2 der UPU-Satzung unmittelbare Rechtsverbindlichkeit entfalten.

Weitere Rechtsetzungsbefugnisse der UPU sind gemäß Art. 22 Abs. 5 der UPU-Satzung auf den Postvollzugsrat delegiert, der aus vierzig vom Kongress gewählten Mitgliedern besteht. Dieser kann gemäß Art. 22 Abs. 3 der UPU-Satzung Vorschriften über die Brief- und Paketpost (*Letter Post Regulations* sowie *Parcel Post Regulations*) zur Umsetzung und Konkretisierung der Allgemeinen Postkonvention erlassen. Der Vollzugsrat entscheidet gemäß Art. 64 der Allgemeinen Postkonvention entweder mit einfacher oder mit Zweidrittelmehrheit, abhängig davon, ob der Änderungsvorschlag vom Kongress eingebracht wurde oder nicht. Auch dieser Rechtsakt des Postvollzugsrates ist gemäß Art. 22 Abs. 3 Satz der Satzung der UPU unmittelbar für alle Mitgliedstaaten rechtsverbindlich.

---

[615] *Constitution of the Universal Postal Union* vom 10.7.1964, UNTS 611, S. 7, BGBl. 1965 II, S. 1633.

[616] Art. 21.1 *lit.* b) der Rules of Procedure of Congresses sowie Art. 133 der allgemeinen Vollzugsregeln.

[617] Art. 21.1 *lit.* c) der Rules of Procedure of Congresses sowie Art. 36.1 der Allgemeinen Postkonvention.

Eine dem Rechtsetzungsverfahren der UPU vergleichbare Regelung findet sich im Rahmen der durch die Chicago-Konvention gegründeten Internationalen Zivilluftfahrtorganisation (ICAO).[618] Gemäß Art. 54 und 90 der Chicago-Konvention kann der Rat der ICAO Regelungen zur technischen Abwicklung des Flugverkehrs (*International Standards and Recommended Practices*)[619] mit Zweidrittelmehrheit verabschieden. Allerdings haben die Mitgliedstaaten gemäß Art. 38 der Chicago-Konvention die Möglichkeit, von diesen Regelungen abzuweichen („opting-out"). Nur *Standards*, die sich auf das Gebiet über der Hohen See beziehen, gelten nach Art. 12 Satz 3 der Konvention unmittelbar für jeden Mitgliedstaat, ohne dass die Möglichkeit besteht, sich diesen zu entziehen.[620] Nur insofern ist im Rahmen der ICAO ein der UPU vergleichbares Verfahren der Setzung von unmittelbar geltendem Recht verankert.

2. *Sekundärrechtsetzung mit Möglichkeit des „opting-out"*

Von dieser echten Form der Sekundärrechtsetzung unterscheidet sich die in den Sonderorganisationen weit verbreitete Sekundärrechtsetzung mit der Möglichkeit des „opting-out". Dabei erlässt ein Organ der internationalen Organisation einen Sekundärrechtsakt, der grundsätzlich für alle Staaten rechtliche Verbindlichkeit entfaltet, jedoch haben die Staaten die Möglichkeit, sich unter bestimmten Voraussetzungen und in einem bestimmten Verfahren der Rechtsbindung einseitig durch ein „opting-out" zu entziehen.[621] Dieses Verfahren findet beispielsweise – wie bereits angesprochen – in der ICAO statt.[622]

---

[618] *Convention on International Civil Aviation* vom 7.12.1944, UNTS 15, S. 295, BGBl. 1956 II, S. 411.

[619] Allein den *Standards* kommt Rechtsverbindlichkeit zu, die *Recommendations* haben nur empfehlenden Charakter, vgl. *Hobe* (Fn. 614), S. 301.

[620] Hierzu *Hobe* (Fn. 614), S. 303; *Aston* (Fn. 27), S. 137; *Kay Hailbronner*, International Civil Aviation Organization, in: Rudolf Bernhardt (ed.), EPIL, Vol. II, 1995, S. 1070 (1072); ausführlich *Thomas Buergenthal*, Law-Making in the International Civil Aviation Organization, 1969, S. 80 ff.

[621] Die von *Hailbronner* (Fn. 620), S. 1072 gewählte Bezeichnung „Vetorecht" ist insofern unscharf, als der Widerspruch des einzelnen Staates nicht das Zustandekommen des Rechtsaktes verhindert, sondern nur die Bindung des widersprechenden Staates.

[622] Ausführlich hierzu *Buergenthal* (Fn. 620), S. 58 ff. sowie S. 76 ff. zum „opting-out".

Im Rahmen der Weltgesundheitsorganisation (WHO)[623] kann die Vollversammlung gemäß Art. 21 der WHO-Satzung Verordnungen zu bestimmten medizinischen, pharmazeutischen und sanitären Fragen verabschieden. Die WHO-Vollversammlung fasst ihre Beschlüsse gemäß Art. 60 *lit.* a) der WHO-Satzung mit Zweidrittelmehrheit, so dass eine Mehrheit die übrigen Mitglieder der WHO auch ohne deren Willen an die gemäß Art. 22 der WHO-Satzung rechtsverbindlichen Verordnungen binden kann. Art. 22 der WHO-Satzung sieht aber gleichzeitig die Möglichkeit des „opting-out" vor, so dass Mitglieder, die innerhalb eines bestimmten Zeitraums den Generalsekretär der WHO von ihrem Widerspruch unterrichten, nicht an den Rechtsakt gebunden sind. Zudem zeigt die Praxis der WHO eine starke Tendenz dahingehend, von der Möglichkeit majoritärer Rechtsetzung keinen Gebrauch zu machen, sondern im Wege des Konsenses zu entscheiden.[624]

In der Weltmeteorologieorganisation (WMO)[625] kann der alle Mitgliedstaaten umfassende Kongress gemäß Art. 7 *lit.* d) der WMO-Satzung mit Zweidrittelmehrheit (Art. 10 *lit.* b) der WMO-Satzung) bindende Beschlüsse über die Standardisierung der Wetterbeobachtung erlassen, Art. 8 *lit.* b) der WMO-Satzung ermöglicht das „opting-out" der Mitgliedstaaten.

3. Sekundärrechtsetzung mit Erfordernis des „opting-in"

Das konzeptionelle Gegenstück zum „opting-out" stellen Formen der Sekundärrechtsetzung dar, bei denen der erlassene Rechtsakt keine unmittelbare Rechtswirkung entfaltet, sondern von den Mitgliedstaaten im Wege des „opting-in" angenommen werden muss. Zur Anwendung gelangt dieses Modell insbesondere im Rahmen der Internationalen Arbeitsorganisation (ILO).[626] Nach Art. 19 der ILO-Satzung kann die alle Mitgliedstaaten umfassende Staatenkonferenz mit einer Mehrheit von zwei Dritteln Vorschläge in Form von internationalen Konventionen

---

[623] *Constitution of the World Health Organization* vom 22.7.1946, UNTS 14, S. 185, BGBl. 1974 II, S. 43.

[624] *Claude-Henri Vignes/Hans J. Schlenzka*, World Health Organization, in: Rudolf Bernhardt (ed.), EPIL, Vol. IV, 2000, S. 1494 (1496).

[625] *Convention of the World Meteorological Organization* vom 11.10.1947, UNTS 77, S. 143, BGBl. 1970 II, S. 18.

[626] *Constitution of the International Labour Organization* vom 28.6.1919, CTS 225, S. 373.

erlassen. Eine unmittelbare Verbindlichkeit der Konvention tritt jedoch nicht ein. Art. 19 Abs. 5 *lit.* b) der ILO-Satzung verpflichtet die Mitgliedstaaten vielmehr dazu, die Konvention den dafür zuständigen innerstaatlichen Organen zur Ratifikation vorzulegen. Für den Fall, dass diese Organe ihre Zustimmung verweigern, regelt Art. 19 Abs. 5 *lit.* e) der ILO-Satzung, dass außer einer Berichtspflicht an den Generalsekretär der ILO keine weiteren Verpflichtungen des Staates bestehen. Im Ergebnis ähnelt das Verfahren damit dem beim Abschluss völkerrechtlicher Verträge üblichen Prozess, in dem die Ausarbeitung des Vertrages im institutionalisierten Rahmen einer internationalen Organisation erfolgt.[627] Vergleichbare Rechtsetzungsverfahren finden sich in der WHO,[628] der Welternährungsorganisation (FAO),[629] der Weltkulturorganisation (UNESCO)[630] sowie der Internationalen Schifffahrtsorganisation (IMO).[631]

4. *Die Abgabe von Empfehlungen*

Schließlich können Organe der Sonderorganisationen rechtlich nicht verbindliche Empfehlungen abgeben. So kann beispielsweise die Vollversammlung der IMO den Mitgliedstaaten gemäß Art. 15 *lit.* j) der IMO-Satzung Vorschriften zur Harmonisierung technischer Standards vorschlagen. Trotz ihrer rechtlichen Unverbindlichkeit führen diese

---

627 *Aston* (Fn. 27), S. 140.

628 Vgl. Art. 19 und 20 WHO-Satzung.

629 *Constitution of the Food and Agriculture Organization* vom 16.10.1945, BGBl. 1971 II, S. 1033. Sowohl Rechtsakte der Staatenkonferenz nach Art. XIV Abs. 1 der FAO-Satzung als auch Rechtsakte des Exekutivrates nach Art. XIV Abs. 2 der FAO-Satzung bedürfen gemäß Art. XIV Abs. 4 der FAO-Satzung der Ratifikation durch die Mitgliedstaaten.

630 *Constitution of the United Nations Educational, Scientific and Cultural Organization (UNESCO)* vom 16.11.1945, UNTS 4, S. 275, BGBl. 1971 II, S. 471. Die Staatenkonferenz, in der gemäß Art. IV A 1. UNESCO-Satzung alle Mitgliedstaaten vertreten sind, kann gemäß Art. IV B 4. UNESCO-Satzung mit Zweidrittelmehrheit Abkommen verabschieden, die von den Mitgliedstaaten gemäß Art. IV B 4. UNESCO-Satzung den zuständigen staatlichen Organen zur Annahme zuzuleiten sind.

631 *Convention of the Intergovernmental Maritime Consultative Organization* vom 6.3.1948, UNTS 289, S. 48, BGBl. 1965 II, S. 313. Die IMO arbeitet gemäß Art. 15 *lit.* l) der IMO-Satzung Vertragsentwürfe aus und beruft internationale Staatenkonferenzen ein.

Maßnahmen oftmals zu einer Vereinheitlichung der verschiedenen nationalen Regelungen.[632]

5. *Auswertung*

Sonderorganisationen der Vereinten Nationen nehmen damit in unterschiedlichem Maße Befugnisse zur Setzung von Sekundärrecht wahr. Beschränkt ist diese Form der Rechtsetzung allerdings auf technische Gebiete, auf denen eine internationale Kooperation zwingend erforderlich ist. Fragen von politischer Bedeutung werden auf diesem Wege regelmäßig nicht entschieden. Nichtsdestotrotz stellt diese Form der Sekundärrechtsetzung einen festen Bestandteil des internationalen Rechtssystems dar.

Die unter (1) angeführten Beispiele lassen sich problemlos als Sekundärrechtsetzung begreifen: Die dafür zuständigen Organe der internationalen Organisationen fassen Mehrheitsbeschlüsse, die alle Mitgliedstaaten der Organisation unmittelbar und unabhängig von ihrer Zustimmung im Einzelfall binden.

Soweit Rechtsetzungsverfahren die Möglichkeit des „opting-out" vorsehen (2), wird ihnen teilweise die rechtliche Bindungswirkung abgesprochen.[633] Indes greift eine solche Bewertung bereits unter juristischen Gesichtspunkten zu kurz. Zwar tritt mit dem Erlass des Rechtsaktes keine vollumfängliche rechtliche Verpflichtung ein, die mit dem Inkrafttreten eines völkerrechtlichen Vertrages vergleichbar wäre. Nichtsdestotrotz hängt die Entstehung völkerrechtlicher Verbindlichkeiten nicht mehr von der Zustimmung des betroffenen Staates ab. Die Untätigkeit des Staates reicht aus, um eine völkerrechtliche Bindung zu erreichen. Insofern geht von diesen Sekundärrechtsakten trotz der Möglichkeit des „opting-out" eine grundsätzliche Bindungswirkung aus.[634]

---

[632] Vgl. *Aston* (Fn. 27), S. 155.

[633] So beispielsweise *Philippe Cahier*, Le droit interne des organisations internationales, RGDIP 67 (1963), S. 563 (591).

[634] So auch *Rösgen* (Fn. 524), S. 39 f.; *Hobe* (Fn. 614), S. 296; *Frederic L. Kirgis*, Specialized Law-Making Processes, in: Christopher C. Joyner (ed.), The United Nations and International Law, 1997, S. 65 (72); *Geir Ulfstein*, Reweaving the Fabric of International Law? Patterns of Consent in Environmental Framework Agreements, in: Rüdiger Wolfrum/Volker Röben (eds.), Developments of International Law in Treaty Making, 2005, S. 145 (153).

Der Grundsatz, dass völkerrechtliche Bindung die Zustimmung des betroffenen Staates voraussetzt, wird umgekehrt. Ähnlich dem *persistent objector* muss der Mitgliedstaat, der die Bindungswirkung eines Rechtsaktes für sich abwenden will, seinen Widerspruch explizit zum Ausdruck bringen, was einen immensen politischen Druck bedeuten kann.[635]

Ähnliches gilt für Rechtsetzung, die konstitutiv ein „opting-in" voraussetzt (3). Formal-juristisch betrachtet hängt die rechtliche Bindung des einzelnen Staates von dessen Zustimmung ab. Indes darf auch hier die juristische Betrachtung nicht das faktische Umfeld des Entscheidungsprozesses außer Betracht lassen. In noch höherem Maße als im institutionalisierten Verfahren des Vertragsabschlusses durch internationale Konferenzen sieht sich der einzelne Staat bei der Annahme von Verträgen, die innerhalb einer internationalen Organisation ausgehandelt wurden, politischem Druck ausgesetzt.[636] Insbesondere die Berichtspflichten, wie sie beispielsweise im Rahmen der ILO zum Tragen kommen, setzen die Staaten unter starken Rechtfertigungszwang, wenn sie eine Konvention nicht ratifizieren. Im Hinblick auf die behandelten Fälle der Sekundärrechtsetzung durch Sonderorganisationen der Vereinten Nationen ergibt sich zudem die Besonderheit, dass nahezu jeder Staat ein Eigeninteresse an der Einbindung in die internationalen Regelungsnetzwerke auf den Gebieten der Telekommunikation, des Postwesens sowie des Transports aufweist. Ein Beharren auf dem einzelstaatlichen Willen und ein Widerspruch gegen die von der Mehrheit gefassten Beschlüsse können dabei rasch den völligen Ausschluss aus dem gesamten System bedeuten. Trotz rechtlich intaktem Konsensprinzip gilt insofern, dass im Rahmen der Rechtsetzung durch Sonderorganisationen der Vereinten Nationen eine freie Willensausübung des einzelnen Staates aus faktischen Gründen kaum möglich ist.

6. Annex: Rechtsetzung durch die „Conference of the Parties"?

Strukturell der Sekundärrechtsetzung vergleichbare Prozesse lassen sich zunehmend auch in der insbesondere im Umweltvölkerrecht zur Anwendung gelangenden Regelungstechnik des Abschlusses eines vertraglichen Rahmenabkommens mit Einsetzung einer Konferenz der Ver-

---

[635] Vgl. nur *Ulfstein* (Fn. 634), S. 153.

[636] *Verdross/Simma* (Fn. 1), S. 463; *Simma* (Fn. 19), S. 328; *Alvarez* (Fn. 40), S. 222; *Kirgis* (Fn. 634), S. 68.

tragsparteien ausmachen.[637] Im Rahmen des Umweltschutzes können sich Staaten zwar auf allgemeine Zielvorgaben einigen, sind jedoch selten dazu bereit, sich konkreten rechtlichen Umweltschutzverpflichtungen zu unterwerfen. Daher wird ein Rahmenvertrag (*framework convention*) abgeschlossen, der nur die wesentlichen Ziele des Vertragsregimes sowie allenfalls sehr allgemein formulierte – und damit praktisch irrelevante – Verpflichtungen zu Umweltschutzmaßnahmen enthält. Darüber hinaus verpflichtet der Rahmenvertrag – in unterschiedlich konkreter Weise und mit unterschiedlichem Erfolg – die Vertragsstaaten dazu, das Rahmenübereinkommen in der Folge mit konkreten substantiellen Regelungen auszufüllen. Im Idealfall kommt es in der Folge zum Abschluss völkerrechtlich verbindlicher Protokolle, die die Vertragsparteien zu konkreten Schutzmaßnahmen verpflichten.[638] Zur Weiterentwicklung der normativen Vorgaben beziehungsweise zur Überwachung der Einhaltung dieser Vorgaben etablieren einige Rahmenübereinkommen eine Konferenz der Vertragsstaaten (*conference of the parties*).[639]

Diesen Vertragsstaatenkonferenzen kommt sehr unterschiedliche legislative Bedeutung zu. Vielfach kann die Konferenz zwar Protokolle ausarbeiten oder Änderungen und Anpassungen der Konvention oder ihrer Anhänge vorschlagen. Das Inkrafttreten der Entwürfe setzt jedoch die Ratifikation durch eine bestimmte Anzahl von Vertragsstaaten voraus und entfaltet rechtliche Wirkungen nur für diejenigen Staaten, die ihre Zustimmung in einem formalisierten Verfahren ausgedrückt haben. So kann nach Art. 15 Abs. 3 der *Framework Convention on Climate Change (FCCC)* eine Vertragsänderung mit Dreiviertelmehrheit der auf der Staatenkonferenz anwesenden Parteien beschlossen werden, die gemäß Art. 15 Abs. 4 FCCC mit der Ratifizierung durch drei Viertel der Parteien in Kraft tritt. Allerdings gilt diese nur für diejenigen Vertragsparteien, die die Änderungen ratifiziert haben. Damit entspricht diese Regelungstechnik der Sekundärrechtsetzung mit dem Erfordernis

---

[637] Zur strukturellen Vergleichbarkeit *Jutta Brunnée*, Reweaving the Fabric of International Law? Patterns of Consent in Environmental Framework Agreements, in: Rüdiger Wolfrum/Volker Röben (eds.), Developments of International Law in Treaty Making, 2005, S. 101 (106 f.); *Robin R. Churchill/ Geir Ulfstein*, Autonomous Institutional Arrangements in Multilateral Environmental Agreements: A Little-Noticed Phenomenon in International Law, AJIL 94 (2000), S. 623 ff.; *Ulrich Beyerlin*, Umweltvölkerrecht, 2000, S. 30 spricht von internationalen Organisationen „im kleinen".

[638] Überblick zum Ganzen bei *Beyerlin* (Fn. 637), S. 42.

[639] Überblick bei *Churchill/Ulfstein* (Fn. 637), S. 623 f.

des *opting-in*. Entsprechendes gilt für das Zustandekommen und Inkrafttreten von Protokollen nach Art. 17 FCCC.

Einige Rahmenabkommen sehen eine Rechtsetzung mit Möglichkeit des *opting-out* vor. So können Anhänge zur Klimaschutzrahmenkonvention gemäß Art. 16 Abs. 2 FCCC im Verfahren des Art. 15 FCCC beschlossen werden, die nach Art. 16 Abs. 3 FCCC für alle Vertragsparteien in Kraft treten. Ausgenommen sind jedoch diejenigen Staaten, die innerhalb eines bestimmten Zeitraums und in einem bestimmten formellen Verfahren ihre Nichtannahme notifizieren.

Echte Rechtsetzungskompetenzen der Staatenkonferenzen sind indes selten. Allein das Montrealer Protokoll[640] zum Wiener Ozonschutzübereinkommen[641] enthält eine entsprechende Regelung: Art. 2 Abs. 9 des Protokolls ermächtigt die Staatenkonferenz dazu, Änderungen der Anhänge zum Protokoll, die mit Wirkung für *alle* Staaten in Kraft treten (Art. 2 Abs. 9 *lit.* d) des Protokolls), mit Zweidrittelmehrheit zu beschließen (Art. 2 Abs. 9 *lit.* c) des Protokolls). Ein *opting-out* ist nicht möglich, so dass der Staatenkonferenz echte legislative Kompetenzen zukommen.[642] Damit stellt das Montrealer Protokoll eine Ausnahme im Rahmen umweltvölkerrechtlicher Abkommen dar.[643]

V. Ergebnis: Sekundärrechtsetzung und Konsensprinzip

Im modernen Völkerrecht setzen internationale Organisationen im Rahmen ihrer satzungsmäßigen Befugnisse – und vielleicht sogar darüber hinaus – völkerrechtlich verbindliches Recht. Diese Entwicklung ist nicht auf technische Bereiche beschränkt, sondern betrifft zuneh-

---

[640] *Montreal Protocol on Substances that Deplete the Ozone Layer* vom 16.9.1987, UNTS 1522, S. 3, BGBl. 1988 II, S. 1015, ILM 26 (1987), S. 1541.

[641] *Vienna Convention for the Protection of the Ozone Layer* vom 22.3.1985, UNTS 1513, S. 293, BGBl. 1988 II, S. 902, ILM 26 (1987), S. 1529.

[642] *Julia Sommer*, Environmental Law-Making by International Organisations, ZaöRV 56 (1996), S. 628 (653); *Beyerlin* (Fn. 637), S. 48 f. sowie S. 80; *Brunnée* (Fn. 637), S. 109 f.

[643] Zu ähnlichen legislativen Tendenzen ohne ausdrückliche Rechtsgrundlage *Brunnée* (Fn. 637), S. 110 ff. m.w.N.; kritisch *Günther Handl*, International „Lawmaking“ by Conferences of Parties and Other Politically Mandated Bodies, in: Rüdiger Wolfrum/Volker Röben (eds.), Developments of International Law in Treaty Making, 2005, S. 127 (129) (Fußnote 7) sowie S. 136 f.

mend Politikfelder von zentraler Bedeutung für die internationale Gemeinschaft.[644] Die überwiegende Zahl der Stimmen im Schrifttum sieht im Phänomen der Sekundärgesetzgebung indes keinen Bruch mit dem Konsensprinzip: Die Befugnis internationaler Organisationen zur Setzung von Recht beruhe auf einem völkerrechtlichen Vertrag, der im zwischenstaatlichen Konsens mit der Zustimmung jedes einzelnen Mitgliedstaates zustande gekommen sei. Insofern stelle Sekundärrechtsetzung internationaler Organisationen die Konkretisierung von Befugnissen dar, die ihnen im zwischenstaatlichen Konsens übertragen worden seien.[645] Diese Sichtweise geht davon aus, dass der einmal zum Ausdruck gebrachte staatliche Zustimmungsakt zu einem Gründungsvertrag einer internationalen Organisation sich auf alle nachfolgenden Sekundärrechtsakte erstreckt. Die Praxis internationaler Organe zeigt jedoch, wie wenig vorhersehbar die Handhabung legislativer Befugnisse ist. Insbesondere die extensive Handhabung der Art. 39 ff. UN-Charta durch den Sicherheitsrat, der friedensvertragliche Regelungen einseitig erlässt, Kriegsverbrechertribunale etabliert, legislativ tätig wird und Resolutionen an Individuen adressiert, hat kein Mitgliedstaat zum Zeitpunkt der Gründung oder des Beitritts zu den Vereinten Nationen absehen können. Aufgrund offen formulierter Eingriffsnormen, großzügiger Einschätzungsspielräume und fehlender Möglichkeiten, ein *ultra vires*-Handeln geltend zu machen, können im Wege der Sekundärrechtsetzung Regelungen geschaffen werden, die nicht einmal ansatzweise im Gründungsvertrag der entsprechenden Organisation angelegt sind.[646]

Daher stellt es eine nicht überzeugende und die Realität nicht widerspiegelnde juristische Konstruktion und Fiktion dar, Sekundärrechtsetzung allein aufgrund der ursprünglichen Zustimmung zur Verfassung der internationalen Organisation als dem Konsensprinzip entsprechend anzusehen.[647] Eine solche Sichtweise beschränkt die Eingliederung eines Staates in eine internationale Organisation auf den Akt des Beitritts und wird den kompetenzausweitenden Tendenzen internationaler Organisa-

---

[644] Vgl. *Aston* (Fn. 27), S. 29.

[645] *Gaetano Arangio-Ruiz*, Voluntarism versus Majority Rule, in: Antonio Cassese/Joseph H.H. Weiler (eds.), Change and Stability in International Law-Making, 1988, S. 102 (104); *Christian Hillgruber*, Souveränität – Verteidigung eines Rechtsbegriffs, JZ 2002, S. 1072 (1075).

[646] *Fastenrath* (Fn. 1), S. 106 (Fußnote 388).

[647] So auch *Tomuschat* (Fn. 21), S. 326 f.; *Aston* (Fn. 27), S. 196 ff.; *Alain Pellet*, The Normative Dilemma: Will and Consent in International Law-Making, AusYIL 12 (1992), S. 22 (35); skeptisch auch *Charney/Danilenko* (Fn. 6), S. 44.

tionen nicht gerecht.[648] Sprachliche Verschiebungen wie die Bezeichnung der ursprünglichen Zustimmung als „abstrakter Konsens", der die nachfolgenden Sekundärrechtsakte trage,[649] verdeutlichen den fiktiven Charakter des angenommenen Konsenses. Sie können nicht darüber hinwegtäuschen, dass ein Staat im konkreten Einzelfall gegen seinen ausdrücklich geäußerten Willen einer rechtlichen Bindung unterworfen werden kann.[650] Eine derartige Form der Rechtsetzung hat sich schon sehr weit von der klassischen horizontalen Konzeption des Völkerrechtssystems entfernt und enthält erste Andeutungen einer zentralisierten internationalen Legislative. In den Worten von *Kelsen*:

> „An international community may have central organs endowed with (...) legislative power (...) If, however, the centralization of the organization, especially the centralization of the power to create general legal norms binding upon the members, exceeds a certain degree, the international community is transformed into a national community, a state, and the law created by the central organ ceases to be international law; it assumes the character of national law."[651]

F. Zwingendes Völkerrecht als internationales Gemeinschaftsrecht

In den bisher behandelten Rechtsetzungsprozessen tritt die internationale Gemeinschaft nicht offen in Erscheinung, sondern ist allenfalls hinter den aufgezeigten Durchbrechungen des Konsensprinzips zu erkennen. Anders stellt sich dies im Rahmen des zwingenden Völkerrechts dar. Denn Art. 53 der Wiener Vertragsrechtskonvention, in der das *ius cogens* 1969 erstmals seinen positiv-rechtlichen Niederschlag erhalten hat, bezieht sich ausdrücklich auf die „internationale Gemeinschaft als

---

[648] *Magdalena M. Martin Martinez*, National Sovereignty and International Organizations, 1996.

[649] So *Ingrid Detter*, Law Making by International Organizations, 1965, S. 322 f.

[650] Siehe *Aston* (Fn. 27), S. 198, der von einem konsentierten Verzicht auf das Konsensprinzip ausgeht.

[651] *Kelsen* (Fn. 284), S. 507 f.; auch *Henry G. Schermers/Niels M. Blokker*, International Institutional Law, 4th ed. 2003, S. 835 betonen, dass mit der Sekundärrechtsetzung ein vertikales Strukturelement Eingang in die horizontale Völkerrechtsordnung erfahren hat.

Ganze" und räumt dieser eine eigenständige Bedeutung ein. Welche Rolle der internationalen Gemeinschaft als Rechtsetzer durch die Anerkennung zwingender Völkerrechtsnormen zuteil wird, bildet den Gegenstand der folgenden Ausführungen.[652]

I. Die Herausbildung des *ius cogens* im modernen Völkerrecht

Auch wenn das Konzept zwingender Normen, von denen eine Abweichung nicht zulässig ist, erstmals formale Anerkennung in der Wiener Vertragsrechtskonvention von 1969 erhalten hat, handelt es sich dabei um keine Erfindung des modernen Völkerrechts. Elemente des *ius cogens* werden bereits bei den naturrechtlich geprägten „Vätern" des Völkerrechts gesehen.[653] Die positivistische Prägung der Völkerrechtstheorie im späten 19. Jahrhundert war hingegen nur schwer mit dem Gedanken eines der staatlichen Disposition entzogenen Normgefüges vereinbar,[654] so dass die Konzeption erst im 20. Jahrhundert vermehrte Aufmerksamkeit erhielt. Wurde bereits vor Ausbruch des Zweiten Weltkrieges auf die Notwendigkeit der Anerkennung zwingender Völker-

---

[652] Umfassend zum zwingenden Völkerrecht *Lauri Hannikainen*, Peremptory Norms (Jus Cogens) in International Law, 1988; *Stefan Kadelbach*, Zwingendes Völkerrecht, 1992; *Robert Kolb*, Théorie du ius cogens international, 2001; *Alexander Orakhelashvili*, Peremptory Norms in International Law, 2006; *Christos L. Rozakis*, The Concept of Jus Cogens in the Law of Treaties, 1976; *Jerzy Sztucki*, Jus Cogens and the Vienna Convention on the Law of Treaties, 1974; ausführlich auch *Paulus* (Fn. 67), S. 330 ff.; *Giorgio Gaja*, Jus Cogens beyond the Vienna Convention, RdC 172 (1981-III), S. 271 ff.; siehe auch die Beiträge in: Christian Tomuschat et al. (eds.), The Fundamental Rules of the International Legal Order, 2006.

[653] *Verdross* (Fn. 137), S. 56; *Verdross/Simma* (Fn. 1), S. 328; *Michael Schweitzer*, Ius cogens im Völkerrecht, AVR 15 (1971), S. 197 (198 f.); *Li Haopei*, Jus Cogens and International Law, in: Sienho Yee/Wang Tieya (eds.), International Law in the Post-Cold War World, Essays in Memory of Li Haopei, 2001, S. 499 (501 f.); *Jochen Abr. Frowein*, Jus Cogens, in: Rudolf Bernhardt (ed.), EPIL, Vol. III, 1997, S. 65 (66); restriktiver *Kadelbach* (Fn. 652), S. 130 ff.

[654] Siehe nur *von Liszt* (Fn. 272), S. 12, der das gesamte Völkerrecht als dispositives Recht bezeichnet; vgl. auch *Paulus* (Fn. 67), S. 331 f.; zur Vereinbarkeit zwingender Normen mit positivistischen Theorien *Kadelbach* (Fn. 652), S. 138 ff.

rechtsnormen hingewiesen,[655] so erlangte das *ius cogens* insbesondere nach dem Zweiten Weltkrieg Beachtung und Anerkennung im Völkerrecht:[656] Das U.S.-Militärtribunal in Nürnberg erklärte einen Vertrag zwischen Deutschland und Frankreich über den Einsatz französischer Kriegsgefangener in der deutschen Rüstungsindustrie für nichtig, da es ihn als *contra bonos mores* ansah.[657] Im *Corfu Channel*-Fall statuierte der IGH eine völkerrechtliche Pflicht Albaniens zur Warnung herannahender Schiffe vor einem Minenfeld aus elementaren Erwägungen der Menschlichkeit,[658] und im Gutachten zur Zulässigkeit von Vorbehalten zur Völkermordkonvention erkannte er an, dass es Prinzipien gibt, die auch ohne vertragliche Verpflichtung alle Staaten unabhängig von ihrem Willen binden.[659] In seiner abweichenden Meinung zum Urteil des IGH in der zweiten Phase der *Südwestafrika*-Entscheidungen qualifizierte Richter *Tanaka* schließlich menschenrechtliche Gewährleistungen ausdrücklich als *ius cogens*.[660] Und auch das Bundesverfassungsgericht er-

---

[655] Siehe insbesondere *Alfred Verdross*, Forbidden Treaties in International Law, AJIL 31 (1937), S. 571 ff.; dazu *Paulus* (Fn. 67), S. 332 f. In seiner abweichenden Meinung im *Oscar Chinn*-Fall vor dem StIGH führte *Schücking* aus, dass der Gerichtshof keine Konvention zur Anwendung bringen könne, die sich im Widerspruch zur öffentlichen Moral befinde, vgl. *Oscar Chinn*, PCIJ Series A/B, Nr. 63 (1934), S. 149 f. Nach *Hannikainen* (Fn. 652), S. 124 handelt es sich dabei bereits um die Anerkennung von *ius cogens*; anders *Ulrich Scheuner*, Conflict of Treaty Provisions with a Peremptory Norm of General International Law and its Consequences, ZaöRV 27 (1967), S. 520 (521) (Fußnote 6).

[656] Vgl. die Nachweise bei *Verdross* (Fn. 137), S. 56; zur Bedeutung des Zweiten Weltkrieges für die Diskussion *Christopher A. Ford*, Adjudicating Jus Cogens, Wis. Int'l L.J. 13 (1994), S. 145 (163); zum politischen und ideologischen Hintergrund *Cassese* (Fn. 3), S. 199 f.

[657] Hierzu *Egon Schwelb*, Some Aspects of International Jus Cogens as Formulated by the International Law Commission, AJIL 61 (1967), S. 946 (950 f.); *Verdross* (Fn. 510), S. 172.

[658] *Corfu Channel Case*, ICJ Reports 1949, S. 4 (22); *Ford* (Fn. 656), S. 156 spricht in dieser Hinsicht von „something like jus cogens".

[659] *Reservations to the Convention on Genocide*, Advisory Opinion, ICJ Reports 1951, S. 15 (23); erste Anzeichen der Anerkennung von *ius cogens* sehen hierin *Scheuner* (Fn. 655), S. 521; *Cançado Trindade* (Fn. 1), S. 339.

[660] *South West Africa, Second Phase*, Dissenting Opinion *Tanaka*, ICJ Reports 1966, S. 6 (298).

kannte bereits 1965 die Existenz zwingender Normen des Völkerrechts an.[661]

Mit den Bestrebungen der *International Law Commission*, das Vertragsrecht einer Kodifizierung zu unterziehen, gewann die Entwicklung des Konzepts erneut an Auftrieb.[662] Während der Bericht des ersten *Special Rapporteur* der ILC *James Leslie Brierly* noch keine Vorschriften zum zwingenden Völkerrecht enthielt,[663] sprachen sich die drei nachfolgenden Berichterstatter jeweils für eine entsprechende Regelung aus. Der zweite Berichterstatter *Hersch Lauterpacht* schlug vor, dass Verträge, die gegen allgemeine Grundsätze der internationalen öffentlichen Ordnung und der internationalen Moral verstoßen, vom IGH für nichtig erklärt werden können.[664] Der dritte *Special Rapporteur Sir Gerald Fitzmaurice* brachte schließlich den Begriff des *ius cogens* ein.[665] Verträge, die gegen zwingende Vorschriften verstoßen, sollten nichtig sein, ohne dass es auf eine konstitutive Nichtigerklärung durch den IGH ankomme.[666] Auch bei *Fitzmaurice* findet sich die Bezugnahme auf die Moral. Der vierte Berichterstatter *Sir Humphrey Waldock* hingegen entfernte sich von den naturrechtlich geprägten Entwürfen seiner beiden Vorgänger und legte eine eher formale und positivistische Definition des *ius cogens* vor,[667] die er mit einer exemplarischen Aufstellung zwingender Normen kombinierte.

---

[661] BVerfGE 18, 441 (448 f.).

[662] Zu Vorarbeiten und Entstehung der Vertragsrechtskonvention speziell unter dem Gesichtspunkt des *ius cogens* siehe *Hannikainen* (Fn. 652), S. 157 ff.; *Kadelbach* (Fn. 652), S. 36 ff.; *Paulus* (Fn. 67), S. 334 ff.

[663] Vgl. *Law of Treaties, Report by J.L. Brierly*, Special Rapporteur, UN Doc. A/CN.4/23, YBILC 1950 II, S. 222 ff.; *Law of Treaties, Second Report: Revised Articles of the Draft Convention by J.L. Brierly*, Special Rapporteur, UN Doc. A/CN.4/43, YBILC 1951 II, S. 70 ff.; *Law of Treaties, Report by J.L. Brierly*, Special Rapporteur, UN Doc. A/CN.4/54, YBILC 1952 II, S. 50 ff. Seine skeptische Haltung gegenüber dem *ius cogens* hatte *Brierly* bereits früher zum Ausdruck gebracht, siehe *James Leslie Brierly*, Règles générales du droit de la paix, RdC 58 (1936-IV), S. 1 (219).

[664] *Law of Treaties, Report by Mr. H. Lauterpacht*, Special Rapporteur, UN Doc. A/CN.4/63, YBILC 1953 II, S. 90 (154 f.).

[665] *Law of Treaties, Third report by G.G. Fitzmaurice*, Special Rapporteur, UN Doc. A/CN.4/115, YBILC 1958 II, S. 20 (26 f.).

[666] *Ibid.*, S. 28 f.

[667] *Second Report on the Law of Treaties, by Sir Humphrey Waldock*, Special Rapporteur, UN Doc. CN.4/156, YBILC 1963 II, S. 39: „‚Jus cogens' means a

In der Folgezeit rankte die Diskussion in der Völkerrechtskommission insbesondere um die Frage, ob die Entstehung von *ius cogens* den Konsens der Staaten voraussetzt.[668] Da auch keine Einigkeit hinsichtlich eines Katalogs zwingender Normen erzielt werden konnte,[669] beschränkte die ILC sich im Ergebnis auf eine sehr formale Definition[670] und verzichtete auf eine Auflistung zwingender Normen. Dieser Entwurf wurde von der ILC verabschiedet[671] und bildete die Grundlage der von der Generalversammlung einberufenen Wiener Vertragsrechtskonferenz.[672]

Auch auf der Konferenz wirkten die Kontroversen fort. Neben den bereits erwähnten Streitigkeiten um die theoretische Begründung des *ius cogens* und um einzelne Normen dieser Kategorie wurden die Missbrauchsgefahr und Vagheit des Konzepts kritisiert sowie die Frage nach der für das Zustandekommen einer zwingenden Norm erforderlichen Anzahl von Staaten diskutiert.[673] Als Kompromiss einigte sich die Konferenz schließlich auf folgende Formulierung des Art. 53 der Wiener Vertragsrechtskonvention:

> „A treaty is void if, at the time of its conclusion, it conflicts with a peremptory norm of general international law. For the purposes of the present Convention, a peremptory norm of general international law is a norm accepted and recognized by the international community of States as a whole as a norm from which no derogation is

---

peremptory norm from which no derogation is permitted except upon a ground specially sanctioned by general international law, and which may be modified or annulled only by a subsequent norm of general international law."

668 Dafür *Summary Records of the Fifteenth Session*, YBILC 1963 I, S. 63 (*Yasseen*) sowie S. 69 (*Tunkin*); dagegen *ibid.*, S. 64 (*Rosenne*) sowie S. 71 f. (*de Luna*).

669 Vgl. die Darstellung bei *Kadelbach* (Fn. 652), S. 40 (Fußnote 37).

670 In Art. 50 der letzten Fassung des ILC-Entwurfs heißt es: „A treaty is void if it conflicts with a peremptory norm of general international law from which no derogation is permitted and which can be modified only by a subsequent norm of general international law having the same character." (*Reports of the International Law Commission on the Second Part of its Seventeenth Session and on its Eighteenth Session*, UN Doc. A/6309/Rev.1, YBILC 1966 II, S. 169 (183), ZaöRV 27 (1967), S. 562 ff.); dazu *Scheuner* (Fn. 655), S. 520 ff.

671 *Summary Record of the Second Part of the Seventeenth Session*, YBILC 1966 I/1, S. 121.

672 General Assembly Resolution 2166 (XXI) vom 5.12.1966.

673 Vgl. die Darstellung bei *Kadelbach* (Fn. 652), S. 41 ff.

> permitted and which can be modified only by a subsequent norm of general international law having the same character."

Ein Katalog exemplarischer zwingender Normen wurde nicht verabschiedet, dafür wurde eine obligatorische Streitschlichtung in den Art. 65 und 66 der WVK verankert. Der Konventionstext wurde mit großer Mehrheit angenommen.[674] Damit ist das Prinzip des zwingenden Völkerrechts universell anerkannt.[675] Die Enthaltungen und Gegenstimmen sind primär auf die Formulierung des Art. 53 WVK zurückzuführen und müssen nicht als Ausdruck eines generellen Widerspruchs verstanden werden.[676] Darüber hinaus wird diskutiert, ob das Konzept des *ius cogens* gewohnheitsrechtliche Geltung beanspruchen kann[677] oder einen allgemeinen Rechtsgrundsatz des Völkerrechts darstellt.[678]

II. Die Stellung der internationalen Gemeinschaft im *ius cogens*

Erst auf der Wiener Vertragsrechtskonferenz wurde also die „internationale Gemeinschaft als Ganze" in das Konzept des *ius cogens* eingeführt. Dem Wortlaut des Art. 53 WVK zufolge ist es diese Gemeinschaft, die über den Akt der Anerkennung eine Norm in den Rang des *ius cogens* hebt.[679] Drei Fragen sind maßgeblich, um zu beurteilen, ob

---

[674] 87 Ja-Stimmen, 8 Gegenstimmen und 12 Enthaltungen, vgl. United Nations Conference on the Law of Treaties, First Session, Vienna, 26 March-24 May 1968, Official Records, Summary Records of the Plenary Meetings and of the Meetings of the Committee of the Whole, 1969, UN Doc. A/CONF.39/11, S. 472 (Ziff. 15 f.).

[675] Dazu statt aller *Simma* (Fn. 29), S. 272 f.

[676] *Paulus* (Fn. 67), S. 329; *Kadelbach* (Fn. 652), S. 45; *Karol Wolfke*, Jus Cogens in International Law (Regulation and Prospects), Polish YIL 6 (1974), S. 145 (147); skeptisch *Gaja* (Fn. 652), S. 279; *Danilenko* (Fn. 376), S. 56 f.; *Sztucki* (Fn. 652), S. 93 ff. Auch Frankreich, das lange Zeit grundsätzliche Bedenken gegen das Konzept des *ius cogens* vorgebracht hat, scheint diesen Widerstand nicht mehr aufrecht zu erhalten, siehe *Andreas L. Paulus*, Jus Cogens in a Time of Hegemony and Fragmentation, Nordic J. Int'l L. 74 (2005), S. 297 (298).

[677] Statt vieler *Ronald St. John MacDonald*, Fundamental Norms in Contemporary International Law, Canadian YIL 25 (1987), S. 115 (131 f.).

[678] *Haopei* (Fn. 653), S. 513 f.; danach hat Art. 53 WVK nur deklaratorische Bedeutung.

[679] *Paulus* (Fn. 67), S. 342; das Merkmal „from which no derogation is permitted" stellt hingegen keine Entstehungsvoraussetzung dar, sondern bezeich-

und in welchem Umfang der internationalen Gemeinschaft legislative Kompetenzen im Rahmen des zwingenden Völkerrechts zukommen: Wer macht die internationale Gemeinschaft im Sinne des Art. 53 Satz 2 WVK aus? Räumt die Konzeption der WVK der internationalen Gemeinschaft die Möglichkeit ein, eine Norm des Völkerrechts auch ohne oder gegen den Willen einzelner Staaten in den Rang des *ius cogens* zu heben, und welche Folgen entfaltet dies für einen dissentierenden Staat? Oder geht die Konzeption sogar darüber hinaus und setzt gar keine bestehende Norm voraus, sondern lässt auch eine Entstehung universell verbindlicher Normen ohne oder gegen den Willen einzelner Staaten zu? Jede dieser drei Fragen bezieht sich auf ein Tatbestandsmerkmal des Art. 53 Satz 2 WVK.

1. Der Begriff der „international community of States"

Die Uneinigkeit im Hinblick auf die Existenz und rechtliche Relevanz einer internationalen Gemeinschaft setzt sich bei der Frage fort, aus welchen Subjekten sich diese Gemeinschaft konstituiert. Die Vorschläge reichen von einer reinen Staatengemeinschaft über die Einbeziehung von internationalen Organisationen, Nichtregierungsorganisationen und Individuen bis hin zu einer rein zwischenmenschlichen internationalen Gemeinschaft unter Ausblendung der Staaten. Für das *ius cogens* wird jedoch die grundsätzliche Staatsfixiertheit des völkerrechtlichen Systems beibehalten: Schon dem Wortlaut des Art. 53 Satz 2 WVK zufolge handelt es sich um eine internationale Gemeinschaft *der Staaten*. Über- und nichtstaatliche Subjekte werden nicht erwähnt, die Vermeidung der offeneren Bezeichnung der „internationalen Gemeinschaft" lässt eine weitergehende Interpretation nicht zu. Unterstützt wird diese Auslegung durch den wortgleichen Art. 53 Satz 2 des Wiener Übereinkommens über das Recht der Verträge zwischen Staaten und internationalen Organisationen.[680] Da es im Rahmen dieses Abkommens noch näher liegend gewesen wäre, zumindest internationale Organisationen in den Entstehungstatbestand mit einzubeziehen, bekräftigt die Auslassung in

---

net die Rechtsfolge, vgl. *Eduardo Jiménez de Aréchaga*, International Law in the Past Third of the Century, RdC 159 (1978-I), S. 1 (64); *Cassese* (Fn. 3), S. 199 f.; *Christian J. Tams*, Schwierigkeiten mit dem Ius Cogens, AVR 40 (2002), S. 331 (343).

[680] *Vienna Convention on the Law of Treaties between States and International Organizations or between International Organizations* vom 21.3.1986, BGBl. 1990 II, S. 1415.

der Nachfolgekonvention die grundsätzliche Beschränkung auf die Staatengemeinschaft.[681] Die internationale Gemeinschaft im Sinne des Art. 53 Satz 2 WVK ist somit allein die internationale Gemeinschaft der Staaten.[682]

2. *Die Qualifikation „as a whole"*

Doch wer genau ist diese Staatengemeinschaft, die „als Ganze" den zwingenden Charakter einer Norm anerkennen kann? Denkbar wäre es, die Staatengemeinschaft mit der Summe ihrer Mitglieder gleichzusetzen, mit der Folge, dass für die Entstehung einer zwingenden Norm die Akzeptanz *aller* Staaten erforderlich wäre.[683] Dieser Aspekt wurde auf der Wiener Staatenkonferenz ausführlich erörtert,[684] und die letztlich angenommene Formulierung „as a whole" soll klarstellen, dass zumindest nicht die Zustimmung aller Staaten erforderlich ist.[685] Auch der Vorsitzende des *Drafting Committee* führt aus:

---

[681] Der entsprechende Kommentar der ILC betont die Intentionalität dieser Restriktion, vgl. *Report of the International Law Commission on the Work of its Thirty-fourth Session*, UN Doc. A/37/10, YBILC 1982 II/2, S. 1 (56): „(...) in the present state of international law, it is States that are called upon to establish or recognize peremptory norms."

[682] *Paulus* (Fn. 67), S. 343 f.; *André de Hoogh*, Obligations Erga Omnes and International Crimes, 1996, S. 46; *Tomuschat* (Fn. 114), S. 75; *Don W. Greig*, „International Community", „Interdependence" and All That ... Rhetorical Correctness?, in: Gerard Kreijen (ed.), State, Sovereignty and International Governance, 2002, S. 521 (532 ff.); *Hillgruber* (Fn. 6), S. 121; für die Einbeziehung weiterer Akteure *Mary Ellen Turpel/Philippe Sands*, Peremptory International Law and Sovereignty: Some Questions, Conn. J. Int'l L. 3 (1988), S. 364 (365).

[683] So *Carsten Alexander Günther*, Die Klagebefugnis der Staaten in internationalen Streitbeilegungsverfahren, 1999, S. 116 f.; *Georg Schwarzenberger*, International Law and Order, 1971, S. 52 f.; *Frederick A. Mann*, The Doctrine of Jus Cogens in International Law, in: Horst Ehmke u.a. (Hrsg.), Festschrift für Ulrich Scheuner, 1973, S. 399 (401); skeptisch gegenüber majoritären Ansätzen auch *Hillgruber* (Fn. 160), S. 83 ff.

[684] Darstellung bei *Michael Akehurst*, The Hierarchy of the Sources of International Law, BYIL 47 (1974/75), S. 273 (284); *Kadelbach* (Fn. 652), S. 44 f.; *Paulus* (Fn. 67), S. 338 ff.

[685] *Paulus* (Fn. 67), S. 330; *Greig* (Fn. 682), S. 534; anders *Hillgruber* (Fn. 160), S. 83; zur Ambivalenz der Formulierung *Tomuschat* (Fn. 114), S. 75; *Sztucki* (Fn. 652), S. 99 f.; abweichende Lesart bei *Günther* (Fn. 683), S. 116 f.; *Schwarzenberger* (Fn. 683), S. 52.

> „(...) the Drafting Committee had wished to stress that there was no question of requiring a rule to be accepted and recognized as peremptory by all States. It would be enough if a very large majority did so; that would mean that, if one State in isolation refused to accept the peremptory character of a rule, or if that State was supported by a very small number of States, the acceptance and recognition of the peremptory character of the rule by the international community as a whole would not be affected."[686]

Damit ist davon auszugehen, dass für die Entstehung einer zwingenden Norm die Anerkennung der überwältigenden Mehrheit der Staaten erforderlich ist, der Widerspruch einzelner Staaten der Herausbildung von *ius cogens* aber nicht entgegensteht.[687] Welche Anzahl von Staaten erforderlich ist, um eine Norm in den Rang des zwingenden Rechts zu erheben, ist danach freilich noch nicht gesagt, ein genereller Konsens in dieser Hinsicht ist bislang nicht ersichtlich.[688]

Eine Konkretisierung der für die Entstehung von *ius cogens* notwendigen Zahl zustimmender Staaten nimmt *Roberto Ago* vor. Er führt aus, dass:

> „(...) il faut que la conviction du caractère impératif de la règle soit partagée par toutes les composantes essentielles de la communauté internationale et non seulement, par exemple, par les Etats de l'Ouest ou de l'Est, par les pays développés ou en voie de développement, par ceux d'un continent ou d'un autre."[689]

---

[686] United Nations Conference on the Law of Treaties, First Session, Vienna, 26 March-24 May 1968, Official Records, Summary Records of the Plenary Meetings and of the Meetings of the Committee of the Whole, 1969, UN Doc. A/CONF.39/11, S. 472 (Ziff. 12).

[687] *Verdross/Simma* (Fn. 1), S. 333 f.; *Paulus* (Fn. 67), S. 344 f.; *Haopei* (Fn. 653), S. 510; *Kadelbach* (Fn. 652), S. 189 ff.; *Gaja* (Fn. 652), S. 283; *Wolfke* (Fn. 676), S. 149; *MacDonald* (Fn. 677), S. 130 f.; *Pellet* (Fn. 200), S. 38; *Hermann Mosler*, Ius Cogens im Völkerrecht, SchwJIR 15 (1968), S. 9 (26); *Akehurst* (Fn. 684), S. 285.

[688] Ablehnend zum *ius cogens* aufgrund dieser Unsicherheiten der französische Delegierte *Hubert*, vgl. United Nations Conference on the Law of Treaties, Second Session, Vienna, 9 April-22 May 1969, Official Records, Summary Records of the Plenary Meetings and of the Meetings of the Committee of the Whole, 1970, UN Doc. A/CONF.39/11/Add.1, S. 94 (Ziff. 11).

[689] *Roberto Ago*, Droit des traités à la lumière de la Convention de Vienne, RdC 134 (1971-III), S. 297 (323).

Auch diese Einschränkung, dass nämlich die „essential components" der internationalen Gemeinschaft an der Entstehung des zwingenden Völkerrechts beteiligt sein müssen, wird weitgehend anerkannt.[690] Danach kann eine *ius cogens*-Norm nicht ohne die Zustimmung von Staaten aller wesentlichen Rechtskreise und politischen Lager entstehen. Hingegen reicht der Widerspruch eines einzelnen – wenn auch bedeutsamen – Staates nicht aus, um die Entstehung einer zwingenden Norm zu verhindern.[691] Im Ergebnis ergibt sich eine Konzeption der „international community as a whole" im Sinne des Art. 53 WVK, die auf die überwältigende Mehrheit aller Staaten abstellt und gleichzeitig voraussetzt, dass diese Staaten die Gemeinschaft repräsentieren. Weitere Konturen der Entstehung von *ius cogens* lassen sich vor dem Hintergrund der zurückhaltenden Staatenpraxis sowie der fehlenden einschlägigen Gerichtsentscheidungen nur schwerlich feststellen.

Steht danach zwar fest, dass die internationale Gemeinschaft „as a whole" auch ohne oder gegen den Willen einzelner Staaten zwingende Normen festlegen kann, so stellt sich die Frage, ob ein dissentierender Staat den zwingenden Charakter der Norm gegen sich gelten lassen muss. Ein Teil der Literatur lehnt dies ab und zieht eine Parallele zur Figur des *persistent objector*.[692] Danach soll ein ausdrücklich widersprechender Staat zwar nicht verhindern können, dass eine völkerrechtliche Norm zwingenden Charakter erlangt, er selbst sei aber hiervon nicht betroffen. Überwiegend wird hingegen eine Bindung aller Staaten an zwingende Normen des Völkerrechts angenommen und der Widerspruch einzelner Staaten für unbeachtlich gehalten.[693] Zur Begründung wird vorgebracht, es sei der konzeptionelle Kern des *ius cogens*, dass zwingende Normen auch gegenüber Staaten gelten, die diesen nicht zugestimmt haben.[694]

---

[690] Siehe stellvertretend *Gaja* (Fn. 652), S. 283; *MacDonald* (Fn. 677), S. 130.

[691] *Paulus* (Fn. 67), S. 344 f.

[692] *Danilenko* (Fn. 376), S. 49 ff.; *Charney* (Fn. 424), S. 19 (Fußnote 81); *Wolfke* (Fn. 676), S. 149; kritisch zur Bindung widersprechender Staaten auch *Ted L. Stein*, The Approach of the Different Drummer: The Principles of the Persistent Objector in International Law, Harv. Int'l L.J. 26 (1986), S. 457 (481); skeptisch ebenfalls *Kadelbach* (Fn. 652), S. 198.

[693] *Rozakis* (Fn. 652), S. 78; *Simma* (Fn. 19), S. 289 f.; *Paulus* (Fn. 67), S. 346 ff.; *Brownlie* (Fn. 132), S. 12 (Fußnote 56); *MacDonald* (Fn. 677), S. 131; *Mosler* (Fn. 687), S. 26 ff.; zurückhaltender *Hannikainen* (Fn. 652), S. 242.

[694] *MacDonald* (Fn. 677), S. 131; kritisch hierzu *Danilenko* (Fn. 376), S. 51.

Auch der Verbandscharakter der Völkerrechtsgemeinschaft wird angeführt.[695] Schon diese Argumentationsmuster deuten auf die Unvereinbarkeit des Konzepts mit der herkömmlichen konsensorientierten Rechtsquellenlehre hin.

3. Das Vorliegen einer „norm accepted and recognized"

Von der Frage, wie eine bestehende Norm in den Rang des *ius cogens* erhoben werden kann und ob sie auch Staaten binden kann, die ihrem zwingenden Charakter ausdrücklich widersprechen, ist die Frage zu unterscheiden, ob und wie eine Vorschrift des *ius cogens* entstehen kann, wenn vorher noch keine dispositive Völkerrechtsnorm bestand.[696] Die herkömmliche Auffassung geht davon aus, dass eine zwingende Norm zunächst nach den üblichen Regeln des Art. 38 Abs. 1 IGH-Statut[697] entstehen muss und dann erst als zwingend anerkannt wird. Konsequenz dieses zweistufigen Ansatzes ist, dass ein Staat grundsätzlich nur dann an eine zwingende Norm gebunden werden kann, wenn er vorher der Entstehung einer Norm nach den herkömmlichen Verfahren – also entweder als Partei eines Vertrages oder über die ausdrückliche oder stillschweigende Anerkennung einer gewohnheitsrechtlichen Norm – zugestimmt hat.[698] Dafür spricht der Wortlaut des Art. 53 WVK, der

---

[695] *Mosler* (Fn. 687), S. 28. Dass *Mosler* dennoch die Möglichkeit anerkennt, dass nur ein Vertragspartner den Restriktionen zwingenden Rechts unterliegt, erscheint auf den ersten Blick paradox, erklärt sich aber aus der im Folgenden herausgestellten herrschenden Ansicht, derzufolge eine zwingende Norm nur entstehen kann, wenn vorher eine dispositive Norm existierte.

[696] Die Trennung dieser beiden Fragestellungen wird in der völkerrechtlichen Literatur nur selten gesehen, oftmals erfolgt eine Vermischung der Problemkomplexe; siehe insofern die zutreffenden Bemerkungen von *Akehurst* (Fn. 684), S. 285.

[697] Ausführlich zur umstrittenen Frage, aus welchen Rechtsquellen sich eine zwingende Norm ergeben kann, *Kadelbach* (Fn. 652), S. 182 ff. Im Ergebnis spricht vieles dafür, dass – wenn man den Boden der herkömmlichen Rechtsquellenlehre nicht verlassen will – aus jeder Art von Rechtsquelle eine *ius cogens*-Norm entstehen kann, eine Kombination von multilateralem Vertrag mit umfangreicher Partizipation der Staaten und gleichlautendem Gewohnheitsrechtssatz die vielversprechendste Grundlage darstellt, so auch *Wolfke* (Fn. 676), S. 154 f.; *Kadelbach* (Fn. 652), S. 186 f.; *Orakhelashvili* (Fn. 652), S. 126 f.

[698] *Kadelbach* (Fn. 652), S. 197 ff.; *Akehurst* (Fn. 684), S. 285; *Hillgruber* (Fn. 160), S. 85; *de Hoogh* (Fn. 682), S. 45; *Dinah Shelton*, Normative Hierarchy in International Law, AJIL 100 (2006), S. 291 (300); *Christian Tomuschat*, Com-

nahe legt, dass es zunächst eine Norm geben muss, die dann von der internationalen Staatengemeinschaft als zwingend akzeptiert und anerkannt wird. Das Konsensprinzip ist nach dieser Auffassung nur im Hinblick auf die Entstehung einer zwingenden Norm aus einer dispositiven Norm durchbrochen, nicht jedoch hinsichtlich des Entstehungsprozesses der ursprünglichen Norm.

Neben dieser Ansicht, die im Hinblick auf die Normentstehung der überkommenen Rechtsquellenlehre verbunden bleibt und nur den zwingenden Charakter der einmal in Kraft gesetzten Normen erklären muss, bildet sich jedoch eine Gegenmeinung heraus, die dem *ius cogens*-Konzept eine weitergehende Bedeutung zumessen will. Danach kann auch eine neue Norm mit Bindungswirkung gegenüber allen Staaten entstehen, wenn die internationale Gemeinschaft als Ganze diese als Norm von grundlegender Bedeutung akzeptiert.[699] Auch ein widersprechender Staat soll an die zwingende Norm gebunden sein.[700] Damit

---

ment, in: Jost Delbrück (ed.), Allocation of Law Enforcement Authority in the International System, 1995, S. 159.

[699] *Simma* (Fn. 19); S. 291 ff.; *Paulus* (Fn. 67), S. 347 f. sowie S. 361; *Charney* (Fn. 461), S. 183 f.; *Bardo Fassbender*, Zwischen Staatsräson und Gemeinschaftsbindung, in: Herfried Münkler/Karsten Fischer (Hrsg.), Gemeinwohl und Gemeinsinn im Recht, 2002, S. 231 (243); zumindest angedeutet bei *Serge Sur*, Discussion Statement, in: Antonio Cassese/Joseph H.H. Weiler (eds.), Change and Stability in International Law-Making, 1988, S. 125 (128); auch *Eva M. Kornicker Uhlmann*, State Community Interests, Jus Cogens and Protection of the Global Environment, Geo. Int'l Envtl. L Rev. 11 (1998), S. 101 (112 ff.); implizit wohl auch *Nettesheim* (Fn. 15), S. 576; *MacDonald* (Fn. 677), S. 130 f.; *Shelton* (Fn. 698), S. 304 f.; *David F. Klein*, A Theory of the Application of the Customary International Law of Human Rights by Domestic Courts, Yale J. Int'l L. 13 (1988), S. 332 (352); siehe auch *Siderman de Blake v. Republic of Argentina*, 965 F.2d 699, 715 (9th Cir. 1992): „Whereas customary international law derives solely from the consent of states, the fundamental and universal norms constituting jus cogens transcend such consent."; *Orakhelashvili* (Fn. 652), S. 107 f.; ausgehend von diesem Verständnis wohl auch *Franz Xaver Perrez*, Cooperative Sovereignty, 2000, S. 141 f.; *Henry G. Schermers*, Different Aspects of Sovereignty, in: Gerard Kreijen (ed.), State, Sovereignty and International Governance, 2002, S. 185 (187); *Juliane Kokott*, Souveräne Gleichheit und Demokratie im Völkerrecht, ZaöRV 64 (2004), S. 517 (522); *Karen Parker/Lyn Beth Nylon*, Jus Cogens: Compelling the Law of Human Rights, Hastings I. & Comp. L. Rev. 12 (1989), S. 411 (418); grundsätzlich zustimmend aber restriktiver *Karl* (Fn. 26), S. 115 f.

[700] Die hier vorgenommene theoretische Einteilung in einen einstufigen sowie einen zweistufigen Ansatz der Entstehung zwingenden Völkerrechts soll

wird ein Element mehrheitlicher Rechtsetzung in die Quellenlehre eingeführt. *Ius cogens* entwickelt sich zu einer eigenständigen Rechtsquelle neben den herkömmlichen in Art. 38 Abs. 1 IGH-Statut enumerierten Möglichkeiten der Rechtsetzung.[701] Die internationale Gemeinschaft wäre mit einer echten legislativen Kompetenz ausgestattet. Doch abgesehen davon, dass diese Lesart des *ius cogens* kaum auf universelle Anerkennung hoffen darf,[702] stellt sich die Frage, ob die Rechtsfigur des zwingenden Völkerrechts den richtigen Anknüpfungspunkt für eine majoritäre Rechtsetzung im Völkerrecht darstellt oder ob die extensive Indienstnahme des *ius cogens* nicht zu einer Überstrapazierung des ohnehin kontroversen Rechtskonzepts führt.[703]

4. Zwischenergebnis

Im Rahmen des *ius cogens* ist die internationale Gemeinschaft – zumindest formal betrachtet – eine Gemeinschaft der Staaten. Dennoch ist die „international community" kein Synonym für die Gesamtheit aller Staaten. Denn durch die Qualifizierung „as a whole" wird die Entstehung einer zwingenden Norm von der Akzeptanz jedes einzelnen Staates losgelöst und in die Hände der überwiegenden Mehrheit der Staaten unter Einbeziehung aller „essential components" gelegt. Die Parallelen zur Entstehung von Gewohnheitsrecht werden deutlich. Dennoch ist die legislative Funktion der dergestalt konstruierten internationalen Gemeinschaft im Rahmen des *ius cogens* begrenzt. Zwar kann eine bestehende Norm zwingenden Charakter auch dann erhalten, wenn nicht alle Staaten zustimmen, und selbst die dissentierenden Staaten müssen den zwingenden Charakter dieser Norm gegen sich gelten lassen. Eine originäre majoritäre Rechtsetzung findet jedoch insofern nicht statt, als die Entstehung zwingender Normen zumindest nach vorherrschender Auffassung in einem zweistufigen Prozess stattfindet: So muss zunächst

---

nicht darüber hinwegtäuschen, dass sich im Schrifttum eine entsprechend klare Unterscheidung weder begrifflich noch in der Sache ausmachen lässt. Insbesondere wenn man im Rahmen der Entstehung von Völkergewohnheitsrecht die Möglichkeit einer *persistent objection* nicht zulässt (dazu oben C. II. 1.), verblasst die Trennung der beiden Ansätze.

[701] Diese Konsequenz zieht *Paulus* (Fn. 67), S. 361.

[702] *Paulus* (Fn. 67), S. 348 unter Hinweis auf die geringe praktische Relevanz des Streits.

[703] *Eric Suy*, Discussion Statement, in: Antonio Cassese/Joseph H.H. Weiler (eds.), Change and Stability in International Law-Making, 1988, S. 97.

eine dispositive Norm nach den allgemeinen Regeln der Rechtsetzung entstehen, der sodann der Status einer *ius cogens*-Norm zugesprochen werden kann. Und im Hinblick auf die erste Stufe der Rechtsentstehung findet das Konsensprinzip Anwendung – mit den im Rahmen dieses Kapitels bereits dargestellten Aufweichungen und Durchbrechungen. *Ius cogens* entsteht somit in einem rein formalen, positivistischen Prozess.[704]

III. Inhalt und Feststellung zwingender Normen

In Anbetracht der defizitären Institutionalisierung der internationalen Gemeinschaft stellt sich die Frage, wie die internationale Gemeinschaft ihre Anerkennung und Akzeptanz einer zwingenden Norm zum Ausdruck bringen kann. Ein formalisiertes Verfahren zur Feststellung des Willens der internationalen Gemeinschaft existiert nicht, so dass es dem Rechtsanwender obliegt, aus dem Verhalten der Staaten sowie ihren Äußerungen Rückschlüsse auf das Bestehen oder Nichtbestehen einer zwingenden Norm zu ziehen. Darüber hinaus setzt die Entstehung einer zwingenden Norm neben der formalen Anerkennung durch die internationale Gemeinschaft voraus, dass die Norm eine gewisse inhaltliche Bedeutung aufweist, einen materiellen Gehalt, der das gemeinsame Interesse aller Staaten widerspiegelt.[705] Diese Einführung eines materiellen Elements in das Konzept des zwingenden Völkerrechts führt zu der Frage, welche Interessen der internationalen Gemeinschaft von derart fundamentaler Bedeutung sind, dass die Normen, die ihrem Schutz und

---

[704] *Gaja* (Fn. 652), S. 284; *Heintschel von Heinegg* (Fn. 1), S. 188; *Peters* (Fn. 6), S. 78.

[705] Vgl. United Nations Conference on the Law of Treaties, First Session, Vienna, 26 March-24 May 1968, Official Records, Summary Records of the Plenary Meetings and of the Meetings of the Committee of the Whole, 1969, UN Doc. A/CONF.39/11, S. 318 (Ziff. 25); *Reports of the International Law Commission on the Second Part of its Seventeenth Session and on its Eighteenth Session*, UN Doc. A/6309/Rev.1, YBILC 1966 II, S. 169 (248): „It is not the form of a general rule of international law but the particular nature of the subject-matter with which it deals that may, in the opinion of the Commission, give it the character of *jus cogens*.“; aus dem Schrifttum statt vieler *Verdross/Simma* (Fn. 1), S. 331; *Jutta Brunnée*, „Common Interest“ – Echoes from an Empty Shell?, ZaöRV 49 (1989), S. 791 (802); *van Hoof* (Fn. 301), S. 153 f.; *Orakhelashvili* (Fn. 652), S. 44 ff. sowie S. 104 ff.

ihrer Verwirklichung dienen, mit zwingendem Charakter ausgestattet sein müssen.

Weitgehende Einigkeit besteht dahingehend, dass das Gewaltverbot zwingendes Völkerrecht darstellt,[706] oftmals werden auch das Interventionsverbot[707] und das Selbstbestimmungsrecht der Völker[708] zum *ius cogens* gezählt, ferner das Verbot des Sklavenhandels[709] und des Völkermordes,[710] das Folterverbot[711] und das Verbot von Rassendiskriminie-

---

[706] *Military and Paramilitary Activities in and against Nicaragua (Nicaragua v. United States of America)*, Merits, ICJ Reports 1986, S. 14 (100 f.); *Reports of the International Law Commission on the Second Part of its Seventeenth Session and on its Eighteenth Session*, UN Doc. A/6309/Rev.1, YBILC 1966 II, S. 169 (248); *Report of the International Law Commission on the Work of its Thirty-fourth Session*, UN Doc. A/37/10, YBILC 1982 II/2, S. 1 (56); *Brownlie* (Fn. 132), S. 511; *Frowein* (Fn. 653), S. 67; *Dahm/Delbrück/Wolfrum* (Fn. 272), S. 359; *Cançado Trindade* (Fn. 1), S. 122 ff.; *Kadelbach* (Fn. 652), S. 234 ff.

[707] *Military and Paramilitary Activities in and against Nicaragua (Nicaragua v. United States of America)*, Merits, Separate Opinion *Sette-Camara*, ICJ Reports 1986, S. 14 (199).

[708] Siehe *Legal Consequences for States of the Continued Presence of South Africa in Namibia (South West Africa) notwithstanding Security Council Resolution 276 (1970)*, Advisory Opinion, Separate Opinion *Ammoun*, ICJ Reports 1971, S. 16 (89 f.); *The Right to Self-Determination: Implementation of United Nations Resolutions*, Report of the Special Rapporteur of the Sub Commission on Prevention of Discrimination and Protection of Minorities, UN Doc. E/CN.4/Sub.2/405/Rev.1 (1980), Ziff. 11-13; *Fritz Münch*, Bemerkungen zum ius cogens, in: Rudolf Bernhardt u.a. (Hrsg.), Völkerrecht als Rechtsordnung, Internationale Gerichtsbarkeit, Menschenrechte, Festschrift für Hermann Mosler, 1983, S. 617 (625 ff.); *Orakhelashvili* (Fn. 652), S. 51; skeptisch *Hillgruber* (Fn. 160), S. 88; ablehnend *Heintschel von Heinegg* (Fn. 1), S. 193; differenzierend *Kadelbach* (Fn. 652), S. 264 ff.; für eine Beschränkung auf den Kontext der Dekolonialisierung *Hannikainen* (Fn. 652), S. 424.

[709] *MacDonald* (Fn. 677), S. 132; *Brownlie* (Fn. 132), S. 511; *Hillgruber* (Fn. 160), S. 86 f.

[710] *Armed Activities on the Territory of the Congo (Democratic Republic of the Congo v. Rwanda)*, Jurisdiction and Admissibility, Urteil vom 3.2.2006, Ziff. 64; *Application of the Convention on the Prevention and Punishment of the Crime of Genocide, Provisional Measures, Order of 13 September 1993*, Separate Opinion *Lauterpacht*, ICJ Reports 1993, 325 (440); *Heintschel von Heinegg* (Fn. 1), S. 193; *Kadelbach* (Fn. 652), S. 275 ff.; *Ford* (Fn. 656), S. 163.

[711] ICTY, *Prosecutor v. Furundžija*, Urteil vom 10.12.1998, Case No. IT-95-17/1-T, ILM 38 (1999), S. 317 (349); House of Lords, *Regina v. Bow Street Stipendiary Magistrate and Others*, Ex parte *Pinochet Ugarte (No. 3)*, 24.3.1999,

rung[712] sowie das Verbot von Piraterie[713] und Terrorismus.[714] Darüber hinaus wird der zwingende Charakter einzelner Menschenrechte,[715] der Regeln des humanitären Völkerrechts[716] sowie umweltrechtlicher Prinzipien[717] angedacht. Die Aufnahme von Normen in den Beispielskatalog der Verpflichtungen *erga omnes* durch den IGH[718] wird ebenso als Be-

---

[1999] 2 WLR 827, ILM 38 (1999), S. 581 (589); *Parker/Nylon* (Fn. 699), S. 437 ff.; *Tams* (Fn. 679), S. 338 f. sowie S. 342; *Hannikainen* (Fn. 652), S. 504 ff.

712 *Inter-American Court of Human Rights*, Advisory Opinion OC-18/03 vom 17.9.2003, *Juridical Condition and Rights of the Undocumented Migrants*, Ziff. 100; *Jiménez de Aréchaga* (Fn. 679), S. 64; *Parker/Nylon* (Fn. 699), S. 439 f.

713 *Brownlie* (Fn. 132), S. 511; *Hannikainen* (Fn. 652), S. 543.

714 *Jiménez de Aréchaga* (Fn. 679), S. 64.

715 *South West Africa, Second Phase*, Dissenting Opinion *Tanaka*, ICJ Reports 1966, S. 6 (298); *Dahm/Delbrück/Wolfrum* (Fn. 272), S. 217; *Simma* (Fn. 19); S. 292; *Karl* (Fn. 26), S. 117; differenzierend *Kadelbach* (Fn. 652), S. 284 ff.; zurückhaltend *Eckart Klein*, Menschenrechte und Ius cogens, in: Jürgen Bröhmer u.a. (Hrsg.), Internationale Gemeinschaft und Menschenrechte, Festschrift für Georg Ress, 2005, S. 151 ff.; wenig konsensfähig auch *Parker/Nylon* (Fn. 699), S. 441 f., die den gesamten menschenrechtlichen Bestand als *ius cogens* ansehen; kritisch – und sarkastisch – hierzu *Anthony D'Amato*, It's a Bird, it's a Plane, it's Jus Cogens, Conn. J. Int'l L. 6 (1990), S. 1 (2).

716 *Legality of the Threat or Use of Nuclear Weapons*, Advisory Opinion, Dissenting Opinion *Weeramantry*, ICJ Reports 1996, S. 226 (496); *Parker/Nylon* (Fn. 699), S. 432 ff.; *MacDonald* (Fn. 677), S. 132; *Rafael Nieto-Navia*, International Peremptory Norms (Jus Cogens) and International Humanitarian Law, in: Lal Chand Vohrah et al. (eds.), Man's Inhumanity to Man, Essays on International Law in Honour of Antonio Cassese, 2003, S. 595 (632 ff.); *David S. Mitchell*, The Prohibition of Rape in International Humanitarian Law as a Norm of Jus Cogens: Clarifying the Doctrine, Duke J. Comp. & Int'l L. 15 (2005), S. 219 (234 ff.); sehr weitgehend *Verdross* (Fn. 137), S. 59.

717 *Legality of the Use by a State of Nuclear Weapons in Armed Conflict*, Advisory Opinion, Dissenting Opinion *Weeramantry*, ICJ Reports 1996, S. 66 (140); *Kornicker Uhlmann* (Fn. 699), S. 114 ff.; *Orakhelashvili* (Fn. 652), S. 65; *Brunnée* (Fn. 705), S. 804; skeptisch *Patricia W. Birnie/Alan E. Boyle*, International Law and the Environment, 2nd ed. 2002, S. 81.

718 *Barcelona Traction, Light and Power Company, Limited*, ICJ Reports 1970, S. 3 (32).

tätigung ihres zwingenden Charakters gewertet[719] wie die Anerkennung im ILC-Draft zur Staatenverantwortlichkeit.[720]

Da eine offizielle und verbindliche Enumeration ebenso wenig existiert wie ein internationales Organ, das die Befugnis zur verbindlichen Festlegung zwingender Normen aufweist, ist der Rechtsanwender darauf angewiesen, Stellungnahmen von Staaten, internationalen Gerichten sowie des Schrifttums heranzuziehen, um den „Willen der internationalen Gemeinschaft" zu ermitteln. Allerdings werden Staatenvertreter nur selten explizit den zwingenden Charakter einer Norm anerkennen, zudem dient die Berufung auf den angeblich zwingenden Charakter einer Norm oftmals allein der argumentativen Unterstützung der eigenen politischen Position.[721] Untersuchungen von Stellungnahmen einzelner Staaten fallen unvollständig aus und werden von subjektiven Einschätzungen des Auslegenden beeinflusst.[722] Kritiker bezeichnen die Herleitung zwingender Normen daher als „free inventions of illusionary thought",[723] und die Aufstellung zwingender Normen entspricht oftmals mehr einem „Wunschzettel" als einer Analyse des geltenden Rechts.[724] In den Worten von *Anthony D'Amato*:

---

[719] *Paulus* (Fn. 67), S. 357; *Heintschel von Heinegg* (Fn. 1), S. 192; *Frowein* (Fn. 653), S. 66.

[720] Vgl. die Auflistung zwingender Normen in den *Commentaries to the Draft Articles on Responsibility of States for Internationally Wrongful Acts, Report of the International Law Commission on the Work of its Fifty-third Session*, Official Records of the General Assembly, Fifty-sixth Session, Supplement No. 10, UN Doc. A/56/10, S. 204 (283 f.).

[721] In diese Richtung auch *Danilenko* (Fn. 376), S. 43.

[722] *Wolfke* (Fn. 676), S. 155; *Sztucki* (Fn. 652), S. 121; *Gordon A. Christenson*, Jus Cogens: Guarding Interests Fundamental to International Society, Va. J. Int'l L. 28 (1988), S. 585 (597).

[723] *Hendrik A. Strydom*, Ius Cogens: Peremptory Norm or Totalitarian Instrument?, South African YIL 14 (1989), S. 42 (48); siehe auch *Schwarzenberger* (Fn. 683), S. 49: „The beauty of a general, as distinct from a more specific, formula of international *jus cogens* is that it leaves everybody free to argue for or against the *jus cogens* character of any particular rule of international law." (*Fußnoten ausgelassen*).

[724] Besonders deutlich bei *Marjorie M. Whiteman*, Jus Cogens in International Law, with a Projected List, Ga. J. Int'l & Comp. L. 7 (1977), S. 609 (625 f.); siehe auch die abwegige Erwägung einer zwingenden völkerrechtlichen Pflicht zur Tötung von Diktatoren unter besonderen Umständen bei *Louis René Beres*,

> „(...) [L]ack of content is far from disabling for a protean supernorm. Indeed, the sheer ephemerality of *jus cogens* is an asset, enabling any writer to christen any ordinary norm of his or her choice as a new *jus cogens* norm, thereby in one stroke investing it with magical power."[725]

Auch in der Praxis internationaler Gerichte erschöpft sich die Feststellung einer *ius cogens*-Norm zumeist im bloßen Postulat.[726] Dass dieses Defizit nicht dadurch ausgeglichen werden kann, dass einige Fundamentalnormen weitgehend unstreitig zum zwingenden Völkerrecht zählen, zeigt die Entscheidung des Europäischen Gerichtshofes für Menschenrechte im Fall *Al-Adsani* in anschaulicher Weise.[727] Darin hatte der Gerichtshof unter anderem zu entscheiden, ob das Recht auf Zugang zu einem Gericht nach Art. 6 Abs. 1 EMRK zulässigerweise durch den Grundsatz der Staatenimmunität beschränkt werden darf, wenn ein Folteropfer Rechtsschutz begehrt. Mit einer Mehrheit von 9:8 Stimmen lehnte der Gerichtshof eine Verletzung von Art. 6 Abs. 1 EMRK ab, da er keine völkerrechtliche Grundlage dafür sah, dass das Folterverbot die Staatenimmunität im Rahmen eines zivilrechtlichen Prozesses durchbreche.[728] Die widersprechende Minderheit nahm hingegen eine Verletzung der in Art. 6 Abs. 1 EMRK verankerten Rechtsschutzgarantie an, da das zwingende Folterverbot sich gegenüber den dispositiven Grundsätzen der Staatenimmunität durchsetze, letztere daher nicht so angewendet werden dürften, dass sie dem Folterverbot widersprächen.[729] Gegen diese Schlussfolgerungen der Minderheit spricht, dass zweifelhaft ist, ob das *ius cogens* alle anderen Normen und Zustände,

---

Prosecuting Iraqi Crimes against Israel During the Gulf War, Ariz. J. Int'l & Comp. Law 9 (1992), S. 337 (357 f.).

725 *D'Amato* (Fn. 715), S. 1; siehe auch *Alfred P. Rubin*, Actio Popularis, Jus Cogens and Offenses Erga Omnes?, New Eng. L. Rev. 35 (2001), S. 265; *Wladyslaw Czapliński*, Concepts of Jus Cogens and Obligations Erga Omnes in International Law in the Light of Recent Developments, Polish YIL 23 (1997-1998), S. 87 (88).

726 *Shelton* (Fn. 698), S. 306 sowie S. 313; *Simma* (Fn. 19), S. 292; *Christian Tomuschat*, Case Annotation, CML Rev. 43 (2006), S. 537 (547 ff.).

727 EGMR, Urteil vom 21.12.2001, Beschwerde-Nr. 35763/97, *Al-Adsani v. United Kingdom*.

728 EGMR (Fn. 727), Ziff. 61.

729 EGMR, Urteil vom 21.12.2001, Beschwerde-Nr. 35763/97, *Al-Adsani v. United Kingdom*, Joint Dissenting Opinion *Rozakis*, *Caflisch*, joined by *Wildhaber*, *Costa*, *Cabral Barreto*, *Vajić*, Ziff. 1 ff.

die zwingenden Normen im Ergebnis zuwiderlaufen, verdrängt.[730] Zudem herrscht zwar weitgehender Konsens hinsichtlich des zwingenden Charakters des Folterverbotes. Dass der zwingende Kern des Folterverbotes aber auch die prozessuale Durchsetzung von Schadensersatzansprüchen durch Folteropfer umfasst, ist fraglich.[731] Dieser Fall zeigt deutlich auf, welche Gefahren darin bestehen, den zwingenden Charakter einzelner Normen als evident anzunehmen. Denn mit der generellen Anerkennung einer Norm als universell geltend und zwingend ist noch keine Aussage über Inhalt und Reichweite dieser Norm getroffen. Auch insofern eröffnen die Normen des *ius cogens*, deren Entstehungsvoraussetzungen in der Theorie umstritten und in der praktischen Anwendung nahezu irrelevant sind, dem Rechtsanwender einen breiten Spielraum für die Behauptung der Existenz von Normen, die sodann mit dem Zusatz „zwingend" versehen werden können. In Abwesenheit generell anerkannter Kriterien für die Existenz zwingender Normen kann eine solche Behauptung nur schwer widerlegt werden.

IV. Die rechtlichen Konsequenzen der Qualifizierung einer Norm als zwingend

Die im Hinblick auf Entstehung und Inhalt zwingender Normen bestehenden Unsicherheiten setzen sich fort, wenn man nach den mit einer Einordnung als *ius cogens*-Norm verbundenen Rechtsfolgen fragt.[732]

---

[730] Dagegen auch *Hillgruber* (Fn. 160), S. 89; *Tams* (Fn. 679), S. 343 ff.; *Christoph Grabenwarter*, Europäische Menschenrechtskonvention, 3. Aufl. 2008, S. 338; *Markus Rau*, After Pinochet: Foreign Sovereign Immunity in Respect of Serious Human Rights Violations – The Decision of the European Court of Human Rights in the Al-Adsani Case, German L.J. 3 (2002), No. 6 (1 June 2002), Ziff. 14; *Lee M. Caplan*, State Immunity, Human Rights, and Jus Cogens: A Critique of the Normative Hierarchy Theory, AJIL 97 (2003), S. 741 (771).

[731] Dagegen überzeugend *Tams* (Fn. 679), S. 342 f.; *Klein* (Fn. 715), S. 158; *Caplan* (Fn. 730), S. 772; *Grabenwarter* (Fn. 730), S. 338; *Thomas Giegerich*, Do Damages Arising from Jus Cogens Violations Override State Immunity from the Jurisdiction of Foreign Courts?, in: Christian Tomuschat et al. (eds.), The Fundamental Rules of the International Legal Order, 2006, S. 203 (227); *Karl* (Fn. 26), S. 139; *Christian Maierhöfer*, Der EGMR als „Modernisierer" des Völkerrechts? – Staatenimmunität und ius cogens auf dem Prüfstand, EuGRZ 29 (2002), S. 391 (397 f.).

[732] Ausführlich hierzu nunmehr *Orakhelashvili* (Fn. 652), S. 133-422; aus rechtstheoretischer Perspektive *Ulf Linderfalk*, The Effect of Jus Cogens

Nach Art. 53 WVK ist ein Vertrag, der eine Norm des *ius cogens* verletzt, *ipso iure* nichtig.[733] Die Art. 65 und 66 der Wiener Vertragsrechtskonvention sehen Verfahren zur Geltendmachung der Nichtigkeit vor, die allerdings den Vertragsparteien selbst vorbehalten sind. Da kaum eine Vertragspartei sich darauf berufen will, einen Vertrag, der gegen zwingendes Völkerrecht verstößt, abgeschlossen zu haben, läuft dieser Mechanismus weitgehend leer.[734] Daher wird seit jeher der Versuch unternommen, den Anwendungsbereich des *ius cogens* über das Vertragsrecht hinaus auszudehnen: Die Nichtigkeitsanordnung wird auf einseitige Akte ausgedehnt,[735] die Anerkennung von Staaten[736] und die Einlegung von Vorbehalten[737] werden durch zwingende Normen beschränkt. Auch die Ausdehnung der staatlichen strafrechtlichen Jurisdiktion kraft *ius cogens* wird diskutiert,[738] ebenso die Unanwendbarkeit von Immu-

---

Norms: Whoever Opened Pandora's Box, Did You Ever Think About the Consequences?, EJIL 18 (2007), S. 853 ff.

[733] Statt vieler *Nieto-Navia* (Fn. 716), S. 624 f.; *Paulus* (Fn. 67), S. 350; *Hannikainen* (Fn. 652), S. 297; *Simma* (Fn. 19), S. 287; ausführlich *Kadelbach* (Fn. 652), S. 324 ff.; zu den Bedenken gegen die automatische Nichtigkeit *Mosler* (Fn. 687), S. 39 f.

[734] *Kadelbach* (Fn. 652), S. 330 ff.; *Paulus* (Fn. 67), S. 348 ff.; *Hannikainen* (Fn. 652), S. 293 ff.; *Cassese* (Fn. 3), S. 203 f.; *Haopei* (Fn. 653), S. 520; *Gaja* (Fn. 652), S. 283; *Tomuschat* (Fn. 114), S. 82; anders *Orakhelashvili* (Fn. 652), S. 515 f., der den Mechanismus der gerichtlichen Geltendmachung auf alle Parteien der WVK ausdehnen will.

[735] *Kadelbach* (Fn. 652), S. 335 ff.; *Hannikainen* (Fn. 652), S. 6 f.; *Paulus* (Fn. 67), S. 351; *Simma* (Fn. 19), S. 288; *Tomuschat* (Fn. 114), S. 82; *Orakhelashvili* (Fn. 652), S. 205 ff.; *Karl* (Fn. 26), S. 128; skeptisch *Rozakis* (Fn. 652), S. 18 f.; ablehnend *Sztucki* (Fn. 652), S. 68 f.

[736] *Cassese* (Fn. 3), S. 207 f.

[737] *North Sea Continental Shelf*, Separate Opinion *Padilla Nervo*, ICJ Reports 1969, S. 3 (97) sowie Separate Opinion *Tanaka*, ICJ Reports 1969, S. 3 (182); siehe auch Human Rights Committee, General Comment No. 24 (52) vom 2.11.1994, UN Doc. CCPR/C/21/Rev.1/Add.6, Hum. Rts. L.J. 15 (1994), S. 464 ff.

[738] ICTY, *Prosecutor v. Furundžija*, Urteil vom 10.12.1998, Case No. IT-95-17/1-T, ILM 38 (1999), S. 317 (349): „(...) it would seem that one of the consequences of the jus cogens character bestowed by the international community upon the prohibition of torture is that every State is entitled to investigate, prosecute and punish or extradite individuals accused of torture, who are present in a territory under its jurisdiction."; House of Lords, *Regina v. Bow Street Stipendiary Magistrate and Others*, Ex parte *Pinochet Ugarte (No. 3)*, 24.3.1999,

nitätsregelungen.[739] Darüber hinaus soll zwingenden Normen innerstaatlich ein besonderer verfassungsrechtlicher Rang einzuräumen sein.[740] Versuchen, die Zuständigkeit des IGH mit Verweis auf das Rechtsinstitut des *ius cogens* herzuleiten, ist der Gerichtshof zu Recht entgegengetreten.[741] Und in den kontrovers diskutierten Fällen *Yusuf* und *Kadi* hat das Europäische Gericht erster Instanz auf der Grundlage des *ius cogens* die Kompetenz für sich in Anspruch genommen, Resolutionen des Sicherheitsrates auf die Vereinbarkeit mit zwingendem Völkerrecht zu überprüfen.[742]

[1999] 2 WLR 827, ILM 38 (1999), S. 581 (589); ausführlich zum Ganzen *Orakhelashvili* (Fn. 652), S. 288 ff.

[739] Siehe erneut EGMR (Fn. 727); House of Lords, *Regina v. Bow Street Stipendiary Magistrate and Others*, Ex parte *Pinochet Ugarte (No. 3)*, 24.3.1999, [1999] 2 WLR 827 (*Lord Millett*), ILM 38 (1999), S. 581 (651); ausführlich hierzu *Julia Bosch*, Immunität und internationale Verbrechen, 2004.

[740] Überblick über die Diskussion bei *Kadelbach* (Fn. 652), S. 339 ff.; ausführlich *Orakhelashvili* (Fn. 652), S. 541 ff.; kritisch *Paulus* (Fn. 676), S. 319 ff.; sehr weitgehend *Cançado Trindade* (Fn. 1), S. 341, demzufolge ein Verstoß gegen *ius cogens* zur Unwirksamkeit jedes entgegenstehenden innerstaatlichen Aktes führt; sehr weitgehend auch ICTY, *Prosecutor v. Furundžija*, Urteil vom 10.12.1998, Case No. IT-95-17/1-T, ILM 38 (1999), S. 317 (349); kritisch im Hinblick auf die Gefahr der destabiliserenden Wirkung einer derart weitgehenden Auslegung des *ius cogens*-Konzepts für das internationale System *Erika de Wet*, The Prohibition of Torture as an International Norm of Jus Cogens and its Implications for National and Customary Law, EJIL 15 (2004), S. 97 (120 f.).

[741] Vgl. *Armed Activities on the Territory of the Congo (Democratic Republic of the Congo v. Rwanda)*, Jurisdiction and Admissibility, Urteil vom 3.2.2006, Ziff. 64 und 125; bestätigt in *Application of the Convention on the Prevention and Punishment of the Crime of Genocide (Bosnia and Herzegovina v. Serbia and Montenegro)*, Urteil vom 26.2.2007, Ziff. 147; allgemein hierzu *Matthias Ruffert*, Special Jurisdiction of the ICJ in the Case of Infringements of Fundamental Rules of the International Legal Order?, in: Christian Tomuschat et al. (eds.), The Fundamental Rules of the International Legal Order, 2006, S. 295 ff.

[742] EuG, Urteile vom 21.9.2005, Rs. T-306/01 und T-315/01, *Yusuf und Al Barakaat International Foundation* sowie *Kadi/Rat und Kommission*, Ziff. 277 (*zitiert nach erstgenanntem Urteil*); im Hinblick auf die Rechtsmittelführer *Al Barakaat International Foundation* sowie *Kadi* aufgehoben durch EuGH, Urteil vom 3.9.2008, Rs. C-402/05 P und C-415/05 P, *Kadi und Al Barakaat International Foundation;* zur Kritik an der Konstruktion des EuG *Mehrdad Payandeh*, Rechtskontrolle des UN-Sicherheitsrates durch staatliche und überstaatliche Gerichte, ZaöRV 66 (2006), S. 41 (54 ff.).

Ungeachtet der dogmatischen Tragfähigkeit der einzelnen diskutierten Ausweitungen stellt die Rechtsfigur des zwingenden Völkerrechts keineswegs ein rein theoretisches Konstrukt dar, sondern erlangt zunehmend praktische Bedeutung in der Staatenpraxis sowie der internationalen Rechtsprechung.[743] Von der ursprünglichen Begrenzung auf das Vertragsrecht losgelöst wird es eingesetzt, um Belangen der internationalen Gemeinschaft Wirksamkeit gegenüber einzelstaatlichen Interessen zu verleihen. Und mit dem Bedeutungszuwachs des *ius cogens* einher geht ein Bedeutungszuwachs der „internationalen Gemeinschaft" im Sinne des Art. 53 WVK.

V. Ergebnis

Ius cogens ist ein Rechtsinstitut des modernen Völkerrechts, das in vielfacher Hinsicht von Unsicherheiten und Streitigkeiten geprägt ist. Geltungsgrund und Entstehung zwingender Normen erscheinen selbst nach jahrelanger Diskussion sowie intensiver Auseinandersetzung mit dem Konzept ebenso zweifelhaft wie ihr Inhalt und ihre Rechtsfolgen. Mochte man dies vor wenigen Jahren noch als akademisches Glasperlenspiel abtun, so erfährt das *ius cogens* in neuerer Zeit einen merklichen Bedeutungszuwachs in der Praxis. Kritiker des *ius cogens* sehen in diesem eine Bedrohung für die Normativität des Völkerrechts[744] oder befürchten, dass es als Machtinstrument hegemonialer Kräfte eingesetzt werden kann.[745]

Die universelle Anerkennung und wachsende Relevanz zwingenden Völkerrechts ist für die Existenz gemeinschaftsrechtlicher Strukturen im Völkerrecht in mehrfacher Hinsicht von Bedeutung. Das Konzept des *ius cogens* stellt *erstens* eine zaghafte positiv-rechtliche Anerkennung der internationalen Gemeinschaft dar. Damit wird ein vertikales Element in die Völkerrechtsordnung eingefügt: Die Gemeinschaft steht über den einzelnen Staaten, ihr Wille entscheidet über den zwingenden Charakter einzelner Normen auch mit Wirkung für und gegen dissen-

---

743 Weiterhin skeptisch *Hillgruber* (Fn. 160), S. 87 ff.

744 *Weil* (Fn. 3), S. 423 ff.

745 *Strydom* (Fn. 723), S. 44 ff.; *Paulus* (Fn. 676), S. 328 ff.; *Christenson* (Fn. 722), S. 590: „Basically, *jus cogens* is a normative myth masking power arrangements that avoid substantive meaning until later decision (...)."

tierende Staaten.[746] *Zweitens* bedingt das Konzept eine partielle Durchbrechung des Konsensprinzips. Der Widerspruch eines einzelnen Staates kann *de facto* – nach einer im Vordringen befindlichen Ansicht sogar *de iure* – die Entstehung einer universellen zwingenden Norm nicht verhindern. Die universelle Geltung der fundamentalsten Rechtsnormen wird als evident angesehen.[747] Damit findet eine Durchbrechung des Konsensprinzips statt,[748] die internationale Gemeinschaft erhält die Befugnis, legislativ tätig zu werden.[749] *Ius cogens* stellt *drittens* den rechtlichen Ausdruck der globalen Anerkennung der Existenz von Gemeinschaftsinteressen dar, die einzelstaatliche Interessen transzendieren und gegebenenfalls überlagern.[750] *Viertens* führt die Anerkennung des *ius cogens* zur Herausbildung eines weiter ausdifferenzierten Rechtssystems, wenn auch nicht zu einer völkerrechtlichen Normenhierarchie

---

[746] *Nicholas Tsagourias*, The Will of the International Community as a Normative Source of International Law, in: Ige F. Dekker (ed.), Governance and International Legal Theory, 2004, S. 97 (100) weist zutreffend darauf hin, dass über Art. 53 WVK die normative Funktion der internationalen Gemeinschaft anerkannt wird; siehe auch *Turpel/Sands* (Fn. 682), S. 365: „(...) the ‚general will‘ of the international community of states, and other actors, will take precedence over the individual wills of states.“

[747] Kritische Stimmen sprechen davon, dass die rechtliche Verbindlichkeit des *ius cogens* vom positiven Willen der Staaten losgelöst und auf eine diffuse metaphysische Ebene gehoben wird, siehe etwa *Strydom* (Fn. 723), S. 45.

[748] Vgl. *Charney* (Fn. 6), S. 542; *Simma* (Fn. 19), S. 292; *Nettesheim* (Fn. 15), S. 576; *Scheuner* (Fn. 655), S. 522; *Pellet* (Fn. 200), S. 38 f.; *Shelton* (Fn. 698), S. 304 f.; *Turpel/Sands* (Fn. 682), S. 367.

[749] *Charney* (Fn. 699), S. 184: „(...) once it is acknowledged that even one rule of international law can be binding on all, even in the face of a timely and active objection, it necessarily follows that the international community has the authority to legislate universal norms, notwithstanding some objections.“

[750] *Wolfke* (Fn. 676), S. 148; *Paulus* (Fn. 67), S. 330, 358 sowie S. 360; *Simma* (Fn. 19), S. 288; *Hannikainen* (Fn. 652), S. 1 ff.; *Tomuschat* (Fn. 21), S. 306 f.; *Verdross* (Fn. 137), S. 58; *Christenson* (Fn. 722), S. 589; auch eine moralische Anreicherung des Völkerrechts wird im Aufkommen zwingender Normen gesehen, dazu *Verdross* (Fn. 655), S. 572; *Ford* (Fn. 656), S. 149; *Shelton* (Fn. 698), S. 323; *Juan Antonio Carrillo Salcedo*, Reflections on the Existence of a Hierarchy of Norms in International Law, EJIL 8 (1997), S. 583 (592); viele Autoren sehen im Konzept des *ius cogens* zudem ein Wiederaufleben naturrechtlicher Elemente, siehe *Mark Weston Janis*, The Nature of Jus Cogens, Conn. J. Int’l L. 3 (1988), S. 359 (361); kritisch *Turpel/Sands* (Fn. 682), S. 364 ff.

im rechtstheoretischen Sinne.[751] Außerhalb der strikt rechtlichen Bedeutung kommt dem *ius cogens* schließlich *fünftens* eine bedeutsame Signalfunktion zu,[752] indem es eine Weiterentwicklung des Völkerrechts im Hinblick auf inhaltliche Normen initiieren kann und Perspektiven für die Entwicklung von Durchsetzungsmechanismen zur Verwirklichung von Gemeinschaftsinteressen eröffnet, wie die Anknüpfung an das *ius cogens* durch die *International Law Commission* im Entwurf zur Staatenverantwortlichkeit zeigt.[753]

G. Auswertung: Begründungsansätze nicht-konsensualer Normsetzung

Die vorstehende Untersuchung zeigt, dass nicht-konsensuale Rechtsetzung im Völkerrecht stattfindet. Gleichzeitig offenbart sie den Unwillen der Staatenwelt, internationaler Gerichte sowie des Schrifttums, diese Möglichkeit offen einzugestehen und daraus die entsprechenden Rückschlüsse für die Konzeption der völkerrechtlichen Rechtsquellen zu ziehen. In den Fällen, in denen die Möglichkeit der Rechtsetzung ohne oder gegen den Willen einzelner Staaten anerkannt wird, werden zur Begründung unterschiedliche Argumente angeführt, die im Folgenden einer Kategorisierung unterzogen werden sollen. Diese Kategorisierung soll Parallelen innerhalb der entsprechenden Begründungsansätze und Argumentationsmuster aufzeigen und damit die Grundlage bilden für den später vorzunehmenden Versuch einer dogmatischen und rechts-

---

[751] Ob durch die Anerkennung des zwingenden Völkerrechts eine Normenhierarchie im Völkerrecht etabliert wird, wird kontrovers diskutiert, dafür etwa *Paulus* (Fn. 67), S. 362; *Cassese* (Fn. 3), S. 198 ff.; *MacDonald* (Fn. 677), S. 133 f.; *Nettesheim* (Fn. 15), S. 576; *van Hoof* (Fn. 301), S. 151 f.; *Mann* (Fn. 683), S. 399; *Carrillo Salcedo* (Fn. 750), S. 595; *Scheuner* (Fn. 655), S. 521; *Peters* (Fn. 6), S. 79; *Orakhelashvili* (Fn. 652), S. 8 f.; *Erika de Wet*, The International Constitutional Order, ICLQ 55 (2006), S. 51 (57 ff.); *Karl* (Fn. 26), S. 116 f.; *Rozakis* (Fn. 652), S. 24; dagegen *Klein* (Fn. 715), S. 152; *Kadelbach* (Fn. 652), S. 182; *Hillgruber* (Fn. 160), S. 89; Überblick zum Ganzen bei *Joseph H.H. Weiler/ Andreas L. Paulus*, The Structure of Change in International Law or Is There a Hierarchy of Norms in International Law?, EJIL 8 (1997), S. 545 (558 ff.).

[752] *Jiménez de Aréchaga* (Fn. 679), S. 66.

[753] Dazu unten 7. Kap., C. III.

theoretischen Einordnung des Phänomens nicht-konsensualer Rechtsentstehung.[754]

I. Vorliegen eines Gemeinschaftsinteresses

Eine erste, nahezu allen Ansätzen einer nicht-konsensualen Rechtsetzung zugrunde liegende Voraussetzung ist das Vorliegen eines – wie auch immer definierten oder festgestellten – Gemeinschaftsinteresses.[755] Zahlreiche Autoren leiten die Möglichkeit, Staaten ohne oder gegen ihren Willen binden zu können, insbesondere aus der Existenz eines entsprechenden international anerkannten öffentlichen Interesses im Einzelfall ab.[756] Auch eine Drittwirkung der UN-Charta oder völkerrechtlicher Verträge allgemein wird vielfach mit dem besonderen Gemeinschaftsinteresse hieran gerechtfertigt.[757] Die Unzulässigkeit von Vorbehalten zu menschenrechtlichen Verträgen bei Beibehaltung der grundsätzlichen Bindung des Reservatarstaates lässt sich auf diesen Gedanken zurückführen,[758] ebenso die verstärkte Orientierung des Rechts der Staatennachfolge am Kontinuitätsprinzip.[759] Im Hinblick auf das Gewohnheitsrecht wird die allgemeine Entwicklung dieser Rechtsquelle als im Interesse der Gemeinschaft liegend angesehen, und für den Sonderfall der Entstehung von Gewohnheitsrecht aus völkerrechtlichen Verträgen wird vorgeschlagen, das Gemeinschaftsinteresse als konstitutive Voraussetzung anzuerkennen;[760] ein Vorschlag, dem die Erkenntnis zugrunde liegt, dass die Ableitung gewohnheitsrechtlicher Normen aus

---

[754] Dazu unten 9. Kap.

[755] Vgl. *Ziemer* (Fn. 29), S. 259; *de lege ferenda* auch *Degan* (Fn. 12), S. 146.

[756] Siehe oben B. IV. 4.

[757] Siehe oben B. IV. 2. a); ferner *Dahm/Delbrück/Wolfrum* (Fn. 27), S. 626; *Feist* (Fn. 27), S. 121; *Hingst* (Fn. 27), S. 201 ff.; *Ziemer* (Fn. 29), S. 265; *Brunnée* (Fn. 705), S. 794.

[758] Siehe nur EGMR (Fn. 110), Ziff. 93, wo der Gerichtshof die Bindung trotz Vorbehalts begründet mit dem „special character of the Convention as an instrument of European public order (ordre public) for the protection of individual human beings."

[759] Siehe oben B. VII.

[760] Zu den entsprechenden Ansätzen von *Doehring* und *Mendelson* siehe oben C. I. 5. c).

völkerrechtlichen Verträgen zumindest in der Praxis in stark normativer und ergebnisorientierter Weise erfolgt und kaum am Maßstab der überkommenen Dogmatik des Gewohnheitsrechts ausgerichtet ist. Das Bestehen eines Gemeinschaftsinteresses wird ferner für zwingendes Völkerrecht als Geltungsgrund oder sogar als konstitutive Voraussetzung angesehen.[761]

II. Humanitäres Anliegen

Internationale Organisationen sowie die völkerrechtswissenschaftliche Doktrin erscheinen umso geneigter, eine nicht-konsensual begründete Rechtsbindung anzunehmen, je mehr die entsprechenden Normen nicht primär Pflichten gegenüber anderen Staaten begründen, sondern Individuen begünstigen. Dieses Argument wird insbesondere angeführt, um eine Staatennachfolge in Verträge zum Schutz der Menschenrechte zu begründen.[762] Dahinter steht der Gedanke, dass derartige Verträge Rechte von Individuen etablieren, die diesen nicht ohne weiteres wieder entzogen werden können. Zum anderen besteht insofern eine geringere Beeinträchtigung des *res inter alios acta*-Prinzips, da die primären Begünstigten der Regelung die im Staatsgebiet lebenden Personen sind und keine außerhalb des staatlichen Handlungsverbandes stehenden Völkerrechtssubjekte. Auch der IGH greift oftmals auf humanitäre Argumentationsmuster zurück, um Rechtswirkungen und -bindungen ohne oder gegen den Willen einzelner Staaten zu begründen.[763]

III. Beteiligung repräsentativer Teile der internationalen Gemeinschaft

Das hier entwickelte Verständnis nicht-konsensualer Rechtsetzung lässt sich als eine Form der Rechtsetzung der Mehrheit auf internationaler Ebene begreifen. Anknüpfungspunkte dafür, dass eine Mehrheit der Staaten universell verbindliches Recht zu Lasten der Minderheit setzen kann, finden sich bereits im *Bernadotte*-Gutachten des IGH, in dem der

---

[761] Siehe oben F. III.

[762] Siehe oben B. VII. 4.

[763] Siehe insbesondere *Reservations to the Convention on Genocide*, Advisory Opinion, ICJ Reports 1951, S. 15 (23); dazu auch oben D. I.

Gerichtshof der Mehrheit der Staaten die völkerrechtliche Kompetenz zugesprochen hat, mit den Vereinten Nationen eine objektive Rechtspersönlichkeit – das heißt einen rechtlichen Zustand, den alle Staaten anerkennen müssen – zu schaffen.[764] Auch eine weitergehende Drittwirkung der UN-Charta wird teilweise damit begründet, dass nahezu alle Staaten – einschließlich der Großmächte – Mitglieder der Vereinten Nationen sind.[765] Wenn man in der Einführung des *Consensus*-Verfahrens bereits eine Durchbrechung des Konsensprinzips sieht,[766] so ist auch in dieser Konstellation die Mehrheit dazu in der Lage, die Minderheit zu binden, ebenso wie im Rahmen der normativen Auswirkungen von Resolutionen der Generalversammlung[767] sowie von anderen Organen internationaler Organisationen.[768] Dem Ansatz von *Charney*, der multilateralen Foren insgesamt die Fähigkeit zur Setzung von *Universal International Law* zuspricht,[769] liegt diese Konzeption gleichfalls zugrunde, ebenso wie den Ansätzen, die eine potentielle Drittwirkung völkerrechtlicher Verträge annehmen wollen.[770] Schließlich spielen die Mehrheitsverhältnisse im Rahmen des Völkergewohnheitsrechts eine bedeutsame Rolle: Je mehr Staaten eine entsprechende *consuetudo* sowie *opinio iuris* aufweisen, desto eher wird der Rechtsanwender dazu bereit sein, einen universell gültigen Satz des Gewohnheitsrechts anzuerkennen oder – wie zumindest teilweise erwogen wird – auch den *persistent objector* der Bindung an die gewohnheitsrechtliche Norm zu unterwerfen.[771] Ferner erleichtert eine Vielzahl von Vertragsparteien – zumindest argumentativ – die Ableitung gewohnheitsrechtlicher Nor-

---

[764] *Reparation for Injuries Suffered in the Service of the United Nations*, Advisory Opinion, ICJ Reports 1949, S. 185; dazu bereits oben B. IV. 2. b).

[765] Siehe oben B. IV. 2.

[766] Siehe oben B. II. 2.

[767] Siehe oben E. II.

[768] Siehe oben E. IV.

[769] *Charney* (Fn. 6), S. 543 ff.

[770] Ausdrücklich *Feist* (Fn. 27), S. 121, der davon ausgeht, „daß eine Regel zumindest im Entstehen begriffen ist, die es der Staatenmehrheit nunmehr erlaubt, im Rahmen des Schutzes überwältigender Gemeinschaftsinteressen beim Abschluß multilateraler Abkommen, jedenfalls im begrenztem Rahmen, Dritten Pflichten aufzuerlegen, soweit es für das Funktionieren eines Schutzregimes unerläßlich ist."

[771] Siehe oben C. II. 1.

men aus einem völkerrechtlichen Vertrag.[772] Die Zustimmung der Mehrheit spielt schließlich bei der Entstehung zwingenden Völkerrechts eine bedeutsame Rolle.[773]

IV. Beteiligung von internationalen Organisationen und NGOs

Erkennbar ist weiterhin, dass internationalen Organisationen sowie NGOs eine bedeutsame Rolle bei der Entstehung von Recht auch ohne Zustimmung jedes einzelnen Staates zugesprochen wird. Die Funktion internationaler Organisationen im Rahmen der Rechtsetzung wird deutlich, wenn man nicht nur das Verhalten von Staaten im Rahmen der Organe, sondern die Praxis der Organe selbst als potentielle Anknüpfungspunkte für Gewohnheitsrechtsbildung versteht.[774] Auch die zunehmende Sekundärrechtsetzung durch internationale Organisationen, deren Legitimität sich nicht allein aus dem fiktiven Konsens zum Gründungsvertrag der Organisation begründen lässt, unterstreicht diese Bedeutung. Wenn sich die Völkerrechtslehre auch dagegen sträubt, internationalen Organisationen originäre Rechtsetzungskompetenzen zuzusprechen, so kommt Entschließungen internationaler Organisationen nichtsdestotrotz eine normative Bedeutung zu, und sie beeinflussen das geltende Recht maßgeblich. Dieses Phänomen ist im Grundsatz weitgehend anerkannt, und so wird häufig auf Beschlüsse internationaler Organisationen zurückgegriffen, wenn es um die Auslegung von Recht sowie um die Bestimmung ungeschriebener Rechtsgrundsätze und gewohnheitsrechtlicher Normen geht. Der Grund für diese große Bedeutung von Akten internationaler Organisationen liegt darin, dass sie nicht nur als Zusammenschlüsse von Staaten angesehen werden, sondern als selbständige Entitäten, die zumindest in gewissem Maße „über" den Staaten stehen, ein höherrangiges Gemeinschaftsinteresse verkörpern und dieses im Rahmen ihrer politischen und rechtlichen Möglichkeiten auch gegen den Willen einzelner Mitgliedstaaten zu vertreten versuchen. Weniger weit reichend ist bislang die Anerkennung unmittelbarer normativer Bedeutungsgehalte des Verhaltens nicht-staatlicher

---

[772] Siehe oben C. I. 5.

[773] Siehe oben F. II. 2.

[774] Siehe oben C. I. 4. b).

Organisationen. Auch wenn ihr Einfluss auf die Entstehung völkerrechtlicher Verträge nachgewiesen werden kann,[775] wird zivilgesellschaftlichen Akteuren eine selbständige rechtsetzende Funktion im Völkerrecht nicht zuerkannt.

V. Offenheit des Rechtserzeugungsprozesses für alle Staaten

Schließlich wird betont, dass, wenn man die Setzung universell verbindlichen Rechts durch eine Mehrheit anerkennt, der Rechtsetzungsprozess allen Staaten offen stehen muss.[776] Dies entspricht sowohl der Entwicklung des Völkerrechts zu einem universellen internationalen Rechtssystem als auch dem Grundsatz der souveränen Gleichheit aller Staaten nach Art. 2 Nr. 1 UN-Charta.

VI. Subsidiarität nicht-konsensualer Rechtsetzung

Nicht-konsensuale Momente der Rechtsetzung werden nicht ausdrücklich als subsidiär bezeichnet. Nichtsdestotrotz darf auf sie nur dann zurückgegriffen werden, wenn sich keine konsensual begründbare Norm auffinden lässt. Eine Drittwirkung völkerrechtlicher Verträge muss nur diskutiert werden, wenn ein Staat in den Wirkungsbereich einer vertraglichen Norm einbezogen werden soll, der dieser nicht zugestimmt hat. Und wenn sich eine anerkannte Norm des Gewohnheitsrechts auf der Grundlage stetiger Staatenpraxis und Rechtsüberzeugung herleiten lässt, so erübrigen sich der Rückgriff auf Beschlüsse internationaler Organisationen sowie die Konstruktion der Ableitung gewohnheitsrechtlicher Normen aus völkerrechtlichen Verträgen.

---

[775] Siehe oben B. II. 3.

[776] *Feist* (Fn. 27), S. 121 f.; *Tomuschat* (Fn. 21), S. 269 f.

H. Ergebnis: Das Konsensprinzip im Zeitalter der internationalen Gemeinschaft

Trotz der in diesem Kapitel aufgezeigten Entwicklungen des Völkerrechts in Theorie und Praxis sehen zahlreiche Autoren das Konsensprinzip als intakte Grundlage der völkerrechtlichen Quellenlehre. So schreibt *Gaetano Arangio-Ruiz* noch kurz vor dem Ende des Kalten Krieges:

> „(...) [I]nternational law-making has evolved considerably since the end of the second World War, most particularly as a consequence of the development of ‚international organization' and, even more, following the triplication of the membership of the ‚global society' of sovereign entities. But this evolution has touched neither upon the nature of the units of international relations, nor on the structure of such relations – and their law – nor essentially upon the quality of the relevant law-making processes."[777]

Auch nach *Christian Hillgruber* ist die Geltung des Konsensprinzips unangefochten.[778] Die vorstehende Untersuchung ergibt indes ein anderes Bild:[779] Der Grundsatz, dass ein Staat nur aufgrund seiner ausdrücklich oder konkludent zum Ausdruck gebrachten Zustimmung an eine völkerrechtliche Norm gebunden werden kann, erfährt auf mehreren Ebenen Durchbrechungen und Aufweichungen.

Erstens lassen sich Durchbrechungen auf der formal-juristischen Ebene feststellen: Eine Bindung ohne oder gegen den Willen einzelner Staaten wird beispielsweise hergeleitet, wenn der Vorbehalt eines Staates zu einem völkerrechtlichen Vertrag für unzulässig erklärt wird, der Staat aber dennoch in vollem Umfang dem vertraglichen Regime unterwor-

---

[777] *Arangio-Ruiz* (Fn. 645), S. 106.

[778] *Hillgruber* (Fn. 6), S. 114.

[779] Siehe auch *Hall* (Fn. 468), S. 284: „(...) the dogma that law is binding on a state only because that state has in some sense willed itself to be bound stubbornly refused to square with the observable realities of international life"; *Herdegen* (Fn. 75), S. 31 fasst den Zustand des Konsensprinzips wie folgt zusammen: „Eine wesentliche Abschwächung des Konsensprinzips liegt darin, dass die moderne Völkerrechtsentwicklung die Anforderungen an den nachweisbaren Konsens des einzelnen Staates als Voraussetzung der Rechtsbindung deutlich zurücknimmt und sich vielfach mit einem angenommenen oder stillschweigenden Konsens begnügt, bei dem die Zustimmung bis zur bloßen Fiktion verblassen kann."

fen wird.[780] Ähnliches gilt, wenn aus Verträgen rechtliche Konsequenzen für Nicht-Mitgliedstaaten abgeleitet werden[781] oder die völkerrechtlichen Verpflichtungen eines Staates durch majoritäre Änderung eines völkerrechtlichen Vertrages erweitert werden können.[782] Auch die zunehmende rechtliche Beschränkung der Möglichkeit, sich von vertraglichen Verpflichtungen zu lösen,[783] sowie die Tendenz, eine rechtliche Bindungswirkung vertraglicher Vorschriften auch mit Wirkung für den Staatennachfolger zu konstruieren,[784] stellen juristische Durchbrechungen des Konsensprinzips dar. Im Rahmen des Völkergewohnheitsrechts werden Durchbrechungen sichtbar, wenn man eine nur eingeschränkte Anwendbarkeit der *persistent objector*-Regel annimmt[785] oder neu entstehende Staaten an den Bestand gewohnheitsrechtlicher Normen binden will.[786] Im Hinblick auf die Quelle der allgemeinen Rechtsgrundsätze ist die Geltung des Konsensprinzips ohnehin fraglich,[787] und auch im Rahmen des *ius cogens* wird diskutiert, ob die Herleitung universell geltender zwingender Normen ohne oder gegen den Willen einzelner Staaten möglich ist.[788]

Zweitens findet eine Durchbrechung des Konsensprinzips statt, wenn zwar im theoretischen Ansatz an der Erforderlichkeit staatlicher Zustimmung festgehalten wird, im Rahmen der praktischen Anwendung dieser Grundsätze aber das Vorliegen eines solchen Zustimmungsaktes nicht erforderlich erscheint. Dieses Auseinanderfallen von Theorie und Praxis findet sich in hohem Maße im Rahmen des Völkergewohnheitsrechts, wenn auf einen Nachweis der entsprechenden Staatenpraxis und eine Untersuchung der *opinio iuris* meist verzichtet wird und die Feststellung einer gewohnheitsrechtlichen Norm sich im bloßen Postulat erschöpft.[789] Noch deutlicher wird die Missachtung der dogmatischen Grundsätze im Fall der Ableitung gewohnheitsrechtlicher Normen aus

---

780 Dazu oben B. III.

781 Dazu oben B. IV.

782 Dazu oben B. V.

783 Dazu oben B. VI.

784 Dazu oben B. VII.

785 Dazu oben C. II. 1.

786 Dazu oben C. II. 2.

787 Dazu oben D. II.

788 Dazu oben F. II. 3.

789 Dazu oben C. III.

völkerrechtlichen Verträgen.[790] Ähnliches gilt für die Anerkennung zwingender Normen: Auch hier werden nur selten die Entstehungsvoraussetzungen geprüft, die Wichtigkeit einer Norm sowie der Wunsch nach ihrer Existenz reichen aus, um ihre normative Geltung anzunehmen.[791] Wenn die praktische Anwendung vom theoretisch konstruierten Konsenserfordernis derart abweicht, so ist zweifelhaft, ob die entsprechenden Normen tatsächlich eine konsensuale Grundlage aufweisen.

Drittens wird das Konsensprinzip dadurch in Frage gestellt, dass zwar formal-juristisch der staatliche Willensakt die Voraussetzung einer rechtlichen Bindung darstellt, die freie Ausübung des staatlichen Willens faktisch jedoch kaum möglich ist. Zwar ist grundsätzlich zwischen der rechtlichen Möglichkeit der Ausübung eines Rechts und den faktischen Zwängen, die die Ausübung dieses Rechts bestimmen, zu unterscheiden. Wenn aber die faktischen Zwänge ein derartiges Ausmaß annehmen, dass eine freie Ausübung des Rechts *de facto* unmöglich erscheint, so muss dies auch bei der normativen Bewertung berücksichtigt werden. Deutlich wird dies im Fall des Austritts aus den Vereinten Nationen.[792] Wenn auch formal-juristisch ein Austrittsrecht anerkannt wird, so ist doch die Ausübung dieses Rechts durch einzelne Staaten aufgrund sozialer und politischer Zwänge faktisch ausgeschlossen. Eine normative Dimension erhält diese Feststellung zudem dadurch, dass der Sicherheitsrat andeutet, den Austritt aus einem vertraglichen Regime als friedensbedrohende Maßnahme bewerten zu können. Und auch im Rahmen der Sekundärrechtsetzung erscheint es wenig überzeugend, die nach dem Konsensprinzip erforderliche staatliche Zustimmung zu rechtlichen Bindungen bereits im Zustimmungsakt zum Gründungsstatut der entsprechenden internationalen Organisation zu sehen und auf alle Sekundärrechtsakte zu projizieren.[793] Konsens wird so zur juristischen Fiktion ohne Rückhalt in der Wirklichkeit des Völkerrechts.

Das Konsensprinzip wird im modernen Völkerrecht zwar nicht aufgegeben, in vielen Fällen aber nicht mehr ausnahmslos gewährleistet. In der völkerrechtlichen Realität spielt es zunehmend eine nur untergeordnete Rolle und kann viele neuere Erscheinungsformen nur noch bedingt erklären. An diesen Befund knüpft eine Vielzahl von Fragen an:[794] Las-

---

790 Dazu oben C. I. 5.

791 Dazu oben F. III.

792 Dazu oben B. VI.

793 Dazu oben E. V.

794 Dazu unten 9. Kapitel und 10. Kapitel.

sen sich die Durchbrechungen des Konsensprinzips in die Dogmatik der herkömmlichen Rechtsquellen eingliedern oder bedarf es einer dogmatischen Neuorientierung? Ist eine solche Aufweichung des Konsensprinzips in jedem Fall wünschenswert oder müssen allgemeinverbindliche Maßstäbe hierfür aufgestellt werden? Wie lässt sich ein Missbrauch der Rechtsetzung jenseits des Konsensprinzips vor dem Hintergrund der nur unzureichend organisierten internationalen Gemeinschaft vermeiden? Und welche Folgen hat die Anerkennung nicht-konsensualer Rechtsetzungselemente für die Konzeption der Völkerrechtsordnung im Zeitalter der Globalisierung?

7. Kapitel: Gemeinschaftsrechtliche Strukturen der Rechtsdurchsetzung

„Almost all nations observe almost all principles of international law and almost all of their obligations almost all of the time."[1] Dieser oftmals zur Verteidigung der normativen Qualität sowie tatsächlichen Relevanz des Völkerrechts vorgebrachte Satz kann nicht darüber hinweghelfen, dass das Völkerrecht wie jede Rechtsordnung Mechanismen bereithalten muss, um die Befolgung der rechtlichen Verpflichtungen durch die Rechtsunterworfenen sicherzustellen. Dabei sind es primär außerrechtliche, soziologische Aspekte, die einen Staat dazu bringen, seine völkerrechtlichen Verpflichtungen zu erfüllen: Ein Staat kann ein Eigeninteresse an der Erbringung der geschuldeten Leistung haben oder auch ein reziprokes Interesse an der Gegenleistung,[2] insbesondere soweit er die rechtliche Verpflichtung willentlich eingegangen ist. Zudem hat jeder Staat ein Interesse daran, als verlässlicher und rechtstreuer Partner angesehen zu werden.[3] Diese soziologischen Mechanismen brechen jedoch zu großen Teilen weg, wenn man die hier aufgezeigte Entwicklung akzeptiert, dass das moderne Völkerrecht einen Staat auch ohne oder gegen seinen Willen rechtlichen Verpflichtungen unterwerfen kann.[4] Dann stellt sich die Frage, ob das geltende Völkerrecht hinreichende Möglichkeiten bereithält, um die Durchsetzung rechtlicher Normen, die Interessen der internationalen Gemeinschaft widerspiegeln, zu gewährleisten. Geht mit der Herausbildung einer Legislativfunktion der internationalen Gemeinschaft eine Stärkung der Exekutivfunktion einher?[5] Stellen die völkerrechtlichen Sekundärnormen hinrei-

---

1 *Louis Henkin*, How Nations Behave, 2nd ed. 1979, S. 47.

2 Dazu *Albert Bleckmann*, Völkerrecht, 2001, S. 333; *Friedrich Berber*, Lehrbuch des Völkerrechts, Bd. I, 2. Aufl. 1975, S. 2; die besondere Bedeutung des Eigeninteresses für die Einhaltung völkerrechtlicher Verpflichtungen betonen *Jack L. Goldsmith/Eric A. Posner*, The Limits of International Law, 2005, S. 4 ff.

3 *Christian Tomuschat*, Obligations Arising for States without or against Their Will, RdC 241 (1993-IV), S. 195 (361); *Henkin* (Fn. 1), S. 39 ff.; skeptisch *Goldsmith/Posner* (Fn. 2), S. 9 f.

4 Vgl. *Tomuschat* (Fn. 3), S. 362.

5 Dazu *Christian Tomuschat*, Die internationale Gemeinschaft, AVR 33 (1995), S. 1 (8 ff.).

M. Payandeh, *Internationales Gemeinschaftsrecht*, Beiträge zum ausländischen öffentlichen Recht und Völkerrecht 219, DOI 10.1007/978-3-642-13141-7_9,

chende Mittel zur Verfügung, um eine effektive Durchsetzung der Primärnormen sicherzustellen?

Grundsätzlich lassen sich drei Modelle der Rechtsdurchsetzung unterscheiden (*siehe Abbildung 1*), die jeweils ein unterschiedlich hohes Maß an Integration im internationalen System erkennen lassen:[6] In der rein bilateral strukturierten Rechtsdurchsetzung des klassischen, dezentral organisierten Völkerrechts obliegt es jedem Staat selbst, für die Einhaltung der ihm geschuldeten Verpflichtungen Sorge zu tragen. Diesem vom Prinzip der Selbsthilfe geprägten archaischen Durchsetzungsmechanismus steht die zentralisierte und institutionalisierte Durchsetzung durch eine internationale Exekutive gegenüber. Nach diesem Modell erhalten dem innerstaatlichen öffentlichen Recht vergleichbare vertikale Strukturen Eingang in das internationale System. Zwischen diesen beiden Konzeptionen befindet sich die kollektive, aber dezentralisierte Rechtsdurchsetzung, in deren Rahmen nicht nur der unmittelbar von einer Völkerrechtsverletzung betroffene Staat Maßnahmen zur Beendigung der Rechtsverletzung treffen kann, sondern potenziell jeder Staat – unter bestimmten Voraussetzungen und innerhalb bestimmter Grenzen – als Vertreter und im Interesse der internationalen Gemeinschaft agieren kann.

Dem modernen Völkerrecht liegt keiner dieser drei Durchsetzungsmechanismen in Reinform als Exklusivmodell zugrunde. Das internationale Rechtssystem enthält vielmehr Elemente aller drei Idealtypen. Im Folgenden wird zunächst das traditionelle bilaterale Durchsetzungsschema des Völkerrechts dargestellt, wie es in weitem Umfang auch im heutigen Völkerrecht zur Anwendung gelangt (A). Danach wird die Rechtsdurchsetzung im Rahmen der Vereinten Nationen untersucht, da die in der UN-Charta verankerten Mechanismen den bis heute weitestgehenden Versuch der Etablierung zentralisierter Rechtsdurchsetzung darstellen (B). Schließlich werden Strukturen einer kollektiven, aber dezentralisierten Rechtsdurchsetzung analysiert (C). Alle drei Modelle werden darauf untersucht, inwieweit sie zu einer effektiven Durchsetzung von gemeinschaftlichen Interessen beitragen können und ob sich gemeinschaftliche Exekutivstrukturen im Völkerrecht erkennen lassen.

---

6 *Tomuschat* (Fn. 3), S. 363 spricht anschaulich von einer dreistufigen Pyramide; zur Terminologie *Torsten Stein*, Decentralized International Law Enforcement: The Changing Role of the State as Law Enforcement Agent, in: Jost Delbrück (ed.), Allocation of Law Enforcement Authority in the International System, 1995, S. 107 ff.

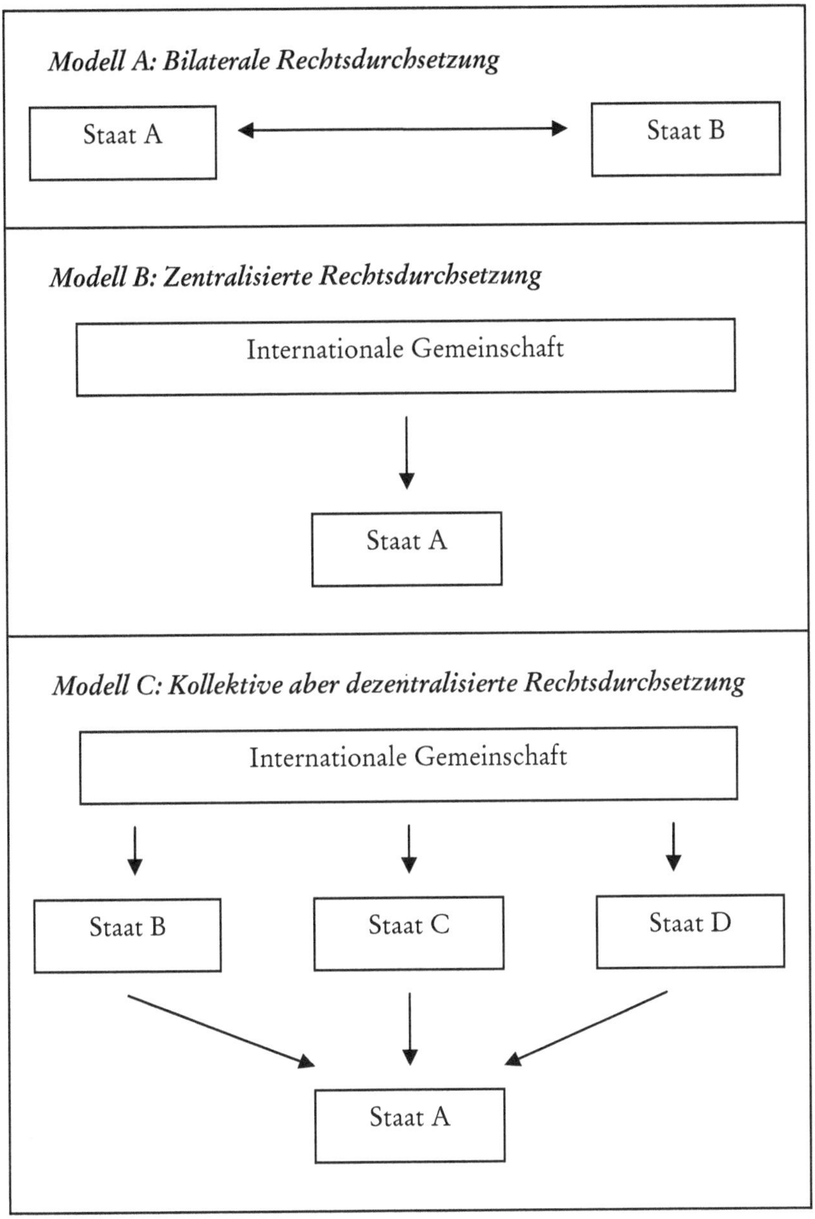

Abbildung 1: Modelle der Rechtsdurchsetzung im Überblick

A. Die archaische Struktur bilateraler Rechtsdurchsetzung

Die Rechtsverhältnisse zwischen den Subjekten des Völkerrechts sind geprägt von Rechten und Pflichten.[7] Aus einer völkerrechtlichen Norm entstehen Pflichten für einen Staat, die subjektiven Rechten eines anderen Staates korrespondieren. Pflichten und Rechte bedingen sich gegenseitig. Verletzt ein Staat das Völkerrecht, so wird dadurch seine völkerrechtliche Verantwortlichkeit begründet, es entsteht ein neues Rechtsverhältnis zwischen dem verletzten und dem verletzenden Staat, mit eigenständigen Rechten und Pflichten.[8] Kennzeichnend für die Konzeption des klassischen Völkerrechts ist die bilaterale Struktur der Rechtsverhältnisse (*siehe Abbildung* 2):[9] Die Pflicht des Staates A, eine bestimmte Handlung gegenüber Staat B zu unterlassen, entspricht dem Recht des Staates B auf Unterlassung der entsprechenden Handlung durch den Staat A. Nichts anderes gilt im Grundsatz für multilaterale Verträge, die zwar zwischen mehreren Staaten abgeschlossen werden, sich aber als Bündel bilateraler Verpflichtungsverhältnisse begreifen lassen.[10]

[7] Siehe nur *Bleckmann* (Fn. 2), S. 337 ff.; *Andreas L. Paulus*, Die internationale Gemeinschaft im Völkerrecht, 2001, S. 379 f.; *Bruno Simma*, International Crimes: Injury and Countermeasures, in: Joseph H.H. Weiler et al. (eds.), International Crimes of State, 1989, S. 283 f.

[8] *Georg Dahm/Jost Delbrück/Rüdiger Wolfrum*, Völkerrecht, Bd. I/3, 2. Aufl. 2002, S. 867.

[9] *Jochen Abr. Frowein*, Reactions by Not Directly Affected States to Breaches of Public International Law, RdC 248 (1994-IV), S. 345 (353); *Antonio Cassese*, International Law, 2nd ed. 2005, S. 14; *Alfred Verdross/Bruno Simma*, Universelles Völkerrecht, 3. Aufl. 1984, S. 40; *Prosper Weil*, Towards Relative Normativity in International Law?, AJIL 77 (1983), S. 413 (431); siehe auch *Second Report on State Responsibility, by Mr. Roberto Ago*, Special Rapporteur, UN Doc. A/CN.4/233, YBILC 1970 II, S. 177 (192).

[10] *Bruno Simma*, From Bilateralism to Community Interest in International Law, RdC 250 (1994-VI), S. 217 (336); *Frowein* (Fn. 9), S. 395; *Christian Dominicé*, The International Responsibility of States for Breach of Multilateral Obligations, EJIL 10 (1999), S. 353 (354 ff.) spricht zutreffend davon, dass nicht aus jedem multilateralen Vertrag auch multilaterale (also *erga omnes* wirkende) Verpflichtungen entspringen.

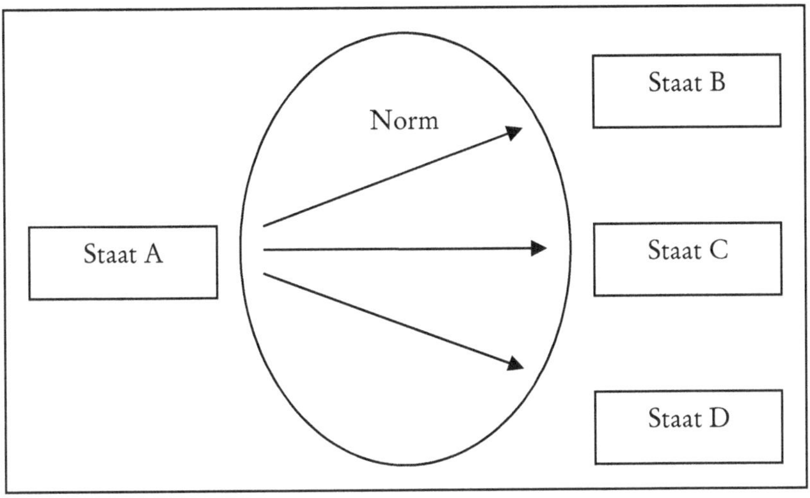

Abbildung 2: Klassische Verpflichtungsstruktur völkerrechtlicher Normen

Diese subjektiv-rechtliche Konzeption des klassischen Völkerrechts impliziert, dass sowohl die gerichtliche als auch die außergerichtliche Geltendmachung einer Völkerrechtsverletzung vom Bestehen eines subjektiven Rechts abhängt.[11] So betont der IGH, dass grundsätzlich nur derjenige Staat, dem eine Verpflichtung geschuldet wird, befugt ist, die Verletzung dieser Verpflichtung durch einen anderen Staat gerichtlich geltend zu machen.[12] An diesem Grundsatz hält auch der 2001 in zweiter Lesung angenommene Entwurf der *International Law Commission* zur Staatenverantwortlichkeit (ILC-Draft) fest.[13] Art. 49 Abs. 1 ILC-

---

[11] *Dahm/Delbrück/Wolfrum* (Fn. 8), S. 985; *Friedrich Berber*, Lehrbuch des Völkerrechts, Bd. III, 2. Aufl. 1977, S. 95; *Verdross/Simma* (Fn. 9), S. 907.

[12] *Reparation for Injuries Suffered in the Service of the United Nations*, Advisory Opinion, ICJ Reports 1949, S. 174 (181 f.).

[13] *Draft Articles on Responsibility of States for Internationally Wrongful Acts*, adopted by the International Law Commission at its Fifty-third Session (2001), Official Records of the General Assembly, Fifty-sixth Session, Supplement No. 10, UN Doc. A/56/10; für einen Überblick *James Crawford/Jacqueline Peel/Simon Olleson*, The ILC's Articles on Responsibility of States for Interna-

Draft bestimmt, dass der *verletzte* Staat Gegenmaßnahmen ergreifen kann. Die Frage, ob und in welchem Umfang nicht unmittelbar von einer Rechtsverletzung betroffene Drittstaaten Gegenmaßnahmen ergreifen können, lässt Art. 54 ILC-Draft offen.[14] Auch im modernen Völkerrecht obliegt es damit primär den Staaten selbst, das Völkerrecht insgesamt und ihre eigenen Rechte im Besonderen durchzusetzen.[15]

Dieser Ansatz hat durchaus positive Effekte.[16] Die Beschränkung der völkerrechtlichen Durchsetzungsmöglichkeiten auf das Rechtsverhältnis zwischen dem verletzten Staat und dem Rechtsverletzer führt zu einer weitgehenden Schonung des Souveränitätsprinzips und zu einem normativ geordneten System klar erkennbarer Verpflichtungsstrukturen.[17] Zudem gewährleistet der Reziprozitätsgrundsatz in den meisten Fällen die Befolgung des Völkerrechts. Nichtsdestotrotz hängt die bilaterale Geltendmachung von Rechten davon ab, ob der verletzte Staat in der Lage ist, die Verletzung seiner Rechte durch einen anderen Staat diesem gegenüber geltend zu machen. Die Einhaltung des Rechts wird damit potenziell zu einer Frage der Macht und der Durchsetzungskraft.[18]

Der defizitäre Charakter dieser klassischen völkerrechtlichen Durchsetzungsstruktur tritt jedoch besonders deutlich hervor, wenn Gemeinschaftsinteressen betroffen sind. Selbst wenn eine bilaterale Streitigkeit auch Interessen der internationalen Gemeinschaft betrifft, ist diese nach klassischem Völkerrecht dazu verurteilt, die Beilegung der Streitigkeit

---

tionally Wrongful Acts: Completion of the Second Reading, EJIL 12 (2001), S. 963 ff.

[14] *Crawford/Peel/Olleson* (Fn. 13), S. 982.

[15] Statt vieler *Stephan Hobe*, Einführung in das Völkerrecht, 9. Aufl. 2008, S. 243; *Christian Tomuschat*, International Law: Ensuring the Survival of Mankind on the Eve of a New Century, RdC 281 (1999), S. 9 (359); *Stein* (Fn. 6), S. 109; *Weil* (Fn. 9), S. 431 spricht von der „every-man-for-himself doctrine".

[16] *Simma* (Fn. 10), S. 232 f.; *ders.* (Fn. 7), S. 284; *Jonathan I. Charney*, International Lawmaking – Article 38 of the ICJ Statute Reconsidered, in: Jost Delbrück (ed.), New Trends in International Lawmaking – International „Legislation" in the Public Interest, 1997, S. 171 (185).

[17] *Edith Brown Weiss*, Invoking State Responsibility in the Twenty-first Century, AJIL 96 (2002), S. 798 (801).

[18] *Berber* (Fn. 2), S. 20; *Cassese* (Fn. 9), S. 15; *Karl Zemanek*, The Unilateral Enforcement of International Obligations, ZaöRV 47 (1987), S. 32 (43); *Robert Uerpmann*, Grenzen zentraler Rechtsdurchsetzung im Rahmen der Vereinten Nationen, AVR 33 (1995), S. 107.

den direkt betroffenen Staaten zu überlassen – unabhängig davon, ob der unmittelbar betroffene Staat dazu in der Lage ist, die Rechtsverletzung abzuwenden.[19] Und solange ein Staat nicht unmittelbar in seinen Interessen betroffen ist, wird er nur sehr zurückhaltend auf die Handlungsinstrumente der bilateralen Rechtsdurchsetzung zugreifen. Die rein bilaterale Rechtsdurchsetzung, die nur dem unmittelbar verletzten Staat ein Recht zur gerichtlichen und außergerichtlichen Geltendmachung der Rechtsverletzung sowie zum Ergreifen von Gegenmaßnahmen einräumt, entspricht insofern nicht mehr den Anforderungen des geltenden Völkerrechts, als nicht alle völkerrechtlichen Verpflichtungen als bilateral angesehen werden können. Insbesondere die Beachtung menschenrechtlicher Gewährleistungen wird nicht primär den einzelnen anderen Vertragsparteien geschuldet, sondern dem Individuum als Völkerrechtssubjekt. Insofern läuft eine am Reziprozitätsgrundsatz ausgerichtete bilaterale Rechtsdurchsetzung zwangsläufig leer.[20]

B. Zentralisierte Rechtsdurchsetzung im Rahmen der Vereinten Nationen: Ein Weltstaat im Entstehen?

Insbesondere vor dem Hintergrund der zunehmenden gemeinschaftlichen Orientierung des modernen Völkerrechts wird das Erfordernis einer zentralisierten Rechtsdurchsetzung hervorgehoben.[21] Dabei war dem klassischen Völkerrecht als horizontal konzipierter Rechtsordnung zentralisierte Rechtsdurchsetzung durch den Staaten übergeordnete Institutionen fremd. Erst die Satzung des Völkerbundes enthielt Ansätze

---

[19] *Philip Allott*, Eunomia, 2001, S. 332 ff.; *Ted L. Stein*, Observations on „Crimes of States", in: Joseph H.H. Weiler et al. (eds.), International Crimes of State, 1989, S. 194 (198 f.).

[20] *Karl Zemanek*, New Trends in the Enforcement of Erga Omnes Obligations, MPYUNL 4 (2000), S. 1 (29); *Martin Nettesheim*, Das kommunitäre Völkerrecht, JZ 2002, S. 569 (577); *Dahm/Delbrück/Wolfrum* (Fn. 8), S. 986; *Jonathan I. Charney*, Third State Remedies in International Law, Mich. J. Int'l L. 10 (1989), S. 57 (65 f.).

[21] Siehe etwa *Brun-Otto Bryde*, International Democratic Constitutionalism, in: Ronald St. John MacDonald/Douglas M. Johnston (eds.), Towards World Constitutionalism, 2005, S. 103 (110); *Vera Gowlland-Debbas*, Security Council Enforcement Action and Issues of State Responsibility, ICLQ 43 (1994), S. 55 (98).

einer zentralisierten Rechtsdurchsetzung.[22] Die (Teil-)Vergemeinschaftung der Sicherheitsfunktion im Sicherheitsrat[23] unter der Charta der Vereinten Nationen stellt den weitestgehenden Versuch der Etablierung einer zentralisierten internationalen Exekutive dar.[24] Art. 2 Nr. 4 UN-Charta schließt Gewaltanwendung im zwischenstaatlichen Verkehr grundsätzlich aus, und die Art. 39 ff. UN-Charta übertragen dem Sicherheitsrat der Vereinten Nationen die alleinige Kompetenz, über das „ob" und „wie" legitimer Gewaltanwendung zu entscheiden. Sowohl nach der Konzeption der UN-Charta als auch unter Berücksichtigung der Praxis des Sicherheitsrates ergibt sich jedoch ein nur unvollständiges Bild einer zentralisierten Rechtsdurchsetzungsinstanz.[25]

I. Konzeption der UN-Charta

Der Sicherheitsrat der Vereinten Nationen hat keine allgemeine Kompetenz, Völkerrechtsverstöße zu ahnden; auf der anderen Seite setzt ein Vorgehen nach Kapitel VII der UN-Charta nicht zwingend einen Völkerrechtsverstoß voraus.[26] Nichtsdestotrotz liegt in der Vornahme friedensbedrohender Handlungen regelmäßig auch eine Völkerrechtsverletzung, und in der Praxis knüpft der Rat oftmals an die Verletzung ei-

---

[22] Siehe hierzu *Berber* (Fn. 11), S. 105 f.

[23] So der Ausdruck von *Paulus* (Fn. 7), S. 298 ff.

[24] Andere Durchsetzungsmechanismen der UN-Charta, wie sie beispielsweise in Art. 5, 6, 19 oder 94 Abs. 2 UN-Charta vorgesehen sind, bleiben hier aufgrund ihres engen Anwendungsbereichs sowie ihrer geringen praktischen Bedeutung außer Betracht. Und auch andere punktuelle Momente zentralisierter Rechtsdurchsetzung, wie beispielsweise menschenrechtliche Berichtssysteme oder Inspektionen durch die IAEA, können hier nicht berücksichtigt werden. Diesen Schutzmechanismen ist gemein, dass sie einen Völkerrechtsverstoß allenfalls feststellen können, echte Durchsetzungsmechanismen stellen sie nicht dar; für einen Überblick *Georg Dahm/Jost Delbrück/Rüdiger Wolfrum*, Völkerrecht, Bd. I/1, 2. Aufl. 1989, S. 93 ff.

[25] Siehe hierzu und zum Folgenden *Uerpmann* (Fn. 18), S. 109 ff.

[26] *Jochen Abr. Frowein/Nico Krisch*, in: Bruno Simma (ed.), The Charter of the United Nations, A Commentary, Vol. I, 2nd ed. 2002, Introduction to Chapter VII, Rn. 18; *Gowlland-Debbas* (Fn. 21), S. 61; *Hans Kelsen*, The Law of the United Nations, 1951, S. 294 betont, dass die Funktion von Kapitel VII der UN-Charta nicht in der Aufrechterhaltung oder Wiederherstellung des rechtmäßigen Zustands, sondern in der Friedenswahrung liegt.

ner völkerrechtlichen Verpflichtung an, um eine Bedrohung für den Frieden anzunehmen.[27] Vor diesem Hintergrund lassen sich Maßnahmen des Sicherheitsrates zumeist als Reaktion auf aktuelle oder potenzielle Verletzungen des Völkerrechts begreifen, der Rat somit als rechtsdurchsetzende Instanz auf dem Gebiet der Friedenssicherung.[28]

Allerdings sieht die Konzeption der UN-Charta keine vollständige Zentralisierung der Rechtsdurchsetzungsfunktion vor. So liegt zwar gemäß Art. 39 UN-Charta die Feststellung der Friedensbedrohung ebenso wie die Befugnis, die konkret zu treffenden Maßnahmen nach Art. 40 ff. UN-Charta anzuordnen, beim Sicherheitsrat. Selbst durchführen kann der Rat diese Beschlüsse jedoch nicht. So kann er gemäß Art. 41 UN-Charta nicht-militärische Maßnahmen, wie den Abbruch wirtschaftlicher und diplomatischer Beziehungen, beschließen, die Durchführung dieser Maßnahmen liegt aber naturgemäß in der Hand der Mitgliedstaaten, die diese Beziehungen untereinander unterhalten.[29] Die Einsetzung spezieller Überwachungsinstanzen auf UN-Ebene durch den Sicherheitsrat[30] birgt zwar ein zusätzliches Element der Zentralisierung in sich, die Durchführung als solche obliegt jedoch den Staaten.

Stärker zentralisiert ist die Durchführung militärischer Zwangsmaßnahmen nach Art. 42 UN-Charta. Art. 43 Abs. 1 UN-Charta sieht vor, dass die Mitgliedstaaten dem Sicherheitsrat auf der Grundlage von Sonderabkommen Truppenkontingente zur Verfügung stellen. Auch wenn dadurch keine internationale UN-Armee gebildet wird, werden nationale Streitkräfte unter die Befehlsgewalt des Sicherheitsrates gestellt. Art. 42 UN-Charta enthält jedoch auch dezentralisierte Elemente: Ein militärisches Vorgehen des Sicherheitsrates kann nach Art. 42 Satz 2 UN-Charta Einsätze der Streitkräfte einzelner Mitgliedstaaten einschließen. Im Einklang mit dieser Regelung bestimmt Art. 48 Abs. 1 UN-Charta, dass zur Durchführung der Beschlüsse nach dem Ermessen

---

[27] Siehe hierzu *Gowlland-Debbas* (Fn. 21), S. 63 ff.

[28] *Frowein/Krisch* (Fn. 26), Rn. 18.

[29] *Jochen Abr. Frowein/Nico Krisch*, in: Bruno Simma (ed.), The Charter of the United Nations, A Commentary, Vol. I, 2nd ed. 2002, Art. 41, Rn. 27 ff.; *Stein* (Fn. 6), S. 114 sowie S. 123 f.

[30] Dazu *Paul C. Szasz*, Centralized and Decentralized Law Enforcement: The Security Council and the General Assembly Acting under Chapters VII and VIII, in: Jost Delbrück (ed.), Allocation of Law Enforcement Authority in the International System, 1995, S. 17 (25 f.).

des Sicherheitsrates Maßnahmen von allen oder einigen Mitgliedstaaten zu treffen sind. Auch die Regelung des Art. 53 Abs. 1 UN-Charta, die es ermöglicht, Zwangsmaßnahmen durch regionale Abmachungen durchführen zu lassen, führt ein dezentralisierendes Moment in das System der kollektiven Friedenssicherung ein.

In der Gesamtschau ergibt die UN-Charta folgende Konzeption:[31] Die Entscheidung über das Vorliegen der Eingriffsvoraussetzungen und die zu treffenden Maßnahmen ist auf UN-Ebene vollständig zentralisiert. Die Durchführung nicht-militärischer Maßnahmen liegt kraft Natur der Sache primär bei den Staaten, während dem Sicherheitsrat eine bloß überwachende Funktion zukommt. Militärische Maßnahmen werden der UN-Charta zufolge zwar zentralisiert vom Sicherheitsrat durchgeführt, dieser kann jedoch auf dezentralisierte Elemente zurückgreifen, indem er einzelne Staaten oder regionale Zusammenschlüsse in die Durchführung einbindet.

II. Praxis des Sicherheitsrates

Entspricht Kapitel VII der UN-Charta damit schon in der Konzeption nicht vollständig dem Idealtypus einer internationalen zentralisierten Exekutive, so weist die Praxis des Sicherheitsrates eine noch deutlichere Tendenz der Dezentralisierung auf. Während nicht-militärische Maßnahmen nach Art. 41 UN-Charta im Wesentlichen entsprechend ihrer Konzeption in der UN-Charta zum Einsatz gelangen – die Entscheidung über das Vorliegen einer Friedensbedrohung und die Anordnung der konkreten Maßnahmen erfolgen zentral, die Durchführung der Sanktionen dezentral[32] –, entspricht die Praxis der militärischen Zwangsmaßnahmen kaum den Vorstellungen der UN-Charta. Mangels Bereitschaft der Mitgliedstaaten, dem Sicherheitsrat durch den Abschluss von Sonderabkommen Streitkräfte zu unterstellen, ist bislang keine militärische Operation auf der Grundlage von Art. 43 UN-Charta durchgeführt worden. Stattdessen dominieren *Peacekeeping Operationen* sowie die Ermächtigung einzelner Staaten oder Gruppen von Staaten zu militärischem Vorgehen die Praxis des Sicherheitsrates. *Peacekeeping Operationen* kommen der ursprünglichen Konzeption der Charta am nächsten, da die entsendeten Truppen auf der Grundlage von

---

31 Siehe *Uerpmann* (Fn. 18), S. 112.

32 *Uerpmann* (Fn. 18), S. 118 ff.

ad hoc-Übereinkünften der Verantwortung der Vereinten Nationen unterstellt werden.[33] Allerdings sind *Peacekeeping Operationen* primär als konsensuale Form der Friedenssicherung konzipiert, sie werden grundsätzlich nur mit Zustimmung der beteiligten Parteien eingesetzt, so dass es sich nicht um Zwangsmaßnahmen im eigentlichen Sinne handelt.

1. Die Ermächtigung einzelner Staaten und „coalitions of the willing"

Die Einhaltung des Friedens durch Zwang steht hingegen im Vordergrund der Praxis des Sicherheitsrates, alle oder einzelne Staaten zum militärischen Vorgehen gegen einen Friedensbrecher zu ermächtigen. In Ermangelung eigener Streitkräfte griff der Sicherheitsrat 1990 im Konflikt zwischen Irak und Kuwait zu dieser Methode.[34] In Resolution 660 (1990)[35] stellte er fest, dass der irakische Übergriff auf Kuwait einen Bruch des Weltfriedens und der internationalen Sicherheit darstellte, und führte dann in Resolution 678 (1990)[36] aus:

> „*The Security Council* (...)
>
> *Acting* under Chapter VII of the Charter,
>
> 1. *Demands* that Iraq comply fully with resolution 660 (1990) and all subsequent relevant resolutions, and decides, while maintaining all its decisions, to allow Iraq one final opportunity, as a pause of goodwill, to do so;
>
> 2. *Authorizes* Member States co-operating with the Government of Kuwait, unless Iraq on or before 15 January 1991 fully implements, as set forth in paragraph 1 above, the above-mentioned resolutions, to use all necessary means to uphold and implement resolution 660 (1990) and all subsequent relevant resolutions and to restore international peace and security in the area. (...)"

---

[33] *Jochen Abr. Frowein/Nico Krisch*, in: Bruno Simma (ed.), The Charter of the United Nations, A Commentary, Vol. I, 2nd ed. 2002, Art. 42, Rn. 17 ff.; Überblick über Charakteristika und Entwicklung des Peacekeepings bei *Michael Bothe*, in: Bruno Simma (ed.), The Charter of the United Nations, A Commentary, Vol. I, 2nd ed. 2002, Peace-keeping, Rn. 1 ff.

[34] Ein frühes Beispiel dieser Praxis stellt Security Council Resolution 84 vom 7.7.1950 dar, vgl. *Nico Schrijver*, The Future of the Charter of the United Nations, MPYUNL 10 (2006), S. 1 (20).

[35] Security Council Resolution 660 vom 2.8.1990.

[36] Security Council Resolution 678 vom 29.11.1990.

Von der Vorstellung der weitgehend zentralisierten Anwendung militärischer Gewalt, die der UN-Charta zugrunde liegt, ist das Vorgehen des Sicherheitsrates im Irak-Konflikt weit entfernt.[37] Zwar beruht die Feststellung des Friedensbruchs nach Art. 39 UN-Charta auf einer zentralisierten Entscheidung des Sicherheitsrates. Doch schon die Wahl der zu treffenden Maßnahmen gibt der Sicherheitsrat weitgehend aus der Hand, wenn er die Staaten dazu ermächtigt, alle notwenigen Mittel zu ergreifen („to use all necessary means"). Entgegen der Konzeption des Art. 39 UN-Charta, demzufolge der Sicherheitsrat anordnet, welche Maßnahmen auf der Grundlage der Art. 41 und 42 UN-Charta zu treffen sind, wird diese zweite Entscheidungsstufe auf die Mitgliedstaaten verlagert. Diese können nach weitgehend freiem Ermessen militärische sowie nicht-militärische Maßnahmen vornehmen, eine Einschränkung ist der Ermächtigung nicht zu entnehmen.[38] Auch findet keine zeitliche Beschränkung statt, so dass die Feststellung, ab wann der Irak seine Verpflichtungen einhielt und ob weiterhin eine Gefahr für Frieden oder Sicherheit bestand, den Staaten überlassen blieb.[39] Zwar hätte der Sicherheitsrat die Ermächtigung theoretisch jederzeit widerrufen können; dieser Widerruf hätte aber durch ein „reverse veto" der ständigen Mitglieder – also insbesondere der maßgeblich auf der Grundlage der Ermächtigung handelnden Staaten USA und Großbritannien – verhindert werden können.[40] Und auch die Durchführung der militärischen Maßnahmen erfolgte vollständig dezentral. Die Autorisierung einzelner Staaten zu militärischen Zwangsmaßnahmen stellt mittlerweile eine feste Größe in der Praxis des Sicherheitsrates dar.[41] Doch obwohl der Si-

---

[37] *Uerpmann* (Fn. 18), S. 120 ff.

[38] *Stein* (Fn. 6), S. 124 f.

[39] Kritik hierzu bei *Burns H. Weston*, Security Council Resolution 678 and Persian Gulf Decision-Making: Precarious Legitimacy, AJIL 85 (1991), S. 516 (525 ff.). In der Folge wurde Resolution 678 (1990) von Befürwortern des Irak-Krieges von 2003 zur Rechtfertigung der Intervention herangezogen; dagegen zu Recht *Christian Schaller*, Massenvernichtungswaffen und Präventivkrieg – Möglichkeiten der Rechtfertigung einer militärischen Intervention im Irak aus völkerrechtlicher Sicht, ZaöRV 62 (2002), S. 641 (645 ff.).

[40] *David D. Caron*, The Legitimacy of the Collective Authority of the Security Council, AJIL 87 (1993), S. 552 (577 ff.).

[41] Er ermächtigte beispielsweise zu entsprechenden Einsätzen im ehemaligen Jugoslawien (Security Council Resolutions 836 vom 4.6.1993 sowie 1031 vom 15.12.1995), in Somalia (Security Council Resolution 794 vom 3.12.1992), Ruanda (Security Council Resolution 929 vom 22.6.1994), Haiti (Security Council Resolutions 940 vom 31.7.1994 sowie 1529 vom 29.2.2004), Ost-Timor (Secu-

cherheitsrat die nachfolgenden Einsätze nicht mehr mit einer derart weit reichenden Ermächtigung ausstattete, wie sie im Irak-Krieg erfolgte, und auf eine stärkere Einbindung der UN-Organe achtete,[42] bleiben Bedenken gegenüber der Legalität und Legitimität dieser Praxis.

2. *Rechtliche Würdigung*

Den normativen Anknüpfungspunkt für die Autorisierung einzelner Staaten oder Staatengruppen zu militärischen Maßnahmen stellt Art. 42 UN-Charta dar,[43] teilweise wird auch von einer gewohnheitsrechtlichen Zulässigkeit[44] ausgegangen oder die *implied powers*-Doktrin herangezogen.[45] Bedenklich ist jedoch, dass sich die Autorisierung von militärischen Gewalteinsätzen vom ursprünglichen Gedanken des kollektiven Sicherheitssystems nach Kapitel VII der UN-Charta deutlich unterscheidet. Das als weitgehend zentralisiert konzipierte System wird durch einen Mechanismus dezentraler Friedenssicherung ersetzt, in dem der Sicherheitsrat seine Befugnisse in großem Umfang delegiert. Andere Autoren sehen daher das Recht auf kollektive Selbstverteidigung nach Art. 51 UN-Charta als Ermächtigungsgrundlage an, der „Autorisierung" durch den Sicherheitsrat kommt danach nur deklaratorische Bedeutung zu.[46] Im Ergebnis geht jedenfalls die vorherrschende

---

rity Council Resolution 1264 vom 15.8.1999), Liberia (Security Council Resolution 1497 vom 1.8.2003) und der Elfenbeinküste (Security Council Resolution 1528 vom 27.2.2004).

[42] Siehe hierzu *Niels Blokker*, Is the Authorization Authorized? Powers and Practice of the UN Security Council to Authorize the Use of Force by „Coalitions of the Able and Willing", EJIL 11 (2000), S. 541 (560 ff.); *Uerpmann* (Fn. 18), S. 122 ff.; *Cassese* (Fn. 9), S. 348 f.

[43] *Frowein/Krisch* (Fn. 33), Rn. 20 f.; *Frowein* (Fn. 9), S. 377; *Torsten Stein/Christian von Buttlar*, Völkerrecht, 12. Aufl. 2009, S. 312; *Verdross/Simma* (Fn. 9), S. 146; *Tom J. Farer*, The Future of International Law Enforcement under Chapter VII: Is There Room for „New Scenarios"?, in: Jost Delbrück (ed.), The Future of International Law Enforcement, 1993, S. 39 (41 ff.).

[44] *Cassese* (Fn. 9), S. 350.

[45] *Blokker* (Fn. 42), S. 547 ff.; *Vera Gowlland-Debbas*, The Limits of Unilateral Enforcement of Community Objectives in the Framework of UN Peace Maintenance, EJIL 11 (2000), S. 361 (368).

[46] *Oscar Schachter*, United Nations Law in the Gulf Conflict, AJIL 85 (1991), S. 452 (459); *Eckart Klein*, Völkerrechtliche Aspekte des Golfkonflikts 1990/91, AVR 29 (1991), S. 421 (429 ff.); *Ian Brownlie*, Principles of Public In-

Auffassung davon aus, dass der Sicherheitsrat einzelne „willige“ Staaten zur Vornahme militärischer Zwangsmaßnahmen ermächtigen kann. Getragen wird diese Ansicht, die sich dogmatisch auf den Grundsatz der dynamisch-evolutiven Auslegung der Charta[47] berufen kann und wohl auch vom IGH geteilt wird,[48] von dem Willen, dem UN-System der kollektiven Sicherheit zu Wirksamkeit im Rahmen des politisch Machbaren zu verhelfen.

3. *Rechtspolitische Würdigung*

Aufgrund der zweifelhaften Legitimität des Sicherheitsrates[49] fällt die rechtspolitische Bewertung der Praxis des Sicherheitsrates deutlich kritischer aus. Gewaltanwendung auf der Grundlage delegierter Befugnisse erfolgt oftmals weniger im Dienst der internationalen Gemeinschaft als aufgrund einzelstaatlicher Interessen.[50] Dementsprechend weist der ehemalige Generalsekretär der Vereinten Nationen *Boutros Boutros-Ghali* auf die Gefahren der Ermächtigung einzelner Staaten zu militärischen Zwangsmaßnahmen hin, wenn er in einem Anhang zur *Agenda for Peace* ausführt, diese:

> „(...) can have a negative impact on the Organization's stature and credibility. There is also the danger that the States concerned may claim international legitimacy and approval for forceful actions that were not in fact envisaged by the Security Council when it gave its authorization to them.“[51]

Durch die Verlagerung weiter Teile der Entscheidungsbefugnisse vom Sicherheitsrat auf einzelne Staaten wird zudem das zentralisierte System

---

ternational Law, 7th ed. 2008, S. 741 f.; *Horst Fischer*, Friedenssicherung und friedliche Streitbeilegung, in: Knut Ipsen (Hrsg.), Völkerrecht, 5. Aufl. 2004, S. 1065 (1096).

47 Dazu bereits oben 6. Kap., E. III., 2. b).

48 *Certain Expenses of the United Nations*, Advisory Opinion, ICJ Reports 1962, S. 151 (167): „It cannot be said that the Charter has left the Security Council impotent in the face of an emergency situation when agreements under Article 43 have not been concluded.“

49 Dazu oben 5. Kap., A. II.

50 *Brownlie* (Fn. 46), S. 741 f.

51 *Supplement to An Agenda For Peace: Position Paper of the Secretary-General on the Occasion of the Fiftieth Anniversary of the United Nations*, UN Doc. A/50/60; S/1995/1, Ziff. 80.

der Friedenssicherung in Frage gestellt, und die Großmachtdominanz tritt deutlich zu Tag.[52] Sind die entsprechenden Einsätze auch formal als multilaterale Vorgehensweise zu qualifizieren, so bestehen doch kaum Zweifel daran, dass insbesondere die Irak-Mission von 1990/91 maßgeblich von der US-amerikanischen Autorität bestimmt war – wenn auch unter weitgehender Duldung der übrigen Veto-Mächte und der Staatengemeinschaft. Diese Bewertung fasst *Charles Krauthammer* zusammen, wenn er ausführt:

> „What we have today is pseudo-multilateralism: a dominant great power acts essentially alone, but, embarrassed at the idea and still worshiping at the shrine of collective security, recruits a ship here, a brigade there, and blessings all around to give its unilateral actions a multilateral sheen."[53]

III. Ergebnis

In der Praxis stellt sich das als zentralisiert konzipierte Friedenssicherungssystem der UN-Charta somit als weitgehend dezentralisierter Durchsetzungsmechanismus dar. Die im Sicherheitsrat angelegten Legitimitätsdefizite werden dadurch perpetuiert, dass wesentliche Entscheidungsbefugnisse aus dem Kollektivgremium auf die intervenierenden Staaten und damit faktisch auf einzelne mächtige Staaten übertragen werden. Der Sicherheitsrat legt nur die Rahmenbedingungen des Einsatzes fest, die handelnden Staaten haben weitgehende Freiheiten bei der Ausgestaltung. Die Autorisierung militärischer Maßnahmen durch den Sicherheitsrat stellt damit keinen Mechanismus der Durchsetzung von Gemeinschaftsinteressen dar, denn die Bereitschaft zum Handeln hängt in entscheidendem Maße von eigenstaatlichen Interessen ab.[54] Zudem stellen sich Einsätze der Vereinten Nationen oftmals als Aktionen einzelner mächtiger Staaten mit ein wenig „UN-Glasur" dar.[55] Vom

---

[52] *Michael Bothe*, Friedenssicherung und Kriegsrecht, in: Wolfgang Graf Vitzthum (Hrsg.), Völkerrecht, 4. Aufl. 2007, S. 637 (676 f.).

[53] *Charles Krauthammer*, The Unipolar Moment, Foreign Affairs Vol. 70, No. 1 (1990/1991), S. 23 (25).

[54] *Stein* (Fn. 6), S. 107.

[55] *John M. Lee/Robert von Pagenhardt/Timothy W. Stanley*, To Unite Our Strength: Enhancing the United Nations Peace and Security System, 1992, S. 4.

Idealbild eines Gewaltmonopols mit zentralisierten Durchsetzungsinstitutionen ist das internationale System damit weit entfernt.

C. Kollektive dezentralisierte Rechtsdurchsetzung: Der „dritte Weg" des modernen Völkerrechts?

Wenn bilaterale Rechtsdurchsetzung eine umfassende Befolgung des Völkerrechts nicht gewährleisten kann und zentralisierte Rechtsdurchsetzung *de lege lata* nur in Ansätzen vorhanden ist, ihre Einführung *de lege ferenda* weder realisierbar noch – vor dem Hintergrund der mit einem globalen *Leviathan* assoziierten Gefahren – wünschenswert erscheint, stellt sich die Frage nach alternativen Möglichkeiten der Durchsetzung völkerrechtlicher Verpflichtungen, die fundamentale Interessen der internationalen Gemeinschaft widerspiegeln: Diese Normen begründen nicht nur bilaterale Verpflichtungen eines Staates gegenüber einzelnen anderen Staaten, sondern entfalten Verpflichtungswirkung *erga omnes* gegenüber der internationalen Gemeinschaft als Ganzes. Wird eine solche Verpflichtung verletzt, so stellt sich die Frage, welche gerichtlichen und außergerichtlichen Möglichkeiten ein nicht unmittelbar verletzter Staat hat, die Rechtsverletzung geltend zu machen.

I. Normtheoretischer Ausgangspunkt: Das Konzept der Verpflichtungen *erga omnes*

Dass völkerrechtliche Verpflichtungen nicht nur einzelnen Staaten gegenüber bestehen können, sondern auch gegenüber der internationalen Gemeinschaft als Ganzes, so dass jeder Staat ein rechtliches Interesse an ihrer Erfüllung haben kann, wurde vom Internationalen Gerichtshof erstmals in seinem berühmten *obiter dictum* in der *Barcelona Traction*-Entscheidung anerkannt. Darin führt der Gerichtshof aus, dass:

> „33. (...) an essential distinction should be drawn between the obligations of a State towards the international community as a whole, and those arising vis-à-vis another State in the field of diplomatic protection. By their very nature, the former are the concern of all States. In view of the importance of the rights involved, all States can be held to have a legal interest in their protection; they are obligations erga omnes.

> 34. Such obligations derive, for example, in contemporary international law, from the outlawing of acts of aggression, and of genocide, as also from the principles and rules concerning the basic rights of the human person, including protection from slavery and racial discrimination. Some of the corresponding rights of protection have entered into the body of general international law (...) others are conferred by international instruments of a universal or quasi-universal character."[56]

Dieser viel beachtete Ausspruch des Gerichts war der Auslöser tief gehender Kontroversen in der Völkerrechtswissenschaft.[57]

1. *Terminologische und konzeptionelle Klarstellung*

Die Bezeichnung *erga omnes* wird im völkerrechtlichen Schrifttum in unterschiedlichen Kontexten benutzt.[58] Wörtlich übersetzt bedeutet Verpflichtung „*erga omnes*" Verpflichtung zwischen oder gegenüber allen. Daher wird die Bezeichnung teilweise für diejenigen Normen verwandt, die alle Staaten binden, also die Normen des universellen Völ-

---

[56] *Barcelona Traction, Light and Power Company, Limited*, ICJ Reports 1970, S. 3 (32).

[57] Siehe etwa *Claudia Annacker*, Die Durchsetzung von Erga-omnes Verpflichtungen vor dem Internationalen Gerichtshof, 1994; *Michael Byers*, Conceptualising the Relationship between Jus Cogens and Erga Omnes Rules, Nordic J. Int'l L. 66 (1997), S. 211 ff.; *Jost Delbrück*, „Laws in the Public Interest" – Some Observations on the Foundations and Identification of Erga Omnes Norms in International Law, in: Volkmar Götz u.a. (Hrsg.), Liber amicorum Günther Jaenicke, 1998, S. 17 ff.; *Jochen Abr. Frowein*, Das Staatengemeinschaftsinteresse – Probleme bei Formulierung und Durchsetzung, in: Kay Hailbronner u.a. (Hrsg.), Staat und Völkerrechtsordnung, Festschrift für Karl Doehring, 1989, S. 219 ff.; *ders.* (Fn. 9), S. 405 ff.; *Carsten Alexander Günther*, Die Klagebefugnis der Staaten in internationalen Streitbeilegungsverfahren, 1999; *André de Hoogh*, Obligations Erga Omnes and International Crimes, 1996; *Paulus* (Fn. 7), S. 363 ff.; *Maurizio Ragazzi*, The Concept of International Obligations Erga Omnes, 1997; *Simma* (Fn. 10), S. 293 ff.; *Christian J. Tams*, Enforcing Obligations Erga Omnes in International Law, 2005.

[58] Zur Terminologie *Tams* (Fn. 57), S. 99 ff.; *Paulus* (Fn. 7), S. 375 f. sowie S. 379 f.; *Claudia Annacker*, The Legal Régime of Erga Omnes Obligations in International Law, AJPIL 46 (1994), S. 131; *Roberto Ago*, Obligations Erga Omnes and the International Community, in: Joseph H.H. Weiler et al. (eds.), International Crimes of State, 1989, S. 237 f.; *Tomuschat* (Fn. 15), S. 83 f.

kerrechts.[59] Von dieser Frage der Bindungswirkung ist das Konzept der Verpflichtungen *erga omnes* jedoch strikt zu unterscheiden. Denn die im *Barcelona Traction*-Urteil entwickelte Rechtsfigur betrifft nicht die Geltung von Rechts*normen*, sondern die aus bestehenden Normen abzuleitenden Rechts*verhältnisse*, also die Verpflichtungs- oder auch Erfüllungsstruktur einer Norm. Daher entfaltet nicht jede Norm, die alle Staaten bindet, auch Wirkungen *erga omnes*. Und nicht jede *erga omnes* wirkende Verpflichtung muss – zumindest vom theoretischen Ausgangspunkt aus betrachtet – auf einer universellen Norm beruhen.

So sind beispielsweise alle Staaten an die gewohnheitsrechtlichen Normen des Diplomatenrechts gebunden, nichtsdestotrotz begründen zumindest die meisten Normen dieses Regelungskomplexes nur bilaterale Rechtsverhältnisse zwischen den einzelnen Staaten: Die Pflicht des Staates A, dem Botschafter des Staates B bestimmte Vorrechte einzuräumen, besteht nur im Verhältnis zum Staat B, nicht gegenüber anderen Staaten und kann folglich auch nur von Staat B eingefordert werden. Die Pflicht des Staates A, Staatsangehörige des Staates B nicht zu foltern, besteht hingegen nicht nur gegenüber dem Staat A, sondern gegenüber allen Staaten. Denn das Folterverbot begründet Verpflichtungen *erga omnes*. Andererseits können regionale Menschenrechtsabkommen, wie beispielsweise die EMRK, Wirkungen *erga omnes partes*[60] insofern entfalten, als jeder Vertragsstaat ein rechtlich geschütztes Interesse an der Einhaltung der vertraglichen Verpflichtungen durch alle Vertragsstaaten hat, unabhängig davon, ob seine eigenen Staatsangehörigen verletzt sind.[61] Ausdruck der Anerkennung dieses rechtlichen Interesses aller Staaten ist die Staatenbeschwerde nach Art. 33 EMRK, die auch ohne besondere Betroffenheit des Klägerstaates statthaft ist. Im vorliegenden Kontext bezeichnet der Begriff *erga omnes* somit nicht die Bindungswirkung, sondern die Verpflichtungsstruktur eines Rechtssatzes.

---

[59] Siehe nur *Dahm/Delbrück/Wolfrum* (Fn. 8), S. 613 ff.

[60] Hierzu *Egon Schwelb*, The Actio Popularis and International Law, Israel YHR 2 (1972), S. 46 (48 ff.); auch *Tams* (Fn. 57), S. 120 ff., der die Bezeichnung aus Gründen konzeptioneller Klarheit jedoch ablehnt.

[61] EGMR, Urteil vom 18.1.1978, Beschwerde-Nr. 5310/71, Series A, Nr. 25, *Ireland v. United Kingdom*, Ziff. 239: „Unlike international treaties of the classic kind, the Convention comprises more than mere reciprocal engagements between contracting States. It creates, over and above a network of mutual, bilateral undertakings, objective obligations which, in the words of the Preamble, benefit from a ‚collective enforcement'."

2. *Verpflichtungsstruktur* erga omnes *wirkender Normen*

Fraglich ist indes, wem gegenüber die Verpflichtungen *erga omnes* bestehen. Denkbar wäre es zum einen, dass solche Verpflichtungen gegenüber jedem einzelnen Staat bestehen.[62] Die „internationale Gemeinschaft", der die Verpflichtungen geschuldet sind, wäre danach ein Synonym für die Summe aller Staaten. Das eigentlich bilaterale Rechtsverhältnis zu einem Staat würde um weitere bilaterale Rechtsverhältnisse gegenüber jedem anderen einzelnen Staat ausgeweitet. Darüber hinaus ist denkbar, dass die Verpflichtungen gegenüber der internationalen Gemeinschaft als Ganzes bestehen, wodurch diese zum eigenständigen Rechtssubjekt würde.[63] In der Folge wäre zu fragen, wer diese internationale Gemeinschaft vertreten kann, ob nur entsprechend repräsentative Organe internationaler Organisationen oder tatsächlich jeder einzelne Staat. Die erste Variante bleibt dem klassischen Völkerrecht verhaftet, indem sie die aus den Verpflichtungen *erga omnes* entspringenden Rechtsverhältnisse in bilaterale Strukturen aufteilt. Die zweite Ansicht schafft mit der internationalen Gemeinschaft einen eigenständigen Rechtsträger. Das Handeln der Staaten wird in diesem Fall der Gemeinschaft, der gegenüber die *erga omnes*-Verpflichtungen bestehen, zugerechnet (*siehe Abbildung 3*).

Das *dictum* des Gerichtshofes im Fall *Barcelona Traction* deutet auf die zweite Ansicht hin. Denn der IGH stellt fest, dass die Verpflichtungen *erga omnes* der internationalen Gemeinschaft gegenüber bestehen, und konstatiert erst im zweiten Schritt, dass alle Staaten ein rechtliches Interesse an der Erfüllung dieser Verpflichtungen haben. Wenn der Rückschluss auch nicht zwingend ist, so deutet die Formulierung, die Verpflichtungen bestünden der „international community as a whole" gegenüber, doch darauf hin, dass damit nicht bloß alle Staaten gemeint sind. Denn ansonsten hätte der Gerichtshof schlichtweg feststellen können, dass dieses Verpflichtungen jedem einzelnen Staat gegenüber bestehen.

---

[62] So wohl *Cassese* (Fn. 9), S. 16; *Knut Ipsen*, Völkerrechtliche Verantwortlichkeit und Völkerstrafrecht, in: ders. (Hrsg.), Völkerrecht, 5. Aufl. 2004, S. 615 (623).

[63] *Paulus* (Fn. 7), S. 381 sowie S. 423; *Don W. Greig*, „International Community", „Interdependence" and All That ... Rhetorical Correctness?, in: Gerard Kreijen (ed.), State, Sovereignty and International Governance, 2002, S. 521 (547); *Ago* (Fn. 58), S. 238.

Weitere Argumente ergeben sich aus den Ausführungen des IGH im *Barcelona Traction*-Fall, wenn man diese im systematischen Zusammenhang mit der Normierung des *ius cogens* in der Wiener Vertragsrechtskonvention betrachtet. Dass ein solcher Zusammenhang besteht, legt nicht nur der zeitliche Zusammenhang nahe, sondern auch die wortgleiche Übernahme des Begriffs der „international community as a whole". Und die Ausführungen zum *ius cogens* haben gezeigt, dass die internationale Gemeinschaft als Ganze nicht mit der Summe der einzelnen Staaten gleichgesetzt werden kann. Denn die Entscheidung über den zwingenden Charakter einer Norm muss nicht im Konsens getroffen werden, sondern von der überwältigenden Mehrheit aller Staaten. Da diese im Einzelfall variierende Mehrheit mit eigenständigen Rechten ausgestattet wird, spricht dies dafür, die internationale Gemeinschaft im Rahmen des *ius cogens* als eigenständigen Rechtsträger anzusehen. Nichts anderes kann dann aber für die Verpflichtungen *erga omnes* gelten.

Schließlich spricht die Konzeption der Verpflichtungen *erga omnes* als solche für den progressiveren Ansatz. Denn Hintergrund der Rechtsfigur ist die Frage der Durchsetzung von Gemeinschaftsinteressen. Die Konzeption zielt nicht darauf ab, den individuellen Rechtskreis der einzelnen Staaten zu erweitern. Die Rechte, die einer Verpflichtung *erga omnes* korrespondieren, werden daher vom jeweiligen Staat nicht im eigenen Namen, sondern im Namen der internationalen Gemeinschaft ausgeübt.[64] Daher bestehen die entsprechenden Verpflichtungen nicht unmittelbar den Staaten gegenüber, sondern die internationale Gemeinschaft wird als Rechtsträger „zwischengeschaltet".

64 Dies betont *Cassese* (Fn. 9), S. 16.

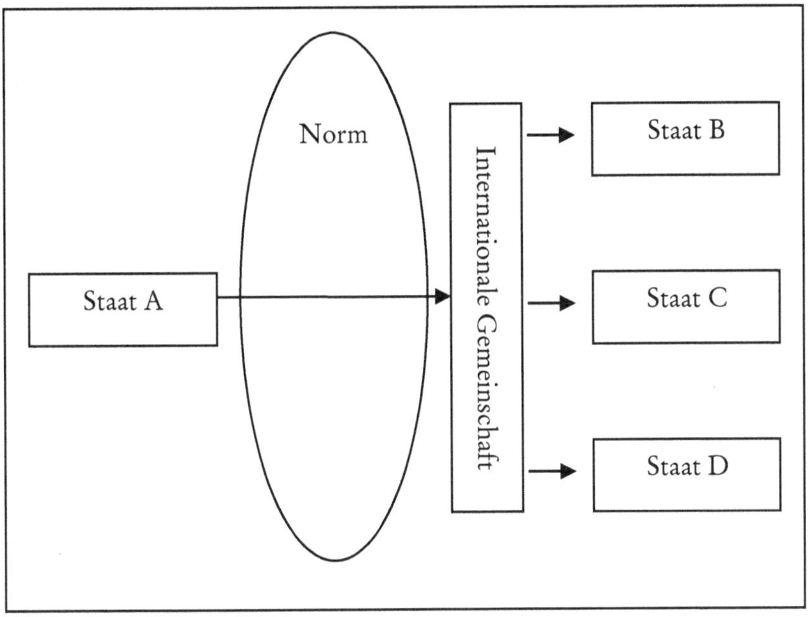

Abbildung 3: Die Verpflichtungsstruktur *erga omnes* wirkender Normen

Auf den ersten Blick handelt es sich bei der hier aufgeworfenen Frage um ein akademisches Glasperlenspiel. Denn im praktischen Ergebnis scheint es keinen Unterschied zu machen, ob die Verpflichtungen direkt gegenüber jedem einzelnen Staat bestehen oder über die internationale Gemeinschaft auf jeden einzelnen Staat übergeleitet werden: Nach beiden Ansätzen hat jeder Staat ein rechtlich geschütztes Interesse an der Erfüllung der Verpflichtung *erga omnes* durch den verpflichteten Staat. Neben der konzeptionellen Klarheit dient die hier vertretene Konzeption der „Durchleitung" der Verpflichtungen *erga omnes* durch die internationale Gemeinschaft als Rechtsträger jedoch dem Zweck, einen Legitimationszusammenhang zwischen dem bestehenden Gemeinschaftsinteresse und dem Handeln einzelner Staaten herzuleiten oder offen zu legen. Während nach dem ersten Ansatz die Verpflichtung *erga omnes* den Rechtskreis aller Staaten im Verhältnis zum verpflichteten Staat unmittelbar erweitert und ihnen Handlungsmöglichkeiten eröffnet, um die Einhaltung der Verpflichtungen durch den verpflichteten Staat herbeizuführen, macht der hier vertretene Ansatz deutlich, dass das Handeln des einzelnen Staates sich nur vor dem Hintergrund eines Gemeinschaftsinteresses legitimiert. Ein Staat wird zwar regelmäßig nur dann handeln, wenn seine eigenen Interessen betroffen sind, gerechtfertigt ist sein Handeln jedoch nur, wenn er zumindest auch zur Wahrung von Gemeinschaftsinteressen agiert. Im Rahmen der Verpflichtungen *erga omnes* handeln die Staaten nicht in ihrer Funktion als eigenständige Rechtssubjekte, sondern treten als Organe der internationalen Gemeinschaft auf und nehmen gemeinschaftliche Aufgaben und Interessen treuhänderisch wahr. Nach diesem Maßstab sind die Legitimität und auch die Legalität ihres Handelns im Einzelfall zu bewerten.

3. Identifikation von Verpflichtungen erga omnes

Ein allgemein anerkannter Katalog von Normen, die Verpflichtungen *erga omnes* entfalten, existiert nicht. Weitgehend akzeptiert ist der *erga omnes*-Charakter der vom IGH in der *Barcelona Traction*-Entscheidung und im *Ost Timor*-Fall[65] herangezogenen Normen, also des Aggressionsverbotes und des Verbotes des Völkermordes, des Verbotes der Sklaverei und der Rassendiskriminierung sowie des Selbstbestimmungsrechts. Eine Ausweitung wird insbesondere auf menschenrechtliche Gewährleistungen[66] und Bestimmungen des humanitären Völkerrechts[67] sowie Normen des Umweltvölkerrechts[68] diskutiert.[69] Im Gutachten zur Völkerrechtskonformität der Errichtung einer Mauer auf palästinensi-

[65] *East Timor (Portugal v. Australia)*, ICJ Reports 1995, S. 90.

[66] Sehr weit gehend *Theodor Meron*, Human Rights and Humanitarian Norms as Customary Law, 1989, S. 199; ebenso *Erika de Wet*, The International Constitutional Order, ICLQ 55 (2006), S. 51 (61); sehr kritisch *Alfred P. Rubin*, Comment, in: Jost Delbrück (ed.), The Future of International Law Enforcement, 1993, S. 171 (172), der bereits das *erga omnes*-Konzept als solches anzweifelt, die Ausdehnung auf Menschenrechte als „wishful thinking“ bezeichnet.

[67] Statt vieler *Dietrich Schindler*, Die erga omnes Wirkung des humanitären Völkerrechts, in: Ulrich Beyerlin u.a. (Hrsg.), Recht zwischen Umbruch und Bewahrung, Völkerrecht, Europarecht, Staatsrecht, Festschrift für Rudolf Bernhardt, 1995, S. 199 ff.

[68] *Rüdiger Wolfrum*, Purposes and Principles of International Environmental Law, GYIL 33, 1990, S. 308 (325 f.); *Delbrück* (Fn. 57), S. 26 f.; *Martin Scheyli*, Konstitutionelle Gemeinwohlorientierung im Völkerrecht, 2008, S. 474 ff.

[69] Überblick bei *Paulus* (Fn. 7), S. 384 f.; ausführlich *Ragazzi* (Fn. 57), S. 132 ff.

schem Territorium durch Israel hat der IGH zudem die *erga omnes*-Wirkung des Selbstbestimmungsrechts sowie grundlegender Normen des humanitären Völkerrechts anerkannt beziehungsweise bestätigt.[70]

Zur Frage, unter welchen Voraussetzungen einer Norm Verpflichtungen *erga omnes* entspringen, werden in Anknüpfung an das *Barcelona Traction-dictum* im Wesentlichen zwei Ansätze vertreten. Die Vertreter eines materiellen Ansatzes stellen auf die Wichtigkeit einer Norm für die internationale Gemeinschaft ab.[71] Sie berufen sich auf den Ausspruch des IGH, dass aufgrund der Wichtigkeit bestimmter Normen jeder Staat ein rechtliches Interesse an ihrer Einhaltung hat.[72] Anhänger eines strukturellen Ansatzes dagegen sehen die Verpflichtungsstruktur der jeweiligen Norm als entscheidendes Kriterium für die Feststellung einer *erga omnes* wirkenden Verpflichtung an. Danach entfalten diejenigen Normen Wirkung *erga omnes*, deren Verpflichtungsstruktur sich nicht in bilaterale Rechtsverhältnisse aufspalten lässt, die also keine reziproken Verpflichtungen zwischen zwei Staaten begründen.[73] Vertreter dieses Ansatzes berufen sich auf die vom IGH getroffene Unterscheidung von *erga omnes* wirkenden Verpflichtungen und rein bilateral wirkenden Normen.[74] Beide Ansätze können sich auf das *obiter dictum* des IGH im *Barcelona Traction*-Urteil stützen, wobei dieses insofern keine zwingenden Schlüsse zulässt, als der Gerichtshof keine konstitutiven Kriterien für die Entstehung *erga omnes* wirkender Verpflichtungen auf-

---

[70] *Legal Consequences of the Construction of a Wall in the Occupied Palestinian Territory*, Advisory Opinion, ICJ Reports 2004, S. 136 (199).

[71] *Delbrück* (Fn. 57), S. 18; *Tams* (Fn. 57), S. 128 ff.; *Tomuschat* (Fn. 15), S. 84; *Stein* (Fn. 6), S. 115 f.; *Alexander Orakhelashvili*, Peremptory Norms in International Law, 2006, S. 268; wohl auch *Constantine Antonopoulos*, Effectiveness v. the Rule of Law Following the East Timor Case, NYIL 27 (1996), S. 75 (91).

[72] *Barcelona Traction, Light and Power Company, Limited*, ICJ Reports 1970, S. 3 (32).

[73] *Annacker* (Fn. 57), S. 29 ff.; *dies.* (Fn. 58), S. 135 f.; *Olivia Lopes Pegna*, Counter-claims and Obligations Erga Omnes before the International Court of Justice, EJIL 9 (1998), S. 724 (732); *Tarcisio Gazzini*, The Legal Nature of WTO Obligations and the Consequences of their Violation, EJIL 17 (2006), S. 723 (725); siehe auch *Fourth Report on State Responsibility, by Mr. Gaetano Arangio-Ruiz*, Special Rapporteur, UN Doc. A/CN.4/444, YBILC 1992 II/1, S. 1 (34).

[74] *Barcelona Traction, Light and Power Company, Limited*, ICJ Reports 1970, S. 3 (32).

stellt, sondern vielmehr die Existenz entsprechender Verpflichtungen bestätigt und ihren Charakter umschreibt. Auch die nachfolgende Rechtsprechung hat wenig zur Konturierung des Konzepts beigetragen.[75]

Beide Ansätze sehen sich jedoch in der Sache schwerwiegenden Einwänden ausgesetzt. So kann der materielle Ansatz keine greifbaren Kriterien für die Bestimmung und das Maß der Wichtigkeit einer Norm benennen, ein Manko, das auch die Vertreter dieses Ansatzes eingestehen müssen.[76] Selbst unter Heranziehung weiterer Faktoren – wie beispielsweise Rückschlüssen aus der nicht weniger unscharfen Rechtsfigur des *ius cogens* oder aus der Staatenpraxis[77] – bleibt der Begriff der Wichtigkeit vage und offen für subjektive Einschätzungen. Eine juristisch präzise Bestimmung einer *erga omnes*-Verpflichtung erscheint so kaum möglich. Noch schwerer wiegen die Einwände gegen den strukturellen Ansatz. Denn zum einen gibt es Normen, die zwar Wirkungen *erga omnes* entfalten, gleichzeitig aber auch Rechte einzelner Staaten im bilateralen Austauschverhältnis begründen. An der Einhaltung des Aggressionsverbotes hat jeder Staat der internationalen Gemeinschaft ein rechtliches Interesse, es entfaltet aber auch in bilateralen Rechtsverhältnissen subjektive Verpflichtungen und Rechte: Daran, dass Staat A Staat B nicht angreift, haben zwar alle Staaten ein rechtlich geschütztes Interesse, insbesondere aber Staat B. Auch ohne die Rechtsfigur der Verpflichtungen *erga omnes* hat Staat B gegen Staat A einen Anspruch auf Unterlassung aggressiver Handlungen. Die Anerkennung der Tatsache, dass das Aggressionsverbot insofern auch Wirkungen *erga omnes* entfaltet, fügt bloß eine zusätzliche Dimension der Rechtsdurchsetzung für andere Staaten hinzu. Zudem zieht der strukturelle Ansatz die rechtliche Konsequenz der Einordnung einer Norm als *erga omnes* wirkend heran, um das Vorliegen einer entsprechenden Norm zu begründen. Rechtsfolge und Tatbestand werden im Wege einer *petitio principii* vermischt. Es bleibt die bloße Behauptung, dass einer Norm keine bilateralen Verpflichtungen entspringen, um die Einordnung als *erga omnes* wirkend zu begründen.

Vor diesem Hintergrund haben sich im Schrifttum alternative Vorschläge zur Bestimmung von Normen, die Verpflichtungen *erga omnes* ent-

---

[75] Auswertung der Rechtsprechung bei *Paulus* (Fn. 7), S. 372 ff.; *Annacker* (Fn. 57), S. 134.

[76] Siehe nur *Tams* (Fn. 57), S. 138 ff.

[77] Dies ist insbesondere der Ansatz von *Tams* (Fn. 57), S. 139 ff.

falten, entwickelt.[78] So gehen einige Autoren davon aus, dass die beiden Ansätze sich nicht ausschließen, sondern kumulativ zur Anwendung gelangen, um entsprechende Normen zu identifizieren.[79] Dem scheint auch der IGH zuzuneigen, wenn er im Gutachten zum Mauerbau auf palästinensischem Territorium ausführt, dass bestimmte Verpflichtungen aufgrund ihres Charakters und ihrer Bedeutsamkeit Wirkungen *erga omnes* entfalten.[80] Doch durch eine solche Zusammenführung der beiden Ansätze werden die grundlegenden Einwände, die gegen die isolierte Anwendung der Theorien bestehen, nicht abgemildert. Im Gegenteil: Sie führt vielmehr dazu, dass der Rechtsanwender einen noch größeren Einschätzungsspielraum hat, um einer Norm *erga omnes*-Wirkungen zusprechen zu können, indem er alternativ auf dasjenige Konzept zurückgreift, das ihn dem gewünschten Ergebnis näher kommen lässt.[81]

Auch die Bezugnahme auf die Rechtsfigur des *ius cogens* ist wenig weiterführend. Im Schrifttum kristallisiert sich zwar eine Tendenz dahingehend heraus, dass jedenfalls alle zwingenden Normen auch Verpflichtungen *erga omnes* entfalten, nicht aber alle Normen, die *erga omnes* wirken, notwendigerweise zum Korpus des *ius cogens* gehören müssen.[82] Die Anerkennung einer Norm als zwingend kann somit Rück-

---

[78] Soweit erkennbar ohne Resonanz geblieben ist der Ansatz von *Charney* (Fn. 16), S. 186 f., demzufolge eine Norm nicht allgemein Verpflichtungen *erga omnes* entfaltet, sondern abhängig von der Situation der konkreten Rechtsverletzung.

[79] *Paulus* (Fn. 7), S. 382 sowie S. 385. Diese Ansicht scheint auch dem Entwurf der ILC zur Staatenverantwortlichkeit zugrunde zu liegen, wenn Art. 33 ILC-Draft festlegt, dass eine völkerrechtliche Verpflichtung einzelnen Staaten oder der internationalen Gemeinschaft gegenüber bestehen kann, abhängig von Wesen und Inhalt der Verpflichtung. Mit den Umständen der Verletzung als zusätzlichem Merkmal bringt der ILC-Draft indes ein neues Kriterium ein.

[80] *Legal Consequences of the Construction of a Wall in the Occupied Palestinian Territory*, Advisory Opinion, ICJ Reports 2004, S. 136 (200).

[81] Dies wird deutlich, wenn *Paulus* (Fn. 7), S. 385 nach einer Darstellung der in der Literatur diskutierten weiteren Kandidaten von Normen, die *erga omnes*-Wirkung entfalten sollen, feststellt, dass diese Kandidaten die Kriterien des *Barcelona Traction-dictums* erfüllten, die Anerkennung ihres *erga omnes*-Charakters allerdings nicht zwingend sei.

[82] *Giorgio Gaja*, Jus Cogens beyond the Vienna Convention, RdC 172 (1981-III), S. 271 (281); *Paulus* (Fn. 7), S. 413 ff.; *Stefan Kadelbach*, Zwingendes Völkerrecht, 1992, S. 32; *Annacker* (Fn. 57), S. 49 f.; *de Wet* (Fn. 66), S. 61; *Lauri Hannikainen*, Peremptory Norms (Jus Cogens) in International Law, 1988, S. 4 ff. sowie S. 269 ff.; *Frowein* (Fn. 9), S. 405 f.; *Tams* (Fn. 57), S. 146 ff.;

schlüsse auf ihren *erga omnes*-Charakter geben. Eine Konkretisierung der Entstehungsvoraussetzungen entsprechender Verpflichtungen lässt sich über die Heranziehung der Rechtsfigur des *ius cogens* allerdings nicht erreichen, da auch die Entstehung und Feststellung zwingender Normen von großen Unsicherheiten geprägt ist.

Maurizio Ragazzi hat den Versuch unternommen, induktiv allgemeine Kriterien für die Bestimmung von Verpflichtungen *erga omnes* zu entwickeln. Aus den vom IGH im *Barcelona Traction-dictum* genannten Beispielen von Normen, die Verpflichtungen *erga omnes* entfalten, leitet er fünf Elemente ab, die allen vier Normen gemein sind: eine enge Formulierung der rechtlichen Verpflichtung (1), ein inhaltliches Verbot im Gegensatz zu einem Gebot (2), die Begründung einer Verpflichtung im eigentlichen Sinne in Abgrenzung zu anderen Arten von Rechtsnormen (3), die Verankerung der Normen in multilateralen Verträgen mit hoher Partizipation sowie die Zugehörigkeit zum *ius cogens* (4) sowie der Bezug der Normen zu den politischen Hauptaufgaben der Gegenwart (5).[83] Abgesehen davon, dass dieser Katalog nicht vollständig ist und schon das fünfte vom IGH anerkannte Beispiel einer Verpflichtung *erga omnes*, das Selbstbestimmungsrecht der Völker,[84] sich nur schwer mit den genannten Kriterien vereinbaren lässt, da es im Schwerpunkt ein Gebot und kein Verbot darstellt, lassen die angeführten Kriterien eine präzisere Identifikation weiterer *erga omnes*-Verpflichtungen kaum zu.[85] Auch *Ragazzi* selbst geht davon aus, dass die von ihm aufgestellten Kriterien nicht konstitutiv für die Entstehung *erga omnes* wirkender Normen sind, sondern vielmehr eine bloße Leitlinie bei der Feststellung entsprechender Normen darstellen.[86]

Insgesamt lässt sich damit festhalten, dass sich allgemein anerkannte Kriterien zur Feststellung derjenigen Normen, die Verpflichtungen *erga omnes* begründen, im geltenden Völkerrecht noch nicht herausgebildet haben.[87] Verschiedene Kriterien werden diskutiert, wobei das Bestehen eines wichtigen Gemeinschaftsinteresses, das von der entsprechenden Norm geschützt wird, auf die größte Zustimmung trifft. Ähnlich wie

---

Byers (Fn. 57), S. 236 f.; zurückhaltender aber im Ergebnis zustimmend *Simma* (Fn. 10), S. 300 f.

[83] *Ragazzi* (Fn. 57), S. 132 ff.

[84] *East Timor (Portugal v. Australia)*, ICJ Reports 1995, S. 90 (102).

[85] So auch *Paulus* (Fn. 7), S. 383.

[86] *Ragazzi* (Fn. 57), S. 134.

[87] *Weil* (Fn. 9), S. 432 lehnt das Konzept aufgrund dieser Unsicherheit ab.

im Hinblick auf die Rechtsfigur des *ius cogens* führen das Fehlen offiziell zur Festsetzung der entsprechenden Normen autorisierter Gemeinschaftsorgane sowie die Zurückhaltung des IGH zu einem zweifelhaften Inhalt des Konzepts, so dass allein die weitgehende Akzeptanz einer Norm als *erga omnes* wirkend in Staatenpraxis und Schrifttum als maßgebliches Entscheidungskriterium verbleibt: Eine Norm entfaltet Verpflichtungen *erga omnes*, weil die internationale Gemeinschaft, verkörpert in Staatenpraxis und Rechtsdiskurs, die Norm in dieser Weise qualifiziert. Die Wichtigkeit des Normgehalts für die internationale Gemeinschaft sowie die Struktur der Norm können dabei als Indizien für die Identifikation einer Verpflichtung *erga omnes* herangezogen werden.

II. Gerichtliche Durchsetzung von Verpflichtungen *erga omnes*

1. Rechtsprechung des IGH

Die Frage, ob jedem einzelnen Staat die Befugnis zukommt, die Verletzung einer Verpflichtung *erga omnes* durch einen anderen Staat vor dem Internationalen Gerichtshof geltend zu machen – sofern die Zuständigkeit des Gerichtshofes im Übrigen eröffnet ist[88] –, wird in der Rechtsprechung des IGH nicht eindeutig beantwortet.[89] Bereits im Gutachten zur Völkermordkonvention stellte der IGH fest, dass Normen, die Interessen der internationalen Gemeinschaft widerspiegeln, eine besondere rechtliche Struktur aufweisen.[90]

---

[88] Deutlich *East Timor (Portugal v. Australia)*, ICJ Reports 1995, S. 90 (102): „the erga omnes character of a norm and the rule of consent to jurisdiction are two different things"; bestätigt in *Armed Activities on the Territory of the Congo (Democratic Republic of the Congo v. Rwanda)*, Jurisdiction and Admissibility, Urteil vom 3.2.2006, Ziff. 64; ausführlich *Matthias Ruffert*, Special Jurisdiction of the ICJ in the Case of Infringements of Fundamental Rules of the International Legal Order?, in: Christian Tomuschat et al. (eds.), The Fundamental Rules of the International Legal Order, 2006, S. 295 (302 ff.).

[89] Die Rechtsprechung des IGH ist unter diesem Aspekt bereits ausführlich an anderer Stelle gewürdigt worden (siehe *Paulus* (Fn. 7), S. 364-379; *Tams* (Fn. 57), S. 162-192; *Annacker* (Fn. 57), S. 1-27; *Günther* (Fn. 57), S. 148-163), so dass die folgenden Ausführungen sich auf die Kernaussagen der Entscheidungen beschränken können.

[90] *Reservations to the Convention on Genocide*, Advisory Opinion, ICJ Reports 1951, S. 15 (23).

In den *Südwestafrika*-Fällen machten Äthiopien und Liberia geltend, dass Südafrika, das unter der Völkerbundssatzung zum Mandatar über das Gebiet des damaligen Südwestafrika (des heutigen Namibia) erklärt worden war, mit der Apartheidpolitik seine Verpflichtungen aus dem Mandat verletzt habe. Während der Gerichtshof 1962 ein rechtliches Interesse der Klägerstaaten bejahte und die Klage zuließ,[91] verneinte er vier Jahre später das Bestehen eines subjektiven Rechts und lehnte ein *ius standi* der Kläger ab.[92] Er verneinte die Zulässigkeit der *actio popularis* zur Geltendmachung objektiver Völkerrechtsverstöße und sah in dem Interesse der Kläger an der Durchführung des Mandats keine Klagebefugnis.[93] Er schloss jedoch nicht grundsätzlich aus, dass einzelne Staaten die Rechte Dritter unter bestimmten Voraussetzungen einklagen könnten.[94]

Auch das *Barcelona Traction-dictum*, in dem die Existenz der Verpflichtungen *erga omnes* erstmals anerkannt wurde, enthält keine definitive Aussage zur Frage, ob alle Staaten die Verletzung einer entsprechenden Norm geltend machen können: Denn allein aus der Aussage, *dass* eine Verpflichtung der internationalen Gemeinschaft gegenüber besteht, lässt sich nicht darauf schließen, *wer* für die Geltendmachung der Rechte dieser Gemeinschaft zuständig ist. Das Urteil kann sowohl als Anerkennung eines *ius standi* als auch in restriktiverer Weise gelesen werden.[95]

In den *Nukleartest*-Fällen machten Australien und Neuseeland geltend, dass das Verbot von Nukleartests eine Verpflichtung *erga omnes* begründe. Der IGH ging jedoch nicht auf die Frage des *ius standi* ein, da

---

[91] *South West Africa Cases (Ethiopia v. South Africa; Liberia v. South Africa)*, Preliminary Objections, ICJ Reports 1962, S. 319 (343 f.); besonders deutlich betont Richter *Jessup* das Bestehen eines rechtlichen Interesses der Kläger, das für die Annahme von *ius standi* ausreiche, siehe Separate Opinion *Jessup*, ICJ Reports 1962, S. 425; für eine Abweisung der Klage mangels rechtlichem Interesse Joint Dissenting Opinion *Spender, Fitzmaurice*, ICJ Reports 1962, S. 504 ff.

[92] *South West Africa, Second Phase*, ICJ Reports 1966, S. 6 (23 ff.); anders nun Dissenting Opinion *Jessup*, ICJ Reports 1966, S. 6 (373 ff.); zur Diskrepanz zwischen den Entscheidungen *Rudolf Bernhardt*, Homogenität, Kontinuität und Dissonanzen in der Rechtsprechung des Internationalen Gerichtshofs, ZaöRV 33 (1973), S. 1 ff.

[93] ICJ Reports 1966, S. 34 sowie S. 47.

[94] Vgl. *Tams* (Fn. 57), S. 68 f.; *Paulus* (Fn. 7), S. 369.

[95] Siehe hierzu *Tams* (Fn. 57), S. 162 ff.

er den Streit aufgrund einer Selbstverpflichtung Frankreichs als erledigt erachtete.[96]

In der *Nicaragua*-Entscheidung findet sich keine ausdrückliche Bezugnahme auf die Verpflichtungen *erga omnes*, obwohl die vom IGH festgestellte völkerrechtswidrige Gewaltanwendung durch Nicaragua gegenüber seinen Nachbarstaaten[97] durchaus die Frage aufwarf, ob die USA nicht-militärische Repressalien – wie beispielsweise ein Handelsembargo – hätten ergreifen können.[98]

Eine wesentliche prozessuale Einschränkung erfuhr das *erga omnes*-Konzept indes im *Ost Timor*-Fall.[99] Darin machte Portugal geltend, dass die australische Anerkennung der indonesischen Annexion Ost-Timors gegen das Selbstbestimmungsrecht verstoßen habe. Der IGH bestätigte zwar, dass dem Selbstbestimmungsrecht eine Wirkung *erga omnes* zukomme.[100] Eine Entscheidung in der Sache – und damit eine Entscheidung der Frage, ob eine Verpflichtung *erga omnes* ein Klagerecht eines nicht unmittelbar betroffenen Staates begründet – lehnte der Gerichtshof jedoch ab, da er ansonsten zu bestimmen gehabt hätte, ob das Verhalten Indonesiens völkerrechtskonform war. Da Indonesien sich der Jurisdiktion des IGH nicht unterworfen hatte, hätte eine derartige Entscheidung das Recht Indonesiens, nicht gegen seinen Willen der Jurisdiktion des Gerichtshofes unterworfen zu werden, verletzt.[101] Damit

---

96 *Nuclear Tests (Australia v. France)*, ICJ Reports 1974, S. 253 (272) sowie *Nuclear Tests (New Zealand v. France)*, ICJ Reports 1974, S. 457 (478). Auch ein später unternommener Versuch, eine Wiederaufnahme des Verfahrens zu erreichen, hatte keinen Erfolg, vgl. *Request for an Examination of the Situation in Accordance with Paragraph 63 of the Court's Judgment of 20 December 1974 in the* Nuclear Tests (New Zealand v. France) *Case*, ICJ Reports 1995, S. 288. In den Sondervoten wurde die Frage des *ius standi* von einigen Richtern bejaht, von anderen verneint: bejahend Dissenting Opinion *Barwick*, ICJ Reports 1974, S. 437; zurückhaltender Joint Dissenting Opinion *Onyeama, Dillard, Jiménez de Aréchaga, Waldock*, ICJ Reports 1995, S. 370: „capable of rational legal argument"; verneinend Dissenting Opinion *de Castro*, ICJ Reports 1995, S. 387.

97 *Military and Paramilitary Activities in and against Nicaragua (Nicaragua v. United States of America)*, Merits, ICJ Reports 1986, S. 14 (87).

98 Kritisch insofern *Frowein* (Fn. 57), S. 227 f.; *Tams* (Fn. 57), S. 205 f.

99 *East Timor (Portugal v. Australia)*, ICJ Reports 1995, S. 90.

100 ICJ Reports 1995, S. 102.

101 ICJ Reports 1995, S. 102 ff.; siehe auch schon *Case of the Monetary Gold Removed from Rome in 1943*, Preliminary Objections, ICJ Reports 1954, S. 19

legt der Gerichtshof dem *erga omnes*-Konzept die „prozessuale Zwangsjacke" der „indispensable third party-Doktrin" an, ein Rückfall in die bilaterale Struktur der klassischen Rechtsdurchsetzung.[102]

Erwähnung finden die Verpflichtungen *erga omnes* ferner im Völkermordfall zwischen Bosnien-Herzegowina und der Bundesrepublik Jugoslawien, in dem der Gerichtshof aus dem *erga omnes*-Konzept ableitet, dass eine territoriale Beschränkung der Verpflichtungen aus der Völkermordkonvention auf das eigene Staatsgebiet unzulässig sei.[103]

Die Streitigkeit im Fall *Gabčíkovo-Nagymaros* nutzte Richter *Weeramantry* dazu, die Inadäquanz des internationalen Prozessrechts zur Durchsetzung von Verpflichtungen *erga omnes* hervorzuheben und für eine entsprechende Modifikation zu plädieren.[104]

Im Gutachten zur Völkerrechtskonformität des israelischen Mauerbaus auf palästinensischem Territorium schließlich bestätigte der IGH die *erga omnes*-Wirkung des Selbstbestimmungsrechts sowie grundlegender Normen des humanitären Völkerrechts.[105] Zur Frage nach einem *ius*

---

(32); zur Einordnung in die übrige Rechtsprechung *Antonopoulos* (Fn. 71), S. 82 ff.; allgemein *Andreas Zimmermann*, Die Zuständigkeit des Internationalen Gerichtshofes zur Entscheidung über Ansprüche gegen am Verfahren nicht beteiligte Staaten, ZaöRV 55 (1995), S. 1051 ff.

[102] Kritisch *Simma* (Fn. 10), S. 298; *Paulus* (Fn. 7), S. 375; *Antonopoulos* (Fn. 71), S. 92 ff.; *Christine Chinkin*, The East Timor Case (Portugal v. Australia), ICLQ 45 (1996), S. 712 (716 ff.); *Peter D. Coffman*, Obligations Erga Omnes and the Absent Third State, GYIL 39 (1996), S. 285 (309 ff.); *Antônio Augusto Cançado Trindade*, International Law for Humankind: Towards a New Jus Gentium (I), RdC 316 (2005), S. 9 (349); *Constanze Schulte*, The Enforcement of Obligations Erga Omnes before the International Court of Justice, Procedural Law and the East Timor Judgment, in: Kalliopi Koufa (ed.), Might and Right in International Relations, 1999, S. 533 (542 ff.); teilweise zustimmend *Zimmermann* (Fn. 101), S. 1073 f.

[103] *Application of the Convention on the Prevention and Punishment of the Crime of Genocide, Preliminary Objections, Judgment*, ICJ Reports 1996, S. 595 (616); kritisch hierzu *Simma* (Fn. 10), S. 299; *Paulus* (Fn. 7), S. 376.

[104] *Gabčíkovo-Nagymaros Project (Hungary/Slovakia)*, Separate Opinion *Weeramantry*, ICJ Reports 1997, S. 7 (117 f.). Wie diese Modifikation aussehen sollte, lässt *Weeramantry* allerdings offen.

[105] *Legal Consequences of the Construction of a Wall in the Occupied Palestinian Territory*, Advisory Opinion, ICJ Reports 2004, S. 136 (199).

standi als Konsequenz einer Verpflichtung *erga omnes* ließ sich der Gerichtshof jedoch nicht aus.[106]

Damit erkennt der IGH zwar in ständiger Rechtsprechung das Konzept der Verpflichtungen *erga omnes* an, hat aber bislang die Frage, ob daraus ein *ius standi* aller Staaten zur gerichtlichen Geltendmachung von Rechtsverletzungen folgt, nicht ausdrücklich entschieden. Die zahlreichen Sondervoten spiegeln die Kontroverse anschaulich wider. Auch wenn die Tendenz erkennbar ist, im Fall der Verletzung einer Verpflichtung *erga omnes* bestimmte rechtliche Konsequenzen für alle Staaten anzuerkennen, ist es enttäuschend, dass der Gerichtshof die der *Barcelona Traction*-Entscheidung nachfolgenden Verfahren nicht genutzt hat, um Inhalt und Reichweite des Konzepts näher zu konkretisieren.

2. *Auffassungen des Schrifttums*

Vor dem Hintergrund der unentschlossenen Rechtsprechung des Internationalen Gerichtshofes wird die Frage nach einem allgemeinen *ius standi* aller Staaten zur gerichtlichen Geltendmachung von Verletzungen *erga omnes* wirkender Normen im Schrifttum lebhaft diskutiert. Der Einwand, die Anerkennung von Verpflichtungen *erga omnes* in der *Barcelona Traction*-Entscheidung sei ein isoliertes Statement,[107] dem aufgrund seiner Erklärung im Rahmen eines *obiter dictum* nur geringe Bedeutung zukomme,[108] kann dabei nicht überzeugen, da das Konzept breite Anerkennung in der nachfolgenden Rechtsprechung und im

---

[106] Er stellte jedoch fest, dass aus der *erga omnes* Wirkung eine Verpflichtung aller Staaten resultiere, die völkerrechtswidrige Lage nicht anzuerkennen, keine Handlungen vorzunehmen, die zu einer Verfestigung der Situation führen könnten, und dafür Sorge zu tragen, dass die durch die Mauer entstandene Behinderung des Selbstbestimmungsrechts des palästinensischen Volkes beendet wird, vgl. *Legal Consequences of the Construction of a Wall in the Occupied Palestinian Territory*, Advisory Opinion, ICJ Reports 2004, S. 136 (199).

[107] *Ian Sinclair*, State Responsibility and the Concept of Crimes of States, in: Joseph H.H. Weiler et al. (eds.), International Crimes of State, 1989, S. 223 (225); *Alfred P. Rubin*, Actio Popularis, Jus Cogens and Offenses Erga Omnes?, New Eng. L. Rev. 35 (2001), S. 265 (277 f.).

[108] *Stephen C. McCaffrey*, Lex Lata or the Continuum of State Responsibility in: Joseph H.H. Weiler et al. (eds.), International Crimes of State, 1989, S. 242 (243).

Schrifttum gefunden hat.[109] Auch die Unsicherheiten um die *erga omnes*-Konstruktion können das Konzept als solches nicht in Frage stellen,[110] sondern zeugen von weiterem Bedarf einer Schärfung des Konzepts durch Rechtsprechung, Staatenpraxis und Wissenschaft. Ebenso wenig vermag der Einwand zu überzeugen, eine Verpflichtung der internationalen Gemeinschaft gegenüber könne nur von dieser Gemeinschaft eingefordert werden, nicht aber von einzelnen Staaten.[111] Für diese Beschränkung, die das Konzept *ad absurdum* führen und praktisch bedeutungslos machen würde, findet sich kein Anhaltspunkt im *Barcelona Traction*-Urteil, da danach zwar die internationale Gemeinschaft den Rechtsträger der korrespondierenden Verpflichtungen darstellt, der Gerichtshof aber gleichzeitig bekräftigt, dass alle Staaten ein rechtliches Interesse an der Einhaltung dieser Verpflichtungen haben. Auch wenn mit der Anerkennung dieses rechtlichen Interesses nicht zwangsläufig die Bejahung eines *ius standi* verbunden ist, sind es grundsätzlich die einzelnen Staaten, die in Vertretung der Gemeinschaft handeln können. Die teilweise vertretene Auffassung, der Gerichtshof habe an einer späteren Stelle des *Barcelona Traction*-Urteils die Voraussetzung aufgestellt, dass die Durchsetzung von *erga omnes*-Rechten durch einzelne Staaten nur dann möglich sei, wenn eine spezielle rechtliche Ermächtigung hinzutritt, ist hingegen weder aus dem Wortlaut noch aus dem systematischen Zusammenhang der Textstelle abzuleiten.[112]

---

[109] Vgl. *Tams* (Fn. 57), S. 165 ff.

[110] So aber *Weil* (Fn. 9), S. 432.

[111] *Application of the Convention on the Prevention and Punishment of the Crime of Genocide, Preliminary Objections, Judgment*, Declaration *Oda*, ICJ Reports 1996, S. 595 (628); ähnlich auch *Ago* (Fn. 58), S. 238; zur Kritik *Paulus* (Fn. 7), S. 377; *Tams* (Fn. 57), S. 175 f.

[112] Den Anlass der Kontroverse bildet die Feststellung des IGH, dass es auf universeller Ebene kein der EMRK vergleichbares Menschenrechtsregime gibt, das allen Mitgliedstaaten die Befugnis einräumt, die Rechte von Individuen, die nicht die Staatsangehörigkeit des klagenden Staates haben, durchzusetzen, siehe *Barcelona Traction, Light and Power Company, Limited*, ICJ Reports 1970, S. 3 (47); zu dem entsprechenden Auslegungsstreit *Simma* (Fn. 10), S. 295 ff.; *Tams* (Fn. 57), S. 176 ff.; *Paulus* (Fn. 7), S. 371 f.; *Jochen Abr. Frowein*, Die Verpflichtungen erga omnes im Völkerrecht und ihre Durchsetzung, in: Rudolf Bernhardt u.a. (Hrsg.), Völkerrecht als Rechtsordnung, Internationale Gerichtsbarkeit, Menschenrechte, Festschrift für Hermann Mosler, 1983, S. 241 (245 f.). Indes spricht vieles dafür, die Ausführungen so zu verstehen, dass nicht alle Verträge zum Schutz der Menschenrechte in vollem Umfang Verpflichtungen *erga omnes* entfalten, wie hier *Tomuschat* (Fn. 15), S. 84.

Es bleibt das Argument, dass sich in Abwesenheit einer stärker organisierten Gemeinschaft einzelne Staaten zum „avenger of the international community" aufschwingen könnten.[113] Diese Kritik vernachlässigt, dass die Anerkennung von Verpflichtungen *erga omnes* die Unterwerfung eines Staates unter die Jurisdiktion des Gerichtshofes nicht ersetzt: Kein Staat kann gegen seinen Willen vor dem IGH verklagt werden. Und die Anerkennung des Grundsatzes der „indispensable third party" lässt eine Entscheidung über das Verhalten eines Staates in dessen Abwesenheit nicht zu. Doch selbst wenn man diesen Grundsatz – vor dem Hintergrund des *erga omnes*-Konzepts mit guten Gründen[114] – aufgeben würde, wäre das Missbrauchspotential gering. Denn nicht der klagende Staat entscheidet, ob ein anderer Staat eine *erga omnes*-Verpflichtung verletzt hat, sondern der IGH. Und Entscheidungen des IGH binden gemäß Art. 94 Abs. 1 UN-Charta und Art. 59 IGH-Statut nur die Streitparteien, so dass durch ein Urteil keine zusätzlichen völkerrechtlichen Pflichten der nicht anwesenden Partei begründet werden – wenngleich dem Ausspruch des IGH über die formale Bindungswirkung hinaus eine hohe Autorität zukommt.

Für die Anerkennung eines *ius standi* im Fall der Verletzung von Verpflichtungen *erga omnes* spricht die Funktion des Konzepts. Es dient dazu, Lücken im Rahmen der Rechtsdurchsetzung zu schließen, die damit verbunden sind, dass Normkomplexe Eingang in das moderne Völkerrecht erhalten haben, die nicht oder zumindest nicht vorrangig den Interessen einzelner Staaten dienen. Insbesondere menschenrechtliche Verpflichtungen, die die Staatsangehörigen vor ihrem eigenen Staat schützen sollen, laufen leer, wenn man das Recht eines Staates zur gerichtlichen Geltendmachung von seiner unmittelbaren Betroffenheit abhängig macht. Die Einräumung eines prozessualen *ius standi* für alle Staaten stellt damit die *raison d'être* des *erga omnes*-Konzepts dar. Daher kann die Verletzung einer Verpflichtung *erga omnes* von jedem Staat der internationalen Gemeinschaft vor dem IGH geltend gemacht werden, unabhängig davon, ob die Interessen des Klägerstaates durch diese Verletzung unmittelbar betroffen sind.[115]

---

[113] So *Weil* (Fn. 9), S. 433.

[114] Siehe nur *Cançado Trindade* (Fn. 102), S. 349.

[115] *Simma* (Fn. 10), S. 296 f.; *Tomuschat* (Fn. 15), S. 82 f.; *Tams* (Fn. 57), S. 158 ff.; *Paulus* (Fn. 7), S. 378 f. sowie S. 385 f.; *de Hoogh* (Fn. 57), S. 52 f.; *Antonopoulos* (Fn. 71), S. 88; *Byers* (Fn. 57), S. 230 ff.; *Coffman* (Fn. 102), S. 298 f.; *Günther* (Fn. 57), S. 224 f.; *Orakhelashvili* (Fn. 71), S. 518 ff.; *Anne Peters*, Völkerrecht, 2006, S. 82; *Schindler* (Fn. 67), S. 205 ff.; *Frowein* (Fn. 112), S. 260;

Aber selbst wenn diese Möglichkeit nicht unmittelbar betroffener Staaten, Verletzungen von Normen, die wichtige Allgemeininteressen widerspiegeln, gerichtlich geltend zu machen, zunehmend Anerkennung findet, darf ihre Funktion und Bedeutung für die Durchsetzung des internationalen Gemeinschaftsrechts nicht überbewertet werden. Die generellen Defizite der internationalen Judikative werden dadurch nicht beseitigt. Der IGH besitzt keine obligatorische Zuständigkeit, sondern kann nur auf der Grundlage einer staatlichen Unterwerfung tätig werden. Die generelle Zurückhaltung der Staaten, ihre Konflikte gerichtlich klären zu lassen, gilt zudem in besonderem Maße für die Verletzung einer Verpflichtung *erga omnes*, wenn kein Staat konkret in seinen Interessen betroffen ist.

3. *Zwischenergebnis*

Die Befugnis einzelner Staaten, Normen, die fundamentale Interessen und Werte der internationalen Gemeinschaft widerspiegeln, vor überstaatlichen Gerichten geltend zu machen, setzt sich im Völkerrecht nur langsam durch. Während regionale Entwicklungen eine deutliche Tendenz in diese Richtung aufweisen,[116] ist die Frage auf universeller Ebene noch nicht abschließend geklärt. Die Entscheidungspraxis des IGH sowie die breite Zustimmung des Schrifttums deuten aber darauf hin, dass der Gerichtshof grundsätzlich bereit sein könnte, eine entsprechende Klage für zulässig zu erklären. Allerdings findet die bereits geäußerte Skepsis hinsichtlich der Bereitschaft von Staaten, gerichtliche Prozesse gegen andere Staaten anzustrengen, wenn ihre eigenen Interessen nicht betroffen sind, auch in den Erfahrungen mit den vertraglichen Sonderregimes ihre Bestätigung,[117] womit die politischen Grenzen eines solchen judikativen Durchsetzungsinstruments aufgezeigt sind. Die kollektive, aber dezentralisierte gerichtliche Durchsetzung, wie sie durch

---

Bardo Fassbender, Zwischen Staatsräson und Gemeinschaftsbindung, in: Herfried Münkler/Karsten Fischer (Hrsg.), Gemeinwohl und Gemeinsinn im Recht, 2002, S. 231 (245 f.).

[116] So kann nach Art. 33 EMRK jeder Mitgliedstaat der EMRK Staatenbeschwerde wegen einer Konventionsverletzung erheben, auch wenn er hiervon nicht unmittelbar betroffen ist; vgl. auch Art. 45 AMRK und Art. 41 IPBPR, sowie Art. 227 EG.

[117] Siehe die Auswertungen von *Frowein* (Fn. 9), S. 392 ff.; *Nico Krisch*, The Establishment of an African Court on Human and Peoples' Rights, ZaöRV 58 (1998), S. 713 (714).

die Konstruktion der Verpflichtungen *erga omnes* ermöglicht wird, stellt damit vor dem Hintergrund des Fehlens eines weiterreichend institutionalisierten und zentralisierten gerichtlichen Rechtsdurchsetzungssystems ein bloßes Hilfskonstrukt dar.

III. Kollektive Gegenmaßnahmen

Weitaus problematischer als die gerichtliche Durchsetzung gemeinschaftsschützender Normen durch einzelne Staaten ist die Frage, ob und unter welchen Voraussetzungen ein einzelner Staat die Verletzung fundamentaler Normen auch außergerichtlich, also insbesondere durch Ergreifen von Gegenmaßnahmen, im Namen und Interesse der internationalen Gemeinschaft geltend machen kann.[118] Unter Gegenmaßnahmen – oder auch Repressalien[119] – sind Verhaltensweisen zu verstehen, die eigentlich völkerrechtswidrig wären, als Reaktion auf das vorangegangene völkerrechtswidrige Verhalten eines anderen Staates aber gerechtfertigt sind.[120] Solche Gegenmaßnahmen sind jedenfalls dann zulässig, wenn eine völkerrechtliche Norm einzelnen oder allen Staaten die Befugnis zu einem entsprechenden Verhalten einräumt.[121] Darüber hinaus ist zu differenzieren: Die Zulässigkeit gewaltsamer Gegenmaßnahmen als Reaktion auf eine Verletzung des Völkerrechts regelt die UN-Charta umfassend und abschließend (1). Die Frage, welche sonstigen Reaktionsmöglichkeiten das geltende Völkerrecht für die Verletzung von Verpflichtungen *erga omnes* für nicht unmittelbar betroffene Staaten zur Verfügung stellt, ist indes nicht so einfach zu beantworten (2).

---

[118] Historischer Überblick bei *Charney* (Fn. 20), S. 60 ff.; grundsätzlich kritisch gegenüber Gegenmaßnahmen *Antônio Augusto Cançado Trindade*, International Law for Humankind: Towards a New Jus Gentium (II), RdC 317 (2005), S. 9 (87 ff.).

[119] In Anlehnung an den ILC-Draft wird im vorliegenden Kontext der Begriff der Gegenmaßnahme vorgezogen, um eine deutlichere Abgrenzung zur Kriegsrepressalie zu gewährleisten, vgl. ILC-Commentary, S. 181; zur Terminologie *Wilfried Fiedler*, Gegenmaßnahmen, BDGVR 37 (1998), S. 9 (12 ff.); *Tams* (Fn. 57), S. 19 (Fußnote 1).

[120] Zur Abgrenzung von der stets zulässigen Retorsion *Stein/von Buttlar* (Fn. 43), S. 197.

[121] Entsprechende spezialvertragliche Regelungen bestehen insbesondere im Bereich des See- und Luftvölkerrechts, siehe dazu *Dahm/Delbrück/Wolfrum* (Fn. 24), S. 97.

1. Ausübung von Gewalt als Reaktion auf Verletzungen des Völkerrechts

Die legitime Anwendung von Gewalt in den zwischenstaatlichen Beziehungen wird von der UN-Charta abschließend geregelt. Gewaltsame Gegenmaßnahmen sind damit dem Regelungsbereich der im nachfolgenden Abschnitt darzustellenden Regelungen über Gegenmaßnahmen nach allgemeinem Völkerrecht entzogen.[122] Das Gewaltverbot nach Art. 2 Nr. 4 UN-Charta, das Selbstverteidigungsrecht nach Art. 51 UN-Charta sowie die Maßnahmen der kollektiven Sicherheit nach Kapitel VII der UN-Charta bilden die Eckpfeiler des Friedenssicherungssystems der Vereinten Nationen. Trotz aller tatsächlichen und rechtlichen Angriffe auf das System ist die Anwendung von Gewalt völkerrechtlich nur in den nach der UN-Charta für zulässig erachteten Fällen rechtmäßig.[123]

Dies wirft die Frage auf, wie die von Art. 51 UN-Charta eröffnete Möglichkeit der kollektiven Selbstverteidigung zu bewerten ist. Dazu führt *Jochen Frowein* aus:

> „The structure of the Article concerning collective self-defence in Article 51 of the United Nations Charter shows most clearly that an armed attack committed by one State against the other concerns the collectivity of States. The existence of the right to collective self-defence must be seen as a recognition, by the United Nations Charter, that the whole international community is affected by an armed attack."[124]

---

[122] *Tomuschat* (Fn. 15), S. 84; *Fischer* (Fn. 46), S. 1069; *Peters* (Fn. 115), S. 290; vgl. auch Art. 50 Abs. 1 *lit.* a) ILC-Draft; dazu *David J. Bederman*, Counterintuiting Countermeasures, AJIL 96 (2002), S. 817 (827); *Christian Hillgruber*, The Right of Third States to Take Countermeasures, in: Christian Tomuschat et al. (eds.), The Fundamental Rules of the International Legal Order, 2006, S. 265 (266 f.); differenzierend *Karl Doehring*, Die Selbstdurchsetzung völkerrechtlicher Verpflichtungen, ZaöRV 47 (1987), S. 44 (52 f.); zu abweichenden Ansichten *Boris Dzida*, Zum Recht der Repressalie im heutigen Völkerrecht, 1997, S. 202 ff.

[123] Siehe statt aller die leidenschaftliche Verteidigung des *ius contra bellum* bei *Cançado Trindade* (Fn. 102), S. 122 ff.

[124] *Frowein* (Fn. 9), S. 367.

Dem ist insoweit zuzustimmen, als die Ausübung des Selbstverteidigungsrechts das Vorliegen eines bewaffneten Angriffs voraussetzt, somit eine qualifizierte Verletzung des Gewaltverbotes[125] und damit die Verletzung einer *erga omnes* wirkenden Verpflichtung. Danach liegt es nahe, das Recht auf kollektive Selbstverteidigung als Instrument der internationalen Gemeinschaft zu begreifen, mit dem Verstöße gegen fundamentale Gemeinschaftsinteressen mit militärischer Gewalt verhindert werden können. Doch sowohl politische als auch rechtliche Implikationen trüben ein derart idealistisches Bild. Denn zum einen hängt die Bereitschaft eines nicht betroffenen Staates, einem angegriffenen Staat militärisch zur Seite zu stehen, entscheidend von der Interessenlage des nicht betroffenen Staates ab. In der politischen Realität wird das Selbstverteidigungsrecht daher keineswegs zur Wahrung von Gemeinschaftsinteressen, sondern vielmehr zur Verteidigung eines einzelnen Staates und seiner Interessen eingesetzt. Und auch in der rechtlichen Konzeption stehen die Interessen des angegriffenen Staates im Vordergrund: Dem IGH zufolge kann die Ausübung des kollektiven Selbstverteidigungsrechts durch einen nicht betroffenen Staat nur im Interesse des angegriffenen Staates und nur mit dessen explizit zum Ausdruck gebrachter Zustimmung erfolgen.[126] Zwar kann das Vorgehen eines Staates nach Art. 51 UN-Charta im eigenen Interesse gleichzeitig auch der Gemeinschaft dienen. Im Vordergrund des Selbstverteidigungsrechts steht jedoch die Integrität des einzelnen Staates.

---

[125] Der Begriff der „armed attack" in Art. 51 UN-Charta ist enger als der Begriff „threat or use of force" nach Art. 2 Nr. 4 UN-Charta. Daher kann sich ein angegriffener Staat nicht gewaltsam gegen einen Angriff zur Wehr setzen, der unterhalb der Schwelle des bewaffneten Angriffs bleibt, vgl. *Albrecht Randelzhofer*, in: Bruno Simma (ed.), The Charter of the United Nations, A Commentary, Vol. I, 2nd ed. 2002, Art. 51, Rn. 4 ff.

[126] *Military and Paramilitary Activities in and against Nicaragua (Nicaragua v. United States of America)*, Merits, ICJ Reports 1986, S. 14 (105). In der Literatur wird zwar angezweifelt, ob es tatsächlich eines förmlichen und ausdrücklichen Ersuchens von Seiten des angegriffenen Staates bedarf, weitgehende Einigkeit besteht aber dahingehend, dass die kollektive Selbstverteidigung nur im Konsens mit dem angegriffenen Staat erfolgen kann, siehe statt aller *Randelzhofer* (Fn. 125), Rn. 38.

2. Gegenmaßnahmen nicht direkt betroffener Staaten

Jenseits der Anwendung militärischer Gewalt wird kontrovers diskutiert, ob und in welchem Maße ein nicht unmittelbar selbst betroffener Staat Maßnahmen als Reaktion auf eine Verletzung des Völkerrechts, die fundamentale Interessen der internationalen Gemeinschaft tangiert, ergreifen kann. Während die Retorsion – also das „unfreundliche" aber völkerrechtsgemäße Verhalten – als Reaktion auf völkerrechtswidriges Verhalten eines anderen Staates stets zulässig ist,[127] stellt sich die Frage, ob völkerrechtswidriges Verhalten deshalb gerechtfertigt werden kann, weil es als Reaktion auf die Völkerrechtsverletzung eines anderen Staates erfolgt. Solche Gegenmaßnahmen sind nach dem klassischen bilateralen und am Grundsatz der Reziprozität ausgerichteten Völkerrecht grundsätzlich nur dem direkt verletzten Staat gestattet. Doch die Anerkennung von Verpflichtungen, die nicht nur einem oder mehreren einzelnen Staaten geschuldet sind, sondern der internationalen Gemeinschaft als Ganzes, lässt die Frage aufkommen, ob in der Konsequenz nicht alle Staaten berechtigt sind, durch das Ergreifen von Gegenmaßnahmen auf die Einhaltung dieser Verpflichtungen hinzuwirken.

Eine umfassende und verbindliche völkervertragliche Regelung zu dieser Frage besteht nicht. Und auch die Rechtsprechung des IGH enthält allenfalls Indizien:[128] So bringt das *Barcelona Traction-dictum* zwar zum Ausdruck, dass eine Verletzung *erga omnes* wirkender Verpflichtungen alle Staaten betrifft. Doch zu den rechtlichen Konsequenzen einer solchen Verletzung enthält das Urteil keine weitergehenden Ausführungen. Die Bejahung eines allgemeinen Rechts zu Gegenmaßnahmen stellt keine zwingende Konsequenz des Richterspruchs dar. Denn die Anerkennung eines rechtlichen Interesses sagt noch nichts über die rechtlich zulässigen Maßnahmen zur Durchsetzung dieses Interesses aus. *Barcelona Traction* bereitet das dogmatische Fundament für die Anerkennung weitergehender Rechte dritter Staaten, trifft aber selbst keine Aussage hinsichtlich der diesen Staaten zustehenden Rechte. Auch die nachfolgenden Urteile, die sich mit dem Konzept der Verpflichtungen *erga omnes* befasst haben, lassen keine Rückschlüsse zu; selbst in der *Nicaragua*-Entscheidung, die eigentlich eine Befassung mit der Frage nahe gelegt hätte, schweigt sich der Gerichtshof aus. Im Folgenden soll

---

[127] *Dahm/Delbrück/Wolfrum* (Fn. 24), S. 92.

[128] Siehe dazu *Charney* (Fn. 20), S. 66 ff.

daher untersucht werden, wie das Problem im Entwurf der *International Law Commission* zur Staatenverantwortlichkeit geregelt ist und welche Schlüsse sich aus der Staatenpraxis sowie dem Schrifttum für die Zulässigkeit entsprechender Gegenmaßnahmen ziehen lassen.

a) Der ILC-Draft zur Staatenverantwortlichkeit

Nach nahezu fünfzigjähriger Befassung hat die *International Law Commission* 2001 in zweiter Lesung die *Draft Articles on Responsibility of States for Internationally Wrongful Acts* angenommen.[129] Die Generalversammlung begrüßte den Entwurf und nahm die Anregung der ILC zur Kenntnis, zu einem späteren Zeitpunkt eine Konferenz mit dem Ziel einzuberufen, eine verbindliche Konvention zu erarbeiten.[130] Die Frage, welche Maßnahmen ein nicht direkt betroffener Staat ergreifen kann, um eine Verletzung völkerrechtlicher Normen geltend zu machen, wurde im Laufe der Entstehung des nunmehr endgültig verabschiedeten Entwurfs kontrovers diskutiert.[131]

---

[129] Siehe aus der umfangreichen Literatur insbesondere *Crawford/Peel/Olleson* (Fn. 13), S. 963 ff.; *Wladyslaw Czapliński*, UN Codification of Law of State Responsibility, AVR 41 (2003), S. 62 ff.; *Christian J. Tams*, All's Well That Ends Well, ZaöRV 62 (2002), S. 759 ff.; sowie die Beiträge in AJIL 96 (2002), S. 412-890, EJIL 10 (1999), S. 339-460 (zum Entwurf von 1996) sowie in EJIL 13 (2002), S. 1053-1255 (zum Entwurf von 2001).

[130] General Assembly Resolution 56/83 (2001). Die Arbeit der ILC wurde von der Literatur intensiv verfolgt, kommentiert und kritisiert. Teilweise wird der Draft als Kodifikation bereits bestehenden Völkergewohnheitsrechts angesehen, und auch der IGH bezieht sich auf den Entwurf, statt vieler *Oscar Schachter*, Law-Making in the United Nations, in: Nadasiri Jasentuliyana (ed.), Perspectives on International Law: Dedicated to Judge Manfred Lachs for his Lifelong and Lasting Contribution to International Law, 1995, S. 119 (133): „the principal source of doctrine, and of rules that can be invoked and applied as evidence of general customary law"; für eine Rezeption durch nationale Gerichte nur BVerfGE 112, 1 (28 ff.).

[131] Zur Entwicklung *Denis Alland*, Countermeasures of General Interest, EJIL 13 (2002), S. 1221 (1223 ff.); *Paulus* (Fn. 7), S. 386 ff.; *Andrea Gattini*, A Return Ticket to „Communitarisme", Please, EJIL 13 (2002), S. 1181 ff.

aa) Entwicklung bis 1996

Während die Frage unter dem ersten *Special Rapporteur F.V. García Amador* (1955-1961) noch keine Rolle spielte,[132] legte sein Nachfolger *Roberto Ago* (1963-1979) den Grundstein für die nachfolgende Diskussion, indem er die Unterscheidung zwischen völkerrechtlichen Delikten (*delict*) und Verbrechen (*crime*) einführte.[133] Der Entwurf eines entsprechenden Art. 19 – überschrieben mit „International crimes and international delicts" – von 1976 lautet wie folgt:

> „(...)
>
> 2. An internationally wrongful act which results from the breach by a State of an international obligation so essential for the protection of fundamental interests of the international community that its breach is recognized as a crime by that community as a whole, constitutes an international crime (...)
>
> 4. Any internationally wrongful act which is not an international crime in accordance with paragraph 2, constitutes an international delict."[134]

Die Nähe des Konzepts der *international crimes* zur Rechtsfigur des *ius cogens* sowie zu den Verpflichtungen *erga omnes* ist augenscheinlich, stellt Art. 19 doch entscheidend darauf ab, dass fundamentale Interessen der internationalen Gemeinschaft betroffen sein müssen und dass die internationale Gemeinschaft als Ganze die Zugehörigkeit einzelner Normen zu dieser Kategorie bestimmt.[135] Auch die in Art. 19 Abs. 3 des Entwurfs angeführten Beispiele für *international crimes* stimmen weitgehend mit den als zwingend beziehungsweise *erga omnes* wirkend anerkannten Normen überein. In der Kommentierung zu Art. 19 be-

---

[132] Vgl. *James Crawford*, The International Law Commission's Articles on State Responsibility, 2002, S. 1 f.; *Marina Spinedi*, From One Codification to Another: Bilateralism and Multilateralism in the Genesis of the Codification of the Law of Treaties and the Law of State Responsibility, EJIL 13 (2002), S. 1099 (1107 f.).

[133] Vgl. *Report of the International Law Commission on the Work of its Twenty-eighth Session*, UN Doc. A/31/10, YBILC 1976 II/2, S. 1 (95 ff.).

[134] *Ibid.*, S. 95 f.

[135] Ob auch die Schwere der Rechtsverletzung eine konstitutive Voraussetzung eines *international crime* darstellt, ist fraglich und wurde intensiv diskutiert, siehe dazu stellvertretend *Georges Abi-Saab*, The Uses of Article 19, EJIL 10 (1999), S. 339 (341 f.); zum aktuellen Entwurf *Crawford/Peel/Olleson* (Fn. 13), S. 978.

zieht sich *Ago* ausdrücklich auf diese beiden Rechtsfiguren.[136] Wenn auch zu diesem Zeitpunkt nur die Differenzierung zwischen *crimes* und *delicts* eingeführt und noch keine Regelung im Hinblick auf die Rechtsfolgen, die mit dieser Unterscheidung verbunden sein sollen, getroffen wurde,[137] so entfachte sie dennoch kontroverse Diskussionen darüber, ob das Vorliegen eines *international crime* alle Staaten zum Ergreifen von Gegenmaßnahmen berechtigt.[138] *Ago* selbst bevorzugte wohl eine institutionalisierte Lösung, wonach ein Vorgehen nicht selbst verletzter Staaten nur auf der Grundlage eines Beschlusses einer internationalen Institution zulässig sein sollte.[139]

Nach einem Entwurf des dritten *Special Rapporteur Willem Riphagen* (1979-1986) aus dem Jahre 1984 sollte im Fall eines *international crime* jeder Staat als verletzter Staat anzusehen sein, mit der Folge, dass auch jedem Staat alle Rechte zustünden, die ein unmittelbar verletzter Staat ergreifen kann.[140] Allerdings sollten diese Rechte *Riphagen* zufolge nur innerhalb der organisierten internationalen Gemeinschaft ausgeübt werden können.[141] Gegenmaßnahmen außerhalb dieses Rahmens lehnte er ab.

---

[136] *Report of the International Law Commission on the Work of its Twenty-eighth Session*, UN Doc. A/31/10, YBILC 1976 II/2, S. 1 (99) zu den Verpflichtungen *erga omnes*, sowie S. 102 zum *ius cogens*.

[137] Vgl. *Bernhard Graefrath*, International Crimes – A Specific Regime of International Responsibility of States and its Legal Consequences, in: Joseph H.H. Weiler et al. (eds.), International Crimes of State, 1989, S. 161. Nichtsdestotrotz bestand bereits zu diesem Zeitpunkt die Absicht der ILC, an die Unterscheidung zwischen *crime* und *delict* unterschiedliche Rechtsfolgen zu knüpfen, vgl. *Report of the International Law Commission on the Work of its Twenty-eighth Session*, UN Doc. A/31/10, YBILC 1976 II/2, S. 1 (96).

[138] Hierzu *Marina Spinedi*, International Crimes of State: The Legislative History, in: Joseph H.H. Weiler et al. (eds.), International Crimes of State, 1989, S. 7 (64 ff.); *Tams* (Fn. 57), S. 242 f.; speziell zur Diskussion innerhalb der ILC *Spinedi* (Fn. 132), S. 1116 f.

[139] Vgl. *Eighth Report on State Responsibility, by Mr. Roberto Ago*, Special Rapporteur, UN Doc. A/CN.4/318, YBILC 1979 II/1, S. 3 (43).

[140] *Fifth Report on the Content, Forms and Degrees of International Responsibility (Part 2 of the Draft Articles), by Mr. Willem Riphagen*, Special Rapporteur, UN Doc. A/CN.4/380, YBILC 1984 II/1, S. 1 (3); siehe auch *Gattini* (Fn. 131), S. 1182.

[141] *Sixth Report on the Content, Forms and Degrees of International Responsibility (Part 2 of the Draft Articles); and „Implementation“ (mise en oeuvre) of*

Der vierte *Special Rapporteur Gaetano Arangio-Ruiz* (1987-1996) führte diese institutionelle Lösung in einem 1995 veröffentlichten Entwurf weiter aus, indem er grundsätzlich anerkannte, dass im Fall eines *international crime* alle Staaten Gegenmaßnahmen ergreifen könnten, die Zulässigkeit dieser Maßnahmen aber an eine autoritative Feststellung des Vorliegens eines *international crime* durch den IGH nach vorheriger Bejahung durch Generalversammlung oder Sicherheitsrat knüpfen wollte.[142] Dieser Entwurf von *Arangio-Ruiz* wurde zu Recht als unpraktikabel kritisiert.[143] Institutionalisierte Lösungen, die entweder im Rahmen der Vereinten Nationen oder durch die Errichtung neuer institutioneller Strukturen zumindest eine partielle Zentralisierung der von einzelnen nicht unmittelbar betroffenen Staaten ergriffenen Gegenmaßnahmen erreichen wollten, wurden in der Folge kaum mehr aufgegriffen.

bb) Der ILC-Draft in erster Lesung (1996)

1996 nahm die ILC den vorläufigen Entwurf der Artikel über die Staatenverantwortlichkeit in erster Lesung an.[144] Dieser Entwurf übernimmt die von *Ago* vorgeschlagene Unterscheidung zwischen *delicts* und *crimes* und regelt in den Art. 36-53 ILC-Draft (1996) die mit der völkerrechtlichen Verantwortlichkeit eines Staates verbundenen rechtlichen Konsequenzen. Der Entwurf hält am Erfordernis eines subjektiven Rechts dafür fest, dass ein Staat die Völkerrechtswidrigkeit des Verhaltens eines

---

International Responsibility and the Settlement of Disputes (Part 3 of the Draft Articles), by Mr. Willem Riphagen, Special Rapporteur, UN Doc. A/CN.4/389, YBILC 1985 II, S. 3 (14); ausführlich zur Position *Riphagens Paulus* (Fn. 7), S. 396 f.; zu den verschiedenen Interpretationsansätzen zu *Riphagens* Entwurf *Dzida* (Fn. 122), S. 257 f.

142 *Seventh Report on State Responsibility, by Mr. Gaetano Arangio-Ruiz*, UN Doc. A/CN.4/469/Add.1.

143 Siehe *de Hoogh* (Fn. 57), S. 398; *Paulus* (Fn. 7), S. 400; *Dzida* (Fn. 122), S. 259 f.; *Gattini* (Fn. 131), S. 1183; ausführlich zu Vorschlägen, kollektive Gegenmaßnahmen in institutionelle Rahmen einzubinden, *Pierre Klein*, Responsibility for Serious Breaches of Obligations Deriving from Peremptory Norms of International Law and United Nations Law, EJIL 13 (2002), S. 1241 ff.

144 *Draft Articles on State Responsibility, Provisionally Adopted by the Commission on First Reading, Report of the International Law Commission on the Work of its Forty-eighth Session*, UN Doc. A/51/10, YBILC 1996 II/2, S. 58 ff.; im Folgenden: ILC-Draft (1996).

anderen Staates geltend machen, Ersatz des entstandenen Schadens verlangen oder Gegenmaßnahmen ergreifen kann. Stets ist es nur der verletzte Staat (*injured state*), dem diese Rechte zustehen.[145] Doch Art. 40 Abs. 3 ILC-Draft (1996) trifft eine weitergehende Regelung, wenn er anordnet, dass:

> „In addition, ‚injured State' means, if the internationally wrongful act constitutes an international crime, all other States."

Im Fall eines *international crime* wären damit alle Staaten in ihren Rechten verletzt.[146] Damit wäre der Weg für alle Staaten eröffnet, Gegenmaßnahmen nach den Art. 47-50 ILC-Draft (1996) zu ergreifen,[147] eine Rechtsfolge, die von Art. 51 ILC-Draft (1996) bekräftigt wird.[148] Jeder Staat könnte danach gemäß Art. 47 Abs. 1 ILC-Draft (1996) Maßnahmen ergreifen, die eigentlich völkerrechtswidrig wären, um den Verletzerstaat zu völkerrechtskonformem Verhalten (Art. 41) sowie zur Erfüllung seiner sekundären Pflichten (Art. 42-46) zu zwingen. Das Ergreifen von Gegenmaßnahmen wäre an vorherige Verhandlungen (Art. 48) und den Grundsatz der Verhältnismäßigkeit gebunden (Art. 49), einige besonders schwerwiegende Maßnahmen, wie insbesondere die Drohung mit oder der Gebrauch von Gewalt, wären ausgeschlossen (Art. 50).

Der Entwurf der ILC wurde sehr kontrovers aufgenommen. Im Zentrum der Kritik stand die Kategorie der *international crimes*: Die Einführung einer strafrechtlich konnotierten Kategorie und die damit verbundene „Pönalisierung" staatlichen Verhaltens wurde von Teilen des

---

145 Vgl. Art. 42-50 ILC-Draft (1996).

146 Kritisch gegenüber diesem sehr weiten Begriff des „verletzten Staates" *Zemanek* (Fn. 20), S. 29; *Dominicé* (Fn. 10), S. 361 f.; *Linos-Alexander Sicilianos*, The Classification of Obligations and the Multilateral Dimension of the Relations of International Responsibility, EJIL 13 (2002), S. 1127 (1132); *Pierre-Marie Dupuy*, A General Stocktaking of the Connections between the Multilateral Dimension of Obligations and Codification of the Law of Responsibility, EJIL 13 (2002), S. 1053 (1070); *Stephan Wittich*, Das Konzept des verletzten Staates, in: Diplomatische Akademie Wien (Hrsg.), Favorita Papers 2/2002, S. 167 (172 ff.); zustimmend *Giorgio Gaja*, Should All References to International Crimes Disappear from the ILC Draft Articles on State Responsibility?, EJIL 10 (1999), S. 365 (367).

147 Statt vieler *Tomuschat* (Fn. 15), S. 377, nichtsdestotrotz ist diese Lesart nicht unbestritten, siehe nur *Sicilianos* (Fn. 146), S. 1129 sowie S. 1141 f.

148 Art. 51 des Entwurfs von 1996 lautet: „An international crime entails all the legal consequences of any other internationally wrongful act (...)."

Schrifttums[149] sowie von zahlreichen Staatenvertretern abgelehnt.[150] Dabei scheint jedoch ein Großteil des Widerspruchs gegen die Terminologie gerichtet zu sein und nicht das Konzept als solches anzugreifen. Nur wenige Staaten wandten sich explizit gegen die Möglichkeit nicht direkt betroffener Staaten, der Verletzung fundamentaler Gemeinschaftsnormen durch das Ergreifen von Gegenmaßnahmen zu begegnen.[151]

cc) Der vorläufige ILC-Draft von 2000

Die anhaltende Kritik in und außerhalb der ILC sowie die Tatsache, dass auch der nunmehr fünfte *Special Rapporteur James Crawford* (1997-2001) der Kategorie des internationalen Verbrechens ablehnend gegenüberstand,[152] führten dazu, dass die Unterscheidung zwischen *crime* und *delict* während der zweiten Lesung aufgegeben wurde. In einem vorläufigen Entwurf aus dem Jahre 2000[153] wurde stattdessen die Kategorie der „serious breaches of essential obligations to the international community as a whole" eingeführt.[154] Art. 40 Abs. 1 ILC-Draft

---

[149] Siehe etwa *Krystyna Marek*, Criminalizing State Responsibility, RBDI 14 (1978-1979), S. 460 ff.; *James Crawford*, Revising the Draft Articles on State Responsibility, EJIL 10 (1999), S. 435 (442); gegen die Terminologie aber für die Beibehaltung der Unterscheidung *Gaja* (Fn. 146), S. 369; für eine Verteidigung des Konzepts in der Sache *Alain Pellet*, Can a State Commit a Crime? Definitely, Yes!, EJIL 10 (1999), S. 425 ff.

[150] Siehe beispielsweise die Stellungnahmen der Vertreter Frankreichs (*State Responsibility, Comments and Observations Received from Governments*, UN Doc. A/CN.4/488, S. 54 f.), Irlands (*ibid.*, S. 55 f.) sowie der USA (*ibid.*, S. 61 f.); für eine umfassende Auswertung siehe *First Report on State Responsibility, by Mr. James Crawford*, Special Rapporteur, *Addendum*, UN Doc. A/CN.4/490/Add.1, S. 6 ff.

[151] Anders aber Frankreich (*State Responsibility, Comments and Observations Received from Governments*, UN Doc. A/CN.4/488, S. 140 f.) und zurückhaltender Tschechien (*ibid.*, S. 137 f.).

[152] Vgl. *First Report on State Responsibility, by Mr. James Crawford*, Special Rapporteur, *Addendum*, UN Doc. A/CN.4/490/Add.1, S. 2 ff.

[153] *Draft Articles Provisionally Adopted by the Drafting Committee on Second Reading, Report of the International Law Commission on the Work of its Fifty-second Session*, UN Doc. A/55/10, YBILC 2000 II/2, S. 65 ff.; im Folgenden: ILC-Draft (2000).

[154] Damit wurde das Konzept dem Grunde nach beibehalten, vgl. *Dupuy* (Fn. 146), S. 1060 ff.; *Sicilianos* (Fn. 146), S. 1129 ff.; *Eric Wyler*, From „State

(2000) greift damit die Kategorie der Verpflichtungen *erga omnes* auf, die Verletzung muss zudem nach Absatz 2 als „gross or systematic failure (...) to fulfil the obligation" zu „substantial harm to the fundamental interests protected thereby" führen. Neben anderen rechtlichen Konsequenzen, die mit dem Vorliegen eines *serious breach of essential obligations to the international community as a whole* verbunden sind,[155] ordnet Art. 54 Abs. 2 ILC-Draft (2000) an, dass eine solche Verletzung das Recht aller Staaten begründet, Gegenmaßnahmen zu ergreifen.[156] Während einige Staatenvertreter diese Regelung ablehnten,[157] begrüßten andere die Anerkennung eines generellen Rechts nicht direkt betroffener Staaten, gegen Verletzungen fundamentaler Gemeinschaftsnormen vorzugehen.[158]

dd) Der ILC-Draft in zweiter Lesung (2001)

Schon die Kritik einiger Staaten bewog die ILC dazu, im letztlich verabschiedeten Entwurf von 2001 einige entscheidende Änderungen vorzunehmen.[159] Die Kategorie der ernsthaften Verletzung wurde beibehalten, allerdings mit der Rechtsfigur des *ius cogens* verbunden: Kapitel III des zweiten Teils ist nunmehr überschrieben mit „Serious breaches of obligations under peremptory norms of general international law", und Art. 40 ILC-Draft lautet:

Crime" to „Serious Breaches of Obligations under Peremptory Norms of General International Law", EJIL 13 (2002), S. 1147 ff.

[155] Vgl. den Überblick bei *Tams* (Fn. 57), S. 245 (Fußnote 217) mit weiteren Nachweisen.

[156] Dazu, dass der Ansatz von 2000 dennoch restriktiver ist als der von 1996, *Crawford/Peel/Olleson* (Fn. 13), S. 981.

[157] So insbesondere Japan (*State Responsibility, Comments and Observations Received from Govvernments*, UN Doc. A/CN.4/515, S. 89), China (*ibid.*, S. 69 f.), skeptisch Vereinigtes Königreich (*ibid.*, S. 89), Mexiko (*State Responsibility, Comments and Observations Received from Govvernments, Addendum*, UN Doc. A/CN.4/515/Add.1, S. 9 ff.).

[158] Vgl. die Nachweise bei *Tams* (Fn. 57), S. 246 f.; für einen Überblick über die Diskussion siehe *Report of the International Law Commission on the Work of its Fifty-second Session*, UN Doc. A/CN.4/513, S. 32 f.

[159] Darstellung der Beweggründe bei *Crawford/Peel/Olleson* (Fn. 13), S. 980 f.

> „1. This chapter applies to the international responsibility which is entailed by a serious breach by a State of an obligation arising under a peremptory norm of general international law.
>
> 2. A breach of such an obligation is serious if it involves a gross or systematic failure by the responsible State to fulfil the obligation."

Es ist nunmehr eine ernsthafte Verletzung einer zwingenden Norm erforderlich, um die Rechtsfolgen dieser besonderen Kategorie von Rechtsverletzungen auszulösen.[160] Und die rechtlichen Konsequenzen einer solchen Rechtsverletzung werden im endgültigen Entwurf sehr restriktiv gefasst: Art. 41 Abs. 1 ILC-Draft begründet eine Kooperationspflicht, und Absatz 2 begründet eine Pflicht zur Nichtanerkennung von Situationen, die durch einen solchen Rechtsbruch geschaffen wurden, sowie ein Verbot entsprechender Unterstützungshandlungen. Staaten, die nicht unmittelbar verletzt sind, können nach Art. 48 ILC-Draft vom Verletzerstaat verlangen, dass dieser die Rechtsverletzung einstellt und die Nichtwiederholung zusichert, zudem können sie die Leistung von Reparationen an den verletzten Staat oder den Begünstigten der verletzten Verpflichtung verlangen.[161] Art. 48 ILC-Draft bringt damit deutlicher als die weitergehende Regelung in Art. 40 ILC-Draft (1996) zum Ausdruck, dass ein nicht unmittelbar betroffener Staat im Interesse und im Namen der internationalen Gemeinschaft handelt und nicht seine eigenen Interessen durchsetzt. Damit löst sich der aktuelle Entwurf vom weiten Verständnis des *injured state*, das noch den Entwurf von 1996 prägte. Im Fall der Verletzung einer Verpflichtung *erga omnes* ist nur der unmittelbar betroffene Staat verletzt, ihm stehen alle Sekundärrechte zu. Der Entwurf erkennt damit an, dass auch im Fall der Verletzung einer multilateralen Verpflichtung *erga omnes* ein oder mehrere Staaten besonders betroffen sein können. Der nicht direkt betroffene Staat kann

---

[160] Eine inhaltliche Änderung ist mit diesem Wandel der Definition nicht verbunden, es ging allein darum, eine klarere Definition zu erhalten, vgl. *Crawford/Peel/Olleson* (Fn. 13), S. 978; die Verbindung mit dem Konzept des *ius cogens* begrüßend *Tams* (Fn. 129), S. 773; kritisch *Alland* (Fn. 131), S. 1234. *Hillgruber* (Fn. 122), S. 270 f. weist zutreffend darauf hin, dass das Recht nicht unmittelbar betroffener Staaten, Gegenmaßnahmen zu ergreifen, nicht zwangsläufig aus der Rechtsfigur des *ius cogens* entspringt; nichtsdestotrotz erscheint eine Verbindung insofern nahe liegend, als es in beiden Fällen um den Schutz wesentlicher Interessen der internationalen Gemeinschaft geht.

[161] Zu den rechtspolitischen Implikationen dieser Regelung *Weiss* (Fn. 17), S. 805.

im Fall einer Verletzung im Sinne des Art. 40 ILC-Draft zwar nicht alle, aber einige Rechte geltend machen.[162]

Zur Frage, ob ein nicht direkt betroffener Staat Gegenmaßnahmen ergreifen kann, normiert Art. 54 ILC-Draft:

> „This chapter does not prejudice the right of any State, entitled under article 48, paragraph 1 to invoke the responsibility of another State, to take lawful measures against that State to ensure cessation of the breach and reparation in the interest of the injured State or of the beneficiaries of the obligation breached."

Dem Grunde nach erkennt der ILC-Draft damit an, dass im Fall der schwerwiegenden Verletzung einer zwingenden Norm alle Staaten in ihren rechtlich geschützten Interesse betroffen sind. Zu der Frage, ob sie Gegenmaßnahmen ergreifen können, schweigt er sich aber aus.[163] Die Kommentierung zum ILC-Draft zählt zwar einige Fälle auf, in denen einzelne Staaten das Recht für sich in Anspruch genommen haben, Maßnahmen gegen eine Verletzung fundamentaler Gemeinschaftsnormen zu ergreifen, auch ohne direkt betroffen zu sein.[164] Nichtsdestotrotz kommt die ILC zu dem Ergebnis, dass die bisherige Staatenpraxis wenig aussagekräftig sei, das Recht einzelner Staaten, im Interesse der internationalen Gemeinschaft Gegenmaßnahmen zu ergreifen, im geltenden Völkerrecht noch nicht klar anerkannt sei und es daher nicht angemessen erscheine, eine Regelung im Entwurf zur Staatenverantwortlichkeit zu treffen.[165] Diese Frage sei vielmehr der zukünftigen Entwicklung des Völkerrechts vorbehalten.[166] Damit lässt der Entwurf entsprechende Gegenmaßnahmen zwar nicht ausdrücklich zu, verbietet sie aber auch nicht: Er lässt den Staaten Raum, um eine entsprechende Praxis zu etablieren.

---

[162] Diese Unterscheidung begrüßend *Sicilianos* (Fn. 146), S. 1139.

[163] Vgl. *Crawford/Peel/Olleson* (Fn. 13), S. 982; skeptisch *Alland* (Fn. 131), S. 1232 f.

[164] ILC-Commentary, S. 351 ff.

[165] ILC-Commentary, S. 355.

[166] *Crawford/Peel/Olleson* (Fn. 13), S. 982; *Weiss* (Fn. 17), S. 805; *Bederman* (Fn. 122), S. 828.

b) Staatenpraxis

Einzelne Staaten oder Gruppen von Staaten reagieren oftmals auf die Verletzung fundamentaler völkerrechtlicher Normen mit einer Aussetzung ihrer rechtlichen Verpflichtungen.[167] Dabei handelt es sich oftmals um Reaktionen auf Menschenrechtsverletzungen, Verletzungen des Gewaltverbotes oder sonstiger Normen, die wesentliche Interessen der internationalen Gemeinschaft betreffen. Mögliche Gegenmaßnahmen umfassen den Abbruch wirtschaftlicher Beziehungen, die Einschränkung des Luftverkehrs oder die Einstellung finanzieller Unterstützungen. Da das allgemeine Völkerrecht keine Verpflichtung zur Unterhaltung wirtschaftlicher Beziehungen, zur Leistung finanzieller Hilfszahlungen oder zur Aufrechterhaltung von Flugverbindungen beinhaltet, stellt der Abbruch dieser Beziehungen grundsätzlich keinen Völkerrechtsverstoß, sondern eine bloße Retorsion dar. Rechtfertigungsbedürftig wird ein solches Verhalten, wenn besondere rechtliche Verpflichtungen zur Unterhaltung derartiger Beziehungen bestehen. Lässt sich die Verletzung der Verpflichtungen nicht aus dem entsprechenden Vertrag selbst rechtfertigen,[168] stellt sich die Frage einer Rechtfertigung nach allgemeinem Völkerrecht. Die völkerrechtliche Praxis zeigt deutlich, dass Staaten vielfach für sich das Recht in Anspruch genommen haben, entsprechende Gegenmaßnahmen zu ergreifen.[169] Die rechtliche Bewertung dieser Praxis fällt jedoch unterschiedlich aus: Einige Autoren sprechen davon, dass Gegenmaßnahmen nicht unmittelbar betroffener Staaten als Reaktion auf schwere Verletzungen *erga omnes* wirkender Verpflichtungen bereits eine gefestigte Praxis darstellten.[170] Der *Special Rapporteur James Crawford* hingegen weist darauf hin, dass die entsprechenden Beispiele aus der Staatenpraxis von einer Gruppe westlicher Staaten dominiert seien, sich als selektiv darstellten und zudem

---

[167] Vgl. *Tams* (Fn. 57), S. 209 ff.; *Hans-Michael Empell*, Die Staatengemeinschaftsnormen und ihre Durchsetzung, 2003, S. 23 ff.; *Dzida* (Fn. 122), S. 251 ff.; *Third Report on State Responsibility, by Mr. James Crawford*, Special Rapporteur, UN Doc. A/CN.4/507/Add.4, S. 14 ff.

[168] Siehe für das WTO-Recht beispielsweise die Art. XIX-XXI GATT 1994.

[169] Siehe erneut die Auswertung von *Tams* (Fn. 57), S. 209 ff.

[170] *Tams* (Fn. 57), S. 230 ff.; zurückhaltender *Charney* (Fn. 20), S. 85 f.; *Dzida* (Fn. 122), S. 256; differenzierend *Antonio Cassese*, Remarks on the Present Legal Regulation of Crimes of States, in: Joseph H.H. Weiler et al. (eds.), International Crimes of State, 1989, S. 200 (212).

nicht immer als Gegenmaßnahmen verstanden werden könnten.[171] Die Erstarkung zu einem universell gültigen gewohnheitsrechtlichen Satz sei daher höchst fraglich.

c) Ergebnis

Die unterschiedlichen Versuche der ILC, die Frage der Gegenmaßnahmen nicht unmittelbar betroffener Staaten zu regeln, und das letztendliche Zurücktreten von diesem Vorhaben spiegeln deutlich wider, wie wenig Einigkeit hinsichtlich der Frage besteht, ob und in welcher Weise einzelne Staaten die Interessen der internationalen Gemeinschaft wahrnehmen können. Angesichts der im Schrifttum sowie in der Staatenpraxis bestehenden Unstimmigkeiten hätte eine von der ILC getroffene Regelung keine Kodifikation bestehenden Rechts, sondern eine progressive Weiterentwicklung dargestellt.[172] Die Tatsache, dass eine entsprechende Regelung lange Zeit in den Entwürfen der ILC vorhanden war und trotz aller kritischen Stimmen auf grundsätzliche Zustimmung in der Staatenwelt getroffen ist, lässt eine Tendenz dahingehend erkennen, nicht unmittelbar betroffenen Staaten das Recht zu Gegenmaßnahmen einzuräumen, wenn ein anderer Staat schwerwiegende Verletzungen bedeutsamer Gemeinschaftsnormen begeht, wenn auch von einem verfestigten Recht nicht gesprochen werden kann.[173] Das der Problematik zugrunde liegende rechtspolitische Dilemma liegt auf der Hand: Auf der einen Seite treten die Unzulänglichkeiten der klassischen bilateralen Rechtsdurchsetzung deutlich zu Tage, wenn es um den Schutz wesentlicher Gemeinschaftsnormen geht, so dass die Ausweitung des zu Gegenmaßnahmen berechtigten Kreises der Staaten als einzig gangbarer Weg erscheint.[174] Auf der anderen Seite steht das Missbrauchspotential

---

[171] *Third Report on State Responsibility, by Mr. James Crawford*, Special Rapporteur, UN Doc. A/CN.4/507/Add.4, S. 17 f.; ablehnend auch *Hillgruber* (Fn. 122), S. 287.

[172] So auch *Czapliński* (Fn. 129), S. 82; siehe auch *Stein* (Fn. 19), S. 196 ff.; *Mohamed Bennouna*, The Concept of Crimes of States: Evolution, Operation and Codification, in: Joseph H.H. Weiler et al. (eds.), International Crimes of State, 1989, S. 220 (221); *Luigi Condorelli*, Measures Available to Third States Reacting to Crimes of State, in: Joseph H.H. Weiler et al. (eds.), International Crimes of State, 1989, S. 264 f.

[173] So auch die Schlussfolgerung von *Alland* (Fn. 131), S. 1233.

[174] Für die Zulässigkeit daher *Annacker* (Fn. 58), S. 160 f.; *Jutta Brunnée*, „Common Interest" – Echoes from an Empty Shell?, ZaöRV 49 (1989), S. 791

einer Öffnung des Rechts der Gegenmaßnahmen für nicht unmittelbar betroffene Staaten: Weder die Feststellung, dass die Voraussetzungen für das Ergreifen von Gegenmaßnahmen vorliegen – also die schwerwiegende Verletzung einer Norm, die wesentliche Gemeinschaftsinteressen verkörpert –, noch die Bestimmung der zu treffenden Maßnahmen und ihrer Grenzen oder die Durchführung der entsprechenden Gegenmaßnahmen sind zentralisiert.[175] Alle drei Ebenen der Rechtsdurchsetzung können außerhalb internationaler Foren stattfinden und liegen in der Hand desjenigen Staates, der Gegenmaßnahmen ergreifen will und kann. Anders als im Fall der gerichtlichen Geltendmachung der Verletzung einer Verpflichtung *erga omnes* entscheidet der angeblich in seinen gemeinschaftsrechtlich geschützten Interessen Betroffene selbst darüber, ob die Voraussetzungen seines Einschreitens vorliegen.[176] Eine rechtliche Bewertung, ob die Gegenmaßnahmen gerechtfertigt sind, kann re-

---

(801); *Cassese* (Fn. 9), S. 262 f.; *Christine Chinkin*, Third Parties in International Law, 1993, S. 337; *Czapliński* (Fn. 129), S. 79 f.; *Jost Delbrück*, The Impact of the Allocation of International Law Enforcement Authority on the International Legal Order, in: ders. (ed.), Allocation of Law Enforcement Authority in the International System, 1995, S. 135 (152 f.); *Dominicé* (Fn. 10), S. 362 f.; *Dzida* (Fn. 122), S. 265 ff.; *Giorgio Gaja*, Obligations Erga Omnes, International Crimes and Jus Cogens, in: Joseph H.H. Weiler et al. (eds.), International Crimes of State, 1989, S. 151 (155 f.); *Eckart Klein*, Gegenmaßnahmen, BDGVR 37 (1998), S. 39 (50 f.); *Orakhelashvili* (Fn. 71), S. 271; *Paulus* (Fn. 7), S. 397; *Peters* (Fn. 115), S. 294; *Schindler* (Fn. 67), S. 207 ff.; *Stein* (Fn. 6), S. 115 f.; *Tomuschat* (Fn. 15), S. 84 sowie S. 377; *Verdross/Simma* (Fn. 9), S. 909; *Wilhelm Wengler*, Völkerrecht, Bd. I, 1964, S. 580; *Elisabeth Zoller*, Peacetime Unilateral Remedies: An Analysis of Countermeasures, 1984, S. 115 ff.

[175] Gegen die Zulässigkeit daher *Ago* (Fn. 58), S. 238; *Graefrath* (Fn. 137), S. 168; *Ipsen* (Fn. 62), S. 623 ff.; *Hendrik A. Strydom*, Ius Cogens: Peremptory Norm or Totalitarian Instrument?, South African YIL 14 (1989), S. 42 (48 ff.); *Weil* (Fn. 9), S. 433; kritisch auch *Pellet* (Fn. 149), S. 431; *Cançado Trindade* (Fn. 118), S. 87 ff.; vermittelnd *Georges Abi-Saab*, The Concept of „International Crimes" and its Place in Contemporary International Law, in: Joseph H.H. Weiler et al. (eds.), International Crimes of State, 1989, S. 141 (150); *Charney* (Fn. 20), S. 85 ff.; differenzierend *Hillgruber* (Fn. 122), S. 268 ff.; sehr restriktiv *Michael Akehurst*, Reprisals by Third States, BYIL 44 (1970), S. 1 (15 ff.); zurückhaltend *Jochen Abr. Frowein*, Collective Enforcement of International Obligations, ZaöRV 47 (1987), S. 67 (76); *ders.* (Fn. 57), S. 228.

[176] *Peter Malanczuk*, Zur Repressalie im Entwurf der International Law Commission zur Staatenverantwortlichkeit, ZaöRV 45 (1985), S. 293 (296); *Dupuy* (Fn. 146), S. 1078; *Peters* (Fn. 115), S. 292.

gelmäßig – wenn überhaupt – erst nachträglich erfolgen.[177] Vor dem Hintergrund der Unsicherheiten, die bezüglich des Bestehens und Inhalts zwingender Normen existieren, eröffnet sich demjenigen Staat, der Gegenmaßnahmen ergreifen will und daher die Verletzung einer fundamentalen Norm durch einen anderen Staat darlegen muss, ein weiter Argumentationsspielraum. Damit ist eine allgemeine Ermächtigung dritter Staaten, auf Verletzungen von Gemeinschaftsnormen mit Gegenmaßnahmen zu reagieren, äußerst missbrauchsanfällig, da ein politisch, wirtschaftlich und militärisch starker Staat eigenstaatliche Interessen unter dem Vorwand des Allgemeinwohls verfolgen könnte.

Trotz dieser Bedenken widerspricht es dem gegenwärtigen Entwicklungsstand des Völkerrechts, die Durchsetzung von *erga omnes* wirkenden Verpflichtungen durch einen nicht unmittelbar betroffenen Staat kategorisch auszuschließen. Die kollektive, aber dezentralisierte Rechtsdurchsetzung stellt eine der wenigen Möglichkeiten zur Durchsetzung von Gemeinschaftsnormen dar, eine Durchsetzung, die erforderlich ist, um den Widerspruch zwischen normativem Anspruch und Wirklichkeit nicht zu verschärfen. Auch würde ein absolutes Verbot des Ergreifens von Gegenmaßnahmen durch nicht unmittelbar betroffene Staaten der Staatenpraxis nicht entsprechen, die in zahlreichen Fällen ein solches Recht angenommen hat. Zwar kann allein aus diesem faktischen Umstand noch nicht auf die rechtliche Zulässigkeit geschlossen werden (*ex iniuria ius non oritur*). Doch es kann nicht Sinn einer rechtlichen Norm sein, ein Verhalten zu verbieten, das von den meisten Staaten sowie im Schrifttum als erforderlich angesehen wird, um hochrangige Gemeinschaftsinteressen durchzusetzen. Der Sinn einer rechtlichen Regelung muss darin liegen, die berechtigten Bedenken, die angesichts der Missbrauchsmöglichkeiten des Konzepts bestehen, auszuräumen oder zumindest weitgehend abzumildern.

IV. Zwischenergebnis und Normierungsvorschlag

1. Normierungsvorschlag

Nach alledem kann es nicht um das „ob“, sondern nur um das „wie“ der Durchsetzung von Gemeinschaftsinteressen durch einzelne nicht betroffene Staaten gehen. Vor dem Hintergrund des Fehlens einer umfassenden Normierung soll die Auswertung durch einen Kodifikations-

---

177 *Alland* (Fn. 131), S. 1234 f.

vorschlag eingeleitet werden, der an die bestehenden gewohnheitsrechtlichen Regelungen sowie die Staatenpraxis und die in der ILC sowie im Schrifttum geführten Diskussionen anknüpft und versucht, eine realisierbare und interessengerechte Lösung aufzuzeigen. Eine solche Normierung könnte folgendermaßen aussehen:

Art. X Durchsetzung des Völkerrechts durch nicht unmittelbar betroffene Staaten

(1) Die Verletzung einer zwingenden Norm des Völkerrechts betrifft die internationale Gemeinschaft als Ganzes in ihren rechtlich geschützten Interessen. Eine solche Verletzung betrifft gleichzeitig jeden einzelnen Staat in seiner Eigenschaft als Mitglied der internationalen Gemeinschaft.

(2) Alle Staaten arbeiten zusammen, um einer Verletzung im Sinne des Absatzes 1 ein Ende zu setzen. Kein Staat erkennt einen Zustand, der durch eine Verletzung im Sinne des Absatzes 1 herbeigeführt wurde, als rechtmäßig an oder leistet Beihilfe oder Unterstützung zur Aufrechterhaltung dieses Zustands.

(3) Jeder Staat kann von dem für eine Verletzung im Sinne des Absatzes 1 verantwortlichen Staat verlangen,

a) die völkerrechtswidrige Handlung zu beenden sowie Zusagen und Garantien der Nichtwiederholung zu geben und

b) die Verpflichtung zur Wiedergutmachung zugunsten des verletzten Staates oder der Begünstigten der Verpflichtung, die verletzt wurde, zu erfüllen.

Dieses Recht schließt die Geltendmachung der Völkerrechtsverletzung vor internationalen Gerichten und sonstigen internationalen Spruchkörpern ein. Das Erfordernis einer Unterwerfung unter die Jurisdiktion des jeweiligen Gerichtshofes wird hiervon nicht berührt.

(4) Im Fall einer schwerwiegenden Verletzung im Sinne des Absatzes 1 ist jeder Staat dazu berechtigt, im Interesse der internationalen Gemeinschaft Gegenmaßnahmen zu ergreifen, um der Verletzung ein Ende zu setzen. Gegenmaßnahmen sind ausschließlich nach Maßgabe der nachfolgenden Regelungen zulässig.

a) Gegenmaßnahmen sind nur zulässig, wenn Maßnahmen der friedlichen Streitbeilegung nicht erfolgreich waren. Kapitel VI der Charta der Vereinten Nationen findet entsprechende Anwendung.

b) Gegenmaßnahmen erfolgen im Interesse der internationalen Gemeinschaft. Sobald ein wesentlicher Teil der internationalen

Gemeinschaft der Vornahme von Gegenmaßnahmen widerspricht, müssen diese unterbleiben. Dieser Widerspruch kann insbesondere erfolgen durch

- eine Entschließung der Generalversammlung,
- eine Entschließung einer regionalen Organisation, die als repräsentativ für eine bestimmte regionale Gruppe von Staaten gilt, insbesondere der Organisation Amerikanischer Staaten, der Europäischen Union, der Afrikanischen Union oder der Arabischen Liga,
- eine Entschließung einer sonstigen Gruppe von Staaten, die als repräsentativ für eine bestimmte regionale Gruppe von Staaten oder einen bestimmten Kulturkreis gilt.

c) Die Artikel 49 bis 53 ILC-Draft finden Anwendung.

d) Die Bestimmungen der Charta der Vereinten Nationen bleiben unberührt.

2. *Erläuterung*

Absatz 1 des Normierungsvorschlags greift die Kategorie der Verpflichtungen *erga omnes* auf und legt fest, dass die internationale Gemeinschaft als Entität das primäre Bezugssubjekt dieser Verpflichtungen darstellt, gleichzeitig aber auch jeder einzelne Staat betroffen ist. Damit ist klargestellt, dass die Durchsetzung dieser Normen nicht allein der organisierten internationalen Gemeinschaft obliegt. Nichtsdestotrotz wird die generelle Unterscheidung zwischen verletzten Staaten und betroffenen Staaten aufrecht erhalten, um deutlich zu machen, dass auch bei der Verletzung einer Verpflichtung *erga omnes* ein einzelner Staat besonders betroffen sein kann, woraus sich ein Unterschied im Rechtsfolgenregime rechtfertigt.[178] Als Anknüpfungspunkt für die entsprechenden Normen, deren Verletzung alle Staaten betrifft, so dass eine Abweichung von der rein bilateralen Durchsetzungsstruktur sachgerecht erscheint, wird die Rechtsfigur des *ius cogens* gewählt, zum einen, weil dies der Regelung im endgültigen ILC-Draft entspricht, zum anderen, weil das Konzept der zwingenden Normen – trotz aller Unsicherheiten – den am weitestgehend akzeptierten Bestand von Gemeinschaftsnormen aufweist.

---

[178] Vgl. insofern auch *Hillgruber* (Fn. 122), S. 268 ff.

Absatz 2 greift die gewohnheitsrechtlich sowie in Art. 41 ILC-Draft anerkannten Pflichten der Kooperation zur Beendigung sowie der Nichtanerkennung von Situationen, die durch Verletzungen zwingender Normen entstanden sind, auf. Dabei weicht der hier entwickelte Entwurf insofern vom ILC-Draft ab, als er nicht auf die schwerwiegende Verletzung einer zwingenden Norm abstellt. Dies erscheint insofern gerechtfertigt, als jede zwingende Norm wesentliche Gemeinschaftsinteressen normiert, so dass jede Verletzung die in diesem Absatz normierten Rechtsfolgen auslösen sollte. Indes darf die Tragweite dieser Rechtsfolgen ohnehin nicht überschätzt werden.[179]

Absatz 3 befindet sich in Einklang mit der Regelung des Art. 48 ILC-Draft. Auch hier wird nicht auf die Schwere der Verletzung abgestellt. Angesichts der Tatsache, dass das bloße Verlangen, dass eine Rechtsverletzung beendet wird, ihre Nichtwiederholung zugesagt wird und entsprechende Wiedergutmachungen geleistet werden, nicht in ernsthafter Weise mit der souveränen Rechtssphäre des angeblichen Verletzerstaates kollidiert, erscheint es gerechtfertigt, dieses Recht im Fall jeglicher Verletzung zwingender Normen anzuerkennen. Satz 2 stellt ausdrücklich heraus, was die herrschende Ansicht ohnehin mit der Rechtsfigur der Verpflichtungen *erga omnes* verbindet: Die Einräumung eines *ius standi* vor internationalen Gerichten. Auf das Erfordernis einer Unterwerfung unter die Gerichtsbarkeit des jeweiligen Gerichtshofes hat das Konzept der Verpflichtungen *erga omnes* indes keine Auswirkungen.

Absatz 4 regelt das Recht nicht direkt betroffener Staaten, Gegenmaßnahmen zu ergreifen. Im Einklang mit der festgestellten Tendenz in Schrifttum und Praxis erkennt Satz 1 ein generelles Recht aller Staaten an, auf eine schwerwiegende Verletzung einer zwingenden Norm mit Gegenmaßnahmen zu reagieren. In diesem Kontext erscheint es gerechtfertigt, am Vorliegen einer schwerwiegenden Verletzung festzuhalten, um das Missbrauchspotential der Gegenmaßnahmen zu begrenzen.

Satz 2 enthält weitere Restriktionen für Gegenmaßnahmen durch nicht unmittelbar betroffene Staaten. Buchstabe (a) macht die Zulässigkeit

---

[179] Vgl. *Stefan Talmon*, The Duty Not to „Recognize as Lawful" a Situation Created by the Illegal Use of Force or Other Serious Breaches of Jus Cogens Obligation: An Obligation without Real Substance?, in: Christian Tomuschat et al. (eds.), The Fundamental Rules of the International Legal Order, 2006, S. 99 ff.; treffend *Rüdiger Wolfrum*, Die Internationalisierung staatsfreier Räume, 1984, S. 687: „Dem Vorwurf mangelnder Kooperation vermag sich jeder Staat dadurch zu entziehen, daß er den Begriff der Kooperation auf seine Weise interpretiert."

von Gegenmaßnahmen davon abhängig, dass vorher das Handlungsinstrumentarium der friedlichen Streitbeilegung, wie es in Kapitel VI der UN-Charta normiert ist, ausgeschöpft wurde.[180] Damit wird deutlich gemacht, dass das Ergreifen von Gegenmaßnahmen nur die *ultima ratio* darstellen kann und nicht als direkte Reaktion auf eine Völkerrechtsverletzung in Betracht kommt. Da Kapitel VI der UN-Charta auf eine Friedensgefährdung abstellt und nicht notwendigerweise auf einen Völkerrechtsbruch, kommt nur eine entsprechende Anwendung in Betracht.

Buchstabe (b) greift die Institutionalisierungslösung auf und versucht, diese in einer praktikablen Form zu realisieren. Eine vollständig institutionalisierte Lösung, die ein uni- oder multilaterales Vorgehen einzelner Staaten außerhalb internationaler Organisationen untersagen würde, entspräche nicht dem aktuellen Entwicklungsstand des Völkerrechts sowie des internationalen Systems.[181] Weder ist davon auszugehen, dass ein entsprechender Vorschlag von der Staatengemeinschaft angenommen würde, noch hätte ein derartiges System Chancen, in der Praxis zu bestehen. Denn eine konstitutive Feststellung der Völkerrechtsverletzung durch die einschlägigen UN-Organe wird in den meisten Fällen aus politischen Gründen nicht oder nicht rechtzeitig erfolgen können. Die weitgehende Ablehnung, die entsprechende Vorschläge von *Riphagen* und *Arangio-Ruiz* in und außerhalb der ILC erfahren haben, kann als Beleg für diese Feststellung gelten. Auf der anderen Seite erscheint es angesichts des aufgezeigten Missbrauchspotentials nicht geboten, uni- oder multilaterales Vorgehen gänzlich ohne institutionelle Absicherung zuzulassen. Der hier gewählte vermittelnde Ansatz macht das Recht dritter Staaten, Gegenmaßnahmen zu ergreifen, nicht von einem konstitutiven Beschluss abhängig, sondern räumt den entsprechenden Organisationen ein Vetorecht gegenüber dem Vorgehen einzelner Staaten ein. So soll sichergestellt werden, dass das Vorgehen dieser Staaten tatsächlich im Interesse der internationalen Gemeinschaft erfolgt und nicht nur die Partikularinteressen einzelner Staaten widerspiegelt. Auf der anderen Seite sollen einzelne Staaten nicht dazu in der Lage sein, ein Vorgehen anderer Staaten zu verhindern. Daher erscheint eine institutionelle Absicherung dieses Vetorechts erforderlich. Die Schaffung neuer Institutionen nur zu diesem Zweck ist kaum realisierbar, so dass der Gedanke in diesem Rahmen nicht weiter verfolgt wird. Aussichtsreicher erscheint der Rückgriff auf bereits bestehende Institutionen.

---

[180] Vgl. insofern auch *Pellet* (Fn. 149), S. 429.

[181] Vgl. *Paulus* (Fn. 7), S. 401; *Klein* (Fn. 143), S. 1252 f.; *Charney* (Fn. 20), S. 91 ff.

Im Rahmen der Vereinten Nationen (*erster Spiegelstrich*) kommen die Generalversammlung, der Sicherheitsrat sowie der IGH in Betracht, wobei der vorliegende Normierungsvorschlag ausdrücklich und ausschließlich die Generalversammlung nennt. Eine Einbeziehung des IGH scheidet aus, weil es im Rahmen der vorgeschlagenen institutionellen Absicherung nicht um die Anwendung rechtlicher Kriterien für die Zulässigkeit von Gegenmaßnahmen geht, sondern um die politische Feststellung, ob die Durchführung von Gegenmaßnahmen dem Interesse der internationalen Gemeinschaft entspricht. Der Gerichtshof stellt ein taugliches Organ dar, um die Voraussetzungen des Eingreifens – einschließlich des negativen Tatbestandsmerkmals, dass kein Protest nach Abs. 4 *lit.* b) vorliegt – festzustellen; den politischen Entschluss fassen kann er nicht.[182] Auch der Sicherheitsrat ist nicht geeignet, diese Funktion zu erfüllen.[183] Die Bedenken gegen seine Legitimität[184] sprechen dagegen, ihm ein generelles Vetorecht hinsichtlich der Gegenmaßnahmen einzelner Staaten einzuräumen. Damit erscheint die Generalversammlung als einziges hinreichend repräsentatives Organ auf UN-Ebene, um der internationalen Gemeinschaft die Möglichkeit zu geben, gegen einzelstaatliches Vorgehen im vermeintlichen Gemeininteresse rechtlich verbindlich Einspruch zu erheben. Zwar weist auch die Generalversammlung Mängel im Hinblick auf Legitimität und Handlungsfähigkeit auf, im existierenden UN-System ist sie dennoch am besten geeignet, die Position der internationalen Gemeinschaft zu formulieren.

Neben dem Rückgriff auf das institutionelle Gefüge der Vereinten Nationen räumt der Normierungsvorschlag regionalen Organisationen das Recht ein, dem Ergreifen von Gegenmaßnahmen im Namen der internationalen Gemeinschaft zu widersprechen (*zweiter Spiegelstrich*). Dem liegt der Gedanke zugrunde, dass Maßnahmen zur Durchsetzung von Allgemeininteressen den Rückhalt der gesamten internationalen Gemeinschaft haben müssen. Dabei ist nicht erforderlich, dass jeder ein-

---

[182] Eine obligatorische Unterwerfung derjenigen Staaten, die Gegenmaßnahmen im Allgemeininteresse ergreifen, unter die Gerichtsbarkeit des IGH – beschränkt auf den konkreten Sachverhalt, der dem Ergreifen der Gegenmaßnahmen zugrunde liegt – wäre wünschenswert, um die Möglichkeiten des Missbrauchs weiter einzuengen. Im vorliegenden Normierungsvorschlag wird jedoch von einer entsprechenden Regelung abgesehen, da diese zum derzeitigen Zeitpunkt keine Aussicht auf Akzeptanz in der Staatenwelt hätte.

[183] Siehe auch *Charney* (Fn. 20), S. 92; ausführlich zur Kritik *Klein* (Fn. 143), S. 1247 ff.

[184] Dazu oben 5. Kap., A. II.

zelne Staat der Gegenmaßnahme zustimmt, vielmehr reicht es – im Einklang mit der generellen Konzeption der internationalen Gemeinschaft – aus, wenn die überwältigende Mehrheit aller Staaten unter Einbeziehung einer repräsentativen Mehrheit aller regional und kulturell definierten Gruppierungen zustimmt. Der Widerspruch einer der anerkannten Regionalorganisationen sollte daher dazu führen, dass eine im vermeintlichen Interesse der gesamten Gemeinschaft ergriffene Maßnahme unterbleiben muss. Die Aufrechterhaltung von Gegenmaßnahmen ist zumindest ab dem Zeitpunkt, in dem eine Regionalorganisation ihren Widerspruch unmissverständlich durch einen förmlichen Beschluss zum Ausdruck gebracht hat, rechtswidrig. Freilich ist auch diese Regelung nicht frei von Bedenken. Denn regionale Integration vollzieht sich in unterschiedlichen Geschwindigkeiten, und der primäre Fokus der meisten Regionalorganisationen liegt auf wirtschaftlicher Integration oder sicherheitspolitischer Zusammenarbeit. Ein allgemeinpolitisches Mandat, vergleichbar dem weiten Tätigkeitsspektrum der Vereinten Nationen, kommt keiner Regionalorganisation zu. Zudem sind nicht alle Staaten in Regionalorganisationen vertreten, was eine Benachteiligung dieser Staaten nach sich zieht. Auch werden universelle völkerrechtliche Fragen nach der hier vorgeschlagenen Konzeption vom Funktionieren regionaler Mechanismen und von entsprechenden rechtlichen und politischen Prozessen innerhalb regionaler Organisationen abhängig gemacht. Nichtsdestotrotz erscheint der hier aufgezeigte Weg auf der Grundlage des derzeitigen Entwicklungsstands der internationalen Gemeinschaft am besten geeignet, um die Berücksichtigung aller regional definierten Staatengruppen zu gewährleisten.

Der *dritte Spiegelstrich* eröffnet bestimmten Gruppen von Staaten außerhalb der globalen und regionalen Institutionalisierung die Möglichkeit, ihren Widerspruch zum Ausdruck zu bringen. Diese Regelung ist noch sehr unscharf. Es ist unklar, nach welchen Maßstäben das Erreichen des erforderlichen Quorums einer „repräsentativen Gruppe" zu bemessen ist, ob es nur auf die Zahl der Staaten ankommt oder ob und wie auch die Bevölkerungszahl oder die politische, wirtschaftliche und strategische Bedeutung der Staaten relevant sein soll. Eine präzisere Festschreibung lässt sich derzeit jedoch kaum erreichen. Denn Sinn und Zweck der Vorschrift liegen gerade darin, im konkreten Einzelfall und Kontext zu entscheiden, ob eine Gruppe von Staaten als repräsentativ für einen bestimmten Teil der internationalen Gemeinschaft gelten kann. Hierfür im Vorhinein quantitative oder qualitative Kriterien festzulegen, erscheint nicht praktikabel. Dennoch ist eine solche Regelung erforderlich, um allen Teilen der internationalen Gemeinschaft die

Möglichkeit des „Vetos" einzuräumen. Der alleinige Rückgriff auf die Generalversammlung reicht hierfür ebenso wenig aus wie die Einbeziehung der Regionalorganisationen, da es in der Generalversammlung ausschließlich um quantitative Faktoren geht und Regionalorganisationen sich nicht vorrangig nach übereinstimmenden politischen Faktoren, sondern nach geographischen Gegebenheiten formieren.

Buchstabe c verweist auf die in den Art. 49 bis 53 ILC-Draft getroffenen Regelungen, die weitere Restriktionen der Ausübung von Gegenmaßnahmen enthalten.

Buchstabe d verdeutlicht schließlich, dass die Regelungen der UN-Charta von dem hier entworfenen Konzept nicht beeinträchtigt werden sollen. Das Gewaltverbot und die herausragende Stellung des Sicherheitsrates bleiben unberührt. Zwar wird der Sicherheitsrat im vorliegenden Normierungsvorschlag nicht in die Gruppe derjenigen Organe aufgenommen, denen – da sie einen wesentlichen Teil der internationalen Gemeinschaft repräsentieren – ein Vetorecht eingeräumt wird. Gleichwohl wird durch die Konzeption nicht in Frage gestellt, dass der Sicherheitsrat eine Gegenmaßnahme zur Friedensbedrohung erklären kann. Diese Befugnis ergibt sich aus der UN-Charta und aus der friedenssichernden Verantwortung des Sicherheitsrates innerhalb der internationalen Gemeinschaft.

V. Exkurs: Völkerrechtliche Pflicht zum Eingreifen?

Bislang wurde die Rechtsdurchsetzung durch einzelne Staaten im Interesse der internationalen Gemeinschaft ausschließlich unter dem Gesichtspunkt erörtert, ob dem einzelnen Staat eine Befugnis zur gerichtlichen Geltendmachung von Rechtsverletzungen oder zum Ergreifen außergerichtlicher Maßnahmen zusteht. Bedeutsam für den Entwicklungsstand der internationalen Gemeinschaft ist aber gleichsam, ob einem entsprechenden *Recht* auch eine *Pflicht* jedes einzelnen Staates zum Eingreifen korrespondiert. Eine allgemeine völkerrechtliche Verpflichtung zum Ergreifen von Maßnahmen, wenn fundamentale Rechtsgüter der internationalen Gemeinschaft betroffen sind, lässt sich indes nicht statuieren. Sie ergibt sich nicht schon aus dem Rechtsinstitut des *ius cogens*, da der zwingende Charakter einer Norm ihr keinen zusätzlichen positiven Gehalt im Sinne einer umfassenden Schutzpflicht aller Staaten verleiht.[185] Auch erweist sich die Staatenpraxis als zu uneinheitlich und selektiv, um von einer gewohnheitsrechtlichen Eingriffsverpflichtung auszugehen.[186] Dem entspricht es, dass Art. 41 ILC-Draft als besondere rechtliche Konsequenzen einer schwerwiegenden Verletzung zwingenden Rechts nur eine allgemeine Kooperationspflicht aller Staaten sowie eine Pflicht zur Nichtanerkennung rechtswidrig geschaffener Zustände statuiert, darüber hinaus aber die internationale Gemeinschaft nicht zu positivem Handeln verpflichtet. Und Normen, die entsprechende Handlungspflichten aller Staaten begründen, sind regelmäßig zu allgemein gefasst, als dass sich aus ihnen eine Verpflichtung zum Ergreifen konkreter Maßnahmen ableiten ließe. So verpflichtet Art. I der Völkermordkonvention alle Staaten dazu, das Verbrechen des Völkermordes zu verhüten; welche Maßnahmen sie aber im Einzelfall ergreifen, überlässt die Konvention den Staaten.[187]

Auch im Hinblick auf die unter dem Stichwort *Responsibility to Protect* geführte Diskussion lassen sich keine weitergehenden Schlüsse ziehen. Hintergrund des Konzepts, das auf einen Report der von der kanadischen Regierung eingesetzten *International Commission on Intervention and State Sovereignty* zurückgeht, ist die Verschiebung der Diskussion von einem *Recht* zur humanitären Intervention zu einer *Verantwortung* zum Handeln im Fall schwerwiegender Menschenrechtsverletzungen.[188] Dem liegt der Gedanke zugrunde, dass es prinzipiell in der Verantwortung eines Staates liegt, für den Schutz der auf seinem Territorium befindlichen Personen zu sorgen, diese Verantwortung aber, wenn der Staat nicht dazu in der Lage oder willens ist, auf die internationale Gemeinschaft übergeht.[189] Nichtsdestotrotz handelt es sich dabei allenfalls um eine im Entstehen befindliche rechtliche Pflicht und keinen

---

[185] So zutreffend *Hillgruber* (Fn. 122), S. 292; *Wolfram Karl*, Menschenrechtliches ius cogens – Eine Analyse von „Barcelona Traction“ und nachfolgender Entwicklungen, in: Eckart Klein (Hrsg.), Menschenrechtsschutz durch Gewohnheitsrecht, 2003, S. 102 (140).

[186] *Klein* (Fn. 174), S. 63 f.; *Stein* (Fn. 6), S. 122 f.; *Hillgruber* (Fn. 122), S. 291 f.

[187] Vgl. *Hillgruber* (Fn. 122), S. 291 f.

[188] *International Commission on Intervention and State Sovereignty*, The Responsibility to Protect, Report of the International Commission on Intervention and State Sovereignty, 2001; ausführlich hierzu *Christopher Verlage*, Responsibility to Protect, 2009, S. 7 ff.

[189] *International Commission on Intervention and State Sovereignty* (Fn. 188), S. 17.

Rechtssatz des geltenden Völkerrechts,[190] wie das *High-level Panel on Threats, Challenges and Change*[191] und der entsprechende Bericht des vormaligen UN-Generalsekretärs *Kofi Annan*[192] bestätigen. Auch die Annahme des Prinzips der *Responsibility to Protect* durch die UN-Generalversammlung ist von Zurückhaltung geprägt.[193] Die Generalversammlung erkennt zwar an, dass es in der Verantwortung jedes einzelnen Staates liegt, seine Bevölkerung vor Völkermord, Kriegsverbrechen, ethnischen Säuberungen und Verbrechen gegen die Menschlichkeit zu schützen. Zu der Frage, ob aus der Vernachlässigung dieser Verantwortung ein Recht zur humanitären Intervention oder gar die Pflicht der internationalen Gemeinschaft zum Einschreiten folgt, schweigt sich die Generalversammlung jedoch aus.[194] Daher vermag auch die Bezugnahme auf die entsprechenden Passagen durch den Sicherheitsrat[195] keine zusätzliche normative Kraft des Konzepts zu begründen. Darüber hinaus bleibt unklar, welche konkreten Verpflichtungen mit der *Respon-*

---

190 *Ingo Winkelmann*, „Responsibility to Protect": Die Verantwortung der Internationalen Gemeinschaft zur Gewährung von Schutz, in: Pierre-Marie Dupuy et al. (Hrsg.), Völkerrecht als Wertordnung, Festschrift für Christian Tomuschat, 2006, S. 449 (459 f.); *Carsten Stahn*, Responsibility to Protect: Political Rhetoric or Emerging Legal Norm?, AJIL 101 (2007), S. 99 (115 f.) sowie S. 120. Auch *Verlage* (Fn. 188), der davon ausgeht, dass die *Responsibility to Protect* bereits zu einer Norm des Völkergewohnheitsrechts erstarkt ist (S. 171 f.), bezieht diese normative Wirkung nur auf das Recht zum Einschreiten durch den Sicherheitsrat (S. 261 f.), Regionalorganisationen (S. 291 ff.) oder durch einzelne Staaten (S. 330 f.) und verneint eine Rechtspflicht der Staatengemeinschaft zum Einschreiten (S. 223 f.).

191 *United Nations, A More Secure World: Our Shared Responsibility, Report of the High-level Panel on Threats, Challenges and Change* vom 2.12.2004, UN Doc. A/59/565, S. 56 f.

192 *Report of the Secretary-General, In Larger Freedom: Towards Development, Security and Human Rights for All* vom 21.3.2005, UN Doc. A/59/2005, S. 35.

193 General Assembly Resolution 60/1, Ziff. 138 f.; siehe auch *Nicholas J. Wheeler*, A Victory for Common Humanity? The Responsibility to Protect after the 2005 World Summit, J. Int'l L. & Int'l Rel. 2 (2005), S. 95 ff.

194 Dies vernachlässigt *Verlage* (Fn. 188), S. 111 ff.

195 Security Council Resolution 1674 vom 28.4.2006, Ziff. 4; bekräftigt in den Präambeln von Security Council Resolutions 1706 vom 31.8.2006 und 1755 vom 30.4.2007.

sibility to Protect verbunden sein sollen.[196] Und selbst wenn man eine entsprechende allgemeine Rechtspflicht aller Staaten bejahen würde, erschiene ihre praktische Relevanz vor dem Hintergrund der defizitären Institutionalisierung der internationalen Gemeinschaft mehr als fragwürdig. Denn eine Vernachlässigung oder Verletzung dieser sekundären Pflicht kann nur mit den gleichen unzureichenden Mitteln geahndet werden wie der Bruch einer primären Verpflichtung.[197] Solange es keine objektive und effektive Rechtsdurchsetzungsinstanz im Völkerrecht gibt, wird entsprechenden Regelungen der Erfolg verwehrt bleiben.

D. Konklusion: Die Exekutivfunktion der internationalen Gemeinschaft

Die Exekutivfunktion der internationalen Gemeinschaft ist nur schwach ausgeprägt. Rechtsdurchsetzung vollzieht sich auch im modernen Völkerrecht weitgehend in bilateralen Strukturen. Ansätze vertikal strukturierter Durchsetzungsmechanismen im Rahmen internationaler Organisationen sind nur wenig ausgeprägt und müssen durch dezentralisierte Mechanismen ergänzt werden, wie das Beispiel des Sicherheitsrates zeigt. Ob sich aus den punktuellen Ansätzen zentralisierter Rechtsdurchsetzung weitergehend institutionalisierte Exekutivstrukturen entwickeln werden, ist angesichts der restriktiven Haltung der Staatenwelt gegenüber derartigen Mechanismen zweifelhaft.[198] Das Völkerrecht der Globalisierung verfolgt daher primär eine andere Tendenz, es öffnet sich für Elemente kollektiver, aber dezentralisierter Rechtsdurchsetzung; einzelne Staaten oder Staatengruppen treten als Vertreter der internationalen Gemeinschaft auf und nehmen deren rechtlich geschützte Interessen wahr. Neben der gerichtlichen Geltendmachung der Verletzung fundamentaler Gemeinschaftsnormen wird dabei zunehmend das Recht einzelner Staaten anerkannt, Gegenmaßnahmen zu ergreifen, auch wenn sie selbst nicht unmittelbar von einer Rechtsverletzung be-

---

[196] *Tobias Stoll*, Responsibility, Sovereignty and Cooperation – Reflections on the „Responsibility to Protect", in: Doris König et al. (eds.), International Law Today: New Challenges and the Need for Reform?, 2008, S. 1 (7 ff.).

[197] Siehe hierzu *Stein* (Fn. 6), S. 122 f.; *Wheeler* (Fn. 193), S. 102 f.

[198] Optimistischer wohl *Nettesheim* (Fn. 20), S. 577, der davon ausgeht, dass es sich bei dem Konzept der Verpflichtungen *erga omnes* um ein Übergangsphänomen handelt.

troffen sind. Dadurch werden Rechtsinstrumente des horizontal strukturierten Koexistenzvölkerrechts, wie insbesondere die Gegenmaßnahme, auf den Regelungskomplex des Gemeinschaftsrechts, das eigentlich nach vertikalen Durchsetzungsmechanismen verlangt, übertragen.[199] Kollektive Gegenmaßnahmen stellen insofern eine Notwendigkeit dar, die aus dem Fehlen oder Versagen institutioneller Mechanismen entspringt.[200]

Somit legt auch das moderne Völkerrecht die Durchsetzung fundamentaler Gemeinschaftsnormen in die Hände einzelner Staaten. Damit überlässt es den handelnden Staaten die Entscheidung, ob die Voraussetzungen ihres Eingreifens vorliegen und welche rechtlichen Maßnahmen ergriffen werden. Eine institutionalisierte Bewertung dieser Entscheidung erfolgt regelmäßig nicht, allenfalls zwischenstaatlich kann das Vorgehen eines Staates als unrechtmäßig oder illegitim angeprangert werden. Ob der entsprechende Staat sich dem geäußerten Willen anderer Mitglieder der internationalen Gemeinschaft beugt, bleibt jedoch ihm überlassen. Damit ist nicht gewährleistet, dass das Handeln eines einzelnen Staates oder einer Staatengruppe tatsächlich im Interesse der internationalen Gemeinschaft erfolgt. Die internationale Gemeinschaft hat *de lege lata* nur unzureichende Möglichkeiten, einen Missbrauch der Gemeinschaftsbefugnisse geltend zu machen. Die Einführung eines teilweise institutionalisierten und für die Zulässigkeit von Gegenmaßnahmen konstitutiv wirkenden Vetorechts bestimmter repräsentativer Teile der internationalen Gemeinschaft könnte dieses Defizit *de lege ferenda* zumindest partiell abmildern.

Zudem kann ein faktisches Exekutivmonopol der Staaten eine verlässliche und umfassende Durchsetzung der Gemeinschaftsnormen nicht gewährleisten. Das Ergreifen von Maßnahmen zur Vermeidung oder Beendigung einer Rechtsverletzung hängt von der Bereitschaft der einzelnen Staaten hierzu ab. Doch schon die Durchsetzung eigener subjektiver Rechte findet im internationalen System nur in unzureichendem Maße statt. Politische, wirtschaftliche und strategische Erwägungen halten viele Staaten davon ab, ihre Rechte gegenüber anderen Staaten geltend zu machen. Dass Staaten eine höhere Bereitschaft zeigen werden, sich für die Einhaltung grundlegender Gemeinschaftsnormen einzusetzen, selbst wenn ihre eigenen Interessen nicht unmittelbar berührt sind,

---

[199] Vgl. *Dupuy* (Fn. 146), S. 1078.

[200] *Alland* (Fn. 131), S. 1226 sowie S. 1234; *Tomuschat* (Fn. 15), S. 377.

wird man kaum vermuten können.[201] Daher findet eine Durchsetzung von Gemeinschaftsinteressen nur statt, wenn diesen ein Eigeninteresse einzelner Staaten korrespondiert und diese Staaten faktisch dazu in der Lage sind, die Normbefolgung einzufordern oder durchzusetzen. Zudem tut sich das Völkerrecht schwer damit, eine Verpflichtung der internationalen Gemeinschaft – und damit jedes einzelnen Staates – dahingehend anzuerkennen, konkrete Maßnahmen zu ergreifen, wenn fundamentale Gemeinschaftsinteressen bedroht sind.

Insgesamt ist der Bereich der Rechtsdurchsetzung damit nur in unzureichendem Maße vergemeinschaftet. Das moderne Völkerrecht enthält nur Ansätze einer Normativierung gemeinschaftsrechtlicher Rechtsdurchsetzungsmechanismen, deren Grenzen vor dem Hintergrund fehlender organisatorischer Strukturen der internationalen Gemeinschaft in der praktischen Anwendung deutlich hervortreten.

---

[201] So auch *Charney* (Fn. 20), S. 99.

Ergebnis des zweiten Teils: Internationales Gemeinschaftsrecht in *statu nascendi*

Die internationale Gemeinschaft weist keine dem nationalen Staatsaufbau vergleichbare Organisation auf; legislative, exekutive und judikative Funktionen des Rechtssystems werden vorrangig von Staaten als den nicht-organisierten Teilen der internationalen Gemeinschaft wahrgenommen. Nichtsdestotrotz lässt sich ein internationales Gemeinschaftsrecht, das vertikale Strukturen in das horizontale System einführt, in Ansätzen erkennen: In organisatorischer Hinsicht etablieren sich Entitäten, die zumindest partiell als Teile einer über den Staaten stehenden internationalen Gemeinschaft verstanden werden können. Dies können Organe internationaler Organisationen sein, aber auch Staaten, nichtstaatliche Subjekte, regionale Organisationen oder nicht-institutionalisierte Staatengruppen. Allerdings lässt sich kein Organ ausmachen, das ausreichend legitimiert und mit der notwendigen rechtlichen sowie politischen Kraft ausgestattet wäre, um als umfassende Vertretung der internationalen Gemeinschaft angesehen werden zu können. Und das Fehlen klar identifizierbarer und dauerhaft institutionalisierter Gemeinschaftsorgane macht es schwer, im Einzelfall zu entscheiden, ob eine Handlungseinheit im Auftrag und Interesse der internationalen Gemeinschaft auftritt. Die Identifikation der autoritativen „Stimme" der Gemeinschaft stellt daher das organisatorische Hauptproblem des internationalen Gemeinschaftsrechts dar.

Die Befugnis, Recht zu setzen, liegt vorrangig bei den Staaten und ist von staatlichen Eigeninteressen geprägt. Nichtsdestotrotz haben sich auf der Grundlage des *gesellschaftlich* ausgestalteten Rechtsetzungsprozesses universell verbindliche Gemeinschaftsnormen herausgebildet. Und auch der Rechtsetzungsprozess als solcher wird durch *gemeinschaftliche* Strukturelemente angereichert. Zwar dominiert vordergründig noch das Konsensprinzip die Entstehung des Rechts, Aufweichungen und Durchbrechungen finden jedoch an vielen Einbruchstellen der Rechtsquellenlehre statt. Diese Ansätze eines internationalen Gemeinschaftsrechts lassen sich hinter der zunehmend bröckelnden Fassade des Konsensprinzips entdecken, wenn es in der theoretischen Konzeption oder zumindest innerhalb der praktischen Anwendung der traditionellen Rechtsquellen erkennbar wird. Dabei erscheint es schwierig, die aus der Perspektive der internationalen Gemeinschaft willkommenen

M. Payandeh, *Internationales Gemeinschaftsrecht*, Beiträge zum ausländischen öffentlichen Recht und Völkerrecht 219, DOI 10.1007/978-3-642-13141-7_10,

Durchbrechungen des Konsensprinzips von der missbräuchlichen Indienstnahme der Einbruchstellen durch einzelne Staaten oder Staatengruppen zu unterscheiden. Auch gelingt eine rechtsdogmatische und rechtstheoretische Erfassung des beschriebenen Phänomens auf der Grundlage der *gesellschaftlichen* Konzeption des Völkerrechts nur unzureichend.

Schließlich ist die Exekutiv- und Judikativfunktion der internationalen Gemeinschaft nur marginal ausgeprägt. Primär bleibt es den Staaten überlassen, für die Einhaltung und Durchsetzung ihrer jeweiligen subjektiven Rechte Sorge zu tragen. Effektive Mechanismen für eine umfassende Implementierung von Gemeinschaftsnormen existieren nicht. Zentralisierte Rechtsdurchsetzung besteht nur in Ansätzen, und die gemeinschaftliche Öffnung des Rechtsdurchsetzungsprozesses durch die Anerkennung der Verpflichtungen *erga omnes* ist noch wenig fortgeschritten und anfällig für Missbrauch.

Damit kann als vorläufiger Befund festgehalten werden, dass das internationale Gemeinschaftsrecht sich normativ schneller entwickelt hat als institutionell.[1] Und auch die Durchsetzungsstrukturen des Völkerrechts halten nicht mit den gemeinschaftsrechtlichen Ausbildungen auf dem Gebiet der Rechtsetzung Schritt. Normierungserfolge, die beispielsweise mit dem umfassenden Gewaltverbot sowie mit ausdifferenzierten menschenrechtlichen Normkomplexen erreicht wurden, stehen einem Defizit im Hinblick auf Durchsetzungsmechanismen und praktische Verwirklichung gegenüber. Dabei zeigen sich die Zusammenhänge der drei untersuchten Regelungsbereiche Organisation, Rechtsetzung und Rechtsdurchsetzung: Normsetzung im Interesse der internationalen Gemeinschaft ist zwar auf der Grundlage des geltenden Völkerrechts möglich, wie die zahlreichen aufgezeigten Durchbrechungen des Konsensprinzips zeigen; ohne eine entsprechende institutionelle Absicherung eröffnen sich jedoch große Missbrauchsmöglichkeiten. Im eigenen Interesse kann die Existenz einer vermeintlichen Gemeinschaftsnorm auch ohne oder gegen den Willen einzelner Staaten behauptet werden,

---

[1] Siehe in diesem Zusammenhang auch *Brun-Otto Bryde*, International Democratic Constitutionalism, in: Ronald St. John MacDonald/Douglas M. Johnston (eds.), Towards World Constitutionalism, 2005, S. 103 (110); *Daniel Thürer*, Modernes Völkerrecht: Ein System im Wandel und Wachstum – Gerechtigkeitsgedanke als Kraft der Veränderung?, ZaöRV 60 (2000), S. 557 (601 f.).

ohne dass diese Annahme von der internationalen Gemeinschaft autoritativ widerlegt werden könnte. Und ohne die entsprechenden Durchsetzungsmechanismen laufen die Gemeinschaftsnormen Gefahr, zu utopischen Forderungen zu degenerieren, die keine Bestätigung in der internationalen Realität erfahren. Letztlich wird durch eine dauerhafte Diskrepanz von Anspruch und Wirklichkeit die Normativität des Völkerrechts und damit seine eigenständige Bedeutung als verhaltenssteuerndes Instrument der internationalen Beziehungen in Frage gestellt. Durchsetzungsmechanismen ohne entsprechende Institutionen schließlich erweisen sich ebenfalls als missbrauchsanfällig. Denn wenn es jedem einzelnen Staat selbst überlassen bleibt festzustellen, ob die Voraussetzungen seines Eingreifens in Rechte anderer Staaten vorliegen, ist nicht gewährleistet, dass dies stets im Interesse der internationalen Gemeinschaft erfolgt. Die Berufung auf die Werte und Normen der internationalen Gemeinschaft gerät so schnell zur leeren Floskel, um der Verfolgung eigener Interessen eine höhere rechtliche und moralische Weihe zu verleihen.

Damit sind die Grenzen des internationalen Gemeinschaftsrechts angesichts des derzeitigen Entwicklungsstands des internationalen Systems aufgezeigt: Ohne entsprechend weiterentwickelte Institutionen muss das Konzept vorsichtig und restriktiv gehandhabt werden, und es muss im Einzelfall geprüft werden, ob ein handelnder Akteur tatsächlich als Organ der internationalen Gemeinschaft oder im eigenen Interesse auftritt. Rechtsetzung und Rechtsdurchsetzung nach den entsprechenden gemeinschaftsrechtlichen Rechtsinstituten sind nur dann zulässig, wenn sie tatsächlich dem Willen der internationalen Gemeinschaft entsprechen. Institutionelle Absicherungen müssen die Einhaltung dieser Einschränkung gewährleisten.

„It is an undeniable fact that the tendency of all international activities in recent times has been towards the promotion of the common welfare of the international community with a corresponding restriction of the sovereign power of individual States.“[1]

Dritter Teil: Die Normativität des internationalen Gemeinschaftsrechts

Nachdem im ersten Teil die theoretischen Grundlagen einer internationalen Gemeinschaft und ihres Rechts dargelegt wurden und der zweite Teil das geltende Völkerrecht unter dem Gesichtspunkt der Existenz gemeinschaftsrechtlicher Organe, Rechtsetzungsverfahren und Rechtsdurchsetzungsmechanismen untersucht hat, soll nun im dritten Teil der Arbeit die rechtsdogmatische und -theoretische Auswertung dieses Befundes erfolgen. Neben dem akademischen Interesse an einer derartigen Erfassung der aufgezeigten Entwicklungen stehen dabei rechtspolitische und praktische Erwägungen im Vordergrund: Denn da das internationale Gemeinschaftsrecht vorrangig nicht offen in Erscheinung tritt, weder auf umfassend legitimierte Organe zurückgreifen kann noch sich in Form allgemein anerkannter und in ihrer Tragweite fest in der Völkerrechtswirklichkeit verankerter Rechtsinstitute manifestiert, erscheint eine Anwendung des Gemeinschaftsrechts ohne entsprechenden dogmatischen und theoretischen Unterbau problematisch. Daher soll zunächst untersucht werden, ob sich die internationale Gemeinschaft als solche als eigenständiges Völkerrechtssubjekt begreifen lässt und ob ein derartiges Verständnis die im zweiten Teil der Arbeit herausgestellten rechtlichen Prozesse zutreffend widerspiegelt (*8. Kapitel*). Sodann wird der Frage nachgegangen, wie der festgestellte Befund, dass die Rechtsquellenlehre Aufweichungen und Durchbrechungen des Konsensprinzips enthält, die sich nur als Rechtsetzung im Interesse der internationalen Gemeinschaft begreifen und rechtfertigen lassen, dogmatisch und

[1] *Reservations to the Convention on Genocide*, Advisory Opinion, Joint Dissenting Opinion *Guerrero*, *McNair*, *Read*, *Hsu Mo*, ICJ Reports 1951, S. 15 (46).

rechtstheoretisch zu begründen ist (*9. Kapitel*). Schließlich ist zu fragen, welche Auswirkungen die aufgezeigten punktuellen Entwicklungen des Völkerrechts für die Konzeption der internationalen Rechtsordnung nach sich ziehen (*10. Kapitel*).

8. Kapitel: Die internationale Gemeinschaft als Völkerrechtssubjekt

Ein erster möglicher Anknüpfungspunkt für die Erfassung der dargestellten Entwicklungen liegt darin, die internationale Gemeinschaft als Völkerrechtssubjekt zu begreifen.

A. Rechtssubjektivität als Kategorie des Völkerrechts

I. Definition

Völkerrechtssubjektivität bedeutet die Fähigkeit, Träger völkerrechtlicher Rechte und Pflichten zu sein.[1] Der Begriff der Rechtssubjektivität stimmt mit dem Begriff der Rechtspersönlichkeit oder auch der Rechtsfähigkeit überein.[2] Von der Rechtssubjektivität zu unterscheiden ist die rechtliche Handlungsfähigkeit, die zwar regelmäßig, jedoch nicht notwendigerweise aus der Rechtssubjektivität resultiert:[3] Während die Rechtsfähigkeit eine Voraussetzung für rechtliche Handlungsfähigkeit darstellt, beeinträchtigen der Wegfall oder die Beschränkung der völkerrechtlichen Handlungsfähigkeit die Rechtsfähigkeit grundsätzlich nicht. Auseinanderfallen können zudem die Völkerrechtssubjektivität und die faktische Bedeutung einer international agierenden Handlungseinheit: Dass ein Akteur wesentlichen Einfluss auf der internationalen Ebene ausübt, führt noch nicht dazu, dass ihm auch Rechtssubjektivität zugesprochen wird. Erst durch die Zuerkennung eigener Rechte und Pflichten wird er zum Völkerrechtssubjekt.[4]

---

1 Statt aller *Matthias Herdegen*, Völkerrecht, 8. Aufl. 2009, S. 64.

2 *Hermann Mosler*, Subjects of International Law, in: Rudolf Bernhardt (ed.), EPIL, Vol. IV, 2000, S. 710 (711); *Georg Dahm/Jost Delbrück/Rüdiger Wolfrum*, Völkerrecht, Bd. I/1, 2. Aufl. 1989, S. 22; *Volker Epping*, Völkerrechtssubjekte, in: Knut Ipsen (Hrsg.), Völkerrecht, 5. Aufl. 2004, S. 55.

3 Dazu *Dahm/Delbrück/Wolfrum* (Fn. 2), S. 17; *Herdegen* (Fn. 1), S. 64.

4 Zu diesem induktiven Ansatz bereits oben 6. Kap., C. I. 4. b).

M. Payandeh, *Internationales Gemeinschaftsrecht*, Beiträge zum ausländischen öffentlichen Recht und Völkerrecht 219, DOI 10.1007/978-3-642-13141-7_11,

II. Entwicklung

Die Völkerrechtswissenschaft ging lange Zeit davon aus, dass allein der souveräne Staat ein Subjekt des Völkerrechts darstellt und das internationale Rechtssystem sich als rein zwischenstaatliche Ordnung begreifen lässt.[5] Auch die traditionelle Anerkennung des Heiligen Stuhls, des Internationalen Komitees vom Roten Kreuz sowie des Malteser Ritterordens als „atypische" Völkerrechtssubjekte konnte an diesem Grundsatz nichts ändern.[6] Erst allmählich vollzog das Völkerrecht den faktischen Wandel nach, der durch das Auftauchen neuer internationaler Akteure und Regelungsmaterien impliziert war.[7] So führte der Bedeutungszuwachs internationaler Organisationen dazu, dass ihre generelle Völkerrechtsfähigkeit zunehmend anerkannt wurde und heute als selbstverständlich gilt.[8] Und nachdem das Individuum lange Zeit als bloßes Objekt des Völkerrechts angesehen wurde, das nur über den Staat als Medium mit der Völkerrechtsordnung verbunden ist,[9] besteht heute weitgehende Einigkeit, dass grundsätzlich auch dem Einzelnen Rechtssubjektsqualität zukommen kann. Durch die Fortentwicklung der Menschenrechte erhält das Individuum eine partielle Völkerrechtssubjektivität,[10] aufgrund der Bindung an humanitäres Völkerrecht und völkerrechtliche Straftatbestände wird der Mensch zudem zu einem

---

[5] Statt vieler *Mosler* (Fn. 2), S. 716; auch der *Lotus*-Entscheidung des StIGH liegt dieses Verständnis deutlich zugrunde, vgl. *S.S. „Lotus"*, PCIJ Reports Series A, Nr. 10 (1927).

[6] Hierzu *Epping* (Fn. 2), S. 101 ff.

[7] Grundlegend *Hermann Mosler*, Die Erweiterung des Kreises der Völkerrechtssubjekte, ZaöRV 22 (1962), S. 1 ff.

[8] Zur Völkerrechtssubjektivität der Vereinten Nationen bereits *Reparation for Injuries Suffered in the Service of the United Nations*, Advisory Opinion, ICJ Reports 1949, S. 174; siehe ferner Art. 281 EG für die Europäische Gemeinschaft, Art. VIII Abs. 1 WTO-Übereinkommen für die WTO, Art. 4 Abs. 1 Satz 1 IStGH-Statut für den IStGH. Allerdings beschränkt sich die Völkerrechtssubjektivität einer internationalen Organisation auf die ihr durch den Gründungsvertrag übertragenen Rechte und ist damit von den Staaten abhängig und abgeleitet, vgl. *Alfred Verdross/Bruno Simma*, Universelles Völkerrecht, 3. Aufl. 1984, S. 249 ff.

[9] Statt aller *Epping* (Fn. 2), S. 95 f.

[10] Siehe nur *Verdross/Simma* (Fn. 8), S. 255 ff.; zur Frage, ob Völkerrechtssubjektivität die Möglichkeit der prozessualen Geltendmachung voraussetzt, *Karl Doehring*, Völkerrecht, 2. Aufl. 2004, S. 111 f.

partiellen Pflichtensubjekt des Völkerrechts.[11] Mit der Anerkennung des Selbstbestimmungsrechts der Völker erhält schließlich das „Volk" als solches eine partielle Völkerrechtssubjektivität,[12] und die Einbeziehung von NGOs in internationale Entscheidungsprozesse lässt die Frage nach ihrer Subjektqualität aufkommen.[13] Die zunehmende Aktivität transnationaler Unternehmen hat sich hingegen noch nicht in einer entsprechenden völkerrechtlichen Rechtssubjektivität niedergeschlagen,[14] und auch die Frage der Völkerrechtssubjektivität transnationaler Terrororganisationen ist noch nicht abschließend geklärt.[15]

III. Ergebnis

Völkerrechtssubjektivität ist zwar grundsätzlich unabhängig von der tatsächlichen Bedeutung internationaler Akteure zu bemessen, ihr ist allerdings die Tendenz immanent, einen faktischen Wandel mit zeitlicher Verzögerung normativ nachzuvollziehen. Das Konzept der Völkerrechtssubjektivität ist entwicklungsoffen und funktional ausgerichtet. Dies deutet bereits der IGH an, wenn er im *Bernadotte*-Gutachten ausführt:

> „Throughout its history, the development of international law has been influenced by the requirements of international life, and the progressive increase in the collective activities of States has already given rise to instances of action upon the international plane by certain entities which are no States."[16]

---

[11] *Epping* (Fn. 2), S. 100.

[12] *Andreas L. Paulus*, Die internationale Gemeinschaft im Völkerrecht, 2001, S. 239 ff.

[13] Dazu bereits oben 5. Kap., D.

[14] Siehe nur *Verdross/Simma* (Fn. 8), S. 269 ff.; auch die Entstehung von Verhaltenskodizes kann hieran nichts ändern, da diese sich zwar unmittelbar an die Unternehmen richten, jedoch nur empfehlenden Charakter haben, vgl. *Epping* (Fn. 2), S. 109.

[15] Dazu *Lars Mammen*, Völkerrechtliche Stellung von internationalen Terrororganisationen, 2008.

[16] *Reparation for Injuries Suffered in the Service of the United Nations*, Advisory Opinion, ICJ Reports 1949, S. 174 (178); ähnlich *Mosler* (Fn. 7), S. 17; *Verdross/Simma* (Fn. 8), S. 222.

B. Völkerrechtssubjektivität der internationalen Gemeinschaft

I. Rechte und Pflichten der internationalen Gemeinschaft

Ob die internationale Gemeinschaft als solche ein eigenständiges Rechtssubjekt des Völkerrechts darstellt, wird im Schrifttum nur selten ausdrücklich thematisiert.[17] Die Völkerrechtssubjektivität der internationalen Gemeinschaft hängt davon ab, ob ihr eigene Rechte und Pflichten zugeordnet werden. Als explizites Bezugssubjekt erscheint die internationale Gemeinschaft zunächst in der Konzeption des *ius cogens*, da sie – repräsentiert durch die überwiegenden Mehrheit der Staaten – den zwingenden Charakter einer Norm anerkennen kann.[18] Damit erhält sie eine eigenständige Befugnis im Rahmen des *ius cogens* und kann mit universeller Wirkung und zu Lasten widersprechender Staaten den zwingenden Charakter einzelner Normen des Völkerrechts begründen.

Auch das Ergreifen von Maßnahmen durch einzelne nicht unmittelbar betroffene Staaten, um der Verletzung einer Verpflichtung *erga omnes* zu begegnen, lässt sich nur erklären, wenn man die internationale Gemeinschaft als Rechtssubjekt anerkennt. Denn das Konzept soll nicht den Rechtskreis nicht direkt betroffener Staaten erweitern, sondern der internationalen Gemeinschaft die Möglichkeit einräumen, auf die Verletzung einer ihr geschuldeten Verpflichtung reagieren zu können.[19] Der einzelne Staat handelt nicht auf der Grundlage einer eigenen originären Befugnis, sondern bezieht seine Legitimation aus einer Norm, die die Gemeinschaft als solche berechtigt. Das Handeln eines Staates stellt eine treuhändische Wahrnehmung der Rechte der internationalen Gemeinschaft im Interesse der Gemeinschaft dar. Damit ist aber die internationale Gemeinschaft der originäre Träger der entsprechenden Rechte. Nur die Anerkennung der internationalen Gemeinschaft als direktes Bezugssubjekt der Verpflichtung wird dem Konzept gerecht und kann

---

[17] Siehe aber bereits *Josef Soder*, Die Vereinten Nationen und die Nichtmitglieder, 1956, S. 32 ff., der die Rechtspersönlichkeit der Völkerrechtsgemeinschaft bejaht. Allerdings geht es *Soder* nicht um die Zuerkennung konkreter Rechts- und Pflichtenpositionen der internationalen Gemeinschaft, sondern vielmehr um die erkenntnismäßige Erfassung der Geltung und Verbindlichkeit des Völkerrechts.

[18] Dazu oben 6. Kap., F. II. 2.

[19] Dazu oben 7. Kap., C. I. 2.

erklären und legitimieren, warum Maßnahmen einzelner nicht unmittelbar betroffener Staaten völkerrechtlich zulässig sein können.

Schwieriger gestaltet sich die Frage, ob die internationale Gemeinschaft auch insoweit als Völkerrechtssubjekt angesehen werden kann, wie ihre normative Funktion nicht offen in Erscheinung tritt. Die Untersuchung der Rechtsquellenlehre hat gezeigt, dass Rechtsetzung nicht ausschließlich im Konsens erfolgen muss, sondern dass das geltende Völkerrecht Möglichkeiten anerkennt, in denen eine Rechtsbindung auch ohne oder gegen den Willen eines Staates erfolgen kann. Eine derartige Durchbrechung des Konsensprinzips rechtfertigt sich allenfalls, wenn man die Bindung des dissentierenden Staates auf der Grundlage eines höheren Gemeinschaftsinteresses konstruiert. Auch insofern ist es die internationale Gemeinschaft, die rechtlich verbindliche Nomen setzt. Allerdings lässt sich die Ausübung dieser Funktion nur schwer wahrnehmen. Denn der gemeinschaftliche Umgang mit den Rechtsquellen findet im Rahmen der gesellschaftlich konstruierten Rechtsquellendogmatik statt, die gemeinschaftlichen Durchbrechungen werden nicht offen als solche anerkannt. Sieht man von dieser Unklarheit der normativen Prozesse ab, so lassen auch diese Einbruchstellen der Rechtsquellenlehre zumindest partiell auf die Rechtssubjektivität der internationalen Gemeinschaft schließen.

II. Die internationale Gemeinschaft als Legitimation vermittelndes Völkerrechtssubjekt

Die internationale Gemeinschaft wird danach im modernen Völkerrecht mit eigenen Rechten ausgestattet. Sie entscheidet über den zwingenden Charakter einzelner Normen, ihr wird die Erfüllung der Verpflichtungen *erga omnes* geschuldet, und sie steht hinter den Durchbrechungen des Konsensprinzips, die eine Bindung einzelner Staaten auch ohne oder gegen ihren Willen ermöglichen. Nach der allgemeinen Definition von Rechtssubjektivität lässt sich die internationale Gemeinschaft damit als Völkerrechtssubjekt begreifen.[20] Das institutionelle De-

---

[20] So auch *Paulus* (Fn. 12), S. 329; zurückhaltender („Rechtsentität mit schwachen Konturen") *Jurij Daniel Aston*, Sekundärgesetzgebung internationaler Organisationen zwischen mitgliedstaatlicher Souveränität und Gemeinschaftsdisziplin, 2005, S. 206; *Ingo Winkelmann*, „Responsibility to Protect": Die Verantwortung der Internationalen Gemeinschaft zur Gewährung von Schutz, in: Pierre-Marie Dupuy et al. (Hrsg.), Völkerrecht als Wertordnung,

fizit der internationalen Gemeinschaft im geltenden Recht lässt sich mit dieser Konstruktion indes nicht beheben. Die internationale Gemeinschaft weist keine Organe auf, die die Gemeinschaft effektiv und repräsentativ im Rahmen der Rechtsetzung und Rechtsdurchsetzung vertreten. Die Konstruktion einer Rechtssubjektivität der internationalen Gemeinschaft scheint daher dem Stellenwert der Gemeinschaft in der Realität des Völkerrechts nicht zu entsprechen, sie stellt keinen eindeutig erkennbaren Akteur dar, der am internationalen Rechtsverkehr teilnimmt und rechtliche Beziehungen mit anderen Völkerrechtssubjekten unterhält. Doch gerade an diesem institutionellen Defizit der internationalen Gemeinschaft kann das Konzept der Völkerrechtssubjektivität ansetzen. Denn wenn die internationale Gemeinschaft mit eigenen Rechten ausgestattet ist, diese aber nicht selbst wahrnehmen kann, sondern dazu auf andere Akteure wie vornehmlich einzelne Staaten angewiesen ist, so stellt sich die Frage nach der Legitimation der handelnden Akteure. Diesen Legitimationszusammenhang zwischen den Interessen der Gemeinschaft und dem Handeln einzelner Staaten und sonstiger Akteure kann das Konzept der Rechtssubjektivität der internationalen Gemeinschaft aufzeigen: Denn es stellt klar, dass die eigentliche Berechtigung bei der internationalen Gemeinschaft als Rechtssubjekt liegt. Nicht-konsensuale Normsetzung und Rechtsdurchsetzungsmaßnahmen nicht unmittelbar betroffener Staaten rechtfertigen sich allein dann, wenn sie im Interesse der internationalen Gemeinschaft erfolgen. Die Anerkennung der internationalen Gemeinschaft als Rechtssubjekt und damit verbunden die bloß abgeleitete Kompetenz einzelner Staaten, für die internationale Gemeinschaft legislativ und zum Zwecke der Rechtsdurchsetzung tätig zu werden, zeigt diesen Legitimationszusammenhang auf und ermöglicht es, das Handeln einzelner Staaten im konkreten Fall am Maßstab der Gemeinschaftsinteressen zu bewerten. Die internationale Gemeinschaft vermittelt damit die notwendige Legitimität für ein progressiveres Völkerrecht.[21]

Festschrift für Christian Tomuschat, 2006, S. 449 (458); *Nicholas Tsagourias*, The Will of the International Community as a Normative Source of International Law, in: Ige F. Dekker (ed.), Governance and International Legal Theory, 2004, S. 97 ff.

[21] In eine ähnliche Richtung deutet *Armin von Bogdandy*, Constitutionalism in International Law: Comment on a Proposal from Germany, Harv. Int'l L.J. 47 (2006), S. 223 (234 ff.), wenn er ausführt, dass die internationale Gemeinschaft im völkerrechtlichen Diskurs zunehmend eine ähnliche Stellung einnimmt wie das Volk im innerstaatlichen Rechtssystem. Die internationale Gemeinschaft wird damit zum Bezugssubjekt der Legitimation.

III. Konzeptionelle Einwände gegen die Völkerrechtssubjektivität

Andere Stimmen in der Völkerrechtswissenschaft wenden sich hingegen explizit gegen die Vorstellung einer mit Rechtspersönlichkeit ausgestatteten internationalen Gemeinschaft. So verweist *Matthias Herdegen* im Kontext der These von der Konstitutionalisierung des Völkerrechts darauf, dass es „völlig verfehlt" wäre, die Völkerrechtsgemeinschaft als Rechtssubjekt mit eigenen Rechten und Pflichten zu begreifen.[22] Und im Hinblick auf die Stellung der internationalen Gemeinschaft im Rahmen des *ius cogens* betont *Christian Hillgruber*, dass die internationale Gemeinschaft mit der Gesamtheit der Staaten gleichzusetzen sei und mangels Organisation auch kein Völkerrechtssubjekt sei.[23] Dieser Ansatz vernachlässigt, dass es im Rahmen des Art. 53 Satz 2 WVK nicht auf die Zustimmung aller Staaten zum zwingenden Charakter einer Norm ankommt.[24] Auch der Einwand, eine Völkerrechtssubjektivität der internationalen Gemeinschaft komme in Ermangelung von Organen, die für die Gemeinschaft handeln und entscheiden, nicht in Betracht,[25] greift nicht durch. Ihm liegt ein idealtypisches Verständnis der Völkerrechtssubjektivität zugrunde, das eine dem Staat oder einer internationalen Organisation vergleichbare institutionelle Verfestigung verlangt. Schon die weitgehend anerkannte partielle Völkerrechtsfähigkeit des „Volkes" zeigt, dass Rechtssubjektivität nicht notwendigerweise einen organisierten Handlungsverband als Bezugssubjekt voraussetzt. Zudem kann die internationale Gemeinschaft zumindest in begrenztem Umfang auf Organe zurückgreifen, die in ihrem Interesse tätig werden,

---

22 *Herdegen* (Fn. 1), S. 49. Argumente für diese Auffassung führt *Herdegen* dabei nicht an, so dass eine inhaltliche Auseinandersetzung mit seiner Position hier nicht erfolgen kann. In ähnlicher Weise beschränkt sich *Theodor Schweisfurth*, Völkerrecht, 2006, S. 51 auf die Feststellung, dass „die ‚internationale Gemeinschaft' als solche kein Völkerrechtssubjekt ist".

23 *Christian Hillgruber*, Dispositives Verfassungsrecht, zwingendes Völkerrecht: Verkehrte juristische Welt?, JöR n.F. 54 (2006), S. 57 (83); siehe auch *ders.*, Braucht das Völkerrecht eine Völkerrechtswissenschaftstheorie?, in: Matthias Jestaedt/Oliver Lepsius (Hrsg.), Rechtswissenschaftstheorie, 2008, S. 113 (129).

24 Dazu oben 6. Kap., F. II. 2.

25 Ähnlich *Christian Tomuschat*, International Law: Ensuring the Survival of Mankind on the Eve of a New Century, RdC 281 (1999), S. 9 (78); *Knut Ipsen*, Völkerrechtliche Verantwortlichkeit und Völkerstrafrecht, in: ders. (Hrsg.), Völkerrecht, 5. Aufl. 2004, S. 615 (623 f.), der aber zumindest eine partielle Rechtsfähigkeit der Völkerrechtsgemeinschaft andenkt.

auch wenn es sich dabei nicht um umfassend legitimierte und im strikten Sinne institutionalisierte Organe der internationalen Gemeinschaft handelt.[26] Indes unterscheidet sich diese Besonderheit der internationalen Gemeinschaft nicht grundlegend vom nationalstaatlichen Organisationsaufbau, in dem Individuen sowohl als Organe oder Teile von Organen in Erscheinung treten als auch als Privatpersonen. Ebenso können Organe und Organwalter im Einzelfall *ultra vires* handeln. Es gibt auch im nationalstaatlichen System formelle und materielle Kriterien für eine Zurechnung des Handelns eines Organs zum übergeordneten Verband. Die internationale Gemeinschaft unterscheidet sich von dieser Organisationsstruktur nur insofern, als es keine permanent etablierten Organe gibt und die Zurechnung von Handlungen zur Gemeinschaft im Einzelfall problematischer ist, insbesondere da sich noch keine konkreten und allgemein anerkannten Kriterien für eine solche Zurechnung herauskristallisiert haben. Nichtsdestotrotz lassen sich bestimmte rechtliche Handlungen als Akte der internationalen Gemeinschaft begreifen. Sie treten nur nicht immer offen als Akte der Gemeinschaft zu Tage, wie beispielsweise rechtliche Handlungen von internationalen Organisationen, so dass die Teilnahme der internationalen Gemeinschaft am Rechtsverkehr weniger deutlich erkennbar ist.

C. Ergebnis: Die internationale Gemeinschaft als Legitimation vermittelndes Rechtssubjekt

Die internationale Gemeinschaft wird im modernen Völkerrecht mit eigenen Rechten ausgestattet und lässt sich daher als eigenständiges Völkerrechtssubjekt begreifen. Konzeptionelle Einwände hiergegen greifen nicht durch. Die Annahme von Völkerrechtssubjektivität der internationalen Gemeinschaft dient indes nicht dazu, die Stellung der Gemeinschaft im Rechtssystem zu erweitern, sondern soll vielmehr den Legitimationszusammenhang aufzeigen, der erforderlich ist, um das Handeln einzelner Akteure im Interesse der internationalen Gemeinschaft rechtlich der Gemeinschaft zurechnen zu können.

---

[26] Dazu oben 5. Kap.

9. Kapitel: Internationales Gemeinschaftsrecht als Rechtsquelle des Völkerrechts

Auch wenn der Entstehungsprozess völkerrechtlicher Normen durch das Konsensprinzip geprägt ist, weist die moderne Völkerrechtsordnung Mechanismen auf, um universelles Recht auch ohne oder gegen den Willen einzelner Staaten zu setzen – wenngleich diese Mechanismen weitgehend unter dem Deckmantel der herkömmlichen konsensgeprägten Rechtserzeugungsprozesse ablaufen. Dieses Phänomen verlangt nach einer rechtsdogmatischen und -theoretischen Erfassung. Denn wenn sich nicht-konsensuale Rechtsetzung als Rechtsetzung der internationalen Gemeinschaft begreifen lässt, dann erfährt ein vertikales Strukturelement Eingang in die Völkerrechtsordnung. Die hierbei entwickelte These lässt sich bereits wie folgt formulieren: Im geltenden Völkerrecht bildet sich eine vom Kanon des Art. 38 Abs. 1 IGH-Statut zu unterscheidende eigenständige Rechtsquelle heraus, das *internationale Gemeinschaftsrecht*. Diese Rechtsquelle ermöglicht es der internationalen Gemeinschaft, in begrenztem Rahmen universell verbindliches Recht zu setzen, das jeden Staat unabhängig von seiner Zustimmung oder seinem Widerspruch bindet.

A. Rechtspolitischer und soziologischer Kontext

Bevor der Versuch einer rechtsdogmatischen Verankerung nicht-konsensualer Rechtsetzung unternommen wird, soll zunächst der rechtspolitische und soziologische Kontext einer solchen Rechtsquelle näher umrissen werden. Die Setzung von Recht ohne oder gegen den Willen einzelner Staaten befindet sich im Spannungsverhältnis zwischen dem Partikularinteresse des einzelnen Staates, nicht ohne oder gegen seinen Willen an eine völkerrechtliche Norm gebunden zu werden, und dem Gesamtinteresse der internationalen Gemeinschaft, Normen, die wesentliche Werte der Gemeinschaft widerspiegeln, universell verbindlich zu setzen. Bei der Auflösung dieses Spannungsverhältnisses sind die systemimmanenten Besonderheiten der internationalen Ordnung zu beachten. Da die Befolgung und Durchsetzung des Völkerrechts maßgeblich von einer entsprechenden Bereitschaft der Staaten abhängt, spielt neben machtpolitischen Faktoren sowie der Interessenlage die

M. Payandeh, *Internationales Gemeinschaftsrecht*, Beiträge zum ausländischen öffentlichen Recht und Völkerrecht 219, DOI 10.1007/978-3-642-13141-7_12,

Frage der Legitimität rechtlicher Entscheidungen eine maßgebliche Rolle. Auf dem derzeitigen Entwicklungsstand des Völkerrechts weist eine Norm, die im gegenseitigen Konsens angenommen wurde, ein höheres Maß an Legitimität auf. Ein Staat wird eher dazu bereit sein, einer rechtlichen Verpflichtung nachzukommen, wenn er dieser zugestimmt hat, als wenn ihm diese von der Mehrheit der internationalen Gemeinschaft oktroyiert wurde. Damit weisen die Normen des internationalen Gemeinschaftsrechts im Hinblick auf dissentierende Staaten ein potentielles Befolgungs- und Durchsetzungsdefizit auf. Zudem entsteht das hier entwickelte internationale Gemeinschaftsrecht nicht in einem streng formalisierten Verfahren, sondern vielmehr in einem offenen Prozess der Rechtsetzung, bei dem – vergleichbar dem Völkergewohnheitsrecht – die Feststellung, ob eine Norm existiert und welchen Inhalt sie aufweist, nur unzureichend autoritativ vorgenommen werden kann. Aufgrund des institutionellen Defizits der Völkerrechtsordnung eröffnet diese Rechtsquelle damit die Gefahr eines Normativitätsverlustes[1] sowie des Missbrauchs durch einzelne Staaten. Verstärkt wird dieses Defizit durch unterschiedliche Vorstellungen in der Staatenwelt über die Interessen der internationalen Gemeinschaft sowie darüber, wie diese Interessen verwirklicht werden sollen. Potentielles Durchsetzungsdefizit und marginal entwickelte Institutionalisierung zeigen die Grenzen und Gefahren des internationalen Gemeinschaftsrechts auf und sind bei der dogmatischen Konstruktion dieser Rechtsquelle zu berücksichtigen.

In soziologischer Hinsicht erlangt der Befund Bedeutung, dass das Völkerrecht zwar augenscheinlich am Konsensprinzip festhält, aber zunehmend Aufweichungen und Durchbrechungen hiervon zulässt. Insofern gilt nach Maßgabe des hier vertretenen methodischen Ansatzes, dass das Völkerrecht zwar nicht jede tatsächliche Entwicklung normativ nachvollziehen muss, also kein apologetisches Spiegelbild der von Machtverhältnissen geprägten internationalen Beziehungen darstellt. Andererseits muss das Völkerrecht sich der tatsächlichen Bedürfnisse und der Praxis der internationalen Ordnung annehmen und diese in grundsätzlichen Zügen aufnehmen, will es seine Relevanz als verhaltenssteuerndes Instrument im internationalen System behalten. Danach gilt im Hinblick auf die tatsächlich stattfindende nicht-konsensuale Rechtsetzung, dass das Völkerrecht diese Praxis zwar nicht in jedem einzelnen festgestellten Fall legitimieren muss, zumindest aber das grundsätzliche Phänomen, dass nicht-konsensuale Rechtsetzung statt-

---

[1] Vgl. dazu *Prosper Weil*, Towards Relative Normativity in International Law?, AJIL 77 (1983), S. 413 ff.

findet, anerkennen und aufgreifen muss. Eine vollumfängliche Leugnung dieses Rechtsetzungsprozesses und die Bewertung der aufgezeigten Anwendungsbeispiele als rechtswidrig wäre weder dem aktuellen Entwicklungsstand des Völkerrechts noch den tatsächlichen Bedürfnissen der internationalen Ordnung im Zeitalter der Globalisierung angemessen.

Unter rechtspolitischen und soziologischen Gesichtspunkten erscheint die Anerkennung einer nicht-konsensualen Rechtsetzung damit dem Grunde nach geboten, gleichzeitig sind die Grenzen einer derartigen völkerrechtlichen Konzeption aufgezeigt.

B. Verankerung des internationalen Gemeinschaftsrechts innerhalb der traditionellen Rechtsquellen?

Wenn nicht-konsensuale Rechtsetzung in der Völkerrechtswirklichkeit stattfindet und dem Grunde nach wünschenswert erscheint, so stellt sich die Frage, wie sie dogmatisch zu begründen ist und ob sie sich in den Kanon der traditionellen Rechtsquellenlehre eingliedern lässt. Einen ersten Anknüpfungspunkt könnte das Recht der völkerrechtlichen Verträge darstellen. Der völkerrechtliche Vertrag ist jedoch das typische Instrument der konsensualen Rechtsetzung: Vertragliche Bindungen beruhen auf einer Selbstverpflichtung der Parteien. Die aufgezeigten Durchbrechungen und Aufweichungen des Konsensprinzips im Rahmen des Vertragsrechts[2] lassen sich daher mit der völkervertraglichen Dogmatik nur unzureichend erklären. Ob eine rechtliche Drittwirkung der UN-Charta begründet werden soll oder eine automatische Staatennachfolge in völkerrechtliche Verträge – allein aus den vertragsinternen Regelungen lässt sich dies angesichts des rein formal definierten Entstehungsprozesses völkerrechtlicher Verträge nicht überzeugend herleiten. Die dogmatische Rechtfertigung für die Geltung der in Verträgen inkorporierten Normen muss außerhalb des Vertragsrechts liegen, so dass das Vertragsrecht als Anknüpfungspunkt für das nicht-konsensuale internationale Gemeinschaftsrecht ausscheidet.

Auf den ersten Blick geeigneter für die Aufnahme der Rechtsfigur des internationalen Gemeinschaftsrechts erscheint das weniger formalisierte und offenere Völkergewohnheitsrecht, über dessen konstitutive Entstehungsvoraussetzungen nur wenig Klarheit herrscht. Über die „Flexibi-

---

2 Dazu ausführlich oben 6. Kap., B.

lität" und Unbestimmtheit dieser Rechtsquelle könnte der Wille der internationalen Gemeinschaft normative Bedeutung erhalten, wie dies beispielsweise *Doehring* und *Mendelson* für den Sonderfall der gewohnheitsrechtlichen Geltung vertraglicher Normen vorschlagen.[3] Doch begegnet auch eine derartige Ausweitung des Gewohnheitsrechts konzeptionellen Bedenken. Die hier dargestellte Entstehung internationalen Gemeinschaftsrechts impliziert ein vertikales Subordinationsverhältnis zwischen internationaler Gemeinschaft und einzelnem Staat, in der Konzeption des Gewohnheitsrechts hingegen entsteht das Recht durch die Praxis der Rechtsunterworfenen selbst. Auch entsteht Gewohnheitsrecht in einem induktiven Prozess, in dem an tatsächliche Vorgänge angeknüpft wird. Reichert man diesen Entstehungsprozess durch normative Elemente wie die Bezugnahme auf Interessen und Werte der internationalen Gemeinschaft an, bedeutet dies eine grundlegende Abweichung von der eigentlichen Konzeption des Gewohnheitsrechts. Bei einer derartigen „Indienstnahme" des Gewohnheitsrechts handelte es sich nicht um eine Weiterentwicklung dieser Rechtsquelle, sondern vielmehr um die Etablierung eines neuen Rechtsentstehungsprozesses.[4] Dadurch verlöre das Gewohnheitsrecht seine ohnehin nur mäßig ausgeprägten Konturen. Zwar sind die Rechtsquellen des Art. 38 IGH-Statut nicht statisch konzipiert, sondern können sich den Gegebenheiten des internationalen Systems und seinen Herausforderungen anpassen.[5] Nichtsdestotrotz darf diese Anpassung nicht die grundlegende Konzeption der entsprechenden Quelle in Frage stellen. Internationales Gemeinschaftsrecht kann nicht als Gewohnheitsrecht verstanden werden, ohne Konzeption und Bezeichnung des *Gewohnheits*rechts *ad absurdum* zu führen.

Ähnliches gilt für die allgemeinen Rechtsgrundsätze, in deren Konzeption aus bereits bestehenden Rechtssätzen ein neuer Rechtssatz abgeleitet wird. Als Instrument der originären Rechtsetzung eignen sie sich nur bedingt, und sie dienen primär der Schließung von Lücken im System der Völkerrechtsordnung. Eine derart nachrangige Stellung würde der Rechtsfigur des internationalen Gemeinschaftsrechts kaum gerecht und würde eine Überstrapazierung der Rechtsquelle der allgemeinen

---

[3] Siehe oben 6. Kap., C. I. 5. c).

[4] Vgl. *J. Patrick Kelly*, The Twilight of Customary International Law, Va. J. Int'l L. 40 (2000), S. 449 (492).

[5] So *Rudolf Bernhardt*, Ungeschriebenes Völkerrecht, ZaöRV 36 (1976), S. 50 (73).

Rechtsgrundsätze bedeuten. Die als allgemeine Rechtsgrundsätze anerkannten Normen stellen zudem regelmäßig Rechtsprinzipien und keine Rechtsregeln dar.[6] Auch dadurch wäre der praktische Anwendungsbereich des internationalen Gemeinschaftsrechts von vornherein stark begrenzt.

Auch die Sekundärrechtsetzung durch internationale Organisationen kann sämtliche in der Völkerrechtswirklichkeit auftretenden Prozesse nicht-konsensualer Rechtsentstehung nicht hinreichend erfassen. Denn sie ist auf spezifische Kompetenzen einzelner Organisationen beschränkt, zudem wird eine weiterreichende normative Wirkung von Beschlüssen internationaler Organisationen primär über den dogmatischen Anknüpfungspunkt des Völkergewohnheitsrechts zu erklären versucht, ein Ansatz, der wenig überzeugend ist und den tatsächlich stattfindenden Prozess mehr verdeckt, als dass er ihn erhellen würde.

Dogmatisch nicht überzeugend ist schließlich der Versuch einer im Vordringen befindlichen Auffassung, über die Rechtsfigur des *ius cogens* die Entstehung universell verbindlichen Rechts auch ohne oder gegen den Willen einzelner Staaten zu begründen.[7] Diese Auffassung ist mit dem Wortlaut und der Entstehungsgeschichte des Art. 53 WVK nur schwer zu vereinbaren, findet keinen Niederschlag in der Völkerrechtswirklichkeit und stellt eine konzeptionelle Überstrapazierung der Rechtsfigur des zwingenden Völkerrechts dar. Denn der Hintergrund dieser Rechtsfigur liegt darin, einzelne Normen in besonderer Weise zu schützen und der Disposition einzelner Staaten zu entziehen. Auch Konzeptionen, die wie die Verpflichtungen *erga omnes* oder das Rechtsfolgenregime der Staatenverantwortlichkeit eine große Nähe zum *ius cogens* aufweisen, knüpfen an eine bereits bestehende Norm an und etablieren Mechanismen, die eine weitgehende Befolgung dieser Norm gewährleisten sollen. Damit betreffen sie die Rechtsfolgen,[8] die an die Verletzung einer Norm geknüpft werden, nicht die Normentstehung.

Die überkommenen und in völkerrechtlicher Doktrin und Praxis akzeptierten Rechtsquellen bieten daher nur wenig Anknüpfungspunkte für eine Verankerung der nicht-konsensualen Rechtsetzung im Interesse der internationalen Gemeinschaft. Nicht-konsensuale Rechtsetzung ist

---

[6] Zu dieser Unterscheidung *Robert Alexy*, Theorie der Grundrechte, 2. Aufl. 1994, S. 71 ff.

[7] Dazu bereits oben 6. Kap., F. II. 3.

[8] *Christian Tomuschat*, International Law: Ensuring the Survival of Mankind on the Eve of a New Century, RdC 281 (1999), S. 9 (87).

mit der konsensualen Konzeption der drei klassischen Rechtsquellen nicht zu vereinbaren, will man diese nicht konzeptionell verzerren: Wenn völkerrechtliche Verträge ohne Vertragsschluss Staaten binden und Gewohnheitsrecht ohne Übung entsteht, wie erklären sich diese Phänomene? Aus der jeweiligen Quelle selbst erscheint eine derartige Bindung nicht möglich. Zudem liegt der Grund für die angenommenen Durchbrechungen des Konsensprinzips in der Existenz wichtiger Gemeinschaftsinteressen, mithin einem normativen Element.[9] Die Verankerung eines solchen normativen Kriteriums in den formalen Rechtsquellen des Vertrags- und Gewohnheitsrechts erscheint als systemfremdes Element. Verträge gelten, weil die Parteien ihnen in dem dafür vorgesehenen Verfahren zugestimmt haben, nicht aufgrund der in ihnen materialisierten Interessen. Gewohnheitsrecht gilt aufgrund einer mit Rechtsüberzeugung ausgeübten Praxis, nicht weil die Interessen der Gemeinschaft dies bedingen. Ohne systemische Brüche ist die Verankerung nicht-konsensualer Momente in diesen Rechtsquellen nicht möglich. Sie würde die primär konsensuale Konzeption der überkommenen Rechtsquellen bis zur Unkenntlichkeit verzerren und damit ihre Anwendung im Rechtsalltag in Frage stellen.

Damit stellt sich die Frage, ob das internationale Gemeinschaftsrecht als eigenständige Rechtsquelle angesehen werden kann oder ob Art. 38 Abs. 1 IGH-Statut einen *numerus clausus* der Völkerrechtsquellen etabliert, der der Annahme einer neuen Rechtsquelle entgegenstünde. Auch wenn die Verfasser der Vorschrift wohl davon ausgingen, die zu der damaligen Zeit anerkannten Quellen des Völkerrechts zu normieren,[10]

---

[9] Siehe nur *Christian Tomuschat*, Obligations Arising for States without or against Their Will, RdC 241 (1993-IV), S. 195 (309): „It is indeed in emergency situations, when the normal processes listed under Article 38 (1) of the Statute of the ICJ are not able to produce the required legal rules, that all of a sudden the architecture of the international constitution reveals its face to the observer. The Nuremberg and Tokyo trials were no accidents. They have made clear that it is legitimate to derive binding rules from the basic principles upheld by the international community."

[10] *Eibe Riedel*, Standards and Sources. Farewell to the Exclusivity of the Sources Triad in International Law?, EJIL 2 (1991), S. 58 (60); *Ulrich Fastenrath*, Lücken im Völkerrecht, 1991, S. 89; siehe aber auch *Antônio Augusto Cançado Trindade*, International Law for Humankind: Towards a New Jus Gentium (I), RdC 316 (2005), S. 9 (149 f.), demzufolge es nicht die Absicht des *Drafting Committees* war, eine abschließende Enumeration der Völkerrechtsquellen zu erstellen.

geht die heute herrschende Auffassung davon aus, dass es keinen solchen *numerus clausus* der Rechtserzeugungsarten im Völkerrecht gibt.[11] Die Aufzählung in Art. 38 Abs. 1 IGH-Statut kann auch deshalb keine Exklusivität beanspruchen, da sie selbst nur vertragliche Qualität aufweist und damit in ihrer Geltung von den Normentstehungstatbeständen abhängt.[12] Mangels einer geschriebenen Verfassung, die wie im nationalstaatlichen Recht die Rechtserzeugungsverfahren in verbindlicher Weise vorschreibt, sind diese Normentstehungstatbestände im Völkerrecht ungeschriebener Natur. Art. 38 Abs. 1 IGH-Statut stellt den bloßen Versuch einer Momentaufnahme dar, eine Erfassung der Rechtsentstehungstatbestände, wie sie zur Zeit der Formulierung der Norm im internationalen Rechtssystem in Erscheinung traten und anerkannt waren.[13] Art. 38 Abs. 1 IGH-Statut steht der Anerkennung des internationalen Gemeinschaftsrechts als eigenständige Rechtsquelle daher nicht entgegen.

C. Dogmatische Konturen des internationalen Gemeinschaftsrechts als eigenständige Rechtsquelle

Auf der Grundlage der bisherigen Untersuchung soll nunmehr der Versuch unternommen werden, Konturen einer eigenständigen Rechtsquelle des internationalen Gemeinschaftsrechts festzustellen. Dabei geht es nicht um die Schaffung eines gänzlich neuen Rechtserzeugungsmechanismus, sondern vielmehr um die dogmatische Erfassung des empirisch nachgewiesenen Phänomens, dass Rechtsetzung jenseits des staatlichen Konsenses stattfindet. Dabei soll auf die in Wissenschaft und Rechtsprechung entwickelten Kriterien für eine derartige Normentstehung

---

[11] Statt vieler *Alfred Verdross/Bruno Simma*, Universelles Völkerrecht, 3. Aufl. 1984, S. 323 f.: „Die Völkerrechtserzeugung ist also nicht in bestimmten formalisierten Gestalten erstarrt, sondern befindet sich gewissermaßen noch in einem flüssigen Aggregatzustand." (S. 324); anschaulich auch *Gerald Fitzmaurice*, Some Problems Regarding the Formal Sources of International Law, in: F.M. van Asbeck (ed.), Symbolae Verzijl, 1958, S. 153 (161).

[12] So zutreffend *Robert Y. Jennings/Arthur Watts* (eds.), Oppenheim's International Law, Vol. I, Introduction and Part 1, 9th ed. 1992, S. 24.

[13] *Christian Tomuschat*, Verfassungsgewohnheitsrecht?, 1972, S. 112.

zurückgegriffen werden, die sich in der Analyse des Rechtsetzungsprozesses herauskristallisiert haben.[14] Diese lassen sich zwar nicht unmittelbar übertragen, da die dargestellten Ansätze regelmäßig nicht von der Existenz einer eigenständigen nicht-konsensualen Rechtsquelle ausgehen, sondern nicht-konsensuale Prozesse im traditionellen Rechtsquellenkanon zu verankern versuchen. Auch bleiben die zugrunde gelegten Begründungsansätze meist vage. Sie bieten aber Anhaltspunkte dafür, unter welchen Voraussetzungen die völkerrechtliche Praxis und das Schrifttum Rechtsetzung ohne oder gegen den Willen einzelner Staaten für geboten und zulässig erachten.

I. Konstitutive Voraussetzungen des internationalen Gemeinschaftsrechts

1. Formelle Voraussetzungen

a) Offenheit des Rechtserzeugungsprozesses

Eine Norm, die nicht mit Zustimmung aller Rechtsunterworfenen zustande gekommen ist, gleichwohl aber universelle Geltung für sich beansprucht, leitet ihre Legitimation vom Bestehen einer internationalen Gemeinschaft sowie der Zugehörigkeit aller Rechtsunterworfenen zu dieser Gemeinschaft ab. Dann muss aber auch jedes Mitglied der Gemeinschaft die Möglichkeit haben, Einfluss auf den Rechtserzeugungsprozess zu nehmen.[15] Dem Entwicklungsstand der Völkerrechtsordnung entsprechend ist dabei vorrangig auf die Staaten abzustellen, die nicht nur die wesentlichen Akteure im Rahmen der Rechtsetzung sind, sondern auch die primären Adressaten völkerrechtlicher Normen. Demzufolge kann eine universell verbindliche Norm nur dann entstehen, wenn alle Staaten zumindest die Möglichkeit haben, Einfluss auf den Entstehungsprozess zu nehmen. Vorrangige Anknüpfungspunkte für die Entstehung einer Norm des internationalen Gemeinschaftsrechts sind daher Resolutionen der Generalversammlung sowie internationale Vertragskonferenzen, sofern diese allen Staaten offen stehen.

---

[14] Siehe oben 6. Kap., G.

[15] Siehe oben 6. Kap., G. V.

b) Annahme durch die internationale Gemeinschaft als Ganzes (*opinio iuris communis*)

Die in formeller Hinsicht wichtigste Voraussetzung für die Bindung aller Staaten an eine Norm liegt in der Zustimmung der internationalen Gemeinschaft als Ganzes zu dieser Norm. Diese Zustimmung muss nicht ausdrücklich in einem formalisierten Verfahren geäußert werden, sondern stellt vielmehr eine rechtlich erhebliche Überzeugung im Sinne einer *opinio iuris communis*[16] dar. Dabei kommt es nicht auf die Zustimmung jedes einzelnen Mitglieds der internationalen Gemeinschaft an. Die Völkerrechtswirklichkeit lässt zunehmend die Bereitschaft erkennen, einzelne Staaten auch ohne oder gegen ihren Willen an eine Rechtsnorm zu binden, die von einer überwältigenden Mehrheit der internationalen Gemeinschaft angenommen wurde.[17]

aa) Die erforderliche Mehrheit

Eine abstrakte und allgemeingültige Festlegung, welche Mehrheit in der Lage sein soll, einen universell verbindlichen Rechtssatz zu begründen, fällt schwer. Soweit majoritäre Rechtsetzung im völkerrechtlichen Diskurs akzeptiert wird, wird darauf abgestellt, dass eine deutliche Mehrheit der Staaten vorliegen muss und dass einzelne dissentierende Staaten sich durch ihre Verweigerungshaltung von der internationalen Gemeinschaft isolieren. Es reicht demnach weder eine einfache Mehrheit der Staaten aus, noch können einige wenige Staaten Recht zu Lasten der Mehrheit setzen. Je mehr Staaten eine Norm befürworten oder ihrer Entstehung zumindest nicht widersprechen, desto eher kann man von einer universell verbindlichen Norm ausgehen. Die Entstehung internationalen Gemeinschaftsrechts ist aber nur zu Lasten einiger weniger Staaten möglich, nicht gegen den Widerstand einer signifikanten Anzahl von Staaten oder gar gegen eine bedeutsame regional oder politisch definierte Gruppe. Insofern bietet sich eine Parallele zu den im Rahmen der Entstehung von *ius cogens* entwickelten Maßstäben an,[18] da auch in diesem Kontext die Annahme einer universellen zwingenden Norm gegen den Widerstand einzelner Staaten zur Verfolgung eines überragenden Gemeinschaftsinteresses als möglich angesehen wird. Genauere

---

[16] Vgl. hierzu *Cançado Trindade* (Fn. 10), S. 175 f.

[17] Siehe oben 6. Kap., G. III.

[18] So auch *Jonna Ziemer*, Das gemeinsame Interesse an einer Regelung der Hochseefischerei, 2000, S. 273.

Vorgaben allgemeiner Art lassen sich auf der Grundlage des derzeitigen Entwicklungsstandes des Völkerrechts jedoch nicht aufstellen. Es bleibt eine Entscheidung im Einzelfall, ob der Wille der internationalen Gemeinschaft auf einer repräsentativen Mehrheit beruht.

bb) Die maßgeblichen Akteure

Fraglich ist, wer diesen Willen der internationalen Gemeinschaft zum Ausdruck bringen kann.

(1) Staaten

Auf der Grundlage der traditionellen Konzeption des Völkerrechts ist die Antwort eindeutig: Allein die Staaten als originäre Rechtssubjekte kommen als rechtsetzende Einheiten in Betracht. Die internationale Gemeinschaft ist vorrangig eine Staatengemeinschaft, so dass auch im Rahmen majoritärer Rechtsetzung allein an die Staaten angeknüpft werden kann. An dieser Konzeption ist nach dem hier zugrunde gelegten Verständnis der Völkerrechtswissenschaft und dem verfolgten Ansatz, eine Rechtsquelle *de lege lata* herauszuarbeiten, im Ausgangspunkt festzuhalten. Eine Norm des internationalen Gemeinschaftsrechts benötigt die Zustimmung der überwältigenden Mehrheit der Staaten.

Abzustellen ist dabei auf alle Staaten. Ein apriorischer Ausschluss einzelner Staaten aus dem gemeinschaftlichen Rechtsetzungsprozess – etwa mit der Begründung, es handele sich um Paria-Staaten – kommt unter dem Gesichtspunkt der rechtlichen Gleichheit aller Staaten (Art. 2 Nr. 1 UN-Charta) nicht in Betracht und ist im Hinblick auf die angestrebte Universalität des Völkerrechts und das Erfordernis globaler Akzeptanz des Rechts rechtspolitisch nicht geboten.

Es stellt sich des Weiteren die Frage, ob und wie die unterschiedliche politische und wirtschaftliche Bedeutung der Staaten bei der Ermittlung der erforderlichen Mehrheit Berücksichtigung finden soll. Kann das Vorliegen der Zustimmung der internationalen Gemeinschaft bereits deshalb verneint werden, weil ein ständiges Mitglied des Sicherheitsrates sich widersetzt? Reicht ein Quorum von zehn Kleinststaaten aus? Hier kollidiert das normative Gebot der souveränen Gleichheit aller Staaten mit der faktisch unterschiedlichen Gewichtung der Staaten, die zumindest teilweise auch rechtlich anerkannt und perpetuiert wird, etwa durch die Privilegierung einzelner Staaten im Sicherheitsrat oder die Verteilung der Stimmrechte nach Anteilseigentum in Weltbank und Internationalem Währungsfonds. In der Rechtsquellenlehre findet sich diese unterschiedliche Bedeutung der Staaten beispielsweise im vorrangigen Abstellen auf die „specially affected states“ bei der Entstehung von Völkergewohnheitsrecht,[19] auf die besondere Bedeutung der „essential components“ der internationalen Gemeinschaft bei der Entstehung von *ius cogens*[20] und im Hinblick auf die Sekundärrechtsetzung im Rahmen internationaler Organisationen, am deutlichsten im Fall des Sicherheitsrates.[21] Auch die Rechtsfigur des internationalen Gemeinschaftsrechts muss diese in Rechtsprechung und Doktrin anerkannte Durchbrechung des Gleichheitsgebots aufnehmen, ohne jedoch in eine normative Apologie faktischer Ungleichheit zu verfallen. Maßgeblich ist vielmehr, dass die Anerkennung einer gemeinschaftsrechtlichen Norm die Akzeptanz der internationalen Gemeinschaft als Ganzes voraussetzt. Die unterschiedliche Bedeutung der Staaten sowie insbesondere die unterschiedliche Population sind hierbei zu berücksichtigen.

Auf den ersten Blick wünschenswert erscheint es schließlich, die Legitimität der Regierungen als maßgebliches Kriterium anzuerkennen – im Einklang mit den verschiedenen Ansätzen in der völkerrechtlichen Praxis und Doktrin, die die Frage der Legitimität mit normativem Gehalt ausfüllen und dem Demokratieprinzip eine völkerrechtliche Dimension verleihen wollen.[22] Doch ob man aus diesem völkerrechtlichen „Trend“ für die hier behandelte Form der nicht-konsensualen Rechtsetzung ableiten kann, dass die Stimme einer Regierung umso stärker zu berücksichtigen ist, je deutlicher sie sich als Repräsentantin ihrer Bevölkerung darstellt, erscheint fraglich. Weder hat sich im Völkerrecht eine klar erkennbare Vorstellung von Legitimität und ihrer rechtlichen Bedeutung entwickelt, noch kann ein derartiger Ansatz auf globale Akzeptanz in einer internationalen Gemeinschaft hoffen, die zum größten Teil aus Staaten besteht, deren Regierungen nach westlichen Vorstellungen keine

---

[19] Siehe oben 6. Kap., C. I. 2. b.

[20] Siehe oben 6. Kap., F. II. 2.

[21] Siehe oben 6. Kap., E.

[22] Überblick bei *Ralph Alexander Lorz*, International Constraints on Constitution-Making, in: Eibe Riedel (ed.), Constitutionalism – Old Concepts, New Worlds, 2005, S. 143 (152 ff.); *Juliane Kokott*, Souveräne Gleichheit und Demokratie im Völkerrecht, ZaöRV 64 (2004), S. 517 (525 ff.); grundlegend zum Menschenrecht auf Demokratie *Thomas M. Franck*, The Emerging Right to Democratic Governance, AJIL 86 (1992), S. 46 ff.; kritisch *Karl Doehring*, Demokratie und Völkerrecht, in: Hans-Joachim Cremer (Hrsg.), Tradition und Weltoffenheit des Rechts, Festschrift für Helmut Steinberger, 2002, S. 127 ff.; ausführlich *Niels Petersen*, Demokratie als teleologisches Prinzip, 2009.

hinreichende Legitimation durch das Volk aufweisen. Derzeit ist es daher nicht möglich, nach der Legitimation der einzelnen Staaten zu differenzieren.

(2) Internationale Organisationen

Darüber hinaus ist die Praxis internationaler Organisationen bei der Frage zu berücksichtigen, ob die internationale Gemeinschaft eine Norm mit universeller Geltung anerkennt. Zwar lassen sich Organe internationaler Organisationen nur partiell als Vertreter der internationalen Gemeinschaft begreifen.[23] Allerdings erkennt das Völkerrecht – wenn auch zurückhaltend – an, dass internationalen Organisationen im Rahmen der Rechtsetzung eine eigenständige Bedeutung zukommt.[24] Sie erscheinen zunehmend als eigenständige Akteure mit eigener Rechtspersönlichkeit und zu eigener Willensbildung befähigt, die sich von den Einzelwillen der Mitglieder unterscheidet. In dieser Funktion tragen sie zur Formulierung und Verwirklichung von Gemeinschaftsinteressen bei, so dass ihren in Resolutionen zum Ausdruck gelangenden Rechtsansichten zumindest eine Hilfsfunktion bei der Entstehung nichtkonsensualer Rechtssätze – vergleichbar der im Rahmen des Völkergewohnheitsrechts anerkannten „Kristallisierungsfunktion" – zuzuerkennen ist. Internationale Organisationen können dem Willen der internationalen Gemeinschaft Ausdruck verleihen und damit zur Formung der *opinio iuris communis* beitragen.[25]

(3) Zivilgesellschaftliche Vertreter

Sofern man nicht ein sehr weites Verständnis von Recht zugrunde legt – wie insbesondere *Gunther Teubner* im Rahmen seines stark sozialwissenschaftlich beeinflussten Ansatzes[26] –, wird nur selten angenommen, dass Vertretern der Zivilgesellschaft, wie sie NGOs zumindest teilweise darstellen,[27] neben einer tatsächlichen Rolle im Rechtsentstehungsprozess auch eine normative Bedeutung zukommt. Die Bedeutung der zivilgesellschaftlichen Rechtsüberzeugung für völkerrechtliche Normen

---

[23] Siehe oben 5. Kap., A.

[24] Siehe oben 6. Kap., B. II. 1; C. I. 4.; E.

[25] Vgl. in dieser Hinsicht auch *Cançado Trindade* (Fn. 10), S. 246 ff.

[26] Siehe oben 3. Kap., E. IV.

[27] Dazu oben 5. Kap., D.

erscheint gegenwärtig noch sehr unscharf. Der Ansicht von NGOs eine konstitutive Wirkung im Rahmen der Entstehung des internationalen Gemeinschaftsrechts beizumessen, würde daher nicht dem derzeitigen Entwicklungsstand der internationalen Ordnung entsprechen. Sofern sich in der Zukunft Mechanismen herausbilden, über die die Zivilgesellschaft jenseits des staatlichen Verbandes ihren Willen bilden und artikulieren kann, werden aber auch diese Willensäußerungen als rechtlich erhebliche Auffassungen eines Teils der internationalen Gemeinschaft bei der Bildung internationalen Gemeinschaftsrechts zu berücksichtigen sein.

2. *Materielle Voraussetzungen*

a) Vorliegen eines Gemeinschaftsinteresses

Die Bindung eines Staates ohne oder gegen seinen Willen kommt nur aus Gründen eines die einzelstaatlichen Interessen überragenden Gemeinschaftsinteresses in Betracht. Damit ist das Vorliegen eines entsprechenden Gemeinschaftsinteresses zwingende materielle Voraussetzung einer Norm des internationalen Gemeinschaftsrechts. Die Definition und Identifikation eines Gemeinschaftsinteresses bereitet dabei Schwierigkeiten, und vieles spricht dafür, dass eine scharf konturierte Festlegung des Begriffs nicht möglich ist.[28] Auf der Grundlage des hier vertretenen Verständnisses lassen sich indes folgende Merkmale eines Gemeinschaftsinteresses aufzeigen: *Erstens* sind Gemeinschaftsinteressen von Staateninteressen abzugrenzen.[29] Ein Gemeinschaftsinteresse stellt mehr dar als die Summe der einzelstaatlichen Interessen, und es existiert unabhängig von einzelnen staatlichen Interessen. Nichtsdestotrotz stellen Gemeinschafts- und Staateninteressen keinen notwendigen Antagonismus dar: Eine Norm kann gleichzeitig gemeinschaftliche und einzelstaatliche Interessen verbürgen, wie insbesondere das Gewaltverbot zeigt, und die Verfolgung gemeinsamer Ziele kann auch im unmittelbaren Interesse einzelner Staaten liegen. *Zweitens* weisen Gemeinschaftsinteressen regelmäßig eine „humane“ Dimension auf.[30] Sie spiegeln Werte und Interessen wider, die nicht nur in der Staatengemeinschaft,

---

[28] So auch *André de Hoogh*, Obligations Erga Omnes and International Crimes, 1996, S. 45; *Ziemer* (Fn. 18), S. 266.

[29] Dazu bereits oben 4. Kap., C. I.

[30] Dazu bereits oben 4. Kap., C. IV.

sondern auch in der Weltbevölkerung geteilt werden. *Drittens* existieren Gemeinschaftsinteressen nicht etwa als dem internationalen System vorgelagerter Bestand von Werten. Ein solcher naturrechtlicher Ansatz könnte schon aufgrund des weltweiten Pluralismus nicht überzeugen. Gemeinschaftsinteressen entstehen vielmehr – jenseits jeder metaphysischen Letztbegründung – mit der Anerkennung durch die internationale Gemeinschaft. Gemeinschaftsinteressen sind daher formal beziehungsweise prozedural zu definieren.[31]

Damit bedarf die Entstehung einer Norm des internationalen Gemeinschaftsrechts einer „doppelten Akzeptanz“[32] durch die internationale Gemeinschaft. Die internationale Gemeinschaft muss ein außerrechtliches Allgemeininteresse anerkennen, das eine nicht-konsensuale Rechtsetzung im Grundsatz rechtfertigen kann (materielle Voraussetzung). Dann muss sie eine konkrete rechtliche Norm, die der Verfolgung dieses Gemeinschaftsinteresses dient, anerkennen (formelle Voraussetzung).

b) Berücksichtigung legitimer Partikularinteressen

Nicht-konsensuale Rechtsetzung kann im Völkerrecht nur die Ausnahme darstellen. Die Interessen derjenigen Staaten, die an eine Norm des internationalen Gemeinschaftsrechts gegen ihren Willen gebunden werden sollen, sind daher bereits auf der tatbestandlichen Ebene der Entstehungsvoraussetzungen einer solchen Norm zu berücksichtigen. Zwar entspricht es nicht dem Entwicklungsstand der internationalen Gemeinschaft, dass ein einzelner Staat sich unter Berufung auf seine Eigeninteressen dem Willen der überragenden Mehrheit entziehen kann. Gemeinschaftliche Normsetzung darf aber nicht übermäßig zu Lasten legitimer Partikularinteressen einzelner Staaten gehen.

Den normativen Anknüpfungspunkt für eine Auflösung dieses Spannungsverhältnisses bildet das Souveränitätsprinzip. Unabhängig davon, wie man Souveränität im modernen Völkerrecht versteht, stellt die Anerkennung von Normsetzung ohne oder gegen den Willen eines Staates einen Eingriff in dessen Souveränität dar. Da Souveränität aber heute nach allgemeiner Auffassung nicht als rechtlich ungebunden angesehen

[31] Dazu bereits oben 4. Kap., C. I. und II.

[32] Vgl. insofern auch *Ziemer* (Fn. 18), S. 274.

wird, sondern eine Unterordnung unter das Völkerrecht beinhaltet,[33] ist dieser Eingriff grundsätzlich gerechtfertigt: Denn die Möglichkeit nicht-konsensualer Rechtsetzung ergibt sich nach der hier vertretenen Auffassung unmittelbar aus dem Völkerrecht. Damit verändert sich die abwehrrechtliche Dimension der Souveränität, sie entfaltet nicht nur Wirkungen im horizontalen Verhältnis gegenüber anderen Staaten, sondern auch vertikal im subordinationsrechtlichen Verhältnis zur internationalen Gemeinschaft.

Ein Kernbereich staatlicher Selbstbestimmung muss daher dem Zugriff der internationalen Gemeinschaft entzogen bleiben. Zwar ist dem Willen der internationalen Gemeinschaft nach der hier vertretenen Konzeption generell der Vorrang vor einzelstaatlichen Interessen einzuräumen, wenn hochrangige Gemeinschaftsinteressen verfolgt werden. Dennoch kann sich die Setzung eines universell verbindlichen Rechtsaktes als unzulässig darstellen, wenn damit eine übermäßige Beeinträchtigung der legitimen Interessen eines einzelnen Staates verbunden ist.

3. Ergebnis

In formeller Hinsicht verlangt die Entstehung einer Norm des internationalen Gemeinschaftsrechts die Zustimmung oder zumindest die stillschweigende Akzeptanz durch die überwältigende Mehrheit der internationalen Gemeinschaft. Dabei ist vorrangig auf Staaten abzustellen, doch auch die Ansichten repräsentativer internationaler Organisationen sind heranzuziehen. Dieser Vorgang der Akzeptanz findet nicht in einem formalisierten Prozess statt, sondern vollzieht sich im Rahmen der gesamten zwischenstaatlichen Kooperation. In materieller Hinsicht setzt eine Norm des internationalen Gemeinschaftsrechts das Bestehen eines von der internationalen Gemeinschaft anerkannten Allgemeininteresses voraus, dessen Realisierung und Schutz die Norm dient. Schließlich darf gemeinschaftsrechtliche Rechtsetzung nicht zu einem unzumutbaren Eingriff in die Souveränität eines widersprechenden Staates führen.

---

[33] Statt aller *Kay Hailbronner*, Der Staat und der Einzelne als Völkerrechtssubjekte, in: Wolfgang Graf Vitzthum (Hrsg.), Völkerrecht, 4. Aufl. 2007, S. 157 (189).

II. Die Feststellung einer Norm des internationalen Gemeinschaftsrechts

Das hier entwickelte Konzept des internationalen Gemeinschaftsrechts findet zwar eine Stütze in der Völkerrechtswirklichkeit, nicht aber im positiv normierten Recht. Da dieser Rechtsetzungsmechanismus nicht offen anerkannt wird, fällt es schwer, den Voraussetzungen der Normentstehung scharfe Konturen zu geben. Weder können konkrete Mehrheitsverhältnisse angegeben werden, bei deren Vorliegen von einer Akzeptanz durch die internationale Gemeinschaft gesprochen werden kann, noch stellt sich der Begriff des Gemeinschaftsinteresses als unmittelbar subsumtionsfähig dar. Darüber hinaus handelt es sich um ungeschriebene Normen, so dass der Feststellung, ob eine entsprechende Norm existiert, maßgebliche Bedeutung zukommt.

1. Institutionelle Indikatoren

a) Entschließungen internationaler Organisationen

Der Wille der internationalen Gemeinschaft kommt vorrangig im Rahmen internationaler Organisationen zum Ausdruck. Entschließungen internationaler Organisationen haben damit für das hier entwickelte Konzept eine doppelte konstitutive Bedeutung: zum einen bei der Formulierung von Gemeinschaftsinteressen, die eine materielle Voraussetzung des internationalen Gemeinschaftsrechts darstellen, zum anderen im Hinblick auf die formelle Voraussetzung der Annahme einer Norm des internationalen Gemeinschaftsrechts durch die internationale Gemeinschaft. Darüber hinaus können Entschließungen internationaler Organisationen nicht nur auf das Vorliegen dieser beiden konstitutiven Voraussetzungen schließen lassen, sondern sie können selbst als Ausdruck einer Rechtsansicht dahingehend, dass eine konkrete Norm des internationalen Gemeinschaftsrechts besteht oder nicht besteht, verstanden werden. Zum derzeitigen Entwicklungsstand des internationalen Systems erscheint weiterhin die Generalversammlung der Vereinten Nationen als aussagekräftigstes Organ.

b) Multilaterale Konferenzen und „World Summits"

Einen weiteren wesentlichen Ansatzpunkt für den Willen der internationalen Gemeinschaft zur Setzung einer universell verbindlichen Norm im Allgemeininteresse stellen multilaterale Konferenzen dar. Schon die

Einberufung einer solchen Konferenz deutet darauf hin, dass die entsprechende Sachmaterie eine Angelegenheit von allgemeinem Interesse darstellt. Auch steht die Teilnahme an den Konferenzen grundsätzlich jedem Staat offen. Ausgehandelte Vertragstexte werden regelmäßig einen Kompromiss der widerstreitenden Interessen darstellen, selbst wenn nicht alle teilnehmenden Staaten am Ende das entsprechende Resultat unterzeichnen und ratifizieren werden. Nichtsdestotrotz lassen die Vertragsverhandlungen regelmäßig erkennen, dass zumindest im Hinblick auf einzelne Normierungen ein weitgehender Konsens besteht. Die universelle Akzeptanz eines Vertrages scheitert regelmäßig nicht, weil einzelne Staaten den Vertrag als Ganzes ablehnen, sondern aus Uneinigkeit über einzelne Regelungen. Daher liegt es auf der Grundlage des hier vertretenen Konzepts nahe, diejenigen Normen, hinsichtlich derer ein breiter Konsens erkennbar ist und die ohne inhaltliche Verfälschung aus dem Kontext des Gesamtvertrages gelöst werden können, über die Rechtsfigur des internationalen Gemeinschaftsrechts als universell verbindliches Recht anzuerkennen. Und auch Konferenzen, die nicht zu einer Verabschiedung eines Vertrages führen, haben rechtliche Bedeutung: Auch rechtlich unverbindliche Beschlüsse enthalten oftmals Bekundungen hinsichtlich der Existenz gemeinsamer Interessen und Probleme und zeigen auf, welche Maßnahmen von der internationalen Gemeinschaft als wünschenswert erachtet werden.[34] Daher dienen sie als Indiz für die Akzeptanz eines Gemeinschaftsinteresses als materielles Element der Rechtsentstehung.

---

[34] Siehe hierzu nur *Christian Tomuschat*, The Concluding Documents of World Order Conferences, in: Jerzy Makarczyk (ed.), Theory of International Law at the Threshold of the 21st Century, Essays in Honour of Krzystof Skubiszewski, 1996, S. 563; *Antônio Augusto Cançado Trindade*, International Law for Humankind: Towards a New Jus Gentium (II), RdC 317 (2005), S. 9 (247 ff.).

2. *Bedeutung der internationalen Judikative*

Die Feststellung ungeschriebenen Rechts verlangt nach unabhängigen Entscheidungsinstanzen, so dass sich die Frage nach den Möglichkeiten gerichtsförmiger Entscheidungen stellt. In diesem Kontext ist die zunehmende Herausbildung einer internationalen Judikative, bestehend aus internationalen und nationalen Gerichten, von Bedeutung.[35]

a) Der Internationale Gerichtshof

Für die gerichtliche Feststellung des internationalen Gemeinschaftsrechts kommt primär der Internationale Gerichtshof als Hauptrechtsprechungsorgan der Vereinten Nationen (Art. 92 Satz 1 UN-Charta) in Betracht. Da der Gerichtshof nach Art. 38 Abs. 1 IGH-Statut angewiesen ist, „die ihm unterbreiteten Streitigkeiten nach dem Völkerrecht zu entscheiden", kann er inzident Bestehen und Inhalt einer Norm des internationalen Gemeinschaftsrechts feststellen. Die Enumeration der vom IGH anzuwendenden Völkerrechtsquellen nach Art. 38 Abs. 1 *lit.* a) bis c) IGH-Statut steht dem nicht entgegen, da diese nicht abschließend ist und der IGH selbst sich nicht auf die Quellentrias beschränkt.[36] Eine entsprechende Feststellung durch den IGH hätte nach Art. 94 Abs. 1 UN-Charta, Art. 59 IGH-Statut zunächst nur Bindungswirkung für die Parteien des gerichtlichen Verfahrens. In der Völkerrechtswirklichkeit prägen Ausführungen des IGH zu Existenz und Inhalt völkerrechtlicher Normen jedoch die nachfolgende Staatenpraxis, werden vom Schrifttum sowie nationalen Gerichten[37] rezipiert und können den Anstoß für völkerrechtliche Entwicklungen[38] geben.[39] Der IGH könnte daher die

---

[35] Zu dieser Entwicklung statt vieler *Yuval Shany*, No Longer a Weak Department of Power? Reflections on the Emergence of a New International Judiciary, EJIL 20 (2009), S. 73 ff.

[36] In *Corfu Channel Case*, ICJ Reports 1949, S. 4 (22) leitet der Gerichtshof rechtliche Wirkungen aus den „elementary considerations of humanity" ab, und in *Reservations to the Convention on Genocide*, Advisory Opinion, ICJ Reports 1951, S. 15 (23) nimmt er eine rechtliche Bindung von Staaten ohne „conventional obligation" an.

[37] Siehe aus der Rechtsprechung des Bundesverfassungsgerichts beispielsweise BVerfGE 46, 342 (389); 59, 63 (92, 94); 63, 343 (361); 77, 137 (163); 96, 68 (83, 88); BVerfGK 9, 174.

[38] *Eckart Klein*, Genocide Convention (Advisory Opinion), in: Rudolf Bernhardt (ed.), EPIL II, 1995, S. 544 (546); *Tullio Treves*, Judicial Lawmaking in an Era of „Proliferation" of International Courts and Tribunals: Develop-

mit der Rechtsfigur des internationalen Gemeinschaftsrechts verbundenen Unsicherheiten abschwächen, indem er einzelne Normen feststellt und konkretere Kriterien für die Entstehung herausarbeitet. Angesichts der rechtlichen und politischen Restriktionen, denen der IGH unterliegt, könnte er indes *de lege lata* allenfalls punktuell zur Festigung und Konkretisierung des Rechtskonzepts beitragen.

b) Entstehung und Bedeutung der internationalen Fachgerichtsbarkeit

Im modernen Völkerrecht entwickeln sich zudem zögerliche Ansätze einer internationalen Fachgerichtsbarkeit. Für zwischenstaatliche Streitigkeiten stehen insbesondere der Internationale Seegerichtshof[40] sowie die WTO-Streitbeilegungsinstanzen[41] zur Verfügung, und im Völkerstrafrecht erlangt neben den *ad hoc*-Tribunalen der Internationale Strafgerichtshof Bedeutung. Bei diesen Gerichten steht zwar die Streitbeilegung im konkreten Einzelfall im Vordergrund, ihnen kommt aber darüber hinaus Bedeutung für die Fortentwicklung des Völkerrechts zu. Sie treffen zudem nicht nur Entscheidungen in ihrer „eigenen" Rechtsmaterie.[42] Insbesondere im Rahmen des WTO-Rechts wird die Interde-

---

ment or Fragmentation of International Law?, in: Rüdiger Wolfrum/Volker Röben (eds.), Developments of International Law in Treaty Making, 2005, S. 587 (588); *Fitzmaurice* (Fn. 11), S. 170 f.

[39] Dieser hohen Autorität des IGH korrespondiert die Anerkennung einer „normativen Leitfunktion" seiner Entscheidungen im Verfassungsrecht, siehe dazu BVerfGK 9, 174; ausführlich *Mehrdad Payandeh*, Die verfassungsrechtliche Stärkung der internationalen Gerichtsbarkeit: Zur Bindung deutscher Gerichte an Entscheidungen des Internationalen Gerichtshofs, AVR 45 (2007), S. 244 ff.

[40] Das Statut des Internationalen Seegerichtshofes ist in Anlage VI zum Seerechtsübereinkommen enthalten und damit gemäß Art. 318 SRÜ Bestandteil des Übereinkommens; für einen Überblick *Tullio Treves*, The Law of the Sea Tribunal: Its Status and Scope of Jurisdiction after November 16, 1994, ZaöRV 55 (1995), S. 421 ff.

[41] Das *Dispute Settlement Understanding* bildet Annex 2 zum WTO-Übereinkommen; zum gerichtsähnlichen Charakter *Heiko Sauer*, Jurisdiktionskonflikte in Mehrebenensystemen, 2008, S. 224 ff.

[42] Zu eng daher *Treves* (Fn. 38), S. 590; wie hier *Erika de Wet*, The International Constitutional Order, ICLQ 55 (2006), S. 51 (67 ff.); siehe auch *Bruno Simma*, Universality of International Law from the Perspective of a Practitioner, EJIL 20 (2009), S. 265 (278 f.).

pendenz der Sachmaterien, die sich rechtlich in einer Überschneidung der völkerrechtlichen Ordnungen widerspiegelt, deutlich: Wirtschaftsvölkerrechtliche Sachverhalte berühren regelmäßig sozial-, umwelt- oder menschenrechtliche Regelungsbereiche, so dass die WTO-Gerichtsbarkeit schon mehrfach über Auslegung und Bedeutung WTO-fremden Rechts zu entscheiden hatte.[43] Und auch das UN-Kriegsverbrechertribunal für das ehemalige Jugoslawien musste sich mit Fragen des Kriegsvölkerrechts befassen.[44] Auch auf diesem Wege eröffnet sich die Möglichkeit, dass Normen des internationalen Gemeinschaftsrechts in gerichtsförmigen Prozessen festgestellt werden können. Entsprechende Entscheidungen nehmen Anteil an der Autorität, die internationalen gerichtlichen Instanzen als unabhängigen Foren der Rechtsfindung zukommt.

c) Regionale und nationale Gerichte

Obwohl regionale und innerstaatliche Gerichte formal betrachtet nur verbindliche Entscheidungen innerhalb ihres jeweiligen Rechtsregimes treffen können, findet eine zunehmende Verzahnung der Rechtsordnungen und Gerichte statt. Nationale Gerichte prüfen inzident die Vereinbarkeit nationalen Rechts mit europäischem Gemeinschaftsrecht und werden damit zu „Gemeinschaftsrichtern im funktionalen Sinne",[45] im Rahmen menschenrechtlicher und völkerstrafrechtlicher Sachverhalte können sie Bedeutung erlangen,[46] und der EuGH greift auf die EMRK zurück, um die ungeschriebenen Gemeinschaftsgrundrechte herzuleiten.[47] Diese Beispiele zeigen, dass sich auch außerhalb eines Rechtsre-

---

[43] Überblick bei *Jan Neumann*, Die Koordination des WTO-Rechts mit anderen völkerrechtlichen Ordnungen, 2002, S. 57 sowie S. 514 ff.

[44] ICTY, *Prosecutor v. Dusko Tadić, Appeals Chamber*, Urteil vom 15.7.1999, Case No. IT-94-1-A, ILM 38 (1999), S. 1518 (1540 ff.); kritisch *Karin Oellers-Frahm*, Multiplication of International Courts and Tribunals and Conflicting Jurisdiction, MPYUNL 5 (2001), S. 67 (79 f.); zum Ganzen auch *Simma* (Fn. 42), S. 279 f.

[45] *Bernhard W. Wegener*, in: Christian Calliess/Matthias Ruffert (Hrsg.), EUV/EGV, 3. Aufl. 2007, Art. 234 EG, Rn. 1.

[46] Siehe hierzu *de Wet* (Fn. 42), S. 69 ff.

[47] EuGH, Urteil vom 22.10.2000, Rs. C-94/00, *Roquette Frères*, Slg. 2002, S. I-9011, Ziff. 29, siehe auch das Bekenntnis zur EMRK in Art. 6 Abs. 2 EU; zum Ganzen *Christian Calliess/Thorsten Kingreen*, in: Christian Calliess/Matthias Ruffert (Hrsg.), EUV/EGV, 3. Aufl. 2007, Art. 6 EU, Rn. 31 ff.

gimes stehende Gerichte inhaltlich mit diesem auseinandersetzen und zur Entwicklung des gemeinschaftsrechtlichen *corpus iuris* beitragen können.[48] Zu einer echten Weiterentwicklung des Rechts wird es in diesen Fällen allerdings selten kommen, und die gegenseitige Rezeption von Gerichten unterschiedlicher Rechtsebenen stellt immer noch die Ausnahme dar. Nichtsdestotrotz spielt die Anwendung völkerrechtlicher Regeln vor nationalen und regionalen Gerichten eine immer größere Rolle.[49] Mit diesem generellen Bedeutungszuwachs steigt auch der Einfluss dieser Gerichte auf die Identifikation und Interpretation völkerrechtlicher Normen.

d) Perspektiven *de lege ferenda*

Autoritative gerichtliche Entscheidungen über das internationale Gemeinschaftsrecht erscheinen wünschenswert, um konkrete Normgehalte zu identifizieren und um die allgemeinen Entstehungsvoraussetzungen internationalen Gemeinschaftsrechts weiter zu konkretisieren. Gleichwohl kann die internationale Gerichtsbarkeit auf ihrem derzeitigen Entwicklungsstand nicht in umfassender Weise über internationales Gemeinschaftsrecht judizieren. Allenfalls punktuell hätten internationale Gerichte die Möglichkeit, im Rahmen konkreter Streitigkeiten über die nicht-konsensuale Setzung von Recht zu entscheiden. Zudem steht angesichts der Progressivität dieses Ansatzes und der kontinuierlichen Betonung der Staaten, dass sie eine Bindung ohne oder gegen ihren Willen nicht akzeptieren, nicht zu vermuten, dass die Gerichte in absehbarer Zeit den hier aufgezeigten Weg gehen und nicht-konsensuale Rechtsetzung offen anerkennen werden. Nicht-konsensuale Rechtsetzung wird wohl weiterhin kaschiert im Rahmen der herkömmlichen Rechtsquellen stattfinden. Nichtsdestotrotz stellt sich die Frage, wie die internationale Gerichtsbarkeit *de lege ferenda* stärker in den Rechtsetzungsprozess einbezogen werden könnte. Als tauglicher Anknüpfungspunkt fungiert dabei vorrangig der IGH als wichtigstes Rechtsprechungsorgan der internationalen Gemeinschaft mit einer prinzipiell unbeschränkten Jurisdiktion *ratione materiae*.

---

[48] Hierzu insbesondere *Cançado Trindade* (Fn. 10), S. 160.

[49] Statt vieler *Shany* (Fn. 35), S. 75 f.; *Simma* (Fn. 42), S. 271; *Klaus Ferdinand Gärditz*, Die Legitimation der Justiz zur Völkerrechtsfortbildung, Der Staat 47 (2008), S. 381 (383).

Den Entscheidungen des IGH konstitutive Wirkung für die Existenz einer Norm des internationalen Gemeinschaftsrechts beizumessen, erscheint dabei wenig sinnvoll. Ein solcher Ansatz würde dem IGH eine politische Rolle zuordnen, die er nicht erfüllen könnte, zudem besteht die Funktion der Rechtsprechung darin, Streitigkeiten über das bestehende Recht zu entscheiden, nicht aber darin – vom Grenzbereich der Rechtsfortbildung einmal abgesehen –, das Recht zur Entstehung zu bringen.

Vielversprechender erscheint die Einführung einer obligatorischen internationalen Gerichtsbarkeit im Hinblick auf die Feststellung der Existenz beziehungsweise des Inhalts einer Norm des internationalen Gemeinschaftsrechts. Indes zeigt die Völkerrechtswirklichkeit, dass selbst die Unterwerfung unter die obligatorische Zuständigkeit des IGH beschränkt auf einzelne völkerrechtliche Verträge oder einzelne vertragliche Bestandteile nur zögerlich erfolgt und ihr Gebrauch in der Praxis nur gering ist.

Misst man dem Vorhaben, eine obligatorische Zuständigkeit des IGH für Streitigkeiten um internationales Gemeinschaftsrecht zu begründen, keine Aussicht auf Erfolg zu, so bietet es sich an, zumindest die Letztentscheidungskompetenz des IGH hinsichtlich des Bestehens sowie des Inhalts einzelner Normen des internationalen Gemeinschaftsrechts rechtlich festzulegen. Trotz der rechtlichen sowie faktischen Autorität des IGH hat dieser *de lege lata* keine umfassende Kompetenz zur letztverbindlichen Feststellung und Auslegung des Völkerrechts. Diese obliegt grundsätzlich den Staaten im Rahmen ihrer zwischenstaatlichen Beziehungen, und es steht nicht zu vermuten, dass diese eine umfassende Letztentscheidungskompetenz des IGH akzeptieren würden. Im Hinblick auf das internationale Gemeinschaftsrecht – so diese Form der nicht-konsensualen Rechtsetzung denn offen anerkannt würde – stellt sich die Situation jedoch anders dar. Zum einen handelt es sich um einen eng begrenzten Anwendungsbereich von Rechtsnormen: Die nichtkonsensuale Entstehung von Normen wird auf absehbare Zeit den Ausnahmefall der völkerrechtlichen Rechtsetzung darstellen. Zudem handelt es sich um ein Rechtsetzungsverfahren, das nicht vollständig in den Händen der Staaten liegt. Es ist ein gemeinschaftliches Rechtsetzungsverfahren, das mehr mit dem Prozess der Sekundärrechtsetzung in internationalen Organisationen gemein hat als mit den horizontal strukturierten Rechtserzeugungsmechanismen des Art. 38 Abs. 1 IGH-Statut. Daher liegt es in diesem Fall nahe, die Feststellung und Auslegung dieser Normkategorie in einer überstaatlichen Instanz zu zentralisieren.

3. *Ergebnis*

Institutionelle Indikatoren sind zur Feststellung des internationalen Gemeinschaftsrechts heranzuziehen, besondere Bedeutung kommt der internationalen Gerichtsbarkeit und insbesondere dem IGH zu. Auf der Grundlage des geltenden Rechts ist die internationale Judikative jedoch nur bedingt dazu in der Lage, über Bestehen und Inhalt von Gemeinschaftsrecht zu entscheiden. Möglichkeiten *de lege ferenda* könnten dieses Defizit beheben, ihre Verwirklichung erscheint jedoch vor dem Hintergrund der generellen Zurückhaltung der Staaten gegenüber überstaatlichen Gerichten sowie gegenüber der offenen Anerkennung der Möglichkeit nicht-konsensualer Rechtsetzung fraglich.

III. Rechtsfolgen

Rechtsfolge des hier skizzierten Rechtserzeugungsprozesses ist die Entstehung einer Norm des internationalen Gemeinschaftsrechts. Diese Norm bindet alle Staaten, unabhängig davon, ob sie ihrer Entstehung zugestimmt haben. Auch der ausdrückliche und beharrliche Widerspruch im Sinne einer *persistent objection* steht der Bindung nicht entgegen. Damit kann eine Vielzahl der im sechsten Kapitel dargestellten Entwicklungen erklärt werden: Erkennt die internationale Gemeinschaft eine vertragliche Norm als derart wesentlich für die Verwirklichung von Allgemeininteressen an, dass sie eine Bindung aller Staaten als notwendig erachtet, dann bindet diese vertragliche Norm alle Staaten. Der normative Anknüpfungspunkt für die Bindungswirkung liegt dann nicht im Vertragsrecht, sondern im internationalen Gemeinschaftsrecht. Die Dogmatik des Vertragsrechts und die Grundregel *pacta tertiis nec nocent nec prosunt* bleiben unangetastet. Erhebt ein Vertragsstaat einen Vorbehalt gegen eine derartige vertragliche Norm, so kann der Vorbehalt zwar vertragsrechtlich wirksam werden, die Bindung des Staates ergibt sich jedoch aus dem internationalen Gemeinschaftsrecht. Auf diese Weise kann eine Bindung an vertragsrechtliche Vorschriften auch dann erfolgen, wenn diese die Etablierung institutioneller Überwachungsgremien vorsehen oder eine gänzlich neue Regelung enthalten. Dies war bislang über den „Umweg" des Völkergewohnheitsrechts nicht in dogmatisch überzeugender Weise zu erreichen. Auch eine einseitige Beendigung völkerrechtlicher Verträge mag vertragsrechtlich zulässig sein. Ist die entsprechende Norm aber zwischenzeitlich zu internationalem Gemeinschaftsrecht erstarkt, so berührt die Beendigung des Vertrages die Bindung des Staates an die Norm nicht. Insofern überschneidet sich das hier entwickelte Konzept mit den Wirkungen des *ius cogens*, wobei der Bestand von Normen des internationalen Gemeinschaftsrechts nicht unbedingt mit dem des zwingenden Völkerrechts übereinstimmen muss. Und auch die automatische Staatennachfolge in vertragliche Normen von fundamentaler Bedeutung lässt sich mit der Rechtsfigur des internationalen Gemeinschaftsrechts herbeiführen. Das internationale Gemeinschaftsrecht stellt damit einen Denkansatz dar, der die in der Völkerrechtswirklichkeit vorkommende Rechtsbindung ohne oder gegen den Willen eines Völkerrechtssubjekts dogmatisch erklären kann.

IV. Anwendungsbeispiel: Die universelle Geltung der Wiener Vertragsrechtskonvention

Die praktische Tauglichkeit des hier entwickelten Modells soll anhand eines Anwendungsbeispiels überprüft werden: der universellen Gültigkeit der Wiener Vertragsrechtskonvention.[50] Wie bereits dargelegt wird die WVK in der Realität des Völkerrechts weitgehend als universell gültiges Recht behandelt, obwohl bei weitem nicht alle Staaten Vertragspartei sind. Den dogmatischen Anknüpfungspunkt der universellen Geltung stellt nach herrschender Auffassung das Völkergewohnheitsrecht dar. Bedenken gegenüber dieser Ansicht bestehen jedoch dahingehend, dass eine Überprüfung, ob tatsächlich sämtliche Vorschriften der WVK in hinreichender von Rechtsüberzeugung getragener Staatenpraxis bestätigt worden sind und keine *persistent objection* vorliegt, nicht stattfindet und eine solche wohl auch nicht vollends positiv ausfallen würde. Es stellt sich daher die Frage, ob das internationale Gemeinschaftsrecht die universelle Geltung der WVK begründen kann.

1. Formelle Voraussetzungen

Die WVK entstand im Rahmen einer multilateralen Vertragskonferenz, die jedem Staat offen stand. Und die WVK ist auch von der internationalen Gemeinschaft als Ganzes angenommen worden. Neben der Annahme des Vertragstextes durch die Vertragskonferenz haben viele Staaten ihre Akzeptanz durch Unterzeichung und Ratifikation des Vertrages zum Ausdruck gebracht. Bedeutsamer ist jedoch, dass die Regelungen

---

[50] Dazu oben 6. Kap., C. I. 5. b) aa).

der WVK seither von nahezu allen Staaten den zwischenstaatlichen völkervertraglichen Beziehungen zugrunde gelegt werden. Kein Staat bestreitet die grundsätzliche Anwendbarkeit der in der WVK inkorporierten Bestimmungen. Rechtsprechung und Schrifttum legen diese bei der Beurteilung völkerrechtlicher Verträge wie selbstverständlich zugrunde, ohne dass Widerspruch aus der Staatenwelt erfolgen würde. Dass einzelne Staaten gegen einzelne Vorschriften protestieren – wie beispielsweise Frankreich lange Zeit gegen die Regelungen des zwingenden Völkerrechts –, ist nach der hier vertretenen Konzeption unbeachtlich, da es sich um vereinzelte Stimmen handelt, die der generellen Akzeptanz durch die internationale Gemeinschaft nicht entgegenstehen. Die formellen Voraussetzungen der Entstehung internationalen Gemeinschaftsrechts liegen damit vor.

2. Materielle Voraussetzungen

In materieller Hinsicht setzt das internationale Gemeinschaftsrecht das Bestehen eines wesentlichen Gemeinschaftsinteresses voraus. Die WVK dient der rechtlichen Reglementierung der zwischenstaatlichen rechtsgeschäftlichen Beziehungen. Diese stellen für sich genommen einen wesentlichen Gemeinschaftswert dar, insbesondere hat die internationale Gemeinschaft ein grundlegendes Interesse daran, dass sich die vertraglichen Beziehungen zwischen den Staaten nach einem möglichst einheitlichen Rechtsregime bemessen. Denn die Normentstehungsregeln zählen zu den notwendigen Voraussetzungen eines jeden Rechtssystems.

Auch sind keine überragenden legitimen Partikularinteressen einzelner Staaten ersichtlich. Alle Staaten hatten die Möglichkeit, ihre Interessen in den Prozess der Rechtsentstehung einzubringen. Die Normen der WVK sind ideologisch wertfrei und bevorzugen keinen Staat und keine Staatengruppe in illegitimer Weise. Sie berühren auch nicht die Kerninteressen einzelner Staaten, da sie formeller Natur sind und nur die Rahmenbedingungen der zwischenstaatlichen Beziehungen normieren. Sie ermöglichen vielmehr jedem einzelnen Staat die Teilnahme am internationalen Rechtsverkehr. Legitime einzelstaatliche Interessen werden durch die Anerkennung universeller Verbindlichkeit der WVK nicht verletzt.

3. Ergebnis

Auch wenn man im Einzelnen darüber streiten mag, ob der hier aufgezeigte Weg, der WVK zu universeller Verbindlichkeit zu verhelfen, tatsächlich für jede einzelne Vorschrift der Konvention zutreffend ist; das internationale Gemeinschaftsrecht stellt eine Möglichkeit dar, die grundlegenden Vorschriften der völkervertraglichen Beziehungen von der vertragsrechtlichen Grundlage zu lösen und in universell gültiges Recht zu überführen – auch in Fällen, in denen ihre gewohnheitsrechtliche Geltung nicht nachgewiesen werden kann.

V. Ergebnis und Normierungsvorschlag

Die hier vertretene Konzeption ermöglicht es, ungeschriebene völkerrechtliche Normen herzuleiten, die unabhängig vom Willen des einzelnen Staates entstehen und diesen binden. Internationales Gemeinschaftsrecht ist der Versuch, einen nicht-konsensualen Rechtsentstehungsprozess, der in der Völkerrechtswirklichkeit stattfindet, dogmatisch zu begründen und auf eine legitimierende Grundlage zu stellen. Damit können die traditionellen Rechtsquellen des Art. 38 Abs. 1 IGH-Statut von nicht-konsensualen Elementen „befreit" werden und in ihrer herkömmlichen konsensorientierten Konzeption zur Anwendung gelangen.

Auch wenn die völkerrechtliche Praxis die Möglichkeit nicht-konsensualer Rechtserzeugung nicht offen anerkennt, behält das hier entwickelte Modell seine Berechtigung und praktische Relevanz. Denn indem der hinter der nicht-konsensualen Rechtsetzung stattfindende Mechanismus aufgezeigt und allgemeine Kriterien für die nicht-konsensuale Entstehung einer Norm entwickelt wurden, lassen sich diese auch auf Fälle übertragen, in denen die Praxis die nicht-konsensuale Normsetzung nicht offen anerkennt, sondern in den überkommenen Rechtsquellen kaschiert, wie das Beispiel der universellen Gültigkeit der WVK zeigt. Der Rechtsanwender hat damit ein Instrument an der Hand, mit dem er überprüfen kann, ob ein in der Praxis behaupteter Fall der Bindung einzelner Staaten gegen ihren Willen legitim und völkerrechtlich zulässig ist.

Selbst wenn ein Normierungsvorschlag in Anbetracht der unwahrscheinlichen allgemeinen Akzeptanz der hier vertretenen Konzeption kaum realisierbar erscheint, soll dennoch ein entsprechender Versuch unternommen werden. Denn die Normierung spiegelt nach hier vertretener Auffassung einen *de lege lata* existierenden Entstehungsmechanismus wider. Der Normierungsvorschlag hat daher die Funktion, eine subsumierbare Grundlage für die Entstehung internationalen Gemeinschaftsrechts aufzustellen. Die Voraussetzungen und Rechtsfolgen einer Norm des internationalen Gemeinschaftsrechts ließen sich etwa wie folgt normieren:

Art. X Internationales Gemeinschaftsrecht

(1) Eine Norm des internationalen Gemeinschaftsrechts entsteht, wenn die internationale Gemeinschaft als Ganze einen entsprechenden Rechtssatz als universell verbindlich anerkennt.

(2) Eine Norm des internationalen Gemeinschaftsrechts entsteht nur, soweit dies zur Verwirklichung eines anerkannten Interesses der internationalen Gemeinschaft erforderlich ist und keine legitimen Partikularinteressen einzelner Staaten verletzt werden.

(3) Eine Norm des internationalen Gemeinschaftsrechts bindet jeden Staat unabhängig davon, ob er der Entstehung der Norm zugestimmt hat oder nicht.

(4) Eine Entscheidung des Internationalen Gerichtshofes hinsichtlich des Vorliegens der Voraussetzungen der Absätze 1 und 2 bindet alle Staaten.

D. Ansätze einer rechtstheoretischen Zuordnung des internationalen Gemeinschaftsrechts

I. Theorie des Völkerrechts

Da die grundsätzliche Rechtsqualität des Völkerrechts heutzutage kaum mehr bestritten wird, scheint eine Auseinandersetzung mit der rechtstheoretischen Begründung auf den ersten Blick von bloß akademischer Bedeutung zu sein. Allerdings beeinflusst das zugrunde gelegte theoretische Modell die Dogmatik und Auslegung des Völkerrechts. Daher soll zumindest in Ansätzen aufgezeigt werden, ob und wie das hier vertretene Konzept eines internationalen Gemeinschaftsrechts sich mit den unterschiedlichen rechtstheoretischen Ansätzen zur Völkerrechtsordnung erklären lässt.[51] In stark vereinfachender Weise wird im Folgenden

---

[51] Überblick zu den Theorien bei *Knut Ipsen*, Regelungsbereich, Geschichte und Funktion des Völkerrechts, in: ders. (Hrsg.), Völkerrecht, 5. Aufl. 2004, S. 1 (7 ff.); *Fastenrath* (Fn. 10), S. 32 ff.; *Georg Dahm/Jost Delbrück/Rüdiger Wolfrum*, Völkerrecht, Bd. I/1, 2. Aufl. 1989, S. 34 ff.; *Henry J. Steiner*, Interna-

auf die Hauptströmungen in der völkerrechtlichen Theorie abgestellt und unterschieden zwischen naturrechtlichen Theorien, positivistischen Ansätzen und sozialwissenschaftlich geprägten Ansichten.

II. Naturrechtliche Theorien: *Veritas facit legem*?

1. Klassische naturrechtliche Theorien

Die naturrechtlichen Strömungen bilden die ältesten theoretischen Begründungsmodelle des Völkerrechts.[52] Klassische naturrechtliche Ansätze gehen davon aus, dass rechtliche Normen nicht von Menschen oder Staaten gesetzt werden, sondern unmittelbar der Natur, Gott, der Moral oder der Vernunft entspringen. Ungeachtet anderer Möglichkeiten der Kategorisierung lassen sich naturrechtliche Lehren danach differenzieren, ob sie von einem statischen Bestand naturrechtlicher Normen ausgehen oder ein variables, dynamisches Naturrecht entwerfen und damit von der Veränderbarkeit naturrechtlicher Normen ausgehen.[53] Ein statisches Naturrechtsverständnis ist dabei von vornherein ungeeignet, den hier aufgezeigten Rechtserzeugungsmechanismus zu erklären.[54] Das internationale Gemeinschaftsrecht baut zwar auf der Prämisse auf, dass es gemeinsame Interessen aller Mitglieder der internationalen Gemeinschaft gibt, die die Grundlage für Gemeinschaftsnormen bilden. Diese Interessen hängen aber von der sozialen und historischen Situation der internationalen Gemeinschaft ab. Das internationale Gemeinschaftsrecht beruht nicht auf einem festen Bestand ge-

---

tional Law, Doctrine and Schools of Thought in the Twentieth Century, in: Rudolf Bernhardt (ed.), EPIL, Vol. II, 1995, S. 1216 (1224 ff.); *William L. Morison*, The Schools Revisited, in: Ronald St. John MacDonald/Douglas M. Johnston (eds.), The Structure and Process of International Law, 1986, S. 131 ff.; *Stefan Kadelbach*, Zwingendes Völkerrecht, 1992, S. 130 ff.

[52] Ausführlich *Alfred Verdross/Heribert Franz Koeck*, Natural Law: The Tradition of Universal Reason and Authority, in: Ronald St. John MacDonald/Douglas M. Johnston (eds.), The Structure and Process of International Law, 1986, S. 17 ff.

[53] Zu dieser Unterscheidung *Heinrich Henkel*, Einführung in die Rechtsphilosophie, 2. Aufl. 1977, S. 507 f.; *Reinhold Zippelius*, Rechtsphilosophie, 4. Aufl. 2003, S. 92.

[54] Für eine Kritik statischer Naturrechtskonzeptionen *Henkel* (Fn. 53), S. 507 f.

meinsamer Werte, sondern passt sich den aktuellen Herausforderungen des internationalen Systems und dessen Entwicklungsstand an.

Doch auch innerhalb der klassischen Naturrechtslehren bieten sich Anknüpfungspunkte für eine Erklärung des hier vertretenen Modells. So besteht beispielsweise bei *Francisco de Vitoria* die Vorstellung einer natürlichen Völkergemeinschaft (*totus orbis*), die Recht auch gegen den Willen einzelner Mitglieder der Gemeinschaft setzen kann.[55] Bei *Christian Wolff* findet sich ein hierarchischer Stufenbau der Völkerrechtsnormen mit dem aus unabänderlichen Prinzipien bestehenden Naturrecht auf der obersten Stufe, gefolgt von dem *ius voluntarium* als dem durch die Völkergemeinschaft in Kraft gesetzten positiven Recht, das erst die Anwendbarkeit der aus dem Naturrecht abgeleiteten Normen begründet.[56] Die *civitas maxima* setzt im vom Naturrecht vorgegebenen Rahmen das voluntative Recht.[57] Die Parallele zwischen der *civitas maxima* und der in Art. 53 WVK mit beschränkter legislativer Gewalt ausgestatteten internationalen Gemeinschaft tritt deutlich zu Tage.[58]

2. *Moderne naturrechtlich geprägte Ansätze*

Der kaum zu leugnende Vorwurf, dass die naturrechtlichen Strömungen unüberprüfbare Wertestandards als objektiv geltendes Recht ausgeben, was angesichts des Pluralismus der heutigen Staatenwelt keine taugliche Grundlage universellen Rechts darstellen kann,[59] führt dazu, dass moderne[60] – man könnte auch sagen moderatere – naturrechtliche Ansätze

---

[55] *Francisco de Vitoria*, De potestate civili, 1528, Abs. 21 (zitiert nach Francisco de Vitoria, Über die staatliche Gewalt, eingeleitet und übersetzt von Robert Schnepf, 1992, S. 123 f.).

[56] *Christian Wolff*, Jus Gentium Methodo Scientifica Pertractatum, 1764, Prolegomena § 3 f. sowie § 22 (zitiert nach James Brown Scott (ed.), The Classics of International Law, Christian Wolff, Jus Gentium Methodo Scientifica Pertractatum, 1995, Vol. 2, S. 9 f. sowie S. 17 f.).

[57] *Wolff* (Fn. 56), Prolegomena § 13 ff. (S. 14 ff.)

[58] Dazu auch *Kadelbach* (Fn. 51), S. 134.

[59] Vgl. statt vieler *Ipsen* (Fn. 51), S. 11; *Matthias Herdegen*, Völkerrecht, 8. Aufl. 2009, S. 27 f.; *Dahm/Delbrück/Wolfrum* (Fn. 51), S. 39 f.; *Karl Doehring*, Völkerrecht, 2. Aufl. 2004, S. 8; siehe auch *Zippelius* (Fn. 53), S. 100.

[60] Zur Rückwendung zu naturrechtlichen Theorien und Begründungsansätzen in der Zeit nach den beiden Weltkriegen *Ulrich Scheuner*, Naturrechtliche Strömungen im heutigen Völkerrecht, ZaöRV 13 (1950/51), S. 556 ff.; *Wilhelm*

nicht die gesamte Rechtsordnung aus vorgegebenen Quellen ableiten, sondern vielmehr auf einen grundsätzlichen Sinnbezug des positiven Rechts zum jeweiligen naturrechtlichen Begründungsansatz abstellen.[61] Naturrechtliche Ansätze finden danach im modernen Völkerrecht zwei mögliche Anknüpfungspunkte: Zum einen kann Naturrecht in einer negativen Funktion dazu dienen, die Rechtsgeltung einzelner Normen oder Normkategorien auszuschließen, wenn diese grundlegenden naturrechtlichen Postulaten wie beispielsweise der Gerechtigkeit zuwiderlaufen.[62] Zum anderen lassen sich zahlreiche Entwicklungen des modernen Völkerrechts, wie insbesondere das *ius cogens*, zumindest partiell als positiv-rechtliche Ausprägungen eines dem Völkerrecht voraus liegenden Wertekanons begreifen.[63]

Die hier vertretene Konzeption nicht-konsensualer Rechtsentstehung beruht zwar nicht auf einem naturrechtlichen Ansatz. Nichtsdestotrotz weist sie ein naturrechtliches Element auf, indem sie an das Bestehen einer internationalen Gemeinschaft anknüpft und das Vorliegen eines – aus positivistischer Sicht außerrechtlichen – Gemeinschaftsinteresses zur Entstehungsvoraussetzung des internationalen Gemeinschaftsrechts erhebt.

G. Grewe, Epochen der Völkerrechtsgeschichte, 2. Aufl. 1988, S. 711 ff.; für eine moderne Gründung des Völkerrechts auf der Vernunft (*recta ratio*) sowie dem Gewissen (*universal juridical conscience*) *Cançado Trindade* (Fn. 10), S. 42 sowie S. 179 ff.

[61] Siehe hierzu *Fastenrath* (Fn. 10), S. 36 f. m.w.N.; *Cançado Trindade* (Fn. 10), S. 173.

[62] Vgl. *Fastenrath* (Fn. 10), S. 37 f.; deutlich wird die Parallele zur *Radbruchschen Formel*, siehe dazu *Gustav Radbruch*, Gesetzliches Unrecht und übergesetzliches Recht, SJZ 1946, S. 105 (107).

[63] *Herdegen* (Fn. 59), S. 28.

III. Positivistische Theorien: *Auctoritas facit legem*?

Kernaussage aller positivistischen Theorien ist, dass nur dem gesetzten Recht Geltung zukommt.[64] Für eine positivistische Rechtstheorie hat dies eine strikte Trennung von Sein und Sollen, von Recht und Moral zur Folge.[65]

1. Staatswillenstheorien

Das Konzept des internationalen Gemeinschaftsrechts ist unvereinbar mit rechtstheoretischen Konzepten, die die Verbindlichkeit des Rechts insgesamt sowie jeder einzelnen Norm aus dem Willen der Staaten ableiten. Dies ist der Ansatz der Staatswillenstheorien, die die normative Geltung der Völkerrechtsordnung auf einen souveränen Willensakt der Staaten zurückführen.[66] Ihren ersten Anklang findet diese Theorie bei *Hegel*, der das Völkerrecht zum „äußeren Staatsrecht" degradiert, weil es nicht auf einem überstaatlichen Willen basiere, sondern auf den unterschiedlichen Willen der souveränen Staaten.[67] Auch *Georg Jellinek*

---

64 Allgemein zum Positivismus *Helmut Coing*, Grundzüge der Rechtsphilosophie, 5. Aufl. 1993, S. 59 ff.; zur positivistischen Völkerrechtslehre *Roberto Ago*, Positivism, in: Rudolf Bernhardt (ed.), EPIL, Vol. III, 1997, S. 1072 ff.; *Stephan Hall*, The Persistent Spectre: Natural Law, International Order and the Limits of Legal Positivism, EJIL 12 (2001), S. 269 (279 ff.); für eine historische Einordnung *Grewe* (Fn. 60), S. 591 ff.; zu verschiedenen Kategorisierungsversuchen positivistischer Strömungen *Fastenrath* (Fn. 10), S. 52 ff.; *Kadelbach* (Fn. 51), S. 138 ff.; für eine aktuelle Verteidigung des Positivismus im Völkerrecht *Alexander Somek*, Kelsen Lives, EJIL 18 (2007), S. 409 ff.

65 Statt vieler *Bruno Simma/Andreas L. Paulus*, The Responsibility of Individuals for Human Rights Abuses in Internal Conflicts: A Positivist View, AJIL 93 (1999), S. 302 (303 ff.); *Steven R. Ratner/Anne-Marie Slaughter*, Appraising the Methods of International Law: A Prospectus for Readers, AJIL 93 (1999), S. 291 (293); *Prosper Weil*, Towards Relative Normativity in International Law?, AJIL 77 (1983), S. 413 (421).

66 Für einen Überblick hierzu *Ipsen* (Fn. 51), S. 8 ff.; *Hall* (Fn. 64), S. 269 ff. Viele Autoren setzen im völkerrechtlichen Kontext Positivismus und Staatsvoluntarismus gleich, siehe etwa *Ratner/Slaughter* (Fn. 65), S. 293; ähnlich auch *South West Africa, Second Phase*, Dissenting Opinion *Tanaka*, ICJ Reports 1966, S. 6 (298).

67 *Georg Wilhelm Friedrich Hegel*, Grundlinien der Philosophie des Rechts, § 330: „Das äußere Staatsrecht geht von dem Verhältnisse selbständiger Staaten aus; was an und für sich in demselben ist, erhält daher die Form des Sollens,

sieht den Geltungsgrund des Völkerrechts in der Selbstbindung des einzelnen Staates.[68] Staaten seien souveräne Einheiten mit eigenem Willen und unterlägen keinen externen Beschränkungen. Sie könnten sich allerdings rechtlichen Verpflichtungen unterwerfen und somit ihre Souveränität freiwillig einschränken. Die grundsätzliche Verbindlichkeit des Völkerrechts sowie jeder einzelnen völkerrechtlichen Norm hänge vom Willen des einzelnen Staates ab. Dieser Lehre ist zu Recht entgegengehalten worden, dass sie die rechtliche Verbindlichkeit des Völkerrechts nicht überzeugend erklären kann. Denn wenn der Wille zur Selbstbindung die Geltung einer Norm bestimmt, dann muss in der Konsequenz eine entsprechende Willensänderung zum Wegfall der Geltung führen. Eine rechtliche Bindung der Staaten kann damit nicht begründet werden.[69] *Heinrich Triepel* hat daher versucht, die Geltung des Völkerrechts vom einzelnen staatlichen Willen zu lösen und auf den Gemeinwillen der Staaten zu stützen.[70] Auch nach diesem Ansatz hängt die Bindung an einen konkreten Rechtssatz zwar vom Konsens des betroffenen Staates ab, dieser kann sich seiner Bindung jedoch nicht durch eine einseitige Willensänderung entziehen, da die Geltungskraft der Norm sich auf den übergeordneten Gemeinwillen stützen kann. Nach diesen voluntativen Theorien erscheint es von vornherein ausgeschlossen, die Bindung eines Staates an eine rechtliche Norm ohne oder gegen dessen Willen zu konstruieren.

Die Staatswillenstheorien können die Zulässigkeit nicht-konsensualer Rechtsbindung nicht in überzeugender Weise verneinen.[71] Die logische

---

weil, daß es wirklich ist, auf unterschiedenen souveränen Willen beruht.“ (zitiert nach Georg Lasson (Hrsg.), Sämtliche Werke, Bd. VI, 3. Aufl. 1930, S. 266).

68 *Georg Jellinek*, Die rechtliche Natur der Staatenverträge, 1880, S. 2 ff.; siehe auch *ders.*, Allgemeine Staatslehre, 3. Aufl. 1914, S. 376.

69 Statt aller *Dahm/Delbrück/Wolfrum* (Fn. 51), S. 35; *Hall* (Fn. 64), S. 282: „Any obligation from which a person can validly disengage by a unilateral act of will is not binding, and therefore not law, in any meaningful sense.“

70 *Heinrich Triepel*, Völkerrecht und Landesrecht, 1899, S. 32 sowie S. 81 ff.

71 Zur Kritik an den voluntaristischen Ansätzen *Antônio Augusto Cançado Trindade*, The Voluntarist Conception of International Law: A Re-Assessment, RDISDP 59 (1981), S. 201 ff.; *ders.* (Fn. 10), S. 45 ff.; *Fastenrath* (Fn. 10), S. 54 f.; *Vladimir-Djuro Degan*, Some Objective Features in Positive International Law, in: Jerzy Makarczyk (ed.), Theory of International Law at the Threshold of the 21st Century, Essays in Honour of Krzystof Skubiszewski, 1996, S. 123 ff.; *Martti Koskenniemi*, From Apology to Utopia, 1989, S. 270 ff.; *Alain Pellet*,

Unschlüssigkeit des Ansatzes hat *Alfred Verdross* bereits 1927 überzeugend dargelegt.[72] Die Selbstverpflichtungstheorie könne die Verbindlichkeit des Rechts nicht erklären, und *Triepel* habe weder die Entstehung noch die Natur des von ihm postulierten Gemeinwillens nachgewiesen.[73] Die Konstruktion eines vorrechtlichen Willens des Staates sei bereits im Ansatz verfehlt, da der Wille des Staates nichts anderes sein könne als der Wille einzelner Personen, der kraft rechtlicher Anordnung als Wille des Staates gelte. Daher beruhe der Wille des Staates auf einer rechtlichen Konstruktion und nicht umgekehrt das Recht auf dem Willen des Staates. *Kelsen* hat darüber hinaus überzeugend dargelegt, dass ein Willensakt des Staates für sich genommen keine rechtliche Bindung begründen kann. Es bedürfe vielmehr einer Norm, die der entsprechenden Willensäußerung vorgelagert sei und bestimme, dass ein Staat durch einen Willensakt gebunden werden kann.[74] Normen, die das Verfahren der Rechtserzeugung regelten, würden vom Rechtssystem notwendigerweise vorausgesetzt.[75] Die Geltung dieser Rechtserzeugungsnormen könne indes nicht juristisch begründet werden, sondern liege außerhalb des rechtlichen Erkenntnisprozesses.[76] Die Annahme, dass der Völkerrechtsordnung eine ursprüngliche Freiheit der Staaten vorausgegangen sei, ist daher bloß ein mögliches Erklärungsmodell. Konkrete rechtliche Rückschlüsse erlaubt sie nicht.[77]

The Normative Dilemma: Will and Consent in International Law-making, AusYIL 12 (1992), S. 22 ff.

[72] *Alfred Verdross*, Le fondement du droit international, RdC 16 (1927), S. 247 (262 ff.) sowie S. 275 ff.

[73] Siehe hierzu auch *Hall* (Fn. 64), S. 283.

[74] *Hans Kelsen*, Der Wandel des Souveränitätsbegriffes, in: Hanns Kurz (Hrsg.), Volkssouveränität und Staatssouveränität, 1970, S. 164 (169 f.); siehe hierzu auch *Fitzmaurice* (Fn. 11), S. 161; *Koskenniemi* (Fn. 71), S. 271 f.; *Cançado Trindade* (Fn. 10), S. 47 f.; pointiert auch *Ulrich Haltern*, Die nackte Wahrheit über eine theoriefeindliche Völkerrechtswissenschaft, in: Matthias Jestaedt/Oliver Lepsius (Hrsg.), Rechtswissenschaftstheorie, 2008, S. 133 (136): „Die Herausbildung einer Konsensnorm setzt die Existenz einer Nicht-Konsensnorm voraus, wonach Konsens rechtserzeugende Wirkung besitzt."

[75] *Alfred Verdross*, Die Quellen des universellen Völkerrechts, 1973, S. 20 f.

[76] *Jennings/Watts* (Fn. 12), S. 14: „It is not possible to say why international law as a whole is binding upon the international community without entering the realm of non-legal considerations."; ähnlich auch *Dahm/Delbrück/Wolfrum* (Fn. 51), S. 41.

[77] So auch *Fastenrath* (Fn. 10), S. 244 f.

Ansätze nicht-konsensualer Rechtsetzung finden sich jedoch in der anglo-amerikanischen Ausprägung der Staatswillenstheorie, der Lehre vom „*common consent*".[78] Danach stellt die ausdrückliche oder konkludente Zustimmung der überwältigenden Mehrheit der Staatengemeinschaft den Geltungsgrund des Völkerrechts dar. Dieser *common consent* müsse sich allerdings nicht auf jede einzelne völkerrechtliche Norm beziehen, sondern auf den „body of rules comprising international law as a whole at any particular time".[79] Die Zugehörigkeit zur internationalen Gemeinschaft verpflichte zur Unterwerfung unter den Bestand des Völkerrechts, und der *common consent* erfahre Verstärkung durch die Herausforderungen, denen sich die internationale Gemeinschaft ausgesetzt sieht. Im Gegensatz zu den Theorien von *Jellinek* und *Triepel* bedarf es nicht der Zustimmung jedes einzelnen Staates, sondern nur der überwältigenden Mehrheit der Staatengemeinschaft. Auch wenn dieser Ansatz entwickelt wurde, um die Grundlage der Verbindlichkeit des Völkerrechts zu begründen,[80] verlässt er erkennbar die strikt staatsvoluntaristische Konzeption des Völkerrechts,[81] und die Setzung von Recht durch die internationale Gemeinschaft erscheint denkbar. Denn für eine Rechtsbindung wird nur der *common consent* zur Völkerrechtsordnung vorausgesetzt, die – wie die Analyse des Rechtserzeugungsprozesses ergeben hat – zunehmend nicht-konsensuale Elemente aufweist. Mit dem Bestehen von Herausforderungen an die internationale Gemeinschaft und der Zugehörigkeit aller Staaten zur internationalen Gemeinschaft verweisen *Jennings* und *Watts* zudem auf Umstände, die nach der hier vertretenen Konzeption die Legitimität von Rechtsetzung durch die internationale Gemeinschaft begründen können.

---

[78] *Jennings/Watts* (Fn. 12), S. 14 ff.

[79] *Jennings/Watts* (Fn. 12), S. 14.

[80] Zur Unterscheidung von konsensualer Erklärung der Rechtsordnung und konsensualer Bedingtheit der einzelnen Rechtsquellen *Maurice H. Mendelson*, The Formation of Customary International Law, RdC 272 (1999), S. 155 (261 f.).

[81] So auch *Ipsen* (Fn. 51), S. 9; *Mark Weston Janis*, The New Oppenheim and its Theory of International Law, OJLS 61 (1996), S. 329 (334 ff.); anders *Stephan Hobe*, Einführung in das Völkerrecht, 9. Aufl. 2008, S. 10 (Fußnote 22), der *Jennings* und *Watts* als typische Vertreter einer auf die Souveränität der Staaten abstellenden Theorie ansieht.

2. *Normativistischer Positivismus*

Ausgehend von den aufgezeigten Schwächen des voluntaristischen Positivismus versucht die insbesondere von *Kelsen* vertretene normativistische Theorie, den Geltungsgrund des Rechts in den positiven Normen selbst zu finden:[82] Da die Rechtserzeugung durch einen staatlichen Willensakt eine Rechtsnorm voraussetze, die die Verbindlichkeit dieses Willensaktes anordne, müsse auch eine Rechtsnorm den letzten Grund für die Geltung des Völkerrechts darstellen.[83] Die Geltung einer Norm lasse sich demnach nur dadurch begründen, dass eine andere, höhere Norm ihre Geltung anordne. An der Spitze der dergestalt gedachten Normenpyramide stehe eine Grundnorm. Diese Grundnorm lasse sich nicht von einer anderen Norm ableiten, ihre Geltung müsse vorausgesetzt werden und könne nicht juristisch begründet werden.[84] Die Grundnorm ist damit letztlich eine juristische Hypothese. Als völkerrechtliche Grundnorm sehen einige Vertreter des normativistischen Positivismus den Satz *pacta sunt servanda* an,[85] *Kelsen* hingegen betont, dass dieser Satz selbst gewohnheitsrechtliche Geltung aufweise, die Grundnorm daher in der Anordnung zu sehen sei, dass die Staaten sich so verhalten sollen, wie es ihrer Gewohnheit entspricht, was den Satz *pacta sunt servanda* einschließe.[86]

Der Lehre von der völkerrechtlichen Grundnorm wird das Verdienst zugeschrieben, einen theoretischen Entwurf entwickelt zu haben, in dem das Völkerrecht in sich logisch und widerspruchslos gedacht werden kann.[87] Dem ist zuzustimmen, doch gleichzeitig tritt die erkenntnistheoretische Begrenztheit des Ansatzes zu Tage: Indem sie den Geltungsgrund des Völkerrechts in einer fiktiven Grundnorm verankert

---

82 Traditionelle Vertreter dieser Lehre sind zudem *Dionisio Anzilotti*, Lehrbuch des Völkerrechts, Bd. 1 (deutsche Übersetzung der 3. Aufl. von Cornelia Bruns und Karl Schmid, 1929), S. 32 f.; *Paul Guggenheim*, Traité de droit international public I, 2. éd. 1967, S. 37 ff.

83 *Hans Kelsen*, Reine Rechtslehre, 2. Aufl. 1960, S. 196 ff.

84 *Kelsen* (Fn. 83), S. 204 f.: Grundnorm als „transzendental-logische Voraussetzung".

85 So beispielsweise *Anzilotti* (Fn. 82), S. 32 f.; weitere Nachweise bei *Kadelbach* (Fn. 51), S. 140 (Fußnote 92).

86 *Kelsen* (Fn. 83), S. 222. Zunächst sah jedoch auch *Kelsen* den Rechtssatz *pacta sunt servanda* als völkerrechtliche Grundnorm an, siehe *ders.*, Allgemeine Staatslehre, 1925, S. 175.

87 Siehe nur *Dahm/Delbrück/Wolfrum* (Fn. 51), S. 38.

und die Frage nach dem Geltungsgrund dieser Grundnorm in den Bereich des Metajuristischen verbannt, verlagert sie das Problem nur. Eine überzeugende Begründung für die Geltung des Rechts kann sie nicht leisten.[88] Die eigentliche Problematik der Grundnormtheorie liegt jedoch darin, dass sich der Inhalt der Grundnorm im bloßen Postulat erschöpft. Zu Recht weist *Ulrich Fastenrath* darauf hin, dass sich in der Konsequenz jeder Staat und jeder Völkerrechtler sein eigenes „Wunschvölkerrecht" schaffen könnte, ohne dass dies auf der Basis des normativen Positivismus angreifbar wäre.[89] Zudem reichert *Kelsen* seinen Rechtsbegriff um weitere – nach seiner Konzeption eigentlich außerrechtliche – Elemente an, wenn er die Geltung der Rechtsordnung und jeder einzelnen Norm von der grundsätzlichen Rechtsbefolgung abhängig macht.[90] Dadurch erhält eine soziologische und damit systemfremde Komponente Eingang in die „Reine Rechtslehre".

Kann man auf dieser Grundlage die Setzung von Recht durch die internationale Gemeinschaft ohne oder gegen den Willen einzelner Staaten begründen? Die nicht-konsensuale Rechtsetzung stellt ein Faktum des geltenden Völkerrechts dar, das auch von den Rechtsunterworfenen im Großen und Ganzen befolgt wird. Und da die völkerrechtliche Grundnorm nur eine Hypothese darstellt, spricht nichts dagegen, sie dergestalt zu verstehen, dass die Rechtsgeltung von der Anerkennung der internationalen Gemeinschaft abhängig gemacht wird.[91] Angedeutet findet sich dieser Gedanke bereits bei *Hersch Lauterpacht*:

> „There is no reason why the original hypothesis in international law should not be that the will of the international community must be obeyed (...) it would refer to the civitas maxima as meaning that super-State of law which States, through the recognition of the binding

---

[88] Vgl. *Herdegen* (Fn. 59), S. 28; *Dahm/Delbrück/Wolfrum* (Fn. 51), S. 38 f.; *Hall* (Fn. 64), S. 300; *Ingrid Detter DeLupis*, The Concept of International Law, 1987, S. 121; *Ago* (Fn. 64), S. 1076: „(...) powerless to demonstrate the supposed fundamental truths of legal science."

[89] *Fastenrath* (Fn. 10), S. 61.

[90] *Kelsen* (Fn. 83), S. 218 f.; dazu *Fastenrath* (Fn. 10), S. 61.

[91] Auch *Christian Hillgruber*, der vehement für eine strikte Geltung des Konsensprinzips eintritt, räumt ein, dass es völkerrechtstheoretisch nicht zwingend ist, den zwischenstaatlichen Konsens als Rechtserzeugungsmechanismus anzuerkennen. Die Konsensorientierung folge jedoch aus einer „völkerrechtsgeschichtliche[n] Betrachtung"; siehe *Christian Hillgruber*, Braucht das Völkerrecht eine Völkerrechtswissenschaftstheorie?, in: Matthias Jestaedt/Oliver Lepsius (Hrsg.), Rechtswissenschaftstheorie, 2008, S. 113 (129 f.).

force of international law *qua* law, have already recognized as existing over and above the national sovereignties (...).«[92]

Zwar zielt *Lauterpacht* nicht darauf ab, Normen ohne oder gegen den Willen eines einzelnen Staates zu begründen, sondern versucht, einen Geltungsgrund des Völkerrechts auf der Grundlage der traditionellen konsensorientierten Rechtsquellenlehre zu finden. Denn der Wille der Gemeinschaft manifestiert sich bei ihm über den Konsens der Mitglieder. Nichtsdestotrotz entwirft er eine Konzeption der internationalen Gemeinschaft als über den Staaten stehende Entität, deren Wille die Rechtsverbindlichkeit völkerrechtlicher Regeln begründet. Auf der Grundlage dieser Prämisse erscheint es denkbar, universell verbindliche Normen nicht nur im Fall der Zustimmung aller Mitglieder der Gemeinschaft, sondern auch gegen oder ohne den Willen einzelner Mitglieder anzunehmen. Große Überzeugungskraft hat dieser rechtstheoretische Ansatz aufgrund der Willkürlichkeit der postulierten Grundnorm aber nicht.

3. *Analytischer Positivismus*

In der positivistischen Theorie von *H.L.A. Hart* kommt der Unterscheidung zwischen primären und sekundären Normen eine wesentliche Bedeutung zu.[93] Neben primären Verhaltensnormen, die eine rechtliche Pflicht der Rechtssubjekte begründen, sieht *Hart* sekundäre Normen, die die Entstehung der primären Normen regeln. Die wichtigsten sekundären Normen sind die *rules of recognition*, die darüber entscheiden, ob eine Norm rechtlich gilt. Das Völkerrecht weise zwar kein dem innerstaatlichen Recht vergleichbares System sekundärer Normen, die die Gültigkeit primärer Normen determinieren, auf.[94] Eine Norm gelte jedoch auch dann, wenn sie sich durchsetzt, das heißt als Recht akzeptiert wird.[95] Damit wird die normative Geltung von Normen an die fak-

---

[92] *Hersch Lauterpacht*, The Function of Law in the International Community, 1933, S. 421 f.

[93] *Herbert Lionel Adolphus Hart*, The Concept of Law, 2nd ed. 1997, S. 79 ff.

[94] *Hart* (Fn. 93), S. 235; dagegen *Fastenrath* (Fn. 10), S. 64.

[95] *Hart* (Fn. 93), S. 234; vgl. hierzu *Fastenrath* (Fn. 10), S. 64 ff.; allgemein zur Erforderlichkeit grundsätzlicher Akeptanz *Michael Reisman*, The Democratization of Contemporary International Law-Making Processes and the Differentiation of their Application, in: Rüdiger Wolfrum/Volker Röben (eds.), Developments of International Law in Treaty Making, 2005, S. 15 (16).

tische Akzeptanz der Rechtsunterworfenen gebunden. Ob der hier vertretene Rechtserzeugungsmechanismus auf Akzeptanz in der Staatenwelt trifft, mag insofern fraglich erscheinen, als Staaten betonen, dass sie nur aufgrund eines Willensaktes rechtlich gebunden werden können. Allerdings hat die Untersuchung gezeigt, dass nicht-konsensuale Rechtsetzung in der Völkerrechtswirklichkeit stattfindet und in ihren einzelnen Erscheinungsformen weitgehend akzeptiert wird. Zudem normiert das internationale Gemeinschaftsrecht mit dem formellen Kriterium der Zustimmung der überwältigenden Mehrheit der internationalen Gemeinschaft zu einer entstehenden Rechtsnorm eine Voraussetzung dafür, dass eine entsprechend in Kraft gesetzte Norm auf weitgehende Akzeptanz treffen wird.

IV. Sozialwissenschaftlich geprägte Theorien: *Societas facit legem*?

In der Völkerrechtswissenschaft werden zunehmend Anleihen in anderen Disziplinen, wie insbesondere den Sozialwissenschaften, gemacht, um das Phänomen Recht zu erfassen sowie um normativ einzelne rechtliche Normen und ihren Inhalt zu begründen.

1. Anthropologische Theorien

Dabei lässt sich zunächst eine Strömung ausmachen, die den Menschen in das Zentrum der Betrachtung stellt. Insbesondere die französische soziologische Völkerrechtsschule um *Georges Scelle* baut auf diesem Ansatz auf.[96] *Scelle* lehnt die zwischenstaatliche Konzeption des Völkerrechts sowie die Souveränität des Staates als Grundlage des Völkerrechts ab, da nicht Staaten, sondern Individuen die Subjekte des Rechts seien.[97] In Ermangelung eines Weltföderalismus müssten die Rechtsunterworfenen, das heißt die Staaten und Staatsorgane, die rechtlichen Funktionen der internationalen Gemeinschaft wahrnehmen. Dies ist *Scelles* Lehre vom *„dédoublement fonctionnel"*, nach der staatliche Regierungen im Rahmen der völkerrechtlichen Rechtsetzung und Rechtsdurchsetzung nicht als staatliche Instanzen auftreten, sondern als Orga-

---

[96] Siehe insbesondere *Georges Scelle*, Précis de droit des gens, Première Partie, 1932; für eine Würdigung der Völkerrechtstheorie von *Scelle* siehe die Beiträge in EJIL 1 (1990), S. 193 ff.

[97] *Scelle* (Fn. 96), S. vii sowie S. 14.

ne der Völkerrechtsgemeinschaft.[98] Und als solche hätten sie im Interesse der Gemeinschaft zu handeln.[99]

Für die hier vertretene Konzeption lässt sich dieses rechtstheoretische Konstrukt in mehrfacher Hinsicht fruchtbar machen: Denn wenn staatliche Souveränität nicht das Fundament des Völkerrechts ausmacht, dann kann auch das Konsensprinzip keine kategorische Geltung beanspruchen. Und wenn legislative Funktionen eigentlich der internationalen Gemeinschaft zustehen, diese aber auf der Grundlage der Lehre vom *dédoublement fonctionnel* von Staatenvertretern wahrgenommen werden, so kann es nicht auf die Zustimmung aller Staatenvertreter ankommen, um universell verbindliches Recht zu schaffen. Schließlich spricht die umfassende Orientierung der Konzeption an den Interessen von Individuen für den hier vertretenen Ansatz. Denn Interessen der internationalen Gemeinschaft spiegeln in letzter Instanz die Interessen der Weltbevölkerung wider. Und das strikte Konsensprinzip dient vorrangig den Interessen der Staaten – ein Interesse, das in der Konzeption von *Scelle* keine eigenständige Rolle spielt. Nichtsdestotrotz: Die weitgehende Orientierung an Gemeinschaftsinteressen, die Vernachlässigung staatlicher Souveränität und die herausragende Stellung des Individuums finden in diesem Ausmaß keinen Niederschlag im geltenden Völkerrecht. Es verwundert daher kaum, dass *Scelles* Entwurf regelmäßig nur eine theoretische Relevanz zugemessen wird.[100]

2. *Politikwissenschaftliche Theorien*

Politikwissenschaftlich geprägte Völkerrechtstheorien verstehen Recht in seiner komplexen Einbindung in das soziale Geschehen der internationalen Beziehungen. Indem sie eine formalistische Betrachtung des Rechts ablehnen und die Isolierbarkeit des Gegenstands Recht bestreiten, begeben sich diese Ansätze in einen Gegensatz zum Positivismus.[101] Recht wird vorrangig als Instrument zur Verfolgung politischer und gesellschaftlicher Ziele verstanden und in seiner tatsächlichen Wirkung im

---

[98] *Scelle* (Fn. 96), S. 54 f.

[99] Zu diesem Verständnis der Theorie von *Scelle Hubert Thierry*, The Thought of Georges Scelle, EJIL 1 (1990), S. 193 (203); ihm zustimmend *Andreas L. Paulus*, Die internationale Gemeinschaft im Völkerrecht, 2001, S. 174.

[100] Vgl. *Paulus* (Fn. 99), S. 174 m.w.N.

[101] *Steiner* (Fn. 51), S. 1224.

internationalen System untersucht und gewürdigt. Besondere Beachtung findet dabei regelmäßig der Prozess, in dem Recht entsteht, allerdings – und das ist insbesondere der Ansatz der *New Haven School* – nicht allein in seiner formal-rechtlichen Dimension (*formal authority*), sondern primär unter dem Gesichtspunkt der faktischen Entscheidungsmacht (*effective control*).[102]

Von der Warte des internationalen Gemeinschaftsrechts aus sind die sehr unterschiedlichen politikwissenschaftlich inspirierten Theorien zum Völkerrecht unter zwei Gesichtspunkten von Bedeutung. Sie erkennen erstens die funktionale Ausrichtung des Rechts an und fordern eine Orientierung rechtlicher Regeln an den Zielen der Gesellschaft. Vor dem Hintergrund der bereits dargestellten Erforderlichkeit nichtkonsensualer Rechtsetzung im Zeitalter der Globalisierung lässt sich mit diesem Ansatz ein Verfahren der vertikalen Rechtsetzung durch die internationale Gemeinschaft rechtfertigen. Zweitens verknüpfen sie noch stärker als die bereits angesprochenen Anerkennungstheorien die Frage der Gültigkeit und des Inhalts eines Rechtssatzes mit der sozialen Wirklichkeit: Recht ist das, was als Recht angewendet wird. Und da nicht-konsensuale Rechtsetzung im Völkerrecht stattfindet, wie die Untersuchung von theoretischer Konzeption und praktischer Anwendung der Rechtsquellen gezeigt hat, lässt sich mit einem politikwissenschaftlich geprägten Ansatz die Entstehung internationalen Gemeinschaftsrechts erklären.

V. Ergebnis: Begründung durch eine pluralistische Rechtstheorie

Die unterschiedlichen Theorien zur Geltung des Völkerrechts können verschiedene Aspekte des hier entwickelten Konzepts eines internationalen Gemeinschaftsrechts erklären. So verdeutlichen naturrechtliche Theorien, dass Recht keine allein von Rechtssubjekten erschaffene Materie ist, sondern dass jedem sozialen System ein Bestand rechtlicher Regeln vorgelagert ist. Insbesondere Regeln über die Rechtsentstehung lassen sich nicht allein aus dem positiven Recht heraus begründen, sondern finden ihre Grundlage in der Notwendigkeit eines rechtlich geregelten Zusammenlebens der Mitglieder der Gemeinschaft. Die naturrechtlichen Theorien betonen zudem, dass Recht nicht frei von inhaltlichen und sozialen Inhalten bestehen kann, sondern stets die generelle

---

[102] Dazu oben 4. Kap., A. II.

Rückkopplung an die Wertvorstellungen und Bedürfnisse der Gemeinschaft benötigt. Im internationalen Gemeinschaftsrecht findet der naturrechtliche Ansatz seinen Niederschlag im Tatbestandsmerkmal des Vorliegens von Gemeinschaftsinteressen, über das an einen außerrechtlichen Bestand von Werten und Interessen angeknüpft wird. Die positivistischen Theorien betonen dagegen, dass Recht nicht *eo ipso* aus faktischen Gegebenheiten und Bedürfnissen entspringt, sondern stets eines legislativen Aktes bedarf. Sie geben dem Recht damit einen spezifisch normativen Gehalt, der das Recht vom Außerrechtlichen abgrenzt. Sie betonen den formalistischen Charakter der Rechtsentstehung, gleichwohl erkennen auch sie an – bei *Kelsen* äußerst zaghaft, bei *Hart* deutlicher erkennbar –, dass Recht nicht gänzlich ohne Betrachtung der tatsächlichen Umstände angewendet und bewertet werden kann, und setzen für die Geltung des Rechts eine grundsätzliche Anerkennung voraus. Im internationalen Gemeinschaftsrecht wird der positivistische Ansatz mit der formellen Voraussetzung der Annahme eines Rechtssatzes durch die internationale Gemeinschaft aufgegriffen. Sozialwissenschaftlich geprägte Ansätze schließlich rechtfertigen die hier vertretene Vorgehensweise, rechtliche Dogmatik an außerrechtliche Umstände anzubinden: Denn sie akzeptieren, dass das Recht sich den faktischen Herausforderungen stellen muss und sowohl in seiner inhaltlichen Ausgestaltung als auch hinsichtlich des formellen Prozesses der Normentstehung geeignet sein muss, diesen Herausforderungen zu begegnen. Damit schlagen sie die Brücke zwischen den tatsächlichen Rahmenbedingungen der internationalen Gemeinschaft im Zeitalter der Globalisierung und dem rechtlichen Verfahren der Normsetzung. Zum anderen können sozialwissenschaftliche Ansätze den aufgezeigten Mechanismus der faktisch stattfindenden nicht-konsensualen Rechtsentstehung normativ umsetzen und anerkennen.

Im Ergebnis erweist sich damit eine pluralistische Rechtstheorie als dazu geeignet, das hier entwickelte Konzept des internationalen Gemeinschaftsrechts zu erfassen.[103] Naturrechtslehre, Positivismus und sozialwissenschaftliche Ansätze schließen sich danach nicht gegenseitig aus, sondern erklären unterschiedliche Facetten des hier vertretenen Normentstehungsverfahrens.

---

[103] Zur Kombination rechtstheoretischer Ansätze zum Völkerrecht *Fastenrath* (Fn. 10), S. 81 f.; *Ipsen* (Fn. 51), S. 15 ff.

E. Ergebnis: Internationales Gemeinschaftsrecht im System der Völkerrechtsquellen

Im modernen Völkerrecht besteht das Bedürfnis, wesentliche Interessen der internationalen Gemeinschaft rechtlich zu verfestigen und ihre Verwirklichung nicht nur politisch, sondern auch mit den Instrumenten des Rechts zu verfolgen. Nach der hier entwickelten Konzeption handelt es sich um eine eigenständige Kategorie von Normen, die als internationales Gemeinschaftsrecht bezeichnet werden können und diejenigen Prozesse in sich vereinigen, die dem völkerrechtlichen Schutz wesentlicher Gemeinschaftsinteressen dienen. Normen zum Schutz wesentlicher Interessen der internationalen Gemeinschaft entstehen primär im Rahmen der Rechtserzeugungsmechanismen des Art. 38 Abs. 1 IGH-Statut. Solange ein Staat der Entstehung dieser Normen zugestimmt hat, kommen diese in der Form, in der sie nach Art. 38 Abs. 1 des IGH-Statuts in Erscheinung treten, zur Anwendung. Sind diese Normen aber im konkreten Fall nicht anwendbar – entweder weil ein Staat ihnen nicht zugestimmt hat, seine Zustimmung zurückgenommen oder durch Vorbehalte eingeschränkt hat –, so greift der hier aufgezeigte Mechanismus der nicht-konsensualen Normentstehung und -begründung. Konsensuale Normentstehung und internationales Gemeinschaftsrecht bestehen parallel, eine Gemeinschaftsnorm kann damit vielfach auf zwei normative Begründungsstränge zurückgeführt werden. Dem internationalen Gemeinschaftsrecht kommt insofern eine subsidiäre Funktion zu, um normative Lücken zu schließen, die durch die grundsätzlich konsensuale Rechtsentstehung bedingt sind.

Die hier entwickelte Rechtsfigur des internationalen Gemeinschaftsrechts als eigenständige Rechtsquelle ist dogmatisch von den Konzepten des *ius cogens* sowie der Verpflichtungen *erga omnes* zu unterscheiden. Während erstere die Normentstehung betrifft, knüpfen letztere an eine bereits bestehende Norm an und treffen besondere Regelungen zum Schutz des normierten Gemeinschaftsinteresses. Gleichwohl hängen die Konzepte insofern eng zusammen, als sie einem gemeinsamen Ziel dienen: Dem Schutz wesentlicher Gemeinschaftsinteressen durch die Instrumente des Völkerrechts.

10. Kapitel: Internationales Gemeinschaftsrecht als dritte Entwicklungsstufe des Völkerrechts

Das Konzept des internationalen Gemeinschaftsrechts wurde bislang in seinen einzelnen normativen Ausprägungen behandelt: als Bestand von Normen, die wesentliche Interessen der internationalen Gemeinschaft widerspiegeln, die einem modifizierten Mechanismus der Rechtsentstehung unterliegen und deren Geltung und Einhaltung das Völkerrecht mit besonderen Rechtsinstituten wie insbesondere dem *ius cogens*, den Verpflichtungen *erga omnes* sowie einem ausdifferenzierten Rechtsfolgenregime sicherstellen will. Abschließend soll nun der Versuch unternommen werden, die einzelnen aufgezeigten Dimensionen der internationalen Gemeinschaft in einem normativen Konzept des internationalen Gemeinschaftsrechts zu vereinigen. Den Ausgangspunkt der Untersuchung bildet die Unterscheidung zwischen *Koexistenzvölkerrecht* und *Kooperationsvölkerrecht*, die wesentlich von *Wolfgang Friedmann*[1] geprägt und von der Völkerrechtslehre stark rezipiert wurde.[2] Diese

---

[1] *Wolfgang Friedmann*, The Changing Structure of International Law, 1964, S. 60 f.; für eine Würdigung *Charles Leben*, The Changing Structure of International Law Revisited: By Way of Introduction, EJIL 3 (1997), S. 399 ff.; *Andreas L. Paulus*, Die internationale Gemeinschaft im Völkerrecht, 2001, S. 181 ff.

[2] Siehe nur *Albert Bleckmann*, Allgemeine Staats- und Völkerrechtslehre, 1995, S. 759 ff.; *Georges Abi-Saab*, Whither the International Community, EJIL 9 (1998), S. 248 ff.; *Jurij Daniel Aston*, Sekundärgesetzgebung internationaler Organisationen zwischen mitgliedstaatlicher Souveränität und Gemeinschaftsdisziplin, 2005, S. 26 f.; *Michael Cottier*, Die Anwendbarkeit von völkerrechtlichen Normen im innerstaatlichen Bereich als Ausprägung der Konstitutionalisierung des Völkerrechts, SZIER 1999, S. 403 (413 f.); *Jost Delbrück*, Prospects for a „World (Internal) Law?": Legal Developments in a Changing International System, Ind. J. Global Leg. Stud. 9 (2002), S. 401 (404 ff.); *Bardo Fassbender*, Zwischen Staatsräson und Gemeinschaftsbindung, in: Herfried Münkler/Karsten Fischer (Hrsg.), Gemeinwohl und Gemeinsinn im Recht, 2002, S. 231 ff.; *Stefan Kadelbach*, Ethik des Völkerrechts unter Bedingungen der Globalisierung, ZaöRV 64 (2004), S. 1 (11); *Daniel-Erasmus Khan/Andreas L. Paulus*, Gemeinsame Werte in der Völkerrechtsgemeinschaft?, in: Ingo Erberich u.a. (Hrsg.), Frieden und Recht, 1998, S. 217 (230 f.); *Hermann Mosler*, The International Society as a Legal Community, 1980, S. 6 ff.; *Artur Müller-Wewel*, Souveränitätskonzepte im geltenden Völkerrecht, 2003, S. 94 ff. sowie S. 314 ff.;

M. Payandeh, *Internationales Gemeinschaftsrecht*, Beiträge zum ausländischen öffentlichen Recht und Völkerrecht 219, DOI 10.1007/978-3-642-13141-7_13,

Unterscheidung soll dem Umstand Rechnung tragen, dass zunehmend nicht nur die Interessen der Staaten den Gegenstand des Völkerrechts ausmachen, sondern auch Gemeinschaftsinteressen, die die einzelstaatlichen Interessen transzendieren. Die Konzeption des Kooperationsvölkerrechts ist jedoch nicht dazu geeignet, den im Rahmen dieser Untersuchung dargestellten Wandel des Völkerrechts vollständig zu erfassen, da es strukturell den Grundsätzen des Koexistenzvölkerrechts verhaftet bleibt.[3] Daher erscheint es gerechtfertigt, die hier behandelten Phänomene als dritte Stufe der Völkerrechtsentwicklung zu begreifen,[4] als Herausbildung eines *internationalen Gemeinschaftsrechts*. Anhand einzelner Merkmale der Völkerrechtsordnung soll im Folgenden herausgearbeitet werden, wie sich die drei Entwicklungsstufen des Völkerrechts voneinander unterscheiden.

Martin Nettesheim, Das kommunitäre Völkerrecht, JZ 2002, S. 569 (570 f.); *Franz Xaver Perrez*, Cooperative Sovereignty, 2000; *Christian Tomuschat*, International Law: Ensuring the Survival of Mankind on the Eve of a New Century, RdC 281 (1999), S. 9 (56 ff.); *Alfred Verdross/Bruno Simma*, Universelles Völkerrecht, 3. Aufl. 1984, S. 41 ff.; *Rüdiger Wolfrum*, International Law of Cooperation, in: Rudolf Bernhardt (ed.), EPIL, Vol. II, 1995, S. 1242 ff.; *Sienho Yee*, Towards an International Law of Co-progressiveness, in: ders./Wang Tieya (eds.), International Law in the Post-Cold War World, Essays in Memory of Li Haopei, 2001, S. 18 ff.; *Ulrich Beyerlin*, Umweltvölkerrecht, 2000, S. 27 f.; *Legality of the Threat or Use of Nuclear Weapons*, Advisory Opinion, Declaration of President *Bedjaoui*, ICJ Reports 1996, S. 226 (270).

[3] Siehe hierzu bereits *Nettesheim* (Fn. 2), S. 571.

[4] Von einer dritten Entwicklungsstufe des Völkerrechts gehen auch aus *Abi-Saab* (Fn. 2), S. 256 ff.; *Nettesheim* (Fn. 2), S. 571 ff.; *Tomuschat* (Fn. 2), S. 63 ff.; *Yee* (Fn. 2), S. 28 ff.; angedacht auch bei *Delbrück* (Fn. 2), S. 429 ff.; zurückhaltender *Klaus Dicke*, Erscheinungsformen und Wirkungen der Globalisierung in Struktur und Recht des internationalen Systems auf universaler und regionaler Ebene sowie gegenläufige Renationalisierungstendenzen, BDGVR 39 (2000), S. 13 (34 ff.); *Cottier* (Fn. 2), S. 414 f.

A. Entwicklungsstufen des Völkerrechts als idealtypische Konzeptionen

Wenn im Hinblick auf Koexistenzvölkerrecht, Kooperationsvölkerrecht und internationales Gemeinschaftsrecht von Stufen der Völkerrechtsentwicklung gesprochen wird, so soll damit nicht impliziert werden, dass es sich um eine historische Entwicklung handelt, in der die jeweils frühere Stufe von der nachfolgenden Stufe verdrängt wird. Nach dem hier zugrunde gelegten Verständnis bezeichnen die drei Kategorien vielmehr Idealtypen des völkerrechtlichen Systems. Sie stellen den Versuch dar, den Entwicklungsstand der Völkerrechtsordnung im Hinblick auf ihre Struktur, ihre inhaltliche Ausrichtung, die Wahrnehmung der wesentlichen Funktionen, die Stellung der Rechtssubjekte und Akteure sowie die Einbettung des Rechtssystems in die soziale Wirklichkeit zu erfassen. Im ersten Fall ist die Koexistenz als abstraktes Merkmal des Rechtssystems herausgestellt worden, im zweiten Fall die Kooperation und im hier entwickelten Modell die zunehmende Gemeinschaftsbildung. Dabei kommt der Kategorienbildung naturgemäß ein stark vereinfachendes und abstrahierendes Moment zu, sie stellt ein theoretisches Idealbild dar, das in seiner Reinform nicht in der rechtlichen Wirklichkeit anzutreffen ist.[5]

Koexistenzvölkerrecht, Kooperationsvölkerrecht oder internationales Gemeinschaftsrecht stellen keine zeitlich klar eingrenzbaren Epochen dar. Es mag allenfalls historische Abschnitte geben, in denen einer der drei Systemtypen stärker entwickelt war oder einen deutlicheren Niederschlag in der Realität gefunden hat.[6] So stellt das Koexistenzvölkerrecht mit seiner gesellschaftlichen Strukturierung das klassische Modell des Völkerrechts dar, dessen Fixierung auf den staatlichen Willen als maßgeblichen Orientierungspunkt des Rechtssystems mit dem Westfälischen Frieden von 1648 und der Herausbildung der staatlichen Souveränität als Leitprinzip der Völkerrechtsordnung seine deutlichste rechtliche Ausprägung gefunden hat, die weit in das 20. Jahrhundert hinein das Völkerrecht geprägt hat.[7] Und die Anfänge des Kooperationsvöl-

---

[5] Siehe dazu auch *Abi-Saab* (Fn. 2), S. 250.

[6] *Yee* (Fn. 2), S. 19 spricht von „Leitmotiven“ der internationalen Geschichte.

[7] *Abi-Saab* (Fn. 2), S. 250 f.; *Nettesheim* (Fn. 2), S. 570; *Yee* (Fn. 2), S. 20 weist zutreffend darauf hin, dass das Koexistenzvölkerrecht mit Beginn des Kalten Krieges und der damit verbundenen Polarisierung der Welt eine zusätzliche Dimension erhalten hat.

kerrechts lassen sich in den ersten Ausprägungen internationaler Organisiertheit verorten, die sich Mitte des 19. Jahrhunderts auf technisch-wissenschaftlichem Gebiet ausmachen lassen, mit dem Völkerbund einen Aufschwung erlebt haben und nach dem Ende des Zweiten Weltkrieges in der Errichtung der Vereinten Nationen und zahlreichen weiteren universellen und regionalen Integrationsprozessen kulminiert sind.[8] Auch das internationale Gemeinschaftsrecht weist einen starken Bezug zur zunehmenden Organisation der internationalen Gemeinschaft auf, so dass es bereits in der Gründung der Vereinten Nationen angelegt ist.[9] Seine – vorläufig – volle Entfaltung hat es jedoch erst mit der Praxis der Organe der Vereinten Nationen sowie multilateraler Vertragskonferenzen, mit der zunehmenden Anerkennung des Phänomens der Globalisierung sowie mit der nach dem Ende des Kalten Krieges aufkeimenden Hoffnung auf eine wahrlich globale Zusammenarbeit erhalten.[10]

Die drei hier ausgemachten Entwicklungsstufen des Völkerrechts beschreiben daher keinen chronologischen Prozess, in dem die nachfolgende Phase die jeweils vorangegangene verdrängt, sondern bestehen nebeneinander in der völkerrechtlichen Realität.[11] Verschiedene rechtliche Phänomene lassen sich mit ihnen erklären, teilweise finden sich Elemente mehrerer oder aller drei Idealtypen in einer Norm, einem Regelungsgebiet oder einer Rechtsfigur.[12]

---

[8] *Friedmann* (Fn. 1), S. 3; *Abi-Saab* (Fn. 2), S. 255; *Nettesheim* (Fn. 2), S. 571; *Verdross/Simma* (Fn. 2), S. 41; *Khan/Paulus* (Fn. 2), S. 230.

[9] Vgl. *Abi-Saab* (Fn. 2), S. 256 ff.

[10] *Yee* (Fn. 2), S. 28 ff. wählt das Ende des Kalten Krieges als zeitlichen Ausgangspunkt einer dritten Stufe der Völkerrechtsentwicklung; *Nettesheim* (Fn. 2), S. 571 verortet das Auftreten kommunitärer Strukturen zeitlich auf die „letzten Jahrzehnte".

[11] Vgl. *Stefan Kadelbach/Thomas Kleinlein*, Überstaatliches Verfassungsrecht, AVR 44 (2006), S. 235 (238); *Nettesheim* (Fn. 2), S. 571.

[12] Vgl. hierzu auch *Abi-Saab* (Fn. 2), S. 250. So dient beispielsweise das Friedenssicherungsrecht auf dem derzeitigen Entwicklungsstand sowohl einzelstaatlichen als auch gemeinschaftlichen Interessen und ist damit allen drei Regelungsmodellen zugänglich.

B. Koexistenzvölkerrecht, Kooperationsvölkerrecht und internationales Gemeinschaftsrecht: Strukturen im Vergleich

Um darzulegen, warum die aufgezeigten Entwicklungen die Erfassung in einer dritten Stufe der Völkerrechtsentwicklung rechtfertigen und wodurch sich diese dritte Phase auszeichnet, bietet es sich an, das internationale Gemeinschaftsrecht mit dem Koexistenzvölkerrecht sowie dem Kooperationsvölkerrecht zu vergleichen. Dabei werden im Hinblick auf verschiedene Merkmale der Völkerrechtsordnung zunächst die koexistenzrechtliche sowie die koordinationsrechtliche Konzeption dargestellt, so wie sie sich aus der in der Völkerrechtswissenschaft getroffenen Differenzierung – entweder durch *Friedmann* selbst oder durch seine Rezipienten – ergeben. Dem wird sodann die jeweilige Konzeption des internationalen Gemeinschaftsrechts gegenüber gestellt, wie sie sich auf der Grundlage des hier vertretenen Ansatzes ergibt und wie sie sich aus der Betrachtung der herausgestellten gemeinschaftsrechtlichen Elemente in der Völkerrechtswirklichkeit ableiten lässt.

I. Funktion des Völkerrechts

Koexistenzvölkerrecht, Kooperationsvölkerrecht und internationales Gemeinschaftsrecht lassen bereits ein unterschiedliches Verständnis von der Funktion der Rechtsordnung erkennen, ein Unterschied, der mit der tatsächlichen Ausgestaltung des internationalen Systems zusammenhängt. Auch wenn es verfehlt wäre, von einem einheitlichen sozialen Hintergrund des Koexistenzvölkerrechts auszugehen, baut das Koexistenzvölkerrecht auf bestimmten soziologischen Grundannahmen auf. So geht das Koexistenzvölkerrecht davon aus, dass das internationale System allein aus Staaten besteht. Es teilt die Annahme des politischen Realismus, dass das Verhältnis zwischen den Staaten von antagonistischen Partikularinteressen geprägt ist, geht also von einem Staatengesellschaftssystem aus, in dem keine gemeinsamen Interessen und keine den Staaten übergeordnete Gemeinschaft bestehen.[13] Die Funktion des Koexistenzvölkerrechts besteht daher allein in der Abgrenzung von

[13] *Friedmann* (Fn. 1), S. 4 f.; *Tomuschat* (Fn. 2), S. 56 f.; *Abi-Saab* (Fn. 2), S. 251; *Fassbender* (Fn. 2), S. 234.

Kompetenzbereichen der einzelnen Staaten.[14] Die Staaten sollen weitgehend von einander abgeschirmt werden; die Einmischung in die inneren Angelegenheiten eines Staates ist unerwünscht.

Der Entwurf des Kooperationsvölkerrechts von *Friedmann* geht hingegen von dem Befund aus, dass das internationale System einen Wandel erfahren hat, den das Völkerrecht als normatives Pendant widerspiegelt: die Ausbreitung des internationalen Systems über den Kreis westlicher Staaten hinaus, die Befassung mit neuen Materien, wie insbesondere der Wirtschafts- und Entwicklungszusammenarbeit, und das Auftreten neuer Herausforderungen.[15] Grundlage des Kooperationsvölkerrechts bildet danach die Einsicht, dass auch in der Staatengemeinschaft gemeinsame Interessen bestehen, die ein kollektives Vorgehen notwendig machen.[16] Entsprechend der funktionalen Ausrichtung des Kooperationsvölkerrechts bildet das Völkerrecht den Rahmen für die zwischenstaatliche Kooperation.[17]

Das internationale Gemeinschaftsrecht wird bestimmt von den Herausforderungen der Globalisierung[18] auf der einen Seite und dem minimalen Bestand gemeinsamer Werte und Interessen andererseits.[19] Diese begründen das Erfordernis und die Möglichkeit des internationalen Gemeinschaftsrechts. Das internationale Gemeinschaftsrecht zieht aus diesem dem Kooperationsvölkerrecht vergleichbaren Befund jedoch eine weitergehende Konsequenz für die Funktion des Völkerrechts. Während das Kooperationsvölkerrecht sich damit begnügt, den Rahmen für die freiwillige Kooperation der Staaten darzustellen, zeichnet sich das internationale Gemeinschaftsrecht in der hier entwickelten Konzeption

---

[14] *Friedmann* (Fn. 1), S. 60 f.; *Khan/Paulus* (Fn. 2), S. 230; *Nettesheim* (Fn. 2), S. 570; *Yee* (Fn. 2), S. 20; *Cottier* (Fn. 2), S. 414; *Tomuschat* (Fn. 2), S. 57 f.; *Prosper Weil*, Towards Relative Normativity in International Law?, AJIL 77 (1983), S. 413; *Bleckmann* (Fn. 2), S. 759 ff. spricht daher von Kompetenzvölkerrecht; in diesem Sinne bereits *David Mitrany*, A Working Peace System, 1943, S. 51: „keep them peacefully apart".

[15] *Friedmann* (Fn. 1), S. xiii sowie S. 3 ff.; Zusammenfassung auf S. 365.

[16] *Friedmann* (Fn. 1), S. 61 f.; *Khan/Paulus* (Fn. 2), S. 231; *Nettesheim* (Fn. 2), S. 571; *Abi-Saab* (Fn. 2), S. 251; *Albert Bleckmann*, Völkerrecht, 2001, S. 238 f.

[17] *Abi-Saab* (Fn. 2), S. 251 f; *Mitrany* (Fn. 14), S. 51: „bring them actively together".

[18] Dazu oben 2. Kap.

[19] Dazu oben 4. Kap.

gerade dadurch aus, dass Staaten ausnahmsweise auch ohne oder gegen ihren Willen rechtlich eingebunden werden sollen – zumindest im Hinblick auf die Bindung an Gemeinschaftsnormen von fundamentaler Bedeutung.

II. Organisation der Völkerrechtsgemeinschaft

Kennzeichnend für das klassische Koexistenzvölkerrecht ist die Abwesenheit internationaler Organisationen. Es kennt keine „Gemeinschaftsorgane" und ist durch eine anarchische Struktur geprägt.[20]

Im Zentrum des Kooperationsvölkerrechts hingegen steht der organisatorische Zusammenschluss von Staaten.[21] Insbesondere *Friedmann* sah in der zunehmenden Schaffung internationaler Organisationen einen Entwicklungsprozess, der zunächst funktional begrenzt sei, sich aber schließlich in der effektiven organisierten Befassung mit allen wesentlichen Problemen von internationalem Belang niederschlagen würde.[22] Und auch ohne überhöhte Erwartungen an die Leistungsfähigkeit internationaler Organisationen stellen diese das wesentliche Forum für die Kooperation von Staaten dar, dienen der institutionellen Absicherung der Zusammenarbeit und der Verfolgung von Gemeinschaftsinteressen.[23] Kennzeichen der internationalen Organisationen im Kooperationsvölkerrecht ist jedoch, dass sie den Staaten zwar die Möglichkeit der institutionellen Kooperation eröffnen, diese aber nicht dazu zwingen können: Der Beitritt zu internationalen Organisationen hängt von einem willentlichen Akt jedes einzelnen Staates ab, und der Austritt aus einer Organisation wird als souveränes Recht angesehen.[24] Auch die Entscheidungsfindung innerhalb internationaler Organisationen ist von Staaten dominiert, so dass diese immer noch *Staaten*organe darstellen.[25]

---

[20] *Khan/Paulus* (Fn. 2), S. 230; *Abi-Saab* (Fn. 2), S. 252: „completely non-institutional and non-organic form of law"; *Jost Delbrück*, Structural Changes in the International System and its Legal Order: International Law in the Era of Globalization, SZIER 2001, S. 1 (3 f.).

[21] *Nettesheim* (Fn. 2), S. 571; *Bleckmann* (Fn. 16), S. 237 ff.; *Tomuschat* (Fn. 2), S. 59 ff.; *Khan/Paulus* (Fn. 2), S. 231; *Abi-Saab* (Fn. 2), S. 252 sowie S. 256.

[22] *Friedmann* (Fn. 1), S. 378; zur Skepsis hieran nur *Paulus* (Fn. 1), S. 185.

[23] *Friedmann* (Fn. 1), S. 367.

[24] *Nettesheim* (Fn. 2), S. 571.

[25] *Khan/Paulus* (Fn. 2), S. 231.

Das internationale Gemeinschaftsrecht unterscheidet sich vom kooperationsrechtlichen Ansatz zur internationalen Organisation durch Tendenzen dahingehend, von der strikt willensabhängigen Beteiligung der Staaten an der Arbeit internationaler Organisationen abzugehen. Zwar gilt auch hier der Grundsatz, dass ein Staat regelmäßig nur durch seine Zustimmung zur Satzung der Organisation Mitglied wird und auch nur in diesem Fall an das Sekundärrecht der Organisation gebunden ist. Gleichzeitig entwickeln aber insbesondere die Verfassungen internationaler Organisationen in begrenztem Umfang Drittwirkung für Nicht-Mitgliedstaaten, wie vor allem die Anerkennung objektiver Rechtspersönlichkeit der Vereinten Nationen und die Praxis des Sicherheitsrates, Beschlüsse mit Bindungswirkung zu Lasten von Nichtmitgliedstaaten zu erlassen,[26] belegen. Auch zeigen sich Tendenzen dahingehend, den Austritt aus internationalen Organisationen einzuschränken.[27] Die hier vertretene Konzeption des internationalen Gemeinschaftsrechts als eigenständige Rechtsquelle lässt diese Form der völkerrechtlichen Bindung von Staaten auch ohne oder gegen ihren Willen in Ausnahmefällen im überragenden Interesse der Gemeinschaft zu.

Gleichzeitig akzeptiert das internationale Gemeinschaftsrecht die defizitäre Organisationsstruktur der geltenden Völkerrechtsordnung. Zunehmende Institutionalisierung und Gemeinschaftsbildung ist zwar erstrebenswert, nichtsdestotrotz entwickeln sich Ansätze, die eine normative Weiterentwicklung auch ohne weitergehende Institutionenbildung zulassen: Das internationale Gemeinschaftsrecht als Ausdruck der Legislativfunktion der internationalen Gemeinschaft knüpft in vielfacher Hinsicht an Entschließungen bestehender internationaler Organisationen an, ohne einen institutionalisierten „Weltgesetzgeber" vorauszusetzen. Und im Rahmen der Durchsetzungsstrukturen wird weniger auf eine „Weltexekutive" gebaut als auf eine Öffnung des Rechtsdurchsetzungsprozesses für nicht unmittelbar betroffene Staaten, die treuhänderisch die Rechte der internationalen Gemeinschaft wahrnehmen. Internationale Organisationen dienen nach dem hier vertretenen Verständnis dazu, die Gemeinschaftsorientierung der Staaten bei der Durchführung des internationalen Gemeinschaftsrechts sicherzustellen. Das internationale Gemeinschaftsrecht „funktioniert" grundsätzlich auch ohne weitergehende internationale Zentralisierung.

---

[26] Dazu oben 6. Kap., B. IV. 2.

[27] Dazu oben 6. Kap., B. VI.

III. Inhaltliche Ausgestaltung der Rechtsordnung

Die Normen des Koexistenzvölkerrechts spiegeln Einzelinteressen der Staaten wider.[28] Wesentliche Normen dieser Regelungsmaterie sind das Gewaltverbot sowie das Interventionsverbot und das damit zusammenhängende Prinzip der staatlichen Souveränität.[29] Damit einher geht die weit reichende Anerkennung eines *domaine réservé*, der dem Zugriff von außen verweigert bleibt.[30] Diese inhaltliche Ausgestaltung der Rechtsnormen schlägt sich in der Normierungstechnik sowie der Normstruktur nieder: Normen des Koexistenzvölkerrechts sind meist negativ formuliert und statuieren Verbote.[31]

Im Kooperationsvölkerrecht erhalten Normen Eingang in die Völkerrechtsordnung, die sich nicht als Ausdruck von Individualinteressen verstehen lassen, sondern Gemeinschaftsinteressen widerspiegeln.[32] Der Regelungsbereich des Völkerrechts wird ausgedehnt, nur wenige Sachmaterien sind einer völkerrechtlichen Regelung kategorisch entzogen, das Völkerrecht wirkt in zunehmendem Maße in die innerstaatliche Rechtsordnung hinein.[33] Gleichwohl liegt dem Kooperationsvölkerrecht – jedenfalls in der Konzeption von *Friedmann* – ein nur begrenztes Verständnis von Gemeinschaftsinteressen zugrunde.[34] Denn Gemeinschaftsinteressen werden nicht vollständig von den Individualinteressen losgelöst, sondern Einzelinteressen werden vor dem Hintergrund des Bestehens gemeinsamer Herausforderungen umdefiniert:

---

[28] *Friedmann* (Fn. 1), S. 60 f.; *Yee* (Fn. 2), S. 21; *Cottier* (Fn. 2), S. 414; *Paulus* (Fn. 1), S. 251 f.; *Bleckmann* (Fn. 2), S. 696; *Nettesheim* (Fn. 2), S. 570.

[29] *Louis Henkin*, International Law: Politics and Values, 1995, S. 100.

[30] *Khan/Paulus* (Fn. 2), S. 230; *Tomuschat* (Fn. 2), S. 57 f.

[31] *Abi-Saab* (Fn. 2), S. 252; *Verdross/Simma* (Fn. 2), S. 41; *Mitrany* (Fn. 14), S. 10.

[32] *Friedmann* (Fn. 1), S. 152 ff.; *Bleckmann* (Fn. 16), S. 31, 61; *Khan/Paulus* (Fn. 2), S. 231; *Tomuschat* (Fn. 2), S. 59 f.; *Yee* (Fn. 2), S. 26; *Juliane Kokott*, Souveräne Gleichheit und Demokratie im Völkerrecht, ZaöRV 64 (2004), S. 517 (519 f.); *Kadelbach* (Fn. 2), S. 11.

[33] Sehr weitgehend *Bleckmann* (Fn. 16), S. 31; zurückhaltender *Nico Schrijver*, The Changing Nature of State Sovereignty, BYIL 70 (1999), S. 65 (97).

[34] Siehe zu dieser Bewertung *Khan/Paulus* (Fn. 2), S. 238 f.

> „The challenge posed by the changes in the structure of contemporary international society does not eliminate the pivotal importance of self-interest in international relations; it does, however, radically affect the dimensions and objectives of self-interest.“[35]

Es sind weiterhin die Einzelinteressen der Staaten, die das internationale System und damit das Völkerrecht dominieren. Es liegt aber im eigenen Interesse der Staaten, gemeinsame Ziele zu verfolgen.[36] Mit der Anerkennung von Gemeinschaftsinteressen und der Notwendigkeit von Kooperation verbunden ist schließlich ein Wandel in der Regelungsstruktur der Normen. Viele Rechtssätze des Kooperationsvölkerrechts enthalten keine Verbote, sondern formulieren positive Verpflichtungen der Staaten.[37]

Das internationale Gemeinschaftsrecht ergänzt und erweitert die inhaltliche Ausgestaltung der Rechtsordnung, wie sie sich im Rahmen des Kooperationsvölkerrechts darstellt.[38] Die Regelung von Materien mit gemeinschaftlichem Belang ist weiter fortgeschritten,[39] und das internationale Gemeinschaftsrecht ist nicht darauf begrenzt, Regelungen zu treffen, die solche Gemeinschaftsinteressen beinhalten, die sich als Summe von Einzelinteressen begreifen lassen, sondern es kann auch Regelungen treffen, die allein gemeinschaftlichen Zielen dienen und nicht oder nur sehr mittelbar den einzelnen staatlichen Interessen zugute kommen.[40] Dies geht einher mit einer weitergehenden Erosion des *domaine réservé*.[41]

---

[35] *Friedmann* (Fn. 1), S. 367; ähnlich *Bleckmann* (Fn. 16), S. 67.

[36] *Cottier* (Fn. 2), S. 414 spricht daher im Hinblick auf das Kooperationsvölkerrecht zutreffend von der Verfolgung gemeinsamer (Staaten-)Interessen.

[37] *Abi-Saab* (Fn. 2), S. 252; *Verdross/Simma* (Fn. 2), S. 41.

[38] Überblick über die Entwicklung bei *Nettesheim* (Fn. 2), S. 571 ff.

[39] *Friedmann* (Fn. 1), S. 152 sah die Entwicklung neuer Regelungsmaterien noch im embryonischen Stadium.

[40] In diese Richtung auch die Beobachtung von *Khan/Paulus* (Fn. 2), S. 231 sowie S. 238 f.

[41] Siehe nur *Antônio Augusto Cançado Trindade*, International Law for Humankind: Towards a New Jus Gentium (I), RdC 316 (2005), S. 9 (211 ff.).

IV. Völkerrechtssubjekte

Die soziologische Grundannahme, dass auf internationaler Ebene allein Staaten eine Rolle spielen, das internationale System sich also nur aus zwischenstaatlichen Beziehungen zusammensetzt, schlägt sich im Koexistenzvölkerrecht normativ in der Konzeption der Völkerrechtssubjektivität nieder: Völkerrechtssubjekte sind – von einigen traditionellen Ausnahmen abgesehen – allein die Staaten, insbesondere ist das Individuum ein bloßes Objekt des Völkerrechts, von dessen Regelungen es allenfalls mittelbar betroffen ist.[42]

Auch das Kooperationsvölkerrecht erkennt den Staat als primäres Völkerrechtssubjekt an, erweitert den Kreis der Völkerrechtssubjekte aber um internationale Organisationen[43] sowie das Individuum,[44] ohne dabei die grundsätzliche Staatenzentriertheit als Grundaxiom des internationalen Systems aufzugeben.[45]

Das internationale Gemeinschaftsrecht schließlich erweitert den Kreis der Völkerrechtssubjekte um die internationale Gemeinschaft als Ganzes, die als eigenständiger Träger von Rechten und Pflichten in Erscheinung tritt.[46]

V. Rechtsetzung

Kennzeichen der Rechtsentstehung im Koexistenzvölkerrecht ist die umfassende Orientierung am Willen der Staaten. Ein Staat ist ausschließlich an diejenigen Normen des Völkerrechts gebunden, denen er konkludent oder ausdrücklich zugestimmt hat.[47] Das wesentliche Instrument der Rechtsetzung stellt das schwerfällige und von staatlicher Praxis abhängige Völkergewohnheitsrecht dar.[48]

---

42 Statt aller *Yee* (Fn. 2), S. 20 f.; *Delbrück* (Fn. 2), S. 404.

43 *Friedmann* (Fn. 1), S. 368 f. sowie S. 374 ff.; *Delbrück* (Fn. 2), S. 406.

44 *Friedmann* (Fn. 1), S. 232 ff.

45 *Khan/Paulus* (Fn. 2), S. 232.

46 Dazu oben 8. Kap.

47 *Khan/Paulus* (Fn. 2), S. 230; *Nettesheim* (Fn. 2), S. 570.

48 *Friedmann* (Fn. 1), S. 121; *Yee* (Fn. 2), S. 21.

Auch das Kooperationsvölkerrecht bleibt den konsensgeprägten Normentstehungsmechanismen verhaftet.[49] Allerdings sind multilaterale Verträge das primäre Gestaltungselement des Kooperationsvölkerrechts,[50] und auch allgemeine Rechtsgrundsätze, Resolutionen der Generalversammlung und Deklarationen internationaler Konferenzen erlangen zunehmend Bedeutung.[51] Abweichungen von der Einstimmigkeitsregel sah *Friedmann* nur im Hinblick auf Vorbehalte zu völkerrechtlichen Verträgen sowie im Rahmen von Vertragsrevisionen.[52]

Das internationale Gemeinschaftsrecht hält im Grundsatz am Konsenserfordernis fest, sieht aber unter engen Voraussetzungen die Möglichkeit vor, einen Staat auch ohne oder gegen seinen Willen an völkerrechtliche Normen zu binden.[53] Damit löst es sich aus der auf den Einzelstaat fokussierten Betrachtung der Rechtsquellenlehre und bricht mit einem Dogma des klassischen Völkerrechts. Zudem erfährt die Institutionalisierung der Rechtsetzung im Rahmen internationaler Organisationen und multilateraler Vertragskonferenzen eine weitere Verfestigung.

VI. Rechtsdurchsetzung

Rechtsdurchsetzung im Koexistenzvölkerrecht vollzieht sich ausschließlich im bilateralen Rechtsverhältnis zwischen den Staaten.[54] Der Rechtsbruch kann nur mit Zwang sanktioniert werden, reziproke Gegenmaßnahmen, Repressalien, Selbstverteidigung und – bis zur endgültigen Ächtung durch Art. 2 Nr. 4 UN-Charta – Krieg stellen die Durchsetzungsinstrumente des Koexistenzvölkerrechts dar.[55]

Das Kooperationsvölkerrecht versucht, Rechtsdurchsetzung durch militärischen oder wirtschaftlichen Zwang nicht mehr im bilateralen Austauschverhältnis stattfinden zu lassen, sondern entwickelt mit Kapitel

---

49 Vgl. *Müller-Wewel* (Fn. 2), S. 317.

50 *Friedmann* (Fn. 1), S. 123 ff.; *Abi-Saab* (Fn. 2), S. 255; *Yee* (Fn. 2), S. 24.

51 *Friedmann* (Fn. 1), S. 188 ff.; siehe auch *Yee* (Fn. 2), S. 24.

52 *Friedmann* (Fn. 1), S. 125 ff.

53 Dazu oben 6. Kap. und 9. Kap.

54 Zum koexistenzrechtlichen Charakter dieser Konzeption *Fassbender* (Fn. 2), S. 245.

55 *Abi-Saab* (Fn. 2), S. 253; *Yee* (Fn. 2), S. 21; *Khan/Paulus* (Fn. 2), S. 230.

VII der UN-Charta erste Ansätze einer zentralisierten Rechtsdurchsetzung. Zudem gewinnt ein neuer Ansatz der Rechtsdurchsetzung an Bedeutung. Da aufgrund der faktischen Interdependenzen jeder Staat ein vitales Eigeninteresse an internationaler Zusammenarbeit und Partizipation hat, wird darauf vertraut, dass die Staaten für die Einhaltung des Kooperationsvölkerrechts Sorge tragen.[56] Der Ausschluss des sich nicht rechtskonform verhaltenden Staates von der Zusammenarbeit stellt daher die zentrale Sanktion des Kooperationsvölkerrechts dar[57] – ohne dass „harte" Sanktionen ihre Bedeutung im System verlieren.

Auch das internationale Gemeinschaftsrecht legt die Durchsetzung der Allgemeininteressen in weiten Teilen in die Hände der Staaten. Zentralisierte Rechtsdurchsetzung findet hier ebenfalls nur ausnahmsweise statt. Neben den „weichen" Durchsetzungsmechanismen des Kooperationsvölkerrechts greift das internationale Gemeinschaftsrecht aber auch auf die „harten" Sanktionen des Koexistenzvölkerrechts zurück. Gegenmaßnahmen können der Durchsetzung von Gemeinschaftsnormen dienen. Anders als das Koexistenzvölkerrecht überlässt das internationale Gemeinschaftsrecht jedoch die Rechtsdurchsetzung nicht dem verletzten Staat. Wenn Gemeinschaftsnormen verletzt sind, ist eine Verpflichtung gegenüber der internationalen Gemeinschaft als Ganzes verletzt. Jeder Staat kann dann in seiner Funktion als Mitglied der internationalen Gemeinschaft und im Interesse der internationalen Gemeinschaft gegen die Rechtsverletzung vorgehen.[58]

VII. Stellung des Staates

Die bisher behandelten Charakteristika des Koexistenzvölkerrechts schlagen sich in der grundsätzlichen Konzeption des Staates im internationalen System nieder. Der Staat wird nicht nur als Erschaffer des Völkerrechts angesehen, sondern auch als Zweck der Rechtsordnung.

---

[56] So insbesondere *Bleckmann* (Fn. 2), S. 782 ff.

[57] *Friedmann* (Fn. 1), S. 88 ff.; *Abi-Saab* (Fn. 2), S. 253; *Yee* (Fn. 2), S. 26; ausführlich hierzu *Abram Chayes/Antonia Handler Chayes*, The New Sovereignty: Compliance with International Regulatory Agreements, 1995; kritisch zur Einseitigkeit des Entwurfs *Harold Hongju Koh*, Why Do Nations Obey International Law?, Yale L.J. 106 (1997), S. 2599 (2639); *Leben* (Fn. 1), S. 401.

[58] Dazu oben 7. Kap.

Gleichzeitig tritt der Staat im internationalen System stets als geschlossene Einheit in Erscheinung, die als solche mit anderen geschlossenen Einheiten in Kontakt tritt.[59]

Die Stellung des Staates im internationalen System wird durch das Kooperationsvölkerrecht nicht grundsätzlich in Frage gestellt.[60] Die Rechtsordnung ist weiterhin auf den einzelnen Staat und seine Interessen fixiert, Gemeinschaftsinteressen erhalten nur insofern Berücksichtigung als sie Staateninteressen entsprechen. Die Völkerrechtssubjektivität anderer internationaler Akteure wird nur zögerlich anerkannt. Allerdings treten im Kooperationsvölkerrecht die Defizite der staatszentrierten Ordnung deutlich zu Tage,[61] insbesondere dadurch, dass universell verbindliche Normen zum Schutz von Gemeinschaftsinteressen nur mit Zustimmung jedes einzelnen Staates entstehen können.

Das internationale Gemeinschaftsrecht akzeptiert den Staat als Grundeinheit des internationalen Systems, weicht jedoch von dem Paradigma der Staatszentriertheit der Rechtsordnung in mehrfacher Hinsicht ab: Zum einen erkennt es die Bedeutung des Willens jedes einzelnen Staates nicht mehr uneingeschränkt an, indem es nicht-konsensuale Rechtsetzung zulässt. Damit wird zumindest punktuell die Rolle des Staates als Mitglied der internationalen Gemeinschaft stärker betont als seine Stellung als frei handelndes Rechtssubjekt. Die Stellung des Staates in der Rechtsordnung wird relativiert durch die zunehmende Anerkennung neuer Völkerrechtssubjekte sowie die faktische Relevanz über- und nicht-staatlicher Akteure in den Bereichen der Rechtsetzung und Rechtsdurchsetzung. Schließlich wird mit dem Dogma der staatlichen Impermeabilität in mehrfacher Hinsicht gebrochen:[62] Die Anerkennung des Individuums als unmittelbares Rechtssubjekt des Völkerrechts, die zunehmende Betroffenheit des Individuums von völkerrechtlichen Regelungen sowie die Verringerung des dem Völkerrecht entzogenen *domaine réservé* gehen einher mit dem faktischen Steuerungsverlust des einzelnen Staates durch zunehmende transnationale Aktivitäten. Der Staat erscheint als funktionale Einheit der Völkerrechtsordnung, in die

---

59 *Nettesheim* (Fn. 2), S. 570; *Abi-Saab* (Fn. 2), S. 253.

60 Vgl. *Müller-Wewel* (Fn. 2), S. 317.

61 *Georg Dahm/Jost Delbrück/Rüdiger Wolfrum*, Völkerrecht, Bd. I/1, 2. Aufl. 1989, S. 11 f.

62 Dies sieht *Cottier* (Fn. 2), S. 415 ff. als wesentliches Kennzeichen einer dritten Stufe der Völkerrechtsentwicklung an.

er sowohl *de iure* als auch *de facto* mit zunehmender Intensität eingebunden ist.[63]

VIII. Stellung des Individuums

Im Koexistenzvölkerrecht spielt das Individuum kaum eine Rolle: Weder ist es als Rechtssubjekt anerkannt, noch reflektiert das Recht in besonderem Maße die Interessen der Staatsbevölkerungen oder gar der Weltbevölkerung.

In der kooperationsrechtlichen Konzeption des Völkerrechts erlangt das Individuum in zweierlei Hinsicht Bedeutung. Zum einen wird seine Völkerrechtssubjektivität zunehmend anerkannt; zum anderen erfährt die Rechtsordnung substantiell eine vorsichtige perspektivische Erweiterung, indem sie Menschheitsanliegen und das Wohlergehen des Individuums in ihre Zielsetzung mit aufnimmt.[64]

Diese zunehmende Ausrichtung des Völkerrechts am Individuum wird im internationalen Gemeinschaftsrecht – zumindest in seiner idealtypischen Konstruktion – fortgeführt. Die bei *Friedmann* angedeutete Relevanz von „menschlichen" Interessen für das Völkerrecht findet zunehmende Akzeptanz. Die diskutierten Gemeinschaftsinteressen dienen in letzter Instanz den Interessen der Menschheit und weniger den individuellen Belangen von Staaten. Der Staat erscheint nicht mehr als Selbstzweck, sondern dient der Vermittlung der Belange seiner Bürger auf die internationale Ebene. Entfaltung und Wohlergehen des Individuums sind die ultimativen Ziele des Völkerrechts im Zeitalter der Globalisierung.[65]

---

63 *Tomuschat* (Fn. 2), S. 161; *Armin von Bogdandy*, Constitutionalism in International Law: Comment on a Proposal from Germany, Harv. Int'l L.J. 47 (2006), S. 223 (227 ff.).

64 *Friedmann* (Fn. 1), S. 368; *Paulus* (Fn. 1), S. 181.

65 *Yee* (Fn. 2), S. 19.

IX. Bedeutung der Souveränität

Die gewandelte Stellung des Staates in der Völkerrechtsordnung wirft die Frage nach dem Bedeutungsgehalt von Souveränität als einem Kernprinzip des Völkerrechts auf. Souveränität wird regelmäßig definiert als höchste Gewalt nach innen und Unabhängigkeit nach außen.[66] Der Grundsatz der äußeren Souveränität beinhaltet, dass die Staaten untereinander keiner überstaatlichen Macht, sondern allein dem vom zwischenstaatlichen Konsens getragenen Völkerrecht unterworfen sind.[67] Veränderungen im internationalen System haben zwar dazu geführt, dass der Souveränitätsbegriff in der Lehre von den internationalen Beziehungen als weitgehend überkommen gilt,[68] als Rechtsbegriff und Prinzip der Völkerrechtsordnung kommt ihm aber weiterhin immense Bedeutung zu.[69] Der Entwicklung eines zeitgemäßen Verständnisses von Souveränität[70] kommt entgegen, dass Souveränität sich als *historisches*[71] und *wandelbares*[72] Konzept erwiesen hat, dessen Inhalt und Bedeutung

---

[66] Statt vieler *Bardo Fassbender/Albert Bleckmann*, in: Bruno Simma (ed.), The Charter of the United Nations, A Commentary, Vol. I, 2nd ed. 2002, Art. 2(1), Rn. 3; *Markus Kotzur*, Souveränitätsperspektiven – entwicklungsgeschichtlich, verfassungsstaatlich, staatenübergreifend betrachtet, JöR n.F. 52 (2004), S. 197 (202).

[67] *Verdross/Simma* (Fn. 2), S. 29.

[68] Exemplarisch *Reimund Seidelmann*, Souveränität, in: Wichard Woyke (Hrsg.), Handwörterbuch Internationale Politik, 11. Aufl. 2008, S. 467 (470).

[69] Für eine vehemente Verteidigung der Souveränität als (reinen) Rechtsbegriff siehe insbesondere *Christian Hillgruber*, Souveränität – Verteidigung eines Rechtsbegriffs, JZ 2002, S. 1072 ff.; *Udo Di Fabio*, Das Recht offener Staaten, 1998, S. 124; zur Kritik am Souveränitätsbegriff *Manfred Baldus*, Zur Relevanz des Souveränitätsproblems für die Wissenschaft vom Öffentlichen Recht, Der Staat 36 (1997), S. 381 (383 ff.); zur Bedeutung in der Praxis *Bardo Fassbender*, Die Souveränität des Staates als Autonomie im Rahmen der völkerrechtlichen Verfassung, in: Heinz-Peter Mansel (Hrsg.), Festschrift für Erik Jayme, Bd. 2, 2004, S. 1089 (1093).

[70] Hierzu *Kotzur* (Fn. 66), S. 201; *Utz Schliesky*, Souveränität und Legitimität von Herrschaftsgewalt, 2004, S. 507 f.; dagegen *Kokott* (Fn. 32), S. 523 f.

[71] *Thomas J. Biersteker/Cynthia Weber*, The Social Construction of State Sovereignty, in: dies. (eds.), State Sovereignty as Social Construct, 1996, S. 1 (2 f.); *Helmut Steinberger*, Sovereignty, in: Rudolf Bernhardt (ed.), EPIL, Vol. IV, 2000, S. 500 (501 ff.).

[72] *Walther Schücking*, Die Organisation der Welt, 1909, S. 82; *Schrijver* (Fn. 33), S. 70; *Müller-Wewel* (Fn. 2), S. 163 f.

im Laufe der Geschichte unterschiedliche Gestalt angenommen haben. Und ein kurzer Blick in diese geschichtliche Entwicklung zeigt die *funktionale* Dimension des Souveränitätskonzepts auf.[73] Die Herausbildung theoretischer Konzepte der Souveränität erfolgte stets vor dem Hintergrund eines bestimmten politischen Kontexts und war von einem entsprechenden Telos motiviert.[74] Herausbildung und Wandel der Souveränität erfolgten, um die Ausübung von Herrschaftsgewalt den tatsächlichen und aktuellen Herausforderungen anzupassen.[75] Souveränität ist danach kein Selbstzweck, sondern dient der Verfolgung politischer und gesellschaftlicher Ziele.

Im Koexistenzvölkerrecht stellt Souveränität das grundlegende Rechtsprinzip dar.[76] In seiner negativen Dimension gewährt es dem Staat ein Abwehrrecht gegen Eingriffe und Einflussnahme von außen.[77] Die rechtliche Gewährleistung dieses Abwehrrechts erfolgt über das Gewaltverbot, das Selbstverteidigungsrecht sowie das Interventionsverbot.[78] In seiner positiven Ausprägung gewährt Souveränität eine generelle Handlungsfreiheit des Staates. Deutlichen Niederschlag erfährt dieses Verständnis von Souveränität im Ausspruch von *Max Huber* in der schiedsgerichtlichen Entscheidung des *Island of Palmas*-Falles:

---

[73] Hierzu insbesondere *Perrez* (Fn. 2), S. 175 ff.; *Schliesky* (Fn. 70), S. 507 ff.

[74] Treffend *Peter Häberle*, Zur gegenwärtigen Diskussion um das Problem der Souveränität, AöR 92 (1967), S. 259 (265); *Kotzur* (Fn. 66), S. 201; *Perrez* (Fn. 2), S. 175.

[75] *Hans Boldt*, Souveränität, in: Otto Brunner (Hrsg.), Geschichtliche Grundbegriffe, Bd. 6, 1990, S. 108; *Perrez* (Fn. 2), S. 19 ff.; *Helmut Quaritsch*, Souveränität: Entstehung und Entwicklung des Begriffs in Frankreich und Deutschland vom 13. Jh. bis 1806, 1986, S. 49.

[76] *Abi-Saab* (Fn. 2), S. 254; *Yee* (Fn. 2), S. 21; *Albert Bleckmann*, Das Souveränitätsprinzip im Völkerrecht, AVR 23 (1985), S. 450 (464 ff.).

[77] *Georg Schwarzenberger*, The Forms of Sovereignty: An Essay in Comparative Jurisprudence, CLP 1957, S. 264 (268 ff.); *Bleckmann* (Fn. 76), S. 464 f.

[78] Statt vieler *Stefan Oeter*, Souveränität – ein überholtes Konzept?, in: Hans-Joachim Cremer (Hrsg.), Tradition und Weltoffenheit des Rechts, Festschrift für Helmut Steinberger, 2002, S. 259 (279); zur Souveränität als Schutzgut des Interventionsverbotes *Detlev Christian Dicke*, Die Intervention mit wirtschaftlichen Mitteln im Völkerrecht, 1978, S. 18 ff.

> „Sovereignty in the relation between States signifies independence. Independence in regard to a portion of the globe is the right to exercise therein, to the exclusion of any other State, the functions of a State.“[79]

Diese freiheitsrechtliche Konstruktion der Souveränität als Abwehrrecht und Handlungsfreiheit steht im Zentrum der koexistenzvölkerrechtlichen Konzeption.[80]

Auch das Kooperationsvölkerrecht ist noch weitgehend „souveränitätszentriert“.[81] Allerdings erfahren sowohl der Inhalt als auch die Funktion der Souveränität einen zumindest partiellen Wandel. Die im Kooperationsvölkerrecht an Bedeutung gewinnenden interdependenten Herausforderungen an den Staat verdeutlichen, dass eine als weitgehende Freiheit des Staates verstandene Souveränität nur als rechtliche Fiktion denkbar ist.[82] Auch wenn das juristische Schrifttum in den faktischen Interdependenzen kein Problem für das rechtliche Souveränitätsprinzip sieht,[83] wird ein problematisches Auseinanderklaffen von normativem Anspruch und tatsächlicher Möglichkeit ungebundenen staatlichen Handelns deutlich. Angesichts des Erfordernisses der Kooperation zur Verwirklichung gemeinsamer Interessen steht im Kooperationsvölkerrecht weniger die abwehrrechtliche Funktion der Souveränität im Vordergrund als ihre Dimension als positives Teilhaberecht.[84] Das Recht, völkervertragliche Bindungen einzugehen, das der StIGH bereits in der *Wimbledon*-Entscheidung als Ausübung staatlicher Souveränität qualifizierte,[85] erscheint bedeutsamer als die ungebundene Freiheit des Staates. Souveräne Gleichheit bedeutet danach Gleichheit im Hinblick auf die Beteiligung an internationalen Entscheidungsprozessen.[86]

---

79 *Island of Palmas (Netherlands v. United States)*, RIAA, Vol. II (1928), S. 829 (838).

80 *Fassbender* (Fn. 69), S. 1092; *Torsten Stein/Christian von Buttlar*, Völkerrecht, 12. Aufl. 2009, S. 177; *Magdalena M. Martin Martinez*, National Sovereignty and International Organizations, 1996, S. 65.

81 *Dicke* (Fn. 4), S. 31.

82 *Abi-Saab* (Fn. 2), S. 253.

83 So insbesondere *Hillgruber* (Fn. 69), S. 1073; *Di Fabio* (Fn. 69), S. 124.

84 Siehe hierzu *Bleckmann* (Fn. 76), S. 469; *Fassbender* (Fn. 69), S. 1097 f.; *Mosler* (Fn. 2), S. 13; *Chayes/Chayes* (Fn. 57), S. 27; *Anne-Marie Slaughter*, International Law in a World of Liberal States, EJIL 6 (1994), S. 503 (537).

85 *S.S. „Wimbledon“*, PCIJ Reports Series A, Nr. 1 (1923), S. 25.

86 *Abi-Saab* (Fn. 2), S. 253.

Im internationalen Gemeinschaftsrecht kann Souveränität weder in tatsächlicher noch in rechtlicher Hinsicht als Unabhängigkeit nach außen verstanden werden.[87] Die partiell subordinationsrechtliche Stellung des Staates gegenüber Organen internationaler Organisationen und insbesondere die herausragende Stellung des UN-Sicherheitsrates stehen einem Verständnis von Souveränität als „Nichtunterworfensein unter eine höhere Instanz" entgegen.[88] Und mit der Anerkennung von Normbindung ohne oder sogar gegen den Willen einzelner Staaten wird mit einem klassischen Souveränitätsdogma gebrochen.[89] Rechtliche Souveränität ist danach nicht mit Unabhängigkeit gleichzusetzen – eine Unabhängigkeit, die der Realität des interdependenten internationalen Systems ohnehin nicht zu entsprechen vermag –, sondern zu begreifen als autonomer Spielraum innerhalb des stetig enger werdenden völkerrechtlichen Rahmens, den die internationale Gemeinschaft dem einzelnen Staat überlässt.[90]

Und auch im Hinblick auf die Funktion der Souveränität unterscheidet sich das internationale Gemeinschaftsrecht vom Koexistenz- und Kooperationsvölkerrecht. Die bereits im Kooperationsvölkerrecht anzutreffende funktionelle Verlagerung von der abwehrrechtlichen zu einer teilhaberechtlichen Dimension der Souveränität findet ihre Fortführung und kulminiert zunehmend im so genannten „Souveränitätsparadoxon":[91] Da die Globalisierung die Handlungsmöglichkeiten sowie die Steuerungsfähigkeit des einzelnen Staates signifikant einschränkt, verliert Souveränität in ihrer „alten" Bedeutung als ungebundene Handlungsfreiheit an Bedeutung. Denn was nützt ein souveränes Recht, wenn

---

[87] So auch *Fassbender* (Fn. 69), S. 1093; *Tomuschat* (Fn. 2), S. 70.

[88] *Tomuschat* (Fn. 2), S. 172; *Matthias Herdegen*, Völkerrecht, 8. Aufl. 2009, S. 200 f.; im Hinblick auf den UN-Sicherheitsrat auch *Hillgruber* (Fn. 69), S. 1076.

[89] Zum Zusammenhang zwischen Souveränität und Konsensprinzip *Oeter* (Fn. 78), S. 287.

[90] *Fassbender* (Fn. 69), S. 1094 ff.; *ders.* (Fn. 2), S. 241; treffend auch *Oeter* (Fn. 78), S. 285: „Aus der alten Allmachtsfiktion wird ein funktional begrenzter Status mit relativer Bedeutung."; früh bereits *Alfred Verdross*, Die Verfassung der Völkerrechtsgemeinschaft, 1926, S. 41, der den Staat begreift als „verhältnismäßig selbständige, verfassungsautonome Rechtsgemeinschaft innerhalb der Völkerrechtsgemeinschaft".

[91] Dazu ausführlich *Henry G. Schermers/Niels M. Blokker*, International Institutional Law, 4th ed. 2003, S. 1204; *Kotzur* (Fn. 66), S. 216; *Schrijver* (Fn. 33), S. 71 f.

der Staat mit der Ausübung dieses Rechts keinen Einfluss mehr auf das tatsächliche Geschehen üben kann? Interdependente Herausforderungen können nur angegangen und transnationale Prozesse nur gesteuert werden, wenn die Staaten untereinander in rechtlich geregeltem Rahmen kooperieren. Und diese Kooperation vollzieht sich im modernen Völkerrecht im Rahmen internationaler Organisationen, auf die zunehmend ehemals staatliche Hoheitsgewalt transferiert wird. Als Gegenleistung für diesen Transfer und für die damit verbundene Aufgabe souveräner Handlungsspielräume erhält der einzelne Staat ein Recht auf Teilhabe an den Entscheidungsvorgängen innerhalb der entsprechenden internationalen Organisation.[92] Er kann somit durch die freiwillige Einschränkung von Souveränität souveräne Handlungsspielräume zurückgewinnen. Souveränitätsaufgabe ist zur Souveränitätssicherung erforderlich.[93] Diese Entwicklung stellt sich als logische Konsequenz der funktionalen Ausrichtung des Souveränitätsprinzips dar. Denn wenn Souveränität keinen Selbstzweck darstellt, sondern einer möglichst effektiven Erfüllung hoheitlicher Funktionen sowie gesellschaftlicher Aufgaben dient, und einzelne hoheitliche Aufgaben nur noch im Verbund mit anderen Staaten erfüllt werden können, so muss Souveränität gemeinsam ausgeübt werden.[94] Souveränität verliert mit zunehmender Einbindung der Staaten in die internationale Rechts- und Institutionenordnung nicht an Bedeutung, sondern verändert sich inhaltlich sowie in der Form ihrer Ausübung. In den Worten von *Helmut Steinberger*:

> „The manifold legal obligations of States cooperating within this network of international instruments, while restraining their freedom of action, neither deprive States of their sovereign status nor diminish such status, but are a form of exercising sovereignty and may politically and economically rather enhance the preservation of their legal status of sovereignty.“[95]

Andere Autoren betonen, dass Souveränität nicht nur Rechte der Staaten begründe, sondern auch Verantwortlichkeiten und Pflichten bein-

---

[92] Siehe hierzu bereits *Mosler* (Fn. 2), S. 13.

[93] *Kotzur* (Fn. 66), S. 202.

[94] *Schücking* (Fn. 72), S. 82; *Ronald A. Brand*, External Sovereignty and International Law, Fordham Int'l L.J. 18 (1995), S. 1685 (1696 f.); pointiert auch *Perrez* (Fn. 2), S. 241: „Functionality Requires Cooperation“; siehe auch *Schliesky* (Fn. 70), S. 507 ff., der den Souveränitätsbegriff von der Staatsgewalt abkoppelt und an die Ausübung von Herrschaftsgewalt bindet.

[95] *Steinberger* (Fn. 71), S. 517.

halte.[96] Und zunehmend wird hervorgehoben, dass Souveränität keinen Selbstzweck des Staates darstelle, sondern sich vorrangig unter dem Gesichtspunkt des Selbstbestimmungsrechts des Staatsvolkes rechtfertige.[97]

X. Struktur der Rechtsordnung

Die Zusammenschau der einzelnen herausgestellten Merkmale der Völkerrechtsordnung in ihrer koexistenzrechtlichen, kooperationsrechtlichen sowie gemeinschaftsrechtlichen Konzeption erlaubt es nun abschließend, generelle Aussagen zur Struktur der Stufen der Völkerrechtsentwicklung zu treffen. Die strukturelle Besonderheit des klassischen Koexistenzvölkerrechts wird zuvörderst in seiner horizontalen Ausrichtung gesehen: Da das Völkerrecht primär – nach traditioneller

---

[96] Siehe beispielsweise *Schrijver* (Fn. 33), S. 95 ff.; *Henry G. Schermers*, Different Aspects of Sovereignty, in: Gerard Kreijen (ed.), State, Sovereignty and International Governance, 2002, S. 185 (191); *Perrez* (Fn. 2), S. 243 ff., der aus der Souveränität eine Verpflichtung zur Kooperation ableitet; *Helen Stacy*, Relational Sovereignty, Stan. L. Rev. 55 (2003), S. 2029 (2045): „sovereignty is the measure of care by government for its citizens"; speziell zur Verantwortung des Staates für die Umwelt *Kerstin Odendahl*, Die Umweltpflichtigkeit der Souveränität, 1998; S. 360 ff.; siehe auch *International Commission on Intervention and State Sovereignty*, The Responsibility to Protect, Report of the International Commission on Intervention and State Sovereignty, 2001, S. 8: „It is acknowledged that sovereignty implies a dual responsibility: externally – to respect the sovereignty of other states, and internally, to respect the dignity and basic rights of all the people within the state."; siehe dazu insbesondere *Tobias Stoll*, Responsibility, Sovereignty and Cooperation – Reflections on the „Responsibility to Protect", in: Doris König et al. (eds.), International Law Today: New Challenges and the Need for Reform?, 2008, S. 1 (10 ff.); *Markus Benzing*, Sovereignty and the Responsibility to Protect in International Criminal Law, in: Doris König et al. (eds.), International Law Today: New Challenges and the Need for Reform?, 2008, S. 17 (19 ff.); die konzeptionelle Verknüpfung von Souveränität und Verantwortung ist indes kein gänzlich neuer Gedanke, vgl. *Carsten Stahn*, Responsibility to Protect: Political Rhetoric or Emerging Legal Norm?, AJIL 101 (2007), S. 99 (111 ff.).

[97] Siehe insbesondere *Oeter* (Fn. 78), S. 281 ff.; *Hillgruber* (Fn. 69), S. 1077; *Tomuschat* (Fn. 88), S. 165 f.; *Fassbender* (Fn. 69), S. 1099; *Steinberger* (Fn. 71), S. 515 f.; *Hans-Joachim Heintze*, Völker im Völkerrecht, in: Knut Ipsen (Hrsg.), Völkerrecht, 5. Aufl. 2004, S. 389 (391); *Kokott* (Fn. 32), S. 529 ff.; *Kotzur* (Fn. 66), S. 214 f.; angedeutet auch bei *International Commission on Intervention and State Sovereignty* (Fn. 96), S. 7.

Sicht sogar ausschließlich – von den Staaten gesetzt wird und für die Staaten gilt, die „keinem rechtlich übergeordneten Verband eingegliedert sind",[98] stellt es in seiner koexistenzrechtlichen Ausprägung eine horizontale Rechtsordnung dar,[99] es wird als „Koordinationsrecht"[100] oder auch als „genossenschaftliches Recht"[101] bezeichnet. Es ist ein reines Staatensystem ohne zentrale Ordnungsgewalt,[102] ein Recht der Staatengesellschaft im Sinne von *Tönnies*.[103] Auch wenn das Koexistenzvölkerrecht im Laufe seiner Entwicklung grundlegende inhaltliche Veränderungen erfahren hat – wie insbesondere die Evolution vom freien Kriegsführungsrecht (*ius ad bellum*) zum umfassenden Gewaltverbot der UN-Charta[104] –, so hat diese Entwicklung die Struktur der Koexistenzvölkerrechtsordnung nicht berührt.

Mit dem Kooperationsvölkerrecht erfährt ein gemeinschaftliches Element Eingang in das Staatengesellschaftsrecht.[105] Zahlreiche rechtliche Entwicklungen, die die klassische Konzeption des Völkerrechts in Frage stellen, haben ihren Ursprung im Kooperationsvölkerrecht: die zunehmende Anerkennung der faktischen Interdependenz, die Etablierung überstaatlicher internationaler Organisationen sowie die Ausweitung des Kreises der Völkerrechtssubjekte. Dennoch bleibt das Kooperationsvölkerrecht in struktureller Hinsicht im Wesentlichen dem koexistenzrechtlichen Staatengesellschaftsmodell verhaftet.[106] Zwar erhalten

---

98 *Hermann Mosler*, Völkerrecht als Rechtsordnung, ZaöRV 36 (1976), S. 6 (16).

99 Statt vieler *Antonio Cassese*, International Law, 2nd ed. 2005, S. 5; *Mosler* (Fn. 2), S. 15; *ders.*, The International Society as a Legal Community, 1980, S. 1.

100 *Verdross/Simma* (Fn. 2), S. 34.

101 *Friedrich Berber*, Lehrbuch des Völkerrechts, Bd. I, 2. Aufl. 1975, S. 16 ff.

102 *Dahm/Delbrück/Wolfrum* (Fn. 61), S. 5.

103 *Ferdinand Tönnies*, Wege zu dauerndem Frieden?, 1926, S. 34; dazu oben 1. Kap., A. I.

104 Darstellung der Entwicklung bei *Knut Ipsen*, Regelungsbereich, Geschichte und Funktion des Völkerrechts, in: ders. (Hrsg.), Völkerrecht, 5. Aufl. 2004, S. 1 (29 ff.).

105 *Friedmann* selbst knüpft an die Unterscheidung von Gesellschaft und Gemeinschaft an, vgl. *Friedmann* (Fn. 1), S. 68; zur Unterscheidung von Gesellschaft und Gemeinschaft bei *Friedmann* siehe *Paulus* (Fn. 1), S. 184.

106 *Bruno Simma*, From Bilateralism to Community Interest in International Law, RdC 250 (1994-VI), S. 217 (248): „Community interest on a bilateralist grounding"; *Nettesheim* (Fn. 2), S. 571.

gemeinschaftliche Interessen ihren positiv-rechtlichen Niederschlag, ihre Normierung und Durchsetzung erfolgt aber weiterhin im zwischenstaatlichen, horizontalen Austauschverhältnis. Eine über den Staaten stehende rechtsförmige internationale Gemeinschaft kennt das Kooperationsvölkerrecht ebenso wenig wie Durchbrechungen des Konsensprinzips. Wenn das Kooperationsvölkerrecht inhaltlich auch Züge einer Gemeinschaft annimmt, stellt es sich doch strukturell als gesellschaftliches System dar.

Die Völkerrechtswissenschaft geht in weiten Teilen davon aus, dass die Globalisierung keine strukturelle Änderung der Rechtsordnung mit sich geführt hat.[107] Die vorstehende Untersuchung hat indes gezeigt, dass diese Charakterisierung des internationalen Rechtssystems nicht mehr vollumfänglich zutreffend ist. Das internationale Gemeinschaftsrecht zeichnet sich dadurch aus, dass es Ansätze vertikaler Strukturen in der Völkerrechtsordnung etabliert. Die deutlichste rechtsdogmatische Ausprägung dieses Wandels stellt die Anerkennung der internationalen Gemeinschaft als den übrigen Völkerrechtssubjekten übergeordnetes Völkerrechtssubjekt dar – wenn damit gleichwohl kein ausgeprägtes subordinationsrechtliches Verhältnis nach dem innerstaatlichen Vorbild des Verhältnisses von Staat und Bürger verbunden ist. Durch die Verselbständigung von internationalen Organisationen, die *de iure* und *de facto* stattfindende Loslösung ihrer Existenz und Kompetenzen von der Zustimmung der einzelnen Staaten sowie ihre zunehmend an Bedeutung gewinnende Tätigkeit verliert das Völkerrecht seinen Charakter als bloße Koordinationsrechtsordnung.[108] Durch die nicht mehr konsequente Aufrechterhaltung des Grundsatzes der staatlichen Impermeabilität wird mit der Vorstellung vom Völkerrecht als rein zwischenstaatlichem Recht gebrochen.[109] Und akzeptiert man Rechtsetzung und Rechtsdurchsetzung durch die internationale Gemeinschaft auch ohne oder gegen den Willen einzelner Staaten, so lässt sich die Konzeption einer

---

[107] Siehe nur *Cassese* (Fn. 99), S. 5: „The relations between the States comprising the international community remain largely *horizontal*. No *vertical* structure has as yet crystallized, as is instead the rule within the domestic system of States."

[108] *Herdegen* (Fn. 88), S. 25; siehe auch *Mosler* (Fn. 2), S. 17: „(...) the vertical element of subordination of States to an organisation of which they are members has become a fact."

[109] *Cottier* (Fn. 2), S. 438.

rein horizontalen Rechtsordnung nicht weiter aufrechterhalten. Gemeinschaftsrechtlich geprägte Organisation, gemeinschaftliche Rechtsetzung und gemeinschaftliche Rechtsdurchsetzung – so embryonisch und defizitär sie auch im geltenden Völkerrecht ausgeprägt sein mögen – lassen sich als Ausdruck eines vertikalen Strukturelements in der vornehmlich horizontal geprägten Völkerrechtsordnung begreifen.

C. Ergebnis

Koexistenzvölkerrecht, Kooperationsvölkerrecht und internationales Gemeinschaftsrecht stellen idealtypische Entwicklungsstufen des Völkerrechts dar, die die geltende Rechtsordnung in unterschiedlicher Weise prägen. Einzelne materielle Regelungsbereiche sowie die allgemeine Struktur des Völkerrechts weisen Elemente jedes Idealtyps auf. Das Koexistenzvölkerrecht stellt die klassische staatenorientierte Konzeption des Völkerrechts dar, die auch das geltende Völkerrecht prägt. Die Defizite des Koexistenzvölkerrechts angesichts der zunehmend interdependenten Herausforderungen an die Staatenwelt und des damit verbundenen Anspruchs an die Leistungsfähigkeit der internationalen Rechtsordnung versucht das Kooperationsvölkerrecht zu kompensieren, indem es Gemeinschaftsinteressen anerkennt und die rechtlichen Rahmenbedingungen für eine verstärkte Kooperation der Staaten zu entwickeln versucht. Damit stellt das Kooperationsvölkerrecht qualitativ eine neue Entwicklungsstufe des Völkerrechts dar, bricht aber nicht mit den Grundaxiomen und Strukturen des Koexistenzvölkerrechts.

Einen strukturellen Wandel vollzieht hingegen das internationale Gemeinschaftsrecht. Ausgehend von den im Zeitalter der Globalisierung veränderten faktisch-sozialen Grundbedingungen des internationalen Systems erkennt es an, dass es Akteure auf der internationalen Ebene gibt, die sich zumindest in einem funktionalen Sinne als Gemeinschaftsorgane verstehen lassen, wenn auch das Institutionalisierungsdefizit der internationalen Gemeinschaft deutlich zu Tage tritt und sich allein durch die rechtliche Konstruktion funktionaler Gemeinschaftsorgane kaum kompensieren lässt. Inhaltlich zeichnet sich das internationale Gemeinschaftsrecht durch die Weiterführung der Anreicherung der Völkerrechtsordnung mit materiellen Gemeinschaftsnormen und die Abkoppelung dieser Gemeinschaftsnormen von unmittelbaren Staateninteressen aus. Durch die Anerkennung der internationalen Gemeinschaft als über den Staaten stehender eigenständiger Rechtsträger wird – zumindest erkenntnistheoretisch – die Eingliederung der Staaten in eine völkerrechtlich ausgestaltete „höhere“ Entität begründet. Die Rechtsträgerschaft der internationalen Gemeinschaft erlaubt es, ihr Prozesse der Rechtsetzung sowie der Rechtsdurchsetzung, die primär von Staaten und anderen Völkerrechtssubjekten betrieben werden, zuzurechnen und diese Handlungen zu legitimieren. Innerhalb der internationalen Gemeinschaft wandelt sich schließlich die Stellung des Staates, der vorrangig als funktionale Einheit und weniger als Zweck des Rechtssystems in Erscheinung tritt. Gleichzeitig wird die Ausrichtung der Völkerrechtsordnung am Individuum deutlich. Auch das Souveränitätsprinzip erhält einen inhaltlichen sowie funktionalen Wandel und verlangt nach einer Neuausrichtung. Insgesamt zeichnet sich das internationale Gemeinschaftsrecht dadurch aus, dass es Ansätze vertikaler Strukturen in die Völkerrechtsordnung einführt und sich dadurch deutlich von der Westfälischen Konzeption des internationalen Rechtssystems unterscheidet.

Ergebnis des dritten Teils: Internationales Gemeinschaftsrecht – Ein Gesamtentwurf

Der empirische Befund, dass die Völkerrechtsordnung Ansätze von Gemeinschaftsorganen aufweist sowie Rechtsetzung und Rechtsdurchsetzung im Gemeinschaftsinteresse, wird durch das Konzept des internationalen Gemeinschaftsrechts dogmatisch und theoretisch untermauert. Die internationale Gemeinschaft stellt im modernen Völkerrecht ein eigenständiges Rechtssubjekt dar, das zwar mangels entsprechender Institutionalisierung nur bedingt handlungsfähig ist, jedoch das Handeln anderer Völkerrechtssubjekte im Interesse der internationalen Gemeinschaft zu legitimieren vermag. Denn wenn man spezifische legislative Funktionen sowie Befugnisse in der Rechtsdurchsetzung als originäre Rechte der internationalen Gemeinschaft begreift, so lassen sich Staaten und andere Akteure, die diese Befugnisse für die internationale Gemeinschaft wahrnehmen, als funktionale Organe der Gemeinschaft ansehen. Ihr Handeln ist am Maßstab der Interessen der internationalen Gemeinschaft zu messen, Handlungen, die diesen Interessen widersprechen, können im internationalen Rechtsdiskurs als illegitim und völkerrechtswidrig gebrandmarkt werden.

Die Entstehung von Recht ohne oder gegen den Willen einzelner Staaten im Interesse der internationalen Gemeinschaft lässt sich dogmatisch überzeugend nicht über den Rechtsquellenkanon des Art. 38 Abs. 1 IGH-Statut erklären, sondern ist in einer eigenständigen Rechtsquelle zu verankern. Diese setzt in formeller Hinsicht neben der Offenheit des Rechtserzeugungsprozesses für alle Mitglieder der internationalen Gemeinschaft die Zustimmung der überragenden Mehrheit aller Mitglieder voraus. In materieller Hinsicht bedarf die Entstehung einer Norm des internationalen Gemeinschaftsrechts eines prozedural definierten Gemeinschaftsinteresses und muss einen Kernbereich der Souveränität widersprechender Staaten wahren. Die dem Konzept des internationalen Gemeinschaftsrechts immanenten Gefahren führen indes dazu, dass dieses äußerst restriktiv gehandhabt werden muss, um Rechtsunsicherheit und Missbrauch vorzubeugen und eine möglichst umfassende Einhaltung von Gemeinschaftsnormen sowie die Legitimität der Rechtsentstehung zu gewährleisten.

M. Payandeh, *Internationales Gemeinschaftsrecht*, Beiträge zum ausländischen öffentlichen Recht und Völkerrecht 219, DOI 10.1007/978-3-642-13141-7_14,

Die aufgezeigten Entwicklungen des modernen Völkerrechts rechtfertigen es, von einer dritten Entwicklungsstufe des Völkerrechts auszugehen. Neben die anerkannten Kategorien des Koexistenzvölkerrechts und des Kooperationsvölkerrechts tritt damit das internationale Gemeinschaftsrecht als konzeptioneller Ansatz zur Erfassung bestimmter Strukturmerkmale der Völkerrechtsordnung.

„[T]he world is incomplete if seen only from one point of view but incoherent if from all points of view."[1]

Schlussbemerkungen

Auch wenn die internationale Gemeinschaft ein nur schwer fassbares Gebilde darstellt, ist spätestens seit der Anerkennung des *ius cogens* nicht mehr zu leugnen, dass ihr abseits der politischen Rhetorik eine normative Bedeutung zukommt. Die Konzeption des internationalen Gemeinschaftsrechts erfasst diese normative Bedeutung und unternimmt den Versuch, der internationalen Gemeinschaft völkerrechtliche Konturen zu verschaffen.

Die internationale Gemeinschaft und mit ihr die Völkerrechtsordnung befinden sich in einem stetigen Fluss, der es erforderlich macht, überkommene Konzeptionen und Grundprinzipien fortlaufend kritisch zu hinterfragen und neu auszurichten. Das Bild einer horizontalen Völkerrechtsordnung gleichgeordneter Subjekte entspricht im Zeitalter der Globalisierung nicht mehr der Wirklichkeit. Grundlegende Prinzipien des Völkerrechts, wie das Konsensprinzip oder der Grundsatz, dass nur unmittelbar in ihren subjektiven Rechten betroffene Staaten gegen eine Rechtsverletzung vorgehen können, werden aufgeweicht, ohne dass dies bisher dogmatisch überzeugend erklärt würde. Das internationale Gemeinschaftsrecht stellt eine Konzeption dar, in der die verschiedenen völkerrechtlichen Entwicklungen im Zeichen der Gemeinschaftsbildung und -orientierung zusammengeführt werden können. Damit dient das Konzept zum einen der theoretischen Erfassung dieser Entwicklungen, indem es die einzelnen völkerrechtlichen Vorgänge verbindet und sie in einen Gesamtzusammenhang stellt. Gleichzeitig dient es der dogmatischen Begründung. Indem es die internationale Gemeinschaft als hinter den einzelnen völkerrechtlichen Vorgängen stehendes Rechtssubjekt identifiziert, schafft es die Grundlage für die Bewertung von Legalität und Legitimität einzelner rechtlicher Konzepte und rechtserheblicher Handlungen.

---

1 *Sienho Yee*, Towards an International Law of Co-progressiveness, in: ders./Wang Tieya (eds.), International Law in the Post-Cold War World, Essays in Memory of Li Haopei, 2001, S. 18.

M. Payandeh, *Internationales Gemeinschaftsrecht*, Beiträge zum ausländischen öffentlichen Recht und Völkerrecht 219, DOI 10.1007/978-3-642-13141-7_15,

Als eines der Hauptprobleme der fortschreitenden völkerrechtlichen Gemeinschaftsbildung erweist sich dabei die fehlende Institutionalisierung der internationalen Gemeinschaft. Das moderne Völkerrecht weist zwar Mechanismen auf, um zur Verwirklichung von Gemeinschaftsinteressen Recht zu setzen und durchzusetzen. Die Wahrnehmung der entsprechenden Gemeinschaftsbefugnisse legt das Völkerrecht jedoch in die Hände einzelner Staaten. Damit ist die Erfüllung von Gemeinschaftsaufgaben von einem korrespondierenden konkreten Interesse einzelner Staaten abhängig. Und mangels Weltparlament, Weltexekutive und Weltgericht ist das Vorgehen einzelner Staaten im vermeintlichen Gemeinschaftsinteresse nur sehr bedingt auf seine Legalität und Legitimität hin überprüfbar.

Die Lösung dieses Problems liegt nicht in der Herausbildung eines zentralisierten Weltstaates. Allerdings kann eine weitergehende Institutionalisierung durch die vorsichtige und schrittweise Steigerung der Effizienz und Legitimität internationaler Organisationen zur Beseitigung des Defizits beitragen. *De lege ferenda* stellt die Reform der Vereinten Nationen einen wesentlichen, wenn auch nicht den einzigen Teilaspekt der an gemeinsamen Werten und Interessen ausgerichteten „Organisation der Welt"[2] dar. Weitere universelle wie auch regionale Integrationsprozesse können zur dezentralisierten Verrechtlichung der internationalen Ordnung beitragen. Nichtsdestotrotz muss man anerkennen und akzeptieren, dass der Staat auf absehbare Zeit die tragende – wenn auch nicht die einzige – Größe im internationalen System darstellen wird und dass die Völkerrechtsordnung ihm die Erfüllung wesentlicher Gemeinschaftsaufgaben überträgt. Es bleibt damit die Aufgabe aller Mitglieder der internationalen Gemeinschaft, dafür Sorge zu tragen, dass einzelne Staaten auch tatsächlich im Interesse der Gemeinschaft handeln, wenn sie vorgeblich Gemeinschaftsbefugnisse wahrnehmen. Das Völkerrecht bildet hierfür den normativen Rahmen, indem es das Bestehen eines anerkannten Gemeinschaftsinteresses zur Voraussetzung der Normentstehung ohne oder gegen den Willen einzelner Staaten erhebt und im Rahmen der Verpflichtungen *erga omnes* das Handeln eines nicht unmittelbar betroffenen Staates unter den Vorbehalt eines bestehenden Gemeinschaftsinteresses stellt.

---

2 *Walther Schücking*, Die Organisation der Welt, 1909.

Zusammenfassung

Im Zeitalter der Globalisierung weist das Völkerrecht sowohl inhaltlich als auch strukturell Entwicklungen auf, die sich nur unzureichend mit der herkömmlichen Dogmatik und Theorie erklären lassen. Die Herausbildung und Verselbständigung internationaler Organisationen, die zunehmende Loslösung der völkerrechtlichen Rechtsetzung von der Zustimmung einzelner Staaten und die Öffnung der Rechtsdurchsetzungsmechanismen für ein Vorgehen nicht unmittelbar betroffener Staaten lassen die Vorstellung einer horizontalen Völkerrechtsordnung gleichrangiger souveräner Staaten fragwürdig erscheinen. Das in der vorliegenden Arbeit entwickelte Konzept des internationalen Gemeinschaftsrechts stellt den Versuch dar, diese Entwicklungen theoretisch und dogmatisch zu erfassen, Leitlinien für ihre Handhabung zu entwickeln und Perspektiven für weitere Entwicklungen aufzuzeigen. Als gemeinsamer Fixpunkt der völkerrechtlichen Fortentwicklung wird dabei die Bezugnahme auf die internationale Gemeinschaft identifiziert: Die Zugehörigkeit aller Staaten sowie jedes einzelnen Menschen zur internationalen Gemeinschaft legitimiert eine progressive und stärker an gemeinschaftlichen Interessen ausgerichtete Völkerrechtsordnung. Die Ergebnisse der Untersuchung lassen sich wie folgt zusammenfassen:

I.

Der Begriff der internationalen Gemeinschaft ist grundsätzlich geeignet, einen Wandel in der Struktur der Völkerrechtsordnung zu erfassen (*1. Kapitel*). Ungeachtet der Offenheit des Begriffs zeichnet sich eine Gemeinschaft – in Abgrenzung zu einer Gesellschaft – durch eine erhöhte Interaktion und Verbundenheit ihrer Mitglieder aus (*faktisches Element*). Zudem bestehen in einer Gemeinschaft gemeinsame Werte und Interessen, die über die Partikularinteressen der einzelnen Mitglieder hinausgehen und gemeinschaftlich verfolgt werden (*normatives Element*). Die danach für die Existenz einer internationalen Gemeinschaft erforderliche verstärkte globale Interaktion lässt sich im Zeitalter der Globalisierung leicht ausmachen (*2. Kapitel*): Neben der verstärkten internationalen Vernetzung sind aus völkerrechtlicher Perspektive die zunehmenden globalen Herausforderungen von Relevanz. Auch lassen sich zunehmend Tendenzen einer transnationalen Gesellschaft ausma-

M. Payandeh, *Internationales Gemeinschaftsrecht*, Beiträge zum ausländischen öffentlichen Recht und Völkerrecht 219, DOI 10.1007/978-3-642-13141-7_16,

chen, in der die Bedeutung von Staatengrenzen abnimmt. Einher gehen diese Entwicklungen mit einem Bedeutungsverlust des einzelnen Staates, der grenzüberschreitende soziale und politische Prozesse kaum mehr effektiv allein steuern kann. Die Entwicklungen wie auch die Herausforderungen der Globalisierung führen damit zu einer verstärkten Nähe und Verbundenheit aller Mitglieder der internationalen Gemeinschaft – und stellen gleichzeitig das tatsächliche Bedürfnis nach weitergehender rechtlicher Integration auf internationaler Ebene heraus.

Schwieriger zu beantworten ist die Frage, ob auf internationaler Ebene gemeinschaftliche Interessen und Werte denkbar und identifizierbar sind, die das *normative* Element des Gemeinschaftsbegriffs erfüllen könnten. Die Völkerrechtswissenschaft hält insofern eine Vielzahl von Konzepten bereit, in deren Zentrum der Gemeinschaftsgedanke steht (*3. Kapitel*). Die Vertreter dieser Ansätze betonen regelmäßig die gemeinschaftsbildende Dimension des Rechts, laufen jedoch Gefahr, die integrative Funktion des Rechts überzustrapazieren. Gemeinschaftliche Werte und Interessen müssen ihren Niederschlag nicht nur im Völkerrecht finden, sondern auch eine Grundlage in der sozialen Realität aufweisen (*4. Kapitel*). Ob solche Gemeinschaftsinteressen auf internationaler Ebene auszumachen sind, wird in verschiedenen wissenschaftlichen Disziplinen kontrovers diskutiert. Kritische Ansätze zeigen die Grenzen und Gefahren einer internationalen Gemeinschaft in einem von Staaten dominierten und von politischen Gegensätzen geprägten System auf. Weniger utopisch erscheint der Gedanke einer internationalen Gemeinschaft hingegen, wenn man den Blick nicht auf Staaten verengt, sondern die Perspektive auf die Menschheit ausweitet: Fundamentale Eigenschaften, Fähigkeiten und Bestrebungen werden trotz aller kulturellen Unterschiede von allen Menschen geteilt; Staatsgrenzen und Staatsangehörigkeit stellen insoweit untaugliche Anknüpfungspunkte für eine globale Ethik dar. Gemeinschaftliche Werte und Interessen erscheinen insbesondere denkbar, wenn man auf einen Konsens politischer Werte abstellt, einen *overlapping consensus*, der Gemeinsamkeiten ungeachtet ideologischer, religiöser oder kultureller Unterschiede in der Letztbegründung von Werten und Interessen zulässt. Eine Konzeption der internationalen Gemeinschaft muss schließlich auf universellen und nicht nur auf westlichen Werten basieren und kultureller Pluralität durch die Gewährleistung von Autonomie Rechnung tragen.

Eine Analyse des völkerrechtlichen Normbestands ergibt, dass sich zunehmend Gemeinschaftsinteressen im geltenden Völkerrecht niederschlagen. Völkerrechtliche Normen spiegeln nicht mehr nur Staateninteressen wider, sondern reflektieren zunehmend Werte der internationalen Gemeinschaft und der Menschheit. Diese international anerkannten Werte und Interessen stellen den Kern eines global geteilten Konsenses dar und bilden die Grundlage für die Existenz und Weiterentwicklung einer internationalen Gemeinschaft.

II.

Damit stellt sich die Frage, inwiefern der Gedanke einer internationalen Gemeinschaft sich bereits in der Struktur des geltenden Völkerrechts ausmachen lässt. Dazu werden die Organisation der internationalen Gemeinschaft sowie die Funktionen der Rechtsetzung und Rechtsdurchsetzung darauf untersucht, ob sich bereits Elemente eines internationalen Gemeinschaftsrechts erkennen lassen.

Die internationale Gemeinschaft ist nicht vollumfänglich institutionalisiert (*5. Kapitel*). Sie weist keine der nationalen Staatsorganisation vergleichbaren Organe auf, die ihre Interessen repräsentativ und effektiv wahrnehmen könnten. Dennoch lassen sich sowohl in der institutionalisierten als auch in der nicht-organisierten internationalen Gemeinschaft Akteure ausmachen, die in einzelnen Fällen treuhänderisch die Interessen der internationalen Gemeinschaft wahrnehmen und sich damit als Gemeinschaftsorgane im funktionalen Sinn begreifen lassen. Im Rahmen der Vereinten Nationen erscheint die Generalversammlung zumindest begrenzt als Repräsentantin der internationalen Gemeinschaft. Der Sicherheitsrat hingegen lässt sich aufgrund seiner defizitären Legitimität nicht vorbehaltlos als Organ der internationalen Gemeinschaft qualifizieren. Regionale Organisationen ermöglichen territorial begrenzt eine überstaatliche Integrationstiefe, die auf globaler Ebene nicht zu realisieren ist, gleichzeitig haben sie aber ausgrenzende Wirkung. Das Handeln von Staaten lässt keine umfassende Gemeinschaftsorientierung erkennen, dennoch werden Staaten zunehmend in den Dienst der nur schwach institutionalisierten internationalen Gemeinschaft gestellt. Zivilgesellschaftliche Akteure und insbesondere Nichtregierungsorganisationen werden als Bindeglieder zwischen dem staatszentrierten System und den Interessen der Bevölkerungen angesehen, sind jedoch selbst unzureichend legitimiert.

In der Rechtsquellenlehre lassen sich Ansätze eines internationalen Gemeinschaftsrechts an verschiedenen Stellen ausmachen (*6. Kapitel*). Auf den ersten Blick ist die völkerrechtliche Rechtsentstehung weiterhin allein der zwischenstaatlichen Konzeption verhaftet: Die formellen Quellen des Völkerrechts nach Art. 38 Abs. 1 IGH-Statut sind vom Konsensprinzip als Ausdruck des Grundsatzes staatlicher Souveränität geprägt. Ein Staat kann grundsätzlich nicht gegen oder ohne seinen Willen an eine völkerrechtliche Norm gebunden werden. Dieses völkerrechtliche Paradigma steht jedoch der Normierung von Gemeinschaftsinteressen mit universeller Verbindlichkeit entgegen. Schon der Widerstand einzelner Staaten kann ambitionierte Rechtsetzungsvorhaben zum Scheitern bringen und negative Vorbildfunktion für andere Staaten entfalten.

Strukturen eines internationalen Gemeinschaftsrechts lassen sich allerdings in einzelnen Durchbrechungen und Aufweichungen des Konsensprinzips ausmachen. Im Rahmen des Rechts völkerrechtlicher Verträge engen die Institutionalisierung der Vertragsentstehung, die Annahme von Vertragstexten durch Mehrheitsbeschluss oder im *Consensus*-Verfahren sowie der Einfluss von Nichtregierungsorganisationen (NGOs) den einzelstaatlichen Handlungsspielraum ein. Auch im Recht der Vorbehalte zu völkerrechtlichen Verträgen verdrängt das Gemeinschaftsprinzip partiell die alleinige Orientierung am staatlichen Willen. Der Grundsatz *pacta tertiis nec nocent nec prosunt* wird nicht konsequent durchgehalten, rechtliche Wirkungen völkerrechtlicher Verträge über die Vertragsparteien hinaus werden insbesondere für die UN-Charta und für Statusverträge angenommen. Auch das Verfahren der Änderung völkerrechtlicher Verträge sowie die Möglichkeiten des Austritts lassen erkennen, dass der staatliche Wille zugunsten der internationalen Gemeinschaft eingeschränkt werden kann. Und im Recht der Staatennachfolge lässt sich zumindest eine Tendenz dahingehend ausmachen, zum Schutz von Gemeinschaftsinteressen von einer Kontinuität der Vertragsbindungen auszugehen.

Auch das Völkergewohnheitsrecht weist trotz seiner grundsätzlich konsensualen Prägung nicht-konsensuale Momente auf. Nicht nur die Konzeption des Gewohnheitsrechts eröffnet der internationalen Gemeinschaft die Möglichkeit zur Setzung von Recht auch ohne oder gegen den Willen einzelner Staaten; gerade die konzeptionelle Unbestimmtheit des Gewohnheitsrechts lässt dem Rechtsanwender große Spielräume bei der Feststellung der Existenz und des Inhalts gewohnheitsrechtlicher Normen. Die Handhabung der Entstehungsvoraussetzungen von Völkergewohnheitsrecht ist von einer zunehmenden Flexibilität gekennzeichnet, die Möglichkeiten eröffnet, Gemeinschaftsinteressen in das positive Recht aufzunehmen. Besonders deutlich wird diese potenziell gemeinschaftsrechtliche Funktion des Gewohnheitsrechts in der Möglichkeit der Erstarkung völkervertraglicher Vorschriften zu Völkergewohnheitsrecht, wenn die Rechtsanwendung weniger *empirisch* Verhalten und Äußerungen von Staaten analysiert als vielmehr wertend und ergebnisorientiert eine gewohnheitsrechtliche Geltung bestimmter vertraglicher Normen bejaht. Damit erfährt ein dieser Rechtsquelle konzeptionell fremdes *normatives* Element Eingang in den Prozess der Rechtsentstehung – und öffnet diesen für die Werte und Interessen der internationalen Gemeinschaft. Zudem ist die Tendenz erkennbar, von einer möglichst universellen Bindungswirkung gewohnheitsrechtlicher Normen auszugehen und auch protestierende Staaten entgegen dem Prinzip des *persistent objector* zu binden. Die Ableitung von Zustimmung aus dem Schweigen eines Staates zur Entstehung einer gewohnheitsrechtlichen Norm erweist sich darüber hinaus als rechtliche Fiktion, die keine Grundlage in der Völkerrechtswirklichkeit hat. Und auch die zunehmende Verschiebung in der Konzeption des Völkergewohnheitsrechts von einem rein formalen Entstehungsverfahren zu einem normativ geprägten Rechtsetzungsprozess, in dem zunehmend weniger Wert auf den empirischen Nachweis des staatlichen Willens gelegt wird, schwächt das Konsensprinzip. Damit stellt sich das Gewohnheitsrecht als Einbruchstelle der Rechtsquellenlehre für die Werte und Interessen der internationalen Gemeinschaft dar. Gleichzeitig ermöglicht es mächtigen Staaten, ihre Vorstellungen der Völkerrechtsordnung als geltendes Recht auszugeben. Zudem verzerrt die Anreicherung des Gewohnheitsrechts um wertende Elemente die Konzeption dieser Rechtsquelle und gefährdet damit die Objektivität und damit letztlich die Normativität des Völkergewohnheitsrechts.

Auch allgemeine Rechtsgrundsätze im Sinne des Art. 38 Abs. 1 *lit.* c) IGH-Statut lassen sich nicht mit dem Konsensprinzip erklären, da sie bereits *de iure* nicht von staatlicher Zustimmung abhängen und dem Rechtsanwender *de facto* ähnliche Spielräume eröffnen wie das Gewohnheitsrecht. Insofern stellen auch sie einen möglichen Anknüpfungspunkt für die Einwirkung von Gemeinschaftsinteressen dar.

Sekundärrechtsetzung durch internationale Organisationen stellt die greifbarste Ausprägung überstaatlicher Gesetzgebung dar. Auch sie lässt sich nicht vollumfänglich mit dem Konsensprinzip vereinbaren, da die Verankerung des staatlichen Zustimmungsaktes im Gründungsvertrag der internationalen Organisation – als „antizipierter Konsens" – angesichts der interpretationsoffenen Befugnisnormen in den Gründungsdokumenten sowie aufgrund der Eigendynamik internationaler Organisationen eine juristische Fiktion darstellt.

Im Rahmen des *ius cogens* kommt die (quasi-)legislative Funktion der internationalen Gemeinschaft am deutlichsten zum Ausdruck. Die Entscheidung darüber, ob eine Norm zwingenden Charakter hat, obliegt der internationalen Gemeinschaft, der Widerspruch einzelner Staaten ist unbeachtlich. Insofern erhält das Konsensprinzip eine deutliche Durchbrechung. Allerdings setzt die Bildung von *ius cogens* zunächst die Entstehung einer Norm nach Maßgabe der konsensgeprägten Rechtsquellenlehre voraus. Vor diesem Hintergrund kann ein Staat theoretisch nicht gegen seinen Willen an zwingendes Völkerrecht gebunden werden. Die Feststellung zwingender Normen in der praktischen Rechtsanwendung ist jedoch nur wenig vom Konsensprinzip geprägt. Aufgrund der Vagheit der Kriterien der *ius cogens*-Erzeugung erschöpft sich die Herleitung zwingender Normen zumeist im bloßen Postulat. Ethische und rechtspolitische Erwägungen spielen dabei eine größere Rolle als der irgendwie zum Ausdruck gebrachte Wille einzelner Staaten. Eine Untersuchung, ob eine Norm, die zum *ius cogens* gehören soll, tatsächlich auf dem Willen aller Staaten basiert, findet regelmäßig nicht statt. Über das Rechtsinstitut des *ius cogens* können damit fundamentale Interessen der internationalen Gemeinschaft in positives Völkerrecht einfließen. Zudem ist sowohl in der Völkerrechtswissenschaft als auch in der Praxis die Tendenz erkennbar, den im *ius cogens* verkörperten Gemeinschaftsinteressen einen generellen Vorrang vor den Interessen einzelner Staaten einzuräumen. Die Rechtsfolgen, die mit der Einordnung einer Norm als zwingend verbunden sind, werden daher stetig ausgeweitet. Mit diesem Bedeutungszuwachs des *ius cogens* wird zugleich die Stellung der internationalen Gemeinschaft im Völkerrecht gestärkt. Andererseits verliert das *ius cogens* an Konturen, und es stellt sich die Frage, ob die stetige Ausweitung des Anwendungsbereichs zwingenden Völkerrechts nicht zu einer Überstrapazierung des Konzepts führt.

Die Untersuchung der Rechtsentstehung im modernen Völkerrecht ergibt danach, dass das Konsensprinzip nicht konsequent durchgehalten wird. Völkerrechtliche Normen können auch ohne oder gegen den Willen einzelner Staaten entstehen und binden auch die widersprechenden Staaten. Dieser Rechtsentstehungsmechanismus wird nur selten offen anerkannt, lässt sich jedoch in der praktischen Handhabung der eigentlich konsensgeprägten Rechtsquellen ausmachen. Dabei lassen sich mehrere Argumentationstopoi identifizieren, die im Zusammenhang mit der Rechtfertigung von Rechtsetzung gegen oder ohne den Willen einzelner Staaten vorgebracht werden: das Vorliegen eines Gemeinschaftsinteresses, ein humanitäres Anliegen, die Beteiligung repräsentativer Teile der internationalen Gemeinschaft und internationaler Organisationen sowie ein Rechtserzeugungsprozess, der grundsätzlich allen Staaten offen stehen muss.

Der Gemeinschaftsgedanke lässt sich nicht nur im Rahmen der Rechtsentstehung, sondern auch in der Rechtsdurchsetzung nachweisen (*7. Kapitel*). Hintergrund dieses Wandels ist, dass die an der klassischen bilateralen Struktur völkerrechtlicher Rechtsverhältnisse ausgerichteten Durchsetzungsmechanismen die Beachtung von Gemeinschaftsnormen nicht effektiv gewährleisten können. Denn wenn es um die Durchsetzung von Gemeinschaftsinteressen geht, sind einzelne Staaten oftmals nicht betroffen. Und auch eine zentralisierte Rechtsdurchsetzung ist im geltenden Völkerrecht allenfalls in Ansätzen erkennbar und kann die Einhaltung von Gemeinschaftsnormen nur unzureichend gewährleisten. Der „dritte Weg" der Rechtsdurchsetzung im modernen Völkerrecht besteht daher in der kollektiven, aber dezentralisierten Rechtsdurchsetzung, für die die Konzeption der Verpflichtungen *erga omnes* das normtheoretische Fundament bildet. Normen, die fundamentale Gemeinschaftsinteressen schützen, entfalten Verpflichtungen nicht nur zwischen einzelnen Staaten, sondern zwischen jedem einzelnen Staat und der internationalen Gemeinschaft. Dies führt dazu, dass jeder Staat ein rechtliches Interesse an der Einhaltung der Verpflichtungen *erga omnes* hat und die Verletzung dieser Verpflichtungen vor internationalen Gerichten geltend machen kann (*ius standi*). Problematischer ist die Frage, ob alle Staaten auf die Verletzung einer Verpflichtung *erga omnes* mit Gegenmaßnahmen reagieren können, also ihrerseits Maßnahmen – jenseits militärischer Gewalt – ergreifen können, die eigentlich völkerrechtswidrig wären, aber als Reaktion auf eine Rechtsverletzung gerechtfertigt sind. Diese Form der Durchsetzung des Völkerrechts durch nicht unmittelbar von einer Rechtsverletzung betroffene Staaten bildet einen festen Bestandteil der völkerrechtlichen Praxis und kann dazu dienen, die Einhaltung von Normen, die Interessen der internationalen Gemeinschaft verkörpern, zu stärken. Gleichzeitig eröffnet sie ein großes Missbrauchspotenzial. Einzelne Staaten können vermeintliche Gemeinschaftsinteressen als Vorwand für die Durchsetzung ihrer eigenen Interessen anführen. Daher erscheint es notwendig, die Durchsetzung des Völkerrechts durch nicht unmittelbar betroffene Staaten abzusichern. Im modernen Völkerrecht haben grundsätzlich alle Staaten das Recht, mit Gegenmaßnahmen auf die Verletzung einer Verpflichtung *erga omnes* zu reagieren. Die Durchführung dieser Gegenmaßnahmen muss aber dem Willen der internationalen Gemeinschaft entsprechen, was durch materielle Regelungen sowie institutionelle Absicherungen zu gewährleisten ist. In diesem Zusammenhang kommt internationalen Organisationen eine bedeutende Rolle zu, in denen die internationale Gemeinschaft ihren Willen artikulieren und das Vorgehen einzelner

Staaten im vermeintlichen Gemeinschaftsinteresse entweder billigen oder untersagen kann.

III.

Die aufgezeigten Entwicklungen in der Organisation sowie in den Funktionen der Rechtsetzung und Rechtsdurchsetzung in der internationalen Gemeinschaft werfen die Frage auf, wie dieser Wandel rechtsdogmatisch und konzeptionell zu erfassen ist. Normativ lässt sich dies durch die Konstruktion der internationalen Gemeinschaft als Völkerrechtssubjekt sowie durch die Anerkennung des internationalen Gemeinschaftsrechts als eigenständige Rechtsquelle bewerkstelligen. Darüber hinaus dient der Begriff der internationalen Gemeinschaft dazu, den strukturellen Wandel in der Völkerrechtsordnung vom Koexistenzvölkerrecht über das Kooperationsvölkerrecht hin zu einer dritten Stufe der Völkerrechtsentwicklung, dem internationalen Gemeinschaftsrecht, darzustellen.

Ein erster Schritt zur Erfassung des Strukturwandels sowie zur Zusammenführung der aufgezeigten Entwicklungen liegt darin, die internationale Gemeinschaft als Völkerrechtssubjekt anzuerkennen (*8. Kapitel*). Die internationale Gemeinschaft wird im *ius cogens* und in den Verpflichtungen *erga omnes* sowie der Sache nach in den Elementen nichtkonsensualer Rechtsetzung mit eigenen Rechten ausgestattet. Hieraus lässt sich induktiv die Rechtspersönlichkeit der internationalen Gemeinschaft herleiten. Die internationale Gemeinschaft weist zwar keine eigenständigen Organe im engeren Sinne auf, ihr kann jedoch im Einzelfall das Verhalten internationaler Akteure zugerechnet werden. Einzelne Staaten, internationale Organisationen oder auch NGOs werden dadurch zu Gemeinschaftsorganen im funktionalen Sinne. Die Konstruktion der Völkerrechtssubjektivität der internationalen Gemeinschaft dient dabei nicht dazu, die Befugnisse der Gemeinschaft auszuweiten oder gar konkrete rechtliche Folgen aus der Rechtspersönlichkeit der internationalen Gemeinschaft abzuleiten. Vielmehr soll der Legitimationszusammenhang zwischen den verschiedenen Rechtskonzepten, in denen sich der Gemeinschaftsgedanke niederschlägt, und der Wahrnehmung der Gemeinschaftsfunktionen durch einzelne Akteure aufgezeigt werden. Durch diese Konzeption wird offen gelegt und verdeutlicht, dass beispielsweise Staaten, wenn sie die Verletzung von Verpflichtungen *erga omnes* geltend machen, nicht in Wahrnehmung eigener subjektiver Rechte tätig werden, sondern treuhänderisch die Rechte und Interessen der internationalen Gemeinschaft wahrnehmen. Ihr Verhalten muss sich daher am Interesse der internationalen Gemeinschaft orientieren und darf diesen Handlungsrahmen nicht überschreiten.

In einem zweiten Schritt lassen sich die aufgezeigten Mechanismen der Rechtsetzung ohne oder gegen den Willen einzelner Staaten im Interesse der internationalen Gemeinschaft *de lege lata* als eigenständige Rechtsquelle begreifen (*9. Kapitel*). Nicht-konsensuale Rechtsetzung stellt ein anerkanntes Phänomen des geltenden Völkerrechts dar, das sich nicht im Rechtsquellenkanon des Art. 38 Abs. 1 IGH-Statut verankern lässt. Auch das *ius cogens*, das nach teilweise vertretener Auffassung eine Rechtsetzung ohne oder gegen den Willen einzelner Staaten ermöglichen soll, kann diese nicht überzeugend erklären, da der konzeptionelle Hintergrund des zwingenden Völkerrechts darin liegt, besondere Rechtsfolgen an bereits bestehende Normen zu knüpfen. Daher ist es erforderlich, von der Existenz einer eigenständigen Rechtsquelle des internationalen Gemeinschaftsrechts auszugehen, durch die die internationale Gemeinschaft als Ganze universelles Recht setzen kann.

Auf der Grundlage der zur Rechtfertigung nicht-konsensualer Elemente innerhalb der traditionellen Rechtsquellen vorgebrachten Argumente lassen sich die folgenden Voraussetzungen für die Entstehung einer Norm des internationalen Gemeinschaftsrechts aufstellen: In formeller Hinsicht muss der Normentstehungsprozess jedem Staat offen stehen, die Norm muss sodann von der internationalen Gemeinschaft als Ganzes angenommen werden. Dabei ist eine überwältigende Mehrheit aller Staaten erforderlich, aber auch Stellungnahmen internationaler Organisationen sind zu berücksichtigen. In materieller Hinsicht muss ein von der internationalen Gemeinschaft als Ganzes anerkanntes Gemeinschaftsinteresse vorliegen. Die Bindung eines Staates ohne oder gegen seinen Willen ist zudem nur zulässig, wenn das verfolgte Gemeinschaftsinteresse das beeinträchtigte legitime Individualinteresse des betroffenen Staates überwiegt. Entschließungen internationaler Organisationen, multilateraler Konferenzen und „World Summits" sind wichtige Indikatoren für die Existenz einer Norm des internationalen Gemeinschaftsrechts, und auch Entscheidungen des Internationalen Gerichtshofes kommt eine besondere Bedeutung zu. Als Rechtsfolge sieht das internationale Gemeinschaftsrecht die Entstehung einer universellen Norm vor, die alle Staaten bindet, unabhängig davon, ob sie tatsächlich an der Entstehung der Norm beteiligt waren, dieser zugestimmt oder ihr sogar ausdrücklich widersprochen haben. Damit ist ein Weg aufgezeigt, die im Rahmen des Rechtsquellenkanons des Art. 38 Abs. 1 IGH-Statut diskutierten Erscheinungsformen nicht-konsensualer Normsetzung zu erklären und zu legitimieren, ohne die Konzeption der klassischen Völkerrechtsquellen verzerren zu müssen.

In rechtstheoretischer Hinsicht lässt sich diese Form der Rechtsentstehung am Besten durch einen pluralistischen Ansatz erfassen, der naturrechtliche, positivistische und sozialwissenschaftlich geprägte Rechtstheorien nicht als sich gegenseitig ausschließende Bekenntnisse, sondern als verschiedene Blickwinkel auf die Rechtsordnung begreift.

Die aufgezeigten Entwicklungen rechtfertigen es schließlich, von einer neuen Entwicklungsstufe des Völkerrechts im Zeitalter der Globalisierung auszugehen, in deren Zentrum die Werte und Interessen der internationalen Gemeinschaft stehen (*10. Kapitel*). Internationales Gemeinschaftsrecht dient damit über die aufgezeigten normativen Bedeutungsgehalte hinaus auch als *deskriptive* Kategorie zur Erfassung eines strukturellen Wandels der Völkerrechtsordnung. Neben die idealtypischen Konzeptionen des Koexistenzvölkerrechts und des Kooperationsvölkerrechts tritt das internationale Gemeinschaftsrecht als dritte Kategorie zur konzeptionellen Erfassung der Völkerrechtsordnung. Das internationale Gemeinschaftsrecht zeichnet sich dadurch aus, dass es vor dem Hintergrund der Globalisierung ein vertikales Strukturelement in das Völkerrecht einführt. Dadurch kommt zum Ausdruck, dass internationale Organisationen zunehmend als über den Staaten stehende selbständige Rechtsträger und Akteure in Erscheinung treten, was in der Anerkennung der internationalen Gemeinschaft als Völkerrechtssubjekt kulminiert. In der inhaltlichen Ausgestaltung der Rechtsordnung treten vermehrt Normen zur Verfolgung von Gemeinschaftsinteressen hervor. Die Rechtsetzung entfernt sich vom Willen der einzelnen Staaten und orientiert sich zumindest partiell am Willen der internationalen Gemeinschaft. Auch die Rechtsdurchsetzung löst sich aus den klassischen bilateralen Strukturen völkerrechtlicher Rechtverhältnisse. Die Funktionen der Rechtsetzung und Rechtsdurchsetzung werden nichtsdestotrotz weiterhin von Staaten wahrgenommen und sind faktisch von deren Interessen dominiert. Durch die aufgezeigten Entwicklungen erscheint der Staat jedoch immer weniger als ungebundenes Subjekt der Völkerrechtsordnung, sondern zunehmend als funktionale Einheit der internationalen Gemeinschaft. Im Gegenzug orientiert sich das Völkerrecht stärker am Individuum und seinem Wohlergehen. Souveränität kann damit nicht mehr als Unabhängigkeit verstanden werden, sondern ist auf einen autonomen Handlungsspielraum innerhalb der Rechtsgemeinschaft beschränkt und erfährt einen funktionalen Wandel, der die Dimension der Teilhabe stärker betont als den abwehrrechtlichen Charakter der Souveränität.

Summary

The age of globalization has brought about significant changes in the substance as well as in the structure of public international law – changes that cannot adequately be explained by means of traditional theory and doctrine. The concept of a horizontal legal order composed of sovereign States is challenged by the increasing importance of international organizations, the introduction of elements of non-consensual law-making, as well as by law-enforcement by States which are not directly affected. The concept of International Community Law, as presented in this thesis, aims to incorporate these changes in a comprehensive manner, to retrieve patterns for handling them in practice, and to depict perspectives for future developments. It identifies the reference to the international community as a common denominator of many developments in international law: The inclusion of all States as well as of every human being in the international community justifies and legitimizes a more progressive approach to international law with a stronger focus on community interests. The conclusions of the study can be summarized as follows:

I.

The term "international community", in principle, seems to be suited to encompass the structural change of the international legal order (*Chapter 1*). Regardless of its vagueness, the term community must be understood as an antipode to the concept of society. The concept of community contains a higher degree of interaction and connectivity between its members (*factual element*). Furthermore, it implies commonly shared values and interests which transcend the singular interests of its members and which are pursued by the community (*normative element*). For an international community to exist, there must, therefore, be an enhanced global interaction, one that can easily be recognized in the age of globalization (*Chapter 2*). From the perspective of public international law, the phenomenon of globalization proves to be of relevance not only because of the increasing interconnectedness of all international actors but also because of the significance of global challenges. Furthermore, there are remarkable tendencies towards the development of a transnational society in which national borders lose their relevance.

M. Payandeh, *Internationales Gemeinschaftsrecht*, Beiträge zum ausländischen öffentlichen Recht und Völkerrecht 219, DOI 10.1007/978-3-642-13141-7_17,

These developments are accompanied by a decrease in significance of the single State which does no longer have the ability to govern transboundary social and political processes on its own. These developments, as well as the challenges presented by globalization, lead to an increased closeness and interconnectedness of all members of the international community. At the same time, they expose the factual need for advanced legal cooperation and integration on the international plane.

What is harder to determine is whether commonly shared interests and values which could constitute the *normative* element of the community concept exist at the international level. In international legal theory, a number of approaches have been developed which focus on the idea of an international community (*Chapter 3*). The proponents of these theories usually emphasize the function and significance of law for the formation of an international community. However, in doing so, they run the risk of overestimating the integrative function of law. Common values and interests must hence not only be reflected in international law, but also recognized in social reality (*Chapter 4*). Whether such values and interests are, in fact, universally shared, is subject to controversy within different academic disciplines. Critics highlight the constraints and risks of an international community which is dominated by States and political antagonisms. However, the concept of an international community appears less utopian if the perspective is not narrowed to a community of States but complemented by the idea of humanity. Despite all cultural differences, elementary characteristics, abilities and ambitions are shared by all people; State boundaries and nationality prove to be inappropriate foundations for global ethics. The existence of community values and interests seems even more realistic if based on the concept of an *overlapping consensus*, meaning a political consensus that allows for commonly shared values regardless of ideological, religious or cultural justifications. Finally, the concept of an international community must be based on universal values and not only on western ideas and it must allow for cultural diversity and autonomy.

Modern public international law does not only entail norms which reflect interests of States but increasingly experiences the emergence of norms which comprise values of the international community and humanity. These internationally recognized and accepted values and interests indicate a core global consensus and constitute the foundation for the existence and progress of an international community.

II.

Against this background, the question arises to what extend the idea and concept of an international community is already reflected in the structures of the international legal order. In this regard, the organizational structure as well as the functions of law-making and law-enforcement are analyzed in order to determine if they contain elements of an International Community Law.

The international community is not fully institutionalized (*Chapter 5*). It is not comprised of organs which could be compared to the inner organization of the nation State and which would pursue the interests of the community in a representative and effective way. Nevertheless, actors can be identified – in the institutionalized as well as in the non-organized international community – which act on behalf of the international community in individual cases in a discretionary manner. Those actors can, therefore, be conceived of as organs of the international community in a functional sense. Within the institutional structure of the United Nations, the General Assembly can be understood – at least to a certain degree – as a representative of the international community. The Security Council, on the other hand, cannot be regarded as a community organ without reservations. Regional organizations allow for supranational integration within regional boundaries. This degree of integration is not imaginable on a global level. However, regional organization may display excluding tendencies. The behavior of States is not fully in alignment with community interests. Nevertheless, States increasingly engage in performing functions for the community. Non-governmental actors, and non-governmental organizations in particular, seem to link the state-centered international system to the interests of peoples and of humanity; they are, however, not themselves fully legitimized.

With regard to the sources of public international law, first signs of the development of an International Community Law can be identified in numerous instances (*Chapter 6*). At first glance, the creation of international law seems to remain grounded in a concept based purely on interstate action. The sources of international law as they are laid down in Article 38 (1) of the Statute of the International Court of Justice are shaped by the principle of consent, thereby incorporating and expressing the principle of State sovereignty. Generally speaking, a State cannot be bound by a rule of international law without or against its will. This paradigm of international law constrains the development of universally applicable international legal norms designed to safeguard community interests. The opposition of even a single State can lead to the failure of ambitious regulatory projects and may serve as a negative role model for other States.

Structures of a body of an International Community Law can be detected in instances where the principle of consent in international law-making is softened or suspended. With regard to the development of international treaties, the freedom of action of the single State is restricted by the institutionalization of the treaty-making process, the practice of adopting treaty drafts by majority vote or consensus, as well as through the influence of non-governmental organizations on the treaty-making process. In the law of reservations to multilateral treaties, the community principle partially supersedes the conceptual fixation on the will of the single State. Even the principle of *pacta tertiis nec nocent nec prosunt* does not apply without exception. It is generally accepted that treaties may produce legal effects even for States that are not parties to them. This is the case at least for the Charter of the United Nations as well as for certain treaties constituting an international regime or status. With regard to the amendment of treaties as well as the withdrawal from treaties, the will of the single State may be neglected for the benefit of the international community. Finally, an analysis of the law of State succession discloses a tendency to assume the continuity of treaty obligations for the sake of community interests.

Like treaty law, customary international law is generally meant to be based on the principle of State consent. However, it also incorporates non-consensual elements. The concept of customary international law enables the international community to create universally binding law, even against or without the will of single States. The conceptual vagueness of customary international law in particular makes for a wide margin of appreciation in the identification of customary norms. The creation of customary international law is handled more and more "flexible", thereby allowing for the integration of community interests in positive international law. This potentially community-oriented dimension of customary international law becomes most apparent in the transformation of international treaty provisions into customary norms. Not much attention is paid to the *empirical* study of the behavior and statements of States; instead, the customary nature of certain treaty norms is presumed by means of a results-based approach. Thereby a *normative* and highly subjective element is established in the process of the development of customary international law – an element which is rather incompatible with the very concept of customary law but which makes the law-making process receptive to the values and interests of the international community. There is also a tendency to assume the universal validity of customary international norms as well as to bind dissenting States contrary to the principle of *persistent objector*. Furthermore, the very concept of a consensual foundation of customary international law seems flawed insofar as it is based on the assumption that a State which remains silent to the creation of a customary norm implicitly consents to its creation. This assumption proves to be merely a legal fiction which is not grounded in the reality of public international law. As a consequence, the principle of consent is weakened by the general shift from an empirical law-making process to a more normative approach to customary international law, in which the will of the State plays only a minor role. Therefore, customary international law creates an opening through which values and interests of the international community may be incorporated into the legal system. At the same time, it enables powerful States to pass off their own subjective ideas of international law as the state of international law in effect. In addition, the fortification of customary international law with normative elements distorts the very concept of customary law and thereby threatens the objectivity and normativity of this source of law.

General principles of international law – as defined in Article 38 (1) *lit.* c) of the Statute of the International Court of Justice – do not fully adhere to the principle of consent, either. Their existence does not depend on a consensual act of will of States and their application is subject to a margin of appreciation much like the identification and application of customary international law. Therefore, they also are a potential point of entrance for the influence of community interests on the legal system.

Law-making through international organizations constitutes the most manifest form of international legislation. It is not fully reconcilable with the principle of consent either. The consent of the State to such legislative acts of international organizations is said to be invested in the founding document of the respective organization. However, the idea of an "anticipated consensus" is a mere legal fiction considering that competences are open to interpretation and that international organizations tend to develop a dynamic of their own over time.

The quasi-legislative function of the international community manifests itself most visibly with respect to peremptory norms of international law (*ius cogens*). The international community as a whole decides whether a norm of international law has a peremptory character. The dissent of a single State is irrelevant. Thereby, the principle of consent is noticeably breached. However, the development of a norm of *ius cogens* initially requires the existence of a norm which is created according to the regular sources of international law. Against this background, a State cannot – theoretically – be bound by a peremptory norm against its will. The practice of identifying peremptory norms is, however, not primarily focused on the consent of States. Due to the vagueness of the criteria for the creation of *ius cogens*, the existence of such norms is regularly only postulated. In this process, ethical and political considerations usually play a more dominant role than the will of States. It is regularly not examined if a peremptory norm can be based on the will of States. Fundamental interests of the international community can, therefore, exert an influence on positive public international law by means of *ius cogens*. There is, moreover, a tendency within the theory and practice of international law, to accord a general precedence to the community interests embedded in *ius cogens* over the will and interests of single States. Furthermore, the legal consequences generated by *ius cogens* are continuously expanding. This increase in importance of *ius cogens* strengthens the position of the international community within the international legal order. At the same time, the boundaries of the legal concept of *ius cogens* become blurred, and the question comes to mind whether the steady extension of the scope of application of *ius cogens* does not overburden this concept.

In conclusion, the law-making process within the modern international legal order does not fully adhere to the principle of State consent. International norms can emerge without or against the will of single States and unfold binding effect even for dissenting States. This way of law-creation is, however, only seldom openly acknowledged, rather, it can be found within the practical application of the sources of law. In this context, a number of patterns of reasoning can be identified which are put forward to justify non-consensual law-making without or against the will of single States: the existence of a community interest, a humanitarian concern, the participation of representative components of the international community and, in particular, of international organizations, as well as a law-making process which is open to all States.

The concept of an International Community Law cannot only be identified within the process of law-making but also with regard to law-enforcement (*Chapter 7*). The traditional approach to law-enforcement which is based on the bilateral structure of legal relations between States cannot ensure the effective compliance with norms which incorporate community values. When community interests are at stake, there is not always a particular State specifically affected by a violation. Centralized law-enforcement, on the other hand, is far from being fully developed on the international plane and can also not guarantee that community norms are being respected. A "third approach" to law-enforcement in modern public international law is the concept of collective but decentralized law-enforcement. The theoretical basis for this approach lays within the concept of obligations *erga omnes*, obligations which incorporate fundamental community interests and which are owed by a State not only towards single other States but also towards the international community as a whole. As a consequence, every State has an interest in the fulfillment of these obligations by every other State and is legally entitled to claim a violation of such an obligation before international courts (*ius standi*). Whether, in addition to that, every State has the right to resort to countermeasures – apart from military violence – as a reaction to the violation of an obligation *erga omnes*, is subject to controversy. This way of enforcing international law by States not directly affected by a breach forms part and parcel of international practice. It may also promote compliance with norms that incorporate interests of the international community. At the same time, this approach may be abused by single States which may pretend to honor community interests while, in fact, pursuing their own interests. Therefore, it seems necessary to ensure that enforcing States truly act in the interests of the international community: As a matter of principle, modern public international law shows the tendency to allow every State to react with countermeasures to the breach of an obligation *erga omnes*. But the recourse to such countermeasures has to be in accordance with the will of the international community which has to be safeguarded by substantive law as well as institutionally. In this context, international organizations play an important role, in that they may articulate the will of the international community and either approve or disapprove of countermeasures of single States.

III.

These developments in the context of the organization as well as of the functions of law-making and law-enforcement in the international community raise the question of how they can be explained in terms of legal theory and methodology. The concept of an International Community Law, as developed in this thesis, tries to approach these developments normatively by construing the international community as a legal person under public international law and, furthermore, by acknowledging International Community Law as an independent source of public international law. In addition, the concept is meant to encompass the structural change of the international legal system from an international law of coexistence to an international law of cooperation to an International Community Law as a third step in the development of the international legal order.

In order to grasp the structural change of the international legal system, the argument is put forward that the international community as a whole is awarded legal personality under modern public international law (*Chapter 8*). Within the context of *ius cogens*, of obligations *erga omnes*, as well as in the non-consensual aspects of law-making, the international community is endowed with rights of its own. Against this background, the legal personality of the international community can be derived by applying an approach of inductive reasoning. The international community may not have independent organs, but the actions of single international actors can be attributed to the international community in particular instances. Single States, international organizations, and NGOs thereby become community organs in a functional sense. This concept of a legal personality of the international community is neither meant to extend the competences of the community, nor can concrete legal consequences be derived from it. Rather, it is designated to highlight the connection between the individual legal concepts which reflect community interests and the actions of single actors in the interest of the community. Thereby, it is clarified, for example, that States, when objecting to violations of obligations *erga omnes*, do not exercise their own subjective rights but rather enforce the rights and protect the interests of the international community on a trust basis. Their actions must, therefore, be in accordance with the interests of the international community as a whole.

In addition, the analyzed mechanisms of non-consensual law-making without or against the will of single States in the interests of the international community are conceptualized as an independent source of international law *de lege lata* (*Chapter 9*). Non-consensual law-making is part and parcel of modern international law but cannot be encompassed by the traditional triad of sources as laid down in Article 38 (1) of the Statute of the International Court of Justice. Contrary to the view of some scholars, neither does the notion of *ius cogens* adequately explain non-consensual law-making, for its conceptual background lies not in law-making but in ascribing certain legal consequences to an already existing norm. It is, therefore, necessary to assume the existence of an independent source of International Community Law through which the international community as a whole can perform its legislative function.

On the basis of an analysis of the arguments put forward to justify non-consensual law-making within the traditional sources of international law, the following requirements can be identified for the development of a norm of International Community Law: Formally, the process of law-making must be open to all States. The norm then has to be accepted by the international community as a whole. This acceptance has to be based on the overwhelming majority of all States, but statements by international organizations have to be taken into account as well. Substantively, there must be a community interest, meaning an interest accepted by the international community as a whole. Moreover, law-making without or against the will of a State is only acceptable when the pursued community interest outweighs the legitimate interest of the State concerned. Decisions, declarations and resolutions of international organizations as well as of "world summits" can be seen as significant indicators for the existence of a norm of International Community Law. Also, much importance has to be attributed to the decisions of the International Court of Justice. A norm of International Community Law is universal and binds all States, regardless of whether they participated in its development, accepted the norm, or even objected to its formation. The proposed concept of International Community Law serves to explain and legitimize the instances of non-consensual law-making – as discussed and widely accepted within the traditional sources of international law – without distorting the conception of the traditional sources of international law.

From the perspective of legal theory, this form of non-consensual law-making can best be explained by means of a pluralist approach, which understands natural law, positivism, as well as sociologically inspired theories, not as mutually exclusive but as different perspectives of the concept of law.

Finally, the analyzed developments lead to the assumption that the international legal order has reached a new level of development which focuses more on values and interests of the international community (*Chapter 10*). Beyond its normative meaning, the concept of an International Community Law, therefore, also has a descriptive function and serves to conceptualize the structural change of the international legal order. The traditional ideal types of an international law of coexistence and an international law of cooperation are complemented by an International Community Law as a third approach to reflect the legal order. Against the background of globalization, International Community Law introduces an element of vertical structure into public international law. It accentuates the increase in significance of international organizations as independent legal entities and political actors above the State level, a development which is culminating in the assumption of a legal personality of the international community as a whole. With regard to the substantive norms of public international law, there is an increase in norms which are designed to safeguard or to pursue community interests. Law-making departs from the will of single States and is more aligned with and increasingly focuses on the will of the international community as a whole. Law-enforcement becomes disconnected from the traditional bilateral structures of legal relations between States. Even if the functions of law-making and law-enforcement are still performed by States and are *de facto* dominated by their interests, the analysis shows that the State, rather than appearing as a disengaged subject of international law, presents itself as a functional entity of the international community. In return, the international legal system pays more attention to the individual and his well-being. Sovereignty can, therefore, no longer be equated with independence but is restricted to an autonomous scope of action within the legal community. The concept of sovereignty is undergoing a functional change in which the right of the State to participate in international decision-making processes is emphasized more than the freedom of the State.

Verzeichnis der zitierten völkerrechtlichen Dokumente

A. Völkerrechtliche Verträge

Constitution of the International Labour Organization vom 28.6.1919, CTS 225, S. 373.

Convention on International Civil Aviation vom 7.12.1944, UNTS 15, S. 295, BGBl. 1956 II, S. 411.

Charter of the United Nations vom 26.6.1945, BGBl. 1973 II, S. 431.

Statute of the International Court of Justice vom 26.6.1945, BGBl. 1973 II, S. 505.

Constitution of the Food and Agriculture Organization vom 16.10.1945, BGBl. 1971 II, S. 1033.

Constitution of the United Nations Educational, Scientific and Cultural Organization (UNESCO) vom 16.11.1945, UNTS 4, S. 275, BGBl. 1971 II, S. 471.

Constitution of the World Health Organization vom 22.7.1946, UNTS 14, S. 185, BGBl. 1974 II, S. 43.

Convention of the World Meteorological Organization vom 11.10.1947, UNTS 77, S. 143, BGBl. 1970 II, S. 18.

Convention of the Intergovernmental Maritime Consultative Organization vom 6.3.1948, UNTS 289, S. 48, BGBl. 1965 II, S. 313.

Convention on the Prevention and Punishment of the Crime of Genocide vom 9.12.1948, UNTS 78, S. 277, BGBl. 1954 II, S. 730.

(European) Convention for the Protection of Human Rights and Fundamental Freedoms vom 4.11.1950, ETS 5, UNTS 13, S. 221, BGBl. 1952 II, S. 685.

Geneva Convention on the Continental Shelf vom 29.4.1958, UNTS 499, S. 312.

European Social Charter vom 18.10.1961, UNTS 529, S. 89, ETS 35, BGBl. 1965 II, S. 1261.

Vienna Convention on Consular Relations vom 24.4.1963, UNTS 596, S. 261, BGBl. 1969 II, S. 1585.

Constitution of the Universal Postal Union vom 10.7.1964, UNTS 611, S. 7, BGBl. 1965 II, S. 1633.

International Covenant on Civil and Political Rights vom 16.12.1966, UNTS 999, S. 171, BGBl. 1973 II, S. 1534.

International Covenant on Economic, Social and Cultural Rights vom 16.12.1966, UNTS 993, S. 3, BGBl. 1973 II, S. 1570.

Optional Protocol to the International Covenant on Civil and Political Rights vom 19.12.1966, UNTS 999, S. 302, BGBl. 1992 II, S. 1246.

Treaty on Principles Governing the Activities of States in the Exploration and Use of Outer Space, including the Moon and other Celestial Bodies vom 27.1.1967, UNTS 610, S. 205.

Treaty on the Non-Proliferation of Nuclear Weapons vom 1.7.1968, UNTS 729, S. 161, BGBl. 1976 II, S. 552.

Vienna Convention on the Law of Treaties vom 23.5.1969, UNTS 1155, S. 331, BGBl. 1985 II, S. 926.

American Convention on Human Rights vom 22.11.1969, UNTS 1144, S. 143, ILM 1970, S. 673.

International Convention on the Suppression and Punishment of the Crime of Apartheid vom 30.11.1973, UNTS 1015, S. 243.

Vienna Convention on Succession of States in Respect of Treaties vom 23.8.1978, UNTS 1946, S. 3, ILM 17 (1978), S. 1488.

Agreement Governing the Activities of States on the Moon and other Celestial Bodies vom 5.12.1979, UNTS 1363, S. 3.

Convention on the Elimination of All Forms of Discrimination against Women vom 18.12.1979, UNTS 1249, S. 13, BGBl. 1985 II, S. 648.

African Charter on Human and People's Rights vom 27.6.1981, ILM 21 (1982), S. 58.

United Nations Convention on the Law of the Sea vom 10.12.1982, UNTS 1833, S. 3, BGBl. 1994 II, S. 1799.

Vienna Convention on Succession of States in Respect of State Property, Archives and Debts vom 8.4.1983, ILM 22 (1983), S. 306 (noch nicht in Kraft getreten).

Convention against Torture and Other Cruel, Inhuman or Degrading Treatment and Punishment vom 10.12.1984, UNTS 1465, S. 1485, BGBl. 1990 II, S. 246.

Vienna Convention for the Protection of the Ozone Layer vom 22.3.1985, UNTS 1513, S. 293, BGBl. 1988 II, S. 902, ILM 26 (1987), S. 1529.

Vienna Convention on the Law of Treaties between States and International Organizations or between International Organizations vom 21.3.1986, BGBl. 1990 II, S. 1415 (noch nicht in Kraft getreten).

Montreal Protocol on Substances that Deplete the Ozone Layer vom 16.9.1987, UNTS 1522, S. 3, BGBl. 1988 II, S. 1015, ILM 26 (1987), S. 1541.

Convention on the Rights of the Child vom 20.11.1989, UNTS 1577, S. 3, BGBl. 1992 II, S. 122.

Framework Convention on Climate Change vom 9.5.1992, UNTS 1771, S. 107, BGBl. 1993 II, S. 1784, ILM 31 (1992), S. 849.

Convention on Biological Diversity vom 5.6.1992, UNTS 1760, S. 79, BGBl. 1993 II S. 1741, ILM 31 (1992), S. 818.

Agreement Establishing the World Trade Organization vom 15.4.1994, UNTS 1867, S. 154, BGBl. 1994 II, S. 1443.

General Agreement on Tariffs and Trade vom 15.4.1994, ILM 33 (1994), S. 1125, BGBl. 1994 II, S. 1453.

Agreement Relating to the Implementation of Part XI of the United Nations Convention on the Law of the Sea, vom 28.7.1994, UNTS 1836, S. 41, UN Doc. A/48/263.

Arab Charter on Human Rights vom 22.5.2004.

Convention on the Prohibition of the Use, Stockpiling, Production and Transfer of Anti-personnel Mines and their Destruction vom 18.9.1997, UNTS 2056, S. 211, BGBl. 1998 II, S. 778, ILM 36 (1997), S. 1507.

Kyoto Protocol to the Framework Convention on Climate Change vom 11.12.1997, BGBL. 2002 II, S. 966, ILM 37 (1998), S. 22.

Protocol to the African Charter on Human and Peoples' Rights on the Establishment of an African Court on Human and Peoples' Rights vom 9.6.1998, ZaöRV 58 (1998), S. 727-732.

Rome Statute of the International Criminal Court vom 17.7.1998, UNTS 2187, S. 90, BGBl. 2000 II, S. 1394.

Convention for the Suppression of the Financing of Terrorism vom 9.12.1999, BGBl. 2003 II, S. 1923, ILM 39 (2000), S. 270.

Treaty establishing a Constitution for Europe, unterzeichnet am 29.10.2004, ABl. EG Nr. C 310 vom 16.12.2004, S. 1.

B. Dokumente der Vereinten Nationen

Universal Declaration of Human Rights, General Assembly Resolution 217 A (III) vom 10.12.1948.

Declaration on Principles of International Law Concerning Friendly Relations and Co-operation among States in Accordance with the Charter of the United Nations, General Assembly Resolution 2625 (XXV) vom 24.10.1970.

Declaration of the United Nations Conference on the Human Environment vom 16.6.1972, ILM 11 (1972), S. 1416.

The Right to Self-Determination: Implementation of United Nations Resolutions, Report of the Special Rapporteur of the Sub Commission on Prevention of Discrimination and Protection of Minorities, UN Doc. E/CN.4/Sub.2/405/Rev.1 (1980).

Declaration on the Right to Development, General Assembly Resolution 41/128 vom 4.12.1986.

An Agenda for Peace vom 17.6.1992, UN Doc. A/47/277-S/24111.

Vienna Declaration and Programme of Action vom 25.6.1993, UN Doc. A/CONF. 157/23 (1993).

Report of the Secretary-General Pursuant to Paragraph 2 of Security Council Resolution 808 (1993) vom 3.5.1993, UN Doc. S/25704.

Report of the Secretary-General on Succession of States in Respect of International Human Rights Treaties vom 28.11.1994, UN Doc. E/CN.4/1995/80.

Supplement to An Agenda For Peace: Position Paper of the Secretary-General on the Occasion of the Fiftieth Anniversary of the United Nations, UN Doc. A/50/60; S/1995/1.

United Nations Millennium Declaration, General Assembly Resolution 55/2 vom 8.11.2000.

We the Peoples: Civil Society, the United Nations and Global Governance, Report of the Panel of Eminent Persons on United Nations-Civil Society Relations, angenommen durch General Assembly Resolution 58/817 vom 11.6.2004.

United Nations, A More Secure World: Our Shared Responsibility, Report of the High-level Panel on Threats, Challenges and Change vom 2.12.2004, UN Doc. A/59/565.

In Larger Freedom: Towards Development, Security and Human Rights for All, Report of the Secretary-General vom 21.3.2005, UN Doc. A/59/2005.

C. Dokumente der International Law Commission

Article 24 of the Statute of the International Law Commission, Working Paper by Manley O. Hudson, Special Rapporteur, UN Doc. A/CN.4/16, YBILC 1950 II, S. 24.

Law of treaties, Report by J.L. Brierly, Special Rapporteur, UN Doc. A/CN.4/23, YBILC 1950 II, S. 222.

Law of Treaties, Second Report: Revised Articles of the Draft Convention by J.L. Brierly, Special Rapporteur, UN Doc. A/CN.4/43, YBILC 1951 II, S. 70.

Law of Treaties, Report by J.L. Brierly, Special Rapporteur, UN Doc. A/CN.4/54, YBILC 1952 II, S. 50.

Law of Treaties, Report by Mr. H. Lauterpacht, Special Rapporteur, UN Doc. A/CN.4/63, YBILC 1953 II, S. 90.

Law of Treaties, Third Report by G.G. Fitzmaurice, Special Rapporteur, UN Doc. A/CN.4/115, YBILC 1958 II, S. 20.

Second Report on the Law of Treaties, by Sir Humphrey Waldock, Special Rapporteur, UN Doc. CN.4/156, YBILC 1963 II, S. 39.

Third Report on the Law of Treaties, by Sir Humphrey Waldock, Special Rapporteur, UN Doc. A/CN.4/167, YBILC 1964 II, S. 5.

Reports of the International Law Commission on the Second Part of its Seventeenth Session and on its Eighteenth Session, UN Doc. A/6309/Rev.1, YBILC 1966 II.

Second Report on State Responsibility, by Mr. Roberto Ago, Special Rapporteur, UN Doc. A/CN.4/233, YBILC 1970 II, S. 177.

Report of the International Law Commission on the Work of its Twenty-sixth Session, UN Doc. A/9610/Rev.1, YBILC 1974 II/1.

Report of the International Law Commission on the Work of its Twenty-eighth Session, UN Doc. A/31/10, YBILC 1976 II/2.

Eighth Report on State Responsibility, by Mr. Roberto Ago, Special Rapporteur, UN Doc. A/CN.4/318, YBILC 1979 II/1, S. 3.

Report of the International Law Commission on the Work of its Thirty-fourth Session, UN Doc. A/37/10, YBILC 1982 II/2.

Fifth Report on the Content, Forms and Degrees of International Responsibility (Part 2 of the Draft Articles), by Mr. Willem Riphagen, Special Rapporteur, UN Doc. A/CN.4/380, YBILC 1984 II/1, S. 1.

Sixth Report on the Content, Forms and Degrees of International Responsibility (Part 2 of the Draft Articles); and „Implementation" (mise en oeuvre) of International Responsibility and the Settlement of Disputes

(Part 3 of the Draft Articles), by Mr. Willem Riphagen, Special Rapporteur, UN Doc. A/CN.4/389, YBILC 1985 II, S. 3.

Fourth Report on State Responsibility, by Mr. Gaetano Arangio-Ruiz, Special Rapporteur, UN Doc. A/CN.4/444, YBILC 1992 II/1, S. 1.

Seventh Report on State Responsibility, by Mr. Gaetano Arangio-Ruiz, UN Doc. A/CN.4/469/Add.1.

First Report on the Law and Practice Relating to Reservations to Treaties (1995), UN Doc. A/CN.4/470.

Draft Articles on State Responsibility, Provisionally Adopted by the Commission on First Reading, Report of the International Law Commission on the Work of its Forty-eighth Session, UN Doc. A/51/10, YBILC 1996 II/2, S. 58.

First Report on State Responsibility, Addendum, by Mr. James Crawford, Special Rapporteur, UN Doc. A/CN.4/490/Add.1.

Second Report on Reservations to Treaties (1996), UN Doc. A/CN.4/477.

Report of the International Law Commission on the Work of its Forty-ninth Session, UN Doc. A/52/10, YBILC 1997 II/2.

Third Report on State Responsibility, by Mr. James Crawford, Special Rapporteur, UN Doc. A/CN.4/507/Add.4.

Draft Articles Provisionally Adopted by the Drafting Committee on Second Reading, Report of the International Law Commission on the Work of its Fifty-second Session, UN Doc. A/55/10, YBILC 2000 II/2, S. 65.

Draft Articles on Responsibility of States for Internationally Wrongful Acts, Adopted by the International Law Commission at its Fifty-third Session (2001), Official Records of the General Assembly, Fifty-sixth Session, Supplement No. 10, UN Doc. A/56/10.

Commentaries to the Draft Articles on Responsibility of States for Internationally Wrongful Acts, Report of the International Law Commission on the Work of its Fifty-third Session, Official Records of the General Assembly, Fifty-sixth session, Supplement No. 10, UN Doc. A/56/10.

Report of the International Law Commission on the Work of its Fifty-second Session, UN Doc. A/CN.4/513.

Report of the International Law Commission on the Work of its Fifty-fifth Session, UN Doc. A/58/10.

Verzeichnis der zitierten Judikate

A. Entscheidungen internationaler Gerichte und Schiedsgerichte

- *S.S. „Wimbledon"*, PCIJ Reports Series A, Nr. 1 (1923).
- *Certain German Interests in Polish Upper Silesia*, PCIJ Reports Series A, Nr. 7 (1926).
- *S.S. „Lotus"*, PCIJ Reports Series A, Nr. 10 (1927).
- *Free Zones of Upper Savoy and the District of Gex (France v. Switzerland)*, PCIJ Series A/B, Nr. 46 (1932).
- *Oscar Chinn*, PCIJ Series A/B, Nr. 63 (1934).

- *Admission of a State to the United Nations*, Advisory Opinion, ICJ Reports 1947-48, S. 57.
- *Corfu Channel Case*, ICJ Reports 1949, S. 4.
- *Reparation for Injuries Suffered in the Service of the United Nations,* Advisory Opinion, ICJ Reports 1949, S. 174.
- *International Status of South-West Africa*, Advisory Opinion, ICJ Reports 1950, S. 128.
- *Columbian-Peruvian Asylum Case*, ICJ Reports 1950, S. 266.
- *Reservations to the Convention on Genocide*, Advisory Opinion, ICJ Reports 1951, S. 15.
- *Fisheries Case (United Kingdom v. Norway)*, ICJ Reports 1951, S. 116.
- *Case of the Monetary Gold Removed from Rome in 1943*, Preliminary Objections, ICJ Reports 1954, S. 19.
- *Nottebohm Case (Second Phase)*, ICJ Reports 1955, S. 4.
- *South-West Africa – Voting Procedure, Advisory Opinion*, ICJ Reports 1955, S. 67.
- *Case Concerning Right of Passage over Indian Territory*, Merits, ICJ Reports 1960, S. 6.
- *Certain Expenses of the United Nations*, Advisory Opinion, ICJ Reports 1962, S. 151.

- *South West Africa Cases (Ethiopia v. South Africa; Liberia v. South Africa)*, Preliminary Objections, ICJ Reports 1962, S. 319.
- *South West Africa, Second Phase*, ICJ Reports 1966, S. 6.
- *North Sea Continental Shelf*, ICJ Reports 1969, S. 3.
- *Barcelona Traction, Light and Power Company, Limited*, ICJ Reports 1970, S. 3.
- *Legal Consequences for States of the Continued Presence of South Africa in Namibia (South West Africa) notwithstanding Security Council Resolution 276 (1970)*, Advisory Opinion, ICJ Reports 1971, S. 16.
- *Fisheries Jurisdiction (United Kingdom v. Iceland)*, Jurisdiction of the Court, ICJ Reports 1973, S. 3.
- *Fisheries Jurisdiction (United Kingdom v. Iceland)*, Merits, ICJ Reports 1974, S. 3.
- *Fisheries Jurisdiction (Federal Republic of Germany v. Iceland)*, Merits, ICJ Reports 1974, S. 175.
- *Nuclear Tests Case (Australia v. France)*, ICJ Reports 1974, S. 253.
- *Nuclear Tests Case (New Zealand v. France)*, ICJ Reports 1974, S. 457.
- *Continental Shelf (Tunisia/Libyan Arab Jamahiriya)*, ICJ Reports 1982, S. 18.
- *Military and Paramilitary Activities in and against Nicaragua (Nicaragua v. United States of America)*, Provisional Measures, ICJ Reports 1984, S. 169.
- *Military and Paramilitary Activities in and against Nicaragua (Nicaragua v. United States of America)*, Jurisdiction and Admissibility, ICJ Reports 1984, S. 392.
- *Military and Paramilitary Activities in and against Nicaragua (Nicaragua v. United States of America)*, Merits, ICJ Reports 1986, S. 14.
- *Questions of Interpretation and Application of the 1971 Montreal Convention Arising from the Aerial Incident at Lockerbie (Libyan Arab Jamahiriya v. United Kingdom)*, Provisional Measures, ICJ Reports 1992, S. 3.
- *Questions of Interpretation and Application of the 1971 Montreal Convention Arising from the Aerial Incident at Lockerbie (Libyan Arab Jamahiriya v. United States of America)*, Provisional Measures, ICJ Reports 1992, S. 114.

- *Application of the Convention on the Prevention and Punishment of the Crime of Genocide, Provisional Measures, Order of 8 April 1993*, ICJ Reports 1993, S. 3.
- *Application of the Convention on the Prevention and Punishment of the Crime of Genocide, Provisional Measures, Order of 13 September 1993*, ICJ Reports 1993, S. 325.
- *East Timor (Portugal v. Australia)*, ICJ Reports 1995, S. 90.
- *Request for an Examination of the Situation in Accordance with Paragraph 63 of the Court's Judgment of 20 December 1974 in the Nuclear Tests (New Zealand v. France) Case*, ICJ Reports 1995, S. 288.
- *Legality of the Use by a State of Nuclear Weapons in Armed Conflict*, Advisory Opinion, ICJ Reports 1996, S. 66.
- *Legality of the Threat or Use of Nuclear Weapons*, Advisory Opinion, ICJ Reports 1996, S. 226.
- *Application of the Convention on the Prevention and Punishment of the Crime of Genocide, Preliminary Objections, Judgment*, ICJ Reports 1996, S. 595.
- *Gabčíkovo-Nagymaros Project (Hungary/Slovakia)*, ICJ Reports 1997, S. 7.
- *Maritime Delimitation and Territorial Questions between Qatar and Bahrain*, Merits, ICJ Reports 2001, S. 40.
- *Arrest Warrant of 11 April 2000 (Democratic Republic of the Congo v. Belgium)*, ICJ Reports 2002, S. 3.
- *LaGrand (Germany v. United States of America)*, ICJ Reports 2001, S. 466.
- *Legal Consequences of the Construction of a Wall in the Occupied Palestinian Territory*, Advisory Opinion, ICJ Reports 2004, S. 136.
- *Armed Activities on the Territory of the Congo (Democratic Republic of the Congo v. Rwanda)*, Jurisdiction and Admissibility, Urteil vom 3.2.2006.
- *Application of the Convention on the Prevention and Punishment of the Crime of Genocide (Bosnia and Herzegovina v. Serbia and Montenegro)*, Urteil vom 26.2.2007.

- ICTY, *Prosecutor v. Dusko Tadić, Appeals Chamber, Decision on the Defence Motion for Interlocutory Appeal on Jurisdiction*, Urteil vom 2.10.1995, Case No. IT-94-1-AR72, ILM 35 (1996), S. 32.
- ICTY, *Prosecutor v. Furundžija*, Urteil vom 10.12.1998, Case No. IT-95-17/1-T, ILM 38 (1999), S. 317.
- ICTY, *Prosecutor v. Dusko Tadić, Appeals Chamber*, Urteil vom 15.7.1999, Case No. IT-94-1-A, ILM 38 (1999), S. 1518.

- WTO Dispute Settlement Body, *United States – Import Prohibition of Certain Shrimp and Shrimp Products*, Report of the Appellate Body, AB-1998-4 vom 12.10.1998, Doc. WT/DS58/AB/R, ILM 38 (1999), S. 118.

- *Island of Palmas (Netherlands v. United States)*, RIAA, Vol. II (1928), S. 829.
- *Trail Smelter Arbitration*, RIAA, Vol. III (1941), S. 1905.

B. Entscheidungen regionaler Gerichte und Menschenrechtsüberwachungsorgane

- EGMR, Urteil vom 18.1.1978, Beschwerde-Nr. 5310/71, Series A, Nr. 25, *Ireland v. United Kingdom.*
- EGMR, Urteil vom 29.4.1988, Beschwerde-Nr. 10328/83, Series A, Nr. 132, *Belilos v. Switzerland.*
- EGMR, Urteil vom 22.5.1990, Beschwerde-Nr. 11034/84, Series A, Nr. 177, *Weber v. Switzerland.*
- EGMR, Urteil vom 23.3.1995, Beschwerde-Nr. 15318/89, Series A 310, *Loizidou v. Turkey* (Preliminary Objections).
- EGMR, Urteil vom 21.12.2001, Beschwerde-Nr. 35763/97, *Al-Adsani v. United Kingdom.*
- EGMR, Urteil vom 4.2.2005, Beschwerde-Nr. 46827/99 und 46951/99, *Mamatkulov und Askarov/Turkey.*

- EuGH, Urteil vom 15.7.1964, Rs. 6/64, *Costa/ENEL*, Slg. 1964, S. 1251.
- EuGH, Gutachten 1/91 vom 14.12.1991, *Europäischer Wirtschaftsraum I*, Slg. 1991, S. I-6079.

- EuGH, Urteil vom 22.10.2000, Rs. C-94/00, *Roquette Frères*, Slg. 2002, S. I-9011.
- EuGH, Urteil vom 18.11.2003, Rs. C-216/01, *Budejovický Budvar/Rudolf Ammersin GmbH*, Slg. 2003, S. I-13657.
- EuG, Urteile vom 21.9.2005, Rs. T-306/01 und T-315/01, *Yusuf und Al Barakaat International Foundation* sowie *Kadi/Rat und Kommission.*
- EuGH, Urteil vom 3.9.2008, verb. Rs. C-402/05 P und C-415/05 P, *Kadi und Al Barakaat International Foundation/Rat und Kommission.*

- *Inter-American Commission on Human Rights*, Report No 62/02 vom 22.10.2002, Merits, Case 12.285, *Michael Domingues/United States.*

- *Inter-American Court of Human Rights*, Advisory Opinion OC-18/03 vom 17.9.2003, *Juridical Condition and Rights of the Undocumented Migrants.*

C. Entscheidungen nationaler Gerichte

- BVerfGE 1, 372 *(Deutsch-Französisches Wirtschaftsabkommen).*
- BVerfGE 5, 85 *(KPD-Verbot).*
- BVerfGE 15, 25 *(Jugoslawische Militärmission).*
- BVerfGE 16, 27 *(Iranische Botschaft).*
- BVerfGE 18, 441 *(AG in Zürich).*
- BVerfGE 46, 342 *(Philippinische Botschaft).*
- BVerfGE 59, 63 *(Eurocontrol II).*
- BVerfGE 63, 343 *(Rechtshilfevertrag).*
- BVerfGE 65, 182 *(Sozialplan).*
- BVerfGE 68, 1 *(Atomwaffenstationierung).*
- BVerfGE 77, 137 *(Teso).*
- BVerfGE 94, 49 *(Sichere Drittstaaten).*
- BVerfGE 95, 96 *(Mauerschützen).*
- BVerfGE 96, 68 *(DDR-Botschafter).*
- BVerfGE 112, 1 *(Enteignungen in der ehemaligen SBZ).*

- BVerfGK 9, 174 *(Konsularrechtsübereinkommen).*
- RGZ 24, 45.
- BGHSt 40, 241.

- *Paquete Habana*, 175 U.S. 677 (1900).
- *New Jersey v. Delaware*, 291 U.S. 361 (1934).
- *Sale v. Haitian Centers Council, Inc.*, 509 U.S. 155 (1993).
- *Siderman de Blake v. Republic of Argentina*, 965 F.2d 699 (9th Cir. 1992).
- *Kreimerman v. Casa Veerkamp S.A. de C.V.*, 22 F.3d 634 (5th Cir. 1994).
- *Chubb & Son, Inc. v. Asiana Airlines*, 214 F.3d 301 (2nd Cir. 2000).

- *Canada (Attorney General) v. Ward*, [1993] 2 S.C.R. 689.
- *Thomson v. Thomson*, [1994] 3 S.C.R. 551.
- *Pushpanathan v. Canada (Minister of Citizenship and Immigration)*, [1998] 1 S.C.R. 982.

- BGE 120 Ib 360.
- BGE 122 II 234.

- House of Lords, *Regina v. Bow Street Stipendiary Magistrate and Others*, Ex parte *Pinochet Ugarte (No. 3)*, 24.3.1999, [1999] 2 WLR 827, ILM 38 (1999), S. 581.

Literaturverzeichnis

Abi-Saab, Georges, Comment, in: Rüdiger Wolfrum/Volker Röben (eds.), Developments of International Law in Treaty Making, Berlin u.a. 2005, S. 31-34.

Abi-Saab, Georges, The Concept of „International Crimes" and its Place in Contemporary International Law, in: Joseph H.H. Weiler et al. (eds.), International Crimes of State: A Critical Analysis of the ILC's Draft Article 19 on State Responsibility, Berlin u.a. 1989, S. 141-150.

Abi-Saab, Georges, The Uses of Article 19, EJIL 10 (1999), S. 339-351.

Abi-Saab, Georges, Whither the International Community, EJIL 9 (1998), S. 248-265.

Adorno, Theodor W., Zur gegenwärtigen Stellung der empirischen Sozialforschung in Deutschland, in: Gesammelte Schriften, Bd. 8, Soziologische Schriften I, Frankfurt am Main 1972, S. 478-499.

Afshari, Reza, An Essay on Islamic Cultural Relativism in the Discourse of Human Rights, HRQ 16 (1994), S. 235-276.

Ago, Roberto, Droit des traités à la lumière de la Convention de Vienne, RdC 134 (1971-III), S. 297-331.

Ago, Roberto, Obligations Erga Omnes and the International Community, in: Joseph H.H. Weiler et al. (eds.), International Crimes of State: A Critical Analysis of the ILC's Draft Article 19 on State Responsibility, Berlin u.a. 1989, S. 237-239.

Ago, Roberto, Positivism, in: Rudolf Bernhardt (ed.), EPIL, Vol. III, Amsterdam u.a. 1997, S. 1072-1080.

Ago, Roberto, Science juridique et droit international, RdC 90 (1956-II), S. 850-958.

Ahlborn, Kai/Berschauer, Carolin, Die Zukunft der Vereinten Nationen – ein Ausblick, in: Dietmar Herz u.a. (Hrsg.), Die Vereinten Nationen – Entwicklung, Aktivitäten, Perspektiven, Frankfurt am Main 2002, S. 228-245.

Ajami, Fouad, The Summoning, Foreign Affairs Vol. 72, No. 4 (1993), S. 2-9.

Akande, Dapo, Nuclear Weapons, Unclear Law? Deciphering the Nuclear Weapons Advisory Opinion of the International Court, BYIL 68 (1997), S. 165-217.

Akande, Dapo, The International Court of Justice and the Security Council: Is there Room for Judicial Control of Decisions of the Political Organs of the United Nations?, ICLQ 46 (1997), S. 309-343.

Akehurst, Malanczuk, Custom as a Source of International Law, BYIL 47 (1974/75), S. 1-53.

Akehurst, Michael, Reprisals by Third States, BYIL 44 (1970), S. 1-18.

Akehurst, Michael, The Hierarchy of the Sources of International Law, BYIL 47 (1974/75), S. 273-285.

Akram, Munir/Shah, Syed Haider, The Legislative Powers of the United Nations Security Council, in: Ronald St. John MacDonald/ Douglas M. Johnston (eds.), Towards World Constitutionalism: Issues in the Legal Ordering of the World Community, Leiden 2005, S. 431-455.

Albrow, Martin, Globalization, in: William Outhwaite/Tom Bottomore (eds.), The Blackwell Dictionary of Twentieth-century Social Thought, Oxford 1993, S. 248-249.

Alexy, Robert, Theorie der Grundrechte, 2. Aufl., Frankfurt am Main 1994.

Alfredsson, Gudmundur, Human Rights Commissions and Treaty Bodies in the UN-System, in: Rüdiger Wolfrum/Volker Röben (eds.), Developments of International Law in Treaty Making, Berlin u.a. 2005, S. 559-570.

Alland, Denis, Countermeasures of General Interest, EJIL 13 (2002), S. 1221-1239.

Allott, Philip, Book Review: Richard Falk, Law in an Emerging Global Village: A Post-Westphalian Perspective, AJIL 93 (1999), S. 733-735.

Allott, Philip, Eunomia: New Order for a New World, Oxford u.a. 2001.

Alston, Philip, Conjuring up New Human Rights. A Proposal for Quality Control, AJIL 78 (1984), S. 607-621.

Alston, Philip, The Myopia of the Handmaidens: International Lawyers and Globalization, EJIL 8 (1997), S. 435-448.

Alvarez, José E., Do Liberal States Behave Better? A Critique of Slaughter's Liberal Theory, EJIL 12 (2001), S. 183-246.

Alvarez, José E., Hegemonic International Law Revisited, AJIL 97 (2003), S. 873-888.

Alvarez, José E., The New Treaty Makers, B.C. Int'l & Comp. L. Rev. 25 (2002), S. 213-234.

Altvater, Elmar, Ort und Zeit des Politischen unter den Bedingungen ökonomischer Globalisierung, in: Dirk Messner (Hrsg.), Die Zukunft des Staates und der Politik, Bonn 1998, S. 74-97.

D'Amato, Anthony, It's a Bird, it's a Plane, it's Jus Cogens, Conn. J. Int'l L. 6 (1990), S. 1-6.

D'Amato, Anthony, Manifest Intent and the Generation by Treaty of Customary Rules of International Law, AJIL 64 (1970), S. 892-902.

D'Amato, Anthony, The Concept of Custom in International Law, Ithaca/London 1971.

D'Amato, Anthony, Trashing Customary International Law, AJIL 81 (1987), S. 101-105.

Anand, Ram Prakash, Attitude of the Asian-African States Towards Certain Problems of International Law, ICLQ 15 (1966), S. 55-75.

Anderheiden, Michael, Gemeinwohl in Republik und Union, Tübingen 2006.

Anderson, Kenneth, Squaring the Circle? Reconciling Sovereignty and Global Governance through Global Governance Networks, Harv. L. Rev. 118 (2005), S. 1255-1312.

Anderson, Kenneth, The Ottawa Convention Banning Landmines, the Role of International Non-governmental Organizations and the Idea of International Civil Society, EJIL 11 (2000), S. 91-120.

Annacker, Claudia, Die Durchsetzung von Erga-omnes Verpflichtungen vor dem Internationalen Gerichtshof, Hamburg 1994.

Annacker, Claudia, The Legal Régime of Erga Omnes Obligations in International Law, AJPIL 46 (1994), S. 131-166.

An-Na'im, Abdullahi Ahmed, Human Rights in the Muslim World: Socio-Political Conditions and Scriptural Imperatives, Harv. Hum. Rts. J. 3 (1990), S. 13-52.

An-Na'im, Abdullahi Ahmed, Toward a Cross-Cultural Approach to Defining International Standards of Human Rights: The Meaning of Cruel, Inhuman, or Degrading Treatment or Punishment, in: ders. (ed.), Human Rights in Cross-Cultural Perspective: A Quest for Consensus, Philadelphia 1992, S. 19-43.

Antonopoulos, Constantine, Effectiveness v. the Rule of Law Following the East Timor Case, NYIL 27 (1996), S. 75-111.

Anzilotti, Dionisio, Lehrbuch des Völkerrechts, Bd. 1 (deutsche Übersetzung der 3. Aufl. von Cornelia Bruns und Karl Schmid, Berlin/ Leipzig 1929).

Arangio-Ruiz, Gaetano, On the Security Council's „Law-Making", RDI 83 (2000), S. 607-725.

Arangio-Ruiz, Gaetano, The „Federal Analogy" and UN Charter Interpretation: A Crucial Issue, EJIL 8 (1997), S. 1-28.

Arangio-Ruiz, Gaetano, The Normative Role of the General Assembly of the United Nations and the Declaration of Principles of Friendly Relations, RdC 137 (1972-III), S. 419-742.

Arangio-Ruiz, Gaetano, Voluntarism versus Majority Rule, in: Antonio Cassese/Joseph H.H. Weiler (eds.), Change and Stability in International Law-Making, Berlin/New York 1988, S. 102-108.

Archibugi, Daniele, From the United Nations to Cosmopolitan Democracy, in: dies./David Held (eds.), Cosmopolitan Democracy: An Agenda for a New World Order, Cambridge 1995, S. 121-162.

Aron, Raymond, Paix et guerre entre les nations, Paris 1962.

Asamoah, Obed Y., The Legal Significance of the Declarations of the General Assembly of the United Nations, The Hague 1966.

Ashley, Richard K., The Poverty of Neo-realism, IO 38 (1984), S. 225-286.

Aston, Jurij Daniel, Die Bekämpfung abstrakter Gefahren für den Weltfrieden durch legislative Maßnahmen des Sicherheitsrats – Resolution 1373 (2001) im Kontext, ZaöRV 62 (2002), S. 257-291.

Aston, Jurij Daniel, Sekundärgesetzgebung internationaler Organisationen zwischen mitgliedstaatlicher Souveränität und Gemeinschaftsdisziplin, Berlin 2005.

Aust, Anthony, Modern Treaty Law and Practice, Cambridge 2000.

Bader, Veit-Michael, Rassismus, Ethnizität, Bürgerschaft, Münster 1995.

Baderin, Mashood A., International Human Rights and Islamic Law, Oxford 2003.

Bailey, Sydney D./Daws, Sam, The Procedure of the UN Security Council, Oxford 1998.

Baldus, Manfred, Zur Relevanz des Souveränitätsproblems für die Wissenschaft vom Öffentlichen Recht, Der Staat 36 (1997), S. 381-398.

Ballreich, Hans, Wesen und Wirkung des „Konsens" im Völkerrecht, in: Rudolf Bernhardt u.a. (Hrsg.), Völkerrecht als Rechtsordnung, Internationale Gerichtsbarkeit, Menschenrechte, Festschrift für Hermann Mosler, Berlin 1983, S. 1-24.

Barry, Brian, Humanity and Justice in Global Perspective, in: James Roland Pennock/John W. Chapman (eds.), Ethics, Economics and the Law, New York u.a. 1982, S. 219-252.

Barry, Brian, Statism and Nationalism: A Cosmopolitan Critique, in: Ian Shapiro/Lea Brilmayer (eds.), Global Justice, New York u.a. 1999, S. 12-66.

Baumann, Zygmunt, Making and Unmaking of Strangers. Fremde in der postmodernen Gesellschaft, in: Christiane Harzig/Nora Räthzel (Hrsg.), Widersprüche des Multikulturalismus, Hamburg 1995, S. 5-25.

Beck, Ulrich, Risikogesellschaft, Frankfurt am Main 1986.

Beck, Ulrich, Was ist Globalisierung? Irrtümer des Globalismus – Antworten auf Globalisierung, Frankfurt am Main 1997.

Bederman, David J., Counterintuiting Countermeasures, AJIL 96 (2002), S. 817-832.

Beemelmans, Hubert, State Succession in International Law: Remarks on Recent Theory and State Praxis, B.U. Int'l L.J. 15 (1997), S. 71-123.

Beitz, Charles R., Political Theory and International Relations, Princeton 1979.

Benedek, Wolfgang, Die Konstitutionalisierung der Welthandelsordnung: Kompetenzen und Rechtsordnung der WTO, BDGVR 40 (2003), S. 283-330.

Bennett, Alvin LeRoy, International Organizations: Principles and Issues, 6th ed., Englewood Cliffs 1995, S. 229-232.

Bennouna, Mohamed, The Concept of Crimes of States: Evolution, Operation and Codification, in: Joseph H.H. Weiler et al. (eds.), International Crimes of State: A Critical Analysis of the ILC's Draft Article 19 on State Responsibility, Berlin u.a. 1989, S. 220-221.

Benzing, Markus, Sovereignty and the Responsibility to Protect in International Criminal Law, in: Doris König et al. (eds.), International Law Today: New Challenges and the Need for Reform?, Berlin u.a. 2008, S. 17-50.

Berber, Friedrich, Lehrbuch des Völkerrechts, Bd. I, 2. Aufl., München 1975.

Beres, Louis René, Prosecuting Iraqi Crimes against Israel During the Gulf War, Ariz. J. Int'l & Comp. Law 9 (1992), S. 337-360.

Berkowitz, Peter, Laws of Nations, Policy Review 130 (April/May 2005), S. 71-80.

Bernhardt, Rudolf, Anmerkungen zur Rechtsfortbildung und Rechtsschöpfung durch internationale Gerichte, in: Konrad Ginther (Hrsg.), Völkerrecht zwischen normativem Anspruch und politischer Realität, Festschrift für Karl Zemanek zum 65. Geburtstag, Berlin 1994, S. 11-24.

Bernhardt, Rudolf, Custom and Treaty in the Law of the Sea, RdC 205 (1987-V), S. 247-330.

Bernhardt, Rudolf, Customary International Law, in: ders. (ed.), EPIL, Vol. I, Amsterdam u.a. 1992, S. 898-905.

Bernhardt, Rudolf, Homogenität, Kontinuität und Dissonanzen in der Rechtsprechung des Internationalen Gerichtshofs, ZaöRV 33 (1973), S. 1-37.

Bernhardt, Rudolf, Ungeschriebenes Völkerrecht, ZaöRV 36 (1976), S. 50-76.

von Bernstorff, Jochen, Der Glaube an das universale Recht: Zur Völkerrechtstheorie Hans Kelsens und seiner Schüler, Baden-Baden 2001.

Beyerlin, Ulrich, Umweltvölkerrecht, München 2000.

Beyerlin, Ulrich, The Role of NGOs in International Environmental Litigation, ZaöRV 61 (2001), S. 357-378.

Bertrand, Maurice, The UN as an Organization – A Critique of its Functioning, EJIL 6 (1995), S. 349-359.

Bhagwati, Jagdish, The World Trading System at Risk, Hemel Hempstead 1991.

Bickel, Cornelius, „Gemeinschaft" als kritischer Begriff bei Tönnies, in: Carsten Schlüter/Lars Clausen (Hrsg.), Renaissance der Gemeinschaft? Stabile Theorie und neue Theoreme, Berlin 1990, S. 17-46.

Bielefeldt, Heiner, Facetten der islamischen Menschenrechtsdiskussion, in: Andreas Zimmermann (Hrsg.), Religion und Internationales Recht, Berlin 2006, S. 83-95.

Bielefeldt, Heiner, Muslim Voices in the Human Rights Debate, HRQ 17 (1995), S. 587-617.

Bielefeldt, Heiner, Philosophie der Menschenrechte: Grundlagen eines weltweiten Freiheitsethos, Darmstadt 1998.

Biersteker, Thomas J./Weber, Cynthia, The Social Construction of State Sovereignty, in: dies. (eds.), State Sovereignty as Social Construct, Cambridge 1996, S. 1-21.

Bindschedler, Rudolf L., Das Problem der Beteiligung der Schweiz an Sanktionen der Vereinten Nationen, besonders im Falle Rhodesiens, ZaöRV 28 (1968), S. 1-15.

Birnie, Patricia W./Boyle, Alan E., International Law and the Environment, 2nd ed., Oxford 2002.

Bleckmann, Albert, Allgemeine Staats- und Völkerrechtslehre, Köln u.a. 1995.

Bleckmann, Albert, Das Souveränitätsprinzip im Völkerrecht, AVR 23 (1985), S. 450-477.

Bleckmann, Albert, Die wertende Rechtsvergleichung bei der Entwicklung europäischer Grundrechte, in: Jürgen F. Baur u.a. (Hrsg.), Europarecht, Energierecht, Wirtschaftsrecht, Festschrift für Bodo Börner zum 70. Geburtstag, Köln u.a. 1992, S. 29-37.

Bleckmann, Albert, Völkergewohnheitsrecht trotz widersprüchlicher Praxis?, ZaöRV 36 (1976), S. 374-406.

Bleckmann, Albert, Völkerrecht, Baden-Baden 2001.

Bleckmann, Albert, Zur Feststellung und Auslegung von Völkergewohnheitsrecht, ZaöRV 37 (1977), S. 504-529.

Blokker, Niels, Is the Authorization Authorized? Powers and Practice of the UN Security Council to Authorize the Use of Force by „Coalitions of the Able and Willing", EJIL 11 (2000), S. 541-568.

Bodendiek, Frank, Walther Schückings Konzeption der internationalen Ordnung: Dogmatische Strukturen und ideengeschichtliche Bedeutung, Berlin 2001.

von Bogdandy, Armin, Constitutionalism in International Law: Comment on a Proposal from Germany, Harv. Int'l L.J. 47 (2006), S. 223-242.

von Bogdandy, Armin, Demokratie, Globalisierung, Zukunft des Völkerrechts – eine Bestandsaufnahme, ZaöRV 63 (2003), S. 853-878.

von Bogdandy, Armin, Pragmatismus, Imperialismus und internationales Recht, ZaöRV 63 (2003), S. 205-211.

von Bogdandy, Armin, Verfassungsrechtliche Dimensionen der Welthandelsorganisation, KJ 2001, S. 264-281, S. 425-441.

Böhmer, Alexander, One Hundred Years: The Kiel Canal in International Law, GYIL 38 (1995), S. 325-346.

Bokor-Szegö, Hanna, New States and International Law, Budapest 1970.

Boldt, Hans, Souveränität, in: Otto Brunner (Hrsg.), Geschichtliche Grundbegriffe, Bd. 6, Stuttgart 1990, S. 98-154.

Bos, Maarten, The Identification of Custom in International Law, GYIL 25 (1982), S. 9-53.

Bothe, Michael, Die Bedeutung der Rechtsvergleichung in der Praxis internationaler Gerichte, ZaöRV 36 (1976), S. 280-300.

Bothe, Michael, Friedenssicherung und Kriegsrecht, in: Wolfgang Graf Vitzthum (Hrsg.), Völkerrecht, 4. Aufl., Berlin/New York 2007, S. 637-725.

Boutros-Ghali, Boutros, Hinter den Kulissen der Weltpolitik, Hamburg 2000.

Bowett, Derek William, Reservations to Non-restricted Multilateral Treaties, BYIL 48 (1976/77), S. 67-92.

Bowett, Derek William, The Law of International Institutions, 4th ed., London 1982.

Boyle, Francis A., Determining U.S. Responsibility for Contra Operations under International Law, AJIL 81 (1987), S. 86-93.

Bradley, Curtis A./Goldsmith, Jack L., Customary International Law as Federal Common Law: A Critique of the Modern Position, Harv. L. Rev. 110 (1997), S. 815-876.

Brand, Ronald A., External Sovereignty and International Law, Fordham Int'l L.J. 18 (1995), S. 1685-1697.

von Bredow, Wilfried, Konflikte und Kämpfe zwischen Zivilisationen, in: Karl Kaiser/Hans-Peter Schwarz (Hrsg.), Weltpolitik im neuen Jahrhundert, Baden-Baden 2000, S. 115-123.

Breuer, Stefan, „Gemeinschaft" in der „deutschen Soziologie", ZfS 31 (2002), S. 354-372.

Brierly, James Leslie, Règles générales du droit de la paix, RdC 58 (1936-IV), S. 1-242.

Briggs, Herbert W., The International Court of Justice Lives Up to its Name, AJIL 81 (1987), S. 78-86.

Brown, Chris, International Political Theory and the Idea of World Community, in: Ken Booth/Steve Smith (eds.), International Relations Theory Today, Cambridge 1995, S. 90-109.

Brown Weiss, Edith, Invoking State Responsibility in the Twenty-first Century, AJIL 96 (2002), S. 798-816.

Brownlie, Ian, Principles of Public International Law, 7th ed., Oxford 2008.

Bruha, Thomas/Krajewski, Markus, Funktionswandel des Sicherheitsrats als Verfassungsproblem, VN 1998, S. 13-18.

Bruha, Thomas, Security Council, in: Rüdiger Wolfrum (ed.), United Nations: Law, Policies and Practice, Vol. 2, München 1995, S. 1147-1161.

Brunnée, Jutta, „Common Interest" – Echoes from an Empty Shell?, ZaöRV 49 (1989), S. 791-808.

Brunnée, Jutta, Reweaving the Fabric of International Law? Patterns of Consent in Environmental Framework Agreements, in: Rüdiger Wolfrum/Volker Röben (eds.), Developments of International Law in Treaty Making, Berlin u.a. 2005, S. 101-126.

Bryde, Brun-Otto, International Democratic Constitutionalism, in: Ronald St. John MacDonald/Douglas M. Johnston (eds.), Towards World Constitutionalism: Issues in the Legal Ordering of the World Community, Leiden 2005, S. 103-125.

Bryde, Brun-Otto, Konstitutionalisierung des Völkerrechts und Internationalisierung des Verfassungsrechts, Der Staat 42 (2003), S. 61-75.

Buergenthal, Thomas, Law-Making in the International Civil Aviation Organization, Syracues/New York 1969.

Bull, Hedley, The Anarchical Society: A Study of Order in World Politics, New York 1977.

Bussalb, Jean-Piere, Carl Schmitts völkerrechtliches Großraumprinzip – Perspektiven einer neuen Weltordnung, Rechtstheorie 35 (2004), S. 247-278.

Byers, Michael, Conceptualising the Relationship between Jus Cogens and Erga Omnes Rules, Nordic J. Int'l L. 66 (1997), S. 211-239.

Byers, Michael, Custom, Power, and the Power of Rules, Customary International Law from an Interdisciplinary Perspective, Mich. J. Int'l L. 17 (1995), S. 109-180.

Cahier, Philippe, Le droit interne des organisations internationales, RGDIP 67 (1963), S. 563-602.

Cahier, Philippe, Le problème des effets des traités à l'égard des États tiers, RdC 143 (1974), S. 589-735.

Calliess, Christian, Auswärtige Gewalt, in: Josef Isensee/Paul Kirchhof (Hrsg.), HStR, Bd. IV, 3. Aufl., Heidelberg 2006, S. 589-632.

Calliess, Christian/Ruffert, Matthias (Hrsg.), EUV/EGV, 3. Aufl., München 2007.

Cameron, Iain, Turkey and Article 25 of the European Convention on Human Rights, ICLQ 37 (1988), S. 887-925.

Cançado Trindade, Antônio Augusto, International Law for Humankind: Towards a New Jus Gentium (I), RdC 316 (2005), S. 9-440.

Cançado Trindade, Antônio Augusto, International Law for Humankind: Towards a New Jus Gentium (II), RdC 317 (2005), S. 9-312.

Cançado Trindade, Antônio Augusto, The Voluntarist Conception of International Law: A Re-Assessment, RDISDP 59 (1981), S. 201-240.

Caplan, Lee M., State Immunity, Human Rights, and Jus Cogens: A Critique of the Normative Hierarchy Theory, AJIL 97 (2003), S. 741-781.

Caron, David D., The Legitimacy of the Collective Authority of the Security Council, AJIL 87 (1993), S. 552-588.

Carrillo Salcedo, Juan Antonio, Reflections on the Existence of a Hierarchy of Norms in International Law, EJIL 8 (1997), S. 583-595.

Carty, Anthony, Critical International Law: Recent Trends in the Theory of International Law, EJIL 2 (1991), S. 66-96.

Cassese, Antonio, Human Rights in a Changing World, Cambridge 1994.

Cassese, Antonio, International Law, 2nd ed., Oxford 2005.

Cassese, Antonio, International Law in a Divided World, Oxford 1986.

Cassese, Antonio, Remarks on the Present Legal Regulation of Crimes of States, in: Joseph H.H. Weiler et al. (eds.), International Crimes of State: A Critical Analysis of the ILC's Draft Article 19 on State Responsibility, Berlin u.a. 1989, S. 200-213.

Cassese, Antonio, The Statute of the International Criminal Court: Some Preliminary Reflections, EJIL 10 (1999), S. 144-171.

Cassese, Antonio et al. (eds.), The Rome Statute of the International Criminal Court: A Commentary, Vol. I, Oxford 2002.

Castañeda, Jorge, Legal Effects of United Nations Resolutions, New York 1969.

Charlesworth, Hilary C.M., Customary International Law and the Nicaragua Case, AusYIL 11 (1991), S. 1-31.

Charney, Jonathan I., Customary International Law in the Nicaragua Case Judgment on the Merits, Hague YIL 1 (1988), S. 16-29.

Charney, Jonathan I., International Lawmaking – Article 38 of the ICJ Statute Reconsidered, in: Jost Delbrück (ed.), New Trends in International Lawmaking – International „Legislation" in the Public Interest, Berlin 1997, S. 171-191.

Charney, Jonathan I., The Persistent Objector Rule and the Development of Customary International Law, BYIL 56 (1985), S. 1-24.

Charney, Jonathan I., The United States and the Law of the Sea After UNCLOS III – The Impact of General International Law, Law & Contemp. Probs. 46/2 (1983), S. 37-54.

Charney, Jonathan I., Third State Remedies in International Law, Mich. J. Int'l L. 10 (1989), S. 57-101.

Charney, Jonathan I., Universal International Law, AJIL 87 (1993), S. 529-551.

Charney, Jonathan I./Danilenko, Gennady M., Consent and the Creation of International Law, in: Lori Fisler Damrosch et al. (eds.), Beyond Confrontation, International Law in the Post-Cold War Era, Boulder/Colorado u.a. 1995, S. 23-60.

Chartier, Gary, Peoples or Persons? Revising Rawls on Global Justice, B.C. Int'l & Comp. L. Rev. 27 (2004), S. 1-98.

Chayes, Abram/Chayes, Antonia Handler, The New Sovereignty: Compliance with International Regulatory Agreements, Cambridge/Massachusetts/London 1995.

Chen, Lung-chu, An Introduction to Contemporary International Law – A Policy-Oriented Perspective, New Haven u.a. 1989.

Cheng, Bin, United Nations Resolutions on Outer Space: „Instant" International Customary Law?, IJIL 5 (1965), S. 23-48.

Chimni, Bhupinder S., International Institutions Today: An Imperial Global State in the Making, EJIL 15 (2004), S. 1-37.

Chimni, Bhupinder S., International Law and World Order: A Critique of Contemporary Approaches, New Delhi u.a. 1993.

Chinkin, Christine, The East Timor Case (Portugal v. Australia), ICLQ 45 (1996), S. 712-725.

Chinkin, Christine, Third Parties in International Law, Oxford 1993.

Christenson, Gordon A., Jus Cogens: Guarding Interests Fundamental to International Society, Va. J. Int'l L. 28 (1988), S. 585-648.

Christenson, Gordon A., World Civil Society and the International Rule of Law, HRQ 19 (1997), S. 724-737.

Churchill, Robin R./Ulfstein, Geir, Autonomous Institutional Arrangements in Multilateral Environmental Agreements: A Little-Noticed Phenomenon in International Law, AJIL 94 (2000), S. 623-659.

Coffman, Peter D., Obligations Erga Omnes and the Absent Third State, GYIL 39 (1996), S. 285-333.

Coing, Helmut, Grundzüge der Rechtsphilosophie, 5. Aufl., Berlin u.a. 1993.

Condorelli, Luigi, Measures Available to Third States Reacting to Crimes of State, in: Joseph H.H. Weiler et al. (eds.), International Crimes of State: A Critical Analysis of the ILC's Draft Article 19 on State Responsibility, Berlin u.a. 1989, S. 264-266.

Cot, Jean-Pierre/Pellet, Alain (eds.), La Charte des Nations Unies, Commentaire article par article, 2e édition, Paris 1991.

Cottier, Michael, Die Anwendbarkeit von völkerrechtlichen Normen im innerstaatlichen Bereich als Ausprägung der Konstitutionalisierung des Völkerrechts, SZIER 1999, S. 403-440.

Cover, Robert, Obligation: A Jewish Jurisprudence of the Social Order, J. of Law and Relig. 5 (1987), S. 65-74.

Craven, Matthew C.R., The Genocide Case, The Law of Treaties and State Succession, BYIL 68 (1997), S. 127-163.

Craven, Matthew C.R., The Protection of Economic, Social and Cultural Rights under the Inter-American System of Human Rights, in: David J. Harris/Stephen Livingstone (eds.), The Inter-American System of Human Rights, Oxford 1998, S. 289-321.

Crawford, James, Military Activities against Nicaragua Case (Nicaragua v. United States), in: Rudolf Bernhardt (ed.), EPIL, Vol. III, Amsterdam u.a. 1997, S. 371-378.

Crawford, James, Revising the Draft Articles on State Responsibility, EJIL 10 (1999), S. 435-460.

Crawford, James, The Charter of the United Nations as a Constitution, in: Georges Abi-Saab et al. (eds.), The Changing Constitution of the United Nations, London 1997, S. 3-16.

Crawford, James/Peel, Jacqueline/Olleson, Simon, The ILC's Articles on Responsibility of States for Internationally Wrongful Acts: Completion of the Second Reading, EJIL 12 (2001), S. 963-991.

Cremer, Hans-Joachim, John Rawls' „The Law of Peoples" – Ein tauglicher Ansatz für eine Philosophie der internationalen Beziehungen?, in: ders. (Hrsg.), Tradition und Weltoffenheit des Rechts, Festschrift für Helmut Steinberger, Berlin 2002, S. 97-126.

Czapliński, Wladyslaw, Concepts of Jus Cogens and Obligations Erga Omnes in International Law in the Light of Recent Developments, Polish YIL 23 (1997-1998), S. 87-97.

Czapliński, Wladyslaw, Sources of International Law in the Nicaragua Case, ICLQ 38 (1989), S. 151-166.

Czapliński, Wladyslaw, UN Codification of Law of State Responsibility, AVR 41 (2003), S. 62-82.

Czempiel, Ernst-Otto, Die Reform der UNO, München 1994.

Dahm, Georg, Völkerrecht, Bd. I, Stuttgart 1958.

Dahm, Georg, Völkerrecht, Bd. II, Stuttgart 1958.

Dahm, Georg, Völkerrecht, Bd. III, Stuttgart 1961.

Dahm, Georg/Delbrück, Jost/Wolfrum, Rüdiger, Völkerrecht, Bd. I/1, 2. Aufl., Berlin 1989.

Dahm, Georg/Delbrück, Jost/Wolfrum, Rüdiger, Völkerrecht, Bd. I/2, 2. Aufl., Berlin 2002.

Dahm, Georg/Delbrück, Jost/Wolfrum, Rüdiger, Völkerrecht, Bd. I/3, 2. Aufl., Berlin 2002.

Dahrendorf, Ralf, Gesellschaft und Demokratie in Deutschland, 4. Aufl., München 1975.

Danilenko, Gennady M., The Theory of International Customary Law, GYIL 31 (1988), S. 9-47.

Degan, Vladimir-Djuro, Some Objective Features in Positive International Law, in: Jerzy Makarczyk (ed.), Theory of International Law at the Threshold of the 21st Century, Essays in Honour of Krzystof Skubiszewski, The Hague u.a. 1996, S. 123-146.

Delbrück, Jost, „Laws in the Public Interest" – Some Observations on the Foundations and Identification of Erga Omnes Norms in International Law, in: Volkmar Götz u.a. (Hrsg.), Liber amicorum Günther Jaenicke – zum 85. Geburtstag, Berlin/Heidelberg u.a. 1998, S. 17-36.

Delbrück, Jost, Globalization of Law, Politics and Markets – Implications for Domestic Law. A European Perspective, Ind. J. Global Leg. Stud. 1 (1993), S. 9-36.

Delbrück, Jost, Prospects for a „World (Internal) Law?“: Legal Developments in a Changing International System, Ind. J. Global Leg. Stud. 9 (2002), S. 401-431.

Delbrück, Jost, Structural Changes in the International System and its Legal Order: International Law in the Era of Globalization, SZIER 2001, S. 1-36.

Delbrück, Jost, The Impact of the Allocation of International Law Enforcement Authority on the International Legal Order, in: ders. (ed.), Allocation of Law Enforcement Authority in the International System, Berlin 1995, S. 135-158.

Delbrück, Jost, Transnational Federalism: Problems and Prospects of Allocating Public Authority beyond the State, Ind. J. Global Leg. Stud. 11 (2004), S. 31-55.

Delbrück, Jost, Wirksameres Völkerrecht oder neues „Weltinnenrecht“?, Perspektiven der Völkerrechtsentwicklung in einem sich wandelnden internationalen System, in: Winrich Kühne (Hrsg.), Blauhelme in einer turbulenten Welt, Baden-Baden 1993, S. 101-131.

Detter, Ingrid, Law Making by International Organizations, Stockholm 1965.

Detter DeLupis, Ingrid, The Concept of International Law, Stockholm 1987.

Di Fabio, Udo, Das Recht offener Staaten, Tübingen 1998.

Dicke, Detlev Christian, Die Intervention mit wirtschaftlichen Mitteln im Völkerrecht, Baden-Baden 1978.

Dicke, Klaus, Effizienz und Effektivität internationaler Organisationen, Berlin 1994.

Dicke, Klaus, Erscheinungsformen und Wirkungen der Globalisierung in Struktur und Recht des internationalen Systems auf universaler und regionaler Ebene sowie gegenläufige Renationalisierungstendenzen, BDGVR 39 (2000), S. 13-44.

Dicke, Klaus, Reform der UN, in: Rüdiger Wolfrum (Hrsg.), Handbuch Vereinte Nationen, München 1991, S. 663-673.

Dicke, Klaus, Weltgesetzgeber Sicherheitsrat, VN 49 (2001), S. 163.

Dingeldey, Irene, Das Modell der Gerechtigkeit zwischen Individualismus und Gemeinschaft: Eine Einführung in die Theorie der Gerechtigkeit von John Rawls unter Berücksichtigung der Kritik aus kommunitaristischer Sicht, Weingarten 1997.

Dinstein, Yoram, Restatements of International Law by Technical/Informal Bodies, in: Rüdiger Wolfrum/Volker Röben (eds.), Developments of International Law in Treaty Making, Berlin u.a. 2005, S. 93-100.

Doehring, Karl, Das Gutachten des Generalsekretärs der Vereinten Nationen über die Fortgeltung der nach dem ersten Weltkrieg eingegangenen Minderheitenschutzverpflichtungen, ZaöRV 15 (1953/54), S. 521-540.

Doehring, Karl, Demokratie und Völkerrecht, in: Hans-Joachim Cremer (Hrsg.), Tradition und Weltoffenheit des Rechts, Festschrift für Helmut Steinberger, Berlin 2002, S. 127-136.

Doehring, Karl, Die Selbstdurchsetzung völkerrechtlicher Verpflichtungen, ZaöRV 47 (1987), S. 44-55.

Doehring, Karl, Gewohnheitsrecht aus Verträgen, ZaöRV 36 (1976), S. 77-95.

Doehring, Karl, Unlawful Resolutions of the Security Council and their Legal Consequences, MPYUNL 1 (1997), S. 91-109.

Doehring, Karl, Völkerrecht, 2. Aufl., Heidelberg 2004.

Dolzer, Rudolf, Wirtschaft und Kultur im Völkerrecht, in: Wolfgang Graf Vitzthum (Hrsg.), Völkerrecht, 4. Aufl., Berlin/New York 2007, S. 498-576.

Dominicé, Christian, The International Responsibility of States for Breach of Multilateral Obligations, EJIL 10 (1999), S. 353-363.

Donaghue, Stephen, Normative Habits, Genuine Beliefs and Evolving Law: Nicaragua and the Theory of Customary International Law, AusYIL 16 (1995), S. 327-344.

Donnelly, Jack, Universal Human Rights in Theory and Practice, Ithaca/New York u.a. 1989.

Dörr, Oliver, Privatisierung des Völkerrechts, JZ 2005, S. 905-916.

Dorrien, Gary J., The Neoconservative Mind: Politics, Culture, and the War of Ideology, New York 1993.

Doswald-Beck, Louise, Participation of Non-Governmental Entities in Treaty-Making: The Case of Conventional Weapons, in: Vera Gowlland-Debbas (ed.), Multilateral Treaty-Making – The Current Status of Challenges to and Reforms Needed in the International Legislative Process, The Hague u.a. 2002, S. 41-44.

Dreier, Horst (Hrsg.), Grundgesetz-Kommentar, Bd. 1, 2. Aufl., Tübingen 2004.

Dreier, Horst (Hrsg.), Grundgesetz-Kommentar, Bd. 2, 2. Aufl., Tübingen 2006.

Dunker, Jörg, Regionale Integration im System des liberalisierten Welthandels, Frankfurt am Main u.a. 2002.

Dunne, Tim/Schmidt, Brian C., Realism, in: John Baylis/Steve Smith (eds.), The Globalization of World Politics – An Introduction to International Relations, 3rd ed., Oxford u.a. 2005, S. 161-183.

Dunoff, Jeffrey L., Constitutional Conceits: The WTO's „Constitution" and the Discipline of International Law, EJIL 17 (2006), S. 647-675.

Dupuy, Pierre-Marie, A General Stocktaking of the Connections between the Multilateral Dimension of Obligations and Codification of the Law of Responsibility, EJIL 13 (2002), S. 1053-1081.

Dupuy, Pierre-Marie, International Law: Torn between Coexistence, Cooperation and Globalization. General Conclusions, EJIL 9 (1998), S. 278-286.

Dupuy, Pierre-Marie, Les „considérations élémentaires d'humanité" dans la jurisprudence de la Cour internationale de justice, in: Réne-Jean Dupuy (ed.), Droit et justice – Mélanges en l'honneur de Nicolas Valticos, Paris 1999, S. 117-130.

Dupuy, Pierre-Marie, The Constitutional Dimension of the Charter of the United Nations Revisited, MPYUNL 1 (1997), S. 1-33.

Dupuy, René-Jean, La communauté internationale entre le mythe et l'histoire, Paris 1986.

Durner, Wolfgang, Common Goods – Statusprinzipien von Umweltgütern im Völkerrecht, Baden-Baden 2001.

Dürrschmidt, Jörg, Globalisierung, Bielefeld 2002.

Dzida, Boris, Zum Recht der Repressalie im heutigen Völkerrecht, Frankfurt am Main u.a. 1997.

von Einsiedel, Sebastian Graf, Vision mit Handlungsanweisung – Das High-level Panel und die Reformagenda der Vereinten Nationen, VN 2005, S. 5-12.

Eitel, Tono, Bewährungsproben für den Sicherheitsrat der Vereinten Nationen, FW 74 (1999), S. 126-139.

Elias, Taslim Olawale, Modern Sources of International Law, in: Wolfgang Friedmann et al. (eds.), Transnational Law in a Changing Society, Essays in Honor of Philip C. Jessup, New York u.a. 1972, S. 34-69.

Elias, Taslim Olawale, The Modern Law of Treaties, Dobbs Ferry/New York 1974.

Empell, Hans-Michael, Die Staatengemeinschaftsnormen und ihre Durchsetzung – die Pflichten erga omnes im geltenden Völkerrecht, Heidelberg 2003.

Engel, Salo, „Living" International Constitutions and the World Court, ICLQ 16 (1967), S. 865-910.

Englehart, Neil A., Rights and Culture in the Asian Values Argument: The Rise and Fall of Confucian Ethics in Singapore, HRQ 22 (2000), S. 548-568.

Epiney, Astrid, Das „Verbot erheblicher grenzüberschreitender Umweltbeeinträchtigungen": Relikt oder konkretisierungsfähige Grundnorm, AVR 33 (1995), S. 309-360.

Epping, Volker, Die Grundprinzipien des Völkerrechts über die Beziehungen zwischen Staaten, in: Knut Ipsen (Hrsg.), Völkerrecht, 5. Aufl., München 2004, S. 363-388.

Epping, Volker, Völkerrechtssubjekte, in: Knut Ipsen (Hrsg.), Völkerrecht, 5. Aufl., München 2004, S. 55-111.

Estreicher, Samuel, Rethinking the Binding Effect of Customary International Law, Va. J. Int'l L. 44 (2003), S. 5-17.

Etzioni, Amitai, Affective Bonds and Moral Norms: A Communitarian Approach to the Emerging Global Society, IPG 3/2005, S. 127-143.

Etzioni, Amitai, From Empire to Community, New York u.a. 2004.

Etzioni, Amitai, The New Golden Rule: Community and Morality in a Democratic Society, New York 1996.

Falk, Richard A., Casting the Spell: The New Haven School of International Law, Yale L.J. 105 (1995), S. 1991-2008.

Falk, Richard A., Legal Order in a Violent World, Princeton 1968.

Falk, Richard A., New Approaches to the Study of International Law, AJIL 61 (1967), S. 477-495.

Falk, Richard A., On the Quasi-Legislative Competence of the General Assembly, AJIL 60 (1966), S. 782-791.

Falk, Richard A., The World Court's Achievement, AJIL 81 (1987), S. 106-112.

Falk, Richard A., To What Extent are International Law and International Lawyers Ideologically Neutral?, in: Antonio Cassese/Joseph

H.H. Weiler (eds.), Change and Stability in International Law-Making, Berlin/New York 1988, S. 137-140.

Farer, Tom J., The Future of International Law Enforcement under Chapter VII: Is There Room for „New Scenarios"?, in: Jost Delbrück (ed.), The Future of International Law Enforcement, Berlin 1993, S. 39-56.

Fassbender, Bardo, Der Schutz der Menschenrechte als zentraler Inhalt des völkerrechtlichen Gemeinwohls, EuGRZ 30 (2003), S. 1-16.

Fassbender, Bardo, Die Souveränität des Staates als Autonomie im Rahmen der völkerrechtlichen Verfassung, in: Heinz-Peter Mansel (Hrsg.), Festschrift für Erik Jayme, Bd. 2, München 2004, S. 1089-1101.

Fassbender, Bardo, Hans Kelsen und die Vereinten Nationen, in: Pierre-Marie Dupuy et al. (Hrsg.), Völkerrecht als Wertordnung, Festschrift für Christian Tomuschat, Kehl u.a. 2006, S. 763-784.

Fassbender, Bardo, On the Boulevard of Broken Dreams: The Project of a Reform of the UN Security Council after the 2005 World Summit, IO L. Rev. 2 (2005), S. 391-402.

Fassbender, Bardo, The Meaning of International Constitutional Law, in: Ronald St. John MacDonald/Douglas M. Johnston (eds.), Towards World Constitutionalism: Issues in the Legal Ordering of the World Community, Leiden 2005, S. 837-851.

Fassbender, Bardo, UN Security Council Reform and the Right of Veto: A Constitutional Perspective, The Hague u.a. 1998.

Fassbender, Bardo, Uncertain Steps into a Post-Cold War World: The Role and Functioning of the UN Security Council after a Decade of Measures against Iraq, EJIL 13 (2002), S. 273-303.

Fassbender, Bardo, Zwischen Staatsräson und Gemeinschaftsbindung, in: Herfried Münkler/Karsten Fischer (Hrsg.), Gemeinwohl und Gemeinsinn im Recht, Berlin 2002, S. 231-274.

Fastenrath, Ulrich, Besprechung zu Martti Koskenniemi, From Apology to Utopia, AVR 31 (1993), S. 182-185.

Fastenrath, Ulrich, Das Recht der Staatensukzession, BDGVR 35 (1996), S. 9-48.

Fastenrath, Ulrich, Lücken im Völkerrecht – Zu Rechtscharakter, Quellen, Systemzusammenhang, Methodenlehre und Funktionen des Völkerrechts, Berlin 1991.

Fastenrath, Ulrich, Relative Normativity in International Law, EJIL 4 (1993), S. 305-340.

Feist, Christian, Kündigung, Rücktritt und Suspendierung von multilateralen Verträgen, Berlin 2001.

Fidler, David P., Challenging the Classical Concept of Custom: Perspectives on the Future of Customary International Law, GYIL 39 (1996), S. 198-248.

Fiedler, Wilfried, Gegenmaßnahmen, BDGVR 37 (1998), S. 9-38.

Fink, Udo, Kollektive Friedenssicherung – Kapitel VII UN-Charta in der Praxis des Sicherheitsrats der Vereinten Nationen, Frankfurt am Main u.a. 1999.

Fischer, Horst, Friedenssicherung und friedliche Streitbeilegung, in: Knut Ipsen (Hrsg.), Völkerrecht, 5. Aufl., München 2004, S. 1065-1194.

Fischer, Horst, Kollektive Sicherheit und Verteidigungsbündnisse, in: Knut Ipsen (Hrsg.), Völkerrecht, 5. Aufl., München 2004, S. 1107-1132.

Fischer-Lescano, Andreas, Die Emergenz der Globalverfassung, ZaöRV 63 (2003), S. 717-760.

Fischer-Lescano, Andreas, Globalverfassung, Weilerswist 2005.

Fischer-Lescano, Andreas, Globalverfassung: Verfassung der Weltgesellschaft, ARSP 88 (2002), S. 349-378.

Fitzmaurice, Gerald, Some Problems Regarding the Formal Sources of International Law, in: F.M. van Asbeck (ed.), Symbolae Verzijl – Présentées au Prof. J.H.W. Verzijl, á l'occasion de son LXX-ième anniversaire, La Haye 1958, S. 153-176.

Folz, Hans-Ernst, Zur Frage der Bindung neuer Staaten an das Völkerrecht, Der Staat 3 (1963), S. 319-338.

Ford, Christopher A., Adjudicating Jus Cogens, Wis. Int'l L.J. 13 (1994), S. 145-181.

Franck, Thomas M., Fairness in International Law and Institutions, Oxford 1995.

Franck, Thomas M., Is Personal Freedom a Western Value?, AJIL 91 (1997), S. 593-627.

Franck, Thomas M., Is the U.N. Charter a Constitution?, in: Jochen Abr. Frowein u.a. (Hrsg.), Verhandeln für den Frieden/Negotiating for Peace: Liber amicorum Tono Eitel, Berlin u.a. 2003, S. 95-106.

Franck, Thomas M., Some Observations on the ICJ's Procedural and Substantive Innovations, AJIL 81 (1987), S. 116-121.

Franck, Thomas M., The Emerging Right to Democratic Governance, AJIL 86 (1992), S. 46-91.

Franck, Thomas M., The „Power of Appreciation“: Who is the Ultimate Guardian of UN Legality?, AJIL 86 (1992), S. 519-523.

Frankowska, Maria, The Vienna Convention on the Law of Treaties before United States Courts, Va. J. Int'l L. 28 (1988), S. 281-391.

French, Gregory Alan, Der Tiefseebergbau: eine interdisziplinäre Untersuchung der völkerrechtlichen Problematik, Köln u.a. 1990.

Friedman, Thomas L., The Lexus and the Olive Tree: Understanding Globalization, New York 2000.

Friedmann, Wolfgang, The Changing Structure of International Law, London 1964.

Friedmann, Wolfgang, The Jurisprudential Implications of the South West Africa Case, Colum. J. Transnat'l L. 6 (1967), S. 1-16.

Frowein, Jochen Abr., Are there Limits to the Amendment Procedures in Treaties Constituting International Organisations?, in: Gerhard Hafner (Hrsg.), Liber amicorum – Professor Ignaz Seidl-Hohenveldern in Honour of his 80th Birthday, The Hague u.a. 1998, S. 201-218.

Frowein, Jochen Abr., Collective Enforcement of International Obligations, ZaöRV 47 (1987), S. 67-79.

Frowein, Jochen Abr., Das Staatengemeinschaftsinteresse – Probleme bei Formulierung und Durchsetzung, in: Kay Hailbronner u.a. (Hrsg.), Staat und Völkerrechtsordnung, Festschrift für Karl Doehring, Berlin u.a. 1989, S. 219-228.

Frowein, Jochen Abr., Der Beitrag der internationalen Organisationen zur Entwicklung des Völkerrechts, ZaöRV 36 (1976), S. 147-167.

Frowein, Jochen Abr., Die Staatengemeinschaft als Rechtsbegriff im Völkerrecht, LJZ 1991, S. 141-145.

Frowein, Jochen Abr., Die Vereinten Nationen und die Nichtmitgliedstaaten, EA 7 (1970), S. 256-262.

Frowein, Jochen Abr., Die Verpflichtungen erga omnes im Völkerrecht und ihre Durchsetzung, in: Rudolf Bernhardt u.a. (Hrsg.), Völkerrecht als Rechtsordnung, Internationale Gerichtsbarkeit, Menschenrechte, Festschrift für Hermann Mosler, Berlin 1983, S. 241-262.

Frowein, Jochen Abr., Jus Cogens, in: Rudolf Bernhardt (ed.), EPIL, Vol. III, Amsterdam u.a. 1997, S. 65-69.

Frowein, Jochen Abr., Konstitutionalisierung des Völkerrechts, BDGVR 39 (2000), S. 427-447.

Frowein, Jochen Abr., Reactions by Not Directly Affected States to Breaches of Public International Law, RdC 248 (1994-IV), S. 345-438.

Frowein, Jochen Abr., Reservations and the International Ordre Public, in: Jerzy Makarczyk (ed.), Theory of International Law at the Threshold of the 21st Century, Essays in Honour of Krzysztof Skubiszewski, The Hague u.a. 1996, S. 403-412.

Frowein, Jochen Abr., Reservations to the European Convention on Human Rights, in: Franz Matscher/Herbert Petzold (eds.), Protecting Human Rights: The European Dimension, Studies in Honour of Gérard J. Wiarda, Köln u.a. 1988, S. 193-200.

Frowein, Jochen Abr., The Internal and External Effects of Resolutions by International Organisations, ZaöRV 49 (1989), S. 778-790.

Frowein, Jochen Abr., The UN Anti-Terrorism Administration and the Rule of Law, in: Pierre-Marie Dupuy et al. (Hrsg.), Völkerrecht als Wertordnung, Festschrift für Christian Tomuschat, Kehl u.a. 2006, S. 785-795.

Frowein, Jochen Abr., Verfassungsperspektiven der Europäischen Gemeinschaft, in: Jürgen Schwarze (Hrsg.), Europa 1992 – Markt, Staat, Gemeinschaft (EuR 1992, Beiheft 1), S. 63-77.

Fukuyama, Francis, The End of History and the Last Man, New York 1992.

Fukuyama, Francis, The End of History?, The National Interest 16 (1989), S. 3-18.

Funk, Kerstin, Gerechtigkeit in der politischen Philosophie der internationalen Beziehungen, Berlin 2003.

Gaja, Giorgio, Jus Cogens beyond the Vienna Convention, RdC 172 (1981-III), S. 271-316.

Gaja, Giorgio, Obligations Erga Omnes, International Crimes and Jus Cogens, in: Joseph H.H. Weiler et al. (eds.), International Crimes of State: A Critical Analysis of the ILC's Draft Article 19 on State Responsibility, Berlin u.a. 1989, S. 151-160.

Gaja, Giorgio, Should All References to International Crimes Disappear from the ILC Draft Articles on State Responsibility?, EJIL 10 (1999), S. 365-370.

Gärditz, Klaus Ferdinand, Die Legitimation der Justiz zur Völkerrechtsfortbildung, Der Staat 47 (2008), S. 381-409.

Gareis, Sven Bernhard/Varwick, Johannes, Die Vereinten Nationen, 4. Aufl., Opladen 2006.

Gaster, Jens-Lienhard, Der Meeresbodenbergbau unter der Hohen See: Neuland des Seevölkerrechts und der nationalen Gesetzgebung; Darstellung eines Kernproblems der Seerechtsdiskussion unter Berücksichtigung der außerrechtlichen Grundlagen, Köln u.a. 1987.

Gattini, Andrea, A Return Ticket to „Communitarisme", Please, EJIL 13 (2002), S. 1181-1199.

Gazzini, Tarcisio, The Legal Nature of WTO Obligations and the Consequences of their Violation, EJIL 17 (2006), S. 723-742.

Geck, Wilhelm Karl, Völkerrechtliche Verträge und Kodifikation, ZaöRV 36 (1976), S. 96-146.

Geiger, Theodor, Gemeinschaft, in: Alfred Vierkandt (Hrsg.), Handwörterbuch der Soziologie, Stuttgart 1931, S. 173-180.

Gentili, Alberico, De Legationibus, 1594 (zitiert nach James Brown Scott (ed.), The Classics of International Law, Alberico Gentili, De Legationibus, Vol. 2, New York 1995).

Giddens, Anthony, The Consequences of Modernity, Stanford 1990.

Giegerich, Thomas, Do Damages Arising from Jus Cogens Violations Override State Immunity from the Jurisdiction of Foreign Courts?, in: Christian Tomuschat et al. (eds.), The Fundamental Rules of the International Legal Order: Jus Cogens and Obligations Erga Omnes, Leiden u.a. 2006, S. 203-237.

Giegerich, Thomas, Vorbehalte zu Menschenrechtsabkommen: Zulässigkeit, Gültigkeit und Prüfungskompetenzen von Vertragsgremien, ZaöRV 55 (1995), S. 713-782.

Glennon, Michael J., Protecting the Court's Institutional Interests: Why not the Marbury Approach?, AJIL 81 (1987), S. 121-129.

Glennon, Michael J., The UN Security Council in a Unipolar World, Va. J. Int'l L. 44 (2003), S. 91-112.

Gloria, Christian, Internationales öffentliches Seerecht, in: Knut Ipsen (Hrsg.), Völkerrecht, 5. Aufl., München 2004, S. 816-895.

Goldblat, Jozef, The Nuclear Non-Proliferation Régime: Assessment and Prospects, RdC 256 (1995-VI) S. 9-192.

Goldsmith, Jack L./Posner, Eric A., A Theory of Customary International Law, U. Chi. L. Rev. 66 (1999), S. 1113-1177.

Goldsmith, Jack L./Posner, Eric A., The Limits of International Law, Oxford 2005.

Goldsmith, Jack L./Posner, Eric A., Understanding the Resemblance Between Modern and Traditional Customary International Law, Va. J. Int'l L. 40 (2000), S. 639-672.

Golsong, Heribert, Das Problem der Rechtsetzung durch internationale Organisationen (insbesondere im Rahmen der Vereinten Nationen), BDGVR 10 (1971), S. 1-50.

Gordon, Edward, Discretion to Decline to Exercise Jurisdiction, AJIL 81 (1987), S. 129-135.

Gowlland-Debbas, Vera, Security Council Enforcement Action and Issues of State Responsibility, ICLQ 43 (1994), S. 55-98.

Gowlland-Debbas, Vera, The Limits of Unilateral Enforcement of Community Objectives in the Framework of UN Peace Maintenance, EJIL 11 (2000), S. 361-383.

Grabenwarter, Christoph, Europäische Menschenrechtskonvention, 3. Aufl., München 2008.

Grabenwarter, Christoph, Europäisches und nationales Verfassungsrecht, VVDStRL 60 (2001), S. 290-349.

Graefrath, Bernhard, International Crimes – A Specific Regime of International Responsibility of States and its Legal Consequences, in: Joseph H.H. Weiler et al. (eds.), International Crimes of State: A Critical Analysis of the ILC's Draft Article 19 on State Responsibility, Berlin u.a. 1989, S. 161-169.

Graefrath, Bernhard, Iraqi Reparations and the Security Council, in ZaöRV 55 (1995), S. 1-68.

Graefrath, Bernhard, Jugoslawientribunal – Präzedenzfall trotz fragwürdiger Rechtsgrundlage, NJ 47 (1993), S. 433-437.

Greig, Don W., „International Community", „Interdependence" and All That ... Rhetorical Correctness?, in: Gerard Kreijen (ed.), State, Sovereignty and International Governance, Oxford 2002, S. 521-605.

Greig, Don W., Reciprocity, Proportionality, and the Law of Treaties, Va. J. Int'l L. 34 (1994), S. 295-403.

Grewe, Wilhelm G., Epochen der Völkerrechtsgeschichte, 2. Aufl., Baden-Baden 1988.

Griffiths, Martin/O' Callaghan, Terry, International Relations: The Key Concepts, London u.a. 2002.

Grimm, Dieter, Does Europe Need a Constitution?, ELJ 1 (1995), S. 282-302.

Grimm, Dieter, Ursprung und Wandel der Verfassung, in: Josef Isensee/Paul Kirchhof (Hrsg.), HStR, Bd. I, 3. Aufl., Heidelberg 2003, S. 3-43.

Grotius, Hugo, De Jure Belli ac Pacis, 1646 (zitiert nach James Brown Scott (ed.), The Classics of International Law, Hugo Grotius, De Jure Belli ac Pacis, Vol. 2, New York 1995).

Grotius, Hugo, De Jure Praedae, 1604 (zitiert nach James Brown Scott (ed.), The Classics of International Law, Hugo Grotius, De Jure Praedae, Vol. 1, New York 1995).

Gu, Xuewu, Theorien der internationalen Beziehungen, München u.a. 2000.

Guggenheim, Paul, Contribution à l'histoire des sources du droit des gens, RdC 94 (1958-II), S. 1-84.

Guggenheim, Paul, Traité de droit international public I, 2. éd., Genève 1967.

Günther, Carsten Alexander, Die Klagebefugnis der Staaten in internationalen Streitbeilegungsverfahren, Köln u.a. 1999.

Günther, Herbert, Zur Entstehung von Völkergewohnheitsrecht, Berlin 1970.

Häberle, Peter, Zur gegenwärtigen Diskussion um das Problem der Souveränität, AöR 92 (1967), S. 259-287.

Habermas, Jürgen, Die postnationale Konstellation und die Zukunft der Demokratie, in: ders., Die postnationale Konstellation, Frankfurt am Main 1998, S. 91-169.

Habermas, Jürgen, Hat die Konstitutionalisierung des Völkerrechts noch eine Chance?, in: ders., Der gespaltene Westen, Frankfurt am Main 2004, S. 113-193.

Hafner, Gerhard et al., A Response to the American View as Presented by Ruth Wedgwood, EJIL 10 (1999), S. 108-123.

Hailbronner, Kay, Der Staat und der Einzelne als Völkerrechtssubjekte, in: Wolfgang Graf Vitzthum (Hrsg.), Völkerrecht, 4. Aufl., Berlin/New York 2007, S. 157-264.

Hailbronner, Kay, International Civil Aviation Organization, in: Rudolf Bernhardt (ed.), EPIL, Vol. II, Amsterdam u.a. 1995, S. 1070-1074.

Hall, Stephan, The Persistent Spectre: Natural Law, International Order and the Limits of Legal Positivism, EJIL 12 (2001), S. 269-307.

Haltern, Ulrich, Die nackte Wahrheit über eine theoriefeindliche Völkerrechtswissenschaft, in: Matthias Jestaedt/Oliver Lepsius (Hrsg.), Rechtswissenschaftstheorie, Tübingen 2008, S. 133-149.

Haltern, Ulrich, Europarecht, Dogmatik im Kontext, 2. Aufl., Tübingen 2007.

Haltern, Ulrich, Internationales Verfassungsrecht?, AöR 128 (2003), S. 511-557.

Handl, Günther, International „Lawmaking" by Conferences of Parties and Other Politically Mandated Bodies, in: Rüdiger Wolfrum/Volker Röben (eds.), Developments of International Law in Treaty Making, Berlin u.a. 2005, S. 127-143.

Hannikainen, Lauri, Peremptory Norms (Jus Cogens) in International Law, Helsinki 1988.

Haopei, Li, Jus Cogens and International Law, in: Sienho Yee/Wang Tieya (eds.), International Law in the Post-Cold War World, Essays in Memory of Li Haopei, London u.a. 2001, S. 499-522.

Happold, Matthew, Security Council Resolution 1373 and the Constitution of the United Nations, Leiden J. Int'l L. 16 (2003), S. 593-610.

Haratsch, Andreas/Koenig, Christian/Pechstein, Matthias, Europarecht, 5. Aufl., Tübingen 2006.

Harper, Keith, Does the United Nations Security Council Have the Competence to Act as Court and Legislature?, NY.U. J. Int'l L. & Pol. 27 (1994), S. 103-157.

Hart, Herbert Lionel Adolphus, The Concept of Law, 2nd ed., Oxford 1997.

Hathaway, James C., America, Defender of Democratic Legitimacy?, EJIL 11 (2000), S. 121-134.

Hegel, Georg Wilhelm Friedrich, Grundlinien der Philosophie des Rechts (zitiert nach Georg Lasson (Hrsg.), Sämtliche Werke, Bd. VI, 3. Aufl., Leipzig 1930).

Heilborn, Paul, Grundbegriffe des Völkerrechts, Stuttgart 1912.

von Heinegg, Wolff Heintschel, Die völkerrechtlichen Verträge als Hauptrechtsquelle des Völkerrechts, in: Knut Ipsen (Hrsg.), Völkerrecht, 5. Aufl., München 2004, S. 112-209.

von Heinegg, Wolff Heintschel, Internationales öffentliches Umweltrecht, in: Knut Ipsen (Hrsg.), Völkerrecht, 5. Aufl., München 2004, S. 973-1064.

Heintze, Hans-Joachim, Völker im Völkerrecht, in: Knut Ipsen (Hrsg.), Völkerrecht, 5. Aufl., München 2004, S. 389-443.

Held, David, Democracy and the Global Order, Stanford 1995.

Held, David, Democracy and the New International Order, in: Daniele Archibugi/David Held (eds.), Cosmopolitan Democracy: An Agenda for a New World Order, Cambridge 1995, S. 96-120.

Henkel, Heinrich, Einführung in die Rechtsphilosophie, 2. Aufl., München 1977.

Henkin, Louis, How Nations Behave: Law and Foreign Policy, 2nd ed., New York 1979.

Henkin, Louis, International Law: Politics and Values, Den Haag 1995.

Herbst, Jochen, Rechtskontrolle des UN-Sicherheitsrats, Frankfurt am Main u.a. 1999.

Herdegen, Matthias, Asymmetrien in der Staatenwelt und die Herausforderungen des „konstruktiven Völkerrechts", ZaöRV 64 (2004), S. 571-582.

Herdegen, Matthias, Internationales Wirtschaftsrecht, 8. Aufl., München 2009.

Herdegen, Matthias, The „Constitutionalization" of the UN Security System, Vand. J. Transnat'l Law 27 (1994), S. 135-159.

Herdegen, Matthias, Völkerrecht, 8. Aufl., München 2009.

Hettlage, Robert, Gemeinschaft, in: Görres-Gesellschaft (Hrsg.), Staatslexikon, Bd. 2, 7. Aufl., Freiburg im Breisgau 1986, Sp. 849-853.

Heyns, Christof, Civil and Political Rights in the African Charter, in: Malcolm D. Evans/Rachel Murray (eds.), The African Charter on Human and Peoples' Rights: The System in Practice, 1986-2000, Cambridge u.a. 2002, S. 137-177.

Higgins, Rosalyn, Problems and Process: International Law and How We Use it, Oxford 1994.

Higgins, Rosalyn, The Continuing Universality of the Universal Declaration, in: Peter Baehr et al. (eds.), Innovation and Inspiration: Fifty

Years of the Universal Declaration of Human Rights, Amsterdam 1999, S. 17-26.

Higgins, Rosalyn, The Development of International Law Through the Political Organs of the United Nations, London u.a. 1963.

Higgins, Rosalyn, The Identity of International Law, in: Bin Cheng (ed.), International Law: Teaching and Practice, London 1982, S. 27-44.

Hilf, Meinhard, Die Konstitutionalisierung der Welthandelsordnung: Struktur, Institutionen und Verfahren, BDGVR 40 (2003), S. 257-282.

Hillery, George A., Definitions of Community: Areas of Agreement, Rural Sociology 20 (1955), S. 111-123.

Hillgenberg, Hartmut, A Fresh Look at Soft Law, EJIL 10 (1999), S. 499-515.

Hillgruber, Christian, Braucht das Völkerrecht eine Völkerrechtswissenschaftstheorie?, in: Matthias Jestaedt/Oliver Lepsius (Hrsg.), Rechtswissenschaftstheorie, Tübingen 2008, S. 113-131.

Hillgruber, Christian, Diskussionsbeitrag, BDGVR 39 (2000), S. 460-462.

Hillgruber, Christian, Dispositives Verfassungsrecht, zwingendes Völkerrecht: Verkehrte juristische Welt?, JöR n.F. 54 (2006), S. 57-94.

Hillgruber, Christian, Souveränität – Verteidigung eines Rechtsbegriffs, JZ 2002, S. 1072-1080.

Hillgruber, Christian, The Right of Third States to Take Countermeasures, in: Christian Tomuschat et al. (eds.), The Fundamental Rules of the International Legal Order: Jus Cogens and Obligations Erga Omnes, Leiden u.a. 2006, S. 265-294.

Hilpold, Peter, Das Vorbehaltsregime der Wiener Vertragskonvention, AVR 34 (1996), S. 376-425.

Hingst, Ulla, Auswirkungen der Globalisierung auf das Recht der völkerrechtlichen Verträge, Berlin 2001.

Hobe, Stephan, Der offene Verfassungsstaat zwischen Souveränität und Interdependenz, Berlin 1998.

Hobe, Stephan, Der Rechtsstatus von Nichtregierungsorganisationen nach gegenwärtigem Völkerrecht, AVR 37 (1999), S. 152-176.

Hobe, Stephan, Die Zukunft des Völkerrechts im Zeitalter der Globalisierung, AVR 37 (1999), S. 253-282.

Hobe, Stephan, The Role of Non-State Actors, in Particular of NGOs, in Non-Contractual Law-Making and the Development of Customary International Law, in: Rüdiger Wolfrum/Volker Röben (eds.), Developments of International Law in Treaty Making, Berlin u.a. 2005, S. 319-329.

Hobe, Stephan, Einführung in das Völkerrecht, 9. Aufl., Tübingen/Basel 2008.

Hoffmann, Stanley H., International Relations – The Long Road to Theory, in: Ernst-Otto Czempiel (Hrsg.), Die Lehre von den Internationalen Beziehungen, Darmstadt 1969, S. 187-227.

Hofstötter, Bernhard, Einige Anmerkungen zur Reform des Sicherheitsrates der Vereinten Nationen, ZaöRV 66 (2006), S. 143-165.

van Hoof, Godefridus Josephus Henricus, Rethinking the Sources of International Law, Deventer u.a. 1983.

de Hoogh, André, Obligations Erga Omnes and International Crimes: A Theoretical Inquiry into the Implementation and Enforcement of the International Responsibility of States, Den Haag u.a. 1996.

Höreth, Marcus, Das Demokratiedefizit lässt sich nicht wegdiskutieren. Über Sinn und Unsinn der europäischen Verfassungsdebatte, IPG 4/2002, S. 11-38.

Hörmann, Saskia, Völkerrecht bricht Rechtsgemeinschaft?, AVR 44 (2006), S. 267-327.

Horn, Frank, Reservations and Interpretative Declarations to Multilateral Treaties, Amsterdam u.a. 1988.

Hüfner, Klaus, Nichtstaatliche Organisationen, in: Rüdiger Wolfrum (Hrsg.), Handbuch Vereinte Nationen, München 1991, S. 624-630.

Hummer, Waldemar, Internationale nichtstaatliche Organisationen im Zeitalter der Globalisierung – Abgrenzung, Handlungsbefugnisse, Rechtsnatur, BDGVR 39 (1999), S. 45-230.

Huntington, Samuel P., The Clash of Civilizations and the Remaking of World Order, New York 1996.

Huntington, Samuel P., The Clash of Civilizations?, Foreign Affairs Vol. 72, No. 3 (1993), S. 22-49.

Huntington, Samuel P., The West – Unique, Not Universal, Foreign Affairs Vol. 75, No. 6 (1996), S. 28-46.

Hurrell, Andrew/Fawcett, Louise, Conclusion: Regionalism and International Order?, in: dies. (eds.), Regionalism in World Politics: Regional Organization and International Order, Oxford u.a. 1995, S. 309-327.

Ibhawoh, Bonny, Between Culture and Constitution: Evaluating the Cultural Legitimacy of Human Rights in the African State, HRQ 22 (2000), S. 838-860.

International Commission on Intervention and State Sovereignty, The Responsibility to Protect, Report of the International Commission on Intervention and State Sovereignty, Ottawa 2001.

Ipsen, Knut, Individualschutz im Völkerrecht, in: ders. (Hrsg.), Völkerrecht, 5. Aufl., München 2004, S. 771-815.

Ipsen, Knut, Regelungsbereich, Geschichte und Funktion des Völkerrechts, in: ders. (Hrsg.), Völkerrecht, 5. Aufl., München 2004, S. 1-54.

Ipsen, Knut, Völkerrechtliche Verantwortlichkeit und Völkerstrafrecht, in: ders. (Hrsg.), Völkerrecht, 5. Aufl., München 2004, S. 615-673.

Jackson, John H., The World Trading System, 2nd ed., Cambridge/ Massachusetts u.a. 1997.

Jackson, William D., Thinking about International Community and its Alternatives, in: Kenneth W. Thompson (ed.), Community, Diversity, and a New World Order: Essays in Honor of Inis L. Claude, Jr., Lanham u.a. 1994, S. 3-19.

Jacobs, Andreas, Realismus, in: Siegfried Schieder/Manuela Spindler (Hrsg.), Theorien der Internationalen Beziehungen, Opladen u.a. 2003, S. 35-59.

Jaenicke, Günther, Die Dritte Seerechtskonferenz der Vereinten Nationen, ZaöRV 38 (1978), S. 438-511.

Jäger, Philipp, Staatennachfolge und Menschenrechtsverträge, Aachen 2002.

Jakab, András, Kelsens Völkerrechtslehre zwischen Erkenntnistheorie und Politik, ZaöRV 64 (2004), S. 1045-1058.

Janis, Mark Weston, Somber Reflections on the Compulsory Jurisdiction of the International Court, AJIL 81 (1987), S. 144-146.

Janis, Mark Weston, The Nature of Jus Cogens, Conn. J. Int'l L. 3 (1988), S. 359-363.

Janis, Mark Weston, The New Oppenheim and its Theory of International Law, OJLS 61 (1996), S. 329-336.

Jellinek, Georg, Allgemeine Staatslehre, 3. Aufl., Berlin 1914.

Jellinek, Georg, Die rechtliche Natur der Staatenverträge: Ein Beitrag zur juristischen Construction des Völkerrechts, Wien 1880.

Jellinek, Georg, System der subjektiven öffentlichen Rechte, 2. Aufl., Tübingen 1963.

Jenks, Clarence Wilfred, A New World of Law?, London u.a. 1969.

Jenks, Clarence Wilfred, State Succession in Respect of Law-Making Treaties, BYIL 29 (1952), S. 105-144.

Jenks, Clarence Wilfred, The Common Law of Mankind, London 1958.

Jenks, Clarence Wilfred, The Prospects of International Adjudication, London 1964.

Jennings, Robert Y., The Identification of International Law, in: Bin Cheng (ed.), International Law: Teaching and Practice, London 1982, S. 3-9.

Jennings, Robert Y./Watts, Arthur (eds.), Oppenheim's International Law, Vol. I, Introduction and Part 1, 9th ed., London 1992.

Jennings, Robert Y./Watts, Arthur (eds.), Oppenheim's International Law, Vol. I, Parts 2-4, 9th ed., London 1992.

Jetschke, Anja, Weltkultur vs. Partikularismus: die Universalität der Menschenrechte im Lichte der Ratifikation von Menschenrechtsverträgen, FW 2006, S. 25-50.

Jiménez de Aréchaga, Eduardo, Customary International Law and the Conference on the Law of the Sea, in: Jerzy Makarczyk (ed.), Essays in International Law in Honour of Judge Manfred Lachs, The Hague u.a. 1984, S. 575-585.

Jiménez de Aréchaga, Eduardo, International Law in the Past Third of the Century, RdC 159 (1978-I), S. 1-343.

Johnston, Douglas M., World Constitutionalism in the Theory of International Law, in: Ronald St. John MacDonald/Douglas M. Johnston (eds.), Towards World Constitutionalism: Issues in the Legal Ordering of the World Community, Leiden 2005, S. 3-29.

Jouannet, Emmanuelle, Universalism and Imperialism: The True-False Paradox of International Law?, EJIL 18 (2007), S. 379-407.

Kadelbach, Stefan, Die parlamentarische Kontrolle des Regierungshandelns bei der Beschlußfassung in internationalen Organisationen, in: Rudolf Geiger (Hrsg.), Neuere Probleme der parlamentarischen Legitimation im Bereich der auswärtigen Gewalt, Baden-Baden 2003, S. 41-57.

Kadelbach, Stefan, Ethik des Völkerrechts unter Bedingungen der Globalisierung, ZaöRV 64 (2004), S. 1-20.

Kadelbach, Stefan, Zwingendes Völkerrecht, Berlin 1992.

Kadelbach, Stefan/Kleinlein, Thomas, Überstaatliches Verfassungsrecht, AVR 44 (2006), S. 235-266.

Kagan, Robert, A Tougher War for the US Is One of Legitimacy, New York Times vom 24. Januar 2004, S. 7.

Kaiser, Joseph H., Europäisches Großraumdenken. Die Steigerung geschichtlicher Größen als Rechtsproblem, in: Hans Barion u.a. (Hrsg.), Epirrhosis: Festgabe für Carl Schmitt, Berlin 1968, S. 529-548.

Kaiser, Karl, Transnationale Politik, in: Ernst-Otto Czempiel (Hrsg.), Die anachronistische Souveränität: Zum Verhältnis von Innen- u. Aussenpolitik, Köln 1969, S. 80-109.

Kälin, Walter, Die Vorbehalte der Türkei zu ihrer Erklärung gemäß Art. 25 EMRK, EuGRZ 14 (1987), S. 421-429.

Kallmayer, Axel, Verbot und Rechtfertigung von Präferenzabkommen im GATT, Baden-Baden 2005.

Kaltenborn, Markus, Entwicklungsvölkerrecht und Neugestaltung der internationalen Ordnung: Rechtstheoretische und rechtspolitische Aspekte des Nord-Süd-Konflikts, Berlin 1998.

Kammerhofer, Jörg, Uncertainty in the Formal Sources of International Law: Customary International Law and Some of its Problem, EJIL 15 (2004), S. 523-553.

Kamminga, Menno T., State Succession in Respect of Human Rights Treaties, EJIL 7 (1996), S. 469-484.

Kant, Immanuel, Über den Gemeinspruch: Das mag in der Theorie richtig sein, taugt aber nicht für die Praxis, in: Kants gesammelte Schriften (herausgegeben von der Königlich Preußischen Akademie der Wissenschaften), Band VIII, Berlin 1912/23, S. 275-313.

Kant, Immanuel, Zum Ewigen Frieden, in: Kants gesammelte Schriften (herausgegeben von der Königlich Preußischen Akademie der Wissenschaften), Band VIII, Berlin 1912/23, S. 341-386.

Karl, Wolfram, Menschenrechtliches ius cogens – Eine Analyse von „Barcelona Traction“ und nachfolgender Entwicklungen, in: Eckart Klein (Hrsg.), Menschenrechtsschutz durch Gewohnheitsrecht, Berlin 2003, S. 102-140.

Kaufmann, Erich, Das Wesen des Völkerrechts und die clausula rebus sic stantibus: Rechtsphilosophische Studie zum Rechts-, Staats- und Vertragsbegriffe, Tübingen 1911.

Kaul, Hans-Peter, Preconditions to the Exercise of Jurisdiction, in: Antonio Cassese et al. (eds.), The Rome Statute of the International Criminal Court: A Commentary, Vol. I, Oxford u.a. 2002, S. 583-616.

Kelly, J. Patrick, The Twilight of Customary International Law, Va. J. Int'l L. 40 (2000), S. 449-543.

Kelsen, Hans, Das Problem der Souveränität und die Theorie des Völkerrechts, 2. Aufl., Tübingen 1928.

Kelsen, Hans, Der Wandel des Souveränitätsbegriffes, in: Hanns Kurz (Hrsg.), Volkssouveränität und Staatssouveränität, Darmstadt 1970, S. 164-178.

Kelsen, Hans, Die Einheit von Völkerrecht und staatlichem Recht, ZaöRV 19 (1958), S. 234-248.

Kelsen, Hans, Law and Peace in International Relations: The Oliver Wendell Holmes Lectures, 1940-41, Cambridge 1948.

Kelsen, Hans, Peace through Law, Chapel Hill 1944.

Kelsen, Hans, Principles of International Law, 2nd ed., New York u.a. 1966 (rev. and ed. by Robert W. Tucker).

Kelsen, Hans, Reine Rechtslehre, 2. Aufl., Wien 1960.

Kelsen, Hans, The Law of the United Nations: A Critical Analysis of its Fundamenal Problems, London 1951.

Kelsen, Hans, Théorie du droit international coutumier, Revue internationale de la théorie du droit, Nouvelle Série 1 (1939), S. 253-274.

Kennedy, David, International Legal Structures, Baden-Baden 1987.

Kennedy, Paul, The Parliament of Man, New York 2006.

Keohane, Robert O., Realism, Neorealism and the Study of World Politics, in: ders. (ed.), Neorealism and its Critics, New York 1986, S. 1-26.

Keohane, Robert O., Theory of World Politics: Structural Realism and beyond, in: ders. (ed.), Neorealism and its Critics, New York 1986, S. 158-203.

Keohane, Robert O./Nye, Joseph, Power and Interdependence, 2nd ed., Glenview u.a. 1989.

Kersting, Wolfgang, John Rawls zur Einführung, Hamburg 1993.

Kewenig, Wilhelm A., Common Heritage of Mankind – politischer Slogan oder völkerrechtlicher Schlüsselbegriff?, in: Ingo von Münch (Hrsg.), Staatsrecht – Völkerrecht – Europarecht, Festschrift für Hans-Jürgen Schlochauer zum 75. Geburtstag am 28.3.1981, Berlin u.a. 1981, S. 385-406.

Khan, Daniel-Erasmus/Paulus, Andreas L., Gemeinsame Werte in der Völkerrechtsgemeinschaft?, in: Ingo Erberich u.a. (Hrsg.), Frieden und Recht, Stuttgart u.a. 1998, S. 217-258.

Khan, Rahmatullah, The Anti-Globalization Protests: Side-show of Global Governance, or Law-making on the Streets?, ZaöRV 61 (2001), S. 323-355.

Khushalani, Yougindra, Human Rights in Asia and Africa, HRLJ 4 (1983), S. 403-442.

Kindermann, Gottfried-Karl, Der Aufstieg Koreas in der Weltpolitik, München 2005.

Kirchhof, Wolfgang, Die „Festung Europa“ – begründete Angst unserer Handelspartner oder politisches Schlagwort?, RIW 1991, S. 533-538.

Kirgis, Frederic L., Custom on a Sliding Scale, AJIL 81 (1987), S. 146-151.

Kirgis, Frederic L., Specialized Law-Making Processes, in: Christopher C. Joyner (ed.), The United Nations and International Law, Cambridge 1997, S. 65-94.

Kirgis, Frederic L., The Security Council's First Fifty Years, AJIL 89 (1995), S. 506-539.

Kischel, Uwe, State Contracts – Völker-, schieds- und internationalprivatrechtliche Aspekte des anwendbaren Rechts, Stuttgart u.a. 1992.

Kiss, Alexandre, The International Protection of the Environment, in: Ronald St. John MacDonald/Douglas M. Johnston (eds.), The Structure and Process of International Law: Essays in Legal Philosophy, Doctrine, and Theory, Den Haag 1986, S. 1069-1093.

Kiss, Alexandre, The Protection of Environmental Interests of the World Community Through International Environmental Law, in: Rüdiger Wolfrum (ed.), Enforcing Environmental Standards: Economic Mechanisms as Viable Means?, Berlin u.a. 1996, S. 1-12.

Kissinger, Henry A., Die Vernunft der Nationen: Über das Wesen der Außenpolitik, Berlin 1994.

Klein, David F., A Theory of the Application of the Customary International Law of Human Rights by Domestic Courts, Yale J. Int'l L. 13 (1988), S. 332-365.

Klein, Eckart, Die Internationalen und die Supranationalen Organisationen, in: Wolfgang Graf Vitzthum (Hrsg.), Völkerrecht, 4. Aufl., Berlin/New York 2007, S. 265-385.

Klein, Eckart, Genocide Convention (Advisory Opinion), in: Rudolf Bernhardt (ed.), EPIL II, Amsterdam u.a. 1995, S. 544-546.

Klein, Eckart, Menschenrechte und Ius cogens, in: Jürgen Bröhmer u.a. (Hrsg.), Internationale Gemeinschaft und Menschenrechte, Festschrift für Georg Ress zum 70. Geburtstag am 21. Januar 2005, Köln u.a. 2005, S. 151-163.

Klein, Eckart, Menschenrechte, Stille Revolution des Völkerrechts und Auswirkungen auf die innerstaatliche Rechtsanwendung, Baden-Baden 1997.

Klein, Eckart, Paralleles Tätigwerden von Sicherheitsrat und Internationalem Gerichtshof bei friedensgefährdenden Streitigkeiten, in: Rudolf Bernhardt u.a. (Hrsg.), Völkerrecht als Rechtsordnung, Internationale Gerichtsbarkeit, Menschenrechte, Festschrift für Hermann Mosler, Berlin 1983, S. 467-491.

Klein, Eckart, Statusverträge im Völkerrecht, Berlin u.a. 1980.

Klein, Eckart, Völkerrechtliche Aspekte des Golfkonflikts 1990/91, AVR 29 (1991), S. 421-435.

Klein, Pierre, Responsibility for Serious Breaches of Obligations Deriving from Peremptory Norms of International Law and United Nations Law, EJIL 13 (2002), S. 1241-1255.

Klinghammer, Wolfgang, Kampf der Kulturen im Kosovo? Huntingtons Theorie und die Schlacht um das Amselfeld, Marburg 2002.

Köck, Heribert Franz/Fischer, Peter, Das Recht der Internationalen Organisationen, 3. Aufl., Wien 1997.

Koh, Harold Hongju, Why Do Nations Obey International Law?, Yale L.J. 106 (1997), S. 2599-2659.

Kokott, Juliane, Souveräne Gleichheit und Demokratie im Völkerrecht, ZaöRV 64 (2004), S. 517-533.

Kokott, Juliane/Doehring, Karl/Buergenthal, Thomas, Grundzüge des Völkerrechts, 3. Aufl., Heidelberg 2003.

Kolb, Robert, Théorie du ius cogens international: Essai de relecture du concept, Paris 2001.

König, René, Die Begriffe Gemeinschaft und Gesellschaft bei Ferdinand Tönnies, KZfSS 7 (1955), S. 348-420.

Kornicker Uhlmann, Eva M., State Community Interests, Jus Cogens and Protection of the Global Environment, Geo. Int'l Envtl. L Rev. 11 (1998), S. 101-135.

Koskenniemi, Martti, Faith, Identity and the Killing of the Innocent: International Lawyers and Nuclear Weapons, Leiden J. Int'l L. 10 (1997), S. 137-162.

Koskenniemi, Martti, From Apology to Utopia: The structure of international legal argument, Helsinki 1989.

Koskenniemi, Martti, Global Governance and Public International Law, KJ 37 (2004), S. 241-254.

Koskenniemi, Martti, Perceptions of Justice: Walls and Bridges Between Europe and the United States, ZaöRV 64 (2004), S. 305-314.

Koskenniemi, Martti, The Future of Statehood, Harv. Int'l L.J. 32 (1991), S. 397-410.

Koskenniemi, Martti, The Gentle Civilizer of Nations: The Rise and Fall of Modern International Law, 1870-1960, New York 2002.

Koskenniemi, Martti, The Police in the Temple – Order, Justice and the UN: A Dialectical View, EJIL 6 (1995), S. 325-348.

Koskenniemi, Martti, The Politics of International Law, EJIL 1 (1990), S. 4-32.

Koskenniemi, Martti, The Politics of International Law – 20 Years Later, EJIL 20 (2009), S. 7-19.

Koskenniemi, Martti, The Pull of the Mainstream, Mich. L. Rev. 88 (1990), S. 1946-1962.

Kotzur, Markus, Souveränitätsperspektiven – entwicklungsgeschichtlich, verfassungsstaatlich, staatenübergreifend betrachtet, JöR n.F. 52 (2004), S. 197-218.

Kotzur, Markus, Theorieelemente des internationalen Menschenrechtsschutzes: Das Beispiel der Präambel des Internationalen Paktes über bürgerliche und politische Rechte, Berlin 2001.

Krasner, Stephan D., Structural Causes and Regime Consequences: Regimes as Intervening Variables, in: ders. (ed.), International Regimes, Ithaca/New York u.a. 1983, S. 1-21.

Kratochwil, Friedrich V., Rules, Norms and Decisions: On the Conditions of Practical Reasoning in International Relations and Domestic Affairs, Cambridge 1989.

Krauthammer, Charles, The Unipolar Moment, Foreign Affairs Vol. 70, No. 1 (1990/1991), S. 23-33.

Krell, Gert, Theorien in den internationalen Beziehungen, in: Manfred Knapp/Gert Krell (Hrsg.), Einführung in die Internationale Politik, 4. Aufl., München u.a. 2004, S. 57-90.

Krieger, Heike, Das Effektivitätsprinzip im Völkerrecht, Berlin 2000.

Krieger, Mark, Menschenrechte in arabo-islamischen Staaten – am Beispiel Ägypten und Sudan, Frankfurt am Main u.a. 1999.

Krisch, Nico, Amerikanische Hegemonie und liberale Revolution im Völkerrecht, Der Staat 43 (2004), S. 267-297.

Krisch, Nico, International Law in Times of Hegemony: Unequal Power and the Shaping of the International Legal Order, EJIL 16 (2005), S. 369-408.

Krisch, Nico, The Establishment of an African Court on Human and Peoples' Rights, ZaöRV 58 (1998), S. 713-732.

Kühner, Rolf, Vorbehalte und auslegende Erklärungen zur Europäischen Menschenrechtskonvention, ZaöRV 42 (1982), S. 58-92.

Kühner, Rolf, Vorbehalte zu multilateralen völkerrechtlichen Verträgen, Berlin u.a. 1986.

Kuhn-Zuber, Gabriele, Der Islam und die Universalität der Menschenrechte in der Kritik, in: Jana Hasse u.a. (Hrsg.), Menschenrechte, Bilanz und Perspektiven, Baden-Baden 2002, S. 307-331.

Kunig, Philip, Das Völkerrecht als Recht der Weltbevölkerung, AVR 41 (2003), S. 327-335.

Kunig, Philip, Das Völkerrecht und die Interessen der Bevölkerung, in: Pierre-Marie Dupuy et al. (Hrsg.), Völkerrecht als Wertordnung, Festschrift für Christian Tomuschat, Kehl u.a. 2006, S. 377-387.

Kunz, Josef F., The Nature of Customary International Law, AJIL 47 (1953), S. 662-669.

Lador-Lederer, J. Josef, International Non-Governmental Organizations and Economic Entities: A Study in Autonomous Organization and Ius Gentium, Leyden 1963.

Lagoni, Rainer, Resolution, Declaration, Decision, in: Rüdiger Wolfrum (ed.), United Nations: Law, Policies and Practice, Vol. 2, München 1995, S. 1081-1091.

Lailach, Martin, Die Wahrung des Weltfriedens und der internationalen Sicherheit als Aufgabe des Sicherheitsrates der Vereinten Nationen, Berlin 1998.

Lal, Deepak, In Defense of Empires, Washington D.C. 2004.

Lammers, Johan G., General Principles of Law Recognized by Civilized Nations, in: Frits Kalshoven et al. (eds.), Essays on the Development of the International Legal Order: In Memory of Haro F. van Panhuys, Alphen aan den Rijn 1980, S. 53-75.

Lamy, Steven L., Contemporary Mainstream Approaches: Neo-realism and Neo-liberalism, in: John Baylis/Steve Smith (eds.), The Globalization of World Politics – An Introduction to International Relations, 3rd ed., Oxford u.a. 2005, S. 205-224.

Lane, Jan-Erik, Globalisation: Promises and Dangers, ZSE 2004, S. 506-526.

Lasswell, Harold/McDougal, Myres S., Jurisprudence for a Free Society: Studies in Law, Science and Policy, New Haven 1992.

Lau, Holning, Rethinking the Persistent Objector Doctrine in International Human Rights Law, Chi. J. Int'l L. 6 (2005), S. 495-510.

Lauterpacht, Hersch, The Development of International Law by the International Court, London 1958.

Lauterpacht, Hersch, The Function of Law in the International Community, Oxford 1933.

Lavalle, Roberto, A Novel, if Awkward, Exercise in International Law-Making: Security Council Resolution 1540 (2004), NILR 2004, S. 411-437.

Lavalle, Roberto, The International Convention for the Suppression of the Financing of Terrorism, ZaöRV 60 (2000), S. 491-510.

Lawrence, Robert Z., Regionalism, Multilateralism and Deeper Integration, Washington D.C. 1996.

Leben, Charles, The Changing Structure of International Law Revisited: By Way of Introduction, EJIL 3 (1997), S. 399-408.

Lee, John M./von Pagenhardt, Robert/Stanley, Timothy W., To Unite Our Strength: Enhancing the United Nations Peace and Security System, Lanham u.a. 1992.

Lee, Luke T., The Law of the Sea Convention and Third States, AJIL 77 (1983), S. 541-568.

Lehmkuhl, Ursula, Theorien internationaler Politik, 3. Aufl., München u.a. 2001.

Lepsius, Mario Rainer, Die Soziologie der Zwischenkriegszeit, in: ders. (Hrsg.), Soziologie in Deutschland und Österreich 1918-1945, Opladen 1981, S. 7-23.

Li, Xiarong, „Asian Values" and the Universality of Human Rights, in: Patrick Hayden (ed.), The Philosophy of Human Rights, St. Paul/ Minnesota 2001, S. 397-408.

Lillich, Richard B., The Growing Importance of Customary International Human Rights Norms, Ga. J. Int'l & Comp. L. 25 (1995/ 1996), S. 1-30.

Linderfalk, Ulf, The Effect of Jus Cogens Norms: Whoever Opened Pandora's Box, Did You Ever Think About the Consequences?, EJIL 18 (2007), S. 853-871.

Link, Werner, Zur internationalen Neuordnung – Merkmale und Perspektiven, ZfP 44 (1997), S. 258-277.

von Liszt, Franz, Das Völkerrecht, 5. Aufl., Berlin 1907.

Looschelders, Dirk/Roth, Wolfgang, Juristische Methodik im Prozess der Rechtsanwendung, Berlin 1996.

Lopes Pegna, Olivia, Counter-claims and Obligations Erga Omnes before the International Court of Justice, EJIL 9 (1998), S. 724-736.

Lorinser, Barbara, Bindende Resolutionen des Sicherheitsrates, Baden-Baden 1996.

Lorz, Ralph Alexander, Der Vorrang des Kindeswohls nach Art. 3 der UN-Kinderrechtskonvention in der deutschen Rechtsordnung, Berlin 2003.

Lorz, Ralph Alexander, Die dauerhafte Aktualität des Ewigen Friedens, Der Staat 37 (1998), S. 75-101.

Lorz, Ralph Alexander, International Constraints on Constitution-Making, in: Eibe Riedel (ed.), Constitutionalism – Old Concepts, New Worlds, Berlin 2005, S. 143-165.

Lorz, Ralph Alexander, Interorganrespekt im Verfassungsrecht – Funktionenzuordnung, Rücksichtnahmegebote und Kooperationsverpflichtungen. Eine rechtsvergleichende Analyse anhand der Verfassungssysteme der Bundesrepublik Deutschland, der Europäischen Union und der Vereinigten Staaten, Tübingen 2001.

Lorz, Ralph Alexander, Menschenrechte unter Vorbehalt – Verfassungsdogmatische Lösungsansätze für eine kontroverse Völkerrechtsproblematik, Der Staat 41 (2002), S. 29-46.

Lorz, Ralph Alexander, Possible Derogations from Civil and Political Rights under Article 4 of the ICCPR, Israel YHR 33 (2003), S. 85-103.

Lorz, Ralph Alexander/Mammen, Lars, Die Bedeutung multilateraler Konventionen für das Vorgehen gegen den internationalen Terrorismus, in: Katharina von Knop u.a. (Hrsg.), Countering Modern Terrorism, Bielefeld 2005, S. 321-336.

Luhmann, Niklas, Das Recht der Gesellschaft, Frankfurt am Main 1993.

Luhmann, Niklas, Die Codierung des Rechtssystems, Rechtstheorie 17 (1986), S. 171-203.

Macalister-Smith, Peter, Comity, in: Rudolf Bernhardt (ed.), EPIL, Vol. I, Amsterdam u.a. 1992, S. 671-674.

MacDonald, Ronald St. John, Fundamental Norms in Contemporary International Law, Canadian YIL 25 (1987), S. 115-149.

MacDonald, Ronald St. John, The Charter of the United Nations and the Development of Fundamental Principles of International Law, in: Bin Cheng/Edward Duncan Brown (eds.), Contemporary Problems of International Law: Essays in Honour of Georg Schwarzenberger on his eightieth birthday, London 1988, S. 196-215.

MacDonald, Ronald St. John, The International Community as a Legal Community, in: ders./Douglas M. Johnston (eds.), Towards World Constitutionalism: Issues in the Legal Ordering of the World Community, Leiden 2005, S. 853-909.

MacGibbon, Iain, Means for the Identification of International Law. General Assembly Resolutions: Custom, Practice and Mistaken Identity, in: Bin Cheng (ed.), International Law: Teaching and Practice, London 1982, S. 10-26.

MacIntyre, Alasdair, Ist Patriotismus eine Tugend?, in: Axel Honneth (Hrsg.), Kommunitarismus: Eine Debatte über die moralischen Grundlagen moderner Gesellschaften, Frankfurt am Main 1993, S. 84-102.

Maierhöfer, Christian, Der EGMR als „Modernisierer" des Völkerrechts? – Staatenimmunität und ius cogens auf dem Prüfstand, EuGRZ 29 (2002), S. 391-398.

Malanczuk, Peter, Zur Repressalie im Entwurf der International Law Commission zur Staatenverantwortlichkeit, ZaöRV 45 (1985), S. 293-323.

Mammen, Lars, Völkerrechtliche Stellung von internationalen Terrororganisationen, Baden-Baden 2008.

Mani, Venkateswara S., Humanitarian Intervention and International Law, IJIL 33 (1993), S. 1-26.

Mann, Frederick A., The Doctrine of Jus Cogens in International Law, in: Horst Ehmke u.a. (Hrsg.), Festschrift für Ulrich Scheuner zum 70. Geburtstag, Berlin 1973, S. 399-418.

Maoz, Asher, Can Judaism Serve as a Source of Human Rights?, ZaöRV 64 (2004), S. 677-721.

Marek, Krystyna, Criminalizing State Responsibility, RBDI 14 (1978-1979), S. 460-485.

Marks, Susan, Reservations Unhinged: The Belilos Case Before the European Court of Human Rights, ICLQ 39 (1990), S. 300-327.

Marschik, Axel, Legislative Powers of the Security Council, in: Ronald St. John MacDonald/Douglas M. Johnston (eds.), Towards World Constitutionalism: Issues in the Legal Ordering of the World Community, Leiden 2005, S. 457-492.

Martenczuk, Bernd, Rechtsbindung und Rechtskontrolle des Weltsicherheitsrates: Die Überprüfung nichtmilitärischer Zwangsmaßnahmen durch den Internationalen Gerichtshof, Berlin 1996.

Martin, Hans-Peter/Schumann, Harald, Die Globalisierungsfalle, Reinbek bei Hamburg 1996.

Martinez, Magdalena M. Martin, National Sovereignty and International Organizations, The Hague u.a. 1996.

Marx, Karl/Engels, Friedrich, Manifest der Kommunistischen Partei (1848), in: Werke, Bd. 4, 6. Aufl., Berlin 1972, S. 459-493.

Mastronardi, Philippe, Recht und Kultur: Kulturelle Bedingtheit und universaler Anspruch des juristischen Denkens, ZaöRV 61 (2001), S. 61-84.

McCaffrey, Stephen C., Lex Lata or the Continuum of State Responsibility in: Joseph H.H. Weiler et al. (eds.), International Crimes of State: A Critical Analysis of the ILC's Draft Article 19 on State Responsibility, Berlin u.a. 1989, S. 242-244.

McDougal, Myres S., International Law, Power, and Policy: A Contemporary Conception, RdC 82 (1953-I), S. 133-259.

McDougal, Myres S., The Law School of the Future: From Legal Realism to Policy Science in the World Community, Yale L.J. 56 (1947), S. 1345-1355.

McLuhan, Herbert Marshall, The Gutenberg Galaxy: The making of Typographic Man, London 1962.

McLuhan, Herbert Marshall/Fiore, Quentin, The Medium is the Message: An Inventory of Facts, New York 1967.

McLuhan, Herbert Marshall/Fiore, Quentin, War and Peace in the Global Village, New York 1968.

McLuhan, Herbert Marshall/Powers, Bruce R., The Global Village, New York 1989.

Mearsheimer, John J., The Tragedy of Great Power Politics, New York u.a. 2001.

Meijers, Herman, How is International Law Made? – The Stages of Growth of International Law and the Use of its Customary Rules, NYIL 9 (1978), S. 3-26.

Mendelson, Maurice H., The „Nicaragua Case" and Customary International Law, in: William Elliott Butler (ed.), The Non-Use of Force in International Law, Dordrecht u.a. 1989, S. 85-99.

Mendelson, Maurice H., The Formation of Customary International Law, RdC 272 (1999), S. 155-410.

Meron, Theodor, Human Rights and Humanitarian Norms as Customary Law, Oxford u.a. 1989.

Meron, Theodor, The Geneva Conventions as Customary Law, AJIL 81 (1987), S. 348-370.

Merrills, John G., International Dispute Settlement, 3rd ed., Cambridge u.a. 1998.

Metzinger, Udo M., Die Huntington-Debatte: Die Auseinandersetzung mit Huntingtons „Clash of civilizations" in der Publizistik, Köln 2000.

Meyer, Lutz, John Rawls und die Kommunitaristen: Eine Einführung in Rawls' Theorie der Gerechtigkeit und die kommunitaristische Kritik am Liberalismus, Würzburg 1996.

Miller, David, On Nationality, Oxford 1995.

Minnerop, Petra, Paria-Staaten im Völkerrecht?, Berlin u.a. 2004.

Mirzaee-Yengejeh, Saied, International Law as a Cultural Perspective: Towards a Convergence of Civilizations, in: Ronald St. John MacDonald/Douglas M. Johnston (eds.), Towards World Constitutionalism: Issues in the Legal Ordering of the World Community, Leiden 2005, S. 191-221.

Mitchell, David S., The Prohibition of Rape in International Humanitarian Law as a Norm of Jus Cogens: Clarifying the Doctrine, Duke J. Comp. & Int'l L. 15 (2005), S. 219-257.

Mitrany, David, A Working Peace System: An Argument for the Functional Development of International Organization, London 1943.

Mohrs, Thomas, Weltbürgerlicher Kommunitarismus: Zeitgeistkonträre Anregungen zu einer konkreten Utopie, Würzburg 2003.

Molen, Gesina H.J. van der, Alberico Gentili and the Development of International Law: His Life Work and Times, 2nd ed., Amsterdam 1968.

Möllers, Christoph, Gewaltengliederung, Tübingen 2005.

Möllers, Christoph, Staat als Argument, München 2000.

Möllers, Christoph, Transnationale Behördenkooperation, ZaöRV 65 (2005), S. 351-389.

Moore, John Norton, The Nicaragua Case and the Deterioration of World Order, AJIL 81 (1987), S. 151-159.

Morgenthau, Hans Joachim, Macht und Frieden: Grundlegung einer Theorie der internationalen Politik, Gütersloh 1963.

Morgenthau, Hans Joachim, Positivism, Functionalism, and International Law, AJIL 34 (1940), S. 260-284.

Morison, William L., The Schools Revisited, in: Ronald St. John MacDonald/Douglas M. Johnston (eds.), The Structure and Process of International Law: Essays in Legal Philosophy, Doctrine, and Theory, Den Haag 1986, S. 131-176.

von Morr, Hubertus, Secretary-General, in: Rüdiger Wolfrum (ed.), United Nations: Law, Policies and Practice, Vol. 2, München 1995, S. 1136-1146.

Morsink, Johannes, The Universal Declaration of Human Rights: Origins, Drafting, and Intent, Philadelphia 1999.

Mosler, Hermann, Die Erweiterung des Kreises der Völkerrechtssubjekte, ZaöRV 22 (1962), S. 1-48.

Mosler, Hermann, General Principles of Law, in: Rudolf Bernhardt (ed.), EPIL, Vol. II, Amsterdam u.a. 1995, S. 511-527.

Mosler, Hermann, International Legal Community, in: Rudolf Bernhardt (ed.), EPIL, Vol. II, Amsterdam u.a. 1995, S. 1251-1255.

Mosler, Hermann, Ius Cogens im Völkerrecht, SchwJIR 15 (1968), S. 9-40.

Mosler, Hermann, Subjects of International Law, in: Rudolf Bernhardt (ed.), EPIL, Vol. IV, Amsterdam u.a. 2000, S. 710-727.

Mosler, Hermann, The International Society as a Legal Community, Alphen aan den Rijn 1980.

Mosler, Hermann, The International Society as a Legal Community, RdC 140 (1974-IV), S. 1-320.

Mosler, Hermann, Völkerrecht als Rechtsordnung, ZaöRV 36 (1976), S. 6-49.

Müller, Jörg P., Vertrauensschutz im Völkerrecht, Köln u.a. 1971.

Müller, Klaus, Globalisierung, Frankfurt am Main u.a. 2002.

Müller, Lorenz, Islam und Menschenrechte: Sunnitische Muslime zwischen Islamismus, Säkularismus und Modernismus, Hamburg 1996.

Müllerson, Rein, The Interplay of Objective and Subjective Elements in Customary Law, in: Karel Wellens (ed.), International Law: Theory and Practice, Essays in Honour of Eric Suy, The Hague u.a. 1998, S. 161-178.

Müller-Wewel, Artur, Souveränitätskonzepte im geltenden Völkerrecht, Frankfurt am Main u.a. 2003.

Münch, Fritz, Bemerkungen zum ius cogens, in: Rudolf Bernhardt u.a. (Hrsg.), Völkerrecht als Rechtsordnung, Internationale Gerichtsbarkeit, Menschenrechte, Festschrift für Hermann Mosler, Berlin 1983, S. 617-628.

Mushkat, Roda, Hong Kong and Succession of Treaties, ICLQ 46 (1997), S. 181-201.

Nettesheim, Martin, Das kommunitäre Völkerrecht, JZ 2002, S. 569-578.

Neuhold, Hanspeter, Völkerrechtlicher Vertrag und „Drittstaaten", BDGVR 28 (1988), S. 51-103.

Neumann, Franz, Behemoth, Struktur und Praxis des Nationalsozialismus 1933-1944, Kön u.a. 1977.

Neumann, Jan, Die Koordination des WTO-Rechts mit anderen völkerrechtlichen Ordnungen, Berlin 2002.

Nida-Rümelin, Julian, Zur Philosophie einer globalen Zivilgesellschaft, in: Christine Chwaszcza/Wolfgang Kersting (Hrsg.), Politische Philosophie der internationalen Beziehungen, Frankfurt am Main 1998, S. 223-243.

Nieto-Navia, Rafael, International Peremptory Norms (Jus Cogens) and International Humanitarian Law, in: Lal Chand Vohrah et al. (eds.), Man's Inhumanity to Man, Essays on International Law in Honour of Antonio Cassese, The Hague u.a. 2003, S. 595-640.

Nolte, Georg, Lawmaking through the UN Security Council, in: Rüdiger Wolfrum/Volker Röben (eds.), Developments of International Law in Treaty Making, Berlin u.a. 2005, S. 237-243.

Nolte, Georg, Restoring Peace by Regional Action: International Legal Aspects of the Liberian Conflict, ZaöRV 53 (1993), S. 603-637.

Nussbaum, Martha C., Menschliches Tun und soziale Gerechtigkeit, in: Micha Brumlik/Hauke Brunkhorst (Hrsg.), Gemeinschaft und Gerechtigkeit, Frankfurt am Main 1995, S. 323-361.

Nye, Joseph S., The Paradox of American Power: Why the World's Only Superpower Can't Go it Alone, Oxford u.a. 2003.

O'Connell, Daniel Patrick, International Law, Vol. 1, 2nd ed., London u.a. 1970.

O'Connell, Daniel Patrick, Reflections on the State Succession Convention, ZaöRV 39 (1979), S. 725-739.

O'Connell, Daniel Patrick, State Succession in Municipal Law and International Law, Vol. II, International Relations, Cambridge 1967.

Odendahl, Guido, Das Recht auf Entwicklung: Entstehungsgeschichte, systematische Stellung und Inhalt eines individuellen sowie kollektiven Menschenrechts und Grundprinzips der Völkerrechtsordnung, Aachen 1997.

Odendahl, Kerstin, Die Umweltpflichtigkeit der Souveränität: Reichweite und Schranken territorialer Souveränitätsrechte über die Umwelt und die Notwendigkeit eines veränderten Verständnisses staatlicher Souveränität, Berlin 1998.

Oellers-Frahm, Karin, Anmerkungen zur einstweiligen Anordnung des Internationalen Gerichtshofs im Fall Bosnien-Herzegowina gegen Jugoslawien (Serbien und Montenegro) vom 8. April 1993, ZaöRV 53 (1993), S. 638-656.

Oellers-Frahm, Karin, Die „obligatorische" Gerichtsbarkeit des Internationalen Gerichtshofs, ZaöRV 47 (1987), S. 243-264.

Oellers-Frahm, Karin, Multiplication of International Courts and Tribunals and Conflicting Jurisdiction – Problems and Possible Solutions, MPYUNL 5 (2001), S. 67-104.

Oeter, Stefan, Europäische Integration als Konstitutionalisierungsprozess, ZaöRV 59 (1999), S. 901-917.

Oeter, Stefan, Kriegsverbrechen in den Konflikten um das Erbe Jugoslawiens, ZaöRV 53 (1993), S. 1-48.

Oeter, Stefan, Souveränität – ein überholtes Konzept?, in: Hans-Joachim Cremer (Hrsg.), Tradition und Weltoffenheit des Rechts, Festschrift für Helmut Steinberger, Berlin 2002, S. 259-290.

Onuf, Nicholas Greenwood, Professor Falk on the Quasi-Legislative Competence of the General Assembly, AJIL 64 (1970), S. 349-355.

Orakhelashvili, Alexander, Peremptory Norms in International Law, Oxford u.a. 2006.

Otto, Dianne, Nongovernmental Organizations in the United Nations System: The Emerging Role of International Civil Society, HRQ 18 (1996), S. 107-141.

Oxman, Bernard H., Law of the Sea Forum: The 1994 Agreement on Implementation of the Seabed Provisions of the Convention on the Law of the Sea, AJIL 88 (1994), S. 687-696.

Oxman, Bernard H., The International Commons, the Public Interest and New Modes of International Lawmaking, in: Jost Delbrück (ed.), New Trends in International Lawmaking – International „Legislation" in the Public Interest, Berlin 1997, S. 21-60.

Parker, Karen/Nylon, Lyn Beth, Jus Cogens: Compelling the Law of Human Rights, Hastings Int'l & Comp. L. Rev. 12 (1989), S. 411-463.

Paschke, Karl Theodor, UN-Reform – die unendliche Geschichte, VN 2005, S. 170-173.

Patomäki, Heikki/Teivainen, Teivo, A Possible World – Democratic Transformation of Global Institutions, London u.a. 2004.

Paulus, Andreas L., Die internationale Gemeinschaft im Völkerrecht: Eine Untersuchung zur Entwicklung des Völkerrechts im Zeitalter der Globalisierung, München 2001.

Paulus, Andreas L., Jus Cogens in a Time of Hegemony and Fragmentation, Nordic J. Int'l L. 74 (2005), S. 297-334.

Payandeh, Mehrdad, Die verfassungsrechtliche Stärkung der internationalen Gerichtsbarkeit: Zur Bindung deutscher Gerichte an Entscheidungen des Internationalen Gerichtshofs, AVR 45 (2007), S. 244-257.

Payandeh, Mehrdad, Rechtskontrolle des UN-Sicherheitsrates durch staatliche und überstaatliche Gerichte, ZaöRV 66 (2006), S. 41-71.

Payandeh, Mehrdad, State-Building im Friedenssicherungssystem der Vereinten Nationen. Völkerrechtliche Rahmenbedingungen einer neuen Herausforderung für die internationale Gemeinschaft, HuV-I 2005, S. 253-263.

Payandeh, Mehrdad/Sauer, Heiko, European Union: UN Sanctions and EU Fundamental Rights, ICON 7 (2009), S. 306-315.

Pellet, Alain, Can a State Commit a Crime? Definitely, Yes!, EJIL 10 (1999), S. 425-434.

Pellet, Alain, The Normative Dilemma: Will and Consent in International Law-making, AusYIL 12 (1992), S. 22-53.

Pernice, Ingolf, Europäisches und nationales Verfassungsrecht, VVDStRL 60 (2001), S. 148-193.

Perrez, Franz Xaver, Cooperative Sovereignty: From Independence to Interdependence in the Structure of International Environmental Law, The Hague u.a. 2000.

Perry, Michael J., Are Human Rights Universal? The Relativist Challenge and Related Matters, HRQ 19 (1997), S. 461-509.

Peters, Anne, Global Constitutionalism Revisited, Int'l Legal Theory 11 (2005), S. 39-67.

Peters, Anne, Völkerrecht – Allgemeiner Teil, Zürich u.a. 2006.

Petersen, Niels, Demokratie als teleologisches Prinzip, Berlin u.a. 2009.

Petersen, Niels, Der Wandel des ungeschriebenen Völkerrechts im Zuge der Konstitutionalisierung, AVR 46 (2008), S. 502-523.

Pieper, Stefan Ulrich, „The Clash of Civilizations" und das Völkerrecht, Rechtstheorie 29 (1998), S. 331-355.

Pityana, N. Barney, The Challenge of Culture for Human Rights in Africa: The African Charter in a Comparative Context, in: Malcolm D. Evans/Rachel Murray (eds.), The African Charter on Human and Peoples' Rights: The System in Practice, 1986-2000, Cambridge u.a. 2002, S. 219-245.

Plessner, Helmuth, Grenzen der Gemeinschaft, in: Günter Dux (Hrsg.), Gesammelte Schriften, Bd. 5, Macht und menschliche Natur, Frankfurt am Main 1981, S. 1-133.

Pogge, Thomas W., Eine globale Rohstoffdividende, in: Christine Chwaszcza/Wolfgang Kersting (Hrsg.), Politische Philosophie der internationalen Beziehungen, Frankfurt am Main 1998, S. 325-362.

Pogge, Thomas W., Realizing Rawls, Ithaca u.a 1989.

Pollis, Adamantia/Schwab, Peter, Human Rights: A Western Construct with Limited Applicability, in: dies. (eds.), Human Rights: Cultural and Ideological Perspectives, New York u.a. 1979, S. 1-18.

Pontecorvo, Concetta Maria, Interdependence between Global Environmental Regimes: The Kyoto Protocol on Climate Change and Forest Protection, ZaöRV 59 (1999), S. 709-748.

Pufendorf, Samuel, De Jure Naturae et Gentium, 1688 (zitiert nach James Brown Scott (ed.), The Classics of International Law, Samuel Pufendorf, De Jure Naturae et Gentium, Vol. 2, New York 1995).

Purvis, Nigel, Critical Legal Studies in Public International Law, Harv. Int'l L.J. 32 (1991), S. 81-127.

Quaritsch, Helmut, Souveränität: Entstehung und Entwicklung des Begriffs in Frankreich und Deutschland vom 13. Jh. bis 1806, Berlin 1986.

Rabkin, Jeremy A., The Case for Sovereignty. Why the World Should Welcome American Independence, Washington D.C. 2004.

Radbruch, Gustav, Gesetzliches Unrecht und übergesetzliches Recht, SJZ 1946, S. 105-108.

Ragazzi, Maurizio, The Concept of International Obligations Erga Omnes, Oxford 1997.

Rama-Montaldo, Manuel, International Legal Personality and Implied Powers of International Organizations, BYIL 44 (1970), S. 111-153.

Rasulov, Akbar, Revisiting State Succession to Humanitarian Treaties: Is There a Case for Automaticity?, EJIL 14 (2003), S. 141-170.

Ratner, Steven R./Slaughter, Anne-Marie, Appraising the Methods of International Law: A Prospectus for Readers, AJIL 93 (1999), S. 91-302.

Rau, Markus, After Pinochet: Foreign Sovereign Immunity in Respect of Serious Human Rights Violations – The Decision of the European Court of Human Rights in the Al-Adsani Case, German L.J. 3 (2002), No. 6 (1 June 2002).

Rau, Markus, IGH v. 14.4.1992 – Lockerbie, in: Jörg Menzel u.a. (Hrsg.), Völkerrechtsprechung, Tübingen 2004, S. 763-767.

Rawls, John, A Theory of Justice, Oxford 1971.

Rawls, John, Das Völkerrecht, in: Stephen Shute/Susan Hurley (Hrsg.), Die Idee der Menschenrechte, Frankfurt am Main 1996, S. 53-103.

Rawls, John, Political Liberalism, New York 1993.

Rawls, John, The Law of Peoples, Cambridge/Massachusetts u.a. 1999.

Rechenberg, Hermann H.-K., Non-Governmental Organizations, in: Rudolf Bernhardt (ed.), EPIL, Vol. III, Amsterdam u.a. 1997, S. 612-618.

Redgwell, Catherine, Universality or Integrity? Some Reflections on Reservations to General Multilateral Treaties, BYIL 64 (1993), S. 245-282.

Reese-Schäfer, Walter, Kommunitarismus, 3. Aufl., Frankfurt am Main u.a. 2001.

Reinalda, Bob, Private in Form, Public in Purpose: NGOs in International Relations Theory, in: Bas Arts et al. (eds.), Non-State Actors in International Relations, Aldershot u.a. 2001, S. 11-40.

Reisman, Michael, The Democratization of Contemporary International Law-Making Processes and the Differentiation of their Application, in: Rüdiger Wolfrum/Volker Röben (eds.), Developments of International Law in Treaty Making, Berlin u.a. 2005, S. 15-30.

Reisman, Michael, The Constitutional Crisis in the United Nations, AJIL 87 (1993), S. 83-100.

Ress, Hans-Konrad, Die Zulässigkeit territorialer Beschränkungen bei der Anerkennung der Zuständigkeit des Europäischen Gerichtshofs für Menschenrechte, ZaöRV 56 (1996), S. 427-465.

Reus-Smit, Christian, The Strange Death of Liberal International Theory, EJIL 12 (2001), S. 573-594.

Rice, Condoleezza, Promoting the National Interest, Foreign Affairs Vol. 79, No. 1 (2000), S. 45-62.

Riedel, Eibe, International Environmental Law – A Law to Serve the Public Interest? – An Analysis of the Scope of the Binding Effect of Basic Principles (Public Interest Norms), in: Jost Delbrück (ed.), New Trends in International Lawmaking – International „Legislation“ in the Public Interest, Berlin 1997, S. 61-98.

Riedel, Eibe, Menschenrechte der dritten Dimension, in: Christian Koenig/Ralph Alexander Lorz (Hrsg.), Die Universalität der Menschenrechte, Berlin 2003, S. 329-361.

Riedel, Eibe, Standards and Sources. Farewell to the Exclusivity of the Sources Triad in International Law?, EJIL 2 (1991), S. 58-84.

Riedel, Eibe, The Development of International Law: Alternatives to Treaty-Making? International Organizations and Non-State Actors, in: Rüdiger Wolfrum/Volker Röben (eds.), Developments of International Law in Treaty Making, Berlin u.a. 2005, S. 301-318.

Riedel, Eibe, Theorie der Menschenrechtsstandards – Funktion, Wirkungsweise und Begründung wirtschaftlicher und sozialer Menschenrechte mit exemplarischer Darstellung der Rechte auf Eigentum und Arbeit in verschiedenen Rechtsordnungen, Berlin 1986.

Riedel, Eibe, Universality of Human Rights and Cultural Pluralism, in: Christian Koenig/Ralph Alexander Lorz (Hrsg.), Die Universalität der Menschenrechte, Berlin 2003, S. 139-162.

Riedel, Eibe, Universeller Menschenrechtsschutz – Vom Anspruch zur Durchsetzung, in: Christian Koenig/Ralph Alexander Lorz (Hrsg.), Die Universalität der Menschenrechte, Berlin 2003, S. 105-137.

Riedel, Manfred, Gesellschaft, Gemeinschaft, in: Otto Brunner (Hrsg.), Geschichtliche Grundbegriffe, Bd. 2, Stuttgart 1979, S. 801-862.

Rijpkema, Peter P., Customary International Law in the Nicaragua Case, NYIL 20 (1989), S. 91-116.

Risse-Kappen, Thomas, Bringing Transnational Relations Back In: Introduction, in: ders. (ed.), Bringing Transnational Relations Back In. Non-state Actors, Domestic Structures and International Institutions, Cambridge u.a. 1995, S. 3-33.

Rittberger, Volker/Baumgärtner, Heiko, Die Reform des Weltsicherheitsrates – Stand und Perspektiven, in: Johannes Varwick/Andreas Zimmermann (Hrsg.), Die Reform der Vereinten Nationen – Bilanz und Perspektiven, Berlin 2006, S. 47-66.

Robertson, Roland, Globalization: Social Theory and Global Culture, London u.a. 1992.

Rochester, J. Martin, Waiting for the Millennium: The United Nations and the Future of World Order, Columbia 1993.

Rogoff, Martin A., Interpretation of International Agreements by Domestic Courts and the Politics of International Treaty Relations: Reflections on Some Recent Decisions of the United States Supreme Court, Am. U. J. Int'l L. & Pol'y 11 (1996), S. 559-685.

Rohde, Christian, Hans J. Morgenthau und der weltpolitische Realismus, Wiesbaden 2004.

Röling, Bernard V.A., International Law in an Expanded World, Amsterdam 1960.

Rosand, Eric, The Security Council as „Global Legislator“: Ultra Vires or Ultra Innovative?, Fordham L. Rev. 28 (2005), S. 542-590.

Rösgen, Peter, Rechtsetzungsakte der Vereinten Nationen und ihrer Sonderorganisationen – Bestandsaufnahme und Vollzug in der Bundesrepublik Deutschland, Bonn 1985.

Rostow, Nicholas, Before and After: The Changed UN Response to Terrorism Since September 11th, Cornell Int'l L.J. 35 (2002), S. 475-490.

Roxburgh, Ronald F., International Conventions and Third States, London u.a. 1917.

Rozakis, Christos L., The Concept of Jus Cogens in the Law of Treaties, Amsterdam 1976.

Rozakis, Christos L., Treaties and Third States: A Study in the Reinforcement of the Consensual Standards in International Law, ZaöRV 35 (1975), S. 1-40.

Rub, Alfred, Hans Kelsens Völkerrechtslehre – Versuch einer Würdigung, Zürich 1995.

Rubenstein, Richard E./Crocker, Jarle, Challenging Huntington, Foreign Policy 96 (1994), S. 113-128.

Rubin, Alfred P., Actio Popularis, Jus Cogens and Offenses Erga Omnes?, New Eng. L. Rev. 35 (2001), S. 265-280.

Rubin, Alfred P., Comment, in: Jost Delbrück (ed.), The Future of International Law Enforcement, Berlin 1993, S. 171-174.

Ruda, José Maria, Reservations to Treaties, RdC 146 (1975-III), S. 95-218.

Rudolf, Walter, Neue Staaten und das Völkerrecht, AVR 17 (1977/78), S. 1-45.

Ruffert, Matthias, Special Jurisdiction of the ICJ in the Case of Infringements of Fundamental Rules of the International Legal Order?, in: Christian Tomuschat et al. (eds.), The Fundamental Rules of the International Legal Order: Jus Cogens and Obligations Erga Omnes, Leiden u.a. 2006, S. 295-310.

Sachs, Michael (Hrsg.), Grundgesetz-Kommentar, 4. Aufl., München 2007.

Sandel, Michael, Democracy's Discontent: America in Search of a Public Philosophy, Cambridge/Massachusetts u.a. 1996.

Sandel, Michael, Die verfahrensrechtliche Republik und das ungebundene Selbst, in: Axel Honneth (Hrsg.), Kommunitarismus: Eine Debatte über die moralischen Grundlagen moderner Gesellschaften, Frankfurt am Main 1993, S. 18-35.

Sandel, Michael, Justice and the Good, in: ders. (ed.), Liberalism and its Critics, New York 1984, S. 159-178.

Sandel, Michael, Liberalism and the Limits of Justice, Cambridge u.a. 1982.

Satz, Debra, Equality of What among Whom?, in: Ian Shapiro/Lea Brilmayer (eds.), Global Justice, New York u.a. 1999, S. 67-85.

Sauer, Heiko, Jurisdiktionskonflikte in Mehrebenensystemen, Berlin u.a. 2008.

Scelle, Georges, Précis de droit des gens: Principes et systématique, Première Partie, Paris 1932.

Schachter, Oscar, Entangled Treaty and Custom, in: Yoram Dinstein et al. (eds.), International Law at a Time of Perplexity: Essays in Honour of Shabtai Rosenne, Dordrecht u.a. 1989, S. 717-738.

Schachter, Oscar, International Law in Theory and Practice, Dordrecht u.a. 1991.

Schachter, Oscar, Law-Making in the United Nations, in: Nadasiri Jasentuliyana (ed.), Perspectives on International Law: Dedicated to Judge Manfred Lachs for his Lifelong and Lasting Contribution to International Law, London u.a. 1995, S. 119-137.

Schachter, Oscar, New Custom: Power, Opinio Juris and Contrary Practice, in: Jerzy Makarczyk (ed.), Theory of International Law at the Threshold of the 21st Century, Essays in Honour of Krzystof Skubiszewski, The Hague u.a. 1996, S. 531-540.

Schachter, Oscar, United Nations Law in the Gulf Conflict, AJIL 85 (1991), S. 452-473.

Schäfers, Bernhard, Gemeinschaft und Gesellschaft: Zur Entwicklung und Aktualität eines Begriffspaares, Gegenwartskunde 32 (1983), S. 5-18.

Schaller, Christian, Massenvernichtungswaffen und Präventivkrieg – Möglichkeiten der Rechtfertigung einer militärischen Intervention im Irak aus völkerrechtlicher Sicht, ZaöRV 62 (2002), S. 641-668.

Scharpenack, Holger, Das „Recht auf Entwicklung", Frankfurt am Main u.a. 1996.

Schefczyk, Michael, John Rawls' Philosophie der internationalen Beziehungen, NZZ vom 8.1.2003, S. 52.

Scheffer, David, The United States and the International Criminal Court, AJIL 93 (1999), S. 12-22.

von Schenck, Dedo, Das Problem der Beteiligung der Bundesrepublik Deutschland an Sanktionen der Vereinten Nationen, besonders im Fall Rhodesiens, ZaöRV 29 (1969), S. 257-315.

Schermers, Henry G., Different Aspects of Sovereignty, in: Gerard Kreijen (ed.), State, Sovereignty and International Governance, Oxford 2002, S. 185-192.

Schermers, Henry G./Blokker, Niels M., International Institutional Law: Unity within Diversity, 4th ed., The Hague u.a. 2003.

Scheuner, Ulrich, Conflict of Treaty Provisions with a Peremptory Norm of General International Law and its Consequences, ZaöRV 27 (1967), S. 520-532.

Scheuner, Ulrich, Internationale Verträge als Elemente der Bildung von völkerrechtlichem Gewohnheitsrecht, in: Werner Flume u.a. (Hrsg.), Internationales Recht und Wirtschaftsordnung, Festschrift für Frederick A. Mann zum 70. Geburtstag am 11. August 1977, München 1977, S. 409-438.

Scheuner, Ulrich, Naturrechtliche Strömungen im heutigen Völkerrecht, ZaöRV 13 (1950/51), S. 556-614.

Scheuner, Ulrich, Solidarität unter den Nationen als Grundsatz in der gegenwärtigen internationalen Gemeinschaft, in: ders., Schriften zum Völkerrecht, Berlin 1984, S. 379-405.

Scheyli, Martin, Konstitutionelle Gemeinwohlorientierung im Völkerrecht, Berlin 2008.

Schilling, Theodor, Die „neue Weltordnung" und Souveränität der Mitglieder der Vereinten Nationen, AVR 33 (1995), S. 67-106.

Schilling, Theodor, Internationaler Menschenrechtsschutz: Universelles und europäisches Recht, Tübingen 2004.

Schilling, Theodor, Völkerkonsensrecht, in: Jürgen Bröhmer u.a. (Hrsg.), Internationale Gemeinschaft und Menschenrechte, Festschrift für Georg Ress zum 70. Geburtstag am 21. Januar 2005, Köln u.a. 2005, S. 235-248.

Schindler, Dietrich, Die erga omnes Wirkung des humanitären Völkerrechts, in: Ulrich Beyerlin u.a. (Hrsg.), Recht zwischen Umbruch und Bewahrung, Völkerrecht, Europarecht, Staatsrecht, Festschrift für Rudolf Bernhardt, Berlin u.a. 1995, S. 199-211.

Schindler, Dietrich, Kollektive Sicherheit der Vereinten Nationen und dauernde Neutralität der Schweiz, SZIER 2 (1992), S. 435-479.

Schliesky, Utz, Souveränität und Legitimität von Herrschaftsgewalt: Die Weiterentwicklung von Begriffen der Staatslehre und des Staatsrechts im europäischen Mehrebenensystem, Tübingen 2004.

Schmitt, Carl, Der Begriff des Politischen, Berlin 1963.

Schmitt, Carl, Der Nomos der Erde im Völkerrecht des Ius Publicum Europaeum, Köln 1950.

Schmitt, Carl, Reich und Raum. Elemente eines neuen Völkerrechts, ZAkDR 7 (1940), S. 201-203.

Schmitt, Carl, Über die drei Arten rechtswissenschaftlichen Denkens, Hamburg 1934.

Schmitt, Carl, Völkerrechtliche Großraumordnung mit Interventionsverbot für raumfremde Mächte: Ein Beitrag zum Reichsbegriff im Völkerrecht, 4. Aufl., Berlin u.a. 1941.

Schmoeckel, Mathias, Die Großraumtheorie: Ein Beitrag zur Geschichte der Völkerrechtswissenschaft im Dritten Reich, insbesondere in der Kriegszeit, Berlin 1994.

Schönborn, Walther, Staatensukzessionen, Handbuch des Völkerrechts, 2. Bd. 3. Abt., Stuttgart 1913.

Schörnig, Niklas, Neorealismus, in: Siegfried Schieder/Manuela Spindler (Hrsg.), Theorien der Internationalen Beziehungen, Opladen u.a. 2003, S. 61-87.

Schreckenberger, Waldemar, Der moderne Verfassungsstaat und die Idee der Weltgemeinschaft, Der Staat 34 (1995), S. 502-526.

Schreuer, Christoph, New Haven Approach und Völkerrecht, in: ders. (Hrsg.), Autorität und internationale Ordnung – Aufsätze zum Völkerrecht, Berlin 1979, S. 63-85.

Schreuer, Christoph, Regionalism v. Universalism, EJIL 6 (1995), S. 477-499.

Schrijver, Nico, The Changing Nature of State Sovereignty, BYIL 70 (1999), S. 65-98.

Schrijver, Nico, The Future of the Charter of the United Nations, MPYUNL 10 (2006), S. 1-34.

Schücking, Walther, Die Organisation der Welt, Leipzig 1909.

Schücking, Walther, Le développement du pacte de la Société des Nations, RdC 20 (1927-V), S. 349-458.

Schüle, Adolf, Methoden der Völkerrechtswissenschaft, AVR 8 (1959/60), S. 129-150.

Schulte, Constanze, The Enforcement of Obligations Erga Omnes before the International Court of Justice, Procedural Law and the East Timor Judgment, in: Kalliopi Koufa (ed.), Might and Right in International Relations, Athens u.a. 1999, S. 533-544.

Schulze, Peter M., Nicht-Regierungsorganisationen und die Demokratisierung des VN-Systems, in: Klaus Hüfner (Hrsg.), Die Reform der Vereinten Nationen: Die Weltorganisation zwischen Krise und Erneuerung, Opladen 1994, S. 119-140.

Schütz, Raimund, Solidarität im Wirtschaftsvölkerrecht: Eine Bestandsaufnahme zentraler entwicklungsspezifischer Solidarrechte und Solidarpflichten im Völkerrecht, Berlin 1994.

Schwarzenberger, Georg, International Law and Order, London 1971.

Schwarzenberger, Georg, Power Politics, 3rd ed., London 1964.

Schwarzenberger, Georg, The Forms of Sovereignty: An Essay in Comparative Jurisprudence, CLP 1957, S. 264-295.

Schweigman, David, The Authority of the Security Council under Chapter VII of the UN Charter – Legal Limits and the Role of the International Court of Justice, The Hague u.a. 2001.

Schweisfurth, Theodor, Das Recht der Staatensukzession, BDGVR 35 (1996), S. 49-233.

Schweisfurth, Theodor, International Treaties and Third States, ZaöRV 45 (1985), S. 653-674.

Schweisfurth, Theodor, The Influence of the Third United Nations Conference on the Law of the Sea on International Customary Law, ZaöRV 43 (1983), S. 566-584.

Schweisfurth, Theodor, Völkerrecht, Tübingen 2006.

Schweitzer, Michael, Das Völkergewohnheitsrecht und seine Geltung für neuentstehende Staaten, Bad Homburg v.d.H. u.a. 1969.

Schweitzer, Michael, Ius cogens im Völkerrecht, AVR 15 (1971), S. 197-223.

Schweitzer, Michael, New States and International Law, in: Rudolf Bernhardt (ed.), EPIL, Vol. III, Amsterdam u.a. 1997, S. 582-587.

Schwelb, Egon, Some Aspects of International Jus Cogens as Formulated by the International Law Commission, AJIL 61 (1967), S. 946-975.

Schwelb, Egon, The Actio Popularis and International Law, Israel YHR 2 (1972), S. 46-56.

Schwelb, Egon, Withdrawal from the United Nations, The Indonesian Intermezzo, AJIL 61 (1967), S. 661-672.

Scobbie, Iain, Slouching towards the Holy City: Some Weeds for Philip Allott, EJIL 16 (2005), S. 299-313.

Scott, Gary L./Carr, Craig L., Multilateral Treaties and the Formation of Customary International Law, Denv. J. Int'l L. & Pol'y 25 (1996), S. 71-94.

Scovazzi, Tullio, The Evolution of International Law of the Sea: New Issues, New Challenges, RdC 286 (2000), S. 39-243.

Seidelmann, Reimund, Souveränität, in: Wichard Woyke (Hrsg.), Handwörterbuch Internationale Politik, 11. Aufl., Opladen 2008, S. 467-473.

Seidl-Hohenveldern, Ignaz, International Economic Law, 3rd ed., Dordrecht 1999.

Seidl-Hohenveldern, Ignaz/Loibl, Gerhard, Das Recht der Internationalen Organisationen einschließlich der Supranationalen Gemeinschaften, 7. Aufl., Köln u.a. 2000.

Seyersted, Finn, Objective International Personality of Intergovernmental Organisations: Do their Capacities Really Depend upon the Conventions Establishing them?, Copenhagen 1963.

Shaw, Malcolm N., International Law, 6th ed., Cambridge 2008.

Shany, Yuval, No Longer a Weak Department of Power? Reflections on the Emergence of a New International Judiciary, EJIL 20 (2009), S. 73-91.

Shelton, Dinah, Normative Hierarchy in International Law, AJIL 100 (2006), S. 291-323.

Sicilianos, Linos-Alexander, The Classification of Obligations and the Multilateral Dimension of the Relations of International Responsibility, EJIL 13 (2002), S. 1127-1145.

Siedschlag, Alexander, Neorealismus, Neoliberalismus und postinternationale Politik, Opladen 1997.

Simma, Bruno, Consent: Strains in the Treaty System, in: Ronald St. John MacDonald/Douglas M. Johnston (eds.), The Structure and Process of International Law: Essays in Legal Philosophy, Doctrine, and Theory, Den Haag 1986, S. 485-511.

Simma, Bruno, Der Beitrag von Alfred Verdross zur Entwicklung der Völkerrechtswissenschaft, in: Herbert Miehsler (Hrsg.), Ius humanitatis. Festschrift zum 90. Geburtstag von Alfred Verdross, Berlin 1980, S. 23-53.

Simma, Bruno, Die Erzeugung ungeschriebenen Völkerrechts: Allgemeine Verunsicherung – klärende Beiträge Karl Zemaneks, in: Konrad Ginther (Hrsg.), Völkerrecht zwischen normativem Anspruch und politischer Realität, Festschrift für Karl Zemanek zum 65. Geburtstag, Berlin 1994, S. 95-114.

Simma, Bruno, From Bilateralism to Community Interest in International Law, RdC 250 (1994-VI), S. 217-384.

Simma, Bruno, International Crimes: Injury and Countermeasures, in: Joseph H.H. Weiler et al. (eds.), International Crimes of State: A Critical Analysis of the ILC's Draft Article 19 on State Responsibility, Berlin u.a. 1989, S. 283-315.

Simma, Bruno (ed.), The Charter of the United Nations, A Commentary, 2nd ed., München 2002.

Simma, Bruno, The Contribution of Alfred Verdross to the Theory of International Law, EJIL 6 (1995), S. 33-54.

Simma, Bruno/Alston, Philip, The Sources of Human Rights Law: Custom, Jus Cogens, and General Principles, AusYIL 12 (1992), S. 82-108.

Simma, Bruno, Universality of International Law from the Perspective of a Practitioner, EJIL 20 (2009), S. 265-297.

Simma, Bruno, Zur völkerrechtlichen Bedeutung von Resolutionen der VN-Generalversammlung, in: Rudolf Bernhardt u.a. (Hrsg.), Die Bedeutung der Resolutionen der Generalversammlung der Vereinten Nationen, Baden-Baden 1981, S. 45-76.

Simma, Bruno/Paulus, Andreas L., The „International Community“: Facing the Challenge of Globalization, EJIL 9 (1998), S. 266-277.

Simma, Bruno/Paulus, Andreas L., The Responsibility of Individuals for Human Rights Abuses in Internal Conflicts: A Positivist View, AJIL 93 (1999), S. 302-316.

Simpson, Gerry, Two Liberalisms, EJIL 12 (2001), S. 537-572.

Sinclair, Ian, State Responsibility and the Concept of Crimes of States, in: Joseph H.H. Weiler et al. (eds.), International Crimes of State: A Critical Analysis of the ILC's Draft Article 19 on State Responsibility, Berlin u.a. 1989, S. 223-225.

Singh, Mahendra P., Human Rights in the Indian Tradition – Alternatives in the Understanding and Realization of the Human Rights Regime, ZaöRV 63 (2003), S. 551-584.

Skourtos, Nikos St., Legal Effects for Parties and Nonparties: The Impact of the Law of the Sea Convention, in: Myron H. Nordquist/ John Norton Moore (eds.), Entry into Force of the Law of the Sea Convention, The Hague u.a. 1995, S. 187-211.

Skubiszewski, Krzysztof, Elements of Custom and the Hague Court, ZaöRV 31 (1971), S. 810-854.

Skubiszewski, Krzysztof, International Legislation, in: Rudolf Bernhardt (ed.), EPIL, Vol. II, Amsterdam u.a. 1995, S. 1255-1262.

Slaughter, Anne-Marie, A Liberal Theory of International Law, in: ASIL (ed.), International Law in Ferment: A New Vision for Theory and Practice, Washington D.C. 2000, S. 240-249.

Slaughter, Anne-Marie, A New World Order, Princeton/New Jersey u.a. 2004.

Slaughter, Anne-Marie, International Law and International Relations, RdC 285 (2000), S. 9-249.

Slaughter, Anne-Marie, International Law in a World of Liberal States, EJIL 6 (1994), S. 503-538.

Slaughter, Anne-Marie/Burke-White, William, An International Constitutional Moment, Harv. Int'l L.J. 43 (2002), S. 1-21.

Sloan, Blaine, General Assembly Resolutions Revisited (Forty Years Later), BYIL 58 (1987), S. 39-150.

Smith, Rhona K.M., Textbook on International Human Rights, 2nd ed., Oxford u.a. 2005.

Soder, Josef, Die Vereinten Nationen und die Nichtmitglieder: Zum Problem der Weltstaatenorganisation, Bonn 1956.

Soder, Josef, Francisco Suárez und das Völkerrecht – Grundgedanken zu Staat, Recht und internationalen Beziehungen, Frankfurt am Main 1973.

Sohn, Louis B., „Generally Accepted" International Rules, Wash. L. Rev. 61 (1986), S. 1073-1080.

Sohn, Louis B., Enhancing the Role of the General Assembly of the United Nations in Crystallizing International Law, in: Jerzy Makarczyk (ed.), Theory of International Law at the Threshold of the 21st Century, Essays in Honour of Krzystof Skubiszewski, The Hague u.a. 1996, S. 549-561.

Sohn, Louis B., The Law of the Sea: Customary International Law Developments, Am. U. L. Rev. 34 (1984), S. 271-280.

Sohn, Louis B., The Stockholm Declaration on the Human Environment, Harv. Int'l L.J. 14 (1972), S. 423-515.

Sohn, Louis B., Voting Procedures in United Nations Conferences for the Codification of International Law, AJIL 69 (1975), S. 310-353.

Somek, Alexander, Kelsen Lives, EJIL 18 (2007), S. 409-451.

Sommer, Julia, Environmental Law-Making by International Organisations, ZaöRV 56 (1996), S. 628-667.

Spinedi, Marina, From One Codification to Another: Bilateralism and Multilateralism in the Genesis of the Codification of the Law of Treaties and the Law of State Responsibility, EJIL 13 (2002), S. 1099-1125.

Spinedi, Marina, International Crimes of State: The Legislative History, in: Joseph H.H. Weiler et al. (eds.), International Crimes of State: A Critical Analysis of the ILC's Draft Article 19 on State Responsibility, Berlin u.a. 1989, S. 7-138.

Stacy, Helen, Relational Sovereignty, Stan. L. Rev. 55 (2003), S. 2029-2059.

Stahn, Carsten, Gute Nachbarschaft um jeden Preis? Einige Anmerkungen zur Anbindung der USA an das Statut des Internationalen Strafgerichtshofs, ZaöRV 60 (2000), S. 631-662.

Stahn, Carsten, NGOs and International Peacekeeping – Issues, Prospects and Lessons Learned, ZaöRV 61 (2001), S. 379-401.

Stahn, Carsten, Responsibility to Protect: Political Rhetoric or Emerging Legal Norm?, AJIL 101 (2007), S. 99-120.

Starck, Dorothee, Die Rechtmäßigkeit von UNO-Wirtschaftssanktionen in Anbetracht ihrer Auswirkungen auf die Zivilbevölkerung – Grenzen der Kompetenzen des Sicherheitsrates am Beispiel der Maßnahmen gegen den Irak und die Bundesrepublik Jugoslawien, Berlin 2000.

Stein, Eric/Morrissey, Richard C., Uniting for Peace Resolution, in: Rudolf Bernhardt (ed.), EPIL, Vol. IV, Amsterdam u.a. 2000, S. 1232-1235.

Stein, Ted L., Observations on „Crimes of States", in: Joseph H.H. Weiler et al. (eds.), International Crimes of State: A Critical Analysis of the ILC's Draft Article 19 on State Responsibility, Berlin u.a. 1989, S. 194-200.

Stein, Ted L., The Approach of the Different Drummer: The Principles of the Persistent Objector in International Law, Harv. Int'l L.J. 26 (1986), S. 457-482.

Stein, Torsten, Decentralized International Law Enforcement: The Changing Role of the State as Law Enforcement Agent, in: Jost Delbrück (ed.), Allocation of Law Enforcement Authority in the International System, Berlin 1995, S. 107-126.

Stein, Torsten, Demokratische Legitimierung auf supranationaler und internationaler Ebene, ZaöRV 64 (2004), S. 563-570.

Stein, Torsten/von Buttlar, Christian, Völkerrecht, 12. Aufl., Köln u.a. 2009.

Steinberger, Helmut, Sovereignty, in: Rudolf Bernhardt (ed.), EPIL, Vol. IV, Amsterdam u.a. 2000, S. 500-521.

Steiner, Henry J., International Law, Doctrine and Schools of Thought in the Twentieth Century, in: Rudolf Bernhardt (ed.), EPIL, Vol. II, Amsterdam u.a. 1995, S. 1216-1227.

Steiner, Henry J./Alston, Philip/Goodman, Ryan, International Human Rights in Context, 3rd ed., Oxford u.a. 2007.

Stern, Brigitte, Custom at the Heart of International Law, Duke J. Comp. & Int'l L. 11 (2001), S. 89-108.

Stern, Klaus, Das Staatsrecht der Bundesrepublik Deutschland, Bd. I, 2. Aufl., München 1984.

Stern, Klaus, Das Staatsrecht der Bundesrepublik Deutschland, Bd. III/1, München 1988.

Stocker, Werner, Das Prinzip des Common Heritage of Mankind als Ausdruck des Staatengemeinschaftsinteresses im Völkerrecht, Zürich 1993.

Stoll, Tobias, Responsibility, Sovereignty and Cooperation – Reflections on the „Responsibility to Protect", in: Doris König et al. (eds.), International Law Today: New Challenges and the Need for Reform?, Berlin u.a. 2008, S. 1-16.

Stoll, Peter-Tobias/Schorkopf, Frank, WTO – Welthandelsordnung und Welthandelsrecht, Köln u.a. 2002.

Stolleis, Michael, Gemeinschaft und Volksgemeinschaft, VfZ 20 (1972), S. 16-38.

Stolleis, Michael, Geschichte des öffentlichen Rechts in Deutschland, Bd. 3, München 1999.

Strange, Susan, The Retreat of the State, Cambridge u.a. 1996.

Strebel, Helmut, Quellen des Völkerrechts als Rechtsordnung, ZaöRV 36 (1976), S. 301-346.

Strupp, Karl, Les règles générales du droit de la paix, RdC 47 (1934), S. 257-595.

Strydom, Hendrik A., Ius Cogens: Peremptory Norm or Totalitarian Instrument?, South African YIL 14 (1989), S. 42-58.

Stumpf, Christoph A., Völkerrecht unter Kreuz und Halbmond, AVR 41 (2003), S. 83-100.

Suárez, Francisco, De Legibus ac Deo Legislatore, 1612 (zitiert nach James Brown Scott (ed.), The Classics of International Law, Selections from Three Works of Francisco Suárez, Vol. 2, New York 1995).

Supper, Erich, Regionalismus und die WTO, in: Forschungsinstitut für Wirtschaftsverfassung und Wettbewerb (Hrsg.), Die Bedeutung der WTO für die europäische Wirtschaft, Köln u.a. 1997, S. 93-105.

Sur, Serge, Discussion Statement, in: Antonio Cassese/Joseph H.H. Weiler (eds.), Change and Stability in International Law-Making, Berlin/New York 1988, S. 125-128.

Suy, Eric, Consensus, in: Rudolf Bernhardt (ed.), EPIL, Vol. I, Amsterdam u.a. 1992, S. 759-761.

Suy, Eric, Discussion Statement, in: Antonio Cassese/Joseph H.H. Weiler (eds.), Change and Stability in International Law-Making, Berlin/New York 1988, S. 97.

Suy, Eric, The Constitutional Character of Constituent Treaties of International Organizations and the Hierarchy of Norms, in: Ulrich Beyerlin u.a. (Hrsg.), Recht zwischen Umbruch und Bewahrung, Völkerrecht, Europarecht, Staatsrecht, Festschrift für Rudolf Bernhardt, Berlin u.a. 1995, S. 267-277.

Suy, Eric, The Role of the United Nations General Assembly, in: Georges Abi-Saab et al. (eds.), The Changing Constitution of the United Nations, London 1997, S. 55-69.

Swaine, Edward T., Reserving, Yale J. Int'l L. 31 (2006), S. 307-366.

Symonides, Janusz, New Human Rights Dimensions, Obstacles and Challenges: Introductory Remarks, in: ders. (ed.), Human Rights: New Dimensions and Challenges, Aldershot u.a. 1998, S. 1-44.

Szasz, Paul C., Centralized and Decentralized Law Enforcement: The Security Council and the General Assembly Acting under Chapters

VII and VIII, in: Jost Delbrück (ed.), Allocation of Law Enforcement Authority in the International System, Berlin 1995, S. 17-38.

Szasz, Paul C., General Law-Making Processes, in: Christopher C. Joyner (ed.), The United Nations and International Law, Cambridge 1997, S. 27-64.

Szasz, Paul C., The Security Council Starts Legislating, AJIL 96 (2002), S. 901-905.

Sztucki, Jerzy, Jus Cogens and the Vienna Convention on the Law of Treaties: A Critical Appraisal, Wien u.a. 1974.

Talmon, Stefan, The Duty Not to „Recognize as Lawful" a Situation Created by the Illegal Use of Force or Other Serious Breaches of Jus Cogens Obligation: An Obligation without Real Substance?, in: Christian Tomuschat et al. (eds.), The Fundamental Rules of the International Legal Order: Jus Cogens and Obligations Erga Omnes, Leiden u.a. 2006, S. 99-126.

Talmon, Stefan, The Security Council as World Legislature, AJIL 99 (2005), S. 175-193.

Tams, Christian J., All's Well That Ends Well, ZaöRV 62 (2002), S. 759-796.

Tams, Christian J., Enforcing Obligations Erga Omnes in International Law, Cambridge u.a. 2005.

Tams, Christian J., Schwierigkeiten mit dem Ius Cogens, AVR 40 (2002), S. 331-349.

Taylor, Charles, A World Consensus on Human Rights?, in: Patrick Hayden (ed.), The Philosophy of Human Rights, St. Paul/Minnesota 2001, S. 409-422.

Taylor, Charles, Aneinander vorbei: Die Debatte zwischen Liberalismus und Kommunitarismus, in: Axel Honneth (Hrsg.), Kommunitarismus: Eine Debatte über die moralischen Grundlagen moderner Gesellschaften, Frankfurt am Main 1993, S. 103-130.

Taylor, Charles, Atomism, in: ders., Philosophy and the Human Sciences, Philosophical Papers 2, Cambridge u.a. 1985, S. 187-210.

Tesón, Fernando R., International Human Rights and Cultural Relativism, in: Patrick Hayden (ed.), The Philosophy of Human Rights, St. Paul/Minnesota 2001, S. 379-396.

Teubner, Gunther, „Global Bukowina": Legal Pluralism in the World Society, in: ders. (ed.), Global Law without a State, Aldershot u.a. 1997, S. 3-28.

Teubner, Gunther, Globale Zivilverfassungen: Alternativen zur staatszentrierten Verfassungstheorie, ZaöRV 63 (2003), S. 1-28.

Teusch, Ulrich, Was ist Globalisierung? Ein Überblick, Darmstadt 2004.

Thierry, Hubert, The Thought of Georges Scelle, EJIL 1 (1990), S. 193-209.

Thürer, Daniel, Comment: UN Enforcement Measures and Neutrality – The Case of Switzerland, AVR 30 (1992), S. 63-85.

Thürer, Daniel, Der Wegfall effektiver Staatsgewalt: „The Failed State“, BDGVR 34 (1996), S. 9-47.

Thürer, Daniel, Modernes Völkerrecht: Ein System im Wandel und Wachstum – Gerechtigkeitsgedanke als Kraft der Veränderung?, ZaöRV 60 (2000), S. 557-604.

Thürer, Daniel, Soft Law, in: Rudolf Bernhardt (ed.), EPIL, Vol. IV, Amsterdam u.a. 2000, S. 452-460.

Thürer, Daniel, The Emergence of Non-Governmental Organizations and Transnational Enterprises in International Law and the Changing Role of the State, in: Rainer Hofmann (ed.), Non-State Actors as New Subjects of International Law – From the Traditional State Order Towards the Law of the Global Community, Berlin 1999, S. 37-58.

Tomuschat, Christian, Admissibility and Legal Effects of Reservations to Multilateral Treaties, ZaöRV 27 (1967), S. 463-482.

Tomuschat, Christian, Case Annotation, CML Rev. 43 (2006), S. 537-551.

Tomuschat, Christian, Comment, in: Jost Delbrück (ed.), Allocation of Law Enforcement Authority in the International System, Berlin 1995, S. 159-160.

Tomuschat, Christian, Das Recht auf Entwicklung, GYIL 25 (1982), S. 85-112.

Tomuschat, Christian, Das Statut von Rom für den Internationalen Strafgerichtshof, FW 73 (1998), S. 335-347.

Tomuschat, Christian, Die Charta der wirtschaftlichen Rechte und Pflichten der Staaten, ZaöRV 36 (1976), S. 444-491.

Tomuschat, Christian, Die internationale Gemeinschaft, AVR 33 (1995), S. 1-20.

Tomuschat, Christian, Foreword, in: ders. (ed.), The United Nations at Age Fifty: A legal perspective, The Hague u.a. 1995.

Tomuschat, Christian, Human Rights. Between Idealism and Realism, Oxford 2003.

Tomuschat, Christian, International Law: Ensuring the Survival of Mankind on the Eve of a New Century, RdC 281 (1999), S. 9-438.

Tomuschat, Christian, Obligations Arising for States without or against Their Will, RdC 241 (1993-IV), S. 195-374.

Tomuschat, Christian, The Concluding Documents of World Order Conferences, in: Jerzy Makarczyk (ed.), Theory of International Law at the Threshold of the 21st Century, Essays in Honour of Krzystof Skubiszewski, The Hague u.a. 1996, S. 563-585.

Tomuschat, Christian, Verfassungsgewohnheitsrecht? Eine Untersuchung zum Staatsrecht der Bundesrepublik Deutschland, Heidelberg 1972.

Tomuschat, Christian, Völkerrechtlicher Vertrag und Drittstaaten, BDGVR 28 (1988), S. 9-49.

Tönnies, Ferdinand, Gemeinschaft und Gesellschaft: Grundbegriffe der reinen Soziologie, 8. Aufl., Leipzig 1935.

Tönnies, Ferdinand, Wege zu dauerndem Frieden?, Leipzig 1926.

Treves, Tullio, Judicial Lawmaking in an Era of „Proliferation" of International Courts and Tribunals: Development or Fragmentation of International Law?, in: Rüdiger Wolfrum/Volker Röben (eds.), Developments of International Law in Treaty Making, Berlin u.a. 2005, S. 587-620.

Treves, Tullio, The Law of the Sea „System" of Institutions, MPYUNL 2 (1998), S. 325-340.

Treves, Tullio, The Law of the Sea Tribunal: Its Status and Scope of Jurisdiction after November 16, 1994, ZaöRV 55 (1995), S. 421-451.

Treviranus, Hans D., Die Konvention der Vereinten Nationen über Staatensukzession bei Verträgen, ZaöRV 39 (1979), S. 259-300.

Triepel, Heinrich, Völkerrecht und Landesrecht, Aalen 1899.

Tsagourias, Nicholas, The Will of the International Community as a Normative Source of International Law, in: Ige F. Dekker (ed.), Governance and International Legal Theory, Leiden u.a. 2004, S. 97-121.

Tunkin, Grigorij Ivanovic, Völkerrechtstheorie, Berlin 1972.

Turpel, Mary Ellen/Sands, Philippe, Peremptory International Law and Sovereignty: Some Questions, Conn. J. Int'l L. 3 (1988), S. 364-369.

Uerpmann, Robert, Grenzen zentraler Rechtsdurchsetzung im Rahmen der Vereinten Nationen, AVR 33 (1995), S. 107-130.

Uerpmann, Robert, Internationales Verfassungsrecht, JZ 2001, S. 565-573.

Ulfstein, Geir, Reweaving the Fabric of International Law? Patterns of Consent in Environmental Framework Agreements, in: Rüdiger Wolfrum/Volker Röben (eds.), Developments of International Law in Treaty Making, Berlin u.a. 2005, S. 145-153.

Vagts, Detlev F., Hegemonic International Law, AJIL 95 (2001), S. 843-848.

Vallat, Francis, United Nations General Assembly, in: Rudolf Bernhardt (ed.), EPIL, Vol. IV, Amsterdam u.a. 2000, S. 1119-1125.

Varwick, Johannes, Die Reform der Vereinten Nationen – Weltorganisation unter Anpassungsdruck, Aus Politik und Zeitgeschichte 43 (2004), S. 37-45.

Varwick, Johannes, Globalisierung, in: Wichard Woyke (Hrsg.), Handwörterbuch Internationale Politik, 11. Aufl., Opladen 2008, S. 166-177.

Verdross, Alfred, Abendländische Rechtsphilosophie – Ihre Grundlagen und Hauptprobleme in geschichtlicher Schau, 2. Aufl., Wien 1963.

Verdross, Alfred, Die Einheit des rechtlichen Weltbildes auf der Grundlage der Völkerrechtsverfassung, Tübinden 1923.

Verdross, Alfred, Die Quellen des universellen Völkerrechts: Eine Einführung, Freiburg 1973.

Verdross, Alfred, Die Verfassung der Völkerrechtsgemeinschaft, Wien u.a. 1926.

Verdross, Alfred, Die Wertgrundlagen des Völkerrechts, AVR 4 (1953), S. 129-139.

Verdross, Alfred, Entstehungsweisen und Geltungsgrund des universellen völkerrechtlichen Gewohnheitsrechts, ZaöRV 29 (1969), S. 635-653.

Verdross, Alfred, Forbidden Treaties in International Law, AJIL 31 (1937), S. 571-577.

Verdross, Alfred, Jus Dispositivum and Jus Cogens in International Law, AJIL 60 (1966), S. 55-63.

Verdross, Alfred, Kann die Generalversammlung der Vereinten Nationen das Völkerrecht weiterbilden?, ZaöRV 26 (1966), S. 690-697.

Verdross, Alfred, Le fondement du droit international, RdC 16 (1927), S. 247-323.

Verdross, Alfred, Völkerrecht, 5. Aufl., Wien 1964.

Verdross, Alfred, Zur Konstruktion des Völkerrechts, Zeitschrift für Völkerrecht 8 (1914), S. 329-359.

Verdross, Alfred/Koeck, Heribert Franz, Natural Law: The Tradition of Universal Reason and Authority, in: Ronald St. John MacDonald/ Douglas M. Johnston (eds.), The Structure and Process of International Law: Essays in Legal Philosophy, Doctrine, and Theory, Den Haag 1986, S. 17-50.

Verdross, Alfred/Simma, Bruno, Universelles Völkerrecht: Theorie und Praxis, 3. Aufl., Berlin 1984.

Verlage, Christopher, Responsibility to Protect, Tübingen 2009.

Verosta, Stephan, Die Vertragsrechts-Konferenz der Vereinten Nationen 1968/69 und die Wiener Konvention über das Recht der Verträge, ZaöRV 29 (1969), S. 654-710.

Vierkandt, Alfred, Gesellschaftslehre, 2. Aufl., Stuttgart 1928.

Vignes, Claude-Henri/Schlenzka, Hans J., World Health Organization, in: Rudolf Bernhardt (ed.), EPIL, Vol. IV, Amsterdam u.a. 2000, S. 1494-1497.

Vignes, Daniel, Will the Third Conference on the Law of the Sea Work According to the Consensus Rule?, AJIL 69 (1975), S. 119-129.

Villiger, Mark E., Customary International Law and Treaties: A manual on the theory and practice of the interrelation of sources, 2nd ed., The Hague u.a. 1997.

Virally, Michel, The Sources of International Law, in: Max Sorensen (ed.), Manual of Public International Law, London u.a. 1968.

Visscher, Charles de, Théories et réalités en droit international public, 4. éd., Paris 1970.

Vitoria, Francisco de, De potestate civili, 1528 (zitiert nach Francisco de Vitoria, Über die staatliche Gewalt, eingeleitet und übersetzt von Robert Schnepf, Berlin 1992).

Vitzthum, Wolfgang Graf, Begriff, Geschichte und Quellen des Völkerrechts, in: ders. (Hrsg.), Völkerrecht, 4. Aufl., Berlin/New York 2007, S. 1-79.

Vitzthum, Wolfgang Graf, Raum und Umwelt im Völkerrecht, in: ders. (Hrsg.), Völkerrecht, 3. Aufl., Berlin/New York 2004, S. 387-489.

Volger, Helmut, Mehr Partizipation nicht erwünscht – Der Bericht des Cardoso-Panels über die Reform der Beziehungen zwischen den Vereinten Nationen und der Zivilgesellschaft, VN 2005, S. 12-18.

Volkmann, Uwe, Setzt Demokratie den Staat voraus?, AöR 127 (2002), S. 575-611.

Voos, Sandra, Die Schule von New Haven: Darstellung und Kritik einer amerikanischen Völkerrechtslehre, Berlin 2000.

Wagner, Markus, Die wirtschaftlichen Maßnahmen des Sicherheitsrates nach dem 11. September 2001 im völkerrechtlichen Kontext – Von Wirtschaftssanktionen zur Wirtschaftsgesetzgebung?, ZaöRV 63 (2003), S. 879-920.

Waldock, Humphrey, General Course on Public International Law, RdC 106 (1962-II), S. 1-251.

Walter, Christian, Die EMRK als Konstitutionalisierungsprozess, ZaöRV 59 (1999), S. 961-983.

Walter, Christian, Vereinte Nationen und Regionalorganisationen – Eine Untersuchung zu Kapitel VIII der Satzung der Vereinten Nationen, Berlin u.a. 1996.

Waltz, Kenneth, From Theory of International Politics, in: John A. Vasquez (ed.), Classics of International Relations, 3rd ed., Englewood Cliffs/New Jersey 1996, S. 307-313.

Waltz, Kenneth, Realist Thought and Neorealist Theory, J. Int'l Aff. 44 (1990), S. 21-37.

Waltz, Kenneth, The Origins of War in Neorealist Theory, in: Robert I. Rotberg/Theodore K. Rabb (eds.), The Origin and Prevention of Major Wars, Cambridge u.a. 1989, S. 39-52.

Waltz, Kenneth, Theory of International Politics, Reading/Massachusetts 1979.

Walzer, Michael, Die kommunitaristische Kritik am Liberalismus, in: Axel Honneth (Hrsg.), Kommunitarismus: Eine Debatte über die moralischen Grundlagen moderner Gesellschaften, Frankfurt am Main 1993, S. 157-180.

Walzer, Michael, Interpretation and Social Criticism, Cambridge u.a. 1987.

Walzer, Michael, Spheres of Justice – A Defense of Pluralism and Equality, New York 1983.

Walzer, Michael, Thick and Thin: Moral Argument at Home and Abroad, Notre Dame u.a. 1994.

Walzer, Michael, Vernunft, Politik und Leidenschaft – Defizite liberaler Theorie, Frankfurt am Main 1999.

Weber, Hermann, History of the United Nations, in: Rüdiger Wolfrum (ed.), United Nations: Law, Policies and Practice, Vol. 1, München 1995, S. 572-580.

Weber, Max, Wirtschaft und Gesellschaft – Grundriß der verstehenden Soziologie, 1. Halbband, 5. Aufl., Tübingen 1972.

Wedgwood, Ruth, The International Criminal Court: An American View, EJIL 10 (1999), S. 93-107.

Weil, Prosper, Towards Relative Normativity in International Law?, AJIL 77 (1983), S. 413-442.

Weiler, Joseph H.H./Paulus, Andreas L., The Structure of Change in International Law or Is There a Hierarchy of Norms in International Law?, EJIL 8 (1997), S. 545-565.

Weiß, Wolfgang, Allgemeine Rechtsgrundsätze des Völkerrechts, AVR 39 (2001), S. 394-431.

Weiß, Wolfgang/Herrmann, Christoph, Welthandelsrecht, München 2003.

Wendt, Alexander, Anarchy is what States Make of it: The Social Construction of Power Politics, IO 46 (1992), S. 391-425.

Wengler, Wilhelm, Die Entscheidung des Internationalen Gerichtshofs im Nicaragua-Fall, NJW 1986, S. 2994-2997.

Wengler, Wilhelm, Völkerrecht, Band I, Berlin u.a. 1964.

Weston, Burns H., Security Council Resolution 678 and Persian Gulf Decision-Making: Precarious Legitimacy, AJIL 85 (1991), S. 516-535.

de Wet, Erika, The International Constitutional Order, ICLQ 55 (2006), S. 51-76.

de Wet, Erika, The Prohibition of Torture as an International Norm of Jus Cogens and its Implications for National and Customary Law, EJIL 15 (2004), S. 97-121.

de Wet, Erika, The Security Council as a Law Maker: The Adoption of (Quasi)-Judicial Decisions, in: Rüdiger Wolfrum/Volker Röben (eds.), Developments of International Law in Treaty Making, Berlin u.a. 2005, S. 183-225.

de Wet, Erika/Nollkaemper, André, Review of Security Council Decisions by National Courts, GYIL 45 (2002), S. 166-202.

Wheeler, Nicholas J., A Victory for Common Humanity? The Responsibility to Protect after the 2005 World Summit, J. Int'l L. & Int'l Rel. 2 (2005), S. 95-105.

White, Nigel D., Keeping the Peace: United Nations and the Maintenance of International Peace and Security, Manchester u.a. 1993.

Whiteman, Marjorie M., Jus Cogens in International Law, with a Projected List, Ga. J. Int'l & Comp. L. 7 (1977), S. 609-626.

Widdows, Kelvin, Security Council Resolutions and Non-Members of the United Nations, ICLQ 27 (1978), S. 459-462.

Willetts, Peter, Transnational Actors and International Organizations in Global Politics, in: John Baylis/Steve Smith (eds.), The Globalization of World Politics – An Introduction to International Relations, 3rd ed., Oxford u.a. 2005, S. 425-447.

Winkelmann, Ingo, Bringing the Security Council into a New Era, MPYUNL 1 (1997), S. 35-90.

Winkelmann, Ingo, „Responsibility to Protect": Die Verantwortung der Internationalen Gemeinschaft zur Gewährung von Schutz, in: Pierre-Marie Dupuy et al. (Hrsg.), Völkerrecht als Wertordnung, Festschrift für Christian Tomuschat, Kehl u.a. 2006, S. 449-460.

von Winter, Thomas, Die Idee einer Parlamentarisierung der Vereinten Nationen als Beitrag zur Debatte über „Global Governance" und Demokratie, Info-Brief der Wissenschaftlichen Dienste des Deutschen Bundestages vom 4.6.2004, Reg.-Nr. WF II.

Wittich, Stephan, Das Konzept des verletzten Staates, in: Diplomatische Akademie Wien (Hrsg.), Favorita Papers 2/2002, S. 167-188.

Wolff, Christian, Jus Gentium Methodo Scientifica Pertractatum, 1764 (zitiert nach James Brown Scott (ed.), The Classics of International Law, Christian Wolff, Jus Gentium Methodo Scientifica Pertractatum, Vol. 2, New York 1995)

Wolfke, Karol, Custom in Present International Law, 2nd ed., Dordrecht u.a. 1993.

Wolfke, Karol, Jus Cogens in International Law (Regulation and Prospects), Polish YIL 6 (1974), S. 145-162.

Wolfrum, Rüdiger, Common Heritage of Mankind, in: Rudolf Bernhardt (ed.), EPIL, Vol. I, Amsterdam u.a. 1992, S. 692-695.

Wolfrum, Rüdiger, Der Beitrag regionaler Abmachungen zur Friedenssicherung: Möglichkeiten und Grenzen, ZaöRV 53 (1993), S. 576-602.

Wolfrum, Rüdiger, Die Internationalisierung staatsfreier Räume – Die Entwicklung einer internationalen Verwaltung für Antarktis, Weltraum, Hohe See und Meeresboden, Berlin u.a. 1984.

Wolfrum, Rüdiger, Diskussionsbeitrag, BDGVR 35 (1996), S. 347-348.

Wolfrum, Rüdiger, International Law of Cooperation, in: Rudolf Bernhardt (ed.), EPIL, Vol. II, Amsterdam u.a. 1995, S. 1242-1247.

Wolfrum, Rüdiger, Preface, ZaöRV 55 (1995), S. 273-274.

Wolfrum, Rüdiger, Purposes and Principles of International Environmental Law, GYIL 33, 1990, S. 308-330.

Wolfrum, Rüdiger, The Legal Order for the Seas and Oceans, in: Myron H. Nordquist/John Norton Moore (eds.), Entry into Force of the Law of the Sea Convention, The Hague u.a. 1995, S. 161-185.

Wyler, Eric, From „State Crime“ to „Serious Breaches of Obligations under Peremptory Norms of General International Law“, EJIL 13 (2002), S. 1147-1160.

Yee, Sienho, Towards an International Law of Co-progressiveness, in: ders./Wang Tieya (eds.), International Law in the Post-Cold War World, Essays in Memory of Li Haopei, London u.a. 2001, S. 18-39.

Yemin, Edward, Legislative Powers in the United Nations and Specialized Agencies, Leyden 1969.

Young, Oran R., International Law and Social Science: The Contributions of Myres S. McDougal, AJIL 66 (1972), S. 60-76.

Zemanek, Karl, Die Wiener Konvention über die Staatennachfolge in Verträge, in: Herbert Miehsler (Hrsg.), Ius humanitatis. Festschrift zum 90. Geburtstag von Alfred Verdross, Berlin 1980, S. 719-738.

Zemanek, Karl, Majority Rule and Consensus Technique in Law-Making Diplomacy, in: Ronald St. John MacDonald/Douglas M. Johnston (eds.), The Structure and Process of International Law: Essays in Legal Philosophy, Doctrine, and Theory, Den Haag 1986, S. 857-887.

Zemanek, Karl, New Trends in the Enforcement of Erga Omnes Obligations, MPYUNL 4 (2000), S. 1-52.

Zemanek, Karl, The Unilateral Enforcement of International Obligations, ZaöRV 47 (1987), S. 32-43.

Zemanek, Karl, Über das dualistische Denken in der Völkerrechtswissenschaft, in: Friedrich August von der Heydte u.a. (Hrsg.), Völkerrecht und rechtliches Weltbild, Festschrift für Alfred Verdross, Wien 1960, S. 321-337.

Ziemer, Jonna, Das gemeinsame Interesse an einer Regelung der Hochseefischerei – dargestellt am Beispiel des Fish-Stocks-Agreement, Berlin 2000.

Zimmermann, Andreas, Die Zuständigkeit des Internationalen Gerichtshofes zur Entscheidung über Ansprüche gegen am Verfahren nicht beteiligte Staaten, ZaöRV 55 (1995), S. 1051-1076.

Zimmermann, Andreas, Europäischer Gerichtshof und Staatennachfolge in völkerrechtliche Verträge, in: Jürgen Bröhmer u.a. (Hrsg.), Internationale Gemeinschaft und Menschenrechte, Festschrift für Georg Ress zum 70. Geburtstag am 21. Januar 2005, Köln u.a. 2005, S. 357-367.

Zimmermann, Andreas, Staatennachfolge in völkerrechtliche Verträge, Berlin u.a. 2000.

Zimmermann, Andreas/Elberling, Björn, Grenzen der Legislativbefugnisse des Sicherheitsrats, VN 52 (2004), S. 71-77.

Zimmermann, Andreas/Scheel, Holger, Zwischen Konfrontation und Kooperation, VN 50 (2002), S. 137-144.

Zippelius, Reinhold, Rechtsphilosophie, 4. Aufl., München 2003.

Zoller, Elisabeth, Peacetime Unilateral Remedies: An Analysis of Countermeasures, Dobbs Ferry/New York 1984.

Sachregister

Max-Planck-Institut für ausländisches öffentliches Recht und Völkerrecht

Beiträge zum ausländischen öffentlichen Recht und Völkerrecht

Hrsg.: A. von Bogdandy, R. Wolfrum

Bde. 27–59 erschienen im Carl Heymanns Verlag KG Köln, Berlin (Bestellung an: Max-Planck-Institut für Völkerrecht, Im Neuenheimer Feld 535, 69120 Heidelberg); ab Band 60 im Springer-Verlag Berlin, Heidelberg, New York, London, Paris, Tokyo, Hong Kong, Barcelona

---

219 Mehrdad *Payandeh*: **Internationales Gemeinschaftsrecht.** 2010. XXXV, 629 Seiten. Geb. € 99,95

217 Michael *Duchstein*: **Das internationale Benchmarkingverfahren und seine Bedeutung für den gewerblichen Rechtsschutz.** 2010. XXVI, 528 Seiten. Geb. € 99,95

216 Tobias *Darge*: **Kriegsverbrechen im nationalen und internationalen Recht.** 2010. XXXV, 499 Seiten. Geb. € 94,95

215 Markus *Benzing*: **Das Beweisrecht vor internationalen Gerichten und Schiedsgerichten in zwischenstaatlichen Streitigkeiten.** 2010. L, 846 Seiten. Geb. € 139,95

214 Urs *Saxer*: **Die internationale Steuerung der Selbstbestimmung und der Staatsentstehung.** 2010. XLII, 1140 Seiten. Geb. € 169,95

213 Rüdiger *Wolfrum*, Chie *Kojima* (eds.): **Solidarity: A Structural Principle of International Law.** 2010. XIII, 238 Seiten. Geb. € 69,95

212 Ramin S. *Moschtaghi*: **Die menschenrechtliche Situation sunnitischer Kurden in der Islamischen Republik Iran.** 2010. XXIII, 451 Seiten. Geb. € 94,95

211 Georg *Nolte* (ed.): **Peace through International Law. The Role of the International Law Commission.** 2009. IX, 195 Seiten. Geb. € 64,95 zzgl. landesüblicher MwSt.

210 Armin *von Bogdandy*, Rüdiger *Wolfrum*, Jochen *von Bernstorff*, Philipp *Dann*, Matthias *Goldmann* (eds.): **The Exercise of Public Authority by International Institutions.** 2010. XIII, 1005 Seiten. Geb. € 149,95 zzgl. landesüblicher MwSt.

209 Norman *Weiß*: **Kompetenzlehre internationaler Organisationen.** 2009. XVIII, 540 Seiten. Geb. € 99,95

208 Michael *Rötting*: **Das verfassungsrechtliche Beitrittsverfahren zur Europäischen Union.** 2009. XIV, 317 Seiten. Geb. € 79,95

207 Björn *Ahl*: **Die Anwendung völkerrechtlicher Verträge in China.** 2009. XIX, 419 Seiten. Geb. € 89,95

206 Mahulena *Hofmann*: **Von der Transformation zur Kooperationsoffenheit?** 2009. XIX, 585 Seiten. Geb. € 99,95

205 Rüdiger *Wolfrum*, Ulrike *Deutsch* (eds.): **The European Court of Human Rights Overwhelmed by Applications: Problems and Possible Solutions.** 2009. VIII, 128 Seiten. Geb. € 59,95 zzgl. landesüblicher MwSt.

204 Niels *Petersen*: **Demokratie als teleologisches Prinzip.** 2009. XXVII, 280 Seiten. Geb. € 79,95

203 Christiane *Kamardi*: **Die Ausformung einer Prozessordnung sui generis durch das ICTY unter Berücksichtigung des Fair-Trial-Prinzips.** 2009. XVI, 424 Seiten. Geb. € 89,95

202 Leonie F. *Guder*: **The Administration of Debt Relief by the International Financial Institutions.** 2009. XVIII, 355 Seiten. Geb. € 84,95 zzgl. landesüblicher MwSt.

201 Silja *Vöneky*, Cornelia *Hagedorn*, Miriam *Clados*, Jelena *von Achenbach*: **Legitimation ethischer Entscheidungen im Recht.** 2009. VIII, 351 Seiten. Geb. € 84,95

200 Anja Katarina *Weilert*: **Grundlagen und Grenzen des Folterverbotes in verschiedenen Rechtskreisen.** 2009. XXX, 474 Seiten. Geb. € 94,95

199 Suzette V. *Suarez*: **The Outer Limits of the Continental Shelf.** 2008. XVIII, 276 Seiten. Geb. € 79,95 zzgl. landesüblicher MwSt.

198 Felix *Hanschmann*: **Der Begriff der Homogenität in der Verfassungslehre und Europarechtswissenschaft.** 2008. XIII, 370 Seiten. Geb. € 84,95

197 Angela *Paul*: **Kritische Analyse und Reformvorschlag zu Art. II Genozidkonvention.** 2008. XVI, 379 Seiten. Geb. € 84,95

196 Hans Fabian *Kiderlen*: **Von Triest nach Osttimor.** 2008. XXVI, 526 Seiten. Geb. € 94,95

195 Heiko *Sauer*: **Jurisdiktionskonflikte in Mehrebenensystemen.** 2008. XXXVIII, 605 Seiten. Geb. € 99,95

194 Rüdiger *Wolfrum*, Volker *Röben* (eds.): **Legitimacy in International Law.** 2008. VI, 420 Seiten. Geb. € 84,95 zzgl. landesüblicher MwSt.

193 Doris *König*, Peter-Tobias *Stoll*, Volker *Röben*, Nele *Matz-Lück* (eds.): **International Law Today: New Challenges and the Need for Reform?** 2008. VIII, 260 Seiten. Geb. € 69,95 zzgl. landesüblicher MwSt.

192 Ingo *Niemann*: **Geistiges Eigentum in konkurrierenden völkerrechtlichen Vertragsordnungen.** 2008. XXV, 463 Seiten. Geb. € 94,95

191 Nicola *Wenzel*: **Das Spannungsverhältnis zwischen Gruppenschutz und Individualschutz im Völkerrecht.** 2008. XXXI, 646 Seiten. Geb. € 99,95

190 Winfried *Brugger*, Michael *Karayanni* (eds.): **Religion in the Public Sphere: A Comparative Analysis of German, Israeli, American and International Law.** 2007. XVI, 467 Seiten. Geb. € 89,95 zzgl. landesüblicher MwSt.

189 Eyal *Benvenisti*, Chaim *Gans*, Sari *Hanafi* (eds.): **Israel and the Palestinian Refugees.** 2007. VIII, 502 Seiten. Geb. € 94,95 zzgl. landesüblicher MwSt.

188 Eibe *Riedel*, Rüdiger *Wolfrum* (eds.): **Recent Trends in German and European Constitutional Law.** 2006. VII, 289 Seiten. Geb. € 74,95 zzgl. landesüblicher MwSt.

187 Marcel *Kau*: **United States Supreme Court und Bundesverfassungsgericht.** 2007. XXV, 538 Seiten. Geb. € 99,95 zzgl. landesüblicher MwSt.

186 Philipp *Dann*, Michał *Rynkowski* (eds.): **The Unity of the European Constitution.** 2006. IX, 394 Seiten. Geb. € 79,95 zzgl. landesüblicher MwSt.

185 Pál *Sonnevend*: **Eigentumsschutz und Sozialversicherung.** 2008. XVIII, 278 Seiten. Geb. € 74,95

184 Jürgen *Bast*: **Grundbegriffe der Handlungsformen der EU.** 2006. XXI, 485 Seiten. Geb. € 94,95

183 Uwe *Säuberlich*: **Die außervertragliche Haftung im Gemeinschaftsrecht.** 2005. XV, 314 Seiten. Geb. € 74,95

182 Florian *von Alemann*: **Die Handlungsform der interinstitutionellen Vereinbarung.** 2006. XVI, 518 Seiten. Geb. € 94,95

181 Susanne *Förster*: **Internationale Haftungsregeln für schädliche Folgewirkungen gentechnisch veränderter Organismen.** 2007. XXXVI, 421 Seiten. Geb. € 84,95

180 Jeanine *Bucherer*: **Die Vereinbarkeit von Militärgerichten mit dem Recht auf ein faires Verfahren gemäß Art. 6 Abs. 1 EMRK, Art. 8 Abs. 1 AMRK und Art. 14 Abs. 1 des UN-Paktes über bürgerliche und politische Rechte.** 2005. XVIII, 307 Seiten. Geb. € 74,95

179 Annette *Simon*: **UN-Schutzzonen – Ein Schutzinstrument für verfolgte Personen?** 2005. XXI, 322 Seiten. Geb. € 74,95

178 Petra *Minnerop*: **Paria-Staaten im Völkerrecht?** 2004. XXIII, 579 Seiten. Geb. € 99,95

177 Rüdiger *Wolfrum*, Volker *Röben* (eds.): **Developments of International Law in Treaty Making.** 2005. VIII, 632 Seiten. Geb. € 99,95 zzgl. landesüblicher MwSt.

176 Christiane *Höhn*: **Zwischen Menschenrechten und Konfliktprävention. Der Minderheitenschutz im Rahmen der Organisation für Sicherheit und Zusammenarbeit in Europa (OSZE).** 2005. XX, 418 Seiten. Geb. € 84,95

175 Nele *Matz*: **Wege zur Koordinierung völkerrechtlicher Verträge. Völkervertragsrechtliche und institutionelle Ansätze.** 2005. XXIV, 423 Seiten. Geb. € 84,95

174 Jochen Abr. *Frowein*: **Völkerrecht – Menschenrechte – Verfassungsfragen Deutschlands und Europas. Ausgewählte Schriften.** Hrsg. von Matthias *Hartwig*, Georg *Nolte*, Stefan *Oeter*, Christian *Walter*. 2004. VIII, 732 Seiten. Geb. € 119,95

173 Oliver *Dörr* (Hrsg.): **Ein Rechtslehrer in Berlin. Symposium für Albrecht Randelzhofer.** 2004. VII, 117 Seiten. Geb. € 54,95

172 Lars-Jörgen *Geburtig*: **Konkurrentenrechtsschutz aus Art. 88 Abs. 3 Satz 3 EGV. Am Beispiel von Steuervergünstigungen.** 2004. XVII, 412 Seiten. Geb. € 84,95

171 Markus *Böckenförde*: **Grüne Gentechnik und Welthandel. Das Biosafety-Protokoll und seine Auswirkungen auf das Regime der WTO.** 2004. XXIX, 620 Seiten. Geb. € 99,95

FSC
www.fsc.org
MIX
Papier | Fördert gute Waldnutzung
FSC® C083411

Kolibri 360 GmbH
Ferdinand-Jühlke-Straße 7
99095 Erfurt, Deutschland
produktsicherheit@kolibri360.de